20 世纪儒学研究大系

主编：傅永聚　韩钟文

儒家文艺思想研究

本卷主编　赵利民

中 华 书 局

中国文化的基本精神（代序）

在现今时代,做一个中国人,最重要的是具有爱国意识。爱国意识有一定的思想基础。必须感到祖国的可爱,才能具有爱国意识。而要感到祖国的可爱,又必须对于中国文化的优秀传统有正确的理解。中国文化,从传说中的羲、农、黄帝以来,延续发展了四五千年,在15世纪以前一直居于世界文化的前列。15世纪,中国的四大发明传入欧洲,促进了西方近代文明的发展,于是西方文化突飞猛进,中国落后了。19世纪40年代之后,中国受到资本主义列强的侵略凌辱,中国各阶层的志士仁人,奋起抗争,努力寻求救国的道路,经过一百多年的艰苦斗争,终于取得了胜利,于1949年建立了新中国,"中国人民站起来了!"中国文化虽然一度落后,但又能奋发图强,大步前进。这不是偶然的,必有其内在的思想基础。中国文化长期延续发展,虽曾经走过曲折的道路,但仍能自我更新,继续前进。这种发展更新的思想基础,就是中国文化的基本精神。

何谓精神? 精神即是思维运动发展的精微的内在动力。中国文化中的基本精神,在中国历史上确实起到了推动社会发展的作用,成为历史发展的内在思想源泉。当然,社会发展的基本原因在于生产力的发展,但是思想意识在一定条件下也有一定的积极作用。文化的基本精神必须具有两个特点:一是具有广泛的影响,为大多数人民所接受领会,对于广大人民起了熏陶作用;二是具有激励进步、促进发展的积极作用。必须具有这两方面的表现,才可以称为文化的基本精神。

我认为,中国几千年来文化传统的基本精神的主要内涵有四项基本观念,即(1)天人合一;(2)以人为本;(3)刚健有为;(4)以和为贵。

一　天人合一

天人合一即肯定人与自然的统一,亦即认为人与自然界不是敌对的,而具有不可割裂的关系。所谓合一指对立的统一,即两方面相互依存的关系。天人合一思想在春秋时即已有之。《左传·昭公二十五年》记载郑大夫子大叔述子产之言说:“夫礼,天之经也,地之义也,民之行也。天地之经,而民实则之。”又记子大叔之言说:“礼,上下之纪,天地之经纬也,民之所以生也,是以先王尚之。”这是认为礼是天经地义,即自然界的必然准则,“天经”与“民行”是统一的。应注意,这里天是对地而言,天地相连并称,显然是指自然之天。子产将天经地义与民则统一起来,但也重视天与人的区别,他曾断言:“天道远,人道迩,非所及也,何以知之?”(《左传·昭公十八年》)当时占星术利用所谓天道传播迷信,讲天象与人事祸福的联系,子产是予以否定的。孟子将天道与人性联系起来,他说:“尽其心者,知其性也。知其性,则知天矣。”(《孟子·尽心上》)孟子认为人性是天赋的,所以知性便能知天。但孟子没有做出明确的论证。《周易大传》提出“裁成辅相”之说,《象传》云:“天地交,泰。后以裁成天地之道,辅相天地之宜,以左右民。”《系辞》云:“范围天地之化而不过,曲成万物而不遗。”《文言》提出“与天地合德”的思想:“夫‘大人’者,与天地合其德,与日月合其明,与四时合其序,与鬼神合其吉凶。先天而天弗违,后天而奉天时。"这里所谓先天指为天之前导,后天即从天而动。与天地合德即与自然界相互适应,相互调谐。

汉代董仲舒讲天人合一,宣扬"天副人数",陷于牵强附会。宋代张载明确提出"天人合一"的四字成语,在所著《西铭》中以形象语言宣示天人合一的原则。《西铭》云:"乾称父,坤称母,予兹藐焉,乃混然中处。故天地之塞,吾其体;天地之帅,吾其性。民吾同胞,物吾与也。"所谓天地之塞指气,所谓天地之帅指气之本性,就是说:"天地犹如父母,人与万物都是天地所生,人与万物都是气构成的,气的本性也就是人与万物的本性,人民都是我的兄弟,万物都是我的朋友。这充分肯定了人与自然界的统一。但张载也承认天与人的区别,他在《易说》中讲:"鼓万物而不与圣人同忧者,此直谓天也,天则无心……圣人所以有忧者,圣人之仁也。不可以忧言者天也。"天是没有思虑的,圣人则不能无忧,这是天人之别。所谓天人合一是指人与自然界既有区别,而又有统一的关系,人是自然界所产生的,是自然界的一部分,人可以认识自然并加以改变调整,但不应破坏自然。这"天人合一"的观念与西方所谓"克服自然"、"战胜自然"有很大区别。在历史上,中西不同的观点各有短长,西方近代的科学技术取得了改造自然的辉煌成绩,但也破坏了自然界的生态平衡。时至今日,重新认识人与自然的统一,确实是必要的了。

二　以人为本

以人为本是相对于宗教家以神为本而言的,可以称为人本思想。孔子虽然承认天命,却又怀疑鬼神。他说:"务民之义,敬鬼神而远之,可谓知矣。"(《论语·雍也》)认为人生最重要的是提高道德觉悟,而不必求助于鬼神。孔子更认为应重视生的问题,而不必考虑死后的问题。《论语》记载:"季路问事鬼神,子曰:'未能事人,焉能事鬼?'曰:'敢问死!'曰:'未知生,焉知死?'"(《先进》)孔子更不赞成祈祷,《论语》载:"子疾病,子路请祷。子曰:'有诸?'子路对曰:有之,诔曰:'祷尔于上下神祇。'子曰:'丘之祷久矣。'"(《述而》)孔子对于鬼神采取存疑的态度,既不否定,亦不肯定,但认为应该努力解决现实生活中的问题,而不必向鬼神祈祷。孔子这种思想观点可以说是非常深刻的。

这种以人为本的思想,后汉思想家仲长统讲得最为鲜明。仲长统说:"所贵乎用天之道者,则指星辰以授民事,顺四时而兴功业,其大略也,吉凶之祥,又何取焉? ……所取于天道者,谓四时之宜也;所壹于人事者,谓治乱之实也。……从此言之,人事为本,天道为末,不其然与?"(《全后汉文》卷八十九)这里提出"人事为本",可以说是儒家"人本"思想最明确的表述。所谓以人为本,不是说人是宇宙之本,而是说人是社会生活之本。

佛教东来,宣传灵魂不灭、三世轮回的观念,一般群众颇受其影响,但是儒家学者起而予以反驳。南北朝时何承天著《达性论》,宣扬人本观念。何承天说:"人非天地不生,天地非人不灵……安得与夫飞沈蠕蠕,并为众生哉? ……至于生必有死,形毙神散,犹春荣秋落,四时代换,奚有于更受形哉!"这完全否定了灵魂不灭、三世轮回的迷信。范缜著《神灭论》,提出形为质而神为用的学说,更彻底批驳了神不灭论。

宋明理学中,不论是气本论,或理本论,或心本论,都不承认灵魂不灭,不承认鬼神存在,而都高度肯定精神生活的价值。气本论以天地之间"气"的统一性来论证道德的根据,理本论断言道德原于宇宙本原之"理",心本论则认为道德伦理出于"本心"的要求。这些道德起源论未必正确,但是都摆脱了宗教信仰。受儒家影响的中国知识分子,宗教意识都比较淡薄,在中国文化中,有一个以道德教育代替宗教的传统。虽然道德也是有时代性的,但是这一道德传统仍有其积极的意义。

三　刚健自强

　　先秦儒家曾提出"刚健"、"自强"的人生准则。孔子重视"刚"的品德,他说:"刚毅木讷近仁。"(《论语·子路》)刚毅即是具有坚定性。孔子弟子曾子说:"可以托六尺之孤,可以寄百里之命,临大节而不可夺也。君子人与? 君子人也。"(《论语·泰伯》)临大节而不可夺,即是刚毅的表现。《周易大传》提出"刚健"、"自强不息"的生活准则。《大有·象传》云:"大有,柔得尊位大中,而上下应之,日大有。其德刚健而文明,应乎天而时行,是以元亨。"《乾·文言传》云:"大哉乾乎! 刚健中正,纯粹精也。"《乾·象传》云:"天行健,君子以自强不息。"乾指天而言,天行即日月星辰的运行。日月星辰运行不已,从不间断,称之日健,亦日刚健。人应效法天之运行不已,而自强不息。自强即是努力向上、积极进取。《系辞下传》又论健云:"夫乾,天下之至健也,德行恒易以知险。"这是说,天下之至健在于能知险而克服之以达到恒易(险指艰险,易指平易)。所谓自强,含有克服艰险而不断前进之意。儒家重视"不息",《中庸》云:"故至诚无息。不息则久,久则征;征则悠远,悠远则博厚,博厚则高明。……《诗》云:'维天之命,於穆不已。'盖日天之所以为天也。'於乎不显,文王之德之纯!'盖日文王之所以为文也,纯亦不已。"儒家强调不懈的努力,这是有积极意义的。

　　在古代哲学中,与刚健自强有密切联系的是关于独立意志、独立人格和为坚持原则可以牺牲个人生命的思想。孔子肯定人人都有独立的意志,他说:"三军可夺帅也,匹夫不可夺志也。"(《论语·子罕》)又赞扬伯夷叔齐"不降其志,不辱其身"(《论语·微子》),即赞扬坚持独立的人格。孔子更认为，为了实行仁德可以牺牲个人的生命，他说："志士仁人，无求生以害仁，有杀身以成仁。"(《论语·卫灵公》)孟子进而提出："生亦我所欲也，义亦我所欲也，二者不可得兼，舍生而取义者也。生亦我所欲，所欲有甚于生者，故不为苟得也；死亦我所恶，所恶有甚于死者，故患有所不辟也。"(《孟子·告子上》)这里所谓"所欲有甚于生者"即义，其中包括人格的尊严。他举例说："一箪食、一豆羹，得之则生，弗得则死。呼尔而与之，行道之人弗受；蹴尔而与之，乞人不屑也。"不受嗟来之食，即为了保持人格的尊严。坚持自己的人格尊严，这是刚健自强的最基本的要求。

先秦时代，儒道两家曾有关于刚柔的论争。与儒家重刚相反，老子"贵柔"。老子提出"柔弱胜刚强"(《老子》三十六章)，认为"天下之至柔，驰骋天下之至坚"(《老子》四十三章)。他以水为喻来证明柔能胜强："天下柔弱莫过于水，而攻坚强，莫之能先，其无以易之。故弱胜强，柔胜刚，天下莫能知，莫能行。"(《老子》七十八章)老子贵柔，意在以柔克刚，柔只是一种手段，胜刚才是目的，贵柔乃是求胜之道。孔子重刚，老子贵柔，其实是相反相成的。

在中国古代哲学中，儒家宣扬"刚健自强"，道家则崇尚"以柔克刚"，这构成中国文化思想的两个方面。儒家学说的影响还是大于道家的，在文化思想中长期占有主导的地位。刚健自强的思想可以说是中国文化思想的主旋律。《周易大传》"天行健，君子以自强不息"的名言，在历史上，对于知识分子和广大人民，确实起了激励鼓舞的积极作用。

四　以和为贵

中国古代以"和"为最高的价值。孔子弟子有若说："礼之用，

和为贵。先王之道斯为美,小大由之。"(《论语·学而》)孔子亦说:
"君子和而不同,小人同而不和。"(《论语·子路》)区别了"和"与
"同"。按:和同之辨始见于西周末年周太史史伯的言论中。《国
语》记述史伯之言说:"夫和实生物,同则不继。以他平他谓之和,
故能丰长而物归之。若以同裨同,尽乃弃矣。"(《郑语》)这里解释
和的意义最为明确。不同的事物相互为"他","以他平他"即聚集
不同的事物而达到平衡,这叫做"和",这样才能产生新事物。如果
以相同的事物相加,这是"同",是不能产生新事物的。春秋时齐晏
子也强调"和"与"同"的区别,他以君臣关系为例说:"君所谓可而
有否焉,臣献其否,以成其可。君所谓否而有可焉,臣献其可,以去
其否。"这称为"和"。如果"君所谓可",臣亦曰可;"君所谓否",臣
亦曰否,那就是"同",而不是"和"了。晏子说:"若以水济水,谁能
食之?若琴瑟之专一,谁能听之?同之不可也如是。"(《左传·昭公
二十年》)这是说,必须能容纳不同的意见,兼容不同的观点,才能
使原来的思想"成其可"、"去其否",达到正确的结论。孔子所谓
"和而不同"也就是能保留自己的意见而不人云亦云。"和"的观
念,肯定多样性的统一,主张容纳不同的意见,对于文化的发展确
有积极的促进作用。

老子亦讲"和",《老子》四十二章:"万物负阴而抱阳,冲气以为
和。"又五十五章:"知和曰常,知常曰明。"这都肯定了"和"的重要。
但是老子冲淡了"和"与"同"的区别,既重视"和",也肯定"同"。五
十六章:"塞其兑,闭其门,挫其锐,解其忿,和其光,同其尘,是谓玄
同。"这"和光同尘"之教把西周以来的和同之辨消除了。

墨子反对儒家,不承认和同之辨,而提出"尚同"之说。墨家有
许多进步思想,但是尚同之说却是比和同之辨后退一步了。

儒家仍然宣扬和的观念,《周易大传》提出"大和"观念,《乾·彖
传》说:"乾道变化,各正性命,保合大和,乃利贞。"这里所谓大和指

自然界万物并存共育的景况。儒家认为，包含人类在内的自然界基本上是和谐的。《中庸》云："万物并育而不相害，道并行而不相悖。"这正是儒家所构想的"大和"景象。

孟子提出"人和"，他说："天时不如地利，地利不如人和。三里之城，七里之郭，环而攻之而不胜。夫环而攻之，必有得天时者矣；然而不胜者，是天时不如地利也。城非不高也，池非不深也，兵革非不坚利也，米粟非不多也，委而去之，是地利不如人和也。故曰：域民不以封疆之界，固国不以山溪之险，威天下不以兵革之利。得道者多助，失道者寡助。寡助之至，亲戚畔之；多助之至，天下顺之。"（《孟子·公孙丑下》）这里所谓人和是指人民的团结，人民的团结是胜利的决定性条件。"得道多助，失道寡助"，这是今天仍然必须承认的真理。

儒家以和为贵的思想在历史上曾经起了促进民族团结、加强民族凝聚力，促进民族融合、加强民族文化同化力的积极作用。在历史上，得民心者得天下，失民心者失天下，已成为长期起作用的客观规律。在历史上，汉族本是由许多民族融合而成的；在近代，汉族又和五十几个少数民族融合而成中华民族。中华民族内部密切团结而成为一个统一的整体。中华民族是多元的统一体，中国文化也是多元的统一体。多元的统一，正是中国古代哲学家所谓"和"的体现。所谓"和"，不是不承认矛盾对立，而是认为应该解决矛盾而达到更高的统一。

以上所谓"天人合一"、"以人为本"、"刚健自强"、"以和为贵"，都是用的旧有名词。如果采用新的术语，"天人合一"应云"人与自然的统一"，或者如恩格斯所说"人与自然的一致"（《自然辩证法》，人民出版社1971年版第159页）、"自然界与精神的统一"（同上第200页）。"以人为本"，应云人本主义无神论。"刚健自强"，应云发扬主体能动性。"以和为贵"，即肯定多样性的统一。这些都是中国古代哲学中的精湛思想,亦即中国文化基本精神之所在。

　　以上,我们肯定"天人合一"、"以人为本"、"刚健自强"、"以和为贵"等思想观念在历史上曾经起了促进文化发展的积极作用。但是,历史的实际情况是非常复杂的,许多思想观念的含义也不是单纯的。正确的观念与荒谬的观念、进步的现象与反动的落后的现象,往往纠缠在一起。所谓天人合一,在历史上不同的思想家用来表示不同的含义。例如董仲舒所谓天人合一主要是指"人副天数"、"天人感应",那完全是穿凿附会之谈。程颐强调"天道人道只是一道",认为仁义礼智即是天道的基本内容,也是主观的偏见。在董仲舒以前,有一种天象人事相应的神学思想。认为天上星辰与人间官职是相互应合的,所以《史记》的天文卷称为"天官书",但这不是后来哲学家所谓的"天人合一"。如果将上古时代天象与人事相应的神学思想称为天人合一,那就把问题搞乱了。这是应该分别清楚的。儒家肯定"人事为本",表现了无神论的倾向,但是这并不意味着宗教迷信在中国社会并无较大的影响。事实上,中国旧社会中,多数人民是信仰佛教、道教以及原始的多神教的。但是这种情况也不降低儒家人本思想的价值。"以和为贵"是儒家所宣扬的,但是阶级斗争、集团之间的斗争、个人与个人的斗争也往往是很激烈的。我们肯定"和"和观念的价值,并不是宣扬调和论。

　　中国文化具有优秀传统。同时也具有陈陋传统。简单说来,中国文化的缺陷主要表现于四点:(1)等级观念;(2)浑沦思维;(3)近效取向;(4)家族本位。从殷周以来,区分上下贵贱的等级,是传统文化的一个最严重的痼疾,辛亥革命推翻了君主专制,但等级观念至今仍有待于彻底消除。中国哲学长于辩证思维,却不善于分析思维。事实上,科学的发展是离不开分析思维的。如何在发扬辩证思维的同时学会西方实验科学的分析方法,是一个严肃的课题。中国学术向来注重人伦日用,注重切近的效益,没有"为真理而求真理"的态度,表现为一种实用主义倾向,这也是中国没有产生自己近代实验科学的原因之一。中国近代以前的社会可以说是以家族为本位。西方近代社会可以说是"自我中心、个人本位",而中国近代以前则不重视个人的权益,这是一个严重的缺陷。五四运动以来,传统的家族本位已经打破了。在社会主义时代,应该是社会本位、兼顾个人权益。

我们现在的历史任务是创建社会主义的新文化,正确认识中国传统文化的长短得失,是完全必要的。

傅永聚、韩钟文同志主编的《20世纪儒学研究大系》,循百年思想学术发展的脉络,以现代学术分类的原则,择选有学术价值、文献价值的代表文章,以"大系"的形式编纂而成,共有21卷,每卷附有专题研究的"导言"一篇。这部《20世纪儒学研究大系》是由曲阜师范大学、孔子研究院、山东大学、复旦大学等单位的中青年学者合力编纂而成,说明了儒学研究事业后继有人。《大系》被列入国家社会科学基金规划项目,又由中华书局出版,这是在弘扬和培育中华民族精神方面做出了一件非常有意义的事情,我感到十分欣慰。编者征求我的意见,于是略陈关于中国文化的基本精神和儒家文化传统的一些感想,以之为序。

张岱年

前　　言

傅永聚　　韩钟文

儒学犹如一条源远流长的大河,导源于洙泗,经过二千五百多年生生不息的奔腾,从曲阜、邹城一带流向中原,形成波澜壮阔的江河,涉及整个中国,辐射东亚,流向全球,泽惠万方。儒学曾经是中华文化的主流,东亚文明的精神内核。但是进入 20 世纪后的儒学,遭遇到空前严峻的挑战,也面临着再生与复兴的历史机遇。一百多年来,儒学几经曲折,备受挫折,又有贞下起元、一阳来复之象,至 20、21 世纪之交成为参与"文明对话"的重要角色。

牟宗三先生说:"察业识莫若佛,观事变莫若道,而知性尽性,开价值之源,树价值之主体,莫若儒。"(《生命的学问》)儒、道、释及西方的哲学、耶教等都指示人的生命意义的方向,但就中国人特别是中国古代知识分子而言,儒学是安身立命之道。孔子、儒家追求的"内圣外王之道",一直是中国人的人格修养与经世事业的价值理想。"士不可以不弘毅,任重而道远。仁以为己任,不亦重乎?死而后已,不亦远乎?"(《论语·泰伯》)从孔子、曾子、子思、孟子至康有为、梁启超、梁漱溟、熊十力、牟宗三,中国的儒学代表人物就是怀抱志仁弘道的精神去实践自己的生命价值,开拓教化天下的事业与创建文化中国的理想的。中华文化历尽艰难,几经跌宕,却如黄河、长江一样流淌不息,且代有高潮,蔚成奇观,与孔子及其所创建的儒家学派所做的贡献是分不开的。

儒学一直对中华文化各个层面产生着巨大而又深远的影响。儒学统摄宗教、哲学、伦理、政治、教育、艺术等人文社会科学的学术品格及关怀现世人生的精神,使它成为一套全面安排人间秩序的思想体系,从一个人的生存方式,到家、国、天下的构成,都在儒学关怀与实践的范围之内。经过二千多年的传播、积淀,儒学一直影响着中华民族的民族性格、心理结构的形成。然而,进入 20 世纪,又出现类似唐宋之际"儒门淡泊,收拾不住"的危机,陷入困境之中。唐君毅以"花果飘零"、余英时以"游魂"形容儒学危机之严峻,张灏则称这是现代中国之"意义危机"、"思想危机"。

从 19 世纪中后期开始,中国社会、文化进入从传统农业社会向现代工业社会、从传统文化向现代文化转型的时代。1905 年废除科举制度,1911 年辛亥革命推翻了帝制,"五四"新文化运动的兴起,西方各种思潮、主义潮水般地涌入,风起云涌的政治革命、文化革命、社会转型、文化转型,导致了传统士阶层的解体与分化,新型知识分子的诞生与在文化思想领域倡导"新思潮"、"新学说",激进的反传统思潮的勃兴,现代化进程的启动和在动荡不安中急遽推进,使 20 世纪中国处于"三千年未有之大变局"的境遇之中,儒学的危机也由此而生。

一个世纪以来,儒学的命运与中国现代化的历史进程相消长,也与学术界、思想界及政治界对儒学与现代化的关系、儒学与西方文化的关系、儒学与全球的"文明对话"的关系所形成的认识有关。从 19 世纪末至 21 世纪初,一百多年来,中国的学术界、思想界与政治界围绕着孔子、儒家及儒学的命运、前景问题展开了广泛的、持久的争鸣,而这类争鸣又直接或间接地同传统文化与现代化、中学与西学、新学与旧学、科学主义与人文主义、全球化与中国化、文明冲突与文明对话、西方智慧与东方智慧等等论题交织在一起,使有关儒学的思想争鸣远远超出中国儒学史的范围,而成为 20 世纪中国思想史、学术史的有机组成部分。

百年儒学的历史大致沿着两个方向演进:一、儒学精神的新开展,使儒学于危机中、困境中得以延续、再生或创造性转化;二、儒家学术思想的研究,包括批判性研究、诠释性研究、创造性研究在内。由于 20 世纪中国是以"革命"为主潮的世纪,学术研究与政治革命的关系特别密切,故批判性研究常常烙上激进的政治革命的烙印,超出学术研究的范围,并形成批判儒学、否定儒学的思潮,酿成批判论者、诠释论者与复兴论者的百年大论争,并一直延续到 21 世纪。

回顾百年儒学精神新开展与儒学研究的历程,有一奇特现象值得重视。活跃于 20 世纪中国思想界、学术界、政治界、教育界的精英或代表人物,都不同程度地介入或参与了有关孔子、儒家思想的争鸣。如:早期马克思主义者陈独秀、李大钊、瞿秋白、李达、郭沫若、范文澜、侯外庐等,三民主义者蔡元培、陶希圣、戴季陶等,自由主义的代表人物严复、胡适、殷海光、林毓生等,无政府主义者吴稚晖、朱谦之等,现代新儒学的代表人物梁漱溟、熊十力、唐君毅、牟宗三、徐复观等,学衡派的代表人物梅光迪、吴宓、陈寅恪、汤用彤等,东方文化派的杜亚泉、钱智修等,新士林学派的罗光等,以及张申府、张岱年等,都参与了有关儒学的争鸣,并在争鸣中形成思想的分野,蔚成中国近代思想文化史上最壮观的一幕。

20 世纪中国思想史的复杂性、丰富性远远超出了唐宋之际和明清之际,其思想争鸣具有现代性或现代精神的特色。美国学者列文森在《儒教中国及其现代命运》中以"博物馆化"象征儒学生命的终结,有些中国学者也说儒学已到"寿终正寝的时节"。但从百年儒学的精神开展与儒学研究的种种迹象看,儒学的生命仍然如古老的大树一样延续着。儒学曾经创造性地回应了印度佛教文化的挑战,儒学也正在忧患之中奋然挺立,回应西方文化的挑战。这是儒学传统现代创造性转换的契机。人们在展望"儒学第三期"或"儒学第四期"的来临。百年儒学的经历虽曲折艰难,时兴时衰,但仍是薪火相传,慧命接续,间有高潮,巨星璀璨,跨出本土,落根东亚,走向世界,成为一种国际性的思潮,在全球性的"文明对话"中扮演着重要角色,为人类重建文明秩序提供了可资汲取的智慧。儒学并没有"博物馆化",儒学的新生命正在开始。因此,对百年儒学作系统的全面的反思与总结,是一项具有历史意义与现实意义的学术课题。

纵观百年儒学的历程,大致经历了五个阶段,在这五个阶段中,儒学的命运、所遭遇的景况不尽相同,分述如下:

19世纪末至1911年辛亥革命为第一阶段　洋务运动、戊戌变法导致儒家经世思想的重新崛起,晚清今文经学的复兴,特别是康有为《新学伪经考》、《孔子改制考》的出版,托古改制,以复古为解放,既开导儒学的新方向,又开启"西潮"的闸门,如思想"飓风",如"火山火喷"。章太炎标举古文经学的旗帜,与以康有为为代表的今文经学派展开经学论争,而这场思想学术争鸣又与政治上的革命与改良、反清与保皇、君主立宪与民主共和等论争交错在一起,显得格外严峻与深沉。诸子学的复兴,西学输入高潮的到来,政治革命的风暴席卷神州,社会解体与重建进程加速发展,传统士阶层的分化与新型知识分子的诞生,预示后经学时代的降临。思想界、学术界先觉之士以"诸子学"、"西学"为参照系,批判儒学或重新诠释儒学,传统儒学向现代儒学转型已初见端倪。

以辛亥革命至1928年南京政府成立为第二阶段　康有为、陈焕章等仿效董仲舒的"崇儒更化"运动创建孔教会,"五四"新文化运动兴起,吴虞、胡适等提倡"打孔家店",《新青年》派陈独秀、胡适与文化保守主义者梁启超、梁漱溟、杜亚泉等,学衡派梅光迪、吴宓等展开思想文化争鸣,以张君劢、梁启超等为代表的人文主义与以丁文江、胡适、王星拱等为代表的科学主义的论辩,马克思主义者李大钊、瞿秋白等也积极参与思想争鸣,各大思潮的冲突与互动,不论是批判儒学,还是重释儒学及复兴儒学,都有一个共同的特点,就是将儒学的研究纳入现代思想学术的领域之中,使思想争鸣具有了现代性,从而导致儒学向现代思想学术转型。20世纪中国人文社会科学的学科建制、研究方法深受"西学"的影响,有关孔子、儒学的论争已不同于经学时代,且与国际上各种思潮的论争息息相通。以现代西方哲学、科学、政治等学科的范畴、概念、方法去解读、分析、批判或重新诠释儒学,成为一时的学术风气,并出现了"援西学入儒学"的现象。有些思想家、哲学家试图摄纳西学、诸子学及佛学中有价值的东西重建儒学,如梁启超的《儒家哲学》及《欧游心影录》,梁漱溟的《东西文化及其哲学》,冯友兰的《人生哲学》,已透露出现代新儒学即将崛起的消息。

1928年至1949年中华人民共和国建立为第三阶段　30年代后,中国思想界、学术界出现"后五四建设性心态"。吸取西学的思想、方法,以反哺儒学传统,创造性地重建传统儒学,如张君劢、冯友兰、贺麟等;或者回归儒学传统,谋求儒学的重建,如熊十力、钱穆、马一浮等;即使是"五四"时期反传统的学者,在胡适提倡"研究问题,输入学理,整理国故,再造文明"之后,也将儒学作为"国故"的重要组成部分,作为学术史、思想史、文化史的思想资料加以系统的研究。胡适的《说儒》就是一篇以科学方法研究孔子、儒学的示范之作。"后五四建设性心态"的形成,对中国现代学术的建构起了积极的作用。一大批专家、学者参照西方人文社会科学学科建制的原则与方法,分哲学、宗教学、政治学、经济学、伦理学、社会学、法学、史学、美学、文学艺术、教育学、心理学等等,对儒学进行系统的研究,还对不同学科的发展史作深入的探讨。如中国哲学史、中国教育思想史、中国政治思想史、中国学术史、中国伦理学史、中国文化史、中国通史等等,儒学研究也纳入分门别类的学科及学科发展史的研究之中。钱穆在《现代中国学术论衡》中说:"民国以来,中国学术界分门别类,务为专家,与中国传统通人通儒之学大相违异。"将数千年经学、儒学作为学术思想的资源或资料,分门别类地纳入学科专题研究之中,虽然使儒家"内圣外王之道"的"道"变为"学术",由"专门之学"代替"通儒之学",但恰恰是这种转变,才促使了儒学由传统形态向现代形态转型。这一阶段是中国社会动荡不安的年代,令人惊异的是,在动荡的岁月中出现了一个学术繁荣期,学术研究的深度与广度并不亚于乾嘉时代,儒学研究也是如此。"专门之学"代替"通儒之学"乃大势所趋,是现代学术的进步。

　　抗日战争的爆发、救亡运动的高涨,把民族文化复兴运动推向高潮,为儒学精神的新开展或创造性重建提供了历史机缘。儒学在民族文化复兴的大潮中获得再生并走向现代。1937年沈有鼎在《中国哲学今后的开展》,1941年贺麟在《儒家思想之开展》,1948年牟宗三在《鹅湖书院缘起》中,都强调中国进入一个"民族复兴的时代"。民族复兴应该由民族文化复兴为先导,儒家文化是中华文化的主流,儒家文化的命运与民族文化的命运血脉相连、息息相关。他们认为,如果中华民族不能以儒家思想或民族精神为主体去儒化或汉化西洋文化,则中国将失掉文化上的自主权,而陷于文化上的殖民地。他们期望"儒学第三期"的出现,上接宋明儒学的血脉,对儒学作创造性的诠释,或者会通儒学与西学,使古典儒学向现代思想学术形态转换。以熊十力、贺麟、牟宗三等为代表的新心学,以冯友兰、金岳霖等为代表的新理学,是儒学获得现代性并走向成熟的重要标志。此外,王新命、何炳松等十教授发表

《中国本位的文化建设宣言》(1935年1月10日),新启蒙运动倡导者张申府、张岱年等提出"打倒孔家店,救出孔夫子"的口号及综合创造论,都体现了"后五四建设性心态",都有利于儒学的学术研究之开展。

1949年至1976年"文革"结束为第四阶段 余英时在《现代儒学论》序言中指出:20世纪中国以1949年为分水岭,在前半个世纪与后半个世纪,中国的文化传统特别是儒家命运截然不同。1949年以前,无论是反对或同情儒家的知识分子大部分曾是儒家文化的参与者,他们的生活经验中渗透了儒家价值。即使是激进的反传统者,他们并没有权力可以禁止不同的或相反的观点,故批判儒学或复兴儒学之争可以并存甚至互相影响。1949年以后,儒家的中心价值在中国人的生活方式中已退居边缘,知识分子无论对儒学抱着肯定或否定的态度,已失去作为参与者的机会了,儒学和制度之间的联系中断,成为陷于困境的"游魂"。

就实际状况而言,这一阶段的儒学研究或者儒家思想之开展,比余英时分析的还要复杂。其中值得注意的是分化现象:大陆出现批判儒学的新趋向,50年代至60年代中期,以批判性研究为主,除梁漱溟、熊十力、陈寅恪等少数学人外,像冯友兰、贺麟、金岳霖等新理学与新心学的代表人物,都在思想改造、脱胎换骨之后批判自己的学说,即使写研究孔子、儒学的文章,也离不开批判的框框。当时思想界、学术界的儒学研究,多以"苏联哲学"为范式,进行"唯心"或"唯物"二分式排列,批判与解构儒学成为当时的风潮。70年代中期出现群众性的批孔批儒运动,真正的学术研究根本无法进行。儒学已经边缘化了。在港台地区和海外华人社群中,儒学却得到不同程度的认同,移居港台、海外的学者,如张君劢、钱穆、陈荣捷、唐君毅、牟宗三、徐复观、方东美等,继续以弘扬儒家人文精神为己任,立足于学术界、教育界,开拓儒学精神的新方向,成

20世纪儒学研究大系

就了不少持之有据、言之成理的"一家之言"。

70 年代后期至 21 世纪初为第五阶段　中国大陆的改革开放,思想解放运动,传统文化与现代化的论争,"文化热"的出现,以及日本、韩国、新加坡等国与香港、台湾地区经济腾飞所产生的影响,东亚现代化模式的兴起,全球化进程中形成的文化多元格局,文明对话,全球伦理,生态平衡,以及"文化中国"等等课题的讨论,使人们对孔子、儒学的研究逐渐复苏,重评孔子、儒学的论文、论著陆续出版,有关孔子、儒学、中国文化的学术会议频繁举行,中国孔子基金会、国际儒学联合会、中华孔子学会、中国文化书院、孔子研究院等学术团体和研究机构的建立,历代儒家著作及其注解、白话文翻译、解读本的大量出版,有关儒家的人物评传、思想研究、专题研究以及儒学与道、释、西方哲学及宗教的比较研究,成为学术界关注的课题。还有分门别类的人文社会科学及自然科学,也将儒学纳入其中作专门研究,如儒家哲学思想、儒家伦理思想、儒家美学思想、儒家史学思想、儒家政治思想、儒家教育思想、儒家宗教思想、儒家科学思想、儒家管理思想等等。专门史的研究也涉及儒学,如中国哲学史、中国经济思想史、中国教育思想史、中国伦理思想史等等,一旦抽掉孔子、儒家与儒学,就会显得十分单薄。此外,原来处于边缘化的港台、海外新儒家,乘改革开放的机遇,或者进入大陆进行学术交流,或者将其思想、学说传入大陆。至 90 年代,出现当代新儒家、自由主义与马克思主义重新论辩、对话与互动的格局,有关"儒学第三期"、"儒学第四期"的展望,儒学在国际思想界再度引起重视,说明儒学的确在展示着其"一阳来复"的态势。

纵观百年儒学的历程,不论在哪一个阶段,不论是儒家思想之新开展,或者是有关儒学的学术研究,都积有丰富的思想资源或文献资料,已经到了对百年儒学进行系统研究、全面总结的时候了。站在世纪之交的高度,我们组织编纂《20 世纪儒学研究大系》,就是为了完成这一学术使命。

　　《20 世纪儒学研究大系》是孔子研究院成立后确定的一项浩大的学术工程,现已列入 2002 年国家社会科学基金项目。《大系》的编纂与出版,实为孔子、儒学研究的一大盛事,必将对 21 世纪的儒学研究产生积极而又深远的影响。

编选原则及体例

《20世纪儒学研究大系》是一部大型的相对成套的专题分卷的儒学研究丛书,力求通过选编20世纪学术界研究儒学的代表性论文、论著,全面反映一百年来专家、学者研究儒学的学术成果及水平,为进一步研究儒学提供一部比较系统的学术文献。

一、将20世纪海内外专家、学者研究儒学的代表性论文、论著按研究专题汇集成册,共分21卷。所选以名家、名篇及具有代表性的观点为原则,不在多而在精,力求反映20世纪儒学研究的全貌。

二、所选以学术性讨论材料、思想流派性材料为主,兼收一些具有代表性并产生过重大影响的批判性文章。

三、每一卷包括导言、正文、论著目录索引三个主干部分。

四、每卷之始,撰写导言,综论20世纪该专题研究的大势及得失,阐发本专题研究的学术价值和意义,为阅读利用本卷提示门径。

五、一般作者原则上只入选一篇具有代表性的成果,重要代表人物可选2—3篇。

六、所收文章均加简要按语,介绍作者学术生平及本文内容。合作创作的论著,只介绍第一作者。

七、每卷所收文章,原则上按公开发表或正式出版的时间先后为序。

八、所收文章,尽量使用最初发表的版本,并详细注释文章出处、发表或写作时间。

九、入选文章、论著篇幅过长者,适当予以删节,并予以注明。

十、为统一体例,入选文章一律改用标准简化字,一律使用新式标点。

十一、所选文章的注释一律改为文中注和页末注,以保持丛书的整体风格。材料出处为文中注(楷体),解释性文字为页末注。

十二、每卷后均列论著目录索引,将未能入选但又有学术价值与参考价值的论著列出。论文和著作分门别类,并按公开发表和正式出版的时间先后为序。

目　　录

20世纪儒学研究大系

导言:阐释与创造

——20 世纪儒家文艺思想研究概述

赵利民

儒家文艺思想作为儒家思想体系的一个重要组成部分,它在 20 世纪中国的命运正如儒家文艺思想的开创者孔子的命运一样,在不断被阐释的过程中显示出其独有的魅力,但也暴露出一些不足,被误解、被扭曲,甚至被彻底否定或尊为至高无上的情形也多有出现。儒家文艺思想作为一个"文本"存在着各种阐释的可能性。由于百年来中国社会政治、经济、文化的变化,所经历的曲曲折折也自然有其历史的基础。儒家文艺思想在 20 世纪中国还不仅仅是一个只被看作研究对象的文本,更为重要的是,它在被阐释中充当着构建 20 世纪中国文艺学的重要角色。儒家文艺思想并不是已经过去的"历史",而是作为生生不息的传统仍然活在 20 世纪、21 世纪乃至永远。研究 20 世纪儒家文艺思想学术史当是我们的重要使命。我们把 20 世纪儒家文艺思想的研究史划分为三个阶段,并对每一阶段的研究概况做一基本描述。

一、在激进与保守之间

第一个阶段为 20 世纪初至"五四"新文化运动。世纪初的中国是一个风云激荡的时代,启蒙和救亡的时代主题随着甲午战争的失败更加突显出来。先驱者艰难地探索着中国未来发展的道路。自鸦片战争后,面对内忧外患,国人不得不进行深刻的反思,按梁启超的说法,这个反思过程,经过了科技——制度——文化反思的三个阶段。伴随20世纪初的制度和文化反思的是在思想文化领域对传统文化以及在塑造传统文化中发挥重要作用的儒学思想进行了大规模的反省,其结果是对之所做的猛烈批判。当然,也有持文化保守主义观点的学者与带有强烈激进色彩的思想主流表现出不同的倾向,但由于矫枉必须过正的思想似乎在人们头脑中占有很重要的地位,因此,激烈的反传统潮流始终处于强势地位。世纪初20年对儒家文艺思想的态度是同思想界的激进与保守紧密相连的。这时期,极少就儒家文艺思想研究儒家文艺思想的著作,大多是从思想史的角度来看待它的。多数思想家和学者将批判的锋芒指向儒家学说及儒家文艺思想。

　　八股取士是封建时代选拔人才的唯一手段。"儒家激励政府的是通过科举选择知识精英,而此种方式极大地束缚了人的自由创造力"(卜松山《普遍伦理与跨文化对话》,《读书》2001年第11期)。面对危局,就必须变革,文学也一定要走出八股文的禁锢。因此,废除八股及科举制度成为世纪初强烈的呼声。严复指出:"天下理之最明而势所必至者,如今日中国不变法则必亡是已。然则变将何先? 曰:莫亟于废八股。夫八股非自能害国也,害在使天下无人才。"(《救亡决论》)并指出八股取士有三大害,即"锢智慧"、"坏心术"、"滋游手"。康有为根据他自己的体验,痛陈废弃八股的必要,认为八股陷举国才智于盲瞽,惟恐其稍为有用之学,救时之才,"中国之割地败兵,非他为之,而八股致之也"(《请废八股试帖楷法试士改用策论折》),建议先废八股,改用策论,一待学校尽开,除废科举,就教以科学。

　　如果说,严复、康有为是从立足于人才培养的角度反对八股文的话,那么,王国维则以更为广阔的思路,更为深刻的学术视野对儒家及其思想进行了批判。对于忽视文学自身独立价值,把文学艺术当作宣传儒家伦理道德的工具的传统文学价值观,王国维以其敏锐的眼光发现并深刻认识到它在中国文学史上流传之广,弊病之大。在对传统儒家文化的根本特质进行反思的基础上,他明确指出,由于哲学、文学无独立价值,如不为政治教化服务则没有任何用处,因此,一般哲学家、文学家若想得到社会的尊重和肯定,则"皆抱政治上之大志","无不欲兼为政治家"。王国维从学术、文学要有自己的独立价值入手,反对把它们作为物质功利或道德政治的附庸。在其前期著作中,他反复呼吁学术及文学要摆脱工具论的羁绊:"故欲学术之发达,必视学术为目的,而不视为手段而后可。汗德《伦理学》之格言曰:'当视人人为一目的,不可视为手段。'岂特人之对人当如是而已乎,对学术亦何独不然,然则彼等言政治,则言政治已耳,而必欲渎哲学文学之神圣,此则大不可解者也。"(《论近年之学术界》)从中我们可以明确看出,王国维非功利主义文学价值观的提出,显然是有感于"文以载道"论对中国文学所造成的消极影响而发的,他的思想具有开创意义。

　　鲁迅和周作人的早期文艺思想主张"不用之用"的文学价值观,反对儒家的功利主义文学观。鲁迅在这一时期的诸多文章中公开声明其文学超越现实功利而致力于人的精神改造观点。他指出文艺在于"启人生之闭机,而直语其事实法则","文章亦然,虽缕判条分,理密不如学术,而人生诚理,直笼其辞句中","文学和学说不同,学说所以启人思,文学所以增人感"。艺术美有三要素:"一曰天物,二曰思维,三曰美化。而美术之目的者……要以与人享乐为臬极。"(《摩罗诗力说》)鲁迅并不反对文艺之功用,但明确不赞成正统儒家的政治教化工具论的观念。

众所周知,鲁迅在《摩罗诗力说》中倡导"摩罗诗力"精神,批判儒家尚和谐重中庸的原则:

> 平和为物,不见于人间。其强谓之平和者,不过战事方已或未始之时,外状若宁,暗流仍伏,时劫一会,动作始矣。……故杀机之防,与有生偕;平和之名,等于无有。特生民之始,既以武健勇烈,抗拒战斗,渐进于文明矣,化定俗移,转为新懦,知前征之至险,则爽然思归其雌,而战场在前,复自知不可避,于是运其神思,创为理想之邦……虽自古迄今,决无此平和之朕……

鲁迅所谓的"杀机"就是指对抗性的不可调和的矛盾斗争,在他看来,人类社会的不断进步依赖于斗争精神,他提出的"立意在反抗,指归在动作"具有强烈的反传统思想。

周作人于1908年发表的《论文章之意义及其使命因及中国近时论文之失》一文中立足于对传统儒家文艺思想的批判,倡导中国文学要"夺之一人,公诸万姓"。至"五四"新文化运动,他又提出"人的文学",即在文学中表现人道主义,尊重个人的生活需求,又推己及人关爱人类。周作人不无偏激地认为"儒教道教出来的文章,几乎都不合格"。

陈独秀在《文学革命论》中喊出"文学革命"的口号,主张推倒贵族文学、古典文学、山林文学,建设国民文学、写实文学、社会文学,反对儒家的"文以载道"的文学思想,批判韩愈及"桐城派"诸人的复古主义,这与周作人上述观点基本一致。刘半农接着胡适、陈独秀的文学改良、文学革命论讲下来,更加具体地提出了文学艺术改良的措施,他提出"道是道,文是文"的观点,认为文学为"美术"之一,而非载道的工具。由此可见,刘半农也是明确反对旧文学,反对儒家的"文以载道"的。

专以"载道"为己任的古文是陈独秀批判的对象,在《文学革命

论》中,他指出了韩柳古文运动的弊端:

> 一曰文犹师古。虽非典文,然不脱贵族气派。寻其内容,远不若唐代诸小说家之丰富。其结果乃造成一新贵族文学。二曰误于"文以载道"之谬见。文学本非为载道而设,而自昌黎以迄曾国藩所谓载道之文,不过钞袭孔孟以来极空泛之门面语而已。余尝谓唐宋八家文所谓"文以载道",直与八股家之所谓"代圣贤立言",同一鼻孔出气。

在陈独秀看来,标举儒家思想的韩柳古文运动虽然对骈文文风起到了一定的抑制作用,但仍然是以一种形式主义替代了另一种形式主义,没有摆脱正统文学观念的窠臼,为此,他提出了文学的"三大主义"。

胡适更是白话文的积极提倡者,他在《建设的文学革命论》中这样说:"这二千年的文人所做的文学都是死的,都是用已经死了的语言文字做。死文字决不能产生活文学。所以中国这二千年只有些死文学。"他的观点不免有些偏激,但在胡适们看来,不极力否定以文言为语言媒介的旧文学,就难以建立通俗畅达可以为广大民众阅读的白话文学。他们认为,文言文既然为载道之文,提倡白话反对文言,其深层是反对"文以载道"。因此,儒家文艺思想便成为白话文倡导者们的批判对象。

在儒学及其文艺思想受到猛烈攻击的同时,上个世纪初的文化保守主义思想家和学者与激烈反传统者在以儒家思想为核心的传统文化及儒家文艺思想方面所表现出的态度是明显对立的。辜鸿铭、林纾自不必说,被鲁迅称为"有学问的革命家"的章太炎所坚持的更多的也是儒家文艺观念。

在先秦儒家文学观中,"文"的概念并不仅仅指文学,文、史、哲是不分的,文学与非文学的界限十分模糊。在先秦典籍中,"文"实际上指一切文化典籍。中国古代泛文学观念产生的原因是多方面的,但最主要的仍应归之于正统儒家思想影响下所形成的"文以载道"论。综观儒家诗文理论,无一不标榜宗经复古,要求文艺要有利于社会教化,因此,那些能够直接"传道"的文体样式便被作为文学来看了,如宋人曾巩和王安石的文集中奏议、策论、制诰、表启、墓志占十之八九。由于以上各类文体都被塞进"文学"之中,因而,强调"文学"的道德教化功能就是自然的事了。自近代特别是 20世纪初始,要求打破这种杂文学体系的呼声越来越强烈。但章太炎依然坚持儒家的杂文学观念,他这样对"文学"进行界定:"文学者,以有文字著于竹帛,故谓之文;论其法式,谓之文学。凡文理、文字、文辞皆称文;言其采色发扬谓之文;以作乐有阕,施之笔札谓之章。……古之言文章者,不专在竹帛讽诵之间。孔子称尧、舜焕乎其有文章,盖君臣、朝廷、尊卑、贵贱之序,车舆、衣服、宫室、饮食、嫁娶、丧祭之分谓之文;八风从律,百度得数谓之章。文章者,礼乐之殊称矣。其后转移,施于篇什。"(章太炎《文学总略》)由此观之,章太炎将一切文学性的东西皆称为文,文的外延确实够宽泛的了。但他的杂文学体系又并不是古代"文"的观念的"杂烩",他在论文时,就将礼乐刑政为文、文德之操为文的观点给抛弃了,而对其他诸说做了新的融汇,形成了非常明确的杂文学体系。

同章太炎一样,刘师培对传统文化也多持肯定态度。在《论近世文学之变迁》一文中,对后来儒学发展给文章带来的影响表示不满。由于其主张"文笔之辨",提倡韵偶骈文,所以,他认为宋儒讲"义理",清儒重考据使文章"词多鄙俗"或"文无性灵"。显然,他对以孔子为代表的儒家思想是持肯定态度的。

关于近代以来特别是"五四"时期的激进主义思潮,过去的研究往往全盘肯定。而自 20 世纪 80 年代以来,有不少学者对这一激进主义开始做出反思。我们认为,激进的反传统思想在对待传统文化的态度上存在着"情"与"理"的强烈冲突。从学理的角度而言,胡适、陈独秀等实际上并没有把包括儒家思想在内的传统文化完全否定,胡适就曾说过"全盘西化"这个名词的确不免有一点语病。

　　蔡元培对待儒家文化及儒家文艺思想的态度特别值得我们注意。林纾致信蔡元培,对胡适、陈独秀提出批评,坚持传统道德不可抛弃,"大学为全国师表,五常之所系属……或且有恶乎阘茸之徒,因生过激之论,不知救世之道,必度人所能行;补偏之言,必使人以可信。晚清之末造,慨世者恒曰:去科举,停资格,废八股,斩豚尾,复天足,逐满人,扑专制,整军备,则中国必强。今百凡皆遂矣,强又安在?于是更进一解,必覆孔孟,铲伦常为快"。林氏之极端保守观点显然有极大的片面性。但在此需要注意的是蔡元培《致公言报并答林琴南君函》所阐述的观点。针对林纾的两条诘难"覆孔孟,铲伦常"和"尽废古书,行用土语为文字",蔡元培逐一做出了回答与辨驳。对于"覆孔孟",蔡元培指出:"大学讲义,涉及孔孟者,惟哲学门中之中国哲学史。已出版者,为胡适之君之《中国上古哲学史大纲》,请详阅一过,果有'覆孔孟'之说乎?特别讲演之出版者,有崔怀瑾君之《论语足征记》《春秋复始》。哲学研究会中,有梁漱溟君提出'孔子与孟子异同'问题,与胡默青君提出孔子伦常之研究问题。尊孔者多矣,宁曰覆孔?"至于白话文的提倡,蔡元培指出:"白话与文言,形式不同,内容一也。"蔡元培为胡适、陈独秀们的"辨解"更多地是在学理层面。从政治改革的角度看,胡、陈的言论实际上哪有如蔡元培所说的如此中庸!当然,我们从中可以看出,蔡元培的观点既不同于林纾之保守,也有别于胡适、陈独秀实际上的激进言论和行动,是较为公允的,这与蔡氏任北京大学校长期间所主张的"兼容并包"思想是有内在联系的。

　　总体上讲,世纪初20年对儒家文艺思想的研究与时代政治文化思潮密切相关,纯粹学理上的探讨并不多见,更多地是围绕如何对待传统文化的问题所展开的对儒家文艺思想的批判或坚持。就整体倾向而言,激进主义者对儒家文艺思想的抨击当然是占了上风的。实事求是地说,世纪初对儒学思想的批判是历史的必然,也是建设新文化之必需。况且,以儒家思想为核心的传统文化确具有极大的落后性,如对个性的压抑,过分强调等级秩序,政治思想上及文艺上的复古主义影响了创新精神的产生等都应进行清理、反思、批判。但是这一时期对于儒家文艺思想以及中国古代文学的批评,出现了很多偏激的言论。同时由于受片面进化论思想的影响,有不少人认为愈新愈好,对传统文艺观念大多给予否定。而文化保守主义者对儒家文艺思想的态度当然同样存在很多问题,他们往往不顾时代的发展,仍一味钟情于旧文学观念,而不能客观地对之做出评价,其弊病也是明显可见的。儒家文艺思想就这样在激进与保守的冲突中不断被阐释着。

二、动荡中的收获

　　第二阶段主要指20世纪20年代至"文化大革命"结束,除新中国成立到反右运动之前,中国基本上都处于动荡之中。

　　由于社会政治斗争的不断展开,再加上激进思想的不断强化,以致发生了"文化大革命"。儒家思想(包括文艺思想)常常处于被批判地位,但也有一些学者尽力避免干扰,致力于儒家文艺思想研究。

　　朱自清《诗言志辨》一书收入四篇文章《诗言志》、《比兴》、《诗教》、《正变》。其中,前两篇写于抗战前。朱自清说四篇论文"是研究那四条诗论的史的发展的。这四条诗论,四个词句在各时代有许多不同的用例。书中便根据那些重要的用例试着解释这个词句的本义跟变义,源头和流派。""诗言志"与"温柔敦厚"的诗教为儒家文艺思想的重要组成部分。朱自清先生博学多识,在《诗言志辨》中对作为儒家文艺思想核心内容的"诗言志"说和评诗标准的"温柔敦厚"说的梳理和评析兼具文学家的体悟和史学家的眼光，是不可多得的重要著作。

郑振铎于1927年在《小说月报·中国文学研究专号》上发表《读毛诗序》一文，文章认为，《毛诗序》把文学与社会的自然联系概括为"美刺"，"美刺"是极其矛盾的，是后汉人"杂采经传，以附会诗文的"。

冯友兰40年代版的《新理学》在讲到艺术的功用时指出"儒家对于乐极为重视；其所以重视乐者，即以为乐可以有教育底功用，可以作为一种教育的工具"。引用荀子"美善相乐"的观点提出美的艺术品应引起道德上的教育作用。

朱光潜发表于1942年的《乐的精神与礼的精神——儒家思想系统的基础》一文认为儒家全部哲学思想大半从乐与礼出发，乐的精神是"和"，礼的精神是"序"，儒家诗教温柔敦厚，"诗言志"实际上是主张调节情欲而达于中和，并不主张禁止或摧残，是健康的。

张须的《论诗教》发表于1948年7月出版的《国文月刊》第69期，其总的思想是从春秋赋诗应对的社会文化背景上来说明孔子重诗教的原因。要解决这一问题，必须了解当时的背景。这也是张须此文的重点所在。春秋时代，各国之间竞争激烈，鲁国处于弱小地位。弱小的国家必须重视政事，特别是外交工作，而外交中的辞令又居于十分重要的地位。孔门列德行、言语、政事、文学四科具有重要的现实意义。春秋士大夫在公共场合，尤其在外交事务中，多引《诗经》中的诗句来表达思想。引诗之外，还有赋诗。赋诗又分为"自赋"和赋昔人之《诗》，前者如许穆夫人赋《载驰》，后者在鲁襄公时代最为流行，甚至成为一时风气。"赋者断章取义以施诸人，受施者亦必断章以为答赋。"孔子的童年时代正在襄公之世，这正是孔子后来重视诗教的社会文化背景。

　　罗根泽于抗日战争之前和抗战初期编写的《中国文学批评史》也是这一时期的力作。关于孔子的诗说，罗著联系序言中所说的"时代意识"通过对春秋赋诗的研究有力地论证了诸子以功用的观点论诗的社会历史原因。指出，春秋士大夫赋诗的目的是用诗来表达诗人的情意或对人的情意，并不是要体察作诗人的情意，更不是欣赏诗的文学之美。因此，赋诗往往"断章取义"，并不顾及作者的情意，只是借以表达自己的情意。对孟子的"以意逆志"与"知人论世"说，罗著所论虽较为简略，但仍较辩证地指出了其内涵。

　　对于两汉的文学批评，罗根泽认为是封建功用主义的黄金时代，其功利性甚至超过了周秦诸子，这当然是因为对先秦儒家思想的继承。《毛诗序》、郑玄的《诗谱序》显然都带有较强的功利主义色彩。对于辞赋的批评，同样也贯串着"尚用"的功利主义观点。正如罗著所指出的："'尚用'的观念，恰与两汉相始终，所以两汉的评论辞赋，自刘安至王逸，都以之附会儒家化了的《诗经》，至魏文帝曹丕才摆脱了这种羁绊。"

　　至于儒家文艺思想的其他代表文论家的观点，罗著都有较精当的论述，此不赘述。

　　郭绍虞先生根据旧著改写的《中国文学批评史》于1955年出版(此前郭著的《中国文学批评史》上卷由商务印书馆1934年出版，下卷于1947年出版)是这一阶段中国文学批评研究的重要著作，其中对儒家文艺思想的介绍与研究也较为细致，虽然受到片面阶级论的影响，但对孔门文学思想及后代儒家文艺思想的评价基本上还是公允的。

　　对孔子文学观的研究，郭绍虞先生重点指出了尚文和尚用两种既矛盾又基本统一的主张。从孔子的"不学诗无以言"，"言之无文，行而不远"等言论可以看出孔子是尚文的。从"子在齐，闻《韶》，三月不知肉味"中又可见孔子对音乐的爱好与重视，因为礼和乐是密切相关的。郭绍虞先生又明确指出,孔子同时又是注重实际,注重实用的思想家,开后世文道合一的先声。从"有德者必有言,有言者不必有德"的言论以及论诗重在"无邪",重在"迩之事父,远之事君",论修辞重在"达"、重在"立诚"等重要诗学主张,则明显可以看出孔子的文学观是偏重于质的,而质又是以道德为标准的,因此,尚文成为手段,尚用才是目的。郭绍虞最后指出,孔子在处理尚用和尚文的关系时,虽有所偏重,但都能将两者"折衷调剂恰到好处"。也许是由于荀子在当时被人们认为是更具有唯物主义色彩的哲学家之故,郭绍虞先生对荀子在儒家文艺思想发展过程中的地位给予了较高评价。

　　文道关系是儒家文论的一个重要内容。郭绍虞先生在其批评史著作中讲到唐代古文运动时对之又做了进一步梳理。郭先生认为古文运动不始于韩柳,甚至不始于唐代,刘勰已开发风气。古文运动用来反对南朝言之无物的散文的理论依据是"道",而刘勰对"道"早有论及。《原道篇》说:"心生而言立,言立而文明,自然之道也。"黄侃《文心雕龙札记》认为《原道》一篇重在自然之道。郭绍虞联系《宗经》、《序志》诸篇得出的结论与黄侃不同或者说更加具体,即是说《文心雕龙》所言的"道"是儒家之道。

　　论至"文统与道德"的分化,郭著中两段文字是很精彩的:"宋初人的心目中受了韩愈的影响是横亘着一个'统'的观念,而时到宋代,又不可能像韩愈这样学道好文二者兼营,其势不能不有些偏,也就是不能不分化","分化以后,一方面因为文与道是两个事物,一方面又因'统'的观念之深入于人心,所以古文家自有其文统的观念,而道学家自有其道统的观念。……到后来,道学家建立他们的道统,古文家建立他们的文统,便各不相谋了。"郭先生用了不少篇幅讲宋代道学家的文论观点并十分精当。

　　由刘大杰主编、王运熙、李庆甲参加编写的《中国文学批评史》

上册于1964年出版,这部著作比较实事求是地对儒家有关文艺问题的思想进行了梳理与分析。开篇便指出:"儒家的文学思想,在我国文学批评史上占有重要的地位。"该著首先考察了孔子以前的文学观念。然后指出,孔子对前代的文化遗产,特别是周初以来的文化遗产都有自觉的继承。刘大杰从"论文"、"论诗"两个方面研究孔子的文艺思想。"论文"方面的主要观点有:第一,"文"在孔子的观念中范围较宽,指一般的文化和学术。第二,孔子重文,表现在文为"四教"(文、行、忠、信)之一。要提高道德修养,非有文化不可;要参加政治活动,非熟悉典章制度不可;要进行外交活动,非善于言辞不可。第三,孔子重文,但更重德,把德放在文之上。在处理道德修养和文化修养二者的关系时,孔子强调德行是根本的,首要的,文化是从属的,次要的。这一思想与前人"立德、立功、立言"的"三不朽"是一致的。孔子所主张的"文质彬彬"虽是指人的修养和外在表现的关系,但要求质文兼备的思想对后代的文学批评产生了重要影响。

关于"论诗"。刘大杰指出,如果说"文"在孔子那里还是一个外延宽泛的概念的话,那么,"孔子对于诗的意见,则可以说是比较纯粹的文学批评。"首先,孔子非常重视诗的作用,"兴于诗,立于礼,成于乐"、"不学诗,无以言"等分别从道德修养、外交活动、日常生活等方面说明诗之重要性。尤其是指出了"兴、观、群、怨"说。其次,孔子论诗注意从美和善两方面入手,要求内容和形式的统一。再次,孔子以"思无邪"对《诗经》做出的评价表明孔子衡量文艺作品的思想内容所持标准是宽泛的。有论者曾以《诗经》中有表现男欢女爱的诗篇为由,认为孔子对"诗"的评价是有矛盾的。其实,这种观点没有看到在当时的生活习俗中,这些所谓"淫"诗都是自然、健康的,具有民本思想的孔子并非回避这些诗作,在他看来,这也是"无邪"。因此,刘大杰先生认为孔子是"宽容"的。最后,孔子论诗重"中和之美",这一思想对"温柔敦厚"诗教的形成产生了重要影响。

刘著对孟子的"以意逆志"、"知人论世"、"知言养气"以及唐代古文运动的代表理论家柳冕、柳宗元、韩愈等的儒家文艺思想做出了较详细的评述。

这一时期还有一些论著值得提及,如陈钟凡的《中国文学批评史》(中华书局1927年版),方孝岳的《中国文学批评》(上海世界书局1934年版),朱维之的《中国文艺思潮史略》(上海合作出版社1938年版),朱东润的《中国文学批评史大纲》等著作都不可回避地对儒家文艺思想给予充分关注。不少论文也较深入地研究了不同历史阶段的儒家文艺思想的某些问题或发展状况。

文革十年,孔子被批倒批臭,儒家思想被认为是完全反动的学说,儒家文艺思想除受批判之外,没有什么真正的研究成果。

三、科学研究儒家文艺思想时代的到来

20世纪末最后20年与世纪初20年一样也相对成为儒家文艺思想研究的独立阶段。当然,由于两个阶段中国社会政治、经济、文化等明显不同,对于儒家文艺思想的态度以及研究的主要问题也发生了很大变化。张岱年先生曾于1983年指出:"尊孔的时代已经过去了,反孔的时代也已经过去了,现在应科学地研究孔子、评价孔子。"(张世林编《学林春秋》,朝华出版社1999年版,第195页)确如张岱年先生所言,20世纪80年代、90年代的儒家文艺思想研究真正走向了科学研究的时代,而且呈现为研究面广、问题多、方法新、视野宽等诸多特点,产生了大量的优秀成果。我们拟将20年来的研究归纳概括为几个重要问题加以梳理和分析。

(一)关于"兴、观、群、怨"

　　关于儒家文艺社会功能观的研究可谓是一个老问题。大多数学者都承认儒家思想具有突出的伦理性特征,受其影响,儒家学派的创始人孔子及其后来的继承者在对待文艺的社会作用问题上都持政治教化的观点。具体到批评实践中,"兴、观、群、怨"被认为是儒家文艺社会功能观的集中体现。在对这一老问题的研究中出现了一些新观点。

　　詹福瑞《孔子诗论管见》认为,在对"兴"的理解上,有不少学者依据孔安国"兴,引譬连类"和朱熹"感受志意"的解释,提出"兴"所强调的是诗的"感染作用",即认为孔子注意到了诗的审美特征,这其实是一种误解,实际上,"兴"是《论语·泰伯》中"兴于诗,立于礼、成于乐"的"兴",讲的是道德修养问题。"可以兴"是言学诗可以兴起读者兴趣的道德修养。而"兴起"着重于理性的领悟。这种领悟既无须对艺术形象的感受和体验,也无须情感的参预,诗句仅仅被处理成启发引申义的基本义,当然谈不上什么感染作用和审美作用了(《河北大学学报》1985年第2期)。

　　对于"兴"的解释,韩林德《孔子论艺术的社会作用》(《西北师范学报》1982年第1期)一文同詹福瑞的观点有同有异,作者认为,"兴"有两层含义,一是"兴""志",即兴发情感;二是"兴""意",即兴起事理。并认为,前者是对《尚书》"诗言志"论点的肯定和发展。孔子由诗感发出的对事理的赞叹固然说明了孔子念念不忘复礼的守旧心理,但也反映出他对诗歌中类比联想的高度重视。因此,"感染"和"事理"并不矛盾,后者要通过前者达到目的。

　　在对"兴、观、群、怨"的理解上,这一阶段有不少学者注意从历史、文化的角度较为细致地探讨其产生的社会历史文化背景及其与文艺发展的密切关系。贾东城《横看成岭侧看成峰——从春秋赋诗看孔子的"兴观群怨"说》(《河北师范大学学报》1989年第4期)即从春秋赋诗特有的历史现象出发,研究"兴、观、群、怨"的具体内涵。赋诗活动是时代的需要,出于诸侯争霸的需要,各国大夫皆在外交场合讲究进退之礼仪,文饰其应对之辞令,于是赋诗喻志之风大兴。由于赋诗者出于表达心志的需要,可随心所欲,断章取义,这样就谈不上诗的审美特点,赋诗只是一种社会实际的语言手段和形式,而不是语言艺术的审美活动。陆晓光《春秋政治与孔子〈诗〉"可以观"的历史意蕴》(《华东师范大学学报》1990 年第 2 期)立足于当时的政治制度、交际风尚及孔子的政治理想等对"观"的内涵做了较深入细致的考察。认为孔子提出《诗》"可以观"的最终目的是其所言的"事父事君",而"观"正是达到这一目的的中介。

(二)关于"思无邪"

孔子"诗三百,一言以蔽之,曰:思无邪!"一语即出,引起后来者众说纷纭的评价和解说。如前所述,"思无邪"作为儒家文艺思想的一个理论问题,在三四十年代罗根泽等先生就对之做出过研究。到了 20 世纪 80、90 年代它又成为热点问题。

蔡尚思在《孔子思想体系》中认为,孔子所谓的"思无邪"是从教育学的角度而发的,提出"思无邪"是害怕其弟子们"不会或不要按照事父事君的要求断章取义,相反却被人的感情吸引,内心发生共鸣",并且认为,封建时代的注释家把"思无邪"解释成"归于正"是符合孔子本意的。

有学者则进一步认为《诗经》的情诗被孔子看作"无邪"的作品而未被删除说明了孔子思想中的进步性,而这又与其保守的一面构成了矛盾。

敏泽在《中国文学理论批评史》中同意清代经学家刘宝楠《论语正义》中"归于正"的解释。认为"这是符合孔子对于诗的社会功能的看法的……当然,在阶级社会中,任何道德观念(包括'正'、'邪')总是阶级的,而非抽象的。孔子在《诗经》中保留的一部分'怨刺'诗,虽然对统治者作了程度不同的揭露和批判,但也都还是希望奴隶主统治者由此引起警惕,采取措施,更好地进行统治,而不是从根本上违反政治统治阶级的利益的"。

李泽厚、刘纲纪的《中国美学史》对"思无邪"也做了解释。认为孔子深刻地感到了《诗》中鲜明地表现出来的那种肯定现实人生的健全的理性精神,还指出孔子称赞三百篇的好处最根本的在于"思无邪","都是从诗所表现的人的道德精神心理状态去观的","包含着一个深刻的思想,那就是要从艺术去看一个社会的状态,主要是看表现在艺术中的这个社会的人的精神、情感、心理状态。这是把握住了艺术对社会生活的反映的根本特征的"。作者从美学和艺术精神的角度对孔子的这一评《诗》标准给予了充分肯定,但没有具体涉及争论中的"矛盾"问题。

蔡仲翔等在《中国文学理论史》一书中指出,从《诗经》中描绘的生活来看,在周代,青年男女的交往是比较自由的……森严的男女之大防以及妇女的贞节观念是在孔子之后才完全建立起来的,因此,孔子不排斥爱情诗,不仅是可能的,而且是为时代意识所决定的。进入 90 年代,有学者对"思无邪"研究的方法做出了反思。认为传统经学方法往往把一代代研究者诱入一个循环论证的困境,即根据后儒们对《诗经》、《论语》等经典的解释来证明孔子有一个诗教的标准,再用孔子有这样一个"诗教"标准来论证孔子就是根据此一标准来评价"诗三百"的祖宗。只有抛弃了这种循环论证的方法才有可能准确理解"思无邪"的真正内涵。孔子并非从一般后人所谓的道德的角度来概括《诗经》的内容,即不能用现在的道德评价标准来套孔子论诗的标准。今天看来不道德的,在当时也许是符合道德的,如"婚制"。因此,有学者就指出"思无邪"是一个具有象征意义的符号,代表了一个自然而又天真的浑然一体的艺术境界(程怡《失去的天真:"思无邪"传统批评的批评》,《华东师大学报》1990 年第 5 期)。

正如"诗无达诂"一样，对"思无邪"的理解自古以来就存在较多分歧，这当然与对《诗经》中的基础篇章的理解有直接关系。

(三)关于"文质"

"文质"关系也是儒家文艺思想的一个重要范畴。自20世纪80年代初以来，出版的多部《中国文学批评史》及不少文章对之多有论及。

关于"文质"关系的研究论文，束景南的《从文化思想到文学理论：文质说的历史形成和发展》(载《文献》1999年第3期)较为详细地梳理出"文质"说的发展脉络及其演变原因。文章指出文质思想在先秦时代反映了中国人的一种关于人与社会的文化观，它首先发展为文质相副的伦理道德思想。汉初儒家以董仲舒为代表把文质说发展为集道德、历史与政治三位一体的社会文化思想。西汉时期的扬雄第一个把文质说运用到文学上，提出了较完整的文质相副的文学理论。魏晋以降，文质说成为文学评论家评论文学的重要文学理论。表现在两方面：一是用文质说评论多种文体的风格，如傅玄、挚虞。二是用文质说来评论历代的作家及其文学作品，如陆机。

本文还指出，刘勰的《文心雕龙》在继承并发展前人文质观的基础上对之作了集大成的总结。刘勰的文质说，在情、理、文三者关系上，主张情重于道，以情为经，以道为纬。这种文质说对当时六朝绮靡文风无疑是一种有力的批判武器，而且也成为后来唐宋古文运动的思想基础。但刘勰的文质观比唐宋古文学家与道学家弃情而讲文与道更深刻，更触及到了文学艺术本身的特殊审美规律。

(四)关于儒家文艺思想对中国古代文学艺术的影响

儒学思想在塑造中华民族文化心理结构的过程中起着举足轻重的作用，中国人的传统思维方式和行为方式几乎是自觉或不自觉地打上了儒家思想的烙印。而儒家文艺思想对中国古代文学艺

20世纪儒学研究大系

术及文学批评的影响更是既直接又深刻。

　　徐中玉在 80 年代末就特别提出要注意中国古代文论在当代文艺研究中的地位和作用问题,可谓是开了后来学术界提出的"古代文论现代转换"的先声。他总结了中国古代文论的民族特色,尤其指出"尚用"、"求真"、"重情"等都较多地受到儒家思想的影响。如在谈到"尚用"时,徐先生认为"兴观群怨"中的"怨",即"怨刺上政"成为历代进步文艺家创作的崇高目标,这种批评传统对后人自然具有启发意义。孔子提出"情欲信,辞欲巧",是主张情由人生,但情要真。古代文论中所讲的"信"、"实"、"诚"都同"真"基本上是一个意思。总之,要建设当代文艺理论,中国传统文论是一个重要的思想资源,对之进行创造性转换是可能的(《简论古代文论在当代文艺研究中的地位与作用》,《文艺理论研究》1989 年第 5 期)。

　　综观这一阶段对儒家文艺思想与中国古代文艺关系的研究,可以看出成果极其丰富、涉及到的问题也较多,大体概括为以下几个方面①:

---

　　①　涉及到的主要论文有:马积高《两汉文学思想的变迁与儒学》,《求索》1989 年第 1 期;汪鹏生《试论伦理型文化传统对中国古代文学的规范作用》,《齐鲁学刊》1989 年第 6 期;顾伟列《中国古典文学中的忧患意识及其文化渊源》,《上海教育学院学报》1990 年第 3 期;刘玉平《孔子与中国古典文化的文化性格》,《孔子研究》1992 年第 2 期;田兆元《论孔孟的天人观对古代文学的影响》,《社会科学》1992 年第 6 期;张留芳《略论儒家的文学伦理思想》,《南京师大学报》1993 年第 1 期;陈顺智《略论先秦儒家中和文艺观》,《武汉大学学报》1993 年第 2 期;祁光禄《儒学与宋词关系》,《吉首大学学报》1993 年第 1 期;寇养厚《论孔子的中和美文艺观》,《石油大学学报》1992 年第 1 期;陈美林《作为儒家核心的'人学'与作为'人学'的文学》,《苏州大学学报》1995 年第 4 期;朱恩彬《儒家思想与中国文艺的现实主义》,《文艺研究》1996 年第 3 期。

伦理型文化对中国古代文艺创作的影响。儒家思想具有重人伦、重伦理道德的特征,在其影响下,中国传统文化具有极强的伦理性,表现为:伦理型文化与宗法政治观念的关系极为密切,造成整个民族的政治思维发达,强调伦理道德为政治服务,传统文化强调国家利益与个人利益的一致性和人际关系,修身为人格修养的第一要务;思维方式上表现为注重崇尚体悟和内在反思;人生审美理想追求至善至美,以善为美。在这种伦理型文化规范之下,中国古代文学创作往往具有以下明显特点:政治功用第一,文以载道成为一以贯之的创作原则;鉴赏中置道德性联想于艺术性体味之上,以道德伦理作为艺术价值评判标准;审美趣味上标举温柔敦厚,渊渟雅蓄的美;崇古、复古往往成为古代作家的价值参照系。

"入世精神"、"忧患意识"与中国古代作家的社会参与意识。孔子生活在礼崩乐坏、诸侯纷争的时代,他以积极入世的精神周游列国到处奔走以实现其"仁政"理想。但另一方面,道德与历史的二律背反注定了孔子的悲剧。基于忧患展开的人生实践重新归于更深刻的忧患。后代作家不同程度地受忧患意识与入世精神的影响。中国古代作家面向社会现实,广泛、深刻地接触社会,把文艺作为参与社会生活的重要手段。忧时伤世成为中国古代作家的群体意识。中国古代作家的自我人生设计,总是把"兼济天下"放在首位。"思一效精力,糜躯以报国"(曹植)、"感时思报国,拔剑起蒿莱"(陈子昂)、"先天下之忧而忧,后天下之乐而乐"(范仲淹)、"天下兴亡,匹夫有责"(顾炎武)皆体现出以天下为己任的用世之心和献身精神。其次,由于以积极入世面对现实,中国古代绝大多数作家都热衷于仕途,信奉"学而优则仕"。再次,中国古代作家的创作普遍浸润着深重的忧患体验,但最深刻的是忧国忧民的忧患意识。总之,中国古代作家的入世精神及忧患意识使得中国古代文学既不是狭隘地关注自身,也不是空泛地侈言"彼岸",而是密切关心现实人生,这些基本精神无疑都来自于以孔子为代表的儒家思想。

中庸精神与中和美文艺观的追求。孔子的中庸思想直接影响着中国人的致思方式和行为方式,表现在美学精神和艺术理想上,则是古代艺术家对"中和"美的美学境界和艺术境界的追求。"中和之美"首先表现为中国古代作家在创作中在处理个体与群体、感性和理性、文与质、情与景、形与神等关系方面,皆以和谐为最高标准。

对"中和之美"的追求使中国的传统文艺看重人生现实和道德情感,注重内容的平稳和谐。中国文学一般不从超现实和超人类的神秘世界中去寻找美,避免了西方文艺中忽而形式主义至高无上(如"三一律"),忽而又放荡不羁(如某些浪漫主义)的弊病,形成了典雅含蓄的美学风格。这是其正面价值。中庸思想对中国文学的影响也产生了一些负面效应。表现在:第一,在处理情与理的关系方面,儒家文艺思想虽然承认文学艺术的抒情言志,但又要求必须做到"温柔敦厚","乐而不淫,哀而不伤",符合"礼"之规范,发展到后来就走向了"以理节情",影响了情感的真实自然的表现。第二,孔子强调艺术的中和美,强调适度,使得中国古代美学中壮美、悲剧美等审美形态不如优美丰富。第二,中庸思想使中国古代作家很难彻底走向对统治者的反抗。

从"天人观"及"人学"角度检讨儒家思想对中国古代文学的影响。在孔子、孟子等儒家思想的开创者的影响下,中国传统哲学形成了颇有东方特色的"天人合一"思想。这一思想异于西方主客分离的二元对立哲学传统,主张人与自然的和谐统一,落实到文学中便开创了"托物言志"的先例。古代文论中影响深远的"比兴"观就是儒家"天人合一"哲学观在文学理论中的具体表现。

有的学者认为儒家有自己的人学体系,重视人的本质和价值,在尊重人的前提下,又重视人际关系。这样,作为"人学"的中国古代文学与儒家思想关系十分密切。由于儒家人学思想极为重视人的社会属性，中国古代文学比较重视反映人的社会生活，重视文学的政治教化的社会功能。由于受这一"人学"思想的伦理型品格的影响，中国文学强调人品先于文品。以"仁"为内在核心，以"礼"为外在表现的儒家人学思想也给中国古代作家的创作造成了消极的影响，他们总不能突破封建伦理纲常的限制，批判的矛头不敢直指最高统治者。

从思维学、语言哲学的角度研究儒家思维方式及表达方式对中国古代文论和文学的影响。李清良《孔子与中国古代文论的思维方式和言说方式》(《东方丛刊》1998 年第 1 期)一文从思维方式与言说方式入手，从较新颖的角度，对中国古代文论在思维与表达方面与孔子的关系作出了较深入的论述，显示出 20 世纪 90 年代儒家文艺思想研究创新意识的增强。

作者在此文中指出，孔子的言说方式虽然"泛应曲当，用各不同"，但其深层的思维方式都是"吾道一以贯之"，就是一个基本原则(一)统帅其思想各个层面(多)，亦即是中国古代圣哲们常用的以执本驭末(或执一驭多，执简驭繁)为特点的本末思辩法。孔子这种一以贯之的思维方式与泛应曲当的言说方式对于中国文化产生了深远影响。最典型的表现为中国古代文论尤其是许多诗话之作往往采取一种语录式形式，从单部诗话著作来看，似乎没有一个全面的理论体系，但在一个时代的众多诗话著作中却往往存在着一个共同的理论体系或理论框架，在"泛应曲当"的外表下又都有"一以贯之"的深层结构。

中西方学者已基本认同这样一个观点，即西方哲学经历了本体论哲学、认识论哲学之后，进入 20 世纪便迎来了语言论哲学的时代。杨乃乔《经学与儒家诗学——从语言论透视儒家在经典文本上的"立言"》(《中国社会科学》1995 年第 6 期)一文称得上从语言论角度研究儒家文艺思想的佳作。

儒家诗学崇尚在经典文本上的"立言"所追寻的政治教化模式,对中国古代文艺理论发展的影响是巨大的。最突出的一个表现是:在创作论上把儒家经典文本"六经"尊崇为文学创作必须遵循不可超越的最高文学范本。儒家诗学通过"立言"把文学存在的价值观投影和聚焦在国家学术宗教的意识形态文化背景上,文学作为语言的文本承载着沉重的政治教化重负。

儒家诗学把文学置于崇高而神圣的学术宗教地位而最终到达政治化的深度模式中,从而使创作主体失落了思想自由。在文章最后,作者指出:"儒家诗学的经学中心主义让人们倍感文学的崇高与神圣,同时也让人们的思考停滞在政治忧患意识之下而倍感步履沉重。……道家诗学体系崇尚的'立意'作为儒家诗学体系崇尚的'立言'的对立面,其以'立意'于瞬间所追寻的直觉体验消解着儒家经典文本,颠覆着儒家诗学体系的经学中心主义,从另外一个方面推动着中国古代诗学的整体发展。这就是儒道诗学理论的冲突与互补。"

关于儒学对古代文学某一时期或阶段的影响,对某一具体作家或文艺理论家的影响也是 20 世纪 80、90 年代研究的热点之一。

从比较诗学的角度研究儒家文艺思想。比较诗学的研究方法在 20 世纪 80 年代的中国形成了热潮,并取得了惊人的丰富研究成果,从比较文学、比较诗学甚至是比较文化学的角度为切入点,对中国文学或文论现象进行研究,开阔了研究视野和研究思路,得出了传统研究方法可能得不出的结论。中西文学与文论产生于不同的自然环境与社会文化环境中,尽管存在着共同的规律性,但也表现出各自的鲜明特色,而它们背后各自有着哲学巨人的思想影响。比较研究中西文艺思想的文章大多涉及到儒家文艺思想问题,同时还有一些文章专门把儒家文艺思想特别是孔子的文艺思想与西方文艺理论家的思想进行比较研究。

　　有学者认为孔子与柏拉图为东西方两位文化巨人,他们在形成中西文学传统方面无疑产生了重要影响。因此,比较二者的异同是十分必要的。二者都曾对文艺的本质做过论述,但有重要差异。孔子主善,要求文艺除能唤起人们的精神愉悦外,更主要的还要用"仁"和"礼"等道德规范对人进行道德伦理的教育和熏陶。而柏拉图继承了自古以来的"艺术摹仿自然"的传统观点,认为文艺是客观的,写实的。因此,柏拉图在文艺本质观上主张求"真"。关于文艺的功能,二者都持功利主义的观点,都强调文艺服务于现实政治,起到教化作用。但孔子不同于柏拉图之处在于他提出"兴、观、群、怨",不只允许歌功颂德,比柏拉图要把诗人逐出理想国宽容得多。因为"怨"有多重含义,至少包含有三层内容:怨刺上政;人们生活中的失意、牢骚、愤懑;爱情中的忧伤、徬徨和感叹。中国文人的忧患意识与孔子"怨"的主张有着密切的关系。就审美理想的角度而言,孔子文艺美学思想集中表现为"中和之美",其中包括"温柔敦厚","乐而不淫,哀而不伤"、"文质彬彬"等。"中和之美"使中国传统文艺看重人生现实和道德情感,重视内容的平稳和谐,不从超现实和超人类的神秘世界中寻找美,避免了西方文艺中忽而形式主义至高无上,忽而又放荡不羁的弊病,形成了中国文艺典雅含蓄的美学风格。柏拉图倡导"理念美"是因为他不满于现实生活之美,不满足于艺术形象自身的局限,而是要向外扩展与升华,追求超世俗的艺术魅力(何文祯《"两位文化巨人　两种文学传统"——孔子与柏拉图的文艺观》,《河北大学学报》1996年第1期)。

　　也有文章比较孔子与亚里士多德的文艺美学思想。在文艺与现实的关系上表现为"思无邪"与"摹仿说",对文艺的社会功用的理解表现为孔子的"兴观群怨"与亚里士多德的"陶冶、快感"说。

至于文艺批评的标准，二者似有较多共同之处，孔子主张"哀而不伤"，亚里士多德则要求艺术"情感适度"（戴前伦《孔子与亚里士多德文艺美学观相似点比较》，《乐山师专学报》1991年第4期）。

《毛诗序》作为儒家文艺思想的一个重要文本所提出的不少观点对中国文艺思想的发展产生了重要影响。有学者把它同亚里士多德的《诗学》做比较研究，更见出其具有特色。《诗学》和《毛诗序》对艺术与现实的关系、艺术的情感及功用三大问题的论述，表现了不同的文艺美学思想。二者所出现的差异的原因与各自的哲学思想渊源，产生的艺术土壤等文化背景不同有关，但最主要的还在于它们对艺术与现实关系的不同认识，注重客观世界的真实性是《诗学》的文艺美学思想的核心，着重政治伦理则是《毛诗序》的核心思想，这也是儒家文艺观的重要内容之一（金永健《〈诗学〉与〈毛诗序〉美学思想比较》，《扬州师院学报》1990年第4期）。

比较文学研究形成了颇具特色的中国学派。中国学派注重中西文学、诗学的阐发研究，对于打通中西文艺思想，走向真正的中西融合做出了重要贡献。钱钟书先生发表于《文学评论》1981年第1期上的《诗可以怨》一文（原为作者1980年11月20日在日本早稻田大学教授座谈会上的讲演稿）可谓比较文学中国学派的典型代表。谈中国古代文艺思想必然不能避开儒家之言论，因此，这篇文章也可以看做从比较角度对儒家文艺思想进行研究的典范之作。

儒家文艺思想博大精深，20世纪儒家文艺思想研究的历程虽然曲曲折折，但所取得的成就是有目共睹的，我们的综述虽尽力描绘出百年来儒家文艺思想学术史的基本轮廓，但难免挂一漏万，敬请专家同仁提出批评。

本书的编选，得到主编傅永聚先生、韩钟文先生的具体指导，我的两位硕士研究生王朝洁、曹亚峰帮我查阅了部分研究论文索引，王朝洁还做了一些具体工作，对以上诸位表示衷心感谢。

致公言报并答林琴南君函（节选）

蔡元培

　　《公言报》记者足下：读本月十八日贵报，有"请看北京大学思潮变迁之近状"一则，其中有林琴南君致鄙人一函。虽原函称"不必示复"，而鄙人为表示北京大学真相起见，不能不有所辨正。谨以答林君函抄奉，请为照载。又贵报称"陈胡等绝对的菲弃旧道德，毁斥伦常，诋排孔孟"，大约即以林君之函为据，鄙人已于致林君函辨明之。惟所云"主张废国语而以法兰西文字为国语之议"，何所据而云然？请示复。

答林琴南君函如左：

　　琴南先生左右，于本月十八日《公言报》中，得读惠书，索刘应秋先生事略。忆第一次奉函时，曾抄奉赵君原函，恐未达览，特再抄一通奉上，如荷题词，甚幸。

　　公书语长心重，深以外间谣诼纷集为北京大学惜，甚感。惟谣诼必非实录，公爱大学，为之辨正可也。今据此纷集之谣诼，而加以责备，将使耳食之徒，益信谣诼为实录，岂公爱大学之本意乎？原公之所责备者，不外两点：一曰"覆孔孟铲伦常"。二曰"尽废古书，行用土语为文字"。请分别论之。

　　对于第一点，当先为两种考察：（甲）北京大学教员，曾有以"覆孔孟铲伦常"教授学生者乎？(乙)北京大学教授曾有于学校以外，发表其"覆孔孟铲伦常"之言论者乎？

请先察"覆孔孟"之说。大学讲义，涉及孔孟者，惟哲学门中之中国哲学史。已出版者，为胡适之君之《中国上古哲学史大纲》，请详阅一过，果有"覆孔孟"之说乎？特别讲演之出版者，有崔怀瑾君之《论语足征记》《春秋复始》。哲学研究会中，有梁漱溟君提出"孔子与孟子异同"问题，与胡默青君提出"孔子伦理学之研究"问题。尊孔者多矣，宁曰覆孔？

若大学教员，于学校以外，自由发表意见，与学校无涉，本可置之不论。当姑进一步而考察之，则惟《新青年》杂志中，偶有对于孔子学说之批评，然亦对于孔教会等托孔子学说以攻击新学说者而发，初非直接与孔子为敌也。公不云乎？"时乎井田封建，则孔子必能使井田封建，一无流弊。时乎潜艇飞机，则孔子必能使潜艇飞机，不妄杀人。卫灵问陈，孔子行。陈恒弑君，孔子讨。用兵与不用兵，亦正决之以时耳。"使在今日，有拘泥孔子之说，必复地方为封建；必以兵车易潜艇飞机；闻俄人之死其皇，德人之逐其皇，而曰必讨之，岂非昧于"时"之义，为孔子之罪人，而吾辈所当排斥者耶？

次察"铲伦常"之说。常有五，仁义礼智信，公既言之矣。伦亦有五，君臣父子兄弟夫妇朋友。其中君臣一伦，不适于民国，可不论。其他父子有亲，兄弟相友(或曰长幼有序)，夫妇有别，朋友有信，在中学以下修身教科书中，详哉言之。大学之伦理学，涉此者不多。然从未有以父子相夷，兄弟相阋，夫妇无别，朋友不信，教授学生者。大学尚无女学生，则所注意者，自偏于男子之节操。近年于教科以外，组织一进德会，其中基本戒约，有不嫖，不娶妾两条。不嫖之戒，决不背于古代之伦理。不娶妾一条，则且视孔孟之说为尤严矣。至于五常，则伦理学中之言仁爱，言自由，言秩序，戒欺诈，而一切科学，皆为增进知识之需。宁有铲之之理欤？

　　若大学教员,既于学校以外,发表其"铲伦常"之主义乎?则试问有谁何教员,曾于何书,何杂志,为父子相夷,兄弟相阅,夫妇无别,朋友不信之主张者?曾于何书,何杂志,为不仁,不义,不智,不信,及无礼之主张者?公所举"斥父母为自感情欲,于己无恩,谓随园文中有之。弟则忆《后汉书·孔融传》:路粹枉状奏融有曰:"前与白衣祢衡跌荡放言,云,父之于子,当有何亲?论其本意实为情欲发耳;子之于母,亦复奚为?譬如寄物瓶中,出则离矣。"孔融、祢衡并不以是损其声价,而路粹则何如者?且公能指出谁何教员,曾于何书,何杂志,述路粹或随园之语,而表其极端赞成之意者?且弟亦从不闻有谁何教员,崇拜李贽其人而愿拾其唾余者。所谓"武曌为圣王,卓文君为贤媛",何人曾述斯语,以号于众,公能证明之欤?

　　对于第二点,当先为三种考察:(甲)北京大学是否已尽废古文而专用白话?(乙)白话果是否能达古书之义?(丙)大学少数教员所提倡之白话的文字,是否与引车卖浆者所操之语相等?

　　请先察"北京大学是否已尽废古文而专用白话?"大学预科中,有国文一课,所据为课本者,曰模范文,曰学术文,皆古文也。其每月中练习之文,皆文言也。本科中国文学史,西洋文学史,中国古代文学,中古文学,近世文学;又本科预科皆有文字学,其编成讲义而付印者,皆文言也。于北京大学月刊中,亦多文言之作。所可指为白话体者,惟胡适之君之《中国古代哲学史大纲》,而其中所引古书,多属原文,非皆白话也。

　　次考察"白话是否能达古书之义?"大学教员所编之讲义,固皆文言矣。而上讲坛后决不能以背诵讲义塞责,必有赖于白话之讲演;岂讲演之语,必皆编为文言而后可欤?吾辈少时读《四书集注》,《十三经注疏》,使塾师不以白话讲演之,而编为类似集注类似注疏之文言以相授,吾辈岂能解乎?若谓白话,不足以讲说文,讲古籀,讲钟鼎之文,则岂于讲坛上当背诵徐氏《说文解字系传》,郭氏《汗简》,薛氏《钟鼎款识》之文,或编为类此之文言而后可,必不容以白话讲演之欤?

又次考察"大学少数教员所提倡之白话的文字是否与引车卖浆者所操之语相等?"白话与文言,形式不同而已,内容一也,《天演论》、《法意》、《原富》等,原文皆白话也,而严幼陵君译为文言。少仲马、迭更司、哈德等所著小说,皆白话也,而公译为文言。公能谓公及严君之所译,高出于原本乎?若内容浅薄,则学校报考时之试卷,普通日刊之论说,仅有不值一读者,能胜于白话乎?且不特引车卖浆之徒而已,清代目不识丁之宗室,其能说漂亮之京话,与《红楼梦》中宝玉黛玉相垺,其言果有价值欤?熟读《水浒》、《红楼梦》之小说家,能于《续水浒传》、《红楼复梦》等书以外,为科学哲学之讲演与?公谓"《水浒》、《红楼》作者,均博极群书之人,总之非读破万卷,不能为古文,亦并不能为白话。"诚然,诚然。北京大学教员中,善作白话文者,为胡适之、钱玄同、周启孟诸君。公何以证知为非博极群书,非能作古文,而仅以白话文藏拙者?胡君家世从学,其旧作古文,虽不多见,然即其所作《中国哲学史大纲》言之,其了解古书之眼光,不让于清代乾嘉学者。钱君所作之文字学讲义,学术文通论,皆古雅之古义。周君所译之《域外小说》,则文笔之古奥,非浅学者所能解。然则公何宽于《水浒》、《红楼》之作者,而苛于同时之胡、钱、周诸君耶?

至于弟在大学,则有两种主张如左:

(一)对于学说,仿世界各大学通例,循"思想自由"原则,取兼容并包主义,与公所提出之"圆通广大"四字,颇不相背也。无论有何种学派,苟其言之成理,持之有故,尚不达自然淘汰之运命者,虽彼此相反,而悉听其自由发展。此义已于《月刊》之《发刊词》言之,抄奉一览(见另编)。

(二)对于教员,以学诣为主;在校讲授,以无背于第一种之主张为界限。其在校外之言动,悉听自由。本校从不过问,亦不能代负责任。例如复辟主义,民国所排斥也,本校教员中,有拖长辫而持复辟论者,以其所授为英国文学,与政治无涉,则听之。筹安会之发起人,清议所指为罪人者也,本校教员中有其人,以其所授为古代文学,与政治无涉,则听之。嫖赌娶妾等事,本校进德会,所戒也,教员中间有喜作侧艳之诗词,以纳妾狎妓为韵事,以赌为消遣者,苟其功课不荒,并不诱学生而与之堕落,则姑听之。夫人才至为难得,若求全责备,则学校殆难成立。并公私之间,自有天然界限。譬如公曾译有《茶花女》、《迦茵小传》、《红礁画桨录》等小说,而亦曾在各学校讲授古文及伦理学。使有人诋公为以此等小说体裁讲文学,以狎妓奸通争有夫之妇讲伦理者,宁值一笑欤?然则革新一派,即偶有过激之论,苟于校课无涉,亦何必强以其责任归之于学校耶?此复,并候著祺。八年三月十八日,蔡元培敬启

(录自《蔡孑民先生言行录》,1920 年新潮社编)

蔡元培(1868—1940),教育家,字鹤卿,浙江绍兴人。曾参与组织创办中国教育会、爱国学社、光复会、同盟会。1912年赴德留学,归国后先后任南京临时政府教育总长、北京大学校长、国民政府大学院院长、中央研究院院长。著作编有《蔡元培选集》、《蔡元培美学文选》、《蔡元培语言及文学论著》。

针对林纾以及《公言报》批评陈独秀、胡适"覆孔孟铲伦常"的保守言论,蔡元培发表了这篇写给林纾的信,阐明了新文化运动并非简单排斥传统道德的观点。与之相联系,指出:"白话与文言,形式不同,内容一也。"为白话文的提倡在学理上寻找依据,蔡氏之观点既不同于林纾之保守,亦有别于陈、胡之激进,较为公允。

论白话为维新之本

裘廷梁

今天下之人莫不曰："国将亡矣,可奈何!"问其将亡之说,曰:"国无人焉耳。"之人也,非真知亡者也。古有亡天下之君,亡天下之相,亡天下之官吏;今数者皆无之,而有亡天下之民。是故古之善觇国者觇其君,今之善觇国者觇其民。入其国而智民多者,靡学不新,靡业不奋,靡利不兴;君之于民,加脑筋于耳目手足,此动彼应,顷刻而成。入其国而智民少者,靡学不腐,靡业不颓,靡利不湮;士无大志,商乏远图,农工狃旧习,盲新法;尽天下之民,去光就暗,蠢蠢如鹿豕;虽明诏频下,鼓舞而作新之,如击软棉,阒其无声,如震群聋,充耳不闻。

有文字为智国,无文字为愚国,识字为智民,不识字为愚民;地球万国之所同也。独吾中国有文字而不得为智国,民识字而不得为智民,何哉?裘廷梁曰:此文言之为害矣。人类初生,匪直无文字,亦且无话,咿咿哑哑,啁啁啾啾,与鸟兽等,而其音较鸟兽为繁。于是因音生话,因话生文字。文字者,天下人公用之留声器也。文字之始,白话而已矣。于何证之? 一证之五帝时,有作衣服,有作宫室,有作舟车,有作耒耜,有作弓矢,有教民医药,有教民稼穑,有教民人伦之道,悟一新理,创一新法,制一新器,一手一足,一口一舌,必不能胥天下之民而尽教之。故凡精通制造之圣人必著书,著书必白话。呜呼! 使皆如今之文言,虽有良法,奚能遍传于天下矣？再证之三王时，誓师有辞，迁都有诰，朝廷一二非常举动，不惮反覆演说，大声疾呼，彼其意惟恐不大白于天下，故文告皆白话。而后人以为佶屈难解者，年代绵邈，文字不变而语变也。三证之春秋时，《三坟》、《五典》、《八索》、《九丘》，在尔时为文言矣，不闻人人诵习。《诗》、《春秋》、《论语》、《孝经》皆杂用方言，汉时山东诸大师去古未远，犹各以方音读之，转相授受。老聃楚人也，孔子用楚语，翻十二经以示聃，土话译书，始于是矣。故曰"辞达而已矣"。后人不明斯义，必取古人言语与今人不相肖者而摹仿之，于是文与言判然为二，一人之身，而手口异国、实为二千年来文字一大厄。

朝廷不以实学取士，父师不以实学教子弟，普天下无实学，吾无怪焉矣。乃至日操笔言文，而示以文义之稍古者，辄惊愕或笑置之，托他辞自解，终不一寓目。呜呼！文言之害，靡独商受之，农受之，工受之，童子受之，今之服方领习矩步者皆受之矣；不宁惟是，愈工于文言者，其受困愈甚。二千年来，海内重望，耗精敝神，穷岁月为之不知止，自今视之，塵塵足自娱，益天下盖寡。呜呼！使古之君天下者，崇白话而废文言，则吾黄人聪明才力无他途以夺之，必且务为有用之学，何至暗没如斯矣？吾一不知夫古人之创造文字，将以便天下之人乎？抑以困天下之人乎？人之求通文字，将驱遣之为我用乎？抑将穷老尽气，受役于文字，以人为文字之奴隶乎？且夫文字，至无奇也。苍颉、沮涌，造字之人也，其功与造话同。而后人独视文字为至珍贵之物，从而崇尚之者，是未知创造文字之旨也。今夫"一大"之为"天"也；"山水土"之为"地"也，亦后之人踵事增华，从而粉饰之耳。彼其造字之始，本无精义，不过有事可指则指之，有形可象则象之，象形指事之俱穷，则亦任意涂抹，强名之曰某字某字，以代结绳之用而已。今好古者不闻其尊绳也，而独尊文字，吾乌知其果何说也？或曰：会意谐声，非文字精义耶？曰：会意谐声，便记认而已，何精义之有？中文也，西文也，横直不同,而为用同。文言也,白话也,繁简不同,而为用同。只有迟速,更无精粗。必欲重此而轻彼,吾又乌知其何说也?且夫文言之美,非真美也。汉以前书曰群经,曰诸子,曰传记,其为言也,必先有所以为言者存。今虽以白话代之,质干具存,不损其美。汉后说理记事之书,去其肤浅,删其繁复,可存者百不一二。以外汗牛充栋,效颦以为工,学步以为巧,调朱傅粉以为妍,使以白话译之,外美既去,陋质悉呈,好古之士,将骇而走耳。

请言白话之益。一曰省日力:读文言日尽一卷者,白话可十之,少亦五之三之,博极群书,夫人而能。二曰除骄气:文人陋习,尊己轻人,流毒天下,夺其所恃,人人气沮,必将进实求学。三曰负枉读:善读书者,略糟粕而取菁英;不善读书者,昧菁英而矜糟粕。买椟还珠,虽多奚益? 改用白话,决无此病。四曰保圣教:《学》、《庸》、《论》、《孟》,皆二千年来古书,语简理丰,非卓识高才,未易领悟。译以白话,间附今义,发明精奥,庶人人知圣教之大略。五曰便幼学:一切学堂功课书,皆用白话编辑,逐日讲解,积三四年之力,必能通知中外古今及环球各种学问之崖略,视今日魁儒耆宿,殆将过之。六曰练心力:华人读书,偏重记性。今用白话,不恃熟读,而恃精思,脑力愈浚愈灵,奇异之才,将必迭出,为天下用。七曰少弃才:圆头方趾,才性不齐,优于艺者或短于文,违性施教,决无成就。今改用白话,庶几各精一艺,游惰可免。八曰便贫民:农书商书工艺书,用白话辑译,乡僻童子,各就其业,受读一二年,终身受用不尽。然此八益,第虚言其理,人或未信也。

请言其效。成周之时,文字与语言合,聆之于耳,按之于书,殆无以异。故童子始入小学,即以离经断句,为第一年之课程,读书之效如是其速也。其时学校之制,二十五家为一巷,巷为之门,门侧立小学堂。小学堂之制,每岁农事毕,同巷子弟,相从读书,距冬至四十五日,复出学就农业。计一年在学,不满九十日;在小学七

年而出,亦仅与今人二年相抵耳。然其间秀异之才,一升而入五百
家公立之学堂,再升而入万二千五百家公立之学堂,以次达于朝
廷,而为官者,所在恒有。其不能升者,退就他业,罔不通晓物理,
周知时事。降及春秋,植杖之叟,耦耕之夫,贩牛之商,斫轮之工,
散见于传记诸书,犹往往不绝。西人公理家之言曰:凡人才智,愈
后愈胜,古人必不如今人也。乃以其言观吾今日之中国,举天下如
坐智井,以视古人智愚悬绝,乃至不可以道里计。岂今人果不古若
哉?抑亦读书之难易为之矣。读书难故成就者寡,今日是也;读书
易故成就者多,成周是也。此中国古时用白话之效。

耶氏之传教也,不用希语,而用阿拉密克之盖立里土白。以希
语古雅,非文学士不晓也。后世传耶教者,皆深明此意,所至辄以
其地俗语,译《旧约》《新约》。吴拉非氏之至戈陀大族也,美陀的
无士、施里无士之至司拉弗也,摹法、司喀、贾特三人之至非洲也,
皆先学其土语,然后为之造字著书以教之。千余年来,彼教浸昌浸
炽,而吾中国政治艺术,靡一事不恶于西人,仅仅以孔教自雄,犹且
一夺于老,再夺于佛,三夺于回回,四夺于白莲、天理诸邪教,五夺
于耶氏之徒。彼耶教之广也,于全地球占十之八。儒教于全地球
仅十之一,而犹有他教杂其中。然则文言之光力,不如白话之普照
也,昭昭然矣。泰西人士,既悟斯义,始用埃及象形字,一变为罗马
新字,再变为各国方言,尽译希腊、罗马之古籍,立于学官,列于科
目。而新书新报之日出不穷者,无愚智皆读之。是以人才之盛,横
绝地球,则泰西用白话之效。

日本文辞深浅高下之率,以和、汉字多少为差。深于文者,和
字少汉字多;其尤深者,纯汉字而无和矣。浅于文者,和字多汉字
少;其尤浅者,纯和字而无汉矣。其始,学士大夫鄙和文俚俗,物茂
卿辈至欲尽废之为快,而市井通用,颇以为便。数岁小儿学语之
后,能通和训,既能看小说,作家书,比之汉文,难易殊绝。维新以

后,译书充物,新报坌涌,一用和文。故其国工业商务兵制,愈研愈精,泰西诸国,犹眄眄畏之,以区区数小岛之民,皆有雄视全球之志。则日本用白话之效。

由斯言之,愚天下之具,莫文言若;智天下之具,莫白话若。吾中国而不欲智天下斯已矣,苟欲智之,而犹以文言树天下之的,则吾前所云八益者,以反比例求之,其败坏天下才智之民亦已甚矣。吾今为一言以蔽之曰:文言兴而后实学废,白话行而后实学兴;实学不兴,是谓无民。

(录自《清议报会编》卷二十六)

裘廷梁(1857—1943),字葆良,江苏无锡人。早年为"梁溪七子"之一,后留心西学,致力于提倡白话文,编印《白话丛书》,主办《无锡白话报》,对白话文运动颇有推动作用。著作有《可桴文存》。

此文为较早明确提倡白话文的文章。作者从语言、文字的产生、作用等角度论证了提倡白话文的重要意义,特别指出了白话文的八大益处:省日力、除骄气、免枉读、保圣教、便幼学、练心力、少弃才、便贫民。尤其需要注意的是,裘廷梁还从传播儒学思想的角度,讨论了实行白话之必要。裘氏将孔子之学说称为孔教值得注意。

文学总略

章炳麟

　　文学者,以有文字著于竹帛,故谓之文,论其法式,谓之文学。凡文理、文字、文辞,皆言文。言其采色发扬谓之彣;以作乐有阕,施之笔札谓之章。《说文》云:"文,错画也,象交文。""章,乐竟为一章。""彣,𬤊也。""彰,文彣也。"或谓"文章"当作"彣彰",则异义自此起。《传》曰:"博学于文。"不可作"彣"。《雅》曰:"出言有章。"不可作"彰"。古之言文章者,不专在竹帛讽诵之间。孔子称尧、舜"焕乎其有文章",盖君臣朝廷尊卑贵贱之序,车舆衣服宫室饮食嫁娶丧祭之分,谓之文,八风从律,百度得数,谓之章。文章者,礼乐之殊称矣。其后转移,施于篇什,太史公记博士平等议曰:"谨案诏书律令下者,文章尔雅,训词深厚。"(《儒林列传》)此宁可书作"彣彰"邪?独以五采施五色,有言黼、言黻、言文、言章者,宜作"彣彰"。然古者或无其字,本以"文章"引伸,今欲改"文章"为"彣彰"者,恶夫冲淡之辞,而好华叶之语,违书契记事之本矣。孔子曰:"言之无文,行而不远。"盖谓不能举典礼,非苟欲润色也。《易》所以有《文言》者,梁武帝以为"文王作《易》,孔子遵而修之,故曰《文言》",非矜其采饰也。夫命其形质曰文,状其华美曰彣,指其起止曰章,道其素绚曰彰,凡彣者必皆成文,凡成文者不皆彣,是故推论文学,以文字为准,不以彣彰为准。今举诸家之法,商订如左方。

《论衡·超奇》云：“能说一经者为儒生，博览古今者为通人，采掇传书以上书奏记者为文人，能精思著文连结篇章者为鸿儒。”又曰：“州郡有忧，有如唐子高，谷之云之吏，出身尽思，竭笔牍之力，烦忧适有不解者哉！”又曰：“长生死后，州郡遭忧，无举奏之吏，以故事结不解，征诣相属，文轨不尊，笔疏不续也。岂无忧上之吏哉？乃其中文笔不足类也。”又曰：“若司马子长、刘子政之徒，累积篇第，文以万数，其过子云、子高远矣，然而因成前纪，无胸中之造。若夫陆贾、董仲舒，论说世事，由意而出，不假取于外，然而浅露易见，观读之者犹曰传记。阳城子长作《乐经》，扬子云作《太玄经》，造于眇思，极睿冥之深，非庶几之才，不能成也。桓君山作《新论》，论世间事，辩照然否，虚妄之言，伪饰之辞，莫不订定。彼子长、子云论说之徒，君山为甲。自君山以来，皆为鸿眇之才，故有嘉令之文。”准此，文与笔非异途，所谓文者，皆以善作奏记为主。自是以上，乃有鸿儒，鸿儒之文，有经、传、解故、诸子，彼方目以上第，非若后人摈此于文学外，沾沾焉惟华辞之守，或以论说记序碑志传状为文也。独能说一经者，不在此列，谅由学官弟子，曹偶讲习，须以发策决科，其所撰著，犹今经义而已，是故遮列使不得与也。

自晋以降，初有文笔之分。范晔自述其《后汉书》曰：“文患其事尽于形，情急于藻，义牵其旨，韵移其意，政可类工巧图缋，竟无得也。手笔差易，文不拘韵故也。”《文心雕龙》云：“今之常言，有文有笔，有韵者文也，无韵者笔也。”然《雕龙》所论列者，艺文之部，一切并包，是则科分文笔，以存时论，故非以此为经界也。昭明太子序《文选》也，其于史籍，则云“不同篇翰”，其于诸子，则云“不以能文为贵”，此为衺次总集，自成一家，体例适然，非不易之定论也。《抱朴子·百家篇》曰：“狭见之徒，区区执一，惑诗赋琐碎之文，而忽子论深美之言，真伪颠倒，玉石混淆，同广乐于桑间，均龙章于素质，斯可以箴矣。”（《世说·文学篇》注引《惠帝起居注》曰：“裴頠著二论以规虚诞之弊，文辞精富。"此即《崇有》二论也。《世说》又言：
"王长史宿构精理，并撰其才藻，往与支道林语，叙致作数百语，自
谓是名理奇藻。"又云："支道林通《庄子·渔父篇》，作七百许语，叙
致精丽，才藻奇拔。"是皆名理之言，诸子之鼓吹也，而以精富才藻
为目，足知晋时所谓翰藻者，正在此类。）且沈思孰若庄周、荀卿，翰
藻孰若吕氏、淮南，总集不摭九流之篇，格于科律，固不应为之辞。
诚以文笔区分，《文选》所集，无韵者猥众，宁独诸子。若云文贵其
彣邪？未知贾生《过秦》、魏文《典论》，同在诸子，何以独堪入录？
有韵文中既录汉祖《大风》之曲，即《古诗十九首》亦皆入选，而汉、
晋乐府，反有黜遗，是其于韵文也，亦不以节奏低卬为主，独取文采
斐然，足耀观览，又失韵文之本矣。是故昭明之说，本无以自立者
也。（案《晋书·乐广传》："请潘岳为表，便成名笔。"《成公绥传》：
"所著诗赋杂笔十余卷。"《张翰传》："文笔数十篇行于世。"《曹毗
传》："所著文笔十五卷。"《王珣传》："珣梦人以大笔如椽与之，既
觉，语人曰：'此当有大手笔事。'俄而帝崩，哀册谥议，皆珣所草。"
《南史·任昉传》："既以文才见知，时人云任笔沈诗。"《徐陵传》："国
家有大手笔，必命陵草之。"详此诸订，则文即诗赋，笔即公文，乃当
时恒语。阮元之徒，猥谓"俪语为文，单语为笔"，任昉、徐陵所作，
可云非俪语邪？）

　　近世阮元，以为孔子赞《易》，始著《文言》，故文以耦俪为主，又
牵引文笔之说以成之。夫有韵为文，无韵为笔，是则骈散诸体，一
切是笔非文，藉此订成，适足自陷。既以《文言》为文，《序卦》、《说
卦》又何说焉？且文辞之用，各有体要，《彖》、《象》为占繇，占繇故
为韵语，《文言》、《系辞》为述赞，述赞故为俪辞，《序卦》、《说卦》为
目录笺疏，目录笺疏故为散录，必以俪辞为文，何缘《十翼》不能一
致，岂波澜既尽，有所谢短乎？盖人有陪贰，物有匹耦，爱恶相攻，
刚柔相易，人情不能无然，故辞语应以为俪。诸事有综会，待条牒

然后明者,《周官》所陈,其数一二三四是也。反是或引端竟末,若《礼经》、《春秋经》,《九章算术》者,虽欲为俪无由,犹耳目不可只,而胸腹不可双,各任其事。舍是二者,单复固恣意矣。未有一用单者,亦未有一用复者,(案宋代以来,言文章者,皆谓俪语为徘。阮氏之论,亦发愤而作也。不悟宋人俪语,亦自不少,苏轼《上皇帝书》其著者也,曾巩《战国策序》、《移沧洲疏》,其间俪语与齐、梁人不殊,下者直如当时四六矣,其他类此者众。盖非简策之书,而纯为单语者,世所鲜有。)顾张弛有殊耳。文之名实,未在是也。所以为古今者,亦未在是也,或举《论语》言"辞达"者,以为文之与辞,较然异职。然则《文言》称文,《系辞》称辞,体格未殊,而题号有异,此又何也?董仲舒云"《春秋》文成数万",兼彼经传,总称为文,犹曰今文家曲说云尔。《太史公自序》亦云"论次其文",此固以史为文矣。又曰:"汉兴,萧何次律令,韩信申军法,张苍为章程,叔孙通定礼仪,则文学彬彬稍进。"《艺文志》言:"秦燔灭文章,以愚黔首。"文章者,谓经传诸子,迁、固所称,半非耦俪之文也。屈、宋、唐、景所作,既是韵文,亦多俪语,而《汉书·王褒传》已有《楚辞》之目,王逸仍其旧题,不曰楚文,斯则韵语耦语,亦既谓之辞矣。《汉书·贾谊传》云:"以属文称于郡中。"其文云何,以为赋邪?《惜誓》载于《楚辞》,文辞不别,以为奏记条议,适彼之所谓辞也。《司马相如传》云:"景帝不好辞赋。"《法言吾子》云:"诗人之赋丽以则,辞人之赋丽以淫。或问:'君子尚辞乎?'曰:君子事之为尚,事胜辞则伉,辞胜事则赋,事辞称则经。"以是见韵文耦语,并得称辞,无文辞之别也。且文辞之称,若从其本以为部署,则辞为口说,文为文字。古者,简帛重烦,多取记忆,故或用韵文,或用耦语,为其音节谐适,易于口记,不烦记载也。战国纵横之士,抵掌摇唇,亦多积句,是则耦丽之体,适可称职。乃如史官方策,有《春秋》、《史记》、《汉书》之属,适当称为文耳。由是言之,文辞之分,反覆自陷,可谓大惑不解者矣。

　　或言学说、文辞所由异者,学说以启人思,文辞以增人感,此亦一往之见也。何以定之? 凡云文者,包络一切著于竹帛者而为言,故有成句读文,有不成句读文,兼此二事,通谓之文。局就有句读者,谓之文辞;诸不成句读者,表谱之体,旁行邪上,条件相分,会计则有簿录,算术则有演草,地图则有名字,不足以启人思,亦又无以增感,此不得言文辞,非不得言文也。诸成句读者,有韵无韵则分。诸在无韵,史志之伦,记大傀异事则有感,记经常典宪则无感,既不可齐一矣。持论本乎名家,辨章然否,言称其志,未足以动人;《过秦》之论,辞有枝叶,其感人顾深挚,则本诸纵横家;然其为论一也,不得以感人者为文辞,不感者为学说。且文曲变化,其度无穷,陆云论文,"先辞后情,尚絜而不取悦泽。"(《与兄平原书》)此宁可概齐哉? 就言有韵,其不感人者亦多矣。《风》、《雅》、《颂》者,盖未有离于性情,独赋有异。夫宛转倓隐,赋之职也。儒家之赋,意存谏诚,若荀卿《成相》一篇,其足以感人安在? 乃若原本山川,极命草本,或写都会城郭游射郊祀之状,若相如有《子虚》、扬雄有《甘泉》、《羽猎》、《长杨》、《河东》,左思有《三都》,郭璞、木华有《江》、《海》,奥博翔实,极赋家之能事矣,其亦动人哀乐未也? 其专赋一物者,若孙卿有《蚕赋》、《箴赋》,王延寿有《王孙赋》,祢衡有《鹦鹉赋》,侔色揣称,曲成形相,嫠妇孽子读之不为泣,介胄戎士咏之不为奋? 当其始造,非自感则无以为也,比文成而感亦替,斯不可以一端论。又学说者,非一往不可感人。凡感于文言者,在其得我心。是故饮食移味,居处缊愉者,闻劳人之歌,心犹泊然。大愚不灵,无所愤悱者,睹眇论则以为恒言也。身有疾痛,闻幼眇之音,则感概随之矣。心有疑滞,睹辨析之论,则悦怿随之矣。故曰:"发愤忘食,乐以忘忧。"凡好学者皆然,非独仲尼也。以文辞、学说为分者,得其大齐,审察之则不当。

如上诸说，前之昭明，后之阮氏，持论偏颇，诚不足辨。最后一说，以学说、文辞对立，其规摹虽少广，然其失也，只以彣彰为文，遂忘文字，故学说不彣者，乃悍然摈诸文辞之外。惟《论衡》所说，略成条贯。《文心雕龙》张之，其容至博，顾犹不知无句读文，此亦未明文学之本柢也。余以书籍得名，实冯传竹木而起，以此见言语文字，功能不齐。世人以"经"为"常"，以"传"为"转"，以"论"为"伦"，此皆后儒训说，非必睹其本真。案"经"者，编丝缀属之称，异于百名以下用版者，亦犹浮屠书称"修多罗"，"修多罗"者，直译为"线"，译义为"经"，盖彼以见叶成书，故用线联贯也，此以竹简成书，亦编丝缀属也。"传"者，"专"之假借，《论语》"传不习乎"，《鲁》作"专不习乎"，《说文》训"专"为"六寸簿"，簿即手版，古谓之"忽"，（今作"笏"。）"书思对命"以备忽忘，故引伸为书籍记事之称。书籍名簿，亦名为专。专之得名，以其体短，有异于经。郑康成《论语序》云："《春秋》二尺四寸，《孝经》一尺二寸，《论语》八寸。"此则专之简策，当复短于《论语》，所谓六寸者也。（《汉艺文志》言："刘向校中古文《尚书》，有一简二十五字者。"而服虔注《左氏传》则云："古文篆书一简八字。"盖二十五字者，二尺四寸之经也，八字者，六寸之传也。古官书皆长二尺四寸，故云二尺四寸之律，举成数言，则曰二尺法，经亦官书，故长如之，莫非经律，则称短书，皆见《论衡》。）"论"者，古但作"仑"，比竹成册，各就次第，是之谓仑。箫亦比竹为之，故"龠"字从"仑"，引伸则乐音有秩亦曰仑，"于论鼓钟"是也，言说有序亦曰仑，"坐而论道"是也。《论语》为师弟问答，乃亦略记旧闻，散为各条，编次成帙，斯曰《仑论》。是故绳线联贯谓之经，簿书记事谓之专，比竹成册谓之仑，各从其质以为之名，亦犹古言"方策"，汉言"尺牍"，今言"札记"矣。诸书不见题署者，亦往往从质名，大公之书而称《六弢》，黄帝之书而称《九卷》，（今《灵枢经》，晋时称《针经》，汉末《伤寒论序》直称《九卷》。）直谓书囊有六，抟帛有九也。虽古之言"肄业"者，(《左氏传》注："以为肄业及之也。")亦谓肄版而已。《释器》云："大版谓之业。"书有篇第，而习者移书其文于版，(学童习字用觚，觚亦版也。)故云肄业。《管子·宙合》云："退身不舍端，修业不息版。"以是征之，则肄业为肄版明矣。凡此皆从其质为名，所以别文字于语言也。其必为之别何也？文字初兴，本以代声气，乃其功用有胜于言者。言语仅成线耳，喻若空中鸟迹，甫见而形已逝，故一事一义，得相联贯者，言语司之。及夫万类坌集，棼不可理，言语之用，有所不周，于是委之文字。文字之用，足以成面，故表谱图画之术兴焉，凡排比铺张，不可口说者，文字司之。及夫立体建形，向背同现，文字之用，又有不周，于是委之仪象，仪象之用，足以成体，故铸铜雕木之术兴焉，凡望高测深不可图表者，仪象司之。然则文字本以代言，其用则有独至，凡无句读文，皆文字所专属也，以是为主。故论文学者，不得以兴合神旨为上。昔者，文气之论，发诸魏文帝《典论》，而韩愈、苏辙窃焉；文德之论，发诸王充《论衡》，(《论衡·佚文篇》："文德之操为文。"又云："上书陈便宜，奏记荐吏士，一则为身，二则为人。繁文丽辞，无文德之操，治身完行，徇利为私，无为主者。")杨遵彦依用之，(《魏书·文苑传》："杨遵彦作《文德论》，以为古今辞人，皆负才遗行，浇薄险忌，唯邢子才、王元景、温子昇彬彬有德素。")而章学诚窃焉。气非窜突如鹿豕，德非委蛇如羔羊，知文辞始于表谱簿录，则修辞立诚其首也，气乎德乎，亦末务而已矣。(案《文选序》云："谋夫之话，辨士之端，虽传之简牍，而事异篇章。"此即语言文字之分也。然选例亦未一致，依史所载，荆卿《易水》，汉祖《大风》，皆临时触兴而作，岂尝先属草稿，亦与出话何异，而《文选》固录之矣。至于辞命，则有草创润色之功，苏、张陈说，度亦先有篇章，《文选》录《易水》、《大风》二歌，而独汰去辨说，亦自相钮铻矣。士衡《文赋》云："说炜晔而谲诳。"是亦列为文之一种，要于修辞立诚，有不至尔。)

《文选》之兴,盖依乎挚虞《文章流别》,谓之总集。《隋书·经籍志》曰:"总集者,以建安之后,辞赋转繁,众家之籍,日以彰广,晋代挚虞苦览者之劳倦,于是芟剪繁芜,自诗赋下,各为条贯,合而编之,谓之《流别》。"然则李充之《翰林论》,刘义庆之《集林》,沈约、丘迟之《集钞》,放于此乎。《七略》惟有诗赋,及东汉铭诔论辨始繁,荀勖以四部变古,李充、谢灵运继之,则集部自此著。总集者,本括囊别集为书,故不取六艺史传诸子,非曰别集为文,其他非文也。《文选》上承其流,而稍入《诗序》、《史赞》、《新书》、《典论》诸篇,故不名曰《集林》、《集钞》,然已痟矣。其序简别三部,盖总集之成法,顾已迷误其本,以文辞之封域相格,虑非挚虞、李充意也。《经籍志》别有《文章英华》三十卷,《古今诗苑英华》十九卷,皆昭明太子撰,又以诗与杂文为异,即明昭明义例不纯,《文选序》率尔之言,不为恒则。且总别集与他书经略不定,更相阑入者多矣。今以《隋志》所录总集相稽,自《魏朝杂诏》而下,讫《皇朝陈事诏》,凡十八家,百四十六卷,自《上法书表》而下,讫《后周与齐军国书》凡七家,四十一卷,而《汉高祖手诏》、匡衡、王凤、刘隗、孔群,诸家奏事,书既亡佚,复传其录。然《七略》高祖、孝文诏策,悉在诸子儒家,《奏事》二十卷隶《春秋》,此则总集有六艺诸子之流矣。陈寿定诸葛亮故事,命曰《诸葛氏集》,然其目录有《权制》、《计算》、《训厉》、《综核》、《杂言》、《贵和》、《兵要》、《传运》、《法检》、《科令》、《军令》诸篇,《魏氏春秋》言"亮作《八务》、《七戒》、《六恐》、《五惧》,皆有条章,以训厉臣子",若在往古,则《商君书》之流,而《隋志》亦在别集,故知集品不纯,选者亦无以自理。阮元之伦,不悟《文选》所序,随情涉笔,视为经常,而例复前后错连。曾国藩又杂钞经史百家,经典成文,布在方策,不虞溃散,钞将何为? 若知文辞之体,钞选之业,广狭异途,庶几张之弛之,并明而不相害。凡无句读文,既各以专门为业,今不亟论。有句读者,略道其原流利病,分为五篇,非曰能尽,盖以备常文之品而已。其赠序寿颂诸品,既不应法,故弃捐弗道尔。

（录自《章氏丛书》,1917 年浙江图书馆刊本）

章炳麟(1869—1926),名绛,号太炎,浙江余杭人。章氏早期颇重视文学宣传功用,所作诗文多宣传革命,激励斗志,"五四运动"后思想渐入保守。晚年潜心学术。主张"文质相称",不满阮元"文笔之辩"说。著有《章氏丛书》、《章氏丛书续编》、《章氏丛书三编》等。有《自订年谱》及《自述学术次第》各一卷。

章太炎所坚持的仍是较为宽泛的杂文学观念,文中多处引孔子言论讨论文学问题。

论哲学家与美术家之天职

王国维

天下有最神圣、最尊贵,而无与于当世之用者,哲学与美术是已。天下之人嚣然谓之曰:"无用",无损于哲学,美术之价值也。至为此学者自忘其神圣之位置,而求以合当世之用,于是二者之价值失。夫哲学与美术之所志者,真理也。真理者,天下万世之真理,而非一时之真理也。其有发明此真理,(哲学家)或以记号表之(美术)者,天下万世之功绩,而非一时之功绩也。唯其为天下万世之真理,故不能尽与一时一国之利益合,且有时不能相容,此即其神圣之所存也。且夫世之所谓有用者,孰有过于政治家及实业家者乎?世人喜言功用,吾姑以其功用言。夫人之所以异于禽兽者,岂不以其有纯粹之知识与微妙之感情哉?全十生活之欲,人与禽兽无以或异。后者政治家及实业家之所供给,前者之慰藉满足非求诸哲学及美术不可。就其所贡献于人之事业言之,其性质之贵贱,固以殊矣。至就其功效之所及言之,则哲学家与美术家之事业,虽千载以下,四海以外,苟其所发明之真理,与其所表之之记号之尚存,则人类之知识感情由此而得其满足慰藉者,曾无以异于昔。而政治家及实业家之事业,其及于五世十世者希矣。此又久暂之别也。然则人而无所贡献于哲学美术,斯亦已耳。苟为真正之哲学家美术家,又何慊乎政治家哉?

披我中国之哲学史,凡哲学家无不欲兼为政治家者,斯可异

已！孔子大政治家也，墨子大政治家也，孟、荀二子皆抱政治上之
大志者也。汉之贾、董，宋之张、程、朱、陆，明之罗、王，无不然。岂
独哲学家而已，诗人亦然。"自谓颇腾达，立登要路津。致君尧舜
上，再使风俗淳。"非杜子美之抱负乎？"胡不上书自荐达，坐令四
海如虞唐。"非韩退之之忠告乎？"寂寞已甘千古笑，驰驱犹望两河
平。"非陆务观之悲愤乎？如此者，世谓之大诗人矣！至诗人之无
此抱负者，与夫小说、戏曲、图画、音乐诸家，皆以俳儒倡优自处，世
亦以俳儒倡优畜之。所谓"诗外尚有事在"，"一命为文人，便无足
观"，我国人之金科玉律也。呜呼！美术之无独立之价值也久矣。
此无怪历代诗人，多托于忠君爱国、劝善惩恶之意，以自解免，而纯
粹美术上之著述，往往受世之迫害，而无人为之昭雪者也。此亦我
国哲学美术不发达之一原因也。

夫然，故我国无纯粹之哲学，其最完备者，唯道德哲学，与政治
哲学耳。至于周、秦、两宋间之形而上学，不过欲固道德哲学之根
柢，其对形而上学非有固有之兴味也。其于形而上学且然，况乎美
学、名学、知识论等冷淡不急之问题哉！更转而观诗歌之方面，则
咏史、怀古、感事、赠人之题目，弥满充塞于诗界，而抒情、叙事之
作，什百不能得一。其有美术上之价值者，仅其写自然之美之一方
面耳。甚至戏曲、小说之纯文学，亦往往以惩劝为旨，其有纯粹美
术上之目的者，世非惟不知贵，且加贬焉。于哲学则如彼，于美术
则如此，岂独世人不具眼之罪哉，抑亦哲学家美术家自忘其神圣之
位置与独立之价值，而蒀然以听命于众故也。

至我国哲学家及诗人所以多政治上之抱负者，抑又有说。夫
势力之欲，人之所生而即具者。圣贤豪杰之所不能免也。而知力
愈优，其势力之欲亦愈盛。人之对哲学及美术而有兴味者，必其
知力之优者也。故其势力之欲亦准之。今纯粹之哲学与纯粹之美
术既不能得势力于我国之思想界矣，则彼等势力之欲，不于政治，

将于何求其满足之地乎？且政治上之势力有形的也，及身的也；而哲学美术上之势力，无形的也，身后的也。故非旷世之豪杰，鲜有不为一时之势力所诱惑者矣。虽然，无亦其对哲学美术之趣味有未深，而于其价值有未自觉者乎？今夫人积年月之研究，而一旦豁然悟宇宙人生之真理，或以胸中惝怳不可捉摸之意境，一旦表诸文字、绘画、雕刻之上，此固被天赋之能力之发展，而此时之快乐，决非南面王之所能易者也。且此宇宙人生而尚如故，则其所发明所表示之宇宙人生之真理之势力与价值，必仍如故。之二者所以酬哲学家美术家者，固已多矣。若夫忘哲学美术之神圣，而以为道德政治之手段者，正使其著作无价值者也。愿今后之哲学美术家，毋忘其天职，而失其独立之位置，则幸矣！

（录自《静庵文集》，上海古籍出版社 1983 年版《王国维遗书》第五册）

王国维（1877—1927），字静安，浙江海宁人。王氏一生学贯中西，新见甚多，于诗词、戏曲、金石、文字等均有重要建树。著作六十余种，大部分辑入《海宁王静安先生遗书》。

王国维认为由于儒家正统观念过分强调艺术为道德、政治服务，便沦为奴婢之地位，失去其本应有的审美价值，甚至"哲学家美术家自忘其神圣之位置与独立之价值"。此文表达了王国维非功利主义文学价值的基本精神。

文学革命论

陈独秀

今日庄严灿烂之欧洲,何自而来乎?曰:革命之赐也。欧语所谓革命者,为革故更新之义,与中土所谓朝代鼎革,绝不相类;故自文艺复兴以来,政治界有革命,宗教界亦有革命,伦理道德亦有革命,文学艺术,亦莫不有革命,莫不因革命而新兴而进化。近代欧洲文明史,宜可谓之革命史。故曰:今日庄严灿烂之欧洲,乃革命之赐也。

吾苟偷庸懦之国民,畏革命如蛇蝎,故政治界虽经三次革命,而黑暗未尝稍减。其原因之小部分,则为三次革命,皆虎头蛇尾,未能充分以鲜血洗净旧污。其大部分,则为盘踞吾人精神界根深柢固之伦理、道德、文学、艺术诸端,莫不黑幕层张,垢污深积,并此虎头蛇尾之革命而未有焉。此单独政治革命所以于吾之社会,不生若何变化,不收若何效果也。推其总因,乃在吾人疾视革命,不知其为开发文明之利器故。

孔教问题,方喧呶于国中,此伦理道德革命之先声也。文学革命之气运,酝酿已非一日,其首举义旗之急先锋,则为吾友胡适。余甘冒全国学究之敌,高张"文学革命军"大旗,以为吾友之声援。旗上大书特书吾革命军三大主义:曰推倒雕琢的阿谀的贵族文学,建设平易的抒情的国民文学;曰推倒陈腐的铺张的古典文学,建设新鲜的立诚的写实文学;曰推倒迂晦的艰涩的山林文学,建设明了的通俗的社会文学。

国风多采里巷猥辞,楚辞盛用土语方物,非不斐然可观。承其流者两汉赋家,颂声大作,雕琢阿谀,词多而意寡,此贵族之文古典之文之始作俑也。魏晋以下之五言,抒情写事,一变前代板滞堆砌之风,在当时可谓为文学一大革命,即文学一大进化;然希托高古,言简意晦,社会现象,非所取材,是犹贵族之风,未足以语通俗的国民文学也。齐梁以来,风尚对偶,演至有唐,遂成律体。无韵之文,亦尚对偶。《尚书》、《周易》以来,即是如此。"古人行文,不但风尚对偶,且多韵语,故骈文家颇主张骈体为中国文章正宗之说。(亡友王无生即主张此说之一人。)不知古书传钞不易,韵与对偶,以利传诵而已。后之作者,乌可泥此?"

东晋而后,即细事陈启,亦尚骈丽。演至有唐,遂成骈体。诗之有律,文之有骈,皆发源于南北朝,大成于唐代。更进而为排律,为四六。此等雕琢的阿谀的铺张的空泛的贵族古典文学,极其长技,不过如涂脂抹粉之泥塑美人,以视八股试帖之价值,未必能高几何,可谓为文学之末运矣!韩、柳崛起,一洗前人纤巧堆朵之习,风会所趋,乃南北朝贵族古典文学,变而为宋元国民通俗文学之过渡时代。韩、柳、元、白应运而出,为之中枢。俗论谓昌黎文章起八代之衰,虽非确论,然变八代之法,开宋元之先,自是文界豪杰之士。吾人今日所不满于昌黎者二事:

一曰文犹师古　虽非典文,然不脱贵族气派,寻其内容,远不若唐代诸小说家之丰富,其结果乃造成一新贵族文学。

二曰误于"文以载道"之谬见　文学本非为载道而设,而自昌黎以讫曾国藩所谓载道之文,不过钞袭孔孟以来极空泛之门面语而已。余尝谓唐宋八家文之所谓"文以载道",直与八股家之所谓"代圣贤立言",同一鼻孔出气。

以此二事推之,昌黎之变古,乃时代使然。于文学史上,其自身并无十分特色可观也。元明剧本,明清小说,乃近代文学之粲然可观者。惜为妖魔所厄,未及出胎,竟尔流产,以至今日中国之文学,委琐陈腐,远不能与欧美比肩。此妖魔为何?即明之前后七子及八家文派之归、方、刘、姚是也。此十八妖魔辈,尊古蔑今,咬文嚼字,称霸文坛,反使盖代文豪若马东篱,若施耐庵,若曹雪芹诸人之姓名,几不为国人所识。若夫七子之诗,刻意模古,直谓之抄袭可也。归、方、刘、姚之文,或希荣誉墓,或无病而呻,满纸之乎者也矣焉哉,每有长篇大作,摇头摆尾,说来说去,不知说些甚么。此等文学,作者既非创造才,胸中又无物,其伎俩惟在仿古欺人,直无一字有存在之价值。虽著作等身,与其时之社会文明进化无丝毫关系。

今日吾国文学,悉承前代之敝,所谓"桐城派"者,八家与八股之混合体也;所谓骈体文者,思绮堂与随园之四六也;所谓"西江派"者,山谷之偶像也。求夫目无古人,赤裸裸的抒情写世,所谓代表时代之文豪者,不独全国无其人,而且举世无此想。文学之文,既不足观;应用之文,益复怪诞。碑铭墓志,极量称扬,读者决不见信,作者必照例为之。寻常启事,首尾恒有种种谀词,居丧者即华居美食,而哀启必欺人曰:"苫块昏迷。"赠医生以匾额,不曰"术迈岐黄",即曰"著手成春"。穷乡僻壤极小之豆腐店,其春联恒作"生意兴隆通四海,财源茂盛达三江。"此等国民应用之文学之丑陋,皆阿谀的虚伪的铺张的贵族古典文学阶之厉耳。

际兹文学革新之时代,凡属贵族文学、古典文学、山林文学,均在排斥之列。以何理由而排斥此三种文学耶?曰:贵族文学,藻饰依他,失独立自尊之气象也;古典文学,铺张堆砌,失抒情写实之旨也;山林文学,深晦艰涩,自以为名山著述,于其群之大多数无所裨益也。其形体则陈陈相因,有肉无骨,有形无神,乃装饰品而非实用品;其内容则目光不越帝王权贵,神仙鬼怪,及其个人之穷通利达。所谓宇宙,所谓人生,所谓社会,举非其构思所及。此三种文学公同之缺点也。此种文学,盖与吾阿谀夸张虚伪迂阔之国民性,互为因果。今欲革新政治,势不得不革新盘踞于运用此政治者精神界之文学,使吾人不张目以观世界社会文学之趋势及时代之精神,日夜埋头故纸堆中,所目注心营者,不越帝王、权贵、鬼怪、神仙与夫个人之穷通利达,以此而求革新文学,革新政治,是缚手足而敌孟贲也。

　　欧洲文化,受赐于政治科学者固多,受赐于文学者亦不少。予爱卢梭巴士特之法兰西,予尤爱虞歌左喇之法兰西;予爱康德赫克尔之德意志,予尤爱桂特郝卜特曼之德意志;予爱培根达尔文之英吉利,予尤爱狄铿士王尔德之英吉利。吾国文学界豪杰之士,有自负为中国之虞哥左喇桂特郝卜特曼狄铿士王尔德者乎? 有不顾迂儒之毁誉,明日张胆以与十八妖魔宣战者乎? 予愿拖四十二生的大炮,为之前驱!

(录自 1917 年 2 月 1 日《新青年》第二卷第六号)

　　陈独秀(1879—1942),字仲甫,安徽怀宁人。创办《新青年》杂志,是五四新文化运动主要领导人之一。五四运动后,主要从事政治活动,为中国共产党创始人之一。有《独秀文存》行世。

　　"五·四"新文化运动带有强烈的激进色彩,对于传统文化以及传统文学观念基本上持批判态度。陈独秀在此文中喊出了"文学革命"的口号,主张推倒贵族文学、古典文学、山林文学,建设国民文学、写实文学、社会文学。反对儒家的"文以载道"的文学思想,批评韩愈及"桐城派"诸人的复古主义思想。

文学改良刍议

胡 适

今之谈文学改良者众矣,记者末学不文,何足以言此? 然年来颇于此事再四研思,辅以友朋辩论,其结果所得,颇不无讨论之价值。因综括所怀见解,列为八事,分别言之,以与当世之留意文学改良者一研究之。

吾以为今日而言文学改良,须从八事入手。八事者何?

一曰,须言之有物。

二曰,不摹仿古人。

三曰,须讲求文法。

四曰,不作无病之呻吟。

五曰,务去烂调套语。

六曰,不用典。

七曰,不讲对仗。

八曰,不避俗字俗语。

一曰须言之有物

吾国近世文学之大病,在于言之无物。今人徒知"言之无文,行之不远";而不知言之无物,又何用文为乎? 吾所谓"物"非古人所谓"文以载道"之说也。吾所谓"物",约有二事:

（一）情感　诗序曰："情动于中而形诸言。言之不足,故嗟叹之。嗟叹之不足,故咏歌之。咏歌之不足,不知手之舞之,足之蹈之也。"此吾所谓情感也。情感者,文学之灵魂。文学而无情感,如人之无魂,木偶而已,行尸走肉而已。（今人所谓"美感"者,亦情感之一也）

（二）思想　吾所谓"思想",盖兼见地,识力,理想三者而言之。思想不必皆赖文学而传,而文学以有思想而益贵,思想亦以有文学的价值而益贵也;此庄周之文,渊明老杜之诗,稼轩之词,施耐庵之小说,所以复绝千古也。思想之在文学,犹脑筋之在人身。人不能思想,则虽面目姣好,虽能笑啼感觉,亦何足取哉？文学亦犹是耳。

文学无此二物,便如无灵魂无脑筋之美人,虽有秾丽富厚之外观,抑亦末矣。近世文人沾沾于声调字句之间,既无高远之思想,又无真挚之情感,文学之衰微,此其大因矣。此文胜之害,所谓言之无物者是也。欲救此弊,宜以质救之。质者何？情与思二者而已。

二曰不模仿古人

文学者,随时代而变迁者也。一时代有一时代之文学:周秦有周秦之文学,汉魏有汉魏之文学,唐宋元明有唐宋元明之文学。此非吾一人之私言,乃文明进化之公理也。即以文论,有尚书之文,有先秦诸子之文,有司马迁班固之文,有韩柳欧苏之文,有语录之文,有施耐庵曹雪芹之文;此文之进化也。试更以韵文言之:击壤之歌,五子之歌,一时期也;三百篇之诗,一时期也;屈原荀卿之骚赋,又一时期也;苏李以下,至于魏晋,又一时期也;江左之诗流为排比,至唐而律诗大成,此又一时期也;老杜香山之"写实"体诸诗,如杜之石壕吏,羌村,白之新乐府,又一时期也;诗至唐而极盛,自此以后,词曲代兴,唐五代及宋初之小令,此词之一时代也;苏柳(永)辛姜之词,又一时代也;至于元之杂剧传奇,则又一时代矣;凡此诸时代,各因时势风会而变,各有其特长,吾辈以历史进化之眼光观之,决不可谓古人之文学皆胜于今人也。左氏史公之文奇矣,然施耐庵之水浒传视左传史记,何多让焉? 三都两京之赋富矣,然以视唐诗宋词,则糟粕耳。此可见文学因时进化,不能自止。唐人不当作商周之诗。宋人不当作相如子云之赋——即令作之,亦必不工。逆天背时,违进化之迹,故不能工也。

既明文学进化之理,然后可言吾所谓"不摹仿古人"之说。今日之中国,当造今日之文学,不必摹仿唐宋,亦不必摹仿周秦也。前见"国会开幕词",有云:"于铄国会,遵晦时休。"此在今日而欲为三代以上之文之一证也。更观今之"文学大家",文则下规姚曾,上师韩欧;更上则取法秦汉魏晋,以为六朝以下无文学可言,此皆百步与五十步之别而已,而皆为文学下乘。即令神似古人,亦不过为博物院中添几许"逼真赝鼎"而已,文学云乎哉! 昨见陈伯严先生一诗云:

涛园钞杜句,半岁秃千毫。所得都成泪,相过问奏刀。万灵噤不下,此老仰弥高。胸腹回滋味,徐看薄命骚。

此大足代表今日"第一流诗人"摹仿古人之心理也。其病根所在,在于以"半岁秃千毫"之工夫作古人的钞胥奴婢,故有"此老仰弥高"之叹。若能洒脱此种奴性,不作古人的诗,而惟作我自己的诗,则决不致如此失败矣。

吾每谓今日之文学,其足与世界"第一流"文学比较而无愧色者,独有白话小说(我佛山人,南亭亭长,洪都百炼生三人而已)一项。此无他故,以此种小说皆不事摹仿古人,(三人皆得力于《儒林外史》,《水浒》,《石头记》。然非摹仿之作也)而惟实写今日社会之情状,故能成真正文学。其他学这个,学那个之诗古文家,皆无文学之价值也。今之有志文学者,宜知所从事矣。

三曰须讲文法

今之作文作诗者,每不讲求文法之结构。其例至繁,不便举之,尤以作骈文律诗者为尤甚。夫不讲文法,是谓"不通"。此理至明,无待详论。

四曰不作无病之呻吟

此殊未易言也。今之少年往往作悲观,其取别号则曰"寒灰","无生","死灰";其作为诗文,则对落日而思暮年,对秋风而思零落,春来则惟恐其速去,花发又惟惧其早谢;此亡国之哀音也。老年人为之犹不可,况少年乎? 其流弊所至,遂养成一种暮气,不思奋发有为,服劳报国,但知发牢骚之音,感喟之文;作者将以促其寿年,读者将亦短其志气;此吾所谓无病之呻吟也。国之多患,吾岂不知之? 然病国危时,岂痛哭流涕所能收效乎? 吾惟愿今之文学家作费舒特(Fichte),作玛志尼(Mazzini),而不愿其为贾生王粲屈原谢翱也。其不能为贾生王粲屈原谢皋羽,而徒为妇人醇酒丧气失意之诗文者,尤卑卑不足道矣!

五曰务去烂调套语

今之学者,胸中记得几个文学的套语,便称诗人。其所为诗文处处是陈言烂调,"蹉跎","身世","寥落","飘零","虫沙","寒窗","斜阳","芳草","春闺","愁魂","归梦","鹃啼","孤影","雁字"，"玉楼"，"锦字"，"残更"，……之类，累累不绝，最可憎厌。其流弊所至，遂令国中生出许多似是而非，貌似而实非之诗文。今试举吾友胡先骕先生一词以证之：

> 荧荧夜灯如豆，映幢幢孤影，凌乱无据。翡翠衾寒，鸳鸯瓦冷，禁得秋宵几度？ 么弦漫语，早丁字帘前，繁霜飞舞。袅袅余音，片时犹绕柱。

此词骤观之，觉字字句句皆词也，其实仅一大堆陈套语耳。"翡翠衾"，"鸳鸯瓦"，用之白香山长恨歌则可，以其所言乃帝王之衾之瓦也。"丁字帘"，"么弦"，皆套语也。此词在美国所作，其夜灯决不"荧荧如豆"，其居室尤无"柱"可绕也。至于"繁霜飞舞"，则更不成话矣。谁曾见繁霜之"飞舞"耶？

　　吾所谓务去烂调套语者，别无他法，惟在人人以其耳目所亲见亲闻所亲身阅历之事物，一一自己铸词以形容描写；但求其不失真，但求能达其状物写意之目的，即是工夫。其用烂调套语者，皆懒惰不肯自己铸词状物者也。

六曰不用典

　　吾所主张八事之中，惟此一条最受朋友攻击，盖以此条最易误会也。吾友江亢虎君来书曰：

> 所谓典者，亦有广狭两义。饾饤獭祭，古人早悬为厉禁；若并成语故事而屏之，则非惟文字之品格全失，即文字之作用亦亡。……文字最妙之意味，在用字简而涵义多。此断非用典不为功。不用典不特不可作诗，并不可写信，且不可演说。来函满纸"旧雨"，"虚怀"，"治头治脚"，"舍本逐末"，"洪水猛兽"，"发聋振聩"，"负弩先驱"，"心悦诚服"，"词坛"，"退避三舍"，"滔天"，"利器"，"铁证"，……皆典也。试尽抉而去之，

代以俚语俚字,将成何说话? 其用字之繁简,犹其细焉。恐
一易他词,虽加倍蓰而涵义仍终不能如是恰到好处,奈何?
……

此论甚中肯要。今依江君之言,分典为广狭二义,分论之如下:

(一)广义之典非吾所谓典也。广义之典约有五种:

(甲)古人所设譬喻,其取譬之事物,含有普通意义,不以时代
而失其效用者,今人亦可用之。如古人言"以子之矛,攻子之盾",
今人虽不读书者,亦知用"自相矛盾"之喻,然不可"发聋振聩",皆
此类也。盖设譬取喻,贵能切当;若能切当,固无古今之别也。若
"负弩先驱","退避三舍"之类,在今日已非通行之事物,在文人相
与之间,或可用之,然终以不用为上。如言"退避",千里亦可,百里
亦可,不必定用"三舍"之典也。

(乙)成语　成语者,合字成辞,别为意义。其习见之句,通行
已久,不妨用之。然今日若能另铸"成语",亦无不可也。"利器",
"虚怀","舍本逐末"……皆属此类。非此"典"也,乃日用之字耳。

(丙)引史事　引史事与今所论议之事相比较,不可谓为用典
也。如老杜诗云,"未闻殷周衰,中自诛褒妲",此非用典也。近人
诗云,"所以曹孟德,犹以汉相终",此亦非用典也。

(丁)引古人作比　此亦非用典也。杜诗云,"清新庾开府,俊
逸鲍参军",此乃以古人比今人,非用典也。又云,"伯仲之间见伊
吕,指挥若定失萧曹",此亦非用典也。

(戊)引古人之语　此亦非用典也。吾尝有句云,"我闻古人
言,艰难惟一死。"又云,"尝试成功自古无,放翁此语未必是。"此乃
引语,非用典也。

以上五种为广义之典,其实非吾所谓典也。若此者可用可不用。

(二)狭义之典,吾所主张不用者也。吾所谓用"典"者,谓文人
词客不能自己铸词造句以写眼前之景,胸中之意,故借用或不全

切,或全不切之故事陈言以代之,以图含混过去;是谓"用典"。

上所述广义之典,除戊条外,皆为取譬比方之辞。但以彼喻此,而非以彼代此也。狭义之用典,则全为以典代言,自己不能直言之,故用典以言之耳。此吾所谓用典与非用典之别也。狭义之典亦有工拙之别,其工者偶一用之,未为不可,其拙者则当痛绝之。

(子)用典之工者 此江君所谓用字简而涵义多者也。客中无书不能多举其例,但杂举一二,以实吾言:

(1)东坡所藏"仇池石",王晋卿以诗借观,意在于夺。东坡不敢不借,先以诗寄之,有句云,"欲留嗟赵弱,宁许负秦曲。传观慎勿许,间道归应速。"此用蔺相如返璧之典,何其工切也!

(2)东坡又有《章质夫送酒六壶,书至而酒不达》诗云:"岂意青州六从事,化为乌有一先生。"此虽工已近于纤巧矣。

(3)吾十年前尝有读十字军英雄记一诗云:"岂有鸩人羊叔子?焉知微服赵主父?十字军真儿戏耳,独此两人可千古。"以两典包尽全书,当时颇沾沾自喜,其实此种诗,尽可不作也。

(4)江亢虎代华侨诔陈英士文有"未悬太白,先坏长城。世无钼鑐,乃戕赵卿"四句,余极喜之。所用赵宣子一典,甚工切也。

(5)王国维咏史诗,有"虎狼在堂室,徒戎复何补?神州遂陆沉,百年委榛莽。寄语桓元子,莫罪王夷甫"。此亦可谓使事之工者矣。

上述诸例,皆以典代言,其妙处,终在不失设譬比方之原意;惟为文体所限,故譬喻变而为称代耳。用典之弊,在于使人失其所欲譬喻之原意。若反客为主,使读者迷于使事用典之繁,而转忘其所为设譬之事物,则为拙矣。古人虽作百韵长诗,其所用典不出一二事而已(《北征》与白香山《悟真寺诗》皆不用一典),今人作长律则非典不能下笔矣。尝见一诗八十四韵,而用典至百余事,宜其不能工也。

(丑)用典之拙者　用典之拙者,大抵皆懒惰之人,不知造词,故以此为躲懒藏拙之计。惟其不能造词,故亦不能用典也。总计拙典亦有数类:

(1)比例泛而不切,可作几种解释,无确定之根据。今取王渔洋《秋柳》一章证之:

> 娟娟凉露欲为霜,万缕千条拂玉塘。浦里青荷中妇镜,江干黄竹女儿箱。空怜板渚隋堤水,不见琅琊大道王。若过洛阳风景地,含情重问永丰坊。

此诗中所用诸典无不可作几样说法者。

(2)僻典使人不解。夫文学所以达意抒情也。若必求人人能读五车书,然后能通其文,则此种文可不作矣。

(3)刻削古典成语,不合文法。"指兄弟以孔怀,称在位以曾是"(章太炎语)是其例也。今人言"为人作嫁"亦不通。

(4)用典而失其原意。如某君写山高与天接之状,而曰"西接杞天倾"是也。

(5)古事之实有所指,不可移用者,今往乱用作普通事实。如古人灞桥折柳,以送行者,本是一种特别土风。阳关渭城亦皆实有所指。今之懒人不能状别离之情,于是虽身在滇越,亦言灞桥;虽不解阳关渭城为何物,亦皆言"阳关三叠","渭城离歌"。又如张翰因秋风起而思故乡之莼羹鲈脍,今则虽非吴人,不知莼鲈为何味者,亦皆自称有"莼鲈之思"。此则不仅懒不可救,直是自欺欺人耳!

凡此种种,皆文人之下下工夫,一受其毒,便不可救。此吾所以有"不用典"之说也。

七曰不讲对仗

排偶乃人类言语之一种特性,故虽古代文字,如老子孔子之文,亦间有骈句。如"道可道,非常道;名可名,非常名。无名天地之始,有名万物之母。故常无,欲以观其妙;常有,欲以观其微。"此三排句也。"食无求饱,居无求安";"贫而无谄,富而无骄";"尔爱其羊,我爱其礼"。此皆排句也。然此皆近于语言之自然,而无牵强刻削之迹;尤未有定其字之多寡,声之平仄,词之虚实者也。至于后世文学末流,言之无物,乃以文胜;文胜之极,而骈文律诗兴焉,而长律兴焉。骈文律诗之中非无佳作,然佳作终鲜。所以然者何?岂不以其束缚人之自由过甚之故耶?(长律之中,上下古今,无一首佳作可言也。)今日而言文学改良,当("先立乎其大者",不当枉废有用之精力于微细纤巧之末;此吾所以有废骈废律之说也。即不能废此两者,亦但当视为文学末技而已,非讲求之急务也。

今人犹有鄙夷白话小说为文学小道者,不知施耐庵曹雪芹吴研人皆文学正宗,而骈文律诗乃真小道耳。吾知必有闻此言而却走者矣。

八曰不避俗语俗字

吾惟以施耐庵曹雪芹吴研人为文学正宗,故有"不避俗字俗语"之论也(参看上文第二条下)。盖吾国言文之背驰久矣。自佛书之输入,译者以文言不足以达意,故以浅近之文译之,其体已近白话。其后佛氏讲义语录尤多用白话为之者,是为语录体之原始。及宋人讲学以白话为语录,此体遂成讲学正体(明人因之)。当是时,白话已久入韵文,观唐宋人白话之诗词可见也。及至元时,中国北部已在异族之下,三百余年矣(辽金元)。此三百年中,中国乃发生一种通俗行远之文学。文则有水浒西游三国……之类,戏曲则尤不可胜计(关汉卿诸人,人各著剧数十种之多。吾国文人著作之富,未有过于此时者也)。以今世眼光观之,则中国文学当以元代为最盛;可传世不朽之作,当以元代为最多:此可无疑也。当是时,中国之文学最近言文合一。白话几成文学的语言矣。使此趋势不受阻遏,则中国几有一"活文学出现",而但丁路得之伟业,(欧洲中古时,各国皆有俚语,而以拉丁文为文言,凡著作书籍皆用之,如吾国之以文言著书也。其后意大利有但丁[Dante]诸文豪,始以其国俚语著作。诸国踵兴,国语亦代起。路得[Iuther]创新教始以德文译"旧约""新约",遂开德文学之先。英法诸国亦复如是。今世通用之英文"新旧约"乃一六一一年译本,距今才三百年耳。故今日欧洲诸国之文学,在当日皆为俚语。迨诸文豪兴,始以"活文学"代拉丁之死文学;有活文学而后有言文合一之国语也。)几发生于神州。不意此趋势骤为明代所阻,政府既以八股取士,而当时文人如何李七子之徒,又争以复古为高,于是此千年难遇言文合一之机会,遂中道夭折矣。然以今世历史进化的眼光观之,则白话文学之为中国文学之正宗,又为将来文学必用之利器,可断言也。(此"断言"乃自作者言之,赞成此说者今日未必甚多也。)以此之故,吾主张今日作文作诗,宜采用俗语俗字。与其用三千年前之死字(如"于铄国会,遵晦时休"之类),不如用二十世纪之活字;与其作不能行远不能普及之秦汉六朝文字,不如作家喻户晓之《水浒》《西游》文字也。

结　　论

上述八事,乃吾年来研思此一大问题之结果。远在异国,既无

读书之暇晷，又不得就国中先生长者质疑问难，其所主张容有矫枉
过正之处。然此八事皆文学上根本问题，一一有研究之价值。故
草成此论，以为海内外留心此问题者作一草案。谓之刍议，犹云未
定草也，伏惟国人同志有以匡纠是正之。

民国〇六年一月

（录自《中国新文学大系》，上海良友图书公司 1935 年版）

胡适（1891—1962），字适之，安徽绩溪人。积极参加新文
化运动，参加编辑《新青年》，发表新诗集《尝试集》，提倡白话
反对文言，倡导文学改革，为新文化运动的主要人物。著有
《中国哲学史大纲》（上卷）、《白话文学史》（上卷）及《胡适文
存》等多种。

　　此文为新文化运动提倡白话，反对文言，倡导文学改革的
宣言书。需要特别注意的是，胡适以文学表现情感和思想代
替传统儒学的"文以载道"论，倡导文学进化之规律，反对复古
主义的文学模仿说。胡适虽提出过文化上的"全盘西化"主
张，但在此文中，他并未完全否定中国文学的成就。

摩罗诗力说

鲁　迅

求古源尽者将求方来之泉,将求新源。嗟我昆弟,新生之作,新泉之涌于渊深,其非远矣。

——尼　佉

一

人有读古国文化史者,循代而下,至于卷末,必凄以有所觉,如脱春温而入于秋肃,勾萌绝朕,枯槁在前,吾无以名,姑谓之萧条而止。盖人文之留遗后世者,最有力莫如心声。古民神思,接天然之閟宫,冥契万有,与之灵会,道其能道,爰为诗歌。其声度时劫而入人心,不与缄口同绝;且益曼衍,视其种人。递文事式微,则种人之运命亦尽,群生辍响,荣华收光;读史者萧条之感,即以怒起,而此文明史记,亦渐临末页矣。凡负令誉于史初,开文化之曙色,而今日转为影国者,无不如斯。使举国人所习闻,最适莫如天竺。天竺古有《韦陀》四种,瑰丽幽复,称世界大文;其《摩诃波罗多》暨《罗摩衍那》二赋,亦至美妙。厥后有诗人加黎陀萨(Kalidasa)者出,以传奇鸣世,间染抒情之篇;日耳曼诗宗瞿提(W. von Goethe),至崇为两间之绝唱。降及种人失力,而文事亦共零夷,至大之声,渐不生于彼国民之灵府,流转异域,如亡人也。次为希伯来,虽多涉信仰教诚,而

20世纪儒学研究大系

文章以幽邃庄严胜,教宗文术,此其源泉,灌溉人心,迄今兹未艾。特在以色列族,则止耶利米(Je-remiah)之声;列王荒矣,帝怒以赫,耶路撒冷遂隳,而种人之舌亦默。当彼流离异地,虽不遽忘其宗邦,方言正信,拳拳未释,然《哀歌》而下,无赓响矣。复次为伊兰埃及,皆中道废弛,有如断绠,灿烂于古,萧瑟于今。若震旦而逸斯列,则人生大戳,无逾于此。何以故? 英人加勒尔(Th.Carlyle)曰,得昭明之声,洋洋乎歌心意而生者,为国民之首义。意大利分崩矣,然实一统也,彼生但丁(Dante Alighieri),彼有意语。大俄罗斯之札尔,有兵刃炮火,政治之上,能辖大区,行大业。然奈何无声? 中或有大物,而其为大也暗。(中略)迨兵刃炮火,无不腐蚀,而但丁之声依然。有但丁者统一,而无声兆之俄人,终支离而已。

尼佉(Fr.Nietzsche)不恶野人,谓中有新力,言亦确凿不可移。盖文明之朕,固孕于蛮荒,野人狉獉其形,而隐曜即伏于内。文明如华,蛮野如蕾,文明如实,蛮野如华,上征在是,希望亦在是。惟文化已止之古民不然:发展既央,隳败随起,况久席古宗祖之光荣,尝首出周围之下国,暮气之作,每不自知,自用而愚,污如死海。其煌煌居历史之首,而终匿形于卷末者,殆以此欤? 俄之无声,激响在焉。俄如孺子,而非喑人;俄如伏流,而非古井。十九世纪前叶,果有鄂戈理(N. Gogol)者起,以不可见之泪痕悲色,振其邦人,或以拟英之狭斯丕尔(W. Shakespeare),即加勒尔所赞扬崇拜者也。顾瞻人间,新声争起,无不以殊特雄丽之言,自振其精神而绍介其伟美于世界;若渊默而无动者,独前举天竺以下数古国而已。嗟夫,古民之心声手泽,非不庄严,非不崇大,然呼吸不通于今,则取以供览古之人,使摩挲咏叹而外,更何物及其子孙? 否亦仅自语其前此光荣,即以形迩来之寂寞,反不如新起之邦,纵文化未昌,而大有望于方来之足致敬也。故所谓古文明国者,悲凉之语耳,嘲讽之辞耳! 中落之胄,故家荒矣,则喋喋语人,谓厥祖在时,其为智慧武怒者何似,尝有闳宇崇楼,珠玉犬马,尊显胜于凡人。有闻其言,孰不腾笑?夫国民发展,功虽有在于怀古,然其怀也,思理朗然,如鉴明镜,时时上征,时时反顾,时时进光明之长涂,时时念辉煌之旧有,故其新者日新,而其古亦不死。若不知所以然,漫夸耀以自悦,则长夜之始,即在斯时。今试履中国之大衢,当有见军人蹀躞而过市者,张口作军歌,痛斥印度波兰之奴性;有漫为国歌者亦然。盖中国今日,亦颇思历举前有之耿光,特未能言,则姑曰左邻已奴,右邻且死,择亡国而较量之,冀自显其佳胜。夫二国与震旦究孰劣,今姑弗言;若云颂美之什,国民之声,则天下之咏者虽多,固未见有此作法矣。诗人绝迹,事若甚微,而萧条之感,辄以来袭。意者欲扬宗邦之真大,首在审己,亦必知人,比较既周,爰生自觉。自觉之声发,每响必中于人心,清晰昭明,不同凡响。非然者,口舌一结,众语俱沦,沉默之来,倍于前此。盖魂意方梦,何能有言?即震于外缘,强自扬厉,不惟不大,徒增欷耳。故曰国民精神之发扬,与世界识见之广博有所属。

今且置古事不道,别求新声于异邦,而其因即动于怀古。新声之别,不可究详;至力足以振人,且语之较有深趣者,实莫如摩罗诗派。摩罗之言,假自天竺,此云天魔,欧人谓之撒旦,人本以目裴伦(G. Byron)。今则举一切诗人中,凡立意在反抗,指归在动作,而为世所不甚愉悦者悉入之,为传其言行思维,流别影响,始宗主裴伦,终以摩迦(匈加利)文士。凡是群人,外状至异,各禀自国之特色,发为光华;而要其大归,则趣于一:大都不为顺世和乐之音,动吭一呼,闻者兴起,争天拒俗,而精神复深感后世人心,绵延至于无已。虽未生以前,解脱而后,或以其声为不足听;若其生活两间,居天然之掌握,辗转而未得脱者,则使之闻之,固声之最雄桀伟美者矣。然以语平和之民,则言者滋惧。

二

平和为物,不见于人间。其强谓之平和者,不过战事方已或未始之时,外状若宁,暗流仍伏,时劫一会,动作始矣。故观之天然,则和风拂林,甘雨润物,似无不以降福祉于人世,然烈火在下,出为地囱,一旦偾兴,万有同坏。其风雨时作,特暂伏之见象,非能永劫安易,如亚当之故家也。人事亦然,衣食家室邦国之争,形现既昭,已不可以讳掩;而二士室处,亦有吸呼,于是生颣气之争,强肺者致胜。故杀机之昉,与有生偕;平和之名,等于无有。特生民之始,既以武健勇烈,抗拒战斗,渐进于文明矣,化定俗移,转为新懦,知前征之至险,则爽然思归其雌,而战场在前,复自知不可避,于是运其神思,创为理想之邦,或托之人所莫至之区,或迟之不可计年以后。自柏拉图(Platon)《邦国论》始,西方哲士,作此念者不知几何人。虽自古迄今,绝无此平和之朕,而延颈方来,神驰所慕之仪的,日逐而不舍,要亦人间进化之一因子欤?吾中国爱智之士,独不与西方同,心神所注,辽远在于唐虞,或径入古初,游于人兽杂居之世;谓其时万祸不作,人安其天,不如斯世之恶浊阽危,无以生活。其说照之人类进化史实,事正背驰。盖古民曼衍播迁,其为争抗劬劳,纵不厉于今,而视今必无所减;特历时既永,史乘无存,汗迹血腥,泯灭都尽,则追而思之,似其时为至足乐耳。傥使置身当时,与古民同其忧患,则颓唐侘傺,复远念盘古未生,斧凿未经之世,又事之所必有者已。故作此念者,为无希望,为无上征,为无努力,较以西方思理,犹水火然;非自杀以从古人,将终其身更无可希冀经营,致人我所仪之主的,束手浩叹,神质同瘵焉而已。且更为忖度其言,又将见古之思士,决不以华土为可乐,如今人所张皇;惟自知良懦无可为,乃独图脱屣尘埃,惝恍古国,任人群堕于虫兽,而己身以隐逸终。思士如是,社会善之,咸谓之高蹈之人,而自云我虫兽我虫兽也。其不然者,乃立言辞,欲致人同归于朴古,老子之辈,盖其枭雄。老子书五千语,要在不撄人心;以不撄人心故,则必先自致槁木之心,立无为之治;以无为之为化社会,而世即于太平。其术善也。然奈何星气即凝,人类即出而后,无时无物,不禀杀机,进化或可停,而生物不能返本。使拂逆其前征,势即入于苓落,世界之内,实例至多,一览古国,悉其信证。若诚能渐致人间,使归于禽虫卉木原生物,复由渐即于无情,则宇宙自大,有情已去,一切虚无,宁非至净。而不幸进化如飞矢,非堕落不止,非著物不止,祈逆飞而归弦,为理势所无有。此人世所以可悲,而摩罗宗之为至伟也。人得是力,乃以发生,乃以曼衍,乃以上征,乃至于人所能至之极点。

中国之治,理想在不撄,而意异于前说。有人撄人,或有人得撄者,为帝大禁,其意在保位,使子孙王千万世,无有底止,故性解(Genius)之出,必竭全力死之;有人撄我,或有能撄人者,为民大禁,其意在安生,宁蜷伏堕落而恶进取,故性解之出,亦必竭全力死之。柏拉图建神思之邦,谓诗人乱治,当放域外;虽国之美污,意之高下有不同,而术实出于一。盖诗人者,撄人心者也。凡人之心,无不有诗,如诗人作诗,诗不为诗人独有,凡一读其诗,心即会解者,即无不自有诗人之诗。无之何以能解?惟有而未能言,诗人为之语,则握拨一弹,心弦立应,其声澈于灵府,令有情皆举其首,如睹晓日,益为之美伟强力高尚发扬,而污浊之平和,以之将破。平和之破,人道蒸也。虽然,上极天帝,下至舆台,则不能不因此变其前时之生活;协力而夭阏之,思永保其故态,殆亦人情已。故态永存,是曰古国。惟诗究不可灭尽,则又设范以囿之。如中国之诗,舜云言志;而后贤立说,乃云持人性情,三百之旨,无邪所蔽。夫即言志矣,何持之云?强以无邪,即非人志。许自繇于鞭策羁縻之下,殆此事乎?然厥后文章,乃果辗转不逾此界。其颂祝主人,悦媚豪右之作,可无俟言。即或心应虫鸟,情感林泉,发为韵语,亦多拘于无形之图圄,不能舒两间之真美;否则悲慨世事,感怀前贤,可有可无之作,聊行于世。倘其嗫嚅之中,偶涉眷爱,而儒服之士,即交口非之。况言之至反常俗者乎?惟灵均将逝,脑海波起,通于汩罗,返顾高丘,哀其无女,则抽写哀怨,郁为奇文。茫洋在前,顾忌皆去,怼世俗之浑浊,颂己身之修能,怀疑自遂古之初,直至百物之琐末,放言无惮,为前人所不敢言。然中亦多芳菲凄恻之音,而反抗挑战,则终其篇未能见,感动后世,为力非强。刘彦和所谓才高者菀其鸿裁,中巧者猎其艳辞,吟讽者衔其山川,童蒙者拾其香草。皆著意外形,不涉内质,孤伟自死,社会依然,四语之中,函深哀焉。故伟美之声,不震吾人之耳鼓者,亦不始于今日。大都诗人自倡,生民不耽。试稽自有文字以至今日,凡诗宗词客,能宣彼妙音,传其灵觉,以美善吾人之性情,崇大吾人之思理者,果几何人?上下求索,几无有矣。第此亦不能为彼徒罪也,人人之心,无不泐二大字曰实利,不获则劳,即获便睡。纵有激响,何能撄之?夫心不受撄,非槁死则缩朒耳,而况实利之念,复黏黏热于中,且其为利,又至陋劣不足道,则驯至卑懦俭啬,退让畏葸,无古民之朴野,有末世之浇漓,又必然之势矣,此亦古哲人所不及料也。夫云将以诗移人性情,使即于诚善美伟强力敢为之域,闻者或哂其迂远乎;而事复无形,效不显于顷刻。使举一密栗之反证,殆莫如古国之见灭于外仇矣。凡如是者,盖不止笞击縻系,易于毛角而已,且无有为沉痛著大之声,撄其后人,使之兴起;即间有之,受者亦不为之动,创痛少去,即复营营于治生,活身是图,不恤污下,外仇又至,摧败继之。故不争之民,其遭遇战事,常较好争之民多,而畏死之民,其苓落殇亡,亦视强项敢死之民众。

千八百有六年八月,拿坡仑大挫普鲁士军,翌年七月,普鲁士乞和,为从属之国。然其时德之民族,虽遭败亡窘辱,而古之精神光耀,固尚保有而未隳。于是有爱伦德(E. M. Arndt)者出,著《时代精神篇》(Geist der Zeit),以伟大壮丽之笔,宣独立自繇之音,国人得之,敌忾之心大炽;已而为敌觉察,探索极严,乃走瑞士,递千八百十二年,拿坡仑挫于墨斯科之酷寒大火,逃归巴黎,欧土遂为云扰,竞举其反抗之兵。翌年,普鲁士帝威廉三世乃下令召国民成军,宣言为三事战,曰自由正义祖国;英年之学生诗人美术家争赴之。爱伦德亦归,著《国民军者何》暨《莱因为德国大川特非其界》二篇,以鼓青年之意气。而义勇军中,时亦有人曰台陀开纳(Theodor Körner),慨然投笔,辞维也纳国立剧场诗人之职,别其父母爱者,遂执兵行;作书贻父母曰,普鲁士之鸷,已以鸷击诚心,觉德意志民族之大望矣。吾之吟咏,无不为宗邦神往。吾将舍所有福祉欢欣,为宗国战死。嗟夫,吾以明神之力,已得大悟。为邦人之自由与人道之善故,牺牲孰大于是? 热力无量,涌吾灵台,吾起矣! 后此之《竖琴长剑》(Leier und Schwert)一集,亦无不以是精神,凝为高响,展卷方诵,血脉已张。然时之怀热诚灵悟如斯状者,盖非止开纳一人也,举德国青年,无不如是。开纳之声,即全德人之声,开纳之血,亦即全德人之血耳。故推而论之,败拿坡仑者,不为国家,不为皇帝,不为兵刃,国民而已。国民皆诗,亦皆诗人之具,而德卒以不亡。此岂笃守功利,摈斥诗歌,或抱异域之朽兵败甲,冀自卫其衣食室家者,意料之所能至哉? 然此亦仅譬诗力于米盐,聊以震崇实之士,使知黄金黑铁,断不足以兴国家,德法二国之外形,亦非吾邦所可活剥;示其内质,冀略有所悟解而已。此篇本意,固不在是也。

三

　　由纯文学上言之,则以一切美术之本质,皆在使观听之人,为之兴感怡悦。文章为美术之一,质当亦然,与个人暨邦国之存,无所系属,实利离尽,究理弗存。故其为效,益智不如史乘,诫人不如格言,致富不如工商,弋功名不如卒业之券。特世有文章,而人乃以几于具足。英人道覃(E. Dowden)有言曰,美术文章之桀出于世者,观诵而后,似无裨于人间者,往往有之。然吾人乐于观诵,如游巨浸,前临渺茫,浮游波际,游泳既已,神质悉移。而彼之大海,实仅波起涛飞,绝无情愫,未始以一教训一格言相授。顾游者之元气体力,则为之陡增也。故文章之于人生,其为用决不次于衣食,宫室,宗教,道德,盖缘人在两间,必有时自觉以勤劬,有时丧我而悃悔,时必致力于善生,时必并忘其善生之事而入于醇乐,时或活动于现实之区,时或神驰于理想之域;苟致力于其偏,是谓之不具足。严冬永留,春气不至,生其躯壳,死其精魂,其人虽生,而人生之道失。文章不用之用,其在斯乎?约翰穆黎曰,近世文明,无不以科学为术,合理为神,功利为鹄。大势如是,而文章之用益神。所以者何?以能涵养吾人之神思耳。涵养人之神思,即文章之职与用也。

此他丽于文章能事者,犹有特殊之用一。盖世界大文,无不能启人生之閟机,而直语其事实法则,为科学所不能言者。所谓閟机,即人生之诚理是已。此为诚理,微妙幽玄,不能假口于学子。如热带人未见冰前,为之语冰,虽喻以物理生理二学,而不知水之能凝,冰之为冷如故;惟直示以冰,使之触之,则虽不言质力二性,而冰之为物,昭然在前,将直解无所疑沮。惟文章亦然,虽缕判条分,理密不如学术,而人生诚理,直笼其辞句中,使闻其声者,灵府朗然,与人生即会。如热带人即见冰后,曩之竭研究思索而弗能喻者,今宛在矣。昔爱诺尔特(M. Arnold)氏以诗为人生评骘,亦正此意。故人若读鄂谟(Homeros)以降大文,则不徒近诗,且自与人生会,历历见其优胜缺陷之所存,更力自就于圆满。此其效力,有教示意;既为教示,斯益人生;而其教复非常教,自觉勇猛发扬精进,彼实示之。凡苓落颓唐之邦,无不以不耳此教示始。

顾有据群学见地以观诗者,其为说复异:要在文章与道德之相关。谓诗有主分,曰观念之诚。其诚奈何? 则曰为诗人之思想感情,与人类普遍观念之一致。得诚奈何? 则曰在据极溥博之经验。故所据之人群经验愈溥博,则诗之溥博视之。所谓道德,不外人类普遍观念所形成。故诗与道德之相关,缘盖出于造化。诗与道德合,即为观念之诚,生命在是,不朽在是。非如是者,必与群法僻驰。以背群法故,必反人类之普遍观念;以反普遍观念故,必不得观念之诚。观念之诚失,其诗宜亡。故诗之亡也,恒以反道德故。然诗有反道德而竟存者奈何? 则曰,暂耳。无邪之说,实与此契。苟中国文事复兴之有日,虑操此说以力削其萌孽者,当有徒也。而欧洲评骘之士,亦多抱是说以律文章。十九世纪初,世界动于法国革命之风潮,德意志西班牙意大利希腊皆兴起,往之梦意,一晓而苏;惟英国较无动。顾上下相迕,时有不平,而诗人裴伦,实生此际。其前有司各德(W. Scott)辈,为文率平妥翔实,与旧之宗教道德极相容。迨有裴伦,乃超脱古范,直抒所信,其文章无不函刚健抗拒破坏挑战之声。平和之人,能无惧乎? 于是谓之撒但。此言始于苏惹(R. Southey),而众和之;后或扩以称修黎(P. B. Shelley)以下数人,至今不废。苏惹亦诗人,以其言能得当时人群普遍之诚故,获月桂冠,攻裴伦甚力。裴伦亦以恶声报之,谓之诗商。所著有《纳尔逊传》(The Life of Lord Nelson)今最行于世。

《旧约》记神既以七日造天地,终乃抟埴为男子,名曰亚当,已而病其寂也,复抽其肋为女子,是名夏娃,皆居伊甸。更益以鸟兽卉木;四水出焉。伊甸有树,一曰生命,一曰知识。神禁人勿食其实;魔乃侂蛇以诱夏娃,使食之,爱得生命知识。神怒,立逐人而诅蛇,蛇腹行而土食;人则即劳其生,又得其死,罚且及于子孙,无不如是。英诗人弥耳敦(J. Milton)，尝取其事作《失乐园》(The Paradise Lost)，有天神与撒但战事，以喻光明与黑暗之争。撒但为状，复至狞厉。是诗而后，人之恶撒但遂益深。然使震旦人士异其信仰者观之，则亚当之居伊甸，盖不殊于笼禽，不识不知，惟帝是悦，使无天魔之诱，人类将无由生。故世间人，当蓰弗秉有魔血，惠之及人世者，撒但其首矣。然为基督宗徒，则身被此名，正如中国所谓叛道，人群共弃，艰于置身，非强怒善战豁达能思之士，不任受也。亚当夏娃既去乐园，乃举二子，长曰亚伯，次曰凯因。亚伯牧羊，凯因耕植是事，尝出所有以献神。神喜脂膏而恶果实，斥凯因献不视；以是，凯因渐与亚伯争，终杀之。神则诅凯因，使不获地力，流于殊方。裴伦取其事作传奇，于神多所诘难。教徒皆怒，谓为渎圣害俗，张皇灵魂有尽之诗，攻之至力。迄今日评骘之士，亦尚有以是难裴伦者。尔时独穆亚(Th. Moore)及修黎二人，深称其诗之雄美伟大。德诗宗瞿提，亦谓为绝世之文，在英国文章中，此为至上之作；后之劝遏克曼(J. P. Eckermann)治英国语言，盖即冀其直读斯篇云。《约》又记凯因既流，亚当更得一子，历岁永永，人类益繁，于是心所思惟，多涉恶事。主神乃悔，将殄之。有挪亚独善事神，神令致亚斐木为方舟，将眷属动植，各从其类居之。遂作大雨四十昼夜，洪水泛滥，生物灭尽，而挪亚之族独完，水退居地，复生子孙，至今日不绝。吾人记事涉此，当觉神之能悔，为事至奇；而人之恶撒但，其理乃无足诧。盖既为挪亚子孙，自必力斥抗者，敬事主神，战战兢兢，绳其祖武，冀洪水再作之日，曾得密诏而自保于方舟耳。抑吾闻生学家言，有云反种一事，为生物中每现异品，肖其远先，如人所牧马，往往出野物，类之不拉(Zebra)，盖未驯以前状，复现于今日者。撒但诗人之出，殆亦如是，非异事也。独众马怒其不伏箱，群起而交踶之，斯足悯叹焉耳。

四

裴伦名乔治戈登(George Gordon)，系出司堪第那比亚海贼蒲隆(Burun)族。其族后居诺曼，从威廉入英，递显理二世时，始用今字。裴伦以千七百八十八年一月二十二日生于伦敦，十二岁即为诗；长游堪勃力俱大学不成，渐决去英国，作汗漫游，始于波陀牙，东至希腊突厥及小亚细亚，历审其天物之美，民俗之异，成《哈洛尔特游草》(Childe Harold's Pilgrimage)二卷，波谲云诡，世为之惊绝。次作《不信者》(The Giaour)暨《阿华陀斯新妇行》(The Bride of Abydos)二篇，皆取材于突厥。前者记不信者(对回教而言)通哈山之妻，哈山投其妻于水，不信者逸去，后终归而杀哈山，诣庙自忏；绝望之悲，溢于毫素，读者哀之。次为女子苏黎加爱舍林，而其父将以婚他人，女偕舍林出奔，已而被获，舍林斗死，女亦终尽；其言有反抗之音。迨千八百十四年一月，赋《海贼》(The Corsair)之诗。篇中英雄曰康拉德，于世已无一切眷爱，遗一切道德，惟以强大之意志，为贼渠魁，领其从者，建大邦于海上。孤舟利剑，所向悉如其意。独家有爱妻，他更无有；往虽有神，而康拉德早弃之，神亦已弃康拉德矣。故一剑之力，即其权力，国家之法度，社会之道德，视之蔑如。权力若具，即用行其意志，他人奈何，天帝何命，非所问也。若问定命之何如？则曰，在鞘中，一旦外辉，彗且失色而已。然康拉德为人，初非元恶，内秉高尚纯洁之想，尝欲尽其心力，以致益于人间；比见细人蔽明，谗诋害聪，凡人营营，多猜忌中伤之性，则渐冷淡，则渐坚凝，则渐嫌厌；终乃以受自或人之怨毒，举而报之全群，利剑轻舟，无间人神，所向无不抗战。盖复仇一事，独贯注其全精神矣。一日攻塞特，败而见囚，塞特有妃爱其勇，助之脱狱，泛舟同奔，遇从者于波上，乃大呼曰，此吾舟，此吾血色之旗也，吾运未尽于海上！然归故家，则银钉暗而爱妻逝矣。既而康拉德亦失去，其徒求之波间海角，踪迹杳然，独有以无量罪恶，系一德义之名，永存于世界而已。裴伦之祖约翰，尝念先人为海王，因投海军为之帅；裴伦赋此，缘起似同；有即以海贼字裴伦者，裴伦闻之窃喜，则篇中康拉德为人，实即此诗人变相，殆无可疑已。越三月，又作赋曰《罗罗》(Lara)，记其人尝杀人不异海贼，后图起事，败而伤，飞矢来贯其胸，遂死。所叙自尊之夫，力抗不可避之定命，为状惨烈，莫可比方。此他犹有所制，特非雄篇。其诗格多师司各德，而司各德由是锐意于小说，不复为诗，避裴伦也。已而裴伦去其妇，世虽不知去之之故，然争难之，每临会议，嘲骂即四起，且禁其赴剧场。其友穆亚为之传，评是事曰，世于裴伦，不异其母，忽爱忽恶，无判决也。顾睘戮天才，殆人群恒状，滔滔皆是，宁止英伦。中国汉晋以来，凡负文名者，多受谤毁，刘彦和为之辩曰，人禀五才，修短殊用，自非上哲，难以求备，然将相以位隆特达，文士以职卑多诮，此江河所以腾涌，涓流所以寸折者。东方恶习，尽此数言。然裴伦之祸，则缘起非如前陈，实反由于名盛，社会顽愚，仇敌窥觑，乘隙立起，众则不察而妄和之；若颂高官而阨寒士者，其污且甚于此矣。顾裴伦由是遂不能居英，自曰，使世之评骘诚，吾在英为无值，若评骘谬，则英于我为无值矣。吾其行乎？然未已也，虽赴异邦，彼且蹴我。已而终去英伦，千八百十六年十月，抵意大利。自此，裴伦之作乃益雄。

裴伦在异域所为文，有《哈洛尔特游草》之续，《堂祥》(Don Juan)之诗，及三传奇称最伟，无不张撒但而抗天帝，言人所不能言。一曰《曼弗列特》(Manfred)，记曼以失爱绝欢，陷于巨苦，欲忘弗能，鬼神见形问所欲，曼云欲忘，鬼神告以忘在死，则对曰，死果能令人忘耶？复衷疑而弗信也。后有魅来降曼弗列特，而曼忽以意志制苦，毅然斥之曰，汝曹决不能诱惑灭亡我。（中略）我，自坏者也。行矣，魅众！死之手诚加我矣，然非汝手也。意盖谓己有善恶，则褒贬赏罚，亦悉在己，神天魔龙，无以相凌，况其他乎？曼弗列特意志之强如是，裴伦亦如是。论者或以拟瞿提之传奇《法斯忒》(Faust)云。二曰《凯因》(Cain)，典据已见于前分，中有魔曰卢希飞勒，导凯因登太空，为论善恶生死之故，凯因悟，遂师摩罗。比行世，大遭教徒攻击，则作《天地》(Heaven and Earth)以报之，英雄为耶彼第，博爱而厌世，亦以诘难教宗，鸣其非理者。夫撒但何由防乎？以彼教言，则亦天使之大者，徒以陡起大望，生背神心，败而堕狱，是云魔鬼。由是言之，则魔亦神所手创者矣。已而潜入乐园，至善美安乐之伊甸，以一言而立毁，非具大能力，曷克至是？伊甸，神所保也，而魔毁之，神安得云全能？况自创恶物，又从而惩之，且更瓜蔓以惩人，其慈又安在？故凯因曰，神为不幸之因。神亦自不幸，手造破灭之不幸者，何幸福之可言？而吾父曰，神全能也。问之曰，神善，何复恶邪？则曰，恶者，就善之道尔。神之为善，诚如其言：先以冻馁，乃与之衣食；先以疠疫，乃施之救援；手造罪人，而曰吾赦汝矣。人则曰，神可颂哉，神可颂哉！营营而建伽蓝焉。卢希飞勒不然，曰吾誓之两间，吾实有胜我之强者，而无有加于我之上位。彼胜我故，名我曰恶，若我致胜，恶且在神，善恶易位耳。此其论善恶，正异尼佉。尼佉意谓强胜弱故，弱者乃字其所为曰恶，故恶实强之代名；此则以恶为弱之冤谥。故尼佉欲自强，而并颂强者；此则亦欲自强，而力抗强者，好恶至不同，特图强则一而已。人谓神强，因亦至善。顾善者乃不喜华果，特嗜腥膻，凯因之献，纯洁无似，则以旋风振而落之。人类之始，实由主神，一拂其心，即发洪水，并无罪之禽虫卉木而殄之。人则曰，爱灭罪恶，神可颂哉！耶彼第乃曰，汝得救孺子众！汝以为脱身狂涛，获天幸欤？汝曹偷生，逞其食色，目击世界之亡，而不生其悯叹；复无勇力，敢当大波，与同胞之人，共其运命；偕厥考逃于方舟，而建都邑于世界之墓上,竟无惭耶?然人竟无惭也,方伏地赞颂,无有休止,以是之故,主神遂强。使众生去而不之理,更何威力之能有?人既授神以力,复假之以厄撒但;而此种人,又即主神往所殄灭之同类。以撒但之意观之,其为顽愚陋劣,如何可言?将晓之欤,则音声未宣,众已疾走,内容何若,不省察也。将任之欤,则非撒但之心矣,故复以权力现于世。神,一权力也;撒但,亦一权力也。惟撒但之力,即生于神,神力若亡,不为之代;上则以力抗天帝,下则以力制众生,行之背驰,莫甚于此。顾其制众生也,即以抗敌。倘其众生同抗,更何制之云?裴伦亦然,自必居人前,而怒人之后于众;盖非自居人前,不能使人勿后于众故;任人居后而自为之前,又为撒但大耻故。故既揄扬威力,颂美强者矣,复曰,吾爱亚美利加,此自由之区,神之绿野,不被压制之地也。由是观之,裴伦既喜拿坡仑之毁世界,亦爱华盛顿之争自由,既心仪海贼之横行,亦孤援希腊之独立,压制反抗,兼以一人矣。虽然,自由在是,人道亦在是。

<h2 style="text-align:center">五</h2>

自尊至者,不平恒继之,忿世嫉俗,发为巨震,与对蹠之徒争衡。盖人既独尊,自无退让,自无调和,意力所如,非达不已,乃以是渐与社会生冲突,乃以是渐有所厌倦于人间。若裴伦者,即其一矣。其言曰,硗确之区,吾侪奚获耶?(中略)凡有事物,无不定以习俗至谬之衡,所谓舆论,实具大力,而舆论则以昏黑蔽全球也。此其所言,与近世诺威文人伊孛生(H. Ibsen)所见合,伊氏生于近世,愤世俗之昏迷,悲真理之匿耀,假《社会之敌》以立言,使医士斯托克曼为全书主者,死守真理,以拒庸愚,终获群敌之谥。自既见放于地主,其子复受斥于学校,而终奋斗,不为之摇。末乃曰,吾又见真理矣。地球上至强之人,至独立者也!其处世之道如是。顾

裴伦不尽然,凡所描绘,皆禀种种思,具种种行,或以不平而厌世,远离人群,宁与天地为侪偶,如哈洛尔特;或厌世至极,乃希灭亡,如曼弗列特;或被人天之楚毒,至于刻骨,乃咸希破坏,以复仇雠,如康拉德与卢希飞勒;或弃斥德义,蹇视淫游,以嘲弄社会,聊快其意,如堂祥。其非然者,则尊侠尚义,扶弱者而平不平,颠仆有力之蠢愚,虽获罪于全群无惧,即裴伦最后之时是已。彼当前时,经历一如上述书中众士,特未欸歔断望,愿自逖于人间,如曼弗列特之所为而已。故怀抱不平,突突上发,则倨傲纵逸,不恤人言,破坏复仇,无所顾忌,而义侠之性,亦即伏此烈火之中,重独立而爱自繇,苟奴隶立其前,必衷悲而疾视,衷悲所以哀其不幸,疾视所以怒其不争,此诗人所为援希腊之独立,而终死于其军中者也。盖裴伦者,自繇主义之人耳,尝有言曰,若为自由故,不必战于宗邦,则当为战于他国。是时意大利适制于墺,失其自由,有秘密政党起,谋独立,乃密与其事,以扩张自由之元气者自任,虽狙击密侦之徒,环绕其侧,终不为废游步驰马之事。后秘密政党破于墺人,企望悉已,而精神终不消。裴伦之所督励,力直及于后日,起马志尼,起加富尔,于是意之独立成。故马志尼曰,意大利实大有赖于裴伦。彼,起吾国者也!盖诚言已。裴伦平时,又至有情愫于希腊,思想所趣,如磁指南。特希腊时自由悉丧,入突厥版图,受其羁縻,不敢抗拒。诗人惋惜悲愤,往往见于篇章,怀前古之光荣,哀后人之零落,或与斥责,或加激励,思使之攘突厥而复兴,更睹往日耀灿庄严之希腊,如所作《不信者》暨《堂祥》二诗中,其怨愤谯责之切,与希冀之诚,无不历然可征信也。比千八百二十三年,伦敦之希腊协会驰书托裴伦,请援希腊之独立。裴伦平日,至不满于希腊今人,尝称之曰世袭之奴,曰自由苗裔之奴,因不即应;顾以义愤故,则终诺之,遂行。而希腊人民之堕落,乃诚如其说,励之再振,为业至难,因羁滞于克弗洛尼亚岛者五月,始向密淑伦其。其时海陆军方奇困,闻裴伦至,狂喜,群集迓之,如得天使也。次年一月,独立政府任以总督,并授军事及民事之全权,而希腊是时,财政大匮,兵无宿粮,大势几去。加以式列阿忒佣兵见裴伦宽大,复多所要索,稍不满,辄欲背去;希腊堕落之民,又诱之使窘裴伦。裴伦大愤,极诋彼国民性之陋劣:前所谓世袭之奴,乃果不可猝救如是也。而裴伦志尚不灰,自立革命之中枢,当四围之艰险,将士内讧,则为之调和,以己为楷模,教之人道,更设法举债,以振其穷,又定印刷之制,且坚堡垒以备战。内争方烈,而突厥果攻密淑伦其,式列阿忒佣兵三百人,复乘乱占要害地。裴伦方病,闻之泰然,力平党派之争,使一心以面敌。特内外迫拶,神质剧劳,久之,疾乃渐革。将死,其从者持楮墨,将录其遗言。裴伦曰否,时已过矣。不之语,已而微呼人名,终乃曰,吾言已毕。从者曰,吾不解公言。裴伦曰,吁,不解乎?呜呼晚矣!状若甚苦。有间,复曰,吾既以吾物暨吾康健,悉付希腊矣。今更付之吾生。他更何有?遂死,时千八百二十四年四月十八日夕六时也。今为反念前时,则裴伦抱大望而来,将以天纵之才,致希腊复归于往时之荣誉,自意振臂一呼,人必将靡然向之。盖以异域之人,犹凭义愤为希腊致力,而彼邦人,纵堕落腐败者日久,然旧泽尚存,人心未死,岂意遂无情愫于故国乎?特至今兹,则前此所图,悉如梦迹,知自由苗裔之奴,乃果不可猝救有如此也。次日,希腊独立政府为举国民丧,市肆悉罢,炮台鸣炮三十七,如裴伦寿也。

　　吾今为桉其为作思惟,索诗人一生之内阈,则所遇常抗,所向必动,贵力而尚强,尊己而好战,其战复不如野兽,为独立自由人道也,此已略言之前分矣。故其平生,如狂涛如厉风,举一切伪饰陋习,悉与荡涤,瞻顾前后,素所不知;精神郁勃,莫可制抑,力战而毙,亦必自救其精神;不克厥敌,战则不止。而复率真行诚,无所讳掩,谓世之毁誉褒贬是非善恶,皆缘习俗而非诚,因悉措而不理也。

盖英伦尔时,虚伪满于社会,以虚文缛礼为真道德,有秉自由思想而探究者,世辄谓之恶人。裴伦善抗,性又率真,夫自不可以默矣,故托凯因而言曰,恶魔者,说真理者也。遂不恤与人群敌。世之贵道德者,又即以此交非之。遏克曼亦尝问瞿提以裴伦之文,有无教训。瞿提对曰,裴伦之刚毅雄大,教训即函其中;苟能知之,斯获教训。若夫纯洁之云,道德之云,吾人何问焉。盖知伟人者,亦惟伟人焉而已。裴伦亦尝评朋思(R. Burns)曰,斯人也,心情反张,柔而刚,疏而密,精神而质,高尚而卑,有神圣者焉,有不净者焉,互和合也。裴伦亦然,自尊而怜人之为奴,制人而援人之独立,无惧于狂涛而大徼于乘马,好战崇力,遇敌无所宽假,而于累囚之苦,有同情焉。意者摩罗为性,有如此乎? 且此亦不独摩罗为然,凡为伟人,大率如是。即一切人,若去其面具,诚心以思,有纯禀世所谓善性而无恶分者,果几何人? 遍观众生,必几无有,则裴伦虽负摩罗之号,亦人而已,夫何诧焉。顾其不容于英伦,终放浪颠沛而死异域者,特面具为之害耳。此即裴伦所反抗破坏,而迄今犹杀真人而未有止者也。嗟夫,虚伪之毒,有如是哉! 裴伦平时,其制诗极诚,尝曰,英人评骘,不介我心。若以我诗为愉快,任之而已。吾何能阿其所好为? 吾之握管,不为妇孺庸俗,乃以吾全心全情感全意志,与多量之精神而成诗,非欲聆彼辈柔声而作者也。夫如是,故凡一字一辞,无不即其人呼吸精神之形现,中于人心,神弦立应,其力之曼衍于欧土,例不能别求之英诗人中;仅司各德所为说部,差足与相伦比而已。若问其力奈何? 则意大利希腊二国,已如上述,可毋赘言。此他西班牙德意志诸邦,亦悉蒙其影响。次复入斯拉夫族而新其精神,流泽之长,莫可阐述。至其本国,则犹有修黎(Percy Bysshe Shelley)一人。契支(John Keats)虽亦蒙摩罗诗人之名,而与裴伦别派,故不述于此。

六

修黎生三十年而死，其三十年悉奇迹也，而亦即无韵之诗。时既艰危，性复狷介，世不彼爱，而彼亦不爱世，人不容彼，而彼亦不容人，客意大利之南方，终以壮龄而夭死，谓一生即悲剧之实现，盖非夸也。修黎者，以千七百九十二年生于英之名门，姿状端丽，夙好静思；比入中学，大为学友暨校师所不喜，虐遇不可堪。诗人之心，乃早萌反抗之朕兆；后作说部，以所得值赒其友八人，负狂人之名而去。次入恶斯佛大学，修爱智之学，屡驰书乞教于名人。而尔时宗教，权悉归于冥顽之牧师，因以妨自由之崇信。修黎蹶起，著《无神论之要》一篇，略谓惟慈爱平等三，乃使世界为乐园之要素，若夫宗教，于此无功，无有可也。书成行世，校长见之大震，终逐之；其父亦惊绝，使谢罪返校，而修黎不从，因不能归。天地虽大，故乡已失，于是至伦敦，时年十八，顾已孤立两间，欢爱悉绝，不得不与社会战矣。已而知戈德文（W. Godwin），读其著述，博爱之精神益张。次年入爱尔兰，檄其人士，于政治宗教，皆欲有所更革，顾终不成。逮千八百十五年，其诗《阿剌斯多》（Alastor）始出世，记怀抱神思之人，索求美者，遍历不见，终死旷原，如自叙也。次年乃识裴伦于瑞士；裴伦深称其人，谓奋迅如狮子，又善其诗，而世犹无顾之者。又次年成《伊式阑转轮篇》（The Revolt of Islam）。凡修黎怀抱，多抒于此。篇中英雄曰罗昂，以热诚雄辩，警其国民，鼓吹自由，掊击压制，顾正义终败，而压制以凯还，罗昂遂为正义死。是诗所函，有无量希望信仰，暨无穷之爱，穷追不舍，终以殒亡。盖罗昂者，实诗人之先觉，亦即修黎之化身也。

至其杰作，尤在剧诗；尤伟者二，一曰《解放之普洛美迢斯》（Prometheus Unbound），一曰《黏希》（The Cenci）。前者事本希腊神话,意近裴伦之《凯因》。假普洛美迢斯为人类之精神,以爱与正义自由故,不恤艰苦,力抗压制主者儳毕多,窃火贻人,受絷于山顶,猛鸷日啄其肉,而终不降。儳毕多为之辟易;普洛美迢乃眷女子珂希亚,获其爱而毕,珂希亚者,理想也。《黏希》之篇,事出意大利,记女子黏希之父,酷虐无道,毒虐无所弗至,黏希终杀之,与其后母兄弟,同戮于市。论者或谓之不伦。顾失常之事,不能绝于人间,即中国《春秋》,修自圣人之手者,类此之事,且数数见,又多直书无所讳,吾人独于修黎所作,乃和众口而难之耶?上述二篇,诗人悉出以全力,尝自言曰,吾诗为众而作,读者将多。又曰,此可登诸剧场者。顾诗成而后,实乃反是,社会以谓不足读,伶人以谓不可为;修黎抗伪俗弊习以成诗,而诗亦即受伪俗弊习之夭阏,此十九稘上叶精神界之战士,所为多抱正义而骈殒者也。虽然,往时去矣,任其自去,若夫修黎之真值,则至今日而大昭。革新之潮,此其巨派,戈德文书出,初启其端,得诗人之声,乃益深入世人之灵府。凡正义自由真理以至博爱希望诸说,无不化而成醇,或为罗昂,或为普洛美迢,或为伊式阑之壮士,现于人前,与旧习对立,更张破坏,无稍假借也。旧习既破,何物斯存,则惟改革之新精神而已。十九世纪机运之新,实赖有此。朋思唱于前,裴伦修黎起其后,掊击排斥,人渐为之仓皇;而仓皇之中,即呕人生之改进。故世之嫉视破坏,加之恶名者,特见一偏而未得其全体者尔。若为桉其真状,则光明希望,实伏于中。恶物悉颠,于群何毒?破坏之云,特可发自冥顽牧师之口,而不可出诸全群者也。若其闻之,则破坏为业,斯愈益贵矣!况修黎者,神思之人,求索而无止期,猛进而不退转,浅人之所观察,殊莫可得其渊深。若能真识其人,将见品性之卓,出于云间,热诚勃然,无可沮遏,自趁其神思而奔神思之乡;此其为乡,则爱有美之本体。奥古斯丁曰,吾未有爱而吾欲爱,因抱希冀以求足爱者也。惟修黎亦然,故终出人间而神行,冀自达其所崇信之境；复以妙音，喻一切未觉，使知人类曼衍之大故，暨人生价值之所存，扬同情之精神，而张其上征渴仰之思想，使怀大希以奋进，与时劫同其无穷。世则谓之恶魔，而修黎遂以孤立；群复加以排挤，使不可久留于人间，于是压制凯还，修黎以死，盖宛然阿刺斯多之殒于大漠也。

　　虽然，其独慰诗人之心者，则尚有天然在焉。人生不可知，社会不可恃，则对天物之不伪，遂寄之无限之温情。一切人心，孰不如是。特缘受染有异，所感斯殊，故目睛夺于实利，则欲驱天然为之得金资；智力集于科学，则思制天然而见其法则；若至下者，乃自春徂冬，于两间崇高伟大美妙之见象，绝无所感应于心，自堕神智于深渊，寿虽百年，而迄不知光明为何物，又奚解所谓卧天然之怀，作婴儿之笑矣。修黎幼时，素亲天物，尝曰，吾幼即爱山河林壑之幽寂，游戏于断崖绝壁之为危险，吾伴侣也。考其生平，诚如自述。方在稚齿，已盘桓于密林幽谷之中，晨瞻晓日，夕观繁星，俯仰则大都中人事之盛衰，或思前此压制抗拒之陈迹；而芜城古邑，或破屋中贫人啼饥号寒之状，亦时复历历入其目中。其神思之澡雪，既至异于常人，则旷观天然，自感神閟，凡万汇之当其前，皆若有情而至可念也。故心弦之动，自与天籁合调，发为抒情之什，品悉至神，莫可方物，非狭斯丕尔暨斯宾塞所作，不有足与相伦比者。比千八百十九年春，修黎定居罗马，次年迁毕撒；裴伦亦至，此他之友多集，为其一生中至乐之时。迨二十二年七月八日，偕其友乘舟泛海，而暴风猝起，益以奔电疾雷，少顷波平，孤舟遂杳。裴伦闻信大震，遣使四出侦之，终得诗人之骸于水裔，乃葬罗马焉。修黎生时，久欲与生死问题以诠解，自曰，未来之事，吾意已满于柏拉图暨培庚之所言，吾心至定，无畏而多望，人居今日之躯壳，能力悉蔽于阴云，惟死亡来解脱其身，则秘密始能阐发。又曰，吾无所知，亦不能证，灵府至奥之思想，不能出以言辞，而此种事，纵吾身亦莫能解尔。

嗟乎,死生之事大矣,而理至閟,置而不解,诗人未能,而解之之术,又独有死而已。故修黎曾泛舟坠海,乃大悦呼曰,今使吾释其秘密矣!然不死。一日浴于海,则伏而不起,友引之出,施救始苏,曰,吾恒欲探井中,人谓诚理伏焉,当我见诚,而君见我死也。然及今日,则修黎真死矣,而人生之閟,亦以真释,特知之者,亦独修黎已耳。

七

若夫斯拉夫民族,思想殊异于西欧,而裴伦之诗,亦疾进无所沮核。俄罗斯当十九世纪初叶,文事始新,渐乃独立,日益昭明,今则已有齐驱先觉诸邦之概,令西欧人士,无不惊其美伟矣。顾夷考权舆,实本三士:曰普式庚,曰来尔孟多夫,曰鄂戈理。前二者以诗名世,均受影响于裴伦:惟鄂戈理以描绘社会人生之黑暗著名,与二人异趣,不属于此焉。

普式庚(A. Pushkin)以千七百九十九年生于墨斯科,幼即为诗,初建罗曼宗于其文界,名以大扬。顾其时俄多内讧,时势方亟,而普式庚诗多讽喻,人即借而挤之,将流鲜卑,有数耆宿力为之辩,始获免,谪居南方。其时始读裴伦诗,深感其大,思理文形,悉受转化,小诗亦尝摹裴伦;尤著者有《高加索累囚行》,至与《哈洛尔特游草》相类。中记俄之绝望青年,囚于异域,有少女为释缚纵之行,青年之情意复苏,而厥后终于孤去。其《及泼希》(Gypsy)一诗亦然,及泼希者,流浪欧洲之民,以游牧为生者也。有失望于世之人曰阿勒戈,慕是中绝色,因人其族,与为婚姻;顾多嫉,渐察女有他爱,终杀之。女之父不施报,特令去不与居焉。二者为诗,虽有裴伦之色,然又至殊,凡厥中勇士,等是见放于人群,顾复不离亚历山大时俄国社会之一质分,易于失望,速于奋兴,有厌世之风,而其志至不

固。普式庚于此,已不与以同情,诸凡切于报复而观念无所胜人之
失,悉指摘不为讳饰。故社会之伪善,既灼然现于人前,而及泼希
之朴野纯全,亦相形为之益显。论者谓普式庚所爱,渐去裴伦式勇
士而向祖国纯朴之民,盖实自斯时始也。尔后巨制,曰《阿内庚》
(Eugiene Onieguine),诗材至简,而文特富丽,尔时俄之社会,情状
略具于斯。惟以推敲八年,所蒙之影响至不一,故性格迁流,首尾
多异。厥初二章,尚受裴伦之感化,则其英雄阿内庚为性,力抗社
会,断望人间,有裴伦式英雄之概,特已不凭神思,渐近真然,与尔
时其国青年之性质肖矣。厥后外缘转变,诗人之性格亦移,于是渐
离裴伦,所作日趣于独立:而文章益妙,著述亦多。至与裴伦分道
之因,则为说亦不一:或谓裴伦绝望奋战,意向峻绝,实与普式庚性
格不相容,曩之信崇,盖出一时之激越,迨风涛大定,自即弃置而返
其初:或谓国民性之不同,当为是事之枢纽,西欧思想,绝异于俄,
其去裴伦,实由天性,天性不合,则裴伦之长存自难矣。凡此二说,
无不近理;特就普式庚个人论之,则其对于裴伦,仅摹外状,迨放浪
之生涯毕,乃骤返其本然,不能如来尔孟多夫,终执消极观念而不
舍也。故旋墨斯科后,立言益务平和,凡足与社会生冲突者,咸力
避而不道,且多赞诵,美其国之武功。千八百三十一年波阑抗俄,
西欧诸国右波阑,于俄多所憎恶。普式庚乃作《俄国之谗谤者》暨
《波罗及诺之一周年》二篇,以自明爱国。丹麦评骘家勃阑兑思
(G. Brandes)于是有微辞,谓惟武力之恃而狼藉人之自由,虽云爱
国,顾为兽爱。特此亦不仅普式庚为然,即今之君子,日日言爱国
者,于国有诚为人爱而不坠于兽爱者,亦仅见也。及晚年,与和阑
公使子覃提斯连,终于决斗被击中腹,越二日而逝,时为千八百三
十七年。俄自有普式庚,文界始独立,故文史家芘宾谓真之俄国文
章,实与斯人偕起也。而裴伦之摩罗思想,则又经普式庚而传来尔
孟多夫。

来尔孟多夫(M. Lermontov)生于千八百十四年,与普式庚略并世。其先来尔孟斯(T. Learmont)氏,英之苏格兰人;故每有不平,辄云将去此冰雪警吏之地,归其故乡。顾性格全如俄人,妙思善感,惆怅无间,少即能缀德语成诗;后入大学被黜,乃居陆军学校二年,出为士官,如常武士,惟自谓仅于香宾酒中,加少许诗趣而已。及为禁军骑兵小校,始仿裴伦诗纪东方事,且至慕裴伦为人。其自记有曰,今吾读《世胄裴伦传》,知其生涯有同我者;而此偶然之同,乃大惊我。又曰;裴伦更有同我者一事,即尝在苏格兰,有媪谓裴伦母曰,此儿必成伟人,且当再娶。而在高加索,亦有媪告吾大母,言与此同。纵不幸如裴伦,吾亦愿如其说。顾来尔孟多夫为人,又近修黎。修黎所作《解放之普洛美迢》,感之甚力,于人生善恶竞争诸问,至为不宁,而诗则不之仿。初虽摹裴伦及普式庚,后亦自立。且思想复类德之哲人弱宾赫尔,知习俗之道德大原,悉当改革,因寄其意于二诗,一曰《神摩》(Demon),一曰《谟哳黎》(Mtsyri)。前者托旨于巨灵,以天堂之逐客,又为人间道德之憎者,超越凡情,因生疾恶,与天地斗争,苟见众生动于凡情,则辄施以贱视。后者一少年求自由之呼号也。有孺子焉,生长山寺,长老意已断其情感希望,而孺子魂梦,不离故园,一夜暴风雨,乃乘长老方祷,潜逋出寺,彷惶林中者三日,自由无限,毕生莫伦。后言曰,尔时吾自觉如野兽,力与风雨电光猛虎战也。顾少年迷林中不能返,数日始得之,惟已以斗豹得伤,竟以是殒。尝语侍疾老僧曰,丘墓吾所弗惧,人言毕生忧患,将入睡眠,与之永寂,第忧与吾生别耳。……吾犹少年。……宁汝尚忆少年之梦,抑已忘前此世间憎爱耶? 倘然,则此世于汝,失其美矣。汝弱且老,灭诸希望矣。少年又为述林中所见,与所觉自由之感,并及斗豹之事曰,汝欲知吾获自由时,何所为乎? 吾生矣。老人,吾生矣。使尽吾生无此三日者,且将惨淡冥暗,逾汝暮年耳。及普式庚斗死,来尔孟多夫又赋诗以寄其悲,末解有曰,汝侪朝人,天才自由之屠伯,今有法律以自庇,士师盖无如汝何,第犹有尊严之帝在天,汝不能以金资为赂。……以汝黑血,不能涤吾诗人之血痕也。诗出,举国传诵,而来尔孟多夫亦由是得罪,定流鲜卑:后遇援,乃成高加索,见其地之物色,诗益雄美。惟当少肘,不满于世者义至博大,故作《神摩》,其物犹撒但,恶人生诸凡陋劣之行,力与之敌。如勇猛者,所遇无不庸懦,则生激怒;以天生崇美之感,而众生扰扰,不能相知,爰起厌倦,憎恨人世也。顾后乃渐即于实,凡所不满,已不在天地人间,退而止于一代;后且更变,而猝死于决斗。决斗之因,即肇于来尔孟多夫所为书曰《并世英雄记》。人初疑书中主人,即著者自序,迨再印,乃辩言曰,英雄不为一人,实吾曹并时众恶之象。盖其书所述,实即当时人士之状尔。于是有友摩尔迭诺夫者,谓来尔孟多夫取其状以入书,因与索斗。来尔孟多夫不欲杀其友,仅举枪射空中;顾摩尔迭诺夫则拟而射之,遂死,年止二十七。

　　前此二人之于裴伦,同汲其流,而复殊别。普式庚在厌世主义之外形,来尔孟多夫则直在消极之观念。故普式庚终服帝力,入于平和,而来尔孟多夫则奋战力拒,不稍退转。波覃勖迭氏评之曰,来尔孟多夫不能胜来追之运命,而当降伏之际,亦至猛而骄。凡所为诗,无不有强烈弗和与踔厉不平之响者,良以是耳。来尔孟多夫亦甚爱国,顾绝异普式庚,不以武力若何,形其伟大。凡所眷爱,乃在乡村大野,及村人之生活;且推其爱而及高加索土人。此土人者,以自由故,力敌俄国者也;来尔孟多夫虽自从军,两与其役,然终爱之,所作《伊思迈尔培》(Ismail-Bey)一篇,即纪其事。来尔孟多夫之于拿坡仑,亦稍与裴伦异趣。裴伦初尝责拿坡仑对于革命思想之谬,及既败,乃有愤于野犬之食死狮而崇之。来尔孟多夫则专责法人,谓自陷其雄士。至其自信,亦如裴伦,谓吾之良友,仅有一人,即是自己。又负雄心,期所过必留影迹。然裴伦所谓非憎人间,特去之而已,或云吾非爱人少,惟爱自然多耳等意,则不能闻之来尔孟多夫。彼之平生,常以憎人者自命,凡天物之美,足以乐英诗人者,在俄国英雄之目,则长此黯澹,浓云疾雷而不见霁日也。盖二国人之异,亦差可于是见之矣。

八

丹麦人勃阑兑思,于波阑之罗曼派,举密克威支(A. Mic-kiewicz)斯洛伐支奇(J. Slowacki)克拉旬斯奇(S. Krasinski)三诗人。密克威支者,俄文家普式庚同时人,以千七百九十八年生于札希亚小村之故家。村在列图尼亚,与波阑邻比。十八岁出就维尔那大学,治言语之学,初尝爱邻女马理维来苏萨加,而马理他去,密克威支为之不欢。后渐读裴伦诗,又作诗曰《死人之祭》(Dziady)。中数份叙列图尼亚旧俗,每十一月二日,必置酒果于坟上,用享死者,聚村人牧者术士一人,暨众冥鬼,中有失爱自杀之人,已经冥判,每届是日,必更历苦如前此;而诗止断片未成。尔后居加夫诺(Kowno)为教师;二三年返维尔那。递千八百二十二年,捕于俄吏,居囚室十阅月,窗牖皆木制,莫辨昼夜;乃送圣彼得堡,又徙阿兑塞,而其地无需教师,遂之克利米亚,揽其地风物以助咏吟,后成《克利米亚诗集》一卷。已而返墨斯科,从事总督府中,著诗二种,一曰《格罗苏那》(Grazyna),记有王子烈泰威尔,与其外父域多勒特迕,将乞外兵为援,其妇格罗苏那知之,不能令勿叛,惟命守者,勿容日耳曼使人入诸华格罗迭克。援军遂怒,不攻域多勒特而引军薄烈泰威尔,格罗苏那自擐甲,伪为王子与战,已而王子归,虽幸胜,而格罗苏那中流丸,旋死。及葬,爇发炮者同置之火。烈泰威尔亦殉焉。此篇之意,盖在假有妇人,第以祖国之故,则虽背夫子之命,斥去援兵,欺其军士,濒国于险,且召战争,皆不为过,苟以是至高之目的,则一切事,无不可为者也。一曰《华连洛德》(Wallenrod),其诗取材古代,有英雄以败亡之余,谋复国仇,因伪降敌陈,渐为其长,得一举而复之。此盖以意大利文人摩契阿威黎(Machiavelli)之意,附诸裴伦之英雄,故初视之亦第罗曼派言情之作。检文者不喻其意,听其付梓,密克威支名遂大起。未几得间,因至德国,见其文人瞿提。此他犹有《佗兑支氏》(Pan Tadeusz)一诗,写苏孛烈加暨诃什支珂二族之事,描绘物色,为世所称。其中虽以佗兑支为主人,而其父约舍克易名出家,实其主的。初记二人熊猎,有名华伊斯奇者吹角,起自微声,以至洪响,自榆度榆,自檞至檞,渐乃如千万角声,合于一角;正如密克威支所为诗,有今昔国人之声,寄于是焉。诸凡诗中之声,清澈弘厉,万感悉至,直至波阑一角之天,悉满歌声,虽至今日,而影响于波阑人之心者,力犹无限。令人忆诗中所云,听者当华伊斯奇吹角久已,而尚疑其方吹未已也。密克威支者,盖即生于彼歌声反响之中,至于无尽者夫。

密克威支至崇拿坡仑,谓其实造裴伦,而裴伦之生活暨其光耀,则觉普式庚于俄国,故拿坡仑亦间接起普式庚。拿坡仑使命,盖在解放国民,因及世界,而其一生,则为最高之诗。至于裴伦,亦极崇仰,谓裴伦所作,实出于拿坡仑,英国同代之人,虽被其天才影响,而卒莫能并大。盖自诗人死后,而英国文章,状态又归前纪矣。若在俄国,则善普式庚,二人同为斯拉夫文章首领,亦裴伦分支,逮年渐进,亦均渐趣于国粹;所异者,普式庚少时欲畔帝力,一举不成,遂以铩羽,且感帝意,愿为之臣,失其英年时之主义,而密克威支则长此保持,洎死始已也。当二人相见时,普式庚有《铜马》一诗,密克威支则有《大彼得象》一诗为其记念。盖千八百二十九年顷,二人尝避雨象次,密克威支因赋诗纪所语,假普式庚为言,末解曰,马足已虚,而帝不勒之返。彼曳其枚,行且坠碎。历时百年,今犹未堕,是犹山泉喷水,著寒而冰,临悬崖之侧耳。顾自由日出,熏风西集,寒冱之地,因以昭苏,则喷泉将何如,暴政将何如也?虽然,此实密克威支之言,特托之普式庚者耳。波阑破后,二人遂不相见,普式庚有诗怀之;普式庚伤死,密克威支亦念之至切。顾二人虽甚稔,又同本裴伦,而亦有特异者,如普式庚于晚出诸作,恒自谓少年眷爱自繇之梦,已背之而去,又谓前路已不见仪的之存,而密克威支则仪的如是,决无疑贰也。

斯洛伐支奇以千八百九年生克尔舍密涅克(Krzemienlec),少孤,育于后父;尝入维尔那大学,性情思想如裴伦。二十一岁入华骚户部为书记;越二年,忽以事去国,不能复返。初至伦敦;已而至巴黎,成诗一卷,仿裴伦诗体。时密克威支亦来相见,未几而迕。所作诗歌,多惨苦之音。千八百三十五年去巴黎,作东方之游,经希腊埃及叙利亚;三十七年返意大利,道出葛尔爱列须阻疫,滞留久之,作《大漠中之疫》一诗。记有亚剌伯人,为言目击四子三女,洎其妇相继死于疫,哀情涌于毫素,读之令人忆希腊尼阿孛(Niobe)事,亡国之痛,隐然在焉。且又不止此苦难之诗而已,凶惨之作,恒与俱起,而斯洛伐支奇为尤。凡诗词中,靡不可见身受楚毒之印象或其见闻,最著者或根史实,如《克垒勒度克》(Król Duch)中所述俄帝伊凡四世,以剑钉使者之足于地一节,盖本诸古典者也。

波阑诗人多写狱中戍中刑罚之事,如密克威支作《死人之祭》第三卷中,几尽绘己身所历,倘读其契珂夫斯奇(Cichowski)一章,或娑波卢夫斯奇(Sobolewski)之什,记见少年二十橛,送赴鲜卑事,不为之生愤激者盖鲜也。而读上述二人吟咏,又往往闻报复之声。如《死人祭》第三篇,有囚人所歌者:其一央珂夫斯奇曰,欲我为信徒,必见耶稣马理,先惩污吾国土之俄帝而后可。俄帝若在,无能令我呼耶稣之名。其二加罗珂夫斯奇曰,设吾当受谪放,劳役缧绁,得为俄帝作工,夫何靳耶?吾在刑中,所当力作,自语曰,愿此苍铁,有日为帝成一斧也。吾若出狱,当迎鞑靼女子,语之曰,为帝生一巴棱(杀保罗一世者)。吾若迁居植民地,当为其长,尽吾陇亩,为帝植麻,以之成一苍色巨索,织以银丝,俾阿尔洛夫(杀彼得三世者)得之,可缢俄帝颈也。末为康拉德歌曰,吾神已寂,歌在坟墓中矣。惟吾灵神,已嗅血腥,一噭而起,有如血蝠(Vampire),欲人血也。渴血渴血,复仇复仇! 仇吾屠伯! 天意如是,固报矣;即不如是,亦报尔! 报复诗华,盖萃于是,使神不之直,则彼且自报之耳。

如上所言报复之事,盖皆隐藏,出于不意,其旨在凡窘于天人之民,得用诸术,拯其父国,为圣法也。故格罗苏那虽背其夫而拒敌,义为非谬;华连洛德亦然。苟拒异族之军,虽用诈伪,不云非法,华连洛德伪附于敌,乃歼日耳曼军,故土自由,而自亦忏悔而死。其意盖以为一人苟有所图,得当以报,则虽降敌,不为罪愆。如《阿勒普耶罗斯》(Alpujarras)一诗,益可以见其意。中叙摩亚之王阿勒曼若,以城方大疫,且不得不以格拉那陀地降西班牙,因夜出。西班牙人方聚饮,忽白有人乞见,来者一阿剌伯人,进而呼曰,西班牙人,吾愿奉汝明神,信汝先哲,为汝奴仆! 众识之,盖阿勒曼若也。西人长者抱之为吻礼,诸首领皆礼之。而阿勒曼若忽仆地,攫其巾大悦呼曰,吾中疫矣! 盖以彼忍辱一行,而疫亦入西班牙之军矣,斯洛伐支奇为诗,亦时责奸人自行诈于国,而以诈术陷敌,则甚美之,如《阑勃罗》(Lambro)《珂尔强》(Kordyan)皆是。《阑勃罗》为希腊人事,其人背教为盗,俾得自由以仇突厥,性至凶酷,为世所无,惟裴伦东方诗中能见之耳。珂尔强者,波阑人谋刺俄帝尼可拉一世也。凡是二诗,其主旨所在,皆特报复而已矣。

上二士者,以绝望故,遂于凡可祸敌,靡不许可,如格罗苏那之行诈,如华连洛德之伪降,如阿勒曼若之种疫,如珂尔强之谋刺,皆是也。而克拉旬斯奇之见,则与此反。此主力报,彼主爱化。顾其为诗,莫不追怀绝泽,念祖国之忧患。波阑人动于其诗,因有千八百三十年之举;余忆所及,而六十三年大变,亦因之起矣。即在今兹,精神未忘,难亦未已也。

九

若匈加利当沈默蜷伏之顷,则兴者有裴彖飞(A. Petofi),沽肉者子也,以千八百二十三年生于吉思珂罗(Kiskörös)。其区为匈之低地,有广漠之普斯多(Puszta 此翻平原),道周之小旅以及村舍,种种物色,感之至深。盖普斯多之在匈,犹俄之有斯第孛(Steppe 此亦翻平原),善能起诗人焉。父虽贾人,而殊有学,能解腊丁文。裴彖飞十岁出学于科勒多,既而至阿琐特,治文法三年。然生有殊禀,挚爱自繇,愿为俳优;天性又长于吟咏。比至舍勒美支,入高等学校三月,其父闻裴彖飞与优人伍,令止读,遂徒步至菩特沛思德,入国民剧场为杂役。后为亲故所得,留养之,乃始为诗咏邻女,时方十六龄。顾亲属谓其无成,仅能为剧,遂任之去。裴彖飞忽投军为兵,虽性恶压制而爱自由,顾亦居军中者十八月,以病疟罢。又入巴波大学,时亦为优,生计极艰,译英法小说自度。千八百四十四年访伟罗思摩谛(M. Vörösmarty),伟为梓其诗,自是遂专力于文,不复为优。此其半生之转点,名亦陡起,众目为匈加利之大诗人矣,次年春,其所爱之女死,因旅行北方自遣,及秋始归。泊四十七年,乃访诗人阿阑尼(J. Arany)于萨伦多,而阿阑尼杰作《约尔提》(Joldi)适竣,读之叹赏,订交焉。四十八年以始,裴彖飞诗渐倾于政事,盖知革命将兴,不期而感,犹野禽之识地震也。是年三月,澳大利人革命报至沛思德,裴彖飞感之,作《兴矣摩迦人》(Tolpra Magyar)一诗,次日诵以徇众,至解末叠句云,誓将不复为奴! 则众皆和,持至检文之局,逐其吏而自印之,立俟其毕,各持之行。文之脱检，实自此始。裴彖飞亦尝自言曰，吾琴一音，吾笔一下，不为利役也。居吾心者，爰有天神，使吾歌且吟。天神非他，即自由耳。顾所为文章，时多过情，或与众忤；尝作《致诸帝》一诗，人多责之。裴彖飞自记曰，去三月十五数日而后，吾忽为众恶之人矣，褫夺花冠，独研深谷之中，顾吾终幸不屈也。比国事渐急，诗人知战争死亡且近，极思赴之。自曰，天不生我于孤寂，将召赴战场矣。吾今得闻角声召战，吾魂几欲骤前，不及待令矣。遂投国民军（Honvéd）中，四十九年转隶贝谟将军麾下。贝谟者，波阑武人，千八百三十年之役，力战俄人者也。时轲苏士招之来，使当脱阑希勒伐尼亚一面，甚爱裴彖飞，如家人父子然。裴彖飞三去其地，而不久即返，似或引之。是年七月三十一日舍俱思跋之战，遂殁于军。平日所谓为爱而歌，为国而死者，盖至今日而践矣。裴彖飞幼时，尝治裴伦暨修黎之诗，所作率纵言自由，诞放激烈，性情亦仿佛如二人。曾自言曰，吾心如反响之森林，受一呼声，应以百响者也。又善体物色，著之诗歌，妙绝人世，自称为无边自然之野花。所著长诗，有《英雄约诺斯》（János Vitéz）一篇，取材于古传，述其人悲欢畸迹。又小说一卷曰《缢吏之缳》（A hóhér Kötele），记以眷爱起争，肇生孽障，提尔尼阿遂终陷安陀罗奇之子于法。安陀罗奇失爱绝欢，庐其子坟上，一日得提尔尼阿，将杀之。而从者止之曰，敢问死与生之忧患孰大？曰，生哉！乃纵之使去；终诱其孙令自经，而其为绳，即昔日缳安陀罗奇子之颈者也。观其首引耶和华言，意盖云厥祖罪愆，亦可报诸其苗裔，受施必复，且不嫌加甚焉。至于诗人一生，亦至殊异，浪游变易，殆无宁时。虽少逸豫者一时，而其静亦非真静，殆犹大海潋伏中心之静点而已。设有孤舟，卷于旋风，当有一瞬间忽尔都寂，如风云已息，水波不兴，水色青如微笑，顾潋伏偏急，舟复入卷，乃至破没矣。彼诗人之暂静，盖亦犹是焉耳。

　　上述诸人,其为品性言行思惟,虽以种族有殊,外缘多别,因现种种状,而实统于一宗:无不刚健不挠,抱诚守真;不取媚于群,以随顺旧俗;发为雄声,以起其国人之新生,而大其国于天下。求之华土,孰比之哉?夫中国之立于亚洲也,文明先进,四邻莫之与伦,蹇视高步,因益为特别之发达;及今日虽雕苓,而犹与西欧对立,此其幸也。顾使往昔以来,不事闭关,能与世界大势相接,思想为作,日趣于新,则今日方卓立宇内,无所愧逊于他邦,荣光俨然,可无苍黄变革之事,又从可知尔。故一为相度其位置,稽考其邂逅,则震旦为国,得失滋不云微。得者以文化不受影响于异邦,自具特异之光采,近虽中衰,亦世希有。失者则以孤立自是,不遇校仇,终至堕落而之实利;为时既久,精神沦亡,逮蒙新力一击,即砉然冰泮,莫有起而与之抗。加以旧染既深,辄以习惯之目光,观察一切,凡所然否,谬解为多,此所为呼维新既二十年,而新声迄不起于中国也。夫如是,则精神界之战士贵矣。英当十八世纪时,社会习于伪,宗教安于陋,其为文章,亦摹故旧而事涂饰,不能闻真之心声。于是哲人洛克首出,力排政治宗教之积弊,倡思想言议之自由,转轮之兴,此其播种。而在文界,则有农人朋思生苏格阑,举全力以抗社会,宣众生平等之音,不惧权威,不跽金帛,洒其热血,注诸韵言;然精神界之伟人,非遂即人群之骄子,辗轲流落,终以夭亡。而裴伦修黎继起,转战反抗,具如前陈。其力如巨涛,直薄旧社会之柱石。余波流衍,入俄则起国民诗人普式庚,至波阑则作报复诗人密克威支,入匈加利则觉爱国诗人裴象飞;其他宗徒,不胜具道。顾裴伦修黎,虽蒙摩罗之谥,亦第人焉而已。凡其同人,实亦不必曰摩罗宗,苟在人间,必有如是。此盖聆热诚之声而顿觉者也,此盖同怀热诚而互契者也。故其平生,亦甚神肖,大都执兵流血,如角剑之士,转辗于众之目前,使抱战栗与愉快而观其鏖扑。故无流血于众之目前者,其群祸矣;虽有而众不之视,或且进而杀之,斯其为群,乃愈益祸而不可救也！

今索诸中国，为精神界之战士者安在？有作至诚之声，致吾人于善美刚健者乎？有作温煦之声，援吾人出于荒寒者乎？家国荒矣，而赋最末哀歌，以诉天下贻后人之耶利米，且未之有也。非彼不生，即生而贼于众，居其一或兼其二，则中国遂以萧条。劳劳独躯壳之事是图，而精神日就于荒落；新潮来袭，遂以不支。众皆曰维新，此即自白其历来罪恶之声也，犹云改悔焉尔。顾既维新矣，而希望亦与偕始，吾人所待，则有介绍新文化之士人。特十余年来，介绍无已，而究其所携将以来归者；乃又舍治饼饵守囹圄之术而外，无他有也。则中国尔后，且永续其萧条，而第二维新之声，亦将再举，盖可准前事而无疑者矣。俄文人凯罗连珂（V. Korolenko）作《末光》一书，有记老人教童子读书于鲜卑者，曰，书中述樱花黄鸟，而鲜卑沍寒，不有此也。翁则解之曰，此鸟即止于樱木，引吭为好音者耳。少年乃沈思。然夫，少年处萧条之中，即不诚闻其好音，亦当得先觉之诠解；而先觉之声，乃又不来破中国之萧条也。然则吾人，其亦沈思而已夫，其亦惟沈思而已夫！

1907 年作

（录自《鲁迅全集》第一卷，人民文学出版社 1981 年版）

鲁迅（1881—1936），原名周树人，字豫才。浙江绍兴人。1902 年留学日本，初学医，后弃医从文。回国后曾任南京临时政府和北京政府教育部科长、佥事等职，兼在北京大学、北京女子师范大学等校授课。1918 年发表中国现代文学史上第一篇白话小说《狂人日记》。被公认为新文学运动旗手。早年受尼采学说和进化论思想影响，后来不断演进。1907 年发表的《摩罗诗力说》是他早期文艺思想的代表作。著有《鲁迅全集》十六卷。

此文完成于1907年,是一篇反封建,争取自由,提倡抗争精神的文章。鲁迅首先肯定了中国古代文明有进步的一面,并有自己的民族特色:"夫中国之立于亚洲也,文明先进,四邻莫之与伦,寒视高步,因益为特别之发达。及今日虽凋零,而犹与西欧对立,此其幸也。"但是,鲁迅也指出,中国古代文明衰落之原因在于闭关自守,不能融入世界文明发展的大潮之中。为使中国文明、文学与世界大势相接,鲁迅力主"别求新声于异邦",推崇摩罗诗派向往自由、民主的精神。"立意在反抗,指归在动作",反对传统的"平和"观念,与以儒家思想为核心的"中和"的审美理想是很不同的。

人 的 文 学

周作人

我们现在应该提倡的新文学,简单的说一句,是"人的文学",应该排斥的,便是反对的非人的文学。

新旧这名称,本来很不妥当,其实"太阳底下,何尝有新的东西?"思想道理,只有是非,并无新旧。要说是新,也单是新发见的新,不是新发明的新,新大陆是在十五世纪中,被哥仑布发见,但这地面是古来早已存在。电是在十八世纪中,被弗阑克林发见,但这物事也是古来早已存在,无非以前的人,不能知道,遇见哥仑布与弗阑克林才把他看出罢了,真理的发见,也是如此,真理永远存在,并无时间的限制,只因我们自己愚昧,闻道太迟,离发见的时候尚近,所以称他新。其实他原是极古的东西,正如新大陆同电一般,早在这宇宙之内,倘若将他当作新鲜果子,时式衣裳一样看待,那便大错了。譬如现在说"人的文学",这一句话,岂不也像时髦,却不知世上生了人,便同时生了人道,无奈世人无知,偏不肯体人类的意志,走这正路,却迷入兽道鬼道里去,旁皇了多年,才得出来,正如人在白昼时候,闭着眼乱闯,末后睁开眼睛,才晓得世上有这样好阳光,其实太阳照临,早已如此,已有了无量数年了。

欧洲关于这"人"的真理的发见,第一次是在十五世纪,于是出了宗教改革与文艺复兴两个结果。第二次成了法国大革命,第三次大约便是欧战以后将来的未知事件了。女人与小儿的发见,却迟至十九世纪,才有萌芽,古来女人的位置,不过是男子的器具与奴隶。中古时代,教会里还曾讨论女子有无灵魂,算不算得一个人呢,小儿也只是父母的所有品,又不认他是一个未长成的人,却当他作具体而微的成人,因此又不知演了多少家庭的与教育的悲剧。自从 Froebel 与 Godwin 夫人以后,才有光明出现,到了现在,造成儿童学与女子问题这两个大研究,可望长出极好的结果来。中国讲到这类问题却须从头做起,人的问题,从来未经解决,女人小儿更不必说了,如今第一步先从人说起,生了四千余年,现在却还讲人的意义,从新要发见"人",去"辟人荒",也是可笑的事。但老了再学,总比不学该胜一筹罢。我们希望从文学上起首,提倡一点人道主义思想,便是这个意思。

我们要说人的文学,须得先将这个人字,略加说明。我们所说的人不是世间所谓"天地之性最贵",或"圆颅方趾"的人。乃是说,"从动物进化的人类"。其中有两个要点,(一)"从动物"进化的,(二)从动物"进化"的。

我们承认人是一种生物,他的生活现象,与别的动物并无不同。所以我们相信人的一切生活本能,都是美的善的,应得完全满足。凡有违反人性不自然的习惯制度,都应排斥改正。

但我们又承认人是一种动物进化的生物,他的内面生活,比他动物更为复杂高深,而且逐渐向上,有能改造生活的力量。所以我们相信人类以动物的生活为生存的基础,而其内面生活,却渐与动物相远,终能达到高上和平的境地。凡兽性的余留,与古代礼法可以阻碍人性向上的发展者,也都应排斥改正。

这两个要点,换一句话说,便是人的灵肉二重的生活。古人的思想,以为人性有灵肉二元,同时并存,永相冲突。肉的一面,是兽性的遗传。灵的一面,是神性的发端。人生的目的,便偏重在发展这神性。其手段便在灭了体质以救灵魂。所以古来宗教,大都厉行禁欲主义,有种种苦行,抵制人类的本能。一方面却别有不顾灵魂的快乐派,只愿"死便埋我"。其实两者都是趋于极端,不能说是人的正当生活。到了近世,才有人看出这灵肉本是一物的两面,并非对抗的二元。兽性与神性,合起来便只是人性。英国十八世纪诗人 Blake 在天国与地狱的结婚一篇中,说得最好。

(一)人并无与灵魂分离的身体。因这所谓身体者,原止是五官所能见的一部分的灵魂。

(二)力是唯一的生命,是从身体发生的。理就是力的外面的界。

(三)力是永久的悦乐。

他这话虽略含神秘的气味,但很能说出灵肉一致的要义。我们所信的人类正当生活,便是这灵肉一致的生活。所谓从动物进化的人,也便是指这灵肉一致的人,无非用别一说法罢了。

这样"人"的理想生活,应该怎样呢?首先便是改良人类的关系。彼此都是人类,却又各是人类的一个。所以须营一种利己而又利他,利他即是利己的生活。第一,关于物质的生活,应该各尽人力所及,取人事所需。换一句话,便是各人以心力的劳作,换得适当的衣食住与医药,能保持健康的生活。第二,关于道德的生活,应该以爱智信勇四事为基本道德,革除一切人道以下或人力以上的因袭的礼法,使人人能享自由真实的幸福生活。这种"人的"理想生活,实行起来,实于世上的人,无一不利。富贵的人虽然觉得不免失了他的所谓尊严,但他们因此得从非人的生活里救出,成为完全的人,岂不是绝大的幸福么?这真可说是二十世纪的新福音了。只可惜知道的人还少,不能立地实行。所以我们要在文学上略略提倡,也稍尽我们人类的意思。

但现在还须说明,我所说的人道主义,并非世间所谓"悲天悯人"或"博施济众"的慈善主义,乃是一种个人主义的人间本位主义。这理由是:第一,人在人类中,正如森林中的一株树木。森林盛了,各树也都茂盛。但要森林盛,却仍非靠各树各自茂盛不可。第二,个人爱人类,就只为人类中有了我,与我相关的缘故。墨子说兼爱的理由,因为"己亦在人中",便是最透澈的话。上文所谓利己而又利他,利他即是利己,正是这个意思。所以我说的人道主义,是从个人做起。要讲人道,爱人类,便须先使自己有人的资格,占得人的位置。耶稣说,"爱邻如己"。如不先知自爱,怎能"如己"的爱别人呢? 至于无我的爱,纯粹的利他,我以为是不可能的。人为了所爱的人,或所信的主义,能够有献身的行为。若是割肉饲鹰,投身给饿虎吃,那是超人间的道德,不是人所能为的了。

用这人道主义为本,对于人生诸问题,加以记录研究的文学,便谓之人的文学。其中又可以分作两项,(一)是正面的。写这理想生活,或人间上达的可能性。(二)是侧面的。写人的平常生活,或非人的生活,都很可以供研究之用。这类著作,分量最多,也最重要。因为我们可以因此明白人生实在的情状,与理想生活比较出差异与改善的方法,这一类中写非人的生活的文学,世间每每误会,与非人的文学相溷,其实却大有分别。譬如法国 MauPassant 的小说人生(Une Vie)是写人间兽欲的人的文学,中国的肉蒲团却是非人的文学。俄国 Kuprm 的小说坑(Jama)是写娼妓生活的人的文学,中国的九尾龟却是非人的文学。这区别就只在著作的态度不同,一个严肃,一个游戏,一个希望人的生活,所以对于非人的生活,怀着悲哀或愤怒,一个安于非人的生活,所以对于非人的生活,感着满足,又多带着玩弄与挑拨的形迹,简明说一句,人的文学与非人的文学的区别,便在著作的态度,是以人的生活为是呢? 非人的生活为是呢? 这一点上。材料方法,别无关系。即如提倡女人殉葬——即殉节——的文章,表面上岂不说是"维持风教",但强迫人自杀,正是非人的道德,所以也是非人的文学,中国文学中,人

的文学,本来极少,从儒教道教出来的文章,几乎都不合格。现在我们单从纯文学上举例如:

(一)色情狂的淫书类

(二)迷信的鬼神书类(《封神传》、《西游记》等)

(三)神仙书类(《绿野仙踪》等)

(四)妖怪书类(《聊斋志异》、《子不语》等)

(五)奴隶书类(甲种主题是皇帝状元宰相,乙种主题是神圣的父与夫)

(六)强盗书类(《水浒》、《七侠五义》、《施公案》等)

(七)才子佳人书类(《三笑姻缘》等)

(八)下等谐谑书类(《笑林广记》等)

(九)黑幕类

(十)以上各种思想和合结晶的旧戏

这几类全是妨碍人性的生长,破坏人类的平和的东西,统应该排斥。这宗著作,在民族心理研究上,原都极有价值。在文艺批评上,也有几种可以容许,但在主义上,一切都该排斥。倘若懂得道理,识力已定的人,自然不妨去看,如能研究批评,便于世间更为有益,我们也极欢迎。

人的文学,当以人的道德为本,这道德问题方面很广,一时不能细说,现在只就文学关系上,略举几项。譬如两性的爱,我们对于这事,有两个主张,(一)是男女两本位的平等,二是恋爱的结婚。世间著作,有发挥这意思的,便是绝好的人的文学。如诺威 Ibsen 的戏剧娜拉(Et Dukkehjem)海女 Fruen fra Havet 俄国 Tolstoj 的小说 Anna Karenina 英 Hardy 的小说 Tess 等就是。恋爱起原,据芬阑学者 Westermarck 说由于"人的对于与我快乐者的爱好"。却又如奥国 Lucan 说,因多年心的进化,渐变了高上的感情,所以真实的爱与两性的生活,也须有灵肉二重的一致。但因为现世社会境势所迫,以致偏于一面的,不免极多。这便须根据人道主义的思想,加以记录研究。却又不可将这样生活,当作幸福或神圣,赞美提倡。中国的色情狂的淫书,不必说了。旧基督教的禁欲主义的思想,我也不能承认他为是。又如俄国 Dostojevskij 是伟大的人道主义的作家,但他在一部小说中,说一男人爱一女子,后来女子爱了别人,他却竭力斡旋,使他们能够配合。Dostojevskij 自己,虽然言行竟是一致,但我们总不能承认这种种行为,是在人情以内,人力以内,所以不愿提倡。又如印度诗人 Tagoae 做的小说,时时颂扬东方思想。有一篇记一寡妇的生活,描写他的"心的撒提(Suttco)",（撒提是印度古语。指寡孀与他丈夫尸体一同焚化的习俗。）又一篇说一男人弃了他的妻子,在英国别娶,他的妻子,还典卖了金珠宝玉,永远的接济他,一个人如有身心的自由,以自由别择,与人结了爱,遇著生死的别离,发生自己牺牲的行为,这原是可以称道德事。但须全然出于自由意志,与被专制的因袭礼法逼成的动作,不能并为一谈。印度人身的撒提,世间都知道是一种非人道的习俗,近来已被英国禁止,至于人心的撒提,便只是一种变相。一是死刑,一是终身监禁。照中国说,一是殉节,一是守节,原来撒提这字,据说在梵文,便正是节妇的意思。印度女子被"撒提"了几千年,便养成了这一种畸形的贞顺之德。讲东方化的,以为是国粹,其实只是不自然的制度习惯的恶果。譬如中国人磕头惯了,见了人便无端的要请安拱手作揖,大有非跪不可之意,这能说是他的谦和美德么？我们见了这种畸形的所谓道德,正如见塞在坛子里养大的,身子像萝卜形状的人,只感著恐怖嫌恶悲哀愤怒种种感情,决不该将他提倡,拿他赏赞。

其次如亲子的爱。古人说,父母子女的爱情,是"本于天性",这话说得最好。因他本来是天性的爱,所以用不著那些人为的束缚,妨害他的生长。假如有人说,父母生子,全由私欲,世间或要说他不道。今将他改作由于天性，便极适当。照生物现象看来，父母生子，正是自然的意志。有了性的生活，自然有生命的延续，与哺乳的努力，这是动物无不如此。到了人类，对于恋爱的融合，自我的延长，更有意识，所以亲子的关系，尤为深厚。近时识者所说儿童的权利，与父母的义务，便即据这天然的道理推演而出，并非时新的东西，至于世间无知的父母，将子女当作所有品，牛马一般养育，以为养大以后，可以随便吃他骑他，那便是退化的缪误思想。英国教育家 Gorst 称他们为"猿类之不肖子"，正不为过。日本津田左右吉著文学上国民思想的研究卷一说，"不以亲子的爱情为本的孝行观念，又与祖先为子孙而生存的生物学的普遍事实，人为将来而努力的人间社会的实际状态，俱相违反，却认作子孙为祖先而生存，如此道德中，显然含有不自然的分子。"祖先为子孙而生存，所以父母理应爱重子女，子女也就应该爱敬父母。这是自然的事实，也便是天性。文学上说这亲子的爱的，希腊 Homer 史诗 Iliaa 与 Euripides 悲剧 Troiades 中，说 Hektor 夫妇与儿子的死别两节，在古文学中，最为美妙。近来 Ibson 的群鬼（Gongangero）德国 Sudermann 的戏剧故乡（Heimat）俄国 Turgonjcv 的小说父子（Otstyidjeti）等，都很可以供我们的研究，至于郭巨埋儿，丁兰刻木那一类残忍迷信的行为，当然不应再行赞扬提倡。割股一事，尚是魔术与食人风俗的遗留，自然算不得道德。不必再叫他溷入文学里，更不消说了。

照上文所说，我们应该提倡与排斥的文学，大致可以明白了。但关于古今中外的一件事上还须追加一句说明，才可免了误会。我们对于主义相反的文学，并非如胡致堂或乾隆做史论，单依自己的成见，将古今人物排头骂倒。我们立论，应抱定"时代"这一个观念，又将批评与主张，分作两事。批评古人的著作，便认定他们的时代，给他一个正直的评价，相应的位置。至于宣传我们的主张，也认定我们的时代,不能与相反的意见通融让步,唯有排斥的一条方法。譬如原始时代,本来只有原始思想,行魔术食人肉,原是分所当然。所以关于这宗风俗的歌谣故事,我们还要拿来研究,增点见识。但如近代社会中,竟还有想实行魔术食人的人,那便只得将他捉住,送进精神病院去了。其次,对于中外这个问题,我们也只须抱定时代这一个观念,不必再划出什么别的界限。地理上历史上,原有种种不同,但世界交通便了,空气流通也快了,人类可望逐渐接近,同一时代的人,便可相并存在。单位是个我,总数是个人。不必自以为与众不同,道德第一,划出许多畛域。因为人总与人类相关,彼此一样,所以张三李四受苦,与彼得约翰受苦,要说与我无关,也一样无关。说与我相关,也一样相关。仔细说,便只为我与张三李四或彼得约翰虽姓名不同,籍贯不同,但同是人类之一,同具感觉性情。他以为苦的,在我也必以为苦。这苦会降在他身上,也未必不能降在我的身上。因为人类的运命是同一的,所以我要顾虑我的运命,便同时须顾虑人类共同的运命。所以我们只能说时代,不能分中外。我们偶有创作,自然偏于见闻较确的中国一方面,其余大多数都还须介绍译述外国的著作,扩大读者的精神,眼里看见了世界的人类,养成人的道德,实现人的生活。

(录自《中国新文学大系·建设理论
集》,上海良友图书公司 1935 年版)

　　周作人(1884—1967),字启明,浙江绍兴人,青年时代留学日本。五四运动时任北京大学等校教授并参加文学革命运动,从事写作。抗日战争时期曾任伪职。著有《自己的园地》、《雨天的书》、《瓜豆集》及《中国新文学的源流》等。

　　这是"五·四"新文学运动中出现的一篇重要文章。周作人倡导"人的文学",即在文学中表现人道主义,而人道主义不是一般所谓"悲天悯人"或"博施济众"的慈善主义,在周作人看来,是一种个人主义的人间本位主义,既尊重个人的生活需求,又推己及人关爱人类。以其标准考察,作者认为"儒教道教出来的文章,几乎都不合格"。

我之文学改良观

刘 复

文学改良之议,既由胡君适之提倡之于前,复由陈君独秀、钱君玄同赞成之于后,不佞学识简陋,固亦为立志研究文学之一人。除于胡君所举八种改良、陈君所揭三大主义,及钱君所指旧文学种种弊端,绝端表示同意外,复举平时意中所欲言者,拉杂书之,草为此文。幸三君及世之留意文学改良者有以指正之。谓之"我之文学改良观"者,亦犹常君乃德所谓"见仁见智,各如其分,我之观念,未必他人亦同此观念"也。

文学之界说如何乎?此一问题,向来作者,持论每多不同。甲之说曰:"文以载道。"不知道是道,文是文,二者万难并作一谈。若必如八股家之奉四书五经为文学宝库,而生吞活剥孔孟之言,尽举一切"先王后世禹汤文武"种种可厌之名词,而堆砌之于纸上,始可称之为文,则"文"之一字,何妨付诸消灭。即若辈自奉为神圣无上之五经之一之《诗经》,恐三百首中,必无一首足当"文"字之名者。其立说之不通,实不攻自破。乙之说曰:"文章有饰美之意,当作彣彰。"(见近人某论文书中)近顷某高等师范学校所聘国文教习川人某,尤主此说,谓"作文必讲音韵。后人称韩愈文起八代之衰,其实韩愈连音韵尚未懂得,何能作文"。故校中学生,自此公莅事后,相率摇头抖膝,推敲于"平平仄仄"之间。其可笑较诸八股家为尤甚。夫文学为美术之一,固已为世界文人所公认。然欲判定一物之美丑,当求诸骨底,不当求诸皮相。譬如美人,必具有天然可以动人之处,始可当一美字而无愧。若丑妇浓妆,横施脂粉,适成其为怪物。故研究文学而不从性灵中意识中讲求好处,徒欲于字句上声韵上卖力,直如劣等优伶,自己无真实本事,乃以花腔滑调博人叫好。此等人尚未足与言文学也。二说之外,惟章实斋分别文史之说较为近是。然使尽以记事文归入史的范围,则在文学上占至重要之位置之小说,即不能视为文学,是不可也。反之,使尽以非记事文归入文的范围,则信札文告之属,初只求辞达意适而止,一有此项规定,反须加上一种文学工夫,亦属无谓。故就不佞之意,欲定文学之界说,当取法于西文,分一切作物为文字 Language 与文学 Literature 二类。西文释 Language 一字曰:"Any means of conycying or communicating ideas"是只取其传达意思,不必于传达意思之外,更用何等工夫也。又 Language 一字,往往可以语言 Speech 口语 Tongue 通用。然明定其各个之训诂,则"LANGUAGE is generic, denoting, in its most extended use, any mode of conveying ideas; SPEECH is the language of sounds: and TONGUE is the Anglo-Saxon term for Language, especially for Spoken Language."是文字之用,本与语言无殊,仅取其人人都能了解,可以布诸远方,以补语言之不足,与吾国所谓"言之无文,行而不远"正相符合。至如 Literature 则界说中既明明规定为"The class of writings distinguished for beauty of style, as poetry, essays, history, frictions, or belles-letters"自与普通仅为语言之代表之文字有别。吾后文之所谓文学,即就此假定之界说立论。(此系一人私见,故称假定而不称已定。)

　　文学与文字,此两个名词之界说既明,则"何处当用文字,何处当用文学",与夫"必如何始为称文字,如何始可称文学",亦为吾人不得不研究之问题。今分别论之。

第一问题　前此独秀君撰论,每以"文学之文"与"应用之文"相对待。其说似是。然就论理学之理论言之,文学的既与应用的相对,则文学之文不能应用,应用之文不能视为文学,不佞以"不贵苟同"之义,不敢遽以此说为然也。西人之规定文学之用处者,恒谓"Literature often embraces all compositions except these upon the positive sciences",其说似较独秀君稍有着落。然欲举实质科学以外一切文字,悉数纳诸文学范围之中,亦万难视为定论。就不佞之意,凡科学上应用之文字,无论其为实质与否,皆当归入文字范围。即胡陈钱三君及不佞今兹所草论文之文,亦系文字而非文学。以文学本身亦为各种科学之一。吾侪处于客观之地位以讨论之,不宜误宾以为主。此外他种科学,更不宜破此定例以侵略文学之范围。至于新闻纸之通信,(如普通纪事可用文字,描写人情风俗常用文学。)政教实业之评论,(如发表意见用文字,推测其安危祸福用文学。)官署之文牍告令,(文牍告令,什九宜用文字而不宜用文学。钱君所指清代州县喜用滥恶之四六,以判婚姻讼事与某处诰诚军人文,有"偶合之乌"、"害群之马"、"血蚨"、"飞蝗"等字样,即是滥用文学之弊。)私人之日记信札,(此二种均宜用文字。然如游历时之日记,即不得不于有关系之处,涉及文学。至于信札,则不特前清幕府中所用四六滥调当废,即自命文士者所作小简派文学,亦大可不做。惟在必要时,如美国富兰克令 B.Franklin 之与英议义员司屈拉亨 Strayan 绝交,英儒约翰生 S.Johnson 之不愿受极司菲尔伯爵 Lord Chesterfield 之推誉,则不得不酌用文学工夫。)虽不能明定其属于文字范围,或文学范围,要惟得已则已,不滥用文学,以侵害文字,斯为近理耳。其必须列入文学范围者,惟诗歌戏曲,小说杂文,历史传记,三种而已。(以历史传记列入文学,仅就吾国及各国之惯例而言。其实此二种均为具体的科学,仍以列入文字为是。)酬世之文(如颂辞、寿序、祭文、挽联,墓志之属)一时虽不能尽废,将来崇实主义发达后,此种文学废物,必在自然淘汰之列。故进一步言之,凡可视为文学上有永久存在之资格与价值者,只诗歌戏曲小说杂文二种也。

第二问题　此问题之要旨,即在辨明文学与文字之作法之异同。兹就鄙见所及,分列三事如次:

(一)作文字当讲文法,在必要之处,当兼讲伦理学。作文学当讲文法,且处处当讲论理学与修辞学。惟酌量情形,在适宜之处,论理学或较轻于修辞学。

(二)文字为无精神之物。非无精神也,精神在其所记之事物,而不在文字之本身也。故作文字如记帐,只须应有尽有,将所记之事物,一一记完便了,不必矫揉造作,自为增损。文学为有精神之物,其精神即发生于作者脑海之中,故必须作者能运用其精神,使自己之意识情感怀抱,一一藏纳于文中,而后所为之文,始有真正之价值,始能稳立于文学界中而不摇。否则精神既失,措辞虽工,亦不过说上一大番空话,实未曾做得半句文章也。(以上两端为永久的。)

(三)钱君以输入东洋派之新名词,归公于梁任公,推之为创造新文学之一人。愚以为世界事物日繁,旧有之字与名词既不敷用,则自造新名词及输入外国名词,诚属势不可免。然新名词未必尽通,(如"手续""场合"之类。)亦未必吾国竟无适当代用之字。(如"目的""职工"之类。)若在文字范围中,取其行文便利,而又为人人所习见,固不妨酌量采用。若在文学范围,则用笔以漂亮雅洁为主,杂入累赘费解之新名词,其讨厌必与滥用古典相同。(西洋文学中,亦鲜有采用学术名词者。)然亦未必尽不可用,倘用其意义通顺者,而又无害于文笔之漂亮雅洁,固不必绝对禁止也。(此为暂时的,使将来文学界中,能自造适当之新字或新名词以代之,此条即可废除不用。)

散文之当改良者三 此后专论文学,不论文字。所谓散文,亦文学的散文,而非字的散文。

第一曰破除迷信 尝谓吾辈做事,当处处不忘有一个我。作文亦然。如不顾自己,只是学着古人,便是古人的子孙。如学今人,便是今人的奴隶。若欲不做他人之子孙与奴隶,非从破除迷信做起不可。此破除迷信四字,似与胡君第二项"不摹仿古人"之说相同。其实却较胡君更进一层。胡君仅谓古人之文不当摹仿,余则谓非将古人作文之死格式推翻,新文学决不能脱离老文学之窠臼。古人所论作文,大都死守"起承转合"四字,与八股家"乌龟头""蝴蝶夹"等名词,同一牢不可破。故学究授人作文,偶见新翻花样之课卷,必大声呵之,斥为不合章法。不知言为心声,文为言之代表。吾辈心灵所至,尽可随意发挥,万不宜以至灵活之一物,受此至无谓之死格式之束缚。至于吾国旧有之小说文学,程度尤极幼稚,直处于"Once upon a time, there was a……"之童话时代。试观其文言小说,无不以"某生、某处人"开场。白话小说,无不从"某朝某府某村某员外"说起。而其结果,又不外"夫妇团圆"、"妻妾荣封"、"白日升天"、"不知所终"数种。红楼水浒,能稍稍破其谬见矣。而不学无术者,又嫌其不全而续之。是可知西人所崇尚之"Half-told Tales"之文学境界,固未尝为国人所梦见。吾辈欲建造新文学之基础,不得不首先打破此崇拜旧时文体之迷信,使文学的形式上速放一异彩也。(近见曾国藩"古文四象"一书,以太阳、太阴、少阳、少阴之说论文,尤属荒谬已极,此等迷信上古神话之怪物,胡不竟向埃及金字塔中作木乃伊去也。)

第二曰文言白话可暂处于对待的地位 何以故? 曰:以二者各有所长,各有不相及处,未能偏废故。胡陈二君之重视"白话为文学之正宗",钱君之称"白话为文章之进化",不佞固深信不疑,未尝稍怀异议。但就平日译述之经验言之,往往同一语句,用文言则一语即明，用白话则二三句犹不能了解，(此等处甚多，不必举例。)是白话不如文言也。然亦有同是一句，用文言竭力做之，终觉其呆板无趣，一改白话，即有神情流露、"呼之欲出"之妙。(如人人习知之"行不得也哥哥"、"好教我左右做人难"等句。)则又文言不如白话也。今既认定白话为文学之正宗与文章之进化，则将来之期望，非做到"言文合一"或"废文言而用白话"之地位不止。此种地位，既非一蹴可几，则吾辈目下应为之事，惟有列文言与白话于对待之地，而同时于两方面力求进行之策。进行之策如何？曰：于文言一方面，则力求其浅显使与白话相近，(如"此是何物"与"这是什么"相近，此王亮畴先生语。)于白话一方面，除竭力发达其固有之优点外，更当使其吸收文言所具之优点，至文言之优点尽为白话所具，则文言必归于淘汰，而文学之名词，遂为白话所独据，固不仅正宗而已也。或谓白话为一种俚俗粗鄙之文字，即充分进步，至于施曹之地，亦未必竟能取缜密高雅之文言而代之。吾谓白话自有其缜密高雅处，施曹之文，亦仅能称雄于施曹之世。吾人自此以往，但能破除轻视白话之谬见，即以前此研究文言工夫研究白话，虽成效之迟速不可期，而吾辈意想中之白话新文学，恐尚非施曹所能梦见。

第三曰不用不通之字　胡君既辟用典之不通，钱君复斥以僻字代常用之字为不妥，文学上之障碍物，已扫除大半矣。而不通之字，亦在必须扫除之列。夫虚字实用实字虚用之法，不特吾国文学中所习见，即西文中亦往往以 noun, adjcctive, verb, 三类字互相通用。今欲废除此种用法，固属绝对不可能，而用之合宜与否，与读者果能明白与否，亦不可不辨。曾国藩致李鸿裔书，论此甚详。所引"春风风人，夏雨雨人"、"解衣衣我，推食食我"诸句，意义甚明，新文学中仍可沿用。其"春朝朝日、秋夕夕月"句中，朝夕二字作"祭"字解，已稍稍晦矣。至如商颂"下国骏庞"周颂"骏发尔私"之骏字均作"大"字解,与武成"候卫骏奔"、管子"弟子骏作"之骏字均作"速"字解,其拙劣不通,实无让于用典。近人某氏译西文小说,有"其女珠、其母下之"之句。以珠字代"胞珠",制作"孕"字解。以下字作"堕胎"解。吾恐无论何人,必不能不观上下文而能明白其意者。是此种不通之字,较诸"附骥"、"续貂"、"借箸"、"越俎"等通用之典,尤为费解。

韵文之当改良者三 韵文对于散文而言,一切诗赋歌词戏曲之属,均在其范围之内。其赋之一种,凡专讲对偶、滥用典故者,固在必废之列。其不以不自然之骈俪见长,而仍能从性灵中发挥,如曹子建之"慰子赋"与"金瓠哀辞"以及其类似之作物,如韩愈之"祭田横黄文"、欧阳修之"祭石曼卿文"等,仍不得不以其声调气息之优美,而视为美文中应行保存之文体之一。

第一曰破坏旧韵重造新韵 梁代沈约所造四声谱,即今日吾辈通用之诗韵,顾炎武已斥之为"不能上据雅南,旁摭骚子,以成不刊之典,而仅按班张以下诸人之赋,曹刘以下诸人之诗所用之音,撰为定本。于是今音行而古音亡"。是此种声谱,在旧文学上已失其存在之资格矣。夫韵之为义叶也,不叶,即不能押韵。此至浅至显之言,可无须举例证明也。而吾辈意思中之新文学,既标明其宗旨曰"作自己的诗文,不作古人的诗文"。则古人所认为叶音之韵,尚未必可用。何况此古人之所不认,按诸今音又不能相合之四声谱,乃可视为文学中一种规律,举无数文人之心思脑血,而受制于沈约一人之武断耶?试观东冬二部所收之字,无论以何处方言读之,决不能异韵。而谱中乃分之为二。"规眉危悲"等字,无论以何处方言读之,决不能与"支之诗时"等字同韵,而谱中乃合之为一。又哿韵诸字,与有韵叶者多而与马韵叶者少,顾不通有而通马。真文元寒删先六韵虽间有叶者,而不叶者居其十之九,而谱中竟认为完全相通。虽造谱之时,读音决不与今音相同。造谱者亦决无能力预为吾辈二十世纪读音设想。吾辈苟无崇拜古人之迷信，即就其未为吾辈设想而破坏之，当亦为事理之所必然。故不佞之意，后此押韵但问其叶与不叶而不问旧谱之同韵与否、相通与否。如其叶，不同不通者亦可用。如其不叶，同而通者亦不可通。如有迷信古人宫商角徵羽本音转音之说以相诘难者，吾仍得以"韵即是叶"之本义答之。且前人之言韵者，固谓"音声本为天籁，古人歌咏出于自然，虽不言韵而韵转确"矣。今但许古人自然，而不许今人自然，必欲以人籁代天籁、拘执于本音转音之间，而忘却一至重要之"叶"字。其理耶？其通论耶？（西人作诗，亦有通韵。然只闻"-il"与"ic""ic"与"-ick""oke"与"-ook"等之相通。不闻强声音绝不相似之字如"规眉危悲"等与"支之诗时"等为一韵。更不闻强用希腊罗马之古音以押今韵也。）虽然，旧韵既废，又有一困难问题发生，即读者不能统一是。不佞对于此问题，有解决之法三。

（一）作者各就土音押韵，而注明何处土音于作物之下。此实最不妥当之法。然今之土音，尚有一着落之处，较诸古音之全无把握，固已善矣。

（二）以京音为标准，由长于京语为造一新谱，使不解京语者有所遵依。此较前法稍妥，然而未尽善。

（三）希望于"国语研究会"诸君，以调查所得，撰一定谱，行之于世。则尽善尽美矣。

或谓第三法虽佳，而语音时有变迁。今日之定谱，将来必更有不能适用之一日。余谓沈约既无能力豫为吾辈设想，吾辈亦决无能力为将来设想。将来果属不能适用，何妨更废之而更造新谱。即吾辈主张之白话新文学，依进化之程序言之，亦决不能视为文学之止境，更不能断定将来之人不破坏此种文学而建造一更新之文学。吾辈生于斯世，惟有尽思想能力之所及，向"是"的一方面做去而已。且语言之变迁，乃数百年间事而非数十年间事。当此交通机关渐臻完备之时,吾辈尚以"将来读音永远不变,永远统一"为希望也。

　　第二曰增多诗体　吾国现有之诗体,除律诗排律当然废除外,其余绝诗古风乐府三种(曲、吟、歌、行、篇、叹、骚等均乐府之分支。名目虽异,体格互相类似。)已尽足供新文学上之诗之发挥之地乎?此不之佞所决不敢信也。尝谓诗律愈严,诗体愈少,则诗的精神所受之束缚愈甚,诗学决无发达之望。试以英法二国为比较,英国诗体极多,且有不限音节不限押韵之散文诗。故诗人辈出,长篇记事或咏物之诗,每章长至十数万字,刻为专书行世者,亦多至不可胜数。若法国之诗,则戒律极严。任取何人诗集观之,决无敢变化其一定之音节,或作一无韵诗音。因之法国文学史中,诗人之成绩,决不能与英国比。长篇之诗,亦妙乎不可多得。此非因法国诗人之本领魄力不及英人也,以戒律械其手足,虽有本领魄力,终无所发展也。故不佞于胡君白话诗中"朋友""他"二首,认为建设新文学的韵文之动机,倘将来更能自造,或输入他种诗体,并于有韵之诗外,别增无韵之诗。(无韵之诗,我国亦有先例。如诗经"终南河有,有条有梅。君子至止,锦衣狐裘。颜如渥舟,其君也哉。"一章中"梅、裘、哉"三字,并不叶韵,是明明一首无韵诗也。朱注"梅"叶"莫悲反",音"迷","裘"叶"渠之反",音"奇","哉"叶"将梨反",音"赍"。乃是穿凿附会,以后人必欲押韵之"不自然"眼光,武断古人。古人决不如此念别字也。)则在形式一方面,既可添出无数门径,不复如前此之不自由。其精神一方面之进步,自可有一日千里之大速率。彼汉人既有自造五言诗之本领,唐人既有自造七言诗之本领。吾辈岂无五言七言之外,更造他种诗体之本领耶?

　　第三曰提高戏曲对于文学上之位置　此为不佞生平主张最力之问题。前读近人吴梅所撰"顾曲麈谈",谓北曲"不尚词藻,专重白描"。又谓"西厢""系春心情短柳丝长,隔花阴人远天涯近。"

……在当时不以此等艳语为然。谓之"行家生活",即明人所谓"案头之曲",非"场中之曲"也。又谓实甫曲如"颠不刺的见了万千,似这般可喜娘罕曾见。"及"鹘伶渌老不寻常"等语,却是当行出色。又谓昔洪昉思与吴舒凫论填词之法。舒凫云:"须令人无从浓圈密点。"时昉思女(之则)在座,曰:"如此则天下能有几人,可造此诣。"是吴君已知"白描"之难能可贵矣。然必谓"胡元方言,尤须熟悉"而后,始可语填北曲。则不佞不敢赞同。盖元人所填者为元人之曲,故就近取元人之方言以为资料。吾辈所填者为吾辈之曲,自宜取材于近,而不宜取材于远。元人既未尝弃元语而用唐宋语以为古,吾辈"食古不化",而死用元语,不将为元人所笑耶? 故不佞对于此问题有四种意见:

(一)无论南词北曲,皆须用当代方言之白描笔墨为之,使合于"场中之曲"之规定。

(二)近人推崇昆剧,鄙视皮黄,实为迷信古人之谬见。当知艺术与时代为推移。世人既以皮黄之通俗可取而酷嗜之,昆剧自应退居于历史的艺术之地位。

(三)昆剧既退居于历史的艺术之地位则除保存此项艺术之一大部分人外,其余从事现代文学之人,均宜移其心力于皮黄之改良,以应时势之所需。(第一条即为此项保存派说法。从前词典家不尚白描而尚纤丽,实未尝能保存词曲之精华也。)

(四)应套之曲可以不作,改作皮黄剧本。零粹小词可以不填,改填皮黄之一节或数节。(近人填词,大都不懂音律。仅照老词数了字数,对了平仄,堆砌无数艳语,加上一个"调寄某某"之各名而已。今所谓改填皮黄者,须于皮黄有过研究工夫,再用新文学的本领放进去,则虽标明"调寄西皮某板"或"调寄二黄某剧之某段",似乎欠雅,其实无损于文学上与技术上之真价值也。)

吾所谓改良皮黄者,不仅钱君所举"戏子打脸之离奇,舞台设备之幼稚"与"理想既无,文章又极恶劣不通"与王君梦远"梨园佳话"所举"戏子劣处"一节已也。凡"一人独唱、二人对唱、二人对打、多人乱打"(中国文戏武戏之编制,不外此十六字。)与一切"报名"、"唱引"、"绕场上下"、"摆对相迎"、"兵卒绕场"、"大小起霸"等种种恶腔死套,均当一扫而空。另以合于情理,富于美感之事代之。(此事言之甚长,后当另撰专论。)然余亦决非认皮黄为正当的文学艺术之人。余居上海六年,除不可免之应酬外,未尝一入皮黄戏馆。而 Lyceam Theater 之 Amateur Dramatic Club,每有新编之戏开演,余必到馆观之,是余之喜白话之剧而不喜歌剧,固与钱君所谓"旧戏如骈文,新戏如白话小说"同一见解。只以现今白话文学尚在幼稚时代,白话之戏曲,尤属完全未经发见。(上海之白话新戏,想钱君亦未必认为有文学价值之戏也。)故不得不借此易于着手之已成之局而改良之,以应目前之急。至将来白话文学昌明之后,现今之所改良之皮黄,固亦当与昆剧同处于历史的艺术之地位。

形式上的事项　此等事项,较精神上的事项为轻。然文学既为一种完全独立之科学,即无论何事,当有一定之标准,不可随随便便含混过去。其事有三:

(一)分段　中国旧书,往往全卷不分段落。致阅看之时,则眉目不清。阅看之后,欲检查某事,亦茫无头绪。今宜力矫其弊,无论长篇短章,一一于必要之处划分段落。惟西文二人谈话,每有一句,即另起一行。华文似可不必。

(二)句逗与符号　余前此颇反对句逗,谓西文有一种毛病,即去其句逗与大写之下,即令人不懂。汉文之不加句逗者,却仍可照常读去。若在此不必加句逗之文字上而强加之,恐用之日久,反妨害其原有之能事,而与西文同病。不知古书之不加句逗而费解者,已令吾人耗却无数心力于无用之地。吾人方力求文字之简明适用,固不宜沿有此种懒惰性质也。然西文……四种句逗法,倘不将文字改为横行,亦未能借用。今本篇所用,、。三种,唯、之一种,尚觉不敷应用,日后研究有得,当更增一种以补助之。至于符号,则?一种似可不用,以吾国文言中有"欤哉乎耶"等,白话中有"么呢"等,问语助词无须借助于记号也。然在必要之处亦可用之!一种,文言中可从省,白话中决不可少。''""与之代表引证或谈话,——之代表语气未完,……之代表简略,( )之代表注解或标目,亦不可少。* 及字旁所注1、2、3等小字可以不用,以汉文可用双行小注,无须 foot‐note 也。又人名地名既无大写之字以别之,亦宜标以一定之记号。先业师刘步洲先生尝定单线在右指人名,在左指官名及特别物名,双线在右指地名,在左指国名朝名种族名,颇合实用。惜形式不甚美观,难于通用。

(三)圈点　此本为科场恶习,无探用之必要。然用之适当,可醒眉目,今暂定为三种,精采用○提要用●两事相合则用◎,惟滥圈滥点,当悬为厉禁。

结语　除于上述诸事,不敢自信为必当,敬请胡、陈、钱三君及海内外关心本国文学者逐条指正外尚有三事记之于次:

(一)余于用典问题,赞成钱君之说。主张无论广义狭义工者拙者一概不用。即用引证,除至普通者外,亦当注明出自何书或何人所说。

(二)余于对偶问题主张自然。亦如钱君所谓"凡作一文,欲其句句相对,与欲其句句不对者,皆妄也"。

(三)余赞成小说为文学之大主脑,而不认今日流行之红男绿女之小说为文学。(不佞亦此中之一人,小说家幸勿动气。)

刘君此文,最足唤起文学界注意者二事,一曰改造新韵,一曰以今语作曲。至于刘君所定文字与文学之界说,似与鄙见不甚相远。鄙意凡百文字之共名,皆谓之文。文之大别有二,一曰应用之文,一曰文学之文。刘君以诗歌戏曲小说等列入文学范围,是即余所谓文学之文也。以评论文告日记信札等列入文字范围,是即余所谓应用之文也。"文字"与"应用之文"名词虽不同,而实质似无差异。质之刘君及读者诸君以为如何。

独秀识

(录自《中国新文学大系·建设理论
集》,上海良友图书公司 1935 年版)

刘复(1891—1934),字半农,江苏江阴人。曾任北京大学教授。留学法国专攻语音学。作新诗,有反封建倾向,新文化运动中积极反对封建复古主义。著有《半农杂文》及诗集《扬鞭集》,采编民歌为《瓦釜集》,另有《中国文法通论》、《四声实验录》等专著。

此文是接着胡适、陈独秀的文学改良论讲下来的,刘半农更加具体地提出了文学改良的具体措施,就散文、韵文、戏曲不同文体如何成为"新文学"做出了较详细的论证。从总体上讲,作者反对旧文学,反对儒家的"文以载道"思想。甚至提出"道是道,文是文"的观点,认为文学为"美术"之一,而非载道之工具。

诗言志(节选)

朱自清

《荀子·乐论》里说"君子以钟鼓道志"。"道志"就是"言志",也就是表示情意,自见怀抱。《礼记·仲尼燕居篇》记孔子的话:"是故君子不必亲相与言也,以礼乐相示而已。"这虽未必真是孔子说的,却也可见"乐语"的传统是存在的。《汉书》二十二《礼乐志》论乐,也道"和亲之说难形,则发之于诗歌咏言、钟石莞弦","乐语"的作用正在暗示上。又,《礼记·乐记》载子夏答魏文侯问乐云:

> 今夫古乐,……君子于是语,于是道古,修身齐家,平均天下。此古乐之发也。今夫新乐,……乐终不可以语,不可以道古。此新乐之发也。

这里"语"虽在"乐终",却还不失为一种"乐语"。这里所"语"的是乐意,可以见出乐以言志,歌以言志,诗以言志是传统的一贯。以乐歌相语,该是初民的生活方式之一。那时结恩情,做恋爱用乐歌,这种情形现在还常常看见;那时有所讽颂,有所祈求,总之有所表示,也多用乐歌。人们生活在乐歌中。乐歌就是"乐语",日常的语言是太平凡了,不够郑重,不够强调的。明白了这种"乐语",才能明白献诗和赋诗。这时代人们还都能歌,乐歌还是生活里重要节目。献诗和赋诗正从生活的必要和自然的需求而来,说只是周代重文的表现,不免是隔靴搔痒的解释。

……

20世纪儒学研究大系

　　"诗"这个字不见于甲骨文、金文,《易经》中也没有。《今文尚书》中只见了两次,就是《尧典》的"诗言志",还有《金滕》云:于(后周)公乃为诗以诒(成)王,名之曰《鸱鸮》。《尧典》晚出,这个字大概是周代才有的。——献诗陈志的事,照上文所引的例子,大概也是周代才有的。"志"字原来就是"诗"字,到这时两个字大概有分开的必要了,所以加上"言"字偏旁,另成一字;这"言"字偏旁正是"说文"所谓"志发于言"的意思。《诗经》里也只有三个"诗"字,就在上文引的《巷伯》、《卷阿》、《崧高》三篇的诗句中。《诗序》以《巷伯篇》为幽王时作,《卷阿篇》成王时作,《崧高篇》宣王时作。按《卷阿篇》说,"诗"字的出现是在周初,似乎和《金滕篇》可以印证。但《诗序》不尽可信,《金滕篇》近来也有些学者疑为东周所作①;这个字的造成也许并没有那么早,所以只说大概周代才有。至于《诗经》中十二次说到作诗,六次用"歌"字,三次用"诵"字,只三次用"诗"字,那或是因为"诗以声为用"的原故;《诗经》所录原来全是乐歌②,乐歌重在歌、诵,所以多称"歌""诵"。不过歌、诵有时也不合乐,那便是徒歌,与讴、谣同类。徒歌大都出于庶民,记载下来的不多。前引《国语》中所谓"庶人传语",所谓"胪言",该包含着这类东西。这里面有"谤"也有"誉",有讽也有颂——郑舆人诵子产,最为著名。也有非讽非颂的"缘情"之作,见于记载的如《左传》成公十七年的声伯《梦歌》。但这类"缘情"之作所以保存下来,并非因为它们本身的价值,而是别有所为。如《左传》录声伯《梦歌》,便为的记梦的预兆。《诗经》里一半是"缘情"之作,乐工保存它们却只为了它们的声调,为了它们可以供歌唱。那时代是还没有"诗缘情"

---

　　①　《古史辨》一册二〇一页,又三册下三一六至三一七页。又徐中舒《幽风说》,中央研究院历史语言研究所《集刊》第六本第四分册四四八页。
　　②　顾颉刚:《论诗经所录全为乐歌》,《古史辨》三册下。

的自觉的。

　　……《汉书》三十《艺文志》说："古者诸侯卿大夫交接邻国，以微言相感，常揖让之时，必称诗以谕其志。盖以别贤不肖而观盛衰焉。"这也是"观志"，《荀子》里称为"观人"。春秋以来很注重观人，而"观人以言"（《非相篇》）更多见于记载。"言"自然不限于赋诗，但"诗以言志"，"志以定言"（《左传·昭公二十九年》），以赋诗"观人"也是顺理成章的。如此论诗，"言志"便引申了表德一义，不止于献诗陈志那样简单了。再说春秋时的赋诗虽然有时也有献诗之义，如上文所论，但外交的赋诗却都非自作，只是借诗言志。借诗言志并且也不限于外交，《国语·鲁语》下有一段记载：

　　　　公父文伯之母欲室文伯，飨其宗老，而为赋《绿衣》之三章。老请守龟卜室之族。师亥闻之曰："善哉！男女之飨，不及宗臣；宗室之谋，不过宗人。谋而不犯，微而昭矣。诗所以合意，歌所以咏诗也。今诗以合室，歌以咏之，度于法矣！"

《绿衣》之三章云："我思古人，实获我心"；韦昭解这回赋诗之志是"古之贤人正室家之道，我心所善也"。可见这种赋诗也用在私室的典礼上。韦昭解次"合"字为"成"；以现成的诗合自己的意，而以成礼，是这种赋诗的确释。清劳孝舆《春秋诗话》卷一云：

　　　　风诗之变，多春秋间人所作。……然作者不名，述者不作，何钦？盖当时只有诗，无诗人。古人所作，今人可援为己诗，彼人之诗，此人可赓为自作，期于"言志"而止。人无定诗，诗无定指，以故可名不名，不作而作也。

论当时作诗和赋诗的情形，都很确切。

　　这种赋诗的情形关系很大。献诗的诗都有定指，全篇意义明白。赋诗却往往断章取义，随心所欲，即景生情，没有定准。譬如《野有蔓草》，原是男女私情之作，子大叔却堂皇地赋了出来，他只取其中"邂逅相遇，适我愿兮"两句，表示欢迎赵孟的意思。上文

"野有蔓草,零露溥兮。有美一人,清扬婉兮。"以及下章,恐怕都是不相干的①。断章取义只是借用诗句作自己的话。所取的只是句子的文义,就是字面的意思,而不管全诗用意,就是上下文的意思。——有时却也取喻义,如《左传》昭公元年,郑伯享赵孟,鲁穆叔赋《鹊巢》,便是以"鹊巢鸠居""喻晋君有国,赵孟治也"(杜预注)。但所取喻义以易晓为主;偶然深曲些,便须由赋诗人加以说明②。那时代只要诗熟,听人家赋,总知道所要言之志;若取喻义,就不能如此共晓了。听了赋诗而不知赋诗人的志的,大概是诗不熟,唱着听不清楚。所以卫献公教师曹歌《巧言篇》的末章给孙蒯听,讽刺孙文子:"无拳无勇,职为乱阶"。师曹存心捣乱,还怕唱着孙蒯不懂,便朗诵了一回——"以声节之曰'诵'","诵"是有节奏的③——。孙蒯告诉孙文子,果然出了乱子(《左传·襄公十四年》)。还有,不明了事势也不能知道赋诗人的志。齐庆封聘鲁,与叔孙穆子吃饭,不敬。叔孙赋《相鼠》,讽刺他"人而无仪,不死何为!"他竟不知道。后来因乱奔鲁,叔孙穆子又请他吃饭,他吃品还是不佳,叔孙不客气,索性教乐工朗诵《茅鸱》给他听;这是逸诗,也是刺不敬的。但是庆封还是不知道(《左传》襄公二十七年、二十八年)。他实在太糊涂了! 赋诗大都是自己歌唱。有时也教乐工歌唱;《左传》有以赋诗为"肄业"(习歌)的话,有"工歌""使大师歌"的

----

① 《左传·僖公二十三年》"公赋《六月》"句《正义》云:"古者礼会,因古诗以见意,故言赋诗断章也。其全称诗篇者,多取首章之义。"

② 如《左传·昭公元年》,鲁穆叔赋《采蘩篇》给赵孟听,那诗的首章云:"于以(何)采蘩? 于沼于沚。于以(何)用之? 公侯之事。"穆叔说明他的用意是:"小国像蘩草似的,大国若爱惜着用它,它总听用的。"

③ 《周礼·大司乐》"兴道讽诵言事"郑玄注。《墨子·公孟篇》"诵诗三百,弦诗三百,歌诗三百,舞诗三百","诵"无弦乐相配,似乎只有节奏——也许是配鼓罢。

话(分见《左传》文公四年、襄公四年、襄公十四年),又刚才举的两例中也由乐工诵诗。赋诗和献诗都合乐;到春秋时止,诗乐还没有分家。

……

诗与乐分家是有一段历史的。孔子时雅乐就已败坏,诗与乐便在那时分了家。所以他说:"恶郑声之乱雅乐也"(《论语·阳货》)。又说:"兴于《诗》,立于礼,成于乐"(《泰伯》)。诗与礼乐在他虽还联系着,但已呈露鼎足三分的形势了。当时献诗和赋诗都已不行。除宴享祭祀还用诗为仪式歌,像《仪礼》所记外,一般只将诗用在言语上;孔门更将它用在修身和致知——教化——上。言语引诗,春秋时就有,见于《左传》的甚多。用在修身上,也始于春秋时。《国语·楚语》上记庄王使士亹传太子箴,士亹问于申叔时,叔时道:

……教之诗而为之导广显德,以耀明其志。

韦昭解云:"导,开也。显德谓若成汤、文、武、周公之属,诸诗所美者也。""耀明其志"指受教人之志,就是读诗人之志;"诗以言志",读诗自然可以"明志"。又上引范文子论赋诗,从诗语见伯有等为人,就已包含诗可表德的意思,到了孔子,话却说得更广泛了。他说:

小子何莫学夫诗!诗可以兴,可以观,可以群,可以怨,迩之事父,远之事君,多识于鸟兽草木之名。(《论语·阳货》)

"多识于鸟兽草木之名",是将诗用在致知上;"诗"字原有"记忆""记录"之义,所以可用在致知上。但这与"言志"无关,可以不论。兴观群怨,事父事君,说得作用如此广大,如此详明,正见诗义之重。但孔子论诗,还是断章取义的,与子贡论"如切如磋,如琢如磨"(《学而》),与子夏论"巧笑倩兮,美目盼兮,素以为绚兮"(《八佾》),可见,不过所取是喻义罢了。又,孔子惟其重诗义,所以才

说:

> 诗三百,一言以蔽之,曰:思无邪。(《论语·为政》)

后来《礼记·经解篇》的"温柔敦厚,诗教也",《诗纬·含神雾》的"诗者持也",《汉书》卷二十二《礼乐志》的"省其诗而志正",卷三十《艺文志》的"诗以正言,义之用也",似乎都是从孔子的话演变出来的。《诗大序》所说"经夫妇,成孝敬,厚人伦,美教化,移风俗",也是从兴观群怨,"事父事君"等语演变出来的。儒家重德化,儒教盛行以后,这种教化作用极为世人所推尊,"温柔敦厚"便成了诗文评的主要标准。

孟子时古乐亡而新声作,诗更重义了。他说:

> 故说诗者不以文害辞,不以辞害志。以意逆志,是为得之。(《孟子·万章》上)

又说:

> 颂(诵)其诗,读其书,不知其人,可乎? 是以论其世也。是尚(上)友也。(《孟子·万章》下)

"以意逆志"是以己意己志推作诗之志;而所谓"志"都是献诗陈志的"志",是全篇的意义,不是断章的意义。"不以文害辞""不以辞害志"是反对断章的话。孟子虽然还不免用断章的方法去说诗,但所重却在全篇的说解,却在就诗说诗,看他论《北山》、《小弁》、《凯风》诸篇可见(《告子》下)。他用的便是"以意逆志"的方法。至于"知人论世",并不是说诗的方法,而是修身的方法,"颂诗""诗书"与"知人论世"原来三件事平列,都是成人的道理,也就是"尚友"的道理。后世误将"知人论世"与"颂诗读书"牵合,将"以意逆志"看作"以诗合意",于是乎穿凿傅会,以诗证史。《诗序》就是如此写成的。但春秋赋诗只就当前环境而"以诗合意"。《诗序》却将"以诗合意"的结果就当作"知人论世",以为作诗的"人""世"果然如此,作诗的"志"果然如此;将理想当作事实,将主观当作客观。自然教人难信。

……

献诗时代虽是作诗陈一己的志，却非关一己的事。赋诗时代更只以借诗言一国之志为主；偶然有人作诗——那时一律称为"赋"诗——，也都是讽颂政教，与献诗同旨。总之诗乐不分家的时代只着重听歌的人；只有诗，无诗人，也无"诗缘情"的意念。诗乐分家以后，教诗明志，诗以读为主，以义为用；论诗的才渐渐意识到作诗人的存在。他们虽还不承认"诗缘情"的本身价值，却已发现了诗的这种作用，并且以为"王者"可由这种"缘情"的诗"观风俗，知得失，自考正"。那么"缘情"作诗竟与"陈志"献诗殊途同归了。但《诗大序》既说了"在心为志，发言为诗"，又说"情动于中而形于言"，又说"吟咏情性"；后二语虽可以算是"言志"的同义语，意味究竟不同。《大序》的作者似乎看出"言志"一语总关政教，不适用于原是"缘情"的诗，所以转换一个说法来解释。到了《韩诗》及《汉书》时代，看得这情形更明白，便只说"歌食""歌事"，只说"哀乐之心"，"各言其伤"，索性不提"言志"了。可见"言志"跟"缘情"到底两样，是不能混为一谈的。

……

战国以来，个人自作而称为诗的，最早是《荀子·赋篇》中的《佹诗》，首云：

> 天下不治，请陈佹诗。

杨倞注："请陈佹异激切之诗，言天下不治之意也。"诗以四言为主，虽不合乐，还是献诗讽谏的体裁。其次是秦始皇教博士做的《仙真人诗》，已佚。他游行天下的时候，"传令乐人歌弦之"，大约是献诗颂美一类。西汉如韦孟作的《讽谏诗》，韦玄成作的《自劾诗》等，也都是四言，或以讽人，或以自讽，不合乐，可还是献诗的支流余裔。不过当时这种诗并不多。诗不合乐，人们便只能读，只能揣摩文辞,作诗人的名字倒有了出现的机会,作诗人的地位因此也渐渐显著。但真正开始歌咏自己的还得推"骚人",便是辞赋家。辞赋家原称所作为"诗",而且是"言志"的"诗"。《楚辞·悲回风》篇道:

　　　介眇志之所惑兮,窃赋诗之所明。

又庄忌《哀时命》篇道:

　　　志憾恨而不逞兮,抒中情而属诗。

说得都很明白。既然是"诗",自然就有"言志"作用。

　　　　　　　　　　　　　　　　（原载《朱自清古典文学论文集》,
　　　　　　　　　　　　　　　　上海古籍出版社 1980 年版）

　　朱自清(1898—1948),字佩弦。江苏东海人,现代著名作家、学者。著有《新诗杂话》、《经典常谈》、《论雅俗共赏》等。

　　朱自清《诗言志辨》一书中收有四篇文章:《诗言志》、《比兴》、《诗教》、《正变》。《诗言志》一文从"诗言志"含义的扩展上论述了诗的功能的发展,以见出文学观念的变迁。文章对于作为"开山的纲领"的这一诗论主张之产生、演变的原生状态作了深入的说明。

论　诗　教

张　须

若问"不学《诗》无以言"之语当作何解？此则朱子曾注之矣："事理通达，而心气和平，故能言。"吾谓朱子所云，是乃能言之本，所谓"有德者必有言"也。孔子尝恶巧言，尝恶佞者，知其所谓"言"自非如簧如流之谓。然必谓事理通达而心气和平然后能言，则又是据德依仁之事，而不可尽责之于《诗》，窃谓孔子斯语仍当于言语本身求之。盖《诗》者，孔子所雅言也，"雅言"云者，郑玄谓"读先王典法，必正其音，然后义全，故不可有所讳"。清刘台拱谓"夫子生长于鲁，不能不鲁语，惟诵诗读书执礼，必正言其音，所以重先王之训典，谨末学之流失。"须按，古者于《诗》皆曰"诵"、曰"咏"，则正音之事，重要可想。岂有读音不正而发言近雅者乎？不宁惟是。《论语》又记孔子诏伯鱼之语曰："女为《周南》、《召南》矣乎？人而不为《周南》、《召南》，其犹正墙面而立也与？"《二南》乃周王业所起，《诗》之正《风》，弦歌莫先焉。其合乐也，用之乡人，用之邦国，在参与者固不容不知。其或不歌而诵，微言相感，要亦宴会之常。我不知诗，则不能赋诗；其音不正，则赋诗而人不喻。又因己不知诗，则他人赋诗，己亦不喻，则于交际为有缺憾；岂惟有憾，窘莫甚焉。《颜氏家训·勉学》篇，所谓"蒙然张口，如坐云雾"，即孔子所谓"正墙面而立"之实写矣。如是应对之际，岂足厕于士君子之林？故曰"不学《诗》无以言"也。春秋"君子"，犹后世所谓绅士。聘问交接

之间,威仪言辞,居极重要之地位。虽至交友,亦复如是。曾子曰:
"君子以文会友。"此所谓"文",即《诗》是矣。会集朋友,称《诗》见
意,此其所以为"君子"之行。其父曾皙,因孔子问其所志,固已自
道暮春会友之乐,而终之以"咏而归"矣。曾子学礼最深,尤重威仪
文辞之事。虽至病而在床,而其对孟敬子之言,犹殷殷以君子所贵
三事相语。即其内容,则动容貌斯远暴慢一也,正颜色斯近信二
也,出辞气斯远鄙倍三也。此三事乃当时贵族在容止方面之必要
条件。无之则召藐,有之则生畏。曾子以孟孙为鲁卿,故将死而切
言之,即孔子所谓"临之以庄则敬"者也。就中"出辞气"之何以能
不"鄙倍",则非学《诗》能为"雅言",莫由致此。一般读书人每将曾
子口中之"君子"滑过,而不知其乃正针对孟孙而发也。故在春秋
之季,诗教为贵族及求仕者必习之科,此中极富阶级意味。

　　孔子于《诗》既重读音,即以同一理由而有正乐之事。《论语》:
"子自卫反鲁,然后乐正,'雅'、'颂'各得其所。"《诗》皆入乐,故正
乐即以编《诗》。世传孔子删《诗》,实乃不考之言。《论语》又云:
"《诗》三百,一言以蔽之,曰:思无邪。"斯言也,一可见当时之《诗》
原存三百,一可见孔子皆许其无邪,故孔子未尝删。世儒徒见孔子
曾言"放郑声,〈……〉郑声淫",因疑其与"无邪"之语有所触碍。不
知"淫"与"邪"不同。"淫"者指乐音而言,"邪"则指诗意而言。《郑
风》虽存溱、洧之诗,要亦谣俗之常,自孔子观之而非"邪"也。所不
取者,乃在其声之"淫",淫则与雅乐相乱。《左传》所谓"五降之后,
不容弹矣。于是有烦乎淫声,慆堙心耳,乃忘平和,君子弗听"者
也。如谓"淫"为媟渎之事,则"桑中"之诗,明有淫行,孔子何以不
云"鄘声淫"乎?是知孔门诗教,用之应对为最急,而雅言与正乐二
者又复相为表里。《论语》记:"子之武城,闻弦歌之声。"此由子游
本在文学之科,又当孔子正乐之后,故能以弦歌行其诗教也。又
记:"孺悲欲见孔子,孔子辞以疾,将命者出户,取瑟而歌,使知闻

之。"窃谓此所歌之诗篇,必孺悲所曾习之者。孔子此举,不惟使之无疾而已,又必使之闻歌而知其取义所在,然后教诲之旨因乐而传。孺悲曾学士丧礼于孔子,故知孺悲必能解孔子之歌诗也。

　　至于孔子之于弟子,何为而必置重诗教如是? 是当明白当时之背景。盖春秋者,一国际相竞之局也,而鲁又其弱小者也。弱小之国,政事为先,辞令亦切。孔门列德行、言语、政事、文学为四科,此四者皆具有绝大之实际性。"文学"所包,诗教为大,他三事亦皆为诗教之一环。子曰:"《诗》可以兴,可以观,可以群,可以怨。"又曰:"诵《诗》三百,授之以政不达;使于四方,不能专对。虽多,亦奚以为?"所谓"观"事,政事上事,盖能观列国之政治而知其得失,则可授之以政而能达矣。今之政治学,有专门著述;古人论政,惟资训典,而《诗》固王迹之所存也。所谓"兴",所谓"群"与"怨",则德行上事"温柔敦厚","发情止义",是成教之大者。至于"使于四方"云云,斯又与"言语"相通。如会稽章氏说:诗教在战国,即为纵横之家,相需之切,不难想见。此义章氏已备言之,不复缕缕。鲁既为弱小之邦,德行政事,固不容忽。而言语尤以讲求为急。观于郑国为命,乃至需裨谌、世叔、子羽、子产四人之力。子羽仕郑,本为行人。传称"公孙挥能知四国之为",故为命必参加焉。郑尚辞命,鲁亦宜然。孔子非为弟子言之,为鲁国言之也。《左传》襄二十五年,郑子产献捷于晋。士庄伯诘难多端,子产侃侃不穷,至庄伯不能诘,复于赵文子。文子曰:"其辞顺,犯顺不祥。"乃受之。仲尼曰:"志有之:言以足志、文以足言。不言,谁知其志? 言之无文,行而不远。晋为伯,郑入陈,非文辞不为功,慎辞哉!"孔子之赞子产,非为史家言之,为鲁国言之也。又襄二十七年向戌弭兵之会,诸侯之使皆彬彬有礼。"仲尼使举是礼也,以为多文辞。"注家或不得孔子之意。愚谓仲尼观世,既重文辞,则于此会或亦有取乎尔也。吾观春秋士大夫,每有宴集,其间称引诗句,殆已习之若流,不啻若自其口出矣。而引《书》则相形见少,此必当时诵《诗》者多之故。因知孔门未设教前,诗教之入人心耳,已成一般现象。既成一般现象,即为士夫应对所必需。况鲁之立国,交邻为急,称《诗》一语,胜于徒说千万。此皆先民"法语之言",当之者谁不折服乎?而引《诗》而外,又有赋《诗》之事。赋《诗》有二:一为自赋。如闵二年书许穆夫人赋《载驰》,郑人为高克赋《清人》,此乃记二《诗》所自始者也。一为赋昔人之《诗》以见意者。此在襄公之世,为者最多,可谓一时风气所在。赋者断章取义以施诸人,受施者亦必断章以为答赋。脱非所安,又须有辞,设竟不知,直同笑柄。如左襄八年,士匄聘鲁,赋《摽有梅》,季武子曰:"谁敢哉?"此即武子解士匄赋诗之意,而谓有所不敢承也。继则武子答赋《角弓》,又赋《彤弓》,士匄亦援城濮受弓于王之故事以为对。又襄十六年叔孙豹如晋,见中行献子赋《圻父》,献子即曰"偃知罪矣",见范宣子,赋《鸿雁》之卒章,宣子即以援鲁自任。此等可见当时赋《诗》,矢口而发,其为用几无异于代言,而又不伤于直致。《春秋》所称"微而婉"者,窃于赋《诗》乎见之。其或未尝学问,不解所谓,有类伧荒者,史亦往往摭存其事。如襄二十八年齐庆封奔鲁,叔孙穆子食庆封,庆封汜祭。穆子不说,使工为之赋《茅鸱》,亦不知。夫当春秋赋《诗》高潮方盛之时,有此笑柄,真有彼何人斯之叹矣。鲁弱小之国,幸为诗礼旧邦,讲求尚易。孔子既许郑国之有文辞,而又曰"不学《诗》无以言",岂惟鄙俗是远,实乃交邻所资。然若不观左氏所存诸例,则又岂能深知学《诗》之真可代言,有足为折冲樽俎之助者乎?

赋《诗》高潮既在襄公之世,是乃孔子童年时代有此背景,则其重诗教也固宜。迨昭十八年,左氏始书"原伯鲁不说学"事。伯鲁周人而乃有此,则他国为可知。是故春秋襄、昭之世,实为诗教绝续之交。襄公之时,能赋《诗》及答赋者,惟晋、郑、鲁、卫二三世卿耳。昭公之世,老成既逝,新贵族又或多起微贱,不闲典籍,故能者颇稀。即有能者,而坐多庆封,则亦宁以不赋为是。故昭公之世,引《诗》、赋《诗》遂皆绝少。定公更少,至哀公直不见一例。仅哀二十一年记齐人之歌曰:"惟其儒书,以为二国忧。"斯又其时轻儒之征也。特诗教终为儒家本务,故孟子犹善说《诗》;荀卿著书,于《诗》亦动有称引。战国诸子,斯为仅见。若乃国际相与,但凭辞说,更无赋《诗》之事。魏文侯贤者,犹且厌闻古乐,则下焉者可知。礼坏乐崩,《诗》亦无用。昔也《诗》为贵族子弟所共习,朝聘宴享,《诗》以代言;今也布衣可取卿相,储能之事,但在揣靡形势而已。况乎骚、赋代兴,四言诗直无创作之事,夫惟不诵,是以不习为。其间纵有讽谏,亦以隐语或辞赋代之。《国策》载温人之周,自谓非客。有诘之者,则曰:"臣少而诵《诗》,〈……〉普天之下,莫非王土。"综览《国策》全书,亦仅见此温人曾诵《诗》耳。余以古诗流而为赋,在文学史上要为一大变动。而孔门之置重诗教,其文学一科,几于诗外无事,在当时已伏"崇极而圮"之机。其间设教之由,自应有其时代需要。孔子重视实用之学,凡其所教,多切人事,比勘之功,所不容忽。故援《论语》为经,以《左氏传》所存事例为纬,为综合之论究如上。

（原刊《国文月刊》第 69 期,1948 年 7 月）

本文从春秋赋诗应对的社会实用上来说明孔子的诗教。更为重要的是,本文还对赋诗应对的兴衰时期作出了说明。

读《毛诗序》（节选）

郑振铎

三

《毛诗序》最大的坏处，就在于他的附会诗意，穿凿不通。《毛诗》凡三百十一篇，篇各有序。除《六笙诗》亡其辞，我们不能决定《诗序》的是非外，其余三百五篇之序，几乎百分之九十以上是附会的，是与诗意相违背的。章如愚说：“二南之诗，谓之《周南》、《召南》，此盖古人采诗于周之南，得之则为《周南》，采之于召之南，得之则为《召南》，……彼序诗者乃以《关雎》、《麟趾》之化，王者之风，系之周公；《鹊巢》、《驺虞》之德，诸侯之风，故系之召公，谬妄之甚也。即以二南系之二公，则遂以其诗皆为文王之诗。见《关雎》、《葛覃》妇人之诗，则遂以他诗亦皆出之妇人。文王一人，在《周南》则以为王者，在《召南》则以为诸侯。太姒一人，在《周南》则以为后妃，在《召南》则以为夫人。岂夫子正名之意乎？以二南之诗所言，后妃夫人，多无义理。其间大可怪者，如《小星》之诗云：‘夙夜在公，肃肃宵征，抱衾与裯。’夫肃肃宵征者，远行不怠也。夙夜在公者，勤王之事也。诗之此语多矣。抱衾裯而夜行者，皆不惮劳役之意，岂非命之不均乎？故曰：‘实命不犹。’此无疑其为使臣勤劳之诗也。今其序乃曰：‘夫人无妒忌之行，惠及贱妾，进御于君，知其命有贵贱，能尽

其心矣。'不知进御于君,何用肃肃宵征,夙夜在公为哉?又何用抱
衾与裯而往乎?注云:'诸妾夜行,抱被与床帐,待进御之次序。'疏
云:'虽君所有裯,亦当抱衾裯而往。'学经不知理,乃至于此,岂不贻
有识者之笑!既曰,召南之国,被文王之化,《兔罝》之武夫皆好德,
又安得强暴之男,侵陵正女,而致《行露》之讼?又安得有女怀春,而
吉士诱之,如《野有死麕》之辞?谓文王太姒之化,只及妇人,不及男
子已非也,况妇人果皆正洁,则亦如汉上之女不可犯,安有无感我
帨,无使尨吠之语?序于此为说不行,乃云:'被文王之化,虽当乱
世,犹恶无礼。'委曲讳护,亦以劳矣。"(《经义考》卷九十九引)

朱熹说:"《诗序》实不足信。向见郑渔仲有《诗辨妄》,力诋《诗
序》。其间言语太甚,以为皆是村野妄人所作。始亦疑之,后来仔
细看一两篇,因质之《史记》、《国语》,然后知《诗序》之果不足信。
因是看《行苇》、《宾之初筵》、《抑》数篇,序与诗全不相似。以此看
其他诗序,其不足信者煞多。以此知人不可乱说话,便都被人看破
了。诗人假物兴辞,大率将上句引下句,如《行苇》'勿践履','戚戚
兄弟,莫远具尔'。《行苇》是比兄弟,勿字乃兴莫字。此诗自是饮
酒会宾之意,序者却牵合作周家忠厚之诗,遂以《行苇》为仁及草
木。如云:'酌以大斗,以祈黄耇',亦是欢会之地,祝寿之意。序者
遂以为养老乞言。岂知祈字本只是祝颂其高寿,无乞言意也。
……大率古人作诗,与今人作诗一般。其间亦自有感物道情,吟咏
情性,几时尽是讥刺他人。只缘序者立例,篇篇要作美刺说,将诗
人意思尽穿凿坏了。且如今人见人才做事,便作一诗歌美之或讥
刺之,是甚么道理!"(《朱子语类》卷八十)

他们说的真痛快!《诗序》解诗,象这种附会的地方,几乎触目
皆是。大概做《诗序》的人,误认《诗经》是一部谏书,误认《诗经》里
许多诗,都是对帝王而发的,所以他所解说的诗意,不是美某王,便
是刺某公。又误认诗歌是贵族的专有品,所以他便把许多诗都归

为某夫人或某公、某大夫所做；又误认一国的风俗美恶，与王公的举动极有关系，所以他又把许多诗都解说是受某王之化，是受某公之化。因他有了这几个成见在心，于是一部很好的搜集古代诗歌很完备的《诗经》，被他一解释便变成一部毫无意义，而艰深若盘、诰的悬戒之书了。后来读诗的人，不知抬头看诗文，只知就序求诗意，其弊害正如朱熹所说："故此序者，遂若诗人先所命题，而诗文反为因序以作。于是读者传相尊信，无敢拟议。至于有所不通，则必为之委曲迁就，穿凿而附合之，宁使经之本文，僚戾破碎，不成文理。……"（《诗序辩说》）

所以我们十分确信的说：《诗序》之说如不扫除，《诗经》之真面目，便永不可得见。吴澂说得好："舍序而读诗，则虽不烦训诂而意自明，又尝为之强诗以合序，则虽由生巧说，而义愈晦。"

这就是我们要排斥《诗序》的最大的原因。

四

就《诗序》的本身而论，他的矛盾之处，也尽足以使他的立足点站得不稳。

假使我们退一百步而承认《诗序》所说的美刺之义是不错的，我们竟用了他的美刺之义去读诗，然而结果却更不幸，我们反而加载了许多怀疑之点在心上。因为我们发现，《诗序》之所美所刺，是没有一定的标准的。譬如有两篇同样意思，甚至于词句也很相似的诗，在《周南》里是美，在《郑风》里却会变成是刺。或是有两篇同在《卫风》或《小雅》里的同样的诗，归之武公或宣王则为美，归之幽王、厉王则为刺。而我们读这些诗的本文时却决不见他们有什么不同的地方，试举几个实例。

这里是两首祭祝的歌：

《小雅·楚茨》	《大雅·凫鹥》
济济跄跄， 絜尔牛羊， 以往烝尝。 或剥或亨， 或肆或将。 祝祭于祊， 祀事孔明。 先祖是皇， 神保是飨。 孝孙有庆， 报以介福， 万寿无疆！	凫鹥在泾， 公尸来燕来宁。 尔酒既清， 尔肴既馨， 公尸燕饮， 福禄来成！ 凫鹥在沙， 公尸来燕来宜。 尔酒既多， 尔肴既嘉， 公尸燕饮， 福禄来为！
《楚茨》，刺幽王也。政烦赋重，田莱多荒，饥馑降丧，民卒流亡，祭祀不飨，故君子思古焉。	《凫鹥》，守成也。太平之君子，能持盈守成，神祇祖考安乐之也。

我们试读这两首歌，谁能找出他们的异点来？《楚茨》的辞意很雍容堂皇，《凫鹥》的辞意也是如此，毫无不同之处。而因《楚茨》不幸是在《小雅》里，更不幸而被作《诗序》的人硬派作幽王时的诗，于是遂被说成："刺幽王也。政烦赋重，田莱多荒，饥馑降丧，民卒流亡，祭祀不飨，故君子思古焉"了。至于《凫鹥》则因他是在《大雅》里，于是《诗序》便美之曰："守成也。太平之君子，能持盈守成，神祇祖考安乐之也。"我不知《楚茨》的诗里，有那一句是说"祭祀不飨"的？"絜尔牛羊，以往烝尝"与"尔酒既清，尔肴既馨"有什么不同？"报以介福，万寿无疆"与"福禄来成"、"福禄来为"又有什么分别？为什么《楚茨》便是刺，《凫鹥》便是美呢？这种矛盾之处，真令人索解无从。

这里又有三首诗，这三首都是很好的情诗：

《周南·关雎》	《陈风·月出》	《陈风·泽陂》
关关雎鸠， 在河之洲。 窈窕淑女， 君子好逑。 参差荇菜， 左右流之。 窈窕淑女， 寤寐求之。 求之不得， 寤寐思服。 悠哉悠哉， 辗转反侧！	月出皎兮， 佼人僚兮， 舒窈纠兮， 劳心悄兮！ 月出皓兮， 佼人㛖兮， 舒忧受兮， 劳心慅兮！ 月出照兮， 佼人燎兮， 舒夭绍兮， 劳心惨兮！	彼泽之陂， 有蒲与荷。 有美一人， 伤如之何！ 寤寐无为， 涕泗滂沱！ 彼泽之陂， 有蒲菡萏。 有美一人， 硕大且俨。 寤寐无为， 转辗伏枕！
《关雎》，后妃之德也，风之始也，所以风天下而正夫妇也。……是以《关雎》乐得淑女以配君子，忧在进贤，不淫其色；哀窈窕，思贤才，而无伤善之心焉。	《月出》，刺好色也。在位不好德，而说美色焉。	《泽陂》，刺时也。言灵公君臣淫于其国，男女相说，忧思感伤焉。

　　我们试先读这三首诗的本文；我们立刻便知道《关雎》是写男子思慕女子，至于"寤寐求之"，"辗转反侧"的；《月出》是写男子（？）在月下徘徊，见明月之光，而思念所爱之人，以至于"舒窈纠兮，劳心悄兮"的；《泽陂》所写的更是悲惨，他思念所爱的人，至于"寤寐无为，涕泗滂沱"，"转辗伏枕"了。试再读《诗序》：他所说的真是可惊。原来《关雎》是美"后妃之德"的，是"乐得淑女以配君子，忧在进贤，不淫其色；哀窈窕，思贤才，而无伤善之心焉"的；《月出》却是"刺好色"，是说"在位不好德，而说美色焉"的；《泽陂》却是"刺时"，是"言灵公君臣淫于其国，男女相说，忧思感伤焉"的。我真不懂：为什么同样的三首情诗，意思也完全相同的，而其所含的言外之意却

相差歧得如此之远？我真不懂：为什么"寤寐思服，辗转反侧"二句，在《周南·关雎》之诗里，便有这许多好的寓意，同样的"寤寐无为，辗转伏枕"二句，在《陈风·泽陂》之诗里，便变成什么"刺时"，什么"灵公君臣淫于其国……"等等的坏意思呢？这真是不可思议的事了！

　　还有很可笑的，下面有八首字句很相同的诗：

《召南·草虫》	《王风·采葛》	《郑风·风雨》	《秦风·晨风》
喓喓草虫， 趯趯阜螽， 未见君子， 忧心忡忡。 亦既见止， 亦既觏止， 我心则降！	彼采葛兮， 一日不见， 如三月兮！ 彼采艾兮， 一日不见， 如三岁兮！	风雨凄凄， 鸡鸣喈喈。 既见君子， 云胡不夷。 风雨如晦， 鸡鸣不已。 既见君子， 云胡不喜！	山有苞棣， 隰有树檖。 未见君子， 忧心如醉。 如何如何， 忘我实多！
《草虫》，大夫妻能以礼自防也。	《采葛》，惧谗也。	《风雨》，思君子也。乱世则思君子不改其度焉。	《晨风》，刺康公也。忘穆公之业，始弃其贤臣焉。
《小雅·菁菁者莪》	《小雅·裳裳者华》	《小雅·都人士》	《小雅·隰桑》
菁菁者莪， 在彼中沚。 既见君子， 我心则喜。 泛泛杨舟， 载沈载浮。 既见君子， 我心则休。	裳裳者华， 其叶湑兮。 我觏之子， 我心写兮。 我心写兮， 是以有誉处兮。	彼都人士， 台笠缁撮。 彼君子女， 绸直如发。 我不见兮， 我心不说！	隰桑有阿， 其叶有难。 既见君子， 其乐如何！ 心乎爱矣， 遐不谓矣！ 中心藏之， 何日忘之。
《菁菁者莪》，乐育材也。君子能长育人材，则天下喜乐之矣。	《裳裳者华》，刺幽王也。古之仕者世禄，小人在位则谗谄并进，弃贤者之类，绝功臣之世焉。	《都人士》，周人刺衣服无常也。古者长民，衣服不贰，从容有常，以齐其民，则民德归壹，伤今不复见古人也。	《隰桑》，刺幽王也。小人在位，君子在野，思见君子尽心以事之。

　　这八首诗的意思也差不多都是很相同的。《草虫》是描写未见君子与既见君子时的心理的。《采葛》、《晨风》与《都人士》都是描写不见君子时想望之情的。《风雨》、《菁菁者莪》与《裳裳者华》都是描写既见君子时愉快之感的。无论谁,在这几首诗里都可以很明白的看出他们都是包括同样的情意的,至少也可以说他们的情意决不至相差很远。而不料《诗序》于《草虫》诗中的"未见君子,忧心忡忡。亦既见止,亦既觏止,我心则降"数句,则释之为"大夫妻能以礼自防";于《晨风》诗中,与"未见君子,忧心忡忡"同样语气乃至文字的"未见君子,忧心如醉"二句,则释之为"刺康公也。忘穆公之业,始弃其贤臣焉";于《菁菁者莪》诗中"既见君子,我心则喜",则释之为"乐育材也";于《裳裳者华》与《隰桑》二诗,与上面那二句语气乃至文字都相同的"我觏之子,我心写兮"与"既见君子,其乐如何",则俱释之为"齐贤者之类","小人在位,君子在野,思见君子尽心以事之"。为什么辞意与文字都相同的诗句,美刺之义,乃如此不同呢?尤可笑的是:《采葛》之"一日不见,如三月兮",丝毫无谗间蔽明之意,而序却释之曰:"惧谗也。"《都人士》之"彼都人士,台笠缁撮"诸语,不过是形容所不见之人之辞,为"我不见兮,我心不说"作衬托,而《诗序》却注重于彼,以此诗为"周人刺衣服无常"。《风雨》一诗,明明白白的说,"既见君子,云胡不喜",而《诗序》却故意转了好几个大弯,把他释成:"思君子也。乱世则思君子不改其度焉。"这真是从那里说起! 难道做《诗序》是连诗文也不看一看,便闭了眼睛去瞎做的么? 我想了半天,也想不出他的道理来。后来一看《召南》、《郑风》、幽王、《秦风》等字,才豁然大悟,原来做《诗序》的人果然是不细看诗文的,果然是随意乱说的,他因为《草虫》是在《召南》里,所以便以为是美,《风雨》是在《郑风》里,所以不得不硬派他一个刺,《隰桑》、《裳裳者华》为因已派定是幽王时诗,所以便也不得不以他为刺诗。其他如《关雎》之为美,《月出》、

《泽陂》之为刺,也是如此,《关雎》幸而在《周南》,遂被附会成"后妃之德也";《月出》、《泽陂》不幸在《陈风》,遂不得不被说成刺好色,刺淫乱了,这种美刺真是矛盾到极点了。

《诗序》的精神在美刺。而不料他的美刺,却是如此的无标准,如此的互相矛盾,如此的不顾诗文,随意乱说!

他的立足已根本摇动了。

（选自郑振铎著《中国文学研究》,
人民文学出版社 2000 年版）

郑振铎（1898—1958）,笔名西谛,浙江永嘉人。现代作家、文学评论家、文学史家。主要学术著作有《文学大纲》、《插图本中国文学史》、《中国文学论集》等。

《毛诗序》的精神虽在美刺,但本文作者认为,这种美刺是互相矛盾的,对《诗经》的解释也是附会诗意,穿凿不通的。

20世纪儒学研究大系

乐的精神与礼的精神

——儒家思想系统的基础

朱光潜

儒家论学问,素重"知类通达";"豁然贯通",用流行语来说,他们很注重学术思想要有一贯的系统。他们讨探的范围极广;从心理学,伦理学,教育学,政治学,以至于宇宙哲学与宗教哲学,群经群子都常约略涉及。他们所常提到的观念很多,如忠恕,中庸,智仁勇,仁义礼智信,忠孝慈悌友敬等等,他们设教有德行,言语,政事,文学四科;他们的经典有诗,书,易,礼,春秋。从表面看,头绪似很纷繁,名谓也不一致。但是儒家究竟有没有一两个基本观念把他们的哲学思想维系成一个一贯的系统呢? 本篇的用意就在给这个问题以一个肯定的答复,说明乐与礼两个观念如何是基本的,儒家如何从这两个观念的基础上建筑起一套伦理学,一套教育学与政治学,甚至于一套宇宙哲学与宗教哲学。作者的意旨重解说不重评判。

(一)

一般人对于礼乐有一个肤浅而错误的见解,以为礼只是一些客套仪式,而乐也只是弦管歌唱。孔子早见到这个普通的误解,曾郑重地申明说:"礼云礼云,玉帛云乎哉? 乐云乐云,钟鼓云乎哉?"
在《礼记·孔子闲居》篇里,他特标"无声之乐"与"无礼之礼"。儒家
论礼乐,并不沾着迹象,而着重礼乐所表现的精神。礼乐的精神是
什么呢?《乐记》里有几段话说得最好:

> 礼节民心,乐和民声。
>
> 大乐与天地同和,大礼与天地同节。
>
> 乐者天地之和也,礼者天地之序也。
>
> 乐自中出,礼自外作。乐自中出故静,礼自外作故文。
>
> 礼者殊事合敬者也,乐者异文合爱者也。
>
> 仁近于乐,义近于礼。
>
> 乐者乐也,君子乐得其道,小人乐得其欲。
>
> 乐也者情之不可变者也,礼也者理之不可易者也。

《礼记》他篇论礼乐的话尚有几条可引来补充:

> 夫礼所以制中也。——仲尼燕居。
>
> 言而履之礼也,行而乐之乐也。——仲尼燕居。
>
> 先王之制礼也以节事,修乐以道志。——礼器。

统观上引诸语,乐的精神是和,静,乐,仁,爱,道志,情之不可
变;礼的精神是序,节,中,文,理,义,敬,节事,理之不可易。乐的
许多属性都可以"和"字统摄,礼的许多属性都可以"序"字统摄。
程伊川也说:"礼只是一个序,乐只是一个和,只此两字含蓄多少义
理。"

这"和"与"序"两个观念真是伟大。先说和。欧洲第一位写伦
理学专书的亚理斯多德就以为人生最高目的是幸福,而幸福是"不
受阻挠的活动",他所谓"活动"意指人性的生发,所谓"不受阻挠"
可以解作"自由",也可以解作"和谐"。从来欧洲人谈人生幸福,多
偏重"自由"一个观念,其实与其说自由,不如说和谐,因为彼此自
由可互相冲突,而和谐是化除冲突后的自由。和谐是个人修养的

胜境。人生来有理智，情感，意志，欲念。这些心理机能性质各异，趋向不同，在普通生活中常起冲突。不特情理可以失调，志欲虽趋一致，就是同一心理机构，未到豁然贯通的境界，理与理可以冲突；未到清明在躬的境界，情与情可以冲突，至于意志纷歧，欲念驳杂，尤其是常有之事。一个人内部自行分家吵闹，愁苦由此起，心理变态由此起，罪恶行为也由此起。所以无论从心理卫生的观点看，或是从伦理学的观点看，一个人都需要内心和谐；内心和谐，他才可以是健康的人，才可以是善人，也才可以是幸福的人。社会也是如此。一部人类历史自头至尾是一部战争史，原因是在人类生来有一副自私的恶根性。人与人相等，利害有冲突，意见有分歧，于是欺诈凌虐纷争攘夺种种乱象就因之而起。人与人斗争，阶级与阶级斗争，国与国斗争，闹得一团怨气，彼此不泰平。有些思想家因为社会中有冲突，根本反对社会的存在，也有些思想家为现实辩护，说社会需要冲突才能生展。但是社会已存在，为不可灭的事实，而社会所需要的冲突也必终以和谐为目的。一个有幸福的社会必然是一个无争无怨相安和谐群策群力的社会，因为如此社会才有他的生存理由，才能有最合理的发展。

"和"是个人修养与社会生展的一种胜境，而达到这个胜境的路径是"序"。和的意义原于音乐，就拿音乐来说，"声成文，谓之音"，一曲乐调本是许多不同的甚至相反的声音配合起来的，音乐和谐与不和谐，就看这配合有无条理秩序。音乐是一种最高的艺术，像其他艺术一样，他的成就在形式，而形式之所以为形式，可因其具有条理秩序，即中国语所谓"文"。就一个人的内心说，思想要成一个融贯的系统，他必定有条理秩序，人格要成一个完美的有机体，知情意各种活动必须各安其位，各守其分。就一个社会说，分子与分子要和而无争，他也必有制度法律，使每个人都遵照。世间决没有一个无"序"而能"和"的现象。

"和"是乐的精神，"序"是礼的精神。"序"是"和"的条件，所以乐之中有礼。《乐记》说得好："乐者通伦理者也"，"知乐则几于礼矣"。先秦儒家中，荀子最精于诗礼，也见到这个道理，他说："凡礼始乎棁（从卢校，棁训敛），成乎文，终乎悦恔"（从卢校，恔训快乐）。"文"者条理秩序，是礼的精神；"悦恔"即快乐，是乐的精神，礼之至必达乎乐。周子在《通书》里也说道："礼，理也；乐，和也，阴阳和而后理。君君，臣臣，父父，子子，兄兄，弟弟，夫夫，妇妇，万物各得其理而后和，故礼先而乐后。"

乐之中有礼，礼之中也必有乐。"乐自内出，礼自外作"。乐主和，礼主敬，内能和而后外能敬。乐是情之不可变。礼是理之不可易，合乎情然后当于理。乐是内涵，礼是外现，和顺积中，而英华发外，"乐不可以为伪"，礼也不可以为伪。内不和而外敬，其敬为乡愿；内不合乎情而外求当于理，其礼为残酷寡恩；内无乐而外守礼，其礼必为拘板的仪式，枯渴而无生命。礼不可以无乐，犹如人体躯壳不可无灵魂，艺术形式不可无实质。《礼器》里有一段说："先王之立礼也，有本有文。忠信，礼之本也；义理，礼之文也。无本不立，无文不行。"忠信仍是"和"的表现，仍是乐的精神。《论语》记有子的话："礼之用，和为贵"。"和"是儒家素来认为乐的精神，而有子拿来说礼，也是见到礼中不可无乐。《论语》又记孔子与子夏谈诗，孔子说到"绘事后素"，子夏就说，"礼后乎"！孔子称赞他说："启予者商也"。乐是素，礼是绘。乐是质，礼是文。绘必后于素，文必后于质。

就偏向说，虽是"仁近于乐，义近于礼"，而就本原说，乐与礼同出于仁——儒家所公认的最高美德。孔子说得很明白："人而不仁如礼何？人而不仁如乐何？"仁则内和而外敬，内静而外文。就其诚于中者说，仁是乐，就其形于外者说，仁是礼。所以礼乐是内外相应的，不可偏废。儒家常并举礼乐，如单说一项，也常隐含另一项。"关雎乐易不淫,哀而不伤",是说乐兼及礼;"丧礼,与其哀不足而礼有余也,不若礼不足而哀有余也","拜下礼也,今拜乎上,泰也,虽违众,吾从下",是说礼兼及乐。

礼乐本是内外相应,但就另一观点说,也可以说是相反相成,其义有三。第一,乐是情感的流露,意志的表现,用处在发扬宣泄,使人尽量地任生气洋溢;礼是行为仪表的纪律,制度文为的条理,用处在调整节制,使人于发扬生气之中不至泛滥横流。乐使人活跃,礼使人敛肃;乐使人任其自然,礼使人控制自然;乐是浪漫的精神,礼是古典的精神;乐是《易》所谓"阳","元亨","乾天下之至健","其动也辟",礼是《易》所谓"阴","利贞","坤天下之至顺","其静也翕"。《乐记》以"春作夏长"喻乐,以"秋敛冬藏"喻礼,又说"礼主其减,乐主其盈",都是这个道理。其次乐是在冲突中求和谐,礼是混乱中求秩序;论功用,乐易起同情共鸣,礼易显出等差分际;乐使异者趋于同,礼使同者现其异;乐者综合,礼者分析;乐之用在"化",礼之用在"别"。在宗教大典中,作乐时,无论尊卑长幼,听到乐声,心里都起同样反应,一哀都哀,一乐都乐,大家都化除一切分别想,同感觉到彼此属于一个和气周流的人群;行礼时,则尊卑长幼,各就其位,升降揖让,各守其序,奠祭荐彻,各依其成规,丝毫错乱不得,错乱因为失礼,这时候每人都觉得置身于一个条理井然纪律森然的团体里,而自己站在一个特殊的岗位,做自己所应做的特殊的事。但这是一个浅例,小而家庭,大而国家社会,礼乐在功用上都有这个分别,《乐记》论这个分别最详,最精深的话是:"乐者为同,礼者为异;同则相亲,异则相敬;乐胜则流,礼胜则离","乐者天地之和也,礼者天地之序也;和故百物皆化,序故群物皆别"。第三,乐的精神是和,乐,仁,爱,是自然,或是修养成自然;礼的精神是序,节,文,制,是人为,是修养所下的功夫。乐本乎情,而礼则求情当于理。原始社会即有乐,礼(包含制度典章)则为文化既具的征兆。就个人说,有礼才能有修养;就社会说,有礼才能有文化。《乐记》中"乐著大始而礼居成物"一句话的意义,就是如此(应与《易·系词》"乾知大始,坤作成物"二语参看)。荀子也说吉凶忧愉之情人所固有,而"文礼隆盛"则为"伪"(荀子所谓"伪"即人为)。

　　总观以上所述,礼乐相遇相应,亦相友相成。就这两种看法说,礼乐都不能相离。"乐胜则流,礼胜则离","达于乐而不达于礼,谓之素,达于礼而不达于乐,谓之偏"。礼经一再警戒人只顾一端的危险。一个理想的人,或是一个理想的社会,必须具备乐的精神和礼的精神,才算完美。

(二)

　　乐与礼的性质、分别和关系如上所述。儒家的全部哲学思想大半从乐与礼两个观念出发,现在分头来说明。我们在开始即说过,儒家特别看重个人的修养,修身是一切成就的出发点,所以伦理学为儒家哲学的基础。儒家的伦理学又根据他们的心理学。依他们看,生而有性,性是潜能,一切德行都必由此生发,"率性之谓道",道只是潜能的实现。依现代心理学者看,性既为潜能,本身自无善恶可言,它可以为善,也可以为恶。但儒家以为性的全体是倾向于善的,尽性即可以达道,例如恻隐之心为性所固有,发挥恻隐之心即为仁。至于恶的起源儒家则归之于习。性是静的,感于物而动,于是有情有欲,情欲得其正,可以帮助性向善的方向发展,情欲不得其正,于是真性梏没,习染至恶。所以修养的功夫就在调节性欲,使归于正,使复于性的本来善的倾向。乐与礼就是调节情欲使归于正的两大工具。《乐记》有一段说这道理最透辟:

　　　　先王之制礼乐也,⋯⋯将以教民平好恶而反人道之正也。
　　人生而静,天之性也;感于物而动,性之欲也。物至知知,然后好恶形焉;原恶无节于内,知诱于外,不能反躬,天理灭矣。夫物之感人无穷,而人之于恶无节,则是物至而人化物也。人化物也者灭天理而穷人欲者也。于是有悖逆诈伪之心,有淫佚作乱之事……是故先王之制礼乐,人为之节。……礼节民心,乐和民声。

礼乐的功用都在"平好恶而反人道之正",不至"灭天理,穷人欲",宋儒的"以天理之公胜人欲之私"一套理论,都从此出发。在礼与乐之中,儒家本来特别看重乐,因为乐与仁是一体,仁为儒家所认为最高的美德。乐在古代与诗相连。《尧典》中载夔典乐,而教胄子以"诗言志"。周官太师本掌乐,而所教者是"六诗"。儒家说诗的话都可以应用于乐。孔子说诗可以兴观群怨,诗教为温柔敦厚,温柔敦厚者乐之体,兴观群怨者乐之用。孔子论德行最重仁,论教化最重诗乐。道理是一贯的,因为诗的用在感,而感便是仁的发动。(马一浮先生论《论语》中凡答问仁者皆诗教义,甚详且精。惟别诗于乐,合乐于礼,谓礼乐教主孝,书教主政,与本篇立论精神稍异。从本篇的立场说,孝为仁之施于亲,仍是一种和,仍是乐的精神;书以道政事,仍是秩序条理之事,仍是礼的精神。)

诗教有二义,就主者说,"诗言志","乐以道志","道"即"达","言"即"表现";就受者言,诗可以兴,乐感人深,"兴"与"感"都有"移动"的意思。这两个意义都很重要。就"道"的意义说,人的情欲需要发散,生机需要宣泄,一切文艺都起于这种需要。需要发散而不能发散,需要宣泄而不能宣泄,则抑郁烦闷;情欲不得其正,酿成心理的变态与行为的邪僻。亚理斯多德论音乐与悲剧对于情感有宣泄与净化(katharsis)的功用,为近代弗洛伊德派心理学所本。儒家论诗乐特标"道"的功用,实与亚理斯多德的见解不谋而合,道则畅,畅则和,所谓"平好恶而反人道之正"。儒家并不主张"戕贼"情欲,于此也可见。其次,就感的意义说,心感于物而后动,动而后

"心术形",动为善或动为恶,"是故先王慎所以感之者"。乐感人最深,所以乐对于人的品德影响最大。《乐记》"志微焦杀之音作而民思忧……顺成和动之音作而民慈爱,流辟邪散狄成涤滥之音作而民淫乱"一段说得最详尽。《孝经》谓"移风易俗莫善于乐"。孔子在齐闻韶,三月不知肉味,所以他深感觉到乐的影响之大,颜渊问为邦,他开口就答"乐则韶舞,放郑声",至于"远佞人"还在其次。音乐感人最深,音乐中和,人心也就受他感动而达于中和。乐之中有礼仍有"节"的功用。关雎乐易不淫,哀而不伤;"国风好色而不淫,小雅怨悱而不乱",也正因其有"节",节故能"平好恶而反人道之正"。

儒家本来特别看重乐,后来立论,则于礼言之特详,原因大概在乐与其特殊精神"和"为修养的胜境,而礼为达到这胜境的修养功夫,为一般人说法,对于修养工夫的指导较为切实,也犹如孟子继承孔子而特别重"义"的观念,是同一道理。

礼有三义。第一义是"节",节所以有"序",如上所述。道家任自然,倡无为;儒家则求胜自然,主有为,"为"的功夫就在对于自然的利导与控制。颜渊问为仁,孔子答以"克己复礼"。这句话的意思就是:就自然在己的情欲加以节制使其得其中,得中便是复礼。《檀弓》记子思语:"先王之制礼也,过之者俯而就之,不至焉者跂而及之",《礼器》记孔子语"先王之制礼也,不可多也,不可寡也,唯其称也"。"中"与"称"就是有序有理,恰到好处。从这点我们可以看见礼与儒家所称道的"中庸"关系甚密切。中者不偏,庸者不易,"礼以制中",为"理之不可易者",所以中庸仍是礼的精神。亚理斯多德在《伦理学》中也特别着重"中"的观念,将一切德行都看成过与不及之"中",与儒家学说可谓不谋而合。

其次礼有"养"义。这个意义《礼记》和《论语》都未曾提出,孟子曾屡提"养性",苟得其养,无物不长,"养其大礼为大人",却未曾明白说养的工夫就是礼。首先著"礼者养也"的是荀子。他说"制礼义……以养人之欲","理义文理之所以养情"。这个养的意思极好,他明白说情欲是应该"养"而不应该戕贼的。礼的功用不但使情欲适乎中,而且使他得其养。"适乎中"便是使他"得其养"的惟一方法。中国人把在道德学问方面做工夫叫做"修养",是从荀孟来的,其意义大可玩味。从"养"的方面想,品格的善与心理的健康是一致的。

第三,礼有"文"义。"文"是"节"与"养"的结果,含"序""理""义"诸义在内。"义者事之宜",正因其有"理"有"序",自旁人观之,则为"焕乎有文"。文为诚于中形于外,内和而外敬,和为质,敬仍是文。从"序"与"理"说,礼的精神是科学的;从"义"与"敬"说,礼的精神是道德的;从含四者而为"文"说,礼的精神也是艺术的。孟子有一句很精深的话:"始条理者智之事也,终条理者圣之事也",朱子解为"知得彻然后行得彻",甚为妥当,其意思与苏格拉底所说"知识即德行"一句名言暗相吻合。其实还不仅此,文艺也始终是条理之事。所以礼融贯真善美为一体。儒家因为透懂礼的性质与功用,所以把伦理学、哲学、美学打成一气,真善美不像在西方思想中成为三种若不相谋的事。

总观以上乐礼诸义,我们可以看出儒家的伦理思想是很康健的,平易近人的。他们只求调节情欲而达于中和,并不主张禁止或摧残。在西方思想中,灵与肉,理智与情欲,往往被看成对敌的天使与魔鬼,一个人于是分成两橛。西方人感觉这两方面的冲突似乎特别锐敏,他们的解决方法,如同在两敌国中谋和平,必由甲国消灭乙国。大哲学家如柏拉图,宗教家如中世纪的耶教徒,都把情欲本身看成恶的,以为只有理智是善的,人如果想为善人,必须用理智把情欲压制下去甚至铲除净尽,于是有所谓苦行主义与禁欲主义。佛家似也有这样主张,末流儒家也有误解克己复礼之"克"

与"以天礼胜人欲"之"胜"为消除的。这实在是一个不健全的人生
理想,因为他要戕贼一部分人性去发展另一部分人性。从文艺复
兴以后,西方人也逐渐觉悟到这是错误,于是提倡所谓"全人"理
想。近代心理学家更明白指出压抑情欲的流弊。英儒理查兹
(Richards)在他的《文学批评原理》里有一章说得很中肯。他以为
人类生来有许多生机(impulses)如食欲性欲哀怜恐惧欢欣愁苦之
类。通常某一种生机可自由活动时,相反的生机便须受压抑或消
灭。但是压抑消灭是一种可惜的损耗。道德的问题就在如何使相
反的生机调和融洽,并行不悖。这需要适宜的组织(organization)。
活动愈多方愈自由,愈调和,则生命亦愈丰富。儒家所提倡的礼乐
就是求"对于人类生机损耗最少的组织"。孟子看这道理尤其明
白。他主张"尽性",意思就指人应该发展人类所有的可能性。他
反对告子的"性犹杞柳,意犹杮棬"的比喻:"如将戕贼杞柳而以为
杮棬,则亦将戕贼人以为仁义与?"禁欲主义在儒家看来是"戕贼",
儒家的办法是"节"而不是"禁"。这是人生理想中一个极康健的观
念,值得特别表出。

(三)

礼乐的功用这样伟大,所以儒家论教育,大半从礼乐入手。孔
子常向弟子们叮咛嘱咐道:"小子何莫学夫诗?"考问他的儿子伯鱼
说:"汝为周南召南矣乎?"陈亢疑惑,孔子教育自己的儿子有一套
秘诀,问伯鱼说:"子亦有异闻乎?"伯鱼答道:"未也。尝独立,鲤趋
而过庭,曰:'学诗乎?'对曰:'未也。''不学诗,无以言'。鲤退而学
诗。他日又独立,鲤趋而过庭,曰:'学礼乎?'对曰:'未也。''不学
礼,无以立。'鲤退而学礼。闻斯二者。"礼乐在孔门教育中是基本
学科,于此可见。孔子自己是最深于诗礼的人,我们读《论语》听他

的声音笑貌,看他的举止动静,就可以想象到他内心和谐而生活有纪律,怡然自得,蔼然可亲。他在老年的境界尤其是能混化乐与礼的精神,所谓"从心所欲,不逾矩","从心所欲"是乐,"不逾矩"是礼。宋儒谈修养理想有两句话说得很好:"扩然大公,物来顺应。"非深于乐者不能扩然大公,非深于礼者不能物来顺应。

《孝经》里说:"移风易俗,莫善于乐;安上治民,莫善于礼。"礼乐的最大功用,不在个人修养而在教化。教化是兼政与教而言。普通师徒授受的教育,对象为个人,教化的对象则为全国民众;前者目的在养成有德有学的人,后者目的则在化行俗美,政治修明。"群"的观念,不如一般人所想象的,在中国实在发达得很早,而中国先儒所讲的治群与化群的方法也极彻底。他们早就把社会看成个人的扩充;所以论个人修养,他们主张用礼乐;论社会教化,他们仍是主张用礼乐。内仁而外义,内心和谐而生活有秩序纪律,这是个人的伦理的理想,也是社会的政治的理想。实现这个理想,致和以乐,致序以礼,这是个人的修养方法,也是社会的教化方法,所以儒家的教育就是政治,他们的教育学与政治学又都从伦理学出发。《周礼》司徒掌邦教,职务在"敷五典,扰兆民","佐王安扰邦国",不但要"明七教",还要"齐八政"。教化兼政与教,但着重点在教而不在政,因为教隆自然政举。儒家论修身治国,都从最根本处着眼。

就政与教言,基本在教,就礼与乐言,基本在乐。乐是最原始的艺术,感人不但最深,也最普遍。上文已说到乐有"表现""感动"二义。就表现言,国民的性格与文化状况如何,所表现的音乐也就如何。"是故治世之音安以乐,其政和;乱世之音怨以怒,其政乖;亡国之音哀以思,其民困。"就感动言,音乐的性质如何,所感化成的国民性格与文化状况也就如何。"是故志微噍杀之音作而民思忧,啴谐慢易繁文简节之音作而民康乐,粗厉猛起奋末广贲之音作而民刚毅,廉直劲正庄诚之音作而民肃敬,宽裕肉好顺成和动之音作而民慈爱,流僻邪散狄成涤滥之音作而民淫乱。"音乐关系政教如此其大,所以周官乐有专司,孔子要教化鲁,第一件大事是"正乐",颜渊问为仁,孔子不说别的,光说"乐则韶舞,放郑声"。古代中国人要明白一国的政教风化,必从研究他的歌乐入手,在自己的国里常采风,在别人的国里必观乐。他们要从音乐窥透一国民的内心生活秘奥,来推断这一国的政教风化好坏,犹如医生看病,不问症,先按脉。现代人到一国观光,只问政教制度,比起来真是肤浅多了。

乐较礼为基本,因为"乐者为同,礼者为异;同则相亲,异则相敬",相亲而后能相敬;"乐至则无怨,礼至则不争",无怨而后能不争。因此儒家论治国,重德化而轻政刑。孔子说:"道之以政,齐之以刑,民免而无耻;道之以德,齐之以礼,有耻且格。""道之以德"是乐教中事,政刑仍属于礼,不过是礼之中比较下乘的节目。

礼的大用在使异者有别,纷者有序。有别有序就是"治",否则为"乱"。治国在致治去乱,所以不能无礼。《礼记》对于这个道理曾反复陈说:"礼者所以空亲疏,决嫌疑,别异同,明是非";"道德仁义,非礼不成;教训正俗,非礼不备;分争辨讼,非礼不决;君臣上下父子兄弟,非礼不定"。此外类似的话还很多。

礼的范围极广。个人的言行仪表,人与人的伦常关系,人与人交接的仪式和道理,政府的组织与职权,国家的制度与典章,社会的风俗习惯等等都包含在内。所以近代社会科学所讲的几无一不在礼的范围以内,我们读三礼,特别是周礼,更会明白儒家所谓"礼"是一切文化现象的总称。儒家虽特重德化,却亦不废政刑,因为政刑的功用在维持社会的秩序纪律,与礼本是一致。荀子说得很明白:"礼者法之大分,类之纲纪也。"《乐记》也说:"礼以道其志,乐以和其声,政以一其行,刑以防其奸。礼乐刑政,其极一也,所以同民心而出治道也。"儒家所忌讳的不是政刑而是专任政刑。

政刑必先之以礼乐。礼乐的功夫到,政刑可以不用;如果没有礼乐
而只有政刑,政刑必流于偏枯烦琐残酷,反足以生事滋乱。近代所
谓"法的精神"似过于偏重政刑,未免失之狭隘。礼虽是"法之大
分"而却不仅是法,有"法的精神"不必有"礼的精神",有"礼的精
神"却必有"法的精神",因为礼全而法偏。现在我们中国人以缺乏
"法的精神"为世所诟病,其原因仍在缺乏"礼的精神"。所以礼也
是救时弊的一剂良药。知道礼,我们才会要求而且努力在紊乱中
建设秩序。

(四)

　　儒家看宇宙,也犹如看个人和社会一样,事物尽管繁复,中间
却有一个"序";变化尽管无穷,中间却有一个"和",这就是说,宇宙
也有他的礼乐。《乐礼》中有一段语最为朱子所叹赏:"天高地下,
万物散殊,而礼制行矣;流而不息,合同而化,而乐兴焉。"这几句话
很简单,意义却很深广。宇宙中一切现象,静心想起来,真令人起
奇异之感,也令人起雄伟之感。每一事每一物都有它的特殊性与
特殊的生命史,有一定的状态,一定的活动,一定的方位,不与任何
其他事物全同或相混;所以万事万物杂处在一起,却井井有条,让
科学家能把它们区分类别,纳于原理,这便是所谓"天高地下,万物
散殊,而礼制行"。事物彼此虽相殊,却并非彼此不相谋;宇宙间充
满着的并非无数零星孤立的事物常落在静止状态;任何事物都与
其他一切事物有或多或少的关系,每事物虽有一定的状态与方位,
而却都在变化无穷,生生不息,事与事相因相续,物与物相生相养,
形成柏格荪所说的"创化",这便是所谓"流而不息,合同而化,而乐
兴"。所以这两句话说尽宇宙的妙谛。看到繁复中的"序"只有科
学的精神就行,看到变动中的"和"却不止是科学的事,必须有一番

体验,或者说,有一股宗教的精神。在宇宙中同时看到序与和,是思想与情感的一个极大的成就。《易经》所以重要,道理就在此。《易经》全书要义可以说都包含在上引《乐记》中几句话里面,他所穷究的也就是宇宙中乐与礼。太极生两仪,一阳一阴,一刚一柔,一动一静,于是有乾坤。"刚柔相推而生变化",于是有"天下之赜",与"天下之动"。"一阖一辟,往来不穷";"变动不居,周流六虚",于是宇宙的生命就这样绵延下去。《易经》以卦与象象征阴阳相推所生的各种变化,带有宗教神秘色彩,似无可疑;但是它的企图是哲学的与科学的;要了解"天下之赜"与"天下之动",结果它在"天下之赜"中见出"序"(宇宙的礼),在"天下之动"中见出"和"(宇宙之乐)。《易经》未明言礼乐之分,但是《乐记》的"天高地下"一段实本于《易·系词》(注:《乐记》后于《系词》是假定,尚待考证)。我们不妨引来比较:

　　天高地卑,乾坤定矣;卑高以陈,贵贱位矣;动静有常,刚柔断矣;方以类聚,物以群分,吉凶生矣;在天成象,在地成形,变化见矣。是故刚柔相摩,八卦相荡,鼓之以雷霆,润之以风雨,日月运行,一寒一暑,乾道成男,坤道成女。

——《易系词》

　　天尊地卑,君臣定矣,卑高已陈,贵贱位矣;动静有常,大小殊矣;方以类聚,物以群分,则性命不同矣,在天成象,在地成形,如此则礼者天地之别也。地气上齐,天气下降,阴阳相摩,天地相荡,鼓之以雷霆,奋之以风雨,动之以四时,暖之以日月,而百化兴焉,如此则乐者天地之和也。

——《礼记·乐记》

先秦儒家以礼乐释《易》,这是一个最早的例。孔子对于宇宙运行所表现的礼乐意味,尝在观赏赞叹。《论语》中"子在川上曰,逝者如是夫,不舍昼夜"!以及"天何言哉,四时行焉,百物生焉,天何言哉"！两段话都是"学易"有得的话,都是证明宇宙的序与和在他的脑里留下的印象很深。

儒家有一个重要的观念,叫做"法天",或是"与天地合德"。人是天生的,一切应该以天为法。人要居仁由义,因为天地有生长欲藏;人要有礼有乐,因为天地有和有序。《乐记》一再说:"大乐与天地同和,大礼与天地同节";"乐由天作,礼以地制";"明于天地然后能兴礼乐";乐者致和,率神而从天;礼者别宜,居鬼而从地。故圣人作乐以应天,制礼以配地。人天一致,原来仍有"和"的意味在内,但这种"和"比一般"和"更为基本的,人对于天的"和"是一种"孝敬",是要酬谢生的大惠。孝天敬天,因为天予我以生命;仁民爱物,因为民物同是天所予的生命。在此看来,人的德行都由孝天出发。张子《西铭》发挥这个意思最精当。他说:"乾称父,坤称母,予兹藐焉;乃混然中处。故天地之塞吾其体,天地之帅吾其性,民吾同胞,物吾与也。大君者吾父母宗子,其大臣,宗子之家相也。"儒家尊天的宗教就根据这个孝天的哲学,与耶稣教在精神上根本实一致。

天地是人类的父母,父母是个人的天地,无天地,人类生命无自来,无父母,个人生命无自来。我们应孝敬父母,与应孝敬天地,理由只是一个,礼所谓"报本反始"。《孝经》一再说:"人之行莫大于孝,孝莫大于严父,严父莫大于配天";"昔者明王事父孝,故事天明,事母孝,故事地察"。在儒家看,这对于所生的孝敬是一切德行之本,敬长慈幼,忠君尊贤,仁民爱物,以至于谨言慎行,都从这一点孝敬出发。拿礼乐来说,乐之和从孝亲起,礼之序从敬亲起。《孝经》说:"爱亲者不敢恶于人,敬亲者不敢慢于人";"不爱其亲而爱他人者,谓之悖德","不敬其亲而敬他人者,谓之悖礼"。

孝敬天地与祖先所以成为一种宗教者,因为它不仅是一种伦理思想而有一套宗教仪式。曾子说:"慎终追远,民德归厚矣",这是伦理思想；"生则敬养，死则敬享"，一部《礼记》大半都谈丧祭典礼，这是宗教仪式。祭礼以祭天地之郊社禘尝为最隆重。孔子说："明乎郊社之礼，禘尝之义，治国其如示诸掌乎！"这话初看来像很奇怪，实在含有至理。知道孝敬所生，仁爱才能周流，民德才能归厚。《乐礼》甚至以为礼乐的本原就在此："乐也者施也，礼也者报也；乐乐其所自生，而礼反其所自始。乐章德，礼报情，反始也。"

"报德反始"意在尊生，一切比较进化的宗教都由这个道理出发，不独儒家的敬天孝亲为然。希腊的酒神教，波斯的拜火教，用意都在尊敬生的来源。佛家戒杀生，以慈悲教世，也还是孝敬所生。耶教徒到中国传教，劝人放弃崇拜祖先，他们似误解耶稣的"弃父母兄弟妻子去求天国"一句话。其实耶教徒之崇拜耶稣，是因为耶稣本是天父爱子，能体贴天父的意思，降世受刑，替天父所造的人类赎"原始罪恶"，免他们陷于永劫；这就是因为他对于天父的孝敬和对于天父的儿女们的仁慈。耶稣是孝慈的象征，耶稣教仍是含有"报本反始"的意味，这一点西方人似不甚注意到。

现在把以上所述的作一个总束。乐的精神在和，礼的精神在序。从伦理学的观点说具有和与序为仁义；从教育学的观点说，礼乐的修养最易使人具有和与序；从政治学的观点说，国的治乱视有无和与序，礼乐是治国的最好工具。人所以应有和与序，因为宇宙有和有序。在天为本然，在人为当然。和与序都必有一个出发点，和始于孝天孝亲，序始于敬天敬亲。能孝才能仁，才能敬，才能孝天孝亲，序始于敬天敬亲。能孝才能仁，才能敬，才能有礼乐，教孝所以"根本反始"，"慎终追远"。这是宗教哲学的基础。儒家最主要的经典是五经。五经所言者非乐即礼。诗属于乐，书道政事，春秋道名分，都属于礼。易融贯礼乐为一体，就其论"天下之赜"言，是礼；就其论"天下之动"言，是乐。礼乐兼备是理想，实际上无论个人与国家，礼胜乐胜以至于礼失乐失的现象都尝发现。我们可以用这个标准评论一个人的修养,一派学术的成就,一种艺术的风格,以至一个文化的类型,但是这里不能详说,读者可以举一反三。

(原载《思想与时代月刊》第 7 期,1942 年 2 月)

朱光潜(1897—1986),安徽桐城人,著名美学家、文艺理论家、翻译家,生前为北京大学教授。主要著作有《悲剧心理学》、《文艺心理学》、《西方美学史》等多部。

本文认为,乐与礼是儒家思想的两个基本观念,儒家在此基础上建立起了自己的各种学说。它们对中国古代文艺的根本特质也产生了重要影响。乐的精神在和,礼的精神在序。

艺术之教育底功用

冯友兰

好底艺术作品,既能使人觉有一种境而引起一种与之相应之情;如此则欲使人有某种情者,即可以某种艺术作品引之。人之各种情,有适宜于社会生活者,有不适宜于社会生活者,自社会之观点看,其适宜于社会生活者是善底,其不适宜者是不善底。有艺术作品,能使人觉一种境而引起一种善底情者,此种艺术作品,自社会之观点看,可以有教育底功用,可以作为一种教育的工具。

儒家对于乐极为重视;其所以重视乐者,即以为乐可以有教育底功用,可以作为一种教育的工具。《荀子·乐论》及《礼记·乐记》,皆以为某种底乐,可以引起人之某种底情,所以欲使人有某种情者,即提倡某种乐。《荀子·乐论》说:"夫声乐之入人也深,其化人也速,故先王谨为之文。乐中平则民和而不流;乐肃庄则民和而不乱。"又说:"故乐者,出所以征诛也;入所以揖让也。征诛揖让,其义一也。"征诛须用人之某种情;揖让须用人之另一种情;此等情皆可以某种乐引起之。所以说:"征诛揖让,其义一也。"

自社会之观点看,最好底乐,即能引起人之善底情者。《礼记·乐记》亦说:"先王之制礼乐也,非以极口腹耳目之欲也;将以教民平好恶而反人道之正也。"此所谓人道,即道德底标准,如我们于第五章中所说者。

《荀子·乐论》又说:"乐也者,和之不可变者也;礼也者,理之不

可易者也。"此说出乐之主要性质是和;有不可变之和,可以说是和
之理。乐之理涵蕴和之理;实际底乐,乃代表乐之理,亦即代表和
之理者。故好底音乐可以使人觉和而引起其和爱之情。《荀子·乐
论》说:"故乐在宗庙之中,君臣上下同听之,则莫不和敬。闺门之
内,父子兄弟同听之,则莫不和亲。乡里族长之中,长少同听之,则
莫不和顺。故乐者,审一以定和者也。"

《荀子·乐论》又说:"故乐行而志清,礼修而行成;耳目聪明,血
气和平;移风易俗,天下皆宁。美善相乐。"自社会之观点看,好底
乐能引起人之善心,使其潜移默化,日迁善而不自觉。所以乐能
"移风易俗,天下皆宁";《诗序》说:"正得失,动天地,感鬼神,莫近
于诗。先王以是经夫妇,成孝敬,厚人伦,美风俗。"诗亦是一种艺
术。照以上所说之理由,任何一种艺术,皆可有教育底功用,皆可
以作为教育的工具。不过有些艺术,因其所凭借工具之不同,其感
人或不能如乐之普遍耳。艺术底作品是美底;道德底行为是善底;
用美底艺术作品,以引起道德底行为,此之谓"美善相乐"。

（节选自刘梦溪主编《中国现代学术经典·冯友兰
卷·新理学》第八章,河北教育出版社 1996 年版）

冯友兰(1895—1990),字芝生,河南唐河人,著名哲学家、
哲学史家、教育家。"三史"(《中国哲学史》、《中国哲学简史》、
《中国哲学史新编》、"六书"(《新理学》、《新事论》、《新世训》、
《新原人》、《新原道》、《新知言》)为其主要学术代表作。

儒家对于乐极为重视,因为乐可以有教育作用,可以作为
一种教育的工具。作者吸取儒家思想,认为应该用美的艺术
作品引导人的道德行为,即"美善相乐"。

中国艺术的理想[①]

方东美

今天我打算讨论中国艺术的理想,重点有三:(一)无言之美,(二)美的本质,(三)中国艺术的特色。

(一)宇宙,从中国哲学看来,乃是一种价值的境界,其中包藏了无限的善性和美景,中国民族生在这完美和纯美的宇宙中,处处要启发道德人格,努力追求止于至善,同时,也要涵养艺术才能,藉以实现完美的理想。中国哲学家富于道德精神,自是无可否认的事,但是如果说他们也有深邃的艺术才能,是否言过其实呢?假使他们对宇宙人生之美有特殊才华,为什么他们不将其艺术思想有系统的公之于世呢?

不错,中国哲学家对于美的问题,很少有直接的阐述,或明显的分析,但是,能够因此就说他们缺少艺术思想吗?当然不能!庄子讲得很中肯:"言无言;终身言,未尝言;终身不言,未尝不言。"(《庄子·寓言》,《庄子集释》,第九四九页)

换句话说,自然与艺术之美真是太微妙了,岂是言语文字所能表达清楚的?假使我们在灵魂深处没有艺术修养,纵然有人天天耳提面命,告诉我们这个很美那个很美,我们能够真正了解吗?反

---

① 本文原文为英文,由冯沪祥译出。——编者

过来说,假使我们深具天赋的艺术才能,时常和大自然的灵秀之气或伟大的艺术作品接触,那即使没有人告诉我们什么是美,难道我们就不能欣赏吗?

试以贝多芬为例,当他完成第九交响曲后,有人问他其中的含义,他沉默以对,所能作的就是再弹一遍,当问的人还要追问美在哪里时,贝多芬只有落泪以对了。最近有位研究贝多芬的作家说得好:"音乐中最有价值的境界或情操,就在能够激发心中最丰富、最深邃的生命精神。""音乐的作用……就在沟通精神情操的高尚境界、艺术家的深邃天性,以及高贵的生命气质。"(J. W. N. Sullivan. Beethovon:His Spiretual Development. pp 345.)"任何人想创造或欣赏璀溢之美,就必须能直透心灵深处,否则将永难达此境界。"培根就曾说过"美的最好部分,是笔墨无法形容的"。我们更可以说,宇宙间真正美的东西,往往不能以言语形容。假使有一位绝代佳人美如西施,亭亭玉立的站在你面前,你的感觉可能正如但丁一样:"我对佳人之爱在心中倾诉翻腾,常常令我心神荡漾,剪不断,理还乱。……实在说来,只要我一念及佳人,心中爱意便促我放下一切理知,也放下一切想不通的事情,因为一切深情欲说已忘言,千言万语说不尽。所以,如果我对佳人的赞叹还有缺憾,那就归咎于我们有限的知性与言辞吧,因为真正的浓情蜜意实在无法用言辞来表达。"(Dante. Canyeniere. iii(1). Tr. Phillip H Wicksteed.)

中国的诗人最了解这一点,所以说"无言相对最魂销",此时无声胜有声。中国哲学家之所以不常谈美,正是因为他们对美的这种性质了解得最透彻,所以反而默然不说,像孔子赞美宇宙创造不已的生命,便说:"惟天之命,于穆不已。""逝者如斯夫,不舍昼夜。"更说:"天何言哉! 四时行焉,百物生焉,天何言哉!"

关于这一层,我们还可以引用老子的说法和庄子的寓言,作为例证。有一位"知"先生在游山玩水的时候,刚好遇到"无为"先生,于是问了他一连串问题:"何思何虑则知道? 何处何服则安道? 何从何道则得道?"连续三问,"无为"却一言不发。"知"先生在失望之余,又遇到一位"狂屈"先生,他又问了同样的问题,狂屈说:"啊!我知道,让我告诉你。"但是当他正要说时,却又已忘言,"知"先生一头雾水之余,最后遇到了黄帝,黄帝才回答他:"无思无虑始知道,无处无服始安道,无从无道始得道"。

"知"先生登时大悟,于是告诉黄帝:"现在我和你都知道了,然而他们却不知道,到底谁是对的?"黄帝回答:"那'无为'才是真正对的,'狂屈'近似于对,你我都差多了!"这正是老子所说的:"知者不言,言者不知。"所以圣人行"不言之教",也就是老子所说的:"为道日损,损之又损,以至于无为,无为而无不为。"(《老子》,第四十八章)

后来"狂屈"听到黄帝的话,也不禁赞佩黄帝确是智者!

关于庄子这段寓言,庄子还有一段话,极能看出其中精义:"天地有大美而不言,四时有明法而不议,万物有成理而不说,圣人者原天地之美而达万物之理,是故至人无为,大圣不作,观于天地之谓也。"(《庄子·知北游》,《庄子集释》,第七三五页)上述这些,正是我所说的"无言之美"。

现在,诸位可以看出此中深意,为什么中国哲学家对"美"常常欲辨已忘言,就如"狂屈"一样;试想,"狂屈"真是一个狂者吗? 或者竟是一位罕见的天才,沉潜深思,不愿人云亦云而已? 我们可以说,很多中国哲学家都是伟大的天才,他们直透宇宙人生之美,要想说,却说不尽,要想不说,却又太重要了,不能不说,所以才用玄妙的寓言,对宇宙人生之美委婉曲折的巧为譬喻,其用意正在考验我们对美的了解程度。

当然,我们的哲学家常常谈道德,因为道德在生活中的每一时刻都不能离开,正如詹姆士(William James)所说的"道德无假期",但是对艺术而言,我们则可以暂且不谈,但是这个不谈,绝不是轻视的意思,而是深知真正艺术之美,必需以伟大的天才化费极大的苦功才能完成,不能轻易去谈,也就是说,美的创造是极其神圣的,必需神思勃发,才情丰富,始能直透宇宙人生的伟大价值。

(二)我们上面已经引述庄子的一段话,说明天地有大美,而圣人者,"原天地之美而达万物之理",那么,天地的大美到底是什么?如果要归根究底来探索,那又应该如何深入,才能体会它的内在本质?关于这一层,我们可以扼要来说,天地之大美即在普遍生命之流行变化,创造不息。我们若要原天地之美,则直透之道,也就在协和宇宙,参赞化育,深体天人合一之道,相与浃而俱化,以显露同样的创造,宣泄同样的生香活意。换句话说,天地之美寄于生命,在于盎然生意与灿然活力,而生命之美形于创造,在于浩然生气与酣然创意。

这正是中国所有艺术形式的基本原理,以后我会再进一步说明其意义,此处乃在先揭示其哲学基础。

在中国哲学主要的三家中,艺术倾向最少的是墨家,因为他们受了宗教性的功利主义所影响,美感因而大为冲淡。功利价值从政治经济的效用来看,可能是一个正确的衡量标准,所以在伦理学也常被一些急功好利的人士所强调,但在艺术上,过份强调功利的结果将会伤害高雅的鉴赏,所以在谈到艺术理想时,我对墨家将略而不提。

相反地,道家和儒家的艺术思想,却是非常值得探讨,因为,它们已深入中国艺术的每一部门,其精神已是无所不在。换句话说,如果从艺术史来看,则整个中国艺术所表现的创造精神,正是这两家在哲学上所表现的思想。

像老子就是典型的例子,将哲学理性与艺术创意浃而俱化,所以,他把生畜、长育、亭毒与养覆,当作"妙道"与"玄德"的表现①。就像我们前面所说的,生命的本性就是要不断的创造奔进,直指完美。所以说,妙道之行,周遍天地,而玄德之门,通达众妙,在天地之间,"道"与"德"更是"虚而不屈"(屈或作竭),动而愈出,不断地表现其创造性。此所谓"大成若缺,其用不弊。大盈若冲,其用不穷"(《老子》,第四十五章)。这正是老子所揭示的生生不息之理。

现在再让我们来看,老子如何将这种哲理运用到宇宙生命。我们曾经引述他自己的话:

> 天得一以清,
> 地得一以宁,
> 神得一以灵,
> 谷得一以盈,
> 万物得一以生,
> 侯王得一以为天下。
> 真致之一,
> 是之谓道。

此地所谓的"一"就是"道",也就是生长一切万有、孕育养覆的"德"。合而言之,就是一切生命的根源。所以他接着说:

> 天无以清将恐裂,
> 地无以宁将恐发,
> 神无以灵将恐歇,
> 万物无以生将恐灭,
> 侯王无以贞而贵高将恐蹶。(《老子》,第三十九章)

由此可见,宇宙假使没有丰富的生命充塞其间,则宇宙即将断

---

① 原文此处出处注作《庄子·知北游》,误。应作《老子》,第五十一章,其中"亭毒",疑应作"成熟"。编者。

灭,哪里还有美之可言,而生命,假使没有玄德、敝则新、生而不有、为而不恃、长而不宰、功成而弗居,则生命本身即将"裂、歇、灭、蹶",哪里更还有美可见。

正因老子对这创造性的生命充分了解,所以他曾欣赏赞叹:"天地相合,以降甘露!"

从道家看来,生命在宇宙间流行贯注着,是一切创造之原,而大道弥漫其中,其意味是甜甜蜜蜜的,令人对之兴奋陶醉,如饮甘露,因此能在饱满的价值理想中奋然兴起,在烂溢的精神境界中毅然上进。除非我们先能了解道家这种深微奥妙的哲理,否则对很多中国艺术,像诗词、绘画等等,将根本无从领略其中机趣。

至于孔子,在赞易之中,对于宇宙生命的伟大奥秘,更是研几究深,洞悉无遗。在孔子看来,宇宙之所以伟大,即在大化流衍,生生不息。天是大生之德,所谓"万物资始乃统天",天德施生,首出庶物,好比"云行雨施"一般滋润万物,促使一切万有各得其养而蓬勃茂育。而地是广生之德,所谓"万物资生而顺承天",地德承化,含弘光大,好比慈母呵护照顾子女,其性也温柔敦厚,其果也沉毅不屈,犹如牝马之驰骤,任重而道远,坚忍而不拔,一切万有遍受其厚载以攸行尽性。

所以合而言之,天为原创力,天之时行,刚健而文明;地为化育力,地之顺动,柔谦而成化。天地之心,盈虚消息,交泰和会,协然互荡,盎然并进,即能蔚成创进不息的精神,(所谓"一阴一阳之谓道")贯注万物,周流六虚,正如海浪之波澜无定,浩浩长流,一脉相承,前者未尝终,而后者已资始,先后相续,生化无已,故能表现无比生动之气韵。而这种绵延雄奇的生命之流,曲成万物不著迹象,(所谓"神无方而易无体"),正似水波之影,载阳之春,可以充分表现无比焕发之新机。这种创造活力气脉幽深,当其含弘光大,钩深致远,即能气概飞扬,深具雄健之美;其德日新,万物成材,即可以贞吉通其志；人类合德，光辉笃实，即可以中正同真情。

最重要的是，这种雄奇的宇宙生命一旦弥漫宣畅，就能浃化一切自然，促使万物含生，刚劲充周，足以驰骤扬厉，横空拓展。而人类受此感召，更能奋然有兴，振作生命劲气，激发生命狂澜，一旦化为外在形式，即成艺术珍品。对于这种积健为雄的艺术精神，孔子及儒家在《易经》中表现得极为透彻：

> 君子黄中通理，正位居体，美在其中，而畅于四支，发于事业，美之至也！（《易经》，坤卦文言）

换句话说，孔子与儒家视宇宙人生为充满纯美的太和境界，所以对艺术价值特别注重，在《论语》中，孔子便曾告诉门生："志于道，据于德，依于仁，游于艺。"（《论语·述而》）

要之，只有游于艺而领悟其美妙的人，才能体悟道，修养道，成为完人。

另外，在《论语》中还有两段记载孔子的艺术理想，极为美妙：

> 子谓《韶》"尽美矣，又尽善也"。（《论语·八佾》）

> 子在齐闻《韶》，三月不知肉味，曰："不图为乐之至于斯也。"（同上）

> 小子何莫学乎《诗》，《诗》可以兴，可以观，可以群，可以怨（同上）。

> 子谓伯鱼曰："女为《周南》、《召南》矣乎？人而不为《周南》、《召南》，其犹正墙面而立也与。"（《论语·阳货》）

诗与乐乃是中和的纪纲，所以孔子对诗学极为欣赏赞叹，孔子自己未说明为什么他特别酷爱诗与乐，然而，在下述儒家的文句中，我们或可看出一二端倪。《荀子·乐论篇》说：

> 故乐者天下之大齐也，中和之纪也，人情之所不免也。

> 君子以钟鼓道志，以琴瑟乐心，动以干戚，饰以羽旄，从以磬管，故其清明象天，其广大象地，其俯仰周旋有似于四时。

（《荀子·乐篇》）

在《礼记》中，我们也可以发现有一部《乐记》，很可能是倾向荀子的儒家所记，这可说是一篇有关音乐文学的精彩记载，它对音乐的本性、成份、心理动机，道德功用、社会效用与哲学理由都说明得头头是道，精辟入微。

在下面，我们愿就其哲学部分阐述：

> 天高地下，万物散殊……流而不息，合同而化，而乐兴焉。
>
> 阴阳相摩，天地相荡，鼓之以雷霆，奋之以风雨，动之以四时，暖之以日月，而百化兴焉。如此，则乐者天地之和也。
>
> 是故大人举礼乐，别天地将为昭焉。天地诉合，阴阳相得，煦妪覆育万物。然后草木茂，逼萌达，羽翼奋，角觡生，蛰虫昭苏，羽者妪伏，毛者孕鬻，胎生者不殰，而卵生者不殈，则乐之道归焉耳。（《礼记·乐记》）

要之，音乐之为美及其影响，真是广大悉备，猗欤盛哉！至于诗，《诗纬·含神雾》中说得好："诗者天地之心。"王夫之在《诗广传》中，对诗的博大精义更是阐发无遗：

> 君子之心，有与天地同情者，有与禽鱼鸟木同情者，有与女子小人同情者，有与道同情者……悉得其情，而皆有以裁用之，大以体天地之化，微以备禽鱼草木之几。

我们若仔细思索上述内容，便能知道为什么孔子和儒家对音乐和诗如此爱好。因为其审美的主要意向都是要直透宇宙中创造的生命，而与之合流同化，据以饮其太和，寄其同情。再如庄子，可说是融贯老孔的哲学家，所以也很能深悟其中玄旨大义，把中国的艺术理想从广大和谐处发挥得淋漓尽致。所以他说"夫明白于天地之德（天地生生之大德）者，此之谓大本大宗，与天和者也；所以均调天下，与人和者也。与人和者谓之人乐，与天和者谓之天乐"。

综合上述所言，可见中国人对美的看法，仅可在道家与儒家的伟大系统中得到印证。简单地说,不论在创造活动或欣赏活动,若是要直透美的艺术精神,都必需先与生命的普遍流行浩然同流,据以展露相同的创造机趣。凡是中国的艺术品,不论他们是任何形式,都是充分的表现这种盎然生意,一切艺术都是从体贴生命之伟大处得来的,我认为这是所有中国艺术的基本原则,甚至在中国佛教的雕塑、壁画与绘画,也不例外。

(三)如上所说,中国艺术的通性,乃在表现盎然的生意,如果更进一步说明,则可以看到更多的特性:

第一,它是玄学性重于科学性。科学,在其实际历程中,是把握分析的原则,来勾划各种自然现象的细密结构,据以导出最后综合的可能性。但是,玄学从一开始,就是以广大和谐的原则来玄览一致性,中国哲学家特别是如此,中国的艺术家尤擅于驰骋玄思,在创作中宣畅气韵生动的宇宙机趣,所以他们透过艺术品所要阐述的,正是对宇宙之美的感受,在大化流衍之中,要将一切都点化成活泼神妙的生香活意。

再说,真正的中国艺术家与"匠"不同,他不能只在技巧上下功夫,不能只透过科学某些一隅之见来看生命与世界,或只以一些雕虫小技来处理作品,他应该是一个整合的心灵与创造的精神,其中包含了哲人的玄妙神思、诗人的抒情心灵、画家的透视慧眼、雕刻家的熟练驾御,以及作曲家的创造能力。合而言之,乃是能够直透灵魂深处,把上述的所有慧心都融会贯通,据以展现全体宇宙的真相及其普遍生命之美,这种神妙奇异的艺术创作,真如巧夺天工一般,直把宇宙之美表现得淋漓尽致,了无遗蕴!

难怪,不论是哪一种中国艺术,总有一般盎然活力跳跃其中,蔚成酣畅饱满的自由精神,足以劲气充周,而运转无穷! 所有这些都代表了一种欣赏赞叹,在颂扬宇宙永恒而神奇的生命精神,就是这种宇宙生意,促使一切万物含生,百化兴焉。中国艺术家正因能参赞化育,与此宇宙生命浑然同体,浩然同流,所以能昂然不朽于美的乐园之中。综观中国艺术,即使在技术"语言"的系统中,不论色彩、线条、轮廓、音质、距离与气韵,也都在尽情的表达这种宇宙观念,"它是对其整体性的一种观点,也是对人类私欲偏见的一种超脱,对精神怡然自得的一种提升"。(Laurence Binyon. Painting and Calligraphy in Chinese Art. p. 25.)这是所有中国艺术的通性,不限于绘画,也不限于某一时期、某一学派。除非人们能够把握这种玄妙精神,否则,对中国艺术的任何讨论与欣赏都将只是外行话,完全不得要领。

第二,中国艺术的意味是象征性的,很难言传。所谓象征性,一方面不同于描绘性,二方面接近于理想性,这可以拿一例子来说明。当艺术家们走过一处艺术场所时,极可能赏心悦目而怡然忘我,但其表达方式却永远是言在于此而意在于彼,以别的方式来表达。在中国艺术的意境中,正如其他所有的理想艺术,一方面有哲学性的惊奇,二方面也有诗一般的灵感。

要说明艺术的描绘性,最好的比喻,就是以自然为"美"的创作对象,好比在镜中一览无遗。从某方面来说,希腊雕刻即是描绘性的,而歌德式建筑与中国绘画却不然,为了简要起见,我愿引述 Roger Fry 的话:"希腊人观察事物与自然特具一种敏感力,这种敏感力,集中表现在雕刻艺术(或许也包括绘画)的人体造形上,特别是在表现人体裸露之美,雕刻家把人体的每一部分都细腻的描绘出来,而且用心揣摩其间每一部位的相互关系,据以生动表现多种姿势。"(The Arts of painting and Sculpture in An Outline of Modern Knowledge. pp ．927—8. Cf also Walter Pater: Greek Studies. pp33—5:O. Spengler:The Decline of the West. I. pp. 174—8)然而像歌德式的教堂,其尖峰直指苍天,却在充分表现无穷的超升,其象征意义早已家喻户晓,本不用赘述,只因谈到中国艺术的象征特色,所以需要再加一些说明。

要之,中国艺术所关切的,主要是生命之美,及其气韵生动的充沛活力。它所注重的,并不像希腊的静态雕刻一样,只是孤立的个人生命,而是注重全体生命之流所弥漫的灿然仁心与畅然生机,相形之下,其他只重描绘技巧的艺术,哪能如此充满陶然诗意与盎然机趣?

Arnold Mathew 曾经推崇歌德,说他"能够以稳妥的眼光综观生命,视其全貌"。歌德之所以能够如此,乃因他能将浮士德的本能化为希腊式的才情,所以能透过沉静的裸体雕像,而以恒态看生命,视现在如永恒:

> 精神的表现,既不在前,也不在后,而存于现在。(Goethe. Faust. Zweiter Teil . Dritter Akt. 8381—3)

由此可见,希腊艺术的特色在沉静笃实,而对气韵生动之美缺乏体会,但歌德却不然,他因深深了解浮士德的精神,所以在落入希腊年代时,魔鬼(Mephistopheles)便会如此描写他:

> 他在遥远的地方,纵横驰骋,
>
> 他多半也自知愚蠢,
>
> 虽然想追求天上的星辰,
>
> 但是人间种种欲念,
>
> 不论远近,
>
> 都不能满足其内心的蠢动。(Faust. I. 302—7)

因此他才深感与幽灵极为投机,下面请听幽灵所唱的心声:

> 在生命的潮流中,在行动的风暴上,
>
> 狂浪升降,
>
> 曲折奔放!
>
> 生死循环,
>
> 仿佛一片无尽的海岸,

又像一串连续的波浪，

生命在其中发亮，

因而在时间之机旁，

我忙于替神明作生命之裳！（Faust. I. 501—9）

如果歌德的精神能够飞翔到中国的诗艺幻境，他对 Arnold 的讲法或会局促不安，因为根据中国的看法，大化流衍乃是生生不息，永无止境的。所以艺术的工作并不在于把生命化成呆板的死物，只以稳妥的眼光来看生命，或只以恒态来视其全貌，这并不是一位艺术家所关切的重点，否则宇宙人生的雄健优美，以及艺术作品的绮丽瑰伟，原来本应表现一切万有的生香活意，此时都会被僵化殆尽了。

针对这危机，中国艺术最能济润焦枯。首先，它与中国的哲学精神融会贯通，所以孔子说过："天地之大也，犹有所憾。故君子语大，天下莫能载焉；语小，天下莫能破焉。"（《中庸》）

要之，艺术和宇宙生命一样，都是要在生生不息之中展现创造机趣，不论一首诗词、一幅绘画、一座雕刻或任何艺术品，它所表露的酣然生意与陶然机趣，乃是对大化流行劲气充周的一种描绘，所以才能够超脱沾滞而驰骋无碍。然而这种宇宙的生命劲气，不论如何灿然展现，也都需要艺术心灵来勾深致远，充分发挥，其生命气象始能穆穆雍雍宣畅无遗！

再说，诗词的语句，犹如大鹏展翼，扶摇直上而驰情入幻，遨游太虚而臻于完美。中国的绘画在精神上就犹如"太空人"，能够提神太虚，俯视万物，正是具体例证。试看画中的花儿含苞待放，婀娜生姿，面对旭日而吮吸神光，此时花光披离，娉婷植立，仿佛在流露巧慧，耀露神采，处处沁人心脾；一旦和风徐吹，满园春花更是恣意摇情，妙香披拂，其花园锦簇恰似神思醉陀的女神，在展现一幅生动的生命酲醉图，透过青春、美丽、人生与自然，而尽情宣泄欢欣鼓舞之情,真是淋漓尽致,猗欤盛哉!

要之,深远敦厚的仁心昭昭朗朗,弥纶天地,其中生生不息的自由精神更是驰骤奔放,芳菲翁勃,蔚成诗艺般的化境。举凡理智之饱满清新、思想之空灵活泼、幻想之绮丽多采、情韵之雄奇多姿,莫不都在此中充分表露,了无遗蕴,所以才能美感丰赡,机趣璨溢,包天含地,浩荡充周。这些深微奥妙之处书不尽言,言不尽意,只能透过艺术而曲为表达,洁情入幻,这就是中国艺术的根本特性。

至于说,这些璨溢美感如何表现在中国历史的各种艺术品中,如何透过布局、设计、笔触与结构而显露,对于这类问题,西方已有很多学者阐释,如 J. G. Anderson, B. Kenlgren, H. Rydh, O. Siren, O. Fisher, L. Binyon 等人都是专家,此处不打算详述。

然而,本文愿举出一些具体例证,帮助各位运用想象,来了解上面所说的精义①。值得注意的是,中国人自古以来,即对生命有特别的尊重。像仰韶文化中,白陶上的血红线条,夹于两平行线中,即所以象征生命的畅然流行与盎然创意。又如殷墟安阳出土的骨器玉器,其上线条美也在表现同气化运、频率相等、周始无穷的生命流行。从殷商周代以降到汉代,举凡青铜、陶器、雕刻、翠玉等雕纹,在在都可看出相同意义,如常见的云雷纹中,常夹杂龙凤蚕蛹蝉等物,英哲施寇克(Silcock)即谓此代表宇宙的繁殖力。先就龙说,唐宋以后画龙乃是独角及四足,但在上古时,龙系由其云雷纹变化出来,因为云雷之作常当春夏之交,为农事最活跃的时期,所以拿此来象征自然界丰富的繁殖力。龙最初是鱼形,后渐变为回纹,飞动矫健,充分表现生命的韵律与旋律,也就是独阴不生

---

①　本段因原文论述较简,故特参考方先生在重庆中央大学弟子王宗石君所记笔记,以资补充说明,若系新段,原文所无而王先生曾载于笔记者,则以括弧出之。

独阳不生的道理。而玉器上所绣的凤纹，则与龙纹所表现的生命脉络意义相同。后在铜器上将云雷纹或龙纹凤纹，一变而为饕餮，乃因一方面其脉络如龙纹，另一方面其形如虎，都是象征雄伟无尽的生命威力，所以饕餮之形也在表现生命的活动力与繁殖力。

　　另如商周的钟鼎上，常雕有象、蛹、蝉等物，盖取其象鼻如龙，身体雄伟，生命力丰富，蛹则绵延不绝，象征永生，蝉则取其蜕化，象征再生之意。到周代的铜器，更加上独角兽及龟灵等长寿之物及蛹图等等，像战国与汉代铜镜的背面，都镂龙形，其足爪富于生命活力，其体态尤为矫健活跃，都在表现循环往复、运转无穷的雄姿（在南阳的汉书上，常为龙丛之玩耍，二龙一团，更表现极伟大的生命精神）。再如汉代的浮雕，北魏的壁画，以及唐代的佛像雕刻与菩萨石像，在在都是如此，不论动物的形状、人类的姿势以及神像的风貌，处处都在表达极乐的涅槃世界，此时一即一切，乃能与宇宙生命浩然同流。（另就大同石像、龙门石刻而言，不论装饰的花纹，衣冠的绉褶，都是回纹状，而两手的上下，两足的位置，也都是回纹交往的姿式，一如《易经》之爻，象征阴阳和合之理；而整个身体，又为影线条纹所组成，处处也都在表现生命循环的脉络。）

　　再自中国的音乐而言，有宫、商、角、徵、羽五音（希腊音乐则为do, re, me, fa, si 五音），其所用乐器，虽皆为无生物，却极能表现丰富的生命情调。（《汉书·律历志》云："商，章也，物成熟可章度也。角，触也，物触地而出，戴芒角也。宫，中也，居中央，唱四方，唱始施生为四声纲也。徵，祉也，物盛大而繁祉也。羽，宇也，物聚藏宇覆之也。"凡此种种，都在表现生命的雄姿。）由此五音，显出节奏，而成六律六吕。所谓六律，是黄钟、太簇、姑洗、蕤宾、夷则、无射。所谓六吕，则是林钟、南吕、应钟、大吕、夹钟、仲吕。律以配阴，吕以配阳，阴阳隔八相生，亦在表现生命之旋律，旋相为宫，永无止境。

　　由此可见,中国的艺术精神贵在勾深致远,气韵生动,尤贵透过神奇创意,而表现出一个光辉灿烂的雄伟新世界。这个世界绝不是一个干枯的世界,而是一切万物含生,浩荡不竭,全体神光焕发,耀露不已,形成交光相网、流衍互润的一个"大生机"世界,所以尽可洗涤一切污浊,提升一切低俗,促使一切个体生命深契大化生命而浩然同流,共体至美。这实为人类哲学与诗境中最高的上胜义。著名的文评家钟嵘在《诗品》中曾经说道:"气之动物,物之感人,故摇荡性情,形诸舞咏,照烛三才,辉丽万有。灵祉待之以致飨,幽微藉之以昭告,动天地,感鬼神,莫近于诗。"另在钟嵘评阮籍诗中又说:"可以陶性灵,发幽思,言在耳目之内,情寄八荒之表。"要之,在中国艺术品所表现的理想美,其内在深意,均在尽情宣畅生命劲气,不但真力贯注,而且弥漫天地。

　　第三,中国的艺术方法是真正的表现。这话表面上看来平常,但若仔细分析,便知极寓深意。首先,中国艺术家贵在表现事物的生香活态。像下述艺术家的真实故事便可作为证明:宋代一位名画家叫作米芾,曾在安徽无为州见到一个巨石,形状看来奇丑,他却反而大喜,具衣冠而拜之,并称之为兄。正因他有些罕见的天赋,所以作画多能气韵生动,将无生命的事物点化得机趣盎然。另外有一位诗人画家苏东坡,善画墨竹,而且往往从地一笔到顶,米芾曾问他:"何不逐节分?"他答道:"生竹时何尝逐节生?"此外,元朝的倪云林也曾说明他自己的画:"余之竹聊以写胸中逸气耳,岂复较其似与非,叶之繁与疏,枝之斜与直哉!"再者,第六世纪前,有位著名的画马专家韩幹,他在天宝年间初入宫,明皇令他师奉陈闳画马,幹不奉诏,说道:"臣自有师,今阶囚下厩马,皆臣师也。"他所指的,正是师法活跃的生命,作为绘画对象。

　　要之,中国艺术家徜徉于自然之间,最能参悟大化生机而浑然合一。所以对事物的表象并不看重,在艺术品中,真正重要的乃是由事物表象所激发的神思,比如诗词中余蕴无穷,即是以美妙的技术来表现生命的动力。此所以《毛诗·大序》中说:"情动于中,而形于言;言之不足,故嗟叹之;嗟叹之不足,故咏歌之;咏歌之不足,不知手之舞之足之蹈之也。"

所以,在诗的领域中,一如其他各种艺术,总有一股神妙的机趣贯注其中,点化万物,激励人心,促使大家高尚其志,在嗟叹、歌咏、舞之蹈之中充分表露对生命的喜悦之情,这就是一种诗艺化境。另外,艺术性的直观也是美的本质,其要义乃在驰情入幻,透过创意,而将雄奇的理想融入作品,具体表现出生动活跃的气象。

方才我提到,中国艺术家擅于以精神染色相,浃化生命才情,而将万物占化成盎然大生机。但我所说的浃化宇宙生意,并不是指将主观的感受投射于外,如德国美学家有关"移情作用"的心理学理论便是如此,那只能称为主观主义,反会产生心理与物理的二元论,在身与心之间恒有鸿沟存在,在主体与客体之间也会有隔阂。另如科学唯物论的讲法也是如此,因为它只注重外在的客体。但中国思想却没有这种郁结,在中国文化的熏陶下,我们乃是生在一个广大和谐的宇宙中,与宇宙大生机浑然同体,浩然同流,而毫无间隔。

这种活跃创造的生命精神,若以艺术表现来驰骋宣畅,便是雪莱(Shelley)所说的,"超乎自身之处,而与至美合一",这一方面属于自身本性,二方面则与身外的大化浩然同流。若借布朗宁(Robert Browning)的话来说,这是一种"近亲特有的脉动",透过大自然的力量,我们在其中发现了"很像人的东西,在我心深处得其人性"。我即称此参赞化育,协和宇宙,足以陶铸众美,超拔俗流,进而振奋雄奇才情,高标美妙价值,据以放旷慧眼,摒除偏执,而创造浩荡诗境,迈往真、善、美、纯与不朽的远景。在此精神意境之中,中国艺术家最能饱餐生命甘饴,而表现浓情似蜜的醣态,女词人管仲姬便是典型的例子,她曾以诗心点化世界之美,而写成下列名句:你所有的善良本性,深契我心,我所有的芳洁本性,亦入你心。

所以,"表现"乃是活泼泼的勾画出一切美感对象,它把握了生命的黄金时刻,最擅于捕捉自然天真的态度与浑然天成的机趣。以下例证当可说明:张彦远在《历代名画记》云:"吴大帝孙权尝使曹不兴绘屏风,误落笔点素,因就以作蝇,既进,权以为生蝇,举手弹之。"另外,唐代张南本善画人物,尤工画火,曾住成都金华寺,画八明火,时游僧升殿,见火势逼人,竟惊胆几仆!

上述这些故事,不是在讲中国艺术家专重写实,而是强调中国艺术注重跃然生意,因为中国的艺术家,尤其是画家,最注重勾深致远,直透内在的生命精神,发为外在的生命气象。他们之所以能够如此,乃因他们能透过慧心,而将自己生命悠然契合大化生命,所以才能深悟大化生命的雄奇,经过内心深处的孕育与构思,而终能浩荡宣畅,了无遗蕴。所以王维曾经提到过,画道之中,水画最为上,因其肇自然之性,造化之功。在董源看来,艺术的表现必需上比天工,以宣泄神力,并且下触心灵,以激发机趣,所谓"外师造化,中得心源"。到李白更说"揽彼造化力,持为我神通"。都可说是明显例证。

另外,这些看法还牵涉到中国艺术的另一问题,那就是"传神"的问题。关于这点,几乎难以言传。若是勉强从反面来讲,就是要化除滞碍,不以描绘精确为能事,换句话说,也就是对物质性的超升与否定。宋朝著名的评论家沈括在《梦溪笔谈》中曾说:"书画之妙,当以神会,难可以形器求也。"若从正面来讲,则是以直觉来捕捉美的本质,透过神思创意而毫不做作。明代的屠隆以及清代的黄崇惺均曾强调这种必需自然、天趣自成,而毫无凿痕。(屠隆《画笺》云:"画品全法气韵生动,不求物趣,以得天趣为高。")黄崇惺在

《草心楼读画集》更说:"吾作山水树石,不知所谓阴阳向背也,得物之天也。"若是回溯到宋朝,则可看到邓椿在《画继学津讨原本》中也提到:"画之为用大矣!盈天地之间者万物,悉皆含毫运思,曲尽其能,而其所以曲尽其能者,止一法耳,一表何也?曰传神而已矣。"

上面所说或许听来深奥,那我愿另举一个例子来说明。当顾恺之每画人像,常常数年不点睛,人问其故,他即回答:"四体妍媸,本无阙少,于妙处传神,正在阿堵中。"

现在,再让我们将上述语句化为西方人易懂的话,当但丁遇到一位佳丽时,世人都叫她 Beatrice,但在他眼中却是仙女下凡,所以他是以朝圣一般的心境,面对这位圣洁的少女而充满仰慕渴切之情。当两人的视线相会时,有如电石交光,充满了柔情蜜意,是那样的令人震颤,那样的令人心神荡漾,此时仿佛一切欲念都静止了,一切的希望、喜悦与相思,都融成一盏烛光,是那样的肃穆,那样的纯净,足以洗尽俗尘而永葆青春。此时心心相印,深情款款,有如迈入至善至美的极乐世界。若有艺术家适时把握这一刹那,透过慧心的灵光一闪,而化成神妙的微笑,那此情此景,霎那即永恒,不论是透过诗篇或绘画,就极接近我所说的中国艺术精神。

第四,中国艺术妙契人文主义精神。我所说的人文主义,不是像希腊 Protagoras 所说的"人是衡量一切的依据",因为这将陷入主观主义与感情的怀疑主义中,一如柏拉图在 Theaetetus 语录所指出的。另外,我所说的人文主义也不是像希腊艺术所谓的"以人体来设想所有性质",或以"以人形来表现众神"。(Cf. Percy Gardner, The Lamps of Greek Art in the Legacy of Greece. pp. 357.360.)因为,前者将使艺术只陷入主观的感性快乐中,而忽略了客观的精神指望,后者则不论其表现如何完美,皆将使艺术只沦为描绘性。中国的艺术家并不只以人体来表现美,他们永远是以人类精神的活跃创造为特色,所以他们能将有限的体质点化成无穷的势用,透过空灵的神思而令人顿感真力弥漫,万象在旁,充满了生香活意。

要之,中国人是有史以来所有民族中,最能生活在盎然机趣之中的,所以最能放旷慧眼,流眄万物,而与大化流衍融熔合一。又因我们深悟广大和谐之道,所以绝不以恶性二分法来看自然。我们与自然一向是水乳交融,毫无仇隙的,所以精神才能自由饱满,既无沾滞,更无牵拘,如此以盎然生机点化一切,自感内心充实欢畅无比,所谓"超以象化""得其环中",自能冥同万物,以爱悦之情玄览一切。

对于自然,中国的艺术家将会告诉 W. H. Hudson:"一切的蓝天、棕土、草原、树木、野兽、风雨、星辰,在我都永远不会感到陌生,因为我生在其中,属于其中,与其同在;我的骨肉与土地合一,心血与阳光合一,热情也与风雨合一。"(Hludson Hampshire Days.)当 Hudson 发现了他失落的 Rima 时,在《绿色大厦》一书不禁叹道:"天呀天! 难怪我常会恼怒与疑惑——因为你是你,我是我——这到底为什么? 惟有当我们的灵魂彼此相近时,才有此问题,就好比雨滴雨水,逐渐接近,直到它们接触了,才不再是两个,而是不可分别的一个了。这时,时间再也不能隔离它们,死亡再也不能隔离它们,死亡再也不能破灭它们,连一切冶金术都分割不了它们。"(id. The Green Mansions. Modern Library edn. pp. 231—2.)

所谓 Rima——可爱的,柔情的,灵敏的精神,弥漫整个自然,若用中国美学的术语来说,就是我前面所说的气韵生动,浩荡充周,既圣洁又灵活。在 John Galsworth 说来,"它象征了人类灵魂的渴望,企盼在生命中达到完满的爱与美",所以它足以化为陶然天趣,永恒地流注于一切万有之中。

总之,人与自然在精神上是不可分的,因为他们两者同享生命无穷的喜悦与美妙。自然是人类不朽的经典,人类则是自然壮美的文字。两者的关系既浓郁又亲切,所以自然为人类展示其神奇奥妙,以生生不息的大化元气贯注人间,而人类则渐渍感应,继承不绝,报以绵绵不尽的生命劲气,据以开创雄浑瑰伟的气象。因此,在中国艺术中,人文主义的精神,乃是真力弥漫的自然主义结合神采飞扬的理想主义,继而宣畅雄奇的创造生机。关于这一点,我愿再引述一些中国艺术家与艺评家的原典作为说明。

石涛在《画语录》中说:"古人寄兴于笔墨……因有蒙养之功,生活之操……以墨运观之,则受蒙养之任;以笔操观之,则受生活之任……然则此任者,诚蒙养生活之理。"(石涛(释道济):《画语录》)

李日华《紫桃轩杂缀》中说:

点墨落纸,大非细事,必须胸中廓然无一物,然后烟云秀色,与天地生生之气,自然凑拍,笔下幻出奇诡。(李日华:《紫桃轩杂缀》)

明朝唐志契《绘事微言》引古人云:

画人物是传神,画花鸟是写生,画山水是留影。(唐志契:《绘事微言》)

凡画山水,最要得山水性情,得其性情,系得山环抱起伏之势,如跳如坐,如俯如仰,如挂脚,自然山情即我情,山性即我性,而落笔不生软矣。亦便得水淘浪淼洄之势,如绮如鳞,如云如怒,如鬼面,自然水情即我情,水性即我性,而落笔不板滞矣。

清王原祁《麓台题画稿》云:

笔墨一道,同乎性情,非高旷中有真挚,则性情终不出也。(王原祁:《麓台题画稿》)

清王昱《东庄论画》云：

学画所以养性情……昔人谓山水家多寿，盖烟云供养，眼前无非生机。（王昱：《东庄论画》）

有关中国艺术的人文主义精神，诚如 Leonardo da Vinci 与 Rubens 所说，人，作为创造主体，既是"生命创造的中心，足以臻入壮美意境"，也能绵延奔进，"直指天地之心。"（Cf. Germain Razin. Rubens. p5.）所以，从个体来看，艺术家一直在追求壮美；从宇宙来看，则其内心深感与宇宙生命脉动相连；所以合而言之，他才能酣然饱餐生命的喜乐，怡然体悟万物与我合一，盎然与自然生机同流，进而奋然振作人心，迈向壮美。凡此种种，正是中国艺术绵延不断之大用！

（录自《中国文化论文集》，台湾幼狮文化事业公司，1980 年）

方东美（1899—1977），安徽桐城人。中国现代哲学家，被认为是现代新儒家的代表人物之一。曾任武昌高等师范大学教授，后历任东南大学、中央政治学校、中央大学等校教授。主要著作有《中国先哲人生哲学概要》、《科学哲学与人生》、《新儒家哲学十八讲》等。

儒家和道家的基本思想对中国艺术产生了广泛而深刻的影响。中国文艺的重道德、崇雄健、尚中和，都与儒家思想的影响密不可分。

礼 乐 新 解

周谷城

一、祖国美学原理有最突出的一条,曰由礼到乐。用现在的话来说,就是由劳到逸,由紧张到轻松,由纪律严明到心情舒畅,由矛盾对立到矛盾统一,由对立斗争到问题解决,由差别境界到绝对境界,由科学境界到艺术境界。这条原理可以贯通于一切美术品的创造过程,而得到体现。尤其在礼与乐的实践中,体现了不少。但古人于此,未必完全意识到了,我们在这里最好用现代话表而出之。

二、礼是什么? 就字面说,礼(禮—编者注)即豊。豊是什么? 即玨、凵、豆之合。玨据说是一条一条的玉石,凵即盛玉石的盆子;以一条一条的玉石放在盆子里,即成曲的样子,即盛了玉石的盆子的样子。豆可能就是放盆子的架子。盛了玉石的盆子放在架上,即成豊;拿这样的东西去供神即成禮,即是禮品。这解释未必对,但颇连贯自然,拿孔子的话对照看,更像合乎实际情况。孔子曾说:"礼云礼云,玉帛云乎哉!"意即谓:经常把礼挂在嘴上,难道礼就只是玉帛而已吗? 从这话看,礼的最早的意义,就是供神的礼品。供神的礼品为什么要用玉石呢? 这可能出于希望死不速朽的意思。活着的人,总希望不死;就是死了也希望慢一点腐朽,或完全不朽。以玉供神的习惯,可能出于不欲速朽的希望。礼为礼品,是第一义。《说文》示部礼下"所以事神致福也"个,即客观事物的规律,和人类行为的纪律是也。《礼记·乐记》所谓"礼也者,理之不可易者也";《荀子·礼论篇》所谓"天地以合,日月以明,四时以序,星辰以行";都是指的事物的客观规律,或规律的体现。《左传》昭公廿五年传所谓"夫礼,……民之行也";《国语·晋语》所谓"夫礼,国之纪也";都是指的行为的纪律或纪律的遵行。行为的纪律又以客观的规律为基础。人类根据客观的规律,遵循行为的纪律,而努力奋斗,获得成果,一定快乐,进入乐的境界,或艺术境界。

　　什么叫乐?就字面说,甲骨文作🎵,作🎵;金文作🎵,作🎵,作🎵,作🎵,作🎵。有人说,这字从丝附木上,是琴瑟之象,或增𠙻以像调弦之器,如今日弹琵琶者用拨以代指甲一样。这说颇有理,但于形不甚似,我颇倾向于另一种说法。《说文诂林》引《系传通论》曰:"🎵小言之曰喜,大言之曰乐,独言之曰喜,众言之曰乐。乐者出于人心,布之于管弦也。乐弥广则备鼓鼙,故于文木纞为乐。🎵象鼓形,🎵左右之应棘也。应,和也;棘,引也。小鼓挂在大鼓之旁,为引为和也"。中间的大鼓,和左右两边的小鼓或应与棘,一并悬在木架上,这木架子叫做虡。就大小鼓来说,乐是乐器。孔子曾说:"乐云乐云,钟鼓云乎哉!"意即谓:经常把乐挂在嘴上,难道乐就只是钟鼓而已吗?乐当然不止乐器;但乐器确是乐的基本意义。除此之外,也有两个引伸的意义,即快乐与音乐是也。上面所谓小言之曰喜,独言之曰喜云云,即快乐的意思。所谓乐者出于人心,布之于管弦云云,即音乐的意思。人类的社会斗争,或生产斗争,获得了胜利,自然快乐;把快乐用乐器表现出来,即成音乐。快乐、音乐、乐器三种意义,都是乐字所具有的;正如规律、纪律、礼品三种意义,都是礼字所具有的一样。

　　三、礼与乐两者,性质完全不同。就纪律这个意义而言,礼完全属于斗争过程;就快乐这个意义而言,乐完全属于斗争成果。换句话说,前者是偏于客观方面的,后者是偏于主观方面的;前者是偏于先行的,后者是偏于继起的;前者是偏于独立的,后者是偏于依附的。然在古籍中,礼与乐总是相连、并举,好象结了不解之缘。这于经典的排列次序,可以看出一个大概。古代经典,有诗、书、易、礼、乐、春秋等六种。这六种经典,经学家中的古文派谓是六种历史,应按它们产生时代的早晚来排列,因而排成易→书→诗→礼→乐→春秋的次序。经学家中的今文派则谓是六种教典,应按它们内容程度的深浅来排列,因而排成诗→书→礼→乐→易→春秋的次序。详见周予同教授的《经今古文学》和《群经概论》。事也真巧,六种经典的排列次序,在古文、今文两派学者中尽管不同,但礼与乐的相连、并举,在两派的排列中,却是不变的;无论易、书、诗、礼、乐、春秋,或诗、书、礼、乐、易、春秋,尽管排法不同,而礼乐总是相连并举。相反的东西,俨然是相成的,至少是相连的。

不独止此。在《礼记·乐记》中,两者始终是相连并举的。书名既曰乐记,顾名思义,应该是单讲乐的。然而不然,自始至终,拿礼与乐相连并举。如"乐由中出,礼自外作",如"大乐与天地同和,大礼与天地同节",如"乐统同,礼辨异",如"乐者为同,礼者为异",如"礼节民心,乐和民声",如"乐胜则流,礼胜则离",如"礼乐不可斯须去身"等等,无不是礼与乐相连并举。这其中自然有一个窍。其窍为何?曰:由矛盾对立到矛盾统一的原则是也。人类总是先有劳然后才有逸,总是先有紧张然后才有轻松,总是先有纪律严明然后才有心情舒畅,总是先有矛盾对立然后才有矛盾统一,总是先有对立斗争然后才有问题解决,总是先有差别境界然后才有绝对境界,总是先有科学境界然后才有艺术境界。因此先有礼然后才有乐,有礼也一定有乐。礼与乐是相反而相成的,因此必然是相连并举的。

四、礼与乐是怎样产生的?《乐记》中说:"乐由中出,礼自外作。"这里的中与外,我们用现代话加以新解,即主观与客观。"乐由中出，礼自外作"云云，应解为乐出于主观，礼出于客观。我们的生活就是斗争；斗争或是对自然的，或是对社会的，都属客观存在。如克服自然灾害，打倒帝国主义，克服者与被克服者，都是客观存在的；打倒者与被打倒者都是客观存在的；克服的斗争过程，打倒的斗争过程，更是客观存在的活动。离开了客观存在及存在的活动，便没有斗争可言。正如发矢射的，举矛攻盾，矢与矛，的与盾，都是客观存在的；执矢与矛的人，当目标之的与执盾的人，都是客观存在的；发矢射击的斗争过程，举矛进攻的斗争过程，更是客观存在的活动。离开了客观的存在及存在的活动，便没有斗争可言。这客观的斗争是礼所涉的范围。

斗争必有成功或失败；成功或失败必然引起喜、怒、哀、乐、爱、恶等感情。感情虽是客观的斗争过程所引出，然其自身却是主观的。这主观的感情则是乐所涉的范围；扩大一点说，也是一切艺术所涉的范围。感情一被引出，又必寻找物质，以表现其自身。在走路上表现，则成舞蹈艺术；在作文、写字、画图上表现，则成诗、书、画等艺术；在制用具或造房子上表现，则成雕刻，建筑等艺术。至于在发声上表现的，则成音乐。为求把情感表现得真切，音乐与舞蹈又常相伴随。《乐记》云："凡音之起，由人心生也；人心之动，物使之然也。感于物而动，故形于声；声相应，故生变；变成方（方疑是文之误。原注云，方犹文章也，其实方并没有文章的意思。但下文"凡音者生人心者也；情动于中，故形于声；声成文，谓之音。"可证方或为文之误。）谓之音。比音而乐之，及干戚羽旄，谓之乐。"正义云：干是盾，戚是斧。是举行武舞时舞者所执的东西；羽是翟羽，旄是旄牛尾，是举行文舞时舞者所执的东西。这所说是否正确，固不敢说；但有一点却可断言，即为着把情感表现得真切，音乐与舞蹈，常相伴随。

五、出于主观的乐与出于客观的礼，又以整个天地或宇宙或自然的存在与发展为依据；故《乐记》曰："大乐与天地同和，大礼与天地同节。"天地或宇宙或自然的存在与发展是由矛盾对立到矛盾统一的。就太阳系统来说吧，许多行星围绕着太阳旋转，各走自己的轨道，彼此不相逾越，构成一个大的和谐，即矛盾的统一。但这大的和谐或矛盾的统一是由不和谐或矛盾的对立发展过来的。即在今日，太阳系的和谐仍是与不和谐同在的，它的统一仍是与对立同在的。两相反对的力量，彼此互相牵引，互相干扰，是对立，是不和谐。然而这个对立，这个不和，竟矛盾到或冲突到使运行的星体形成自己的轨道，不越自己的轨道，遵循自己的轨道而进行；便成和谐，便成统一。由此看来，有对立然后有统一，有不和然后有和谐。

行星围绕太阳运行，是空间的活动；"然后"云云，不是进入时间的历史了吗？是的，不仅进入，而且自始就是与历史分不开的。一个行星的运行，倘不占时间，是它自己的寿命等于零，根本不存在，何来旋转运行？没有时间的运行之不合理，正如没有空间的存在之不合理一样。一个行星，倘不占空间，是它活动的范围等于零，也是根本不存在的。推广一点说，凡存在的东西，其存在，其运动，都是与时空分不开的。一个东西的存在，不仅只有前后、左右、上下，而且有过去、现在、未来。运动的展开，就是历史的发展。例如地球围绕太阳旋转，完成一个圆周，自转凡365又1/4圈。这是就空间说的；若就时间说，则为365又1/4日。地球所过的方位，即我们所历的时间。把365又1/4日以4分之，则得春、夏、秋、冬等4个季节；以24分之，则得立春、雨水等24个节气。季节、节气前后不乱，构成和谐，也是由对立而得到的统一，正如我们生活的由礼到乐一样。我们不违季节和节气，与自然作斗争，发展生产，获得满足，产生感情，即是由礼到乐。《荀子·礼论篇》云："天地以合，日月以明，四时以序，星辰以行，江河以流，万物以昌，好、恶以节，喜、怒以当，……万物变而不乱，贰之则丧。"这里"天地以合，……万物以昌"云云，是天地由礼到乐的结果。"好、恶以节，喜、怒以当"云云，是人类由礼到乐的结果。人类是要改造自然，利用自然的；但须发现自然规律，遵守自然规律；故曰"大乐与天地同和，大礼与天地同节"。换句话说，即出于主观的乐与出于客观的礼，以整个天地或宇宙或自然的存在与发展为依据。

六、礼乐的由来及依据，大约如此。至于礼乐的功用，则可分三层讲：第一层在发现规律，统一信仰，《乐记》所谓"乐统同，礼辨异"是也。统同建筑在辨异上，由辨异可以达到统同。由分析情况，发现规律，可以达到认识一致，信仰统一。故曰"乐者为同，礼者为异"。为异即分析情况，为同即建立信仰。我们的生活是斗争过程。希望斗争获胜，必须分析情况，发现规律。例如种地，是生产斗争，也是对自然的斗争。为图斗争有效，获得丰收，则季节的气候，土壤的肥饶，播种的适时与否，人工的恰当与否，都在必须分析研究之列。分析研究，发现了规律，按照做去，才可以希望有所收获。又如打倒帝国主义，是社会斗争，也是对侵略的斗争。为图斗争有效，获得胜利，则帝国主义的由来，帝国主义的现状，帝国主义的本质等，都在必须分析研究之列。分析研究，发现它的腐朽性、寄生性等，知道它已由盛转衰，正在一天一天烂下去，我们才可树立必胜之心，与之斗争到底。《乐记》有云："穷(穷)本知变，乐之情也；著诚去伪，礼之经也。"著诚去伪云云，就是由分析研究而发现规律；穷(穷)本知变云云，就是由认识规律而树立信心。

由分析研究可以达到树立信心，并不等于说一个从事分析研究的科学工作者可以成为一个迷信上帝的宗教徒。发现规律，树立信心，是应该的；放弃分析，迷信上帝，则不可以。现代常有一些人，自己已是科学家了，而又按时到教堂作礼拜，是不合理的。如仍合理，必是教堂的礼拜，在科学家看来，变了性质。现在许多礼拜堂里的礼拜，确实是变了性质的。礼拜日的上午，大家穿上新衣,携着儿女;到礼拜堂,听听音乐;听完之后,同朋友谈谈闲天,说说笑话;青年男女,还可乘此讲讲爱情。这样的礼拜,性质是完全变了的;科学家也去参加,自然没有什么格格不入之处。蔡元培曾主张以美育代宗教;如果所欲代的是迷信上帝的坚决信仰,则"代"为不可能。如果所欲代的,是上述这样的社交性的会聚,则其本身已在美化,根本用不着代了。

七、礼乐的第二层功用,比第一层更前进一步。第一层只在发现规律,树立信仰。第二层则在根据规律,遵守纪律;改造现实,实现信仰。遵守纪律,是礼所道的行;改造现实,消去矛盾对立,达到矛盾统一,进入艺术境界,是乐所道的和。《庄子·天下篇》谓"礼以道行,乐以道和";《荀子·儒效篇》谓"礼言是其行也,乐言是其和也"云云;正是指的礼乐的第二层功用,即比第一层进一步的功用。第一层功用分析研究,发现规律,相当于科学的阶段。规律找到了,信仰树立了,我们的斗争过程只完成了一半。必须把客观存在的规律,化为我们遵守的纪律;把树立起来了的信仰,化为新的现实,我们的斗争过程才算完成了全部。

所有的礼,一方面固然反映着客观的规律;另一方面,却又必须是行为的纪律。章太炎《礼隆杀论》谓:"礼者法度之通名,大别则官制、刑法、仪式是也。"官制、刑法、仪式,都是规定行为的,都属叫人遵守的纪律范围。坚持着纪律,投入力量,进行斗争改造现实,获得成果,则斗争过程,便趋于完成。现实改造了,战果丰收了,斗争过程全部完成了,生活便由劳转入逸,由紧张转入轻松,由纪律严明转入心情舒畅,由矛盾对立转入矛盾统一,由对立斗争转入问题解决,由差别境界转入绝对境界,由科学境界转入艺术境界。换句话说,即由礼转入乐。我们种地,获得丰收;不禁狂欢,搭台演戏,以表快乐;古人如此,今人亦莫不如此。我们打仗,获得胜利;不禁狂欢,开会庆祝,以表快乐;古人如此,今人亦莫不如此。

唯有投下力量,经过斗争;改造了现实,解决了问题;才有可能进入绝对境界。希腊的新柏拉图派普罗迪纳士(Plotinus)好谈精神快乐,好谈"消魂大悦"(ecstasy)的经验;宋朝的程明道好谈"定",谓"动亦定,静亦定,无将迎,无内外"。消魂大悦,动静皆定,未尝不令人羡慕。但没有实际斗争,这等境界决不可得;即谈者自己,当亦只是谈谈而已,未必常有这等境界。我们不必高谈这等境界,只要坚持纪律,坚持斗争;解决问题,获得成果;则自然心情舒畅,随时都可进入绝对的境界。而且这样的境界,虽不是永恒存在的,却是常常出现的。因此我们的生活,不是只有礼而无乐的,亦不是只有乐而无礼的,而是由礼到乐,由乐到礼……的。

八、礼乐的第三层功用,即第一层和第二层上的加工。第一层发现规律,树立信仰;第二层依规律为纪律,化信仰为现实。第三层则于此二者之上加工,使心理习惯倾向于发现规律,遵守纪律;使感情表现,固定于几种方式,自然中和。《乐记》谓"礼节民心,乐和民声",正是指此。人生虽是斗争过程,问题虽要随时解决;但指导解决问题的规律,有可以通用者,并非一切都要临时发现。至少掌握了若干基本规律的人,于解决临时发生的新问题,当较一般人为方便。这便是专科教育的效力;就其作用而言,就是节民心。民心有节,则其行动所引出的感情,可能也是有节的。《礼记·中庸》云:"喜、怒、哀、乐之未发谓之中,发而皆中节谓之和。"感情中节,是可能的。节民心的专科教育,可以称之为礼的教育;和民声的感情教育,可以称之为乐的教育。教育就是加工。我们的祖先对于礼与乐的教育,都很重视。《礼记·经解》有云:"君子审礼,不可诬以奸诈。是故隆礼由礼,谓之有方之士;不隆礼不由礼,谓之无方之民。……故礼之教化也微,其止邪也于未形;使人日徙善远罪而不自知也,是以先王隆之也。"这是重视礼的教育的。《荀子·乐论篇》云:"夫乐者乐也,人情之所必不免也。故人不能无乐,乐则必发于声音,形于动静。而人之道,声音动静性术之变尽是矣。故人不能不乐,乐则不能无形;形而不为道,则不能无乱。先王恶其乱也,故制雅颂之声以道之。"这是重视乐的教育的。

　　同是礼乐的功用,就其在生活过程或斗争过程上的位置看,是相续的三层,而不是并立的三种。我们的生活,总是由矛盾对立到矛盾统一的过程。当矛盾对立之时,正问题待决之时。我们于此,如要继续生活下去,只有分析研究,发现规律,寻求问题解决之道。迨规律找到了,解决问题的关键找到了,于是信心随着树立起来。这在生活上是由异到同的阶段,即由礼辨异到乐统同的阶段。把客观存在的规律化为主观遵守的纪律,投下力量,奋勇前进;信心变为现实,紧张变为轻松。这在生活上,是由虚到实的阶段,即在严明的纪律之下,信心变而为现实。礼以道行,乐以道和,正在生活的这段。前后两段,性质不同:前者由分析研究到树立信心,是由客观到主观的;后者由遵守纪律到信心变而为现实,是由主观到客观的。无论前段或后段,都要求我们在生活上习以为常,于是教育要紧了,因而有礼节民心,乐和民声的礼乐教育。是为第三层的功用。

　　九、礼乐有功用,但礼乐的功用必有限度。超过某种限度,则其功用便变成与原来方向相反的东西。故曰"礼甚则离,乐甚则流"。乐记的这两句,正是表示礼乐功用的限度的,表示礼乐超过一定限度,便变成与其自身相反的东西。礼而至于离,乐而至于流,便都与自身原来的功用相反了。凡事发展,超过限度就变成与自身相反;是最常见的。黑格尔曾举过一串的例子:如最公道,超过限度即成不公道;抽象的对,推到极端即成错,在政治生活中,极端的无政府常导致极端的专制;极端的专制也常导致极端的无政府;骄傲之来,来在失败之先;过多的智慧,转成不智;极端的痛苦转成快乐;极端的快乐转为痛苦;愉快至极常掉下泪来;忧郁至极常化为微笑。这些例子,不见得个个都正确。但其精神却可以证明凡事发展越过一定限度,即成与自身相反的东西;礼与乐即其实例。

礼的第一层功用在"辨异"。科学分析方面,为求获得最高精密度,辨异惟恐不能深入。若忘记了本质,只注意末节,有如"明足以察秋毫之末,而不见舆薪";本质看不见,末节上大用工夫,那便离开辨异的本旨了。乐的第一层功用在"统同"。发现了问题的规律,在集体方面获得了同一的信仰;在个人方面建立了专一的信心,才可以言统同。否则独乐众乐,都不可得。礼的第二层功用在遵守纪律,所谓礼以"导行"是也。为求改造现实,实现信仰,纪律在所必遵。若抛开主要目的,只注意繁文缛节,那便是离开导行的本旨了。乐的第二层功用在布快乐于音乐,所谓乐以"导和"是也。否则音乐不能表示感情,成了形式,便谈不上导和了。《乐记》云:"乐者德之华也;金、石、丝、竹,乐之器也。诗言其志也,歌咏其声也,舞动其容也;三者本于心,然后乐器从之。是故情深而文明,气盛而化神;和顺积中,而英华发外;惟乐不可以为伪。""为伪"就不能算导和。礼的第三层功用在"节民心"。节民心须先有条件。条件为何?曰物与欲相持而长。《荀子·礼论篇》云:"礼起于何也?曰,人生而有欲。欲而不得,则不能无求;求而无度量分界,则不能不争;争则乱,乱则穷。先王恶其乱也,故制礼义以分之,以养人之欲,给人之求;使欲必不穷乎物,物必不屈于欲,两者相持而长,是礼之所起也。"物欲相持而长,两者以礼分界,不使有所偏至,就是节民心的条件。真能节民心,便可以和民声;乐的第三层功用也可以不期然而自显。因为生活顺,品德好而发光,声音自可合乐。乐记云:"使耳、目、口、鼻、心知、百体皆由顺正以行其义;然后发以声音,而文以琴瑟,动以干戚,饰以羽旄,从以箫管,奋至德之光。"礼的教育做到物欲相持而长,乐的教育做到能奋至德之光;那便是最合理想的了。

十、礼乐在文献中相连并举,由于它们在生活过程上是相继发生的。人不能一刻无生活,因之也不能一刻无礼乐,故《乐记》曰"礼乐不可斯须去身"。换句话说,就是人生不能一刻没有礼乐。生活过程就是斗争过程。在这过程中,随时有问题,随时要解决。解决问题的办法,起码就要运用理智,进行科学分析。迨客观规律找到了,解决问题的关键找到了,便提出解决问题的方案。把方案付诸实行,根据规律,定出纪律,投入力量,奋勇前进;这便是贯彻意志,进行道德的实践。在前进的过程之中,现实依方案而变更,问题终于完全解决,心情为之舒畅;是为感情的活跃,生活已进入艺术境界。由理智的思考到意志的贯彻,由意志的贯彻到感情的活跃,其过程是断而相续的。由科学的分析到道德的实践,由道德的实践到艺术的境界,其过程是断而相续的。问题时时出现,斗争时时展开,生活时时向上。由理智而意志而感情,由科学而道德而艺术,断而相续,前进未有已时。因此由礼到乐,由劳到逸,由紧张到轻松,由纪律严明到心情舒畅,由矛盾对立到矛盾统一,由对立斗争到问题解决,由差别境界到绝对境界,由科学境界到艺术境界,小断而相续,前进未有已时。故曰礼乐不可斯须去身。

(原载《文汇报》1962 年 2 月 9 日)

周谷城(1898—1996),历史学家、教育家,复旦大学历史系教授,曾任全国人大常委会副委员长。

礼与乐本是儒家思想的两个重要概念,作者结合现代社会生活对之作出了新的解释,认为"礼乐不可斯须去身"。

儒道两家思想在文学中的人格修养问题

徐复观

一九六九年九月,我第二次来香港担任中文大学新亚书院哲学系客座教授(第一次是一九六七年春季),先以《哲学家的任务》为题,作了一次例行的讲演。过了不久,唐君毅先生要我再讲一次,我便选定这里所标出的题目,可以说是中国哲学与文学之间的题目。讲完后,反应很热烈。第二天唐先生向我说:"复观兄昨天所讲的内容,我们也可以想得到。但若非从你口中讲出,便不会给听者以那种感动。"真的,从内容看,本极寻常;加以在新环境下准备上课材料,时间也非常忙遽,所以没有进一步整理成一篇文章。现唐先生墓有宿草,而我又以衰年得此绝症,每念前尘,感伤不已。现清出当时讲演残稿略加补缀,凡经十日而成。虽论证较讲时稍详,但可给听者以感动的精神气味,已随时间而一去不可复反,益增怅触。

一九八〇年十一月二十九日灯下补记

一

首先应说明的是:各民族的文学创造,必定受到各民族传统及流行思想的正、反、深、浅各种程度不同的影响。中国文学,自西汉后,几乎都受有儒道两家直接、间接的影响;六朝起,又加上佛教。由思想影响,更前进一步,便是人格修养。所谓人格修养,是意识地,以某种思想转化、提升一个人的生命,使抽象的思想,形成具体的人格。此时人格修养所及于创作时的影响,是全面的,由根而发的影响。而一般所谓思想影响,则常是片段的,缘机而发的。两者同在一条线上滑动,但有深浅之殊,因而也有纯驳之异。

其次应当说明的是:人格修养,常落实于生活之上,并不一定发而为文章,甚至也不能发而为文章。因为人格修养,可形成创作的动机,并不能直接形成创作的能力。创作的能力,在人格修养外,还另有工夫。同时文学创作,并非一定有待于人格修养。原始文学,乃来自生活中喜怒哀乐的自然感发,再加以天赋的表现才能,此时连思想的影响也说不上,何待于人格的修养。所以各民族原始文学的歌谣,常出现于文字创造之前;即使有了文字以后,也有不识字的人能创造歌谣。及至"文学家"出现,当然要有基本学识,更需要由过去文学作品中获得创作经验,得到创作启发与技巧。愈是大文学家,此种工夫愈为深厚。杜甫说"读书破万卷,下笔如有神";又勉励他的儿子,应"熟精《文选》理",都是说明此点。这也可以说是一种"修养",但这是"文学修养"。文学修养深厚而趋于成熟时,也便进而为人格修养;但也并非以人格修养为创作的前提,乃至基本条件。文学中所反映出的作者的个性(性情),多为原始生命的个性,不一定是由修养而来的个性。

但文学、艺术,乃成立于作者的主观(心灵或精神)与题材的客观(事物)互相关涉之上。不仅未为主观所感所思的客观,根本不会进入于文学艺术创作范围之内。并且作者的主观,是可以塑造而上升或下坠,形成许多不同的层次。进入于创作范围内之客观事物,虽赋予以形象性的表出,但成功作品中的形象性必然是某客观事物的价值或意味。客观事物的价值或意味,在客观事物的自身,常隐而不显,必有待于作者的发现,这是创造的第一意义。由文学、艺术家发现客观事物的价值或意味,与科学家发现客观事物的"法则",其间最大不同之点,在于法则只有一个层级,因而有定性定位,一经发现即固定于一个位置而没有变化,价值、意味则有高低浅深等无限层级,可以说是变动不居的。同一题材的客观事物,可以容纳无数创作的原因在此。对客观事物价值、意味所含层级的发现,不关系于客观事物的自身,客观事物自身是"无记"的,无颜色的;而系决定于作者主观精神的层级。作者精神的层级高,对客观事物价值、意味所发现的层级也因之而高;作者精神的层级低,对客观事物价值、意味所发现的层级也低。决定作品价值的最基本准绳是作者发现的能力。作者要具备卓异的发现能力,便必需有卓越的精神;要有卓越的精神,便必需有卓越的人格修养。中国较西方,早一千六百年左右,把握到作品与人的不可分的关系(见拙著《〈文心雕龙〉的文体论》),则由提高作品的要求进而提高人自身的要求,因之提出人格修养在文学艺术创造中的重大意义,乃系自然的发展。

二

中国只有儒道两家思想,由现实生活的反省,迫进于主宰具体生命的心或性,由心性潜德的显发以转化生命中的夹杂,而将其提升、将其纯化,由此而落实于现实生活之上,以端正它的方向,奠定人生价值的基础。所以只有儒道两家思想,才有人格修养的意义。因为这种人格修养,依然是在现实人生生活上开花结果,所以它的作用,不止于是文学艺术的根基,但也可以成为文学艺术的根基。印度佛教在中国流行后,所给与于文学的影响,常在善恶因果报应范围之内,这只是思想层次的影响,不是由人格修养而来的影响。

由人格修养而给文学以影响的,一般都指向佛教中的"禅"。但如
实地说,禅所给与于文学的影响,乃成立于禅在修养过程中与道家
尤其是庄子两相符合的这一阶段之上。禅若更向上一关,便解除
了成就文学的条件。所以日本人士所夸张的禅在文化中、文学艺
术中的巨大影响,实质是庄子思想借尸还魂的影响。试以道家中
的庄子与禅宗中的《坛经》,互作比较如下:

（1）动机　道:解脱精神的桎梏

　　　　　　禅:因生死问题发心

（2）工夫　道:无知无欲

　　　　　　禅:去"贪、瞋、痴"三毒

（3）进境　道:"至人之心若镜"

　　　　　　禅:"心如明镜台"

（4）归结　道:"故胜(平声)物而不伤"

　　　　　　禅:"本来无一物"

由上比较,道与禅仅在(2)与(3)的两点相同。但禅若仅如此,便不
足以为禅。禅之所以为禅,必归结于"本来无一物"。道家由若镜
之心,可归结为任物,来而不迎,去而无系("不将不迎"),与物同其
自然,成其"大美",此之谓"胜物而不伤"。由此可以转出文学,转
出艺术。禅宗归结为"本来无一物",除了成就一个"空"外,再不要
有所成。凡文人、禅僧,在诗文上若自以为得力于禅,实际乃得力
于被五祖所呵斥,却与道相通的"心如明镜台"之心,而以此为立足
点。既以此为立足点,本质上即是"道"而非"禅"。所以这里只举
道而不及佛,也可以说道已包含了佛。

三

　　从西汉起,儒生已因各种要求,追求儒道两家的思想。若就人

生、社会、政治而表现于作品之上时,由贾谊起,在一篇作品中的积极地一面,常是出于儒家;由积极而无可奈何地转为消极时,便由儒家转入道家。其间,大概只有班固是例外。这说明两汉的大作家已同时受到儒道两家或浅或深的影响。但汉人常把儒道两家由外向内的发掘,发掘到生命中的心或性,再由心或性向外发皇的工夫历程加以略过,偏向于向外的虚拟性的大系统的构造,不一定把握到心或性的问题,这在道家尤为显著。因此,他们接受的是道家消极地人生态度与方法,但不一定把握到道家的"虚、静、明"的心;这便不容易由外铄性的思想影响,进而为内在化的人格修养。对儒家也重在积极性的功用,与人格修养的工夫尚有距离。

经东汉党锢之祸,再加以曹氏与司马氏之争,接着又是八王之乱,知识分子接连受了三次惨烈地打击,于是儒家的积极精神自然隐退,代之而起的是"以无为体"的新形上学,亦即是当时的所谓"玄学",以此掩饰消极的逃避的人生态度。这是以老子为主的前期玄学。此种玄学影响到文学创作上,便出现了"正始(魏废帝年号)明道(倡明道家思想),诗杂仙心(超出现实世界之心)。何晏之徒,率多浮浅",及"江左篇制,溺乎玄风。……而辞趣一揆,莫与争雄"(以上皆见《文心雕龙·明诗篇》)。用现代的语言表达,这是抽象地哲学诗。这种诗,乃是由道家思想的外铄而来,不是由人格修养的内发而出。

但江左玄风是以庄子为主。在长期庄学熏陶之下,他们也不知不觉地"撞着了"庄子所提出的"虚、静、明"之心。我在《中国艺术精神》一书的第二、第三、第四各章中,已再三指出"虚、静、明"之心,乃是人与自然,直往直来,成就自然之美的心,我便说这是艺术精神的主体。所以意识地自然美的发现,及文学艺术理论的提出与发展,皆出现在此一时代。由此再进一步,便是刘彦和在《文心雕龙·神思篇》中为文学所提出的道家思想的人格修养。他说:

是以陶钧文思(如陶工用模盘以成器样,此盖塑造提升之
意),贵在虚(无成见故虚)静(无欲扰故静)。疏瀹(疏通调畅)
五藏(脏),澡雪(成《疏》:犹精洁也。按:不杂则精,不污则洁)
精神。

按:庄子所提出的心的本来面目是"虚、静、明";此处未言及明,盖
虚静则明自见。为了陶钧文思,亦即为了塑造、提升自己文学心灵
活动的层级、效能,而贵在能虚能静,以保持心的本来面目。心是
身的主宰,这便是意识地以道家思想修养自己的人格,作为提高创
作能力的基础。下面两句见于《庄子·知北游篇》,乃达到虚静的修
养工夫。这是玄学对文学、艺术发生了约两百年影响后所达到的
一个最高到达点,通过刘彦和的笔写了出来。所以他所提倡的写
作态度,是"秉心养术,无务苦虑,含章司契,不必劳情"(《神思
篇》)。这与陆机《文赋》所提倡的勤苦积极精神成一显明对照。而
他的《养气篇》的所谓"养气",上不同于孟子,下不同于韩愈,实乃
道家的养生论对文学作者的进言。他认为:"率志委和,则理融而
情畅;钻砺过分,则神疲而气衰。"更以由三皇到春秋时代,"虽沿世
弥缛,并适分胸臆,非牵课才外"。而以"汉世迄今,……虑亦竭
矣"。他主张:"从容率情,优柔适会"。"吐纳文艺,务在节宣;清和
其心,调畅其气,烦而即舍,勿使壅滞。意得则舒怀以命笔,理伏则
投笔以卷怀。逍遥以针劳,谈笑以药倦。……虽非胎息之迈术,斯
亦卫气之一方也"。总结他的意思是"元神宜宝,素气资养。水停
以鉴,火静而朗"(以上皆见《养气篇》)。可以说这是前引《神思篇》
四句话的发挥。由此可知他对修养问题的见解是统一的。也可以
说,他的思想的基底是出自道家。由此再进一步,便只好出家当和
尚,于是写《文心雕龙》的刘勰成为空门的慧地了。

前面已经提到,以道家思想为文学修养之资,便常对人生社会
政治采取消极逃避的态度。此时形成创作动力,作为创作对象的,

常是指向自然的"兴趣"。刘彦和因此而写出了非常出色的《物色篇》。他说："是以四序纷回,而入兴贵闲。物色虽繁,而析辞尚简。""尚简"是技巧问题,"贵闲"则是虚静的心灵状态。何以"入兴贵闲"? 他已说过:"水停以鉴,火静而朗"。无人世利害关系的自然景物,只能进入于虚静之心而呈现其美的意味。苏东坡《送参寥师》诗:"欲令诗语妙,无厌空且静。静故了群动,空故纳万境。"也是这种意思。顺着玄学之流而再下一格的,便是梁文帝(萧纲)之所谓"文章且须放荡"(《戒当阳公大心书》),由此而"连篇累牍,不出月露之形;积案盈箱,惟是风云之状"(隋李谔《上隋文帝书》中语)。这正是顺着这一脉流演下来的。

四

若如上所说,则何以许多人认为《原道篇》的"道",是道家的"自然之道",而我又坚持《原道》的"道"指的是"天道",并且此天道又直接落实于周公、孔子的道呢? 这很简单,《原道篇》第一段之所谓"文",乃指艺术性而言。这段先说"日月叠璧"等,是艺术性的天道。接着说由艺术性的天道所生的万物之灵的人,也生而即具有艺术性,他认为这是自自然然的道理。此处扯不到道家的"自然"上去。

然则刘彦和为什么写《征圣》、《宗经》等篇,并且通过全书看,他非常推崇儒家的"圣"与"经",远在道家之上呢? 这里有四点提出加以解释。

第一,儒道两家有一共同之点,即是皆立足于现实世界之上,皆与现实世界中的人民共其呼吸,并都努力在现实世界中解决问题。道家"虚静之心",与儒家"仁义之心",可以说是心体的两面,皆为人生而所固有,每一个人在现实具体生活中,经常作自由转换而不自觉。儒家发展了"仁义"的这一面,并非必如有的宋儒一样,必须排斥"虚静"的一面。所以孔子也提出"仁者静"的意境。道家发展了"虚静"的一面,并非必如《庄子》中的《盗跖篇》一样,必须排斥"仁义"的一面。所以老庄提出"大仁""大义",极其究,皆未尝不以天下百姓为心。老庄以后的道家,尤其是魏晋玄学,才孤立于社会之上。儒道两家精神,在生活实践中乃至在文学创作中的自由转换,可以说是自汉以来的大统。因此,刘彦和由道家的人格修养而接上儒家的经世致用,在他不感到有矛盾。

　　第二,仅凭虚静之心,可以成就一个人在现实生活中对自然之美的观照,但并不能保证把这种观照写成作品。要把观照所得写成作品,还需要有学问的积累与表现技巧的熏陶。所以彦和在前引四句的后面,接着便是:"积学以储宝,酌理以富才(才指表现的能力),研阅以穷照(研究检阅各家作品,以彻底了解各种文体的变化),驯致以怿辞(由不断练习以达到表现时文字语言的流畅)。"前两句是学问的积累,后两句是技巧的熏陶,有了这两个条件,以充实虚静之心,才能从事于持久的创作。但这已突破了原有道家羁勒,而伸入到儒家的范围。因儒家承传,发展了历史文化,成为学问的大统。彦和在《宗经篇》说:"至根柢槃深,枝叶峻茂,……是以往者虽旧,余味日新,后进追取而非晚,前修文用而未先,可谓太山遍雨,河润千里者也。"又说:"若禀经以制式,酌雅以富言,是仰山而铸铜,煮海而为盐也。"这并非虚拟的话。并且能以虚静之心追求学问,只会提高效能,决无所扞格。荀子以心的"虚静而一",为知"道"的根源条件,即其明证。

　　第三,彦和是由文学的发展以作文学的批评。所以他主张"沿根讨(求)叶,思转自圆"(《体性篇》)。中国有文字的文学的根,只能求之于儒家的经。他在《宗经篇》说:"故论说辞序,则《易》统其首。诏策章奏,则《书》发其源。赋颂歌赞,则《诗》立其本。铭诔箴祝,则《礼》总其端。纪(记)传铭(盟)檄,则《春秋》为根。并穷高以树表,极远以启疆。所以百家腾跃,终入环内者也。"这说的正是文学发展的事实。则在文学发展中追求文学的根,自然接上了周、孔。

第四,彦和写《文心雕龙》的基本用心,在于从形式与内容两方面挽救当时文学的衰弊。而形式与内容,刘彦和认为是不可分的。他说:"宋初讹而新"(《通变篇》)。"自近代辞人,率好诡巧。原其为体,讹势所变。""密会者以意新得巧,苟异者以失体成怪。……新学之锐,则逐奇而失正。势流不反,则文体遂弊。"(以上皆见《定势篇》)"殷仲文之孤兴,谢叔源之闲情,并解散辞体,缥缈浮音。虽滔滔风流,而大浇文意。"(《才略篇》)"自中朝贵玄,江左称盛。因谈余气,流成文体。是以世极迍邅,而辞意夷泰。诗必柱下(老)之旨归,赋乃漆园(庄)之义疏。"(《时序篇》)他对自身所处的宋代,则采"世近易明,无劳甄序"(《才略篇》)的态度;但由一个"讹"字亦可概括。这类批评,全书随处可见。总之,从形式上说,是因讹势而"失体成怪";就内容上说,则因玄风而肤浅无用。他要"矫讹翻浅",不能在"因谈余气"中找出路,而只有"还宗经诰"(《通变篇》)。这便不能不由道家回到儒家的大统,亦即是回到文学的主流。他在《序志篇》总结的说:"惟文章之用,实经典枝条。五礼资之以成,六典因之致用。君臣所以炳焕,军国所以昭明。详其本源,莫非经典。而去圣久远,文体解散。辞人爱奇,言贵浮诡,……杂本弥甚,将遂讹滥。盖《周书》论辞,贵乎体要。尼父陈训,恶乎异端。辞训之异,宜体于要。于是搦笔和墨,乃始论文。"他当迍邅的世运,未尝无救世之苦心,于是想把文章的形式与内容,挽回到儒家经世致用的大统;但还要保持汉魏以来,抒情及文采上的成就,于是因梦见孔子而发心,以"征圣""宗经"为主导写成《文心雕龙》一书。这与他主张以道家的虚静为文学的修养,并无扞格。我们只要留心

现代反孔反儒最烈的人,多是成见最深,胸怀鄙秽之辈,便可反映
出虚静之心的意义了。

五

　　站在文学的立场,自觉地、很明确地,以儒家思想作人格修养
工夫,大概始于韩愈(大历三年——长庆四年,西元七六八——八
二四年)。《唐书·文艺传序》,虽谓"唐有天下三百年,文章无虑三
变";然终唐之世,朝野所通行的,毕竟以承江左余风的骈四俪六文
为主。这种形式僵化了的文章,必然气体卑弱,内容空泛,所以自
萧颖士、李华、独孤及、权德舆以来,已开始了古文运动,不断要求
以质朴救文弊,但至韩愈而始得到成熟,奠定以后发展的基础。唐
代在思想上,开国时虽张儒、释、道同流并进之局,但玄宗以后,终
以释教为主导。在韩愈以前的古文运动,并未明显地提出与古文
形式相应的思想运动;至韩愈则不仅正面提出"文以载道",要求以
文章的内容决定文章的形式,更进一步以儒家的仁义,作为人格修
养之资,由道与作者生命自然的融合,发而为文章内容与形式的自
然融合,以此达到文章的最高境界。从这一点说,则苏东坡说他是
"文起八代之衰,道济天下之溺"(《韩文公庙碑》),不算没有根据。
兹就他《答李翊书》略加伸述。

　　　　将蕲至于古之立言者(古文),则无望其速成,无诱于势
　　利。养其根而俟其实,加其膏而希其光。根之茂者其实遂,膏
　　之沃者其光晔。仁义之人,其言蔼如也。
上文的所谓"古"是针对当时之"时"而言。所谓"古之立言者",即
是所谓"古文",是针对当时的骈四俪六的"时文"而言。时文是长
期的风气,顺着这种风气写文章,是因袭性的,其势易。古文是反
抗这种风气来写文章,是创造性的,其事难,所以说"无望其速成"。

骈四俪六的时文章可以猎取功名,应付官场需要,而古文则没有这种作用,可以说古文是为满足文学自身要求所作的独立性的创造,所以说"无诱于势利"。这种反抗与势利结合在一起的时文,以从事于古文的新创造,必须具有深厚远大的胸襟,以形成持久不变的创造动机,这便必须有人格的修养,这便有后面的一段话。但这还是一般性的陈述。以后他分三段历述自己进程的经验,将上面一般性的陈述加以印证。

> 抑又有难者。愈之所为,不自知其至犹未也。虽然学之二十余年矣。始者非三代两汉之书不敢观(此盖在学习上决然与四六文章的系统分途),非圣人之志不敢存(此盖在趋向上决然不诱于势利)。处若忘,行若遗(此言学习的专一)。俨乎其若思,茫乎其若迷(此言学有所得,但尚未能纯熟)。当其取于心(取其所得者于心)而注于手也(而宣之于文),惟陈言之务去(此"陈言"指时文的陈腔滥调而言,指摆脱四六文的一套语言,非泛说),戛戛乎其难哉(使用时文以外的语言,等于是新创造一套语言,这是很不容易的事。当时只有他与柳宗元,宋代则要到欧阳修,才得到成熟)。其观于人,不知其非笑之为非笑也,如是者亦有年。

此段叙述他开始立志之坚毅、取则之高卓、用力之勤苦、创造之艰辛。此乃在《文心雕龙·神思篇》"积学以储宝"四句的阶段。但加上了预定的意志与方向,便不同于"积学以储宝"四句的泛指。

> 犹不改,然后识古书之正伪(按:此处之正伪,系由思想内容言,不关文献。如他以孔、孟为正,以老、韩为伪)与虽正而不至焉者(如他以"荀与扬,大醇而小疵"),昭昭然白黑分矣,而务去之,乃徐有得也(按:此指对书中义理确有得于心,而加以别择)。当其取于心而注于手也,汩汩然来矣(按:此时已经纯熟,故汩汩然来)。其观于人也,笑之则以为喜(喜自己之为

新创),誉之则以为忧(忧其摆脱时文不尽)。以其犹有人之说
者存也。如是者亦有年,然后浩乎其沛然矣。吾又惧其杂也,
迎而拒之,平心而察之(此就创作时,对内容的权衡取舍而
言),其皆醇也,然后肆(发挥)焉。

上一段乃较前一段更进一步的消化、成熟之功。这已经是由知识
而进入于修养。然此种修养工夫主要乃在临文而始见;换言之,这
是创作时的修养。下面一段,则正式进入而为平时(即未创作时)
生活的人格修养。

虽然,不可以不养也(不可不养之于平时)。行之乎仁义
之途,游之乎《诗》《书》之源(源指文字后面的精神)。勿迷其
途,无绝其源,终吾身而已矣。

以儒家思想,作平日的人格修养,将自己的整个生命转化、提
升而为儒家道德理性的生命,以此与客观事物相感,必然而自然地
觉得对人生、社会、政治有无限的悲心,有无限的责任。仅就文学
创作(不仅限于文学创作)来讲,便敞开了无限创作的源泉,以俯视
于蠕蠕而动的为一己名利之私的时文之上。范仲淹《岳阳楼记》中
说:"嗟夫! 予尝求古仁人之心,或异二者(随景物遭遇而或悲或
喜)之为,何哉? 不以物喜,不以己悲。居庙堂之上,则忧其民;处
江湖之远,则忧其君。是进亦忧,退亦忧,然而何时而乐耶? 其必
曰:'先天下之忧而忧,后天下之乐而乐乎!'"这几句话,庶几可以
形容以儒家思想修养人格所得的结果于一二。

六

这里有几点意思须提出加以补充。

第一,文学创造的基本条件,及其成就的浅深大小,乃来自作
者在具体生活中的感发及其感发的浅深大小,再加上表现的能力。

一个作者,只要有高洁的情操,深厚的同情心,便能有高洁深厚的
感发,以形成创作的动机,写出伟大的作品。此时的儒道乃至其他
一切思想,只不过是一种可有可无的外缘。断不可执儒道两家思
想乃至任何其他思想,以部勒古今一切的作品,甚至也不可以此部
勒某一家的全部作品,这在诗的范围内尤其明显。但有一点不容
忽视的是:一位伟大的作家或艺术家,尽管不曾以儒道两家思想作
修养之资,甚至他是外国人,根本不知道有儒道两家思想,可是在
他们创造的心灵活动中,常会不知不觉的,有与儒道两家所把握到
的仁义虚静之心,符应相通之处。因为儒道所把握的心,不是像希
腊系统的哲学一样,顺着逻辑推理向上向前(实际是向外)推出来
的,而是沉潜反省,在生命之内,所体验出来的两种基源地精神状
态。不从表达这种精神状态的形式、格局着眼,而仅从精神状态的
自身去体认,便应当承认"人同此心,心同此理"的判断。任何人可
以不通过儒道两家表现出来的格局,以自力发现、到达与儒道两家
所发现、达到的生命之内的根源之地。世界上伟大作家、艺术家之
所以成为伟大,正因为他们能发现、到达得比一般人更为深切。所
以我年来常感到,从文学艺术上中西的相通,较之从哲学上中西的
相通,实容易而自然。同时,也应指出不仅儒家思想对文学的最大
作用,首先是在于加深、提高、扩大作者的感发;即以老庄为主的道
家思想,我们试从其原典的放达性的语言中,同样可以听到他们深
重叹息之声。不错,他们要从这种深重叹息中求得解放,使精神得
一安息之地,由此而下开以"兴趣"为主的山水诗、田园诗。但没有
深重地叹息,即没有真正地精神解放感。而"兴趣"与"感发",两者
之间,是不断地互相滑动,并没有不可逾越的界域。不仅受老庄思
想影响很大的阮籍的《咏怀》、嵇康的《幽愤》,感发多于兴趣;即在
陶渊明的田园诗中,难说仅有兴趣而没有感发?所以一个作者,可
以有偏向于感发的作品,也可以有偏向于兴趣的作品。王维的"蓝

田"、"辋川"等以兴趣为主的作品,与他的《夷门歌》《老将行》等由感发而来的作品,气象节律,完全不同,但同出于一人之手,即是很显明的例证。魏晋的玄学诗何以没有价值,因为它既无所感发,甚至也没有真正的兴趣,而只是将玄学化为教条而已。

第二,由韩愈所提倡的"文以载道",更进而以儒家思想作文学的人格修养,是否束缚了文学发展的问题;换言之,强调了"道德",是否束缚了"文学"的问题。由乾嘉学派的反宋儒,因而反桐城派的古文,提出此一问题以后,经五四运动以下,逮今日模拟西方反理性的现代文艺派,及在专制下特为发达的歌功颂德派,对这一点的强调,可说是愈演愈烈;以至只要说某种作品是文以载道派,某种作品便被打倒了。我应藉此机会,将此问题加以澄清。

首先是:一位作者的心灵与道德规范,事实上是隔断而为二,写作的动机,并非出于道德心灵的感发,而只从文字上把道德规范套用上去,甚至是伪装上去,此时的道德便成为生硬地教条,凡是教条,便都有束缚性、压抑性,自然也束缚了文学应有要求的发展。

其次,假定如前所述,由修养而道德内在化,内在化为作者之心。"心"与"道德"是一体,则由道德而来的仁心与勇气,加深扩大了感发的对象与动机,能见人之所不及见,感人之所不能感,言人之所不敢言,这便只有提高、开拓文学作品的素质与疆宇,有何束缚可言。古今中外真正古典地、伟大地作品,不挂道德规范的招牌,但其中必然有某种深刻地道德意味以作其鼓动地生命力。道德实现的形式可以变迁,但道德的基本精神,必为人性所固有,必为个人与群体所需要。西方有句名言是:"道德不毛之地,即是文学不毛之地。"这是值得今日随俗浮沉的聪明人士,加以深思熟考的。

又其次,人类一切文化,都是归结于为人类自身的生存、发展,文学也不例外。假定道德真正束缚了文学,因而须通过文学以反道德,则人类在二者选一的情势之下,为了自身长久利益,也只有选择道德而放弃文学。以反道德猎取个人利益的黄色作家、黑色作家,我认为与贩毒者并无分别。

其实,真正束缚文学发展的最大障碍的,是长期的专制政治。假定把诸子百家的著作,都从文学作品去加以衡量,则先秦的作品,把《诗经》、《楚辞》包括在内,反成为中国文学发展的高峰。何以故?因为尚没有出现专制政治。东汉文学何以不及西汉,因为开国的局面及言论尺度,西汉较东汉为宽大。宋代文学不如唐;明代文学不如宋;清代除明清之际及咸光以后的文学外,不如明,是因为专制一代胜过一代。何以在改朝换代之际,反而常出现好的作品,因为此乃新旧专制脱节的时代。[……]文学的生命是对人世、人类不合理的事物,而有所感发。在专制之下,刀锯在前,鼎镬在后,贬逐饥寒弥漫于前后之间,以设定人类良心所不能触及的禁区;凡是最黑暗、最残暴、最反人性的,禁区的禁愈严。时间一久,多数人变麻木了,有的人变为走向反面的爬虫动物了。最好的作家,为了求得生命最低条件的存在,也不能不自觉地或不自觉地限制自己的感发,或在表达自己的感发时,从技巧上委曲求全,以归于所谓"温柔敦厚"。试以大文学家苏轼为例:他于元丰二年(年四十四)三月,由何正臣等人,摭录他的诗文表中若干文字,说他讥讽朝廷,送御史台狱,想在他平日所作的十四首诗中,锻炼成他的死罪。这即是有名的"乌台诗案"。从现在看来,他的诗文中是有偶然露出一点因感发而来的不平之气,若连这点不平之气也没有,还作什么诗呢?但竟因此把这位大天才陷于"魂飞汤火命如鸡"(《狱中寄子由》))的境地。他虽因神宗母亲临终时的解救,改在黄州安置,尔后又贬惠州,再贬琼州,这都是不明不白的受了文字之累。他虽常以道家思想作自己遭遇中的排遣,如前后《赤壁赋》特为显著,但到琼州后,终于不得不以"管宁投老终归去,王式当年本不来"之句,唱出他在专制下毕生的悲愤,这便不是儒道两家思想所得而担当排遣的。中国历史中无数天才,便在这种专制下压抑以死。不从这种根本地方去了解中国文学乃至整个学术,何以会连续走着退化的路,却把责任推到儒家的道德之教身上,以至今日稍有良知良识的智识分子,"来"无存身之地,"归"无可往之乡,较苏东坡更为悲惨;于此而高谈文学创作,使我不能不有一片苍白迷茫之感了。

（本文原载 1981 年 2 月出版的《海外学人》第 103 期。选自《徐复观文集》,湖北人民出版社 2002 年版）

徐复观（1903—1982）,湖北浠水人,先后在浠水、武昌、日本求学。自 1952 年起,他先后在台湾省立农学院、私立东海大学、香港新亚研究所任教授。主要著作有《中国人性论史·先秦篇》、《中国艺术精神》等。

本文指出,儒家思想对文学家的人格修养的意义在于:将自己的整个生命转化、提升而为儒家道德理性的生命,进而对社会、政治、人生负有无限的责任。

诗 可 以 怨

钱钟书

到日本来讲学,是很大胆的举动。就算一个中国学者来讲他的本国学问,他虽然不必通身是胆,也得有斗大的胆。理由很明白简单。日本对中国文化各个方面的卓越研究,是世界公认的;通晓日语的中国学者也满心钦佩和虚心采用你们的成果,深知道要讲一些值得向各位请教的新鲜东西,实在不是轻易的事。我是日语的文盲,面对着贵国"汉学"或"支那学"研究的丰富宝库,就像一个既不懂号码锁、又没有开撬工具的穷光棍,瞧着大保险箱,只好眼睁睁地发愣。但是,盲目无知往往是勇气的源泉。意大利有一句嘲笑人的惯语,说"他发明了雨伞"(ha inventato l'ombrello)。据说有那么一个穷乡僻壤的土包子,一天在路上走,忽然下起小雨来了,他凑巧拿着一根棒和一方布,人急智生,把棒撑了布,遮住头顶,居然到家没有淋得像落汤鸡。他自我欣赏之余,也觉得对人类作出了贡献,应该公诸于世。他风闻城里有一个"发明品注册专利局",就兴冲冲拿棍连布,赶进城去,到那局里报告和表演他的新发明。局里的职员听他说明来意,哈哈大笑,拿出一把雨伞来,让他看个仔细。我今天就仿佛那个上注册局去的乡下佬,孤陋寡闻,没见识过雨伞。不过,在找不到屋檐下去借躲雨点的时候,棒撑着布也还不失为自力应急的一种有效办法。

尼采曾把母鸡下蛋的啼叫和诗人的歌唱相提并论,说都是"痛苦使然"(Der Schmerz macht Huhner und Dichter gackern)①。这个家常而生动的比拟也恰恰符合中国文艺传统里一个流行的意见:苦痛比快乐更能产生诗歌,好诗主要是不愉快、苦恼或"穷愁"的表现和发泄。这个意见在中国古代不但是诗文理论里的常谈,而且成为写作实践里的套板。因此,我们惯见熟闻,习而相忘,没有把它当作中国文评里的一个重要概念而提示出来。我下面也只举一些最平常的例来说明。

《论语·阳货》讲:"诗可以兴,可以观,可以群,可以怨";"怨"只是四个作用里的一个,而且是末了一个。《诗·大序》并举"治世之音安以乐"、"乱世之音怨以怒"、"亡国之音哀以思",没有侧重或倾向哪一种"音"。《汉书·艺文志》申说"诗言志",也不偏不倚:"故哀乐之心感,而歌咏之声发。"司马迁也许是最早不两面兼顾的人。《报任少卿书》和《史记·自序》历数古来的大著作,指出有的是坐了牢写的,有的是贬了官写的,有的是落了难写的,有的是身体残废后写的;一句话,都是遭贫困、疾病、甚至刑罚磨折的倒霉人的产物。他把《周易》打头,《诗三百篇》收梢,总结说:"大抵圣贤发愤之所为作也",还补充一句:"此人皆意有所郁结。"那就是撇开了"乐",只强调《诗》的"怨"或"哀"了;作《诗》者都是"有所郁结"的伤心不得志之士,诗歌也"大抵"是"发愤"的悲鸣或怒喊了。中国成语里似乎反映了这个情况。乐府古辞《悲歌行》:"悲歌可以当泣,远望可以当归",从此"长歌当哭"是常用的词句;但是相应的"长歌当笑"那类说法却不经见,尽管有人冒李白的大牌子,作了《笑歌行》。"笑吟吟"的"吟"字并不等同于"新诗改罢自长吟"的"吟"字。

司马迁的意见,刘勰曾顺便提一下,还用了一个巧妙的譬喻。

---

① 《扎拉图斯脱拉如是说》(Also sprach Zarathustra)第四部,许来许太(K. Schlechta)编《尼采集》(1955)第 2 册 527 页。

《文心雕龙·才略》讲到冯衍:"敬通雅好辞说,而坎壈盛世;《显志》、《自序》亦蚌病成珠矣。"就是说他那两篇文章是"郁结"、"发愤"的结果。刘勰淡淡带过,语气不像司马迁那样强烈,而且专说一个人,并未扩大化。"病"是苦痛或烦恼的泛指,不限于司马迁所说"左丘失明"那种肉体上的害病,也兼及"坎壈"之类精神上的受罪,《楚辞·九辩》所说:"坎壈兮贫士失职而志不平。"北朝有个姓刘的人也认为困苦能够激发才华,一口气用了四个比喻,其中一个恰好和南朝这个姓刘人所用的相同。刘昼《刘子·激通》:"梗楠郁蹙以成缛锦之瘤,蚌蛤结痾而衔明月之珠,鸟激则能翔青云之际,矢惊则能逾白雪之岭,斯皆仍瘁以成明文之珍,因激以致高远之势。"后世像苏轼《答李端叔书》:"木有瘿,石有晕,犀有通,以取妍于人,皆物之病",无非讲"仍瘁以成明文",虽不把"蚌蛤衔珠"来比,而"木有瘿"正是"梗楠成瘤"①。西洋人谈起文学创作,取譬巧合得很。格里巴尔泽(Franz Grillparzer)说诗好比害病不作声的贝壳动物所产生的珠子(die Perle, das Erzeugnis deskranken stillen Muscheltieres);福楼拜以为珠子是牡蛎生病所结成(la perle est une maladie de l'hu itre),作者的文笔(le style)却是更深沉的痛苦的流露(l'écoulementd'une douleur plus profonde)②。海涅发问:诗之于人,是否像珠子之于可怜的牡蛎,是使它苦痛的病料(Wie die Perle, die Krankheitsstoff, woran das arme Austertier leidet)③。豪

---

①　参看赵翼《瓯北诗钞》七言律三《闻心余京邸病风却寄》之二:"木有文章原是病,石能言语果为灾";龚自珍《破戒草》卷下《释言》:"木有刘彰曾是病,虫多言语不能天。"
②　墨希格(Walter Muschg)《悲剧观的文学史》(*Tragische Literatur geschichte*)第3版(1957)415页引了这两个例。
③　《论浪漫派》(*Die Romantische Schule*)2卷4节,《海涅诗文书信合集》(东柏林,1961)5册98页。

斯门(A. E. Housman)说诗是一种分泌(a secretion),不管是自然的 (natural)分泌,像松杉的树脂(like the turpentine in the fir),还是 病态的(morbid)分泌,像牡蛎的珠子(like the pearl in the oys-ter)①。看来这个比喻很通行。大家不约而同地采用它,正因为它 非常贴切"诗可以怨","发愤所为作"。可是,《文心雕龙》里那句话 似乎历来没有博得应得的欣赏。

司马迁举了一系列"发愤"的著作,有的说理,有的记事,最后 把《诗三百篇》笼统都归于"怨",作为其中一个例子。钟嵘单就诗 歌而论,对这个意思加以具体发挥。《诗品·序》里有一节话,我们 一向没有好好留心。"嘉会寄诗以亲,离群托诗以怨,至于楚臣去 境,汉妾辞宫;或骨横朔野,魂逐飞蓬;或负戈外戍,杀气雄边,塞客 衣单,孀闺泪尽;或士有解佩出朝,一去忘反,女有扬蛾入宠,再盼 倾国。凡斯种种,感荡心灵,非陈诗何以展其义? 非长歌何以骋其 情? 故曰:'诗可以群,可以怨。'使穷贱易安,幽居靡闷,莫尚于诗 矣!"说也奇怪,这一节差不多是钟嵘同时人江淹那两篇名文—— 《别赋》和《恨赋》——的提纲。钟嵘不讲"兴"和"观",虽讲起"群", 而所举压倒多数的事例是"怨",只有"嘉会"和"入宠"两者无可争 辩地属于愉快或欢乐的范围。也许"无可争辩"四个字用得过分 了。"扬蛾入宠"很可能有苦恼或"怨"的一面,譬如《全晋文》卷一 三九左九嫔《离思赋》就怨恨自己"入紫庐"以后,"骨肉至亲,永长

① 《诗的名称和性质》(*The Name and Nature of Poetry*),卡特(J. Carter)编《豪斯门散文选》(1961)194 页。豪斯门紧接着说自己的诗都是"健 康欠佳"(out of health)时写的;他所谓的"自然的"就等于"健康的,非病态的"。 加尔杜齐(Giosué Carducci)痛骂浪漫派把诗说成情感上"自然的分泌"(se-crezione naturale),见布赛托(N. Busetto)《乔稣埃·加尔杜齐》(1958)492 页 引;他所谓"自然的"等于"信手写成的,不经艺术琢磨的"。前一意义上"不自 然的(病态的)分泌"也可能是在后一意义上"自然的(不加工的)分泌"。

辞兮!"因而"欷歔涕流";《红楼梦》第一八回里的贾妃不也感叹"今虽富贵,骨肉分离,终无意趣"么? 同时,按照当代名剧《王昭君》的主题思想,"汉妾辞宫"绝不是"怨",少说也算得是"群",简直就是良缘"嘉会",欢欢喜喜到胡人那里去"扬蛾入宠"了。但是,看《诗品》里这几句平常话时,似乎用不着那样深刻的眼光,正像在日常社交生活里,看人看物都无须荧光检查式的透视。《序》结尾又举了一连串的范作,除掉失传的篇章和泛指的题材,过半数都可以说是"怨"诗。至于《上品》里对李陵的评语:"生命不谐,声颓身丧,使陵不遭辛苦,其文亦何能至此!"更明白指出了后来所谓"诗必穷而后工"①。还有一点不容忽略。同一件东西,司马迁当作死人的防腐溶液,钟嵘却认为是活人的止痛药和安神剂。司马迁《报任少卿书》只说"舒愤"而著书作诗,目的是避免姓"名磨灭"、"文彩不表于后世",着眼于作品在作者身后起的功用,能使他死而不朽。钟嵘说:"使穷贱易安,幽居靡闷,莫尚于诗";强调了作品在作者生时起的功用,能使他和艰辛孤寂的生涯妥协相安,换句话说,一个人失意不遇,全靠"诗可以怨",获得了排遣、慰藉或补偿。大家都熟知弗洛伊德的有名理论:在实际生活里不能满足欲望的人,死了心作退一步想,创造出文艺来,起一种替代品的功用(Ersatz für den Triebverzicht),借幻想来过瘾(Phantasie befriedigungen)②。假如说,弗洛伊德这个理论早在钟嵘的三句话里稍露端倪,那也许不是牵强拉拢,而只是请大家注意他们似曾相识罢了。

在某一点上,钟嵘和弗洛伊德可以对话,而有时候韩愈跟司马迁也会说不到一处去。《送孟东野序》是收入旧日古文选本里给学僮们读熟读烂的文章。韩愈一开头就宣称:"大凡物不得其平则

---

① 参看《管锥编》935—937 页。
② 弗洛伊德《全集》(伦敦,1950)第 14 册 335 又 433 页。

鸣。……人声之精者为言,文辞之于言,又其精也";历举庄周、屈原、司马迁,相如等大作家作为"善鸣"的例子,然后隆重地请出主角:"孟郊东野始以其诗鸣。"一般人认为"不平则鸣"和"发愤所为作"涵义相同;事实上,韩愈和司马迁讲的是两码事。司马迁的"愤"就是"坎壈不平"或通常所谓"牢骚";韩愈的"不平"和"牢骚不平"并不相等,它不但指愤郁,也包括欢乐在内。先秦以来的心理学一贯主张:人"性"的原始状态是平静,"情"是平静遭到了骚扰,性"不得其平"而为情。《乐记》里两句话:"人生而静,感于物而动",具有代表性,道家和佛家经典都把水因风而起浪作为比喻①。这个比喻后来被儒家借为己有。《礼记·中庸》"天命之谓性"句下,孔颖达《正义》引梁五经博士贺玚说:"性之与情,犹波之与水,静时是水,动则是波,静时是性,动则是情。"韩门弟子李翱《复性书》上篇就说:"情者,性之动。水泪于沙,而清者浑,性动于情,而善者恶";甚至深怕和佛老沾边的宋儒程颐《伊川语》(《河南二程遗书》卷一八)也不避嫌疑:"湛然平静如镜者,水之性也。及遇沙石或地势不平,便有湍激,或风行其上,便为波涛汹涌,此岂水之性也哉!……然无水安得波浪,无性安得情也?"我们也许该把韩愈那句话安置在这个"语言天地"里,才能理解它的意义。按照古代心理学,不论什么情感都表示"性"暂时失去了本来的平静,不但愤郁是"性"的骚动,欢乐也一样好比水的"湍激"或"汹涌"。所以,韩愈《送高闲上人序》里一节应当这样句读:"喜怒窘穷,忧悲愉佚,怨恨思慕,酣醉无聊,不平有动于心,必于草书焉发之";"有动"和"不平"就是同一事态的正负两种说法,重言申明,概括"喜怒","悲愉"等情感。只要看《送孟东野序》的结尾:"抑不知天将和其声而使鸣

---

① 参看《管锥编》1211—1112页。

国家之盛耶？抑将穷饿其身，思愁其心肠，而使自鸣其不幸耶？"很清楚，得志而"鸣国家之盛"和失意而"自鸣不幸"，两者都是"不得其平则鸣"。韩愈在这里是两面兼顾的，正像《汉书·艺文志》讲"歌咏"时，并举"哀乐"，而不像司马迁那样的偏主"发愤"。有些评论家对韩愈的话加以指摘①，看来由于他们对"不得其平"理解得太狭窄了，把它和"发愤"混淆。黄庭坚有一联诗："与世浮沉唯酒可，随时忧乐以诗鸣"（《山谷内集》卷一三《再次韵兼简履中南玉》之一）；下句的"来历"正是《送孟东野序》。他很可以写"失时穷饿以诗鸣"或"违时侘傺以诗鸣"等等，却用"忧乐"二字来申说"不平"，也算是懂事的好读者。

　　韩愈确曾比前人更明确地规定了"诗可以怨"的观念，那是在他的《荆潭唱和诗序》里。这篇文章是恭维两位写诗的大官僚的，恭维——请注意！——恭维他们的诗居然比得上穷书生的诗，"王公贵人"能"与韦布里闾憔悴之士较其毫厘分寸"。言外之意就是把"憔悴之士"的诗作为检验的标准，因为有一个大前提："夫和平之音淡薄，而愁思之声要眇，欢愉之辞难工，而穷苦之言易好也。"《全宋文》卷一九王微《与从弟僧绰书》："文词不怨思抑扬，则流淡无味"，正是说"和平之音淡薄"。所以，穷书生的诗才是诗的权衡。推崇"王公贵人"也正是抬高"憔悴之士"；恭维而没有一味拍捧，世故而不是十足势利，应酬大官僚的文章很难这样有分寸。司马迁、钟嵘只说穷愁使人作诗、作好诗，王微只说文词不怨就不会好；韩愈把反面的话添上去了，说快乐虽也使人作诗，但作出的不会是很好或最好的诗。有了这个补笔，就题无剩义了。韩愈的大前提有它的一些事实基础。我们不妨说，虽然"穷苦之言"的诗在质量上

――――――――――

　　①　参看沈作喆《寓简》卷四，洪迈《容斋随笔》卷四，钱大昕《潜研堂文集》卷二六《李南涧诗序》，谢章铤《藤阴客赘》。

未必就比"欢愉之词"的诗来得好,但是"穷苦之言"的好诗在数量上的确比"欢愉之词"的好诗来得多。因为"穷苦之言"的好诗比较多,从而断言只有"穷苦之言"才构成好诗,这在推理上有问题,韩愈犯了一点儿逻辑错误。不过,他的错误不很严重,他也找得着有名的同犯,例如十九世纪西洋的几位浪漫诗人。我们在学生时代念的通常选本里,就读到下面这类名句:"最甜美的诗歌就是那些诉说最忧伤的思想的"(our sweetest songs are those that tell of saddest thoughts);"真正的诗歌只出于深切苦恼所炽燃着的人心"(und es kommt das echte Lied/Einzig aus dem Menschenherzen, / Das ein tiefes Leid durchglüht);"最美丽的诗歌就是最绝望的,有些不朽的篇章是纯粹的眼泪"(Les plus désésprés sont les chants les plus beaux, /Et j'en sais d'immortels quisont de purs sanglots)①。上文提到尼采和弗洛伊德。称赏尼采而不赞成弗洛伊德的克罗采也承认诗是"不如意事"的产物(La poesia, come è stato ben detto, nasce dal "desiderio insoddisfatto")②;佩服弗洛伊德的文笔的瑞士博学者墨希格(Walter Muschg)甚至写了一大本《悲剧观的文学史》,证明诗常是隐蔽着的苦恼(fast immer, wenn auch oft verhüllt, eine Form des Leidens)③,可惜他没有听到中国古人的意见。

　　没有人愿意饱尝愁苦的滋味——假如他能够避免;没有人不愿意作出美好的诗篇——即使他缺乏才情;没有人不愿意取巧省事——何况他不至于损害旁人。既然"穷苦之言易好",那末,要写

---

① 雪莱《致云雀》(*To a Skylark*);凯尔纳(Justinus Kerner)《诗》(*Poesie*);缪塞(Musset)《五月之夜》(*La Nuit de Mai*)。

② 《诗论》(*La Poesia*)第 5 版(1953)158 页。

③ 《悲剧观的文学史》16 页。

好诗就要说"穷苦之言"。不幸的是，"憔悴之士"才能说"穷苦之言"。白居易《读李、杜诗集因题卷后》："不得高官职，仍逢苦乱离；暮年逢客恨，浮世谪仙悲。……天意君须会，人间要好诗。"作出好诗，得经历卑屈、乱离等愁事恨事，这代价可不算低，不是每个作诗的人所乐意付出的。于是长期存在一个情况：诗人企图不出代价或希望减价而能写出好诗。小伙子作诗"叹老"，大阔佬作诗"嗟穷"，好端端过着闲适日子的人作诗"伤春"、"悲秋"。例如释文莹《湘山野录》卷上评论寇准的诗："然富贵之时，所作皆凄楚愁怨。……余尝谓深于诗者，尽欲慕骚人清悲怨感，以主其格。"这原不足为奇；语言文字有这种社会功能，我们常常把说话来代替行动，捏造事实，乔装改扮思想和情感。值得注意的是：在诗词里，这种无中生有(fabulation)的功能往往偏向一方面。它经常报忧而不报喜，多数表现为"愁思之声"而非"和平之音"，仿佛鳄鱼的眼泪，而不是《爱丽斯梦游奇境记》里那条鳄鱼的"温和地微笑嘻开的上下颚"(gently smiling jaws)。我想起刘禹锡《三阁词》描写美人的句子："不应有恨事，娇甚却成愁"，传统里的诗人并无"恨事"而"愁"，表示自己才高，正像传统里的美人并无"恨事"而"愁"，表示自己"娇多"①。李贽读了司马迁"发愤所为作"那句话，感慨说："由此观之，古之贤圣不愤则不作矣。不愤而作，譬如不寒而颤、不病而呻也。虽作何观乎！"(《焚书》卷三《〈忠义水浒传〉序》)。"古代"是招唤不回来的，成"贤"成"圣"也不是一般诗人能够和愿意的，"不病而呻"已成为文学生活里不能忽视的现象。也就是刘勰早指出来的："心非郁陶，……此为文而造情也"(《文心雕龙·情采》)，或范成大所嘲讽的："诗人多事惹闲情，闭门自造愁如许"

①　吴曾《能改斋漫录》卷一六王辅道《浣溪沙》："娇多无事做凄凉"，就是刘禹锡的语意。

(《石湖诗集》卷一七《陆务观作〈春愁曲〉,悲甚,作此反之》)①。南北朝二刘不是说什么"蚌病成珠"、"蚌蛤结疴而衔珠"么?诗人"不病而呻",和孩子生"逃学病",要人生"政治病",同样是装病、假病。不病而呻包含一个希望:有那样便宜或侥幸的事,假病会产生真珠。假病能不能装得像真,假珠子能不能造得乱真,这也许要看本领或艺术。诗曾经和形而上学、政治并列为"三种哄人的顽意儿"(die drei Täuschungen)②,不是完全没有原因的。当然,作诗者也在哄自己。

我只想举三个例。第一例是一位名诗人批评另一位名诗人。张末取笑秦观说:"世之文章多出于穷人,故后之为文者喜为穷人之辞。秦子无忧而为忧者之辞,殆出于此耶?"(《张右史文集》卷五一《送秦观从苏杭州为学序》)。第二例是一位名诗人的自白。辛弃疾《丑奴儿》词承认:"少年不识愁滋味,爱上层楼,爱上层楼,为赋新词强说愁。而今识尽愁滋味,欲说还休,欲说还休,却道天凉好个秋";上半阕说"不病而呻"、"不愤而作",下半阕说出了人生和写作里另一个事实,缄默——不论是说不出来,还是不说出来——往往意味和暗示着极端("尽")厉害的"病"痛、极端深切的悲"愤"。第三例是有关一个姓名不见经传的作家的故事。有个名叫李廷彦的人,写了一首百韵排律,呈给他的上司请教,上司读到里面一联:"舍弟江南没,家兄塞北亡!"非常感动,深表同情说:"不意君家凶

---

① 范成大诗说:"多事",王辅道词说"无事",字面相反,意蕴相合。单字单词的意义构成了整句整篇的意义而又被它支配;部分和全体之间是循环往反的关系。参看《管锥编》169—172 页;又斯比泽(L. Spitzer)《语言学与文学史》(*Linguistics and Literary History*)自注 6,弗理门(D. Freeman)编《语言学与文风论文集》(*Linguistics and Literary Style*)(1970)36—38 页。

② 让·保尔(Jean Paul)《美学导论》(*Vorschule der Aesthetik*)第 52 节引托里尔特(Thomas Thorild)的话,《让·保尔全集》(1965)第 5 册 193 页。

祸重并如此!"李廷彦忙站起来恭恭敬敬回答:"实无此事,但图属对亲切耳。"这事传开了,成为笑谈,有人还续了两句:"只求诗对好,不怕两重丧"(陶宗仪《说郛》卷三二范正敏《遁斋闲览》、孔齐《至正直记》卷四)。显然,姓李的人根据"穷苦之言易好"的原理写诗,而且很懂诗要写得具体,心情该在实际事态里体现出来。假如那位上司没有当场询问,我们这些后世的研究者受了实证主义(positivism)的影响,未必想到姓李的在那里"无忧而为忧者之辞"。倒是一些普通人看腻了这种风气或习气的作品。南宋一个"蜀妓"写给她情人一首《鹊桥仙》词:"说盟说誓,说情说意,动便春愁满纸。多应念得《脱空经》,是那个先生教底?"(周密《齐东野语》卷一一);"脱空"就是虚诳、撒谎①。海涅的一首情诗里有两句话,恰恰可以参考:"世上人不相信什么爱情的火焰,只认为是诗里的词藻"(Diesé welt glaubt nicht an Flammen,／und sie nimmt's für Poesie)②。"春愁"、"情焰"之类也许是作者"姑妄言之",读者往往只消"姑妄听之"。我们在文学研究中,似乎恢复了小孩子时代的天真老实,把白纸上的黑字认真坐实,有时碰见"脱空经",也看作纪实录。当然,"脱空经"的花样不一,不仅是许多抒情诗词,譬如有些忏悔录、回忆录、游记甚至于历史,也可以归入这个范畴。

　　我开头说,"诗可以怨"是中国古代的一种文学主张。在信口开河的过程里,我牵上了西洋近代。这是很自然的事。我们讲西洋,讲近代,也会不知不觉地远及中国,上溯古代。人文科学的各个对象彼此系连,交互渗透,不但跨越国界,衔接时代,而且贯串着

---

　　①　与"梢空"同意。"经"是佛所说,有"经"必有佛;《宣和遗事》卷上宋徽宗封李师师就说:"岂有浪语天子脱空佛?"

　　②　海涅《新诗集》(*Neue Gedichie*)第35首,《诗文书信合集》第1册230页。

不同的学科。由于人类智力和生命的严峻局限,我们为方便起见,只得把研究领域圈得愈来愈窄,把专门学科分得愈来愈细。此外没有办法。所以,成为某一门学问的专家,在客观上是不得已的事,尽管在主观上是得意的事。"诗可以怨"也牵涉到更大的问题。古代评论诗歌,重视"穷苦之言",而古代欣赏音乐,也"以悲哀为主"①;这两个类似的传统有没有共同的心理基础? 悲剧已遭现代新批评家鄙弃为要不得的东西了②,然而历史上占优势的理论认为这个剧种比喜剧伟大③;那种传统看法和压低"欢愉之词"是否也有共同的心理基础? 一个谨严安分的文学研究者尽可以不理会这些问题,但不妨认识到它们的存在。

(原载《文学评论》1981 年 1 月号)

　　钱钟书(1910—2001),现代著名作家、学者。江苏无锡人。主要著作有短篇小说集《人兽鬼》,长篇小说《围城》,散文集《写在人生边上》,论著《谈艺录》、《旧文四篇》、《管锥编》等。

　　本文认为"诗可以怨"是中国古代的一种文学主张,同时也符合西方文学创作的实际。此文也是比较文学中国学派的代表作之一。

①　参看《管锥编》946—949 页。

②　例如罗勃—格理叶(Alain Robbe - Grillet)《为新派小说辩护》(*Pour un nouveau Roman*)(1963)55 页引巴尔脱(Roland Barthes)的话,参看 66—67 页。

③　黑格尔也许是重要的例外,他把喜剧估价得比悲剧高;参看普罗阿(S.S.Prawer)《马克思与世界文学》(*Karl Marx and World Literature*(1976)270 页自注 99 提示的那两节。

评孔丘的"正乐"思想

蒋孔阳

在殷周的奴隶社会中,礼和乐是相须为用的。周公最大的政治措施之一,便是"制礼作乐"。但是,把"礼"和"乐"连接在一起,成为一个专门的名词,并形成了一套完整的哲学和美学的思想体系的,却是从孔丘开始。孔丘以六艺教,六艺的头两项就是礼和乐。他在《论语》中,也一再谈到"礼乐",如:"乐节礼乐"、"礼乐征伐"(《季氏篇》)、"先进于礼乐"、"后进于礼乐"(《先进篇》)、"文之以礼乐"(《宪问篇》)等,均是。当时其他各家,也都把礼乐当成是以孔丘为代表的儒家的重要思想之一。例如墨翟就说儒者"繁饰礼乐以淫人"(《墨子·非儒下》);庄周也说:"其在于诗书礼乐者,邹鲁之士,搢绅先生,多能明之。"(《庄子·天下篇》)因此,我们要谈孔丘的"正乐"思想,不能离开了礼,单独谈乐。对于儒家来说,"礼乐"是一个完整的概念,儒家的美学思想应当说就是礼乐思想。孔丘"正乐",主要的不外两个目的:(1)他要用"礼"来统帅"乐"。他所要正的"乐",不是其他的"乐",而是要能够为"礼"服务的"乐"。(2)他要用"礼乐"来反对其他非礼之"乐",如像郑卫之音等。因此,他提出"礼乐"这个口号来,不仅有音乐上的美学意义,而且是具有鲜明的政治倾向性的。

这样,为了更好地理解孔丘"正乐"的思想,我们有必要先探讨一下孔丘的政治倾向性。什么是孔丘的政治倾向性呢? 对于这个问题,历来有两种相反的看法:一种认为孔丘是没落的奴隶主贵族,他周游列国,讲学和从政,都是为了复辟西周的奴隶制度,因此,他的政治倾向完全是反动的;另一种则认为孔丘袒护乱党,反对人殉,主张"爱人",主张用仁政来反对奴隶主的暴政,因此是进步的。这两种看法,我们认为都看到了问题的一面,各有其一定的道理,但却都是片面的。从阶级出身来说,孔丘的确是没落的奴隶主贵族,他的政治理想也的确是要复辟西周的奴隶制度,他所鼓吹的"礼乐",实际上是把周公"制礼作乐"的思想加以理想化和系统化,因此,从整个思想体系和政治倾向来说,孔丘无疑的是一个保守派。他一再说:"吾从周"(《八佾篇》)、"如有用我者,吾其为东周乎?"(《阳货篇》)甚至连做梦都忘记不了周公,"久矣吾不复梦见周公"(《述而篇》),就是具体的说明。但是,他这个奴隶主贵族又是没落了的,他不仅"贫且贱",而且一生不得意,"斥乎齐,逐乎宋、卫,困于陈、蔡之间。"(《史记·孔子世家》),"累累乎若丧家之犬"。正因为这样,所以他对于人民的疾苦和奴隶主的暴政,又是有比较深刻的认识和体会的。《礼记·檀弓下》中"苛政猛于虎"这句名言,就是他提出来的。他要用仁政来反对苛政,用德政来反对暴政。为了达到这个目的,一方面,他把西周的奴隶制加以美化,以作为托古改制的根据;另方面,他又适应新的阶级斗争形势的需要,对奴隶制提出了一些改革的主张。孟轲说孔丘是"圣之时者也",这个"时"字,很能说明问题。"山梁雌雉,时哉时哉!"(《乡党篇》)他看到野鸡因危而飞,因安而集,就连连发出了"时哉时哉"的感慨[1],他看到流水,觉得一切都在变,于是又发出了"逝者如斯乎?不舍昼夜!"的叹息。他尊为经典之一的《易经》,他从中所体会到

---

[1] 参看商承祚:《"色斯举矣……"新论》,《中山大学学报》1963年第3期。

的重要道理之一,也是"变通者,趣时者也"(《易·系辞下》)。这样,孔丘并不是一个顽固的保守派,而是一个革新的保守派。他"席不暇暖","知其不可而为之"(《宪问篇》),他要把奴隶制加以改良,使之适应时代的变化,从而达到维护和巩固奴隶制的目的。他固然"述而不作,信而好古"、"好古敏以求之"(《述而篇》),但他"温故"是为了"知新"(《为政篇》),他对三代的文物制度都不是死死地抱住不放,而是要因时而有所"损益","择其善者而从之"。惟其如此,他才既有继承,又有创新,成为当时第一个"显学"。后代的封建统治阶级还没有把他神化以前,具有独立见解的历史学家司马迁,就情不自禁地赞叹说:"天下君王至于贤人众矣,当时则荣,没则已焉。孔子布衣,传十余世,学者宗之。自天子王侯,中国言六艺者折中于夫子,可谓至圣矣。"(《孔子世家》)

正是从这种革新的保守派的政治立场出发,孔丘提出了"正乐"的主张。所谓"正",包含得有整顿、改正和革新的意思;所谓"乐",就是为殷周奴隶主的礼制服务的乐。因此,他的"正乐",既是要恢复殷周的礼乐制度,而又加进了新的内容。这一新的内容,主要是"仁"。"人而不仁如礼何!人而不仁如乐何!"(《八佾篇》)离开了"仁",礼和乐都没有什么意思。只有充实了新的仁的内容的时候,才能够"道之以德,齐之以礼",才能够"以乐化民"。因此,孔丘"正乐",就是要用他的所谓"礼乐",来推行他所向往的仁政和德政,来使殷周的奴隶制重新恢复生命!

然而,孔丘栖栖惶惶,是要从政的。他每时每刻都在幻想着:"如有用我者"。他的思想和言论,多是关于政治与伦理的。他讲求实际,不爱"怪力乱神"之类的空谈。那么,对于音乐他又为什么会如此重视呢?要回答这个问题,首先我们应当知道,他是一个非常懂得音乐的人。他会唱歌:

子与人歌而善,必使反之,而后和之。(《述而篇》)

子于是日哭,则不歌。(《述而篇》)

他会击磬鼓瑟:

子击磬于卫,有荷蒉而过孔氏之门者,曰:"有心哉!击磬乎?"(《宪问篇》)

孺悲欲见孔子,孔子辞以疾,将命者出户,取瑟而歌,使之闻之。(《阳货篇》)

他对于音乐也具有很高的欣赏和评论的能力:

师挚之始,关雎之乱,洋洋乎盈耳哉!(《泰伯篇》)

乐其可知也。始作,翕如也;从之,纯如也,皦如也,绎如也;以成。(《八佾篇》)

他的弟子,也都很懂得音乐。他们讲学,经常是弦歌不断。甚至危难之时,困于陈、蔡,"不得行,绝粮。从者病,莫能兴。"他们依然"讲诵弦歌不衰"(《孔子世家》)。"孔子游于匡,宋人围之数匝,而弦歌不辍。"(《庄子·秋水篇》)他们从政,也要弦歌。例如子路为武城宰,"子之武城,闻弦歌之声。"(《阳货篇》)遗风所及,到了汉高祖诛项籍,引兵围鲁,"鲁中诸生尚讲诵习礼,弦歌之音不绝。"正因为这样,所以反对儒家的人,常用"弦歌"来骂他们。例如墨翟就说:

孔某盛容修饰以蛊世,弦歌鼓舞以聚徒,繁登降之礼以示仪,务趋翔之节以观众。(《墨子·非儒下》)

(儒者)弦歌鼓舞,习为声乐。(《墨子·公孟篇》)

后世称赞儒家的人,也用"弦歌"来代表他们。例如张孝祥的词《六州歌头》说:"洙泗上,弦歌地",即是一例。由于孔丘和儒家与音乐的关系这样密切,所以后世有不少关于孔丘和音乐的传说。刘向《说苑》就记载了这样一个故事:

孔子至齐郭门外,遇婴儿,其视精,其心正,其行端,孔子曰:"趣驱之,趣驱之,韶乐将作。"

明人朱载堉在其所著《乐律全书》中,有"先学诗乐而后经义益明"的说法。那就是说,因为孔丘经常谈到音乐和诗歌,所以只有当我们懂得了音乐和诗歌,才能更深更多地领会孔丘著作的涵义。朱载堉的讲法不一定完全正确,但从这里,我们却可以看出来,孔丘对于音乐的修养是怎样的高,音乐在他的思想中占有怎样的地位。正因为这样,所以他才把"正乐"作为他的重要活动和任务之一。

其次,孔丘的"正乐",还和他站在没落的奴隶主贵族的立场分不开。他对于西周的礼乐制度非常向往。他认为理想的政治,就是按照礼乐的方式来推行仁政和德政。然而,当时的客观形势却是一个"礼崩乐坏"的局面。因此,为了挽救这一个局面,补苴罅漏,他提出了"正乐"的思想。《汉书·礼乐志》就特别指出了这一点:

> 周道始缺,怨刺之诗起。王泽既竭,而诗不能作。王官失业,雅颂相错,孔子论而定之,故曰:"吾自卫反鲁,然后乐正,雅颂各得其所。"是时,周室大坏,诸侯恣行……自此礼乐丧矣。

《史记·太史公自序》也说:

> 周室既衰,诸侯恣行。仲尼悼礼废乐崩,追修经术,以达王道,匡乱世反之于正,见其文辞,为天下制仪法,重六艺之统纪于后世。

这就是说,由于周代奴隶社会的解体,"礼废乐崩",所以孔丘要"匡乱世反之于正"。在这"匡乱"、"反正"的当中,十分重要的一个环节,就是"正乐"。为什么呢? 这就因为当时为周礼服务的"乐",已经濒于崩溃的边缘了。乐的崩溃,象征着奴隶制的崩溃:

> 周室俱坏,乐尤微眇,以音律为节,又为郑卫所乱,故无遗法。(《汉书·艺文志》)

周室既衰,雅乐渐废,淫声迭起……(马端临:《文献通考·经籍考》)

孔丘因为自己对音乐有很高的修养,凭着他的音乐敏感,对于为周礼服务的音乐的衰落,感到特别忧虑。当他短期执政于鲁国,对于当时一些新兴起来的非礼之乐,已经感到很大的不快。例如他陪鲁君与齐君相会于夹谷,齐国奏"四方之乐",也就是外国的音乐,他就加以反对,说:"吾两君为好会,夷狄之乐何为于此!"齐国又奏"宫中之乐","优倡侏儒为戏而前",他更受不了,要把奏乐的人杀掉,说:"匹夫而营惑诸侯者罪当诛!请命有司!"而当鲁君接受了齐国的女乐,三日不朝,他更愤而离开了鲁国。这些,都是《孔子世家》中所记载的事实。可见他在捍卫礼乐、反对非礼之乐的上面,是怎样地坚决了。

到了晚年,他周游列国,到处失败之后,感到政治上已经无可作为,乃把全部的希望寄托在意识形态的工作上面。其中主要有二项:一是编《春秋》,想通过《春秋》来"正名",以达到"拨乱世,反诸正"(《公羊传》哀公十四年);二就是"正乐",想通过对诗和音乐的整理和删改,来维护和保存殷周的礼乐制度。他自己说:"吾自卫反鲁,然后乐正,雅颂各得其所。"(《子罕篇》)郑玄注说:

反鲁,鲁哀公十一年冬。是时道衰乐废,孔子来还,乃正之,故雅颂各得其所。

《雅》、《颂》是《诗经》中的两个部分。古时,诗都是合乐的。这里的《雅》、《颂》,实即指雅乐和颂乐。所谓雅乐,是古代奴隶主贵族宴饮时享用的音乐;颂乐,则是奴隶主贵族祭祀时所用的音乐。孔丘特别提出雅、颂两个部分,并以之作为他"正乐"的标准,可见他是要把古代奴隶主贵族的音乐,重新加以整理,重新用来占领意识形态的领域。对于这一点,司马迁讲得很清楚:

古者诗三千余篇,及至孔子,去其重,取可施于礼义,上采契后稷,中述殷周之盛,至幽厉之缺,始于衽席,故曰:"《关雎》之乱以为《风》始,《鹿鸣》为《小雅》始,《文王》为《大雅》始,《清庙》为《颂》始。"三百五篇孔子皆弦歌之,以求合《韶》《武》《雅》《颂》之音。礼乐自此可得而述,以备王道,成六艺。(《孔子世家》)

这就很清楚了,孔丘"正乐",是要把诗中"可施于礼义"的,都加以弦歌,使之"合《韶》《武》《雅》《颂》之音",从此以后,乐才又重新从属于礼,称得上是"礼乐"了。

一切的保守派,都要维护现存的秩序和利益,孔丘也并不例外。"礼",是现存秩序的象征,所以他要把礼作为"正乐"和一切意识形态工作的最高标准:

博学于文,约之以礼,亦可以弗畔矣。

这句话,他在《雍也篇》和《颜渊篇》中,都曾讲过。在《子罕篇》中,颜渊也说:孔丘"博我以文,约我以礼。"因此,对于"约之以礼"这一点,他是反复致意,将之当成他的一个重要的指导思想的。本来,有了人类社会,就已经有礼,像《礼记·礼运篇》中所说的:"夫礼之初,始诸饮食。"但是,孔丘所特别看重的,却是周礼。他说:

夏礼,吾能言之,杞不足征也;殷礼,吾能言之,宋不足征也。文献不足故也,足则吾能征之矣。(《八佾篇》)

正因为夏、殷之礼已不足征,所以他自命为周礼或者西周文化的继承者。他对于西周的文化,真是推崇备至:

周监于二代,郁郁乎文哉,吾从周。(《八佾篇》)

周之德,其可谓至德也已矣。(《泰伯篇》)

文王既没,文不在兹乎?(《子罕篇》)

如有用我者,吾其为东周乎?(《阳货篇》)

他一方面大力称赞周代的文化和礼,另方面又要以继承这一文化和礼作为自己的责任。他"正乐",正是要以"礼"为中心,来完

成他给自己所规定的这一历史任务。正因为这样,所以他谈诗谈乐,都离不开礼:

　　兴于诗,立于礼,成于乐。(《泰伯篇》)

　　这里,他把诗、礼、乐三者联系在一起,并以礼为中心,把礼看成是诗与乐的立足点。刘宝楠在其所著《论语正义》一书中,对于这句话,作了这样的解释:"学诗之后,即学礼,继乃学乐。盖诗即乐章,而乐随礼以行,礼立而后乐可用也。"那就是说,诗、礼、乐三者,孔丘是把它们看成一体的,三者当中,又以礼最为重要。诗与乐都是为礼服务的。因此,诗与乐都要以礼作为标准。《季氏篇》所说的"乐节礼乐",也是这个意思。刘宝楠注说:"礼得其体,乐得其和,动必由之,有制节也。"又说:"是言在位者,有礼乐之节也。"这都是说,乐应当以礼来节制。在阶级社会中,礼是由阶级地位来决定的,不同的阶级地位有不同的礼,因此,由礼来节制的乐,首先要符合阶级地位。孔丘"正乐",对于那些不符合阶级身分和地位的乐,都坚决反对。《八佾篇》就记载了两件孔丘反对非礼之乐的事,其一是:

　　孔子谓季氏,八佾舞于庭,是可忍也,孰不可忍也。

　　马融注说:"佾,列也。天子八佾,诸侯六,卿大夫四,士二。八人为列,八八六十四人。鲁以周公故受王者礼乐,有八佾之舞。季桓子僭于其家庙舞之,故孔子讥之。"这就是说,按照礼制,只有天子才应该有八佾之舞,可是季氏不过是一个陪臣,公然违反礼制,私自用起天子的乐舞来了,所以孔丘要加以反对。

　　另一件事是:

　　三家者以《雍》彻。子曰:"'相维辟公,天子穆穆',奚取于三家之堂?"

　　《雍》是《诗经》《周颂》中的一篇,是天子祭祀宗庙完毕后,彻去祭品时所奏的乐章。但是,鲁国的大夫孟孙氏、叔孙氏、季孙氏三家,却违反礼制,也用《雍》乐来彻去祭品,因此,孔丘骂了起来,说:"诗里面讲得很清楚:'天子庄严肃穆的祭礼,诸侯只是陪祭而已。'你们三家是什么东西,居然也用起天子的乐章来了。"

像这种不依礼制、乱用礼乐的做法,孔丘认为是"天下无道"的表现。他说:

> 天下有道,则礼乐征伐自天子出;天下无道,则礼乐征伐自诸侯出。(《季氏篇》)

孔丘"正乐",就是要恢复礼乐的传统,使在春秋战国之际已经走向"礼废乐崩"的局面,能够重新稳定下来。这是孔丘"正乐"的政治目的。在这方面,他是把礼、乐、刑、政一并看待的。《子路篇》有一段对话:

> 子路曰:"卫君待子而为政,子将奚先?"子曰:"必也正名乎?"子路曰:"有是哉!子之迂也!奚其正?"子曰:"野哉由也,……名不正,则言不顺;言不顺,则事不成;事不成,则礼乐不兴;礼乐不兴,则刑罚不中;刑罚不中,则民无所措手足……"

宋代的陈旸在其所著的《乐书》中,解释这段话说:"礼以道其志,乐以和其声,政以一其行,刑以防其奸,礼乐刑政,其极一也。所以同民心而出治道也。孔子为政于卫,必以正名为先。"这就很清楚了,孔丘的提倡礼乐,是与刑政一道的。刑政要正名,礼乐也要正名。所谓"正名",就是《颜渊篇》所说的:"君君、臣臣、父父、子子"。那也就是说,一切要恢复古代奴隶制社会的秩序:当君的应当要像个当君的样子,当臣的应当像个当臣的样子,当父亲的应当像个当父亲的样子,当儿子也应当像个当儿子的样子。有人说,孔丘所说的"立于礼"的"立",本字应当是"位"。例如《卫灵公篇》:"子曰:'知柳下惠之贤,而不与立也。'"俞樾《群经平议》就说:"不与立于朝廷而曰不与立,文义未足。立当读为位。"这样,"立于礼",就是要各安其位。"正名",正是要恢复礼制,正是要各安其位。

然而,春秋战国之际,由于阶级斗争形势的急剧变化,要各安其位,已经是不可能的了。周礼究竟是什么样子,谁也不得而知了。现存的三礼——《周礼》、《仪礼》、《礼记》,根据学者们的考证,证明都不是周代的,而是战国和两汉的儒者所编造的。在这种情况之下,要完全恢复古代的礼乐,已经是不可能的了。作为"圣之时者也"的孔丘,顺应时代的潮流,对礼乐也就作了适当的革新:他不仅作了新的解释,而且也充实了新的内容。这样一来,表面上他讲的还是周代的礼乐,但骨子里已经是他孔丘自己的货色了。关于这个问题,我们想从下列几个方面来理解:

第一,他按照自己的需要,把古代奴隶主贵族的礼乐,尽量加以美化,用来作为他"正乐"的最高理想。当时的鲁君,对于古代的雅乐,没有听说感到什么兴趣,而对于齐国所陈的"女乐文马",却"为周道游,往观终日,怠于政事。"(《孔子世家》)魏文侯甚至"听古乐,惟恐卧,听郑卫之音,则不知倦。"(《乐记》))这一情形,孔丘不应当不知道。但是,他为了"正乐",为了抬高古代雅乐的地位,就拼命加以美化。只要有机会,他都要对古代奴隶主贵族的雅乐,特别是《韶》乐,称赞备至:

子谓《韶》,尽美矣,又尽善也。谓《武》,尽美矣,未尽善也。(《八佾篇》)

子在齐闻《韶》,三月不知肉味,曰:"不图为乐之至于斯也。"(《述而篇》)

行夏之时,乘殷之辂,服周之冕,乐则《韶》《舞》。(《卫灵公篇》)

另外,他对于《周南》、《召南》,也很赞赏:

子谓伯鱼曰:"女为《周南》、《召南》矣夫?人而不为《周

南》、《召南》,其犹正墙面而立也与?"(《阳货篇》)

　　子曰:"《关雎》乐而不淫,哀而不伤。"(《八佾篇》)

　　《韶》传说是古代虞舜之乐,《武》是周武王之乐,《周南》和《召南》是周公和召公之乐,《关雎》则是《周南》中的一篇。他把这些古代奴隶主贵族的音乐,真是吹捧得无以复加。而且他还以《韶》作为最高的审美理想,定出了评价音乐的两大标准:善和美。最好的音乐,不仅要美,而且善。《韶》乐是尽美而又尽善,《武》乐则是尽美而未尽善。为什么呢? 孔安国注说:

　　韶,舜乐名。谓以圣德受禅,故尽善。武,武王乐也。以征伐取天下,故未尽善。

　　这也就是说,因为儒家把禅让看得比征伐高,所以孔丘把《韶》乐看得比《武》乐高。禅让为什么比征伐高呢? 那也无非是儒家想把古代的帝王美化,想用美化了的古代帝王,来宣扬他们的仁政和德政,宣扬他们的所谓"礼治"。因为禅让更符合于"礼"所以也就更"善"。孔丘所说的"善",其实应当就是"礼"。他是把"礼"作为标准,来评价音乐的美丑善恶的。

　　孔丘美化古代奴隶主贵族的音乐,还可以从他学习《文王操》的故事来看:

　　孔子学鼓琴师襄子,十日不进。师襄子曰:"可以益矣。"孔子曰:"丘已习其曲矣,未得其数也。"有间,曰:"已习其数,可以益矣。"孔子曰:"丘未得其志也。"有间,曰:"已习其志,可以益矣。"孔子曰:"丘未得其为人也。"有间,有所穆然深思焉,有所怡然高望而远志焉。曰:"丘得其为人,黯然而黑,几然而长,眼如望羊,如王四国,非文王其谁能为此也!"师襄子辟席再拜,曰:"师盖云《文王操》也。"(《史记·孔子世家》)

　　你看! 孔丘是怎样沉醉在古代奴隶主贵族的音乐里面! 他向师襄子学《文王操》,一直学到可以从琴声中想像出文王这个"人"

的形象来。"乐云,乐云,钟鼓云乎哉?"(《阳货篇》)他学乐,的确志不在乐,而是要从音乐里面,思慕和向往古代的奴隶主贵族。他明明知道这些奴隶主贵族以及他们的音乐,在现实生活中,已经失去地位了,失去号召力了,可是,他仍然要通过"正乐",来尽量加以美化,以便恢复他们的生命力。这种美化,已经不单纯是复旧,而是托古改制,号召亡灵来为现实的斗争服务。

第二,与美化奴隶主贵族音乐的同时,孔丘"正乐"的另一个内容,是极力排斥当时新兴的音乐郑卫之音。他一再说:

> 放郑声,远佞人。郑声淫,佞人殆。(《卫灵公篇》)

> 恶紫之夺朱也,恶郑声之乱雅乐也,恶利口之覆邦家者。
(《阳货篇》)

郑声是新声或新乐的代表。根据《礼记·乐记》的记载,当时各国都有新乐,子夏把它们贬称为"溺音",说:

> 郑音好滥淫志,宋音燕女溺志,卫音趋数烦志,齐音敖辟乔志。此四者皆淫于色而害于德,是以祭祀弗用也。

《汉书·礼乐志》,说哀帝时"郑声尤甚"。哀帝"疾之,又性不好音"。即位之后,乃下诏罢郑卫之声。根据孔光、何武的奏疏,罢的当中有:"……郑四会员六十二人,一人给事雅乐,六十一人可罢。……楚四会员十七人,巴四会员十二人,铫四会员十二人,齐四会员十九人,蔡讴员三人,齐讴员六人,竽瑟钟磬员五人,皆郑声,可罢。"这样,可见郑声并不限于郑国,而是包括了各个地方的音乐。其所以称为"郑声","盖国风雅颂,皆雅乐之所歌也;若郑卫之声,则别为当时之俗乐,虽亦必有歌曲,然其所歌,必非十五国风之诗也。"(孔希旦:《礼记集解》)这是把郑声和雅乐相对而言。雅乐是孔丘在《诗经》中所肯定了的,郑声则是各国的俗乐。其所以以郑卫为代表,根据魏源《古诗微》的讲法,是因为:

> 三河为天下之都会,卫都河内,郑都河南……据天下之

中,河山之会,商旅之所走集也。商旅集则货财盛,货财盛则声色辏。

这是说,郑卫因为地处三河的中心,交通方便,商业发达,所以各国新兴的音乐,最容易集中到郑卫两国。郑卫之声便这样成了新兴的音乐的代表。它和古代的雅乐相对,自成为一种新乐,或称俗乐。孔丘出于保守的立场,对于这样的音乐是很不喜欢的。

郑卫这种新乐的特点,从孔丘和一般儒家看来,是"淫"。什么是"淫"呢?《左传》隐公三年:"骄奢淫泆,所自邪也。"孔颖达疏:"淫,谓嗜欲过度;泆,谓放恣无艺。"这是说,过度地纵欲,叫做"淫"。《书·大禹谟》:"罔淫于乐",注也说:"淫,过也。"《左传》昭公元年:"于是有烦乎淫声,慆堙心耳,乃忘和平,君子弗听也。"这都是把淫声与和平中正之声相对立,凡是过分纵欲的音乐,都称之为"淫声"。《周礼·大司乐》:"凡建国禁其淫声、过声、凶声、慢声。"注说:"淫声,若郑也卫。"这又是把郑卫之声称为"淫声",并以之与过声、凶声、慢声相提并论。《礼记·乐记》对于"淫声",讲述得更为详细:"世乱则礼慝而乐淫,是故其声哀而不庄,乐而不安,慢易以犯节,流湎以忘本,广则容奸,狭则思欲,感条畅之气,而灭平和之德,是以君子贱之也。"又说:"奸声乱色,不留聪明;淫乐慝礼,不接心术。"总的来说,郑卫的淫声,就是不合礼的音乐。因此,孔丘在"正乐"的时候,要坚决地加以反对。

不仅郑卫的淫声,孔丘要反对,一切非礼之乐,他都要反对。他的得意弟子子由,有一次鼓瑟,因为"不合雅颂"(马融语),他就大加责备,说:

　　由之瑟,奚为于丘之门?(《先进篇》)

那就是说:"子由这样不合雅颂的音乐,怎么敢在我这里演奏呢?"这件事,《说苑·修文篇》有过较详细的记载:

　　子路(即子由)鼓瑟,有北鄙之声。孔子闻之曰:"信矣,由

之不才也。"冉有侍,孔子曰:"求(冉有)来,尔奚不谓由?夫先
王之制音也,奏中声为中节,流入于南,不归于北。南者生育
之乡,北者杀伐之役。故君子执中以为本,务生以为基,故其
音温和而居中,以象生育之气。忧哀悲痛之感,不加乎心;暴
臣淫荒之动,不在乎体。夫然者,乃治存之风,安乐之为也。
彼小人则不然,执末以论本,务刚以为基,故其音湫厉而微末,
以象杀伐之气。和节中正之感,不加乎心;温俨庄恭之功,不
存乎体。夫杀者,乃乱亡之风,奔北之为也。昔舜造南风之
声,其兴也勃焉,至今王公述而不释。纣为北鄙之声,其废也
忽焉,至今王公以为笑……今由也匹夫之徒,布衣之丑也,既
无意乎先王之制,而又有亡国之声,岂能保七尺之身哉?"冉有
以告子路。子路曰:"由之罪也。小人不能耳,陷而入于斯。
宜矣,夫子之言也。"遂自悔,不食七日而骨立焉。

　　这段话,不管是不是刘向编造的,但它基本上是符合孔丘"正
乐"的宗旨的。孔丘在《易·系辞下》说:"天地之大德曰生",又说
"生生之谓易"。他用"生"来解释天地万物,又用"生"来作为他的
音乐美学思想的哲学基础。凡是合乎"生"的,他都认为是好的;凡
是与"生"相反的,也就是"杀",他就加以反对。南方合乎"生",所
以他赞成南方的音乐,认为是美的;北方"杀",不合乎"生",所以他
反对北方的音乐,认为不美。这一精神,在《中庸》"子路问强"一段
话中,有过类似的说法:

　　　子曰:"南方之强与?北方之强与?抑而强与?宽柔以
教,不报无道,南方之强也,君子居之。衽金革,死而不厌,北
方之强也,而强者居之。故君子和而不流,强哉矫!中立而不
倚,强哉矫!国有道不变塞焉,强哉矫!国无道,至死不变,强
哉矫!

　　这是说,北方看起来,敢于斗争,不怕死,很强。但其实这不是

真正的强。真正的强,应当是南方那种"和而不流"、"中立而不倚"等等中庸之道。这一看法,运用到音乐美学思想上,孔丘就把古代的雅乐当成是南方的音乐,加以肯定和赞美;而对于北方这种地方的音乐,则贬之为"北鄙之声",加以否定和谴责。子路不过因为弹奏了一下这种"北鄙"的音乐,他就认为"不合雅颂",大发脾气,并借此发挥了一通他的音乐美学理论,以至子路吓得七日不敢吃饭,瘦得只剩一把骨头。

第三,孔丘美化古代的雅乐,反对新兴的俗乐,因此是一个保守派。但他不仅保守,还要革新。革新与保守是矛盾的,怎样处理这个矛盾呢?就在处理这一矛盾的当中,促使他的哲学和美学思想都出现了一些辩证的因素,从而他不仅述,而且作;不仅继承了古代奴隶主的一些衣钵,而且有了新的发展。这一发展,表现在哲学思想上,是对于仁义思想的强调,表现在美学上,则是对于礼乐思想的强调。而这二者之间又是有关系的,因此,为了更好地理解孔丘的礼乐思想,我们有必要先谈一下他的仁义思想。

《易·说卦》说:

> 昔者圣人之作易也,将以顺性命之理。是以立天之道曰阴与阳,立地之道曰柔与刚,立人之道曰仁与义。

这是把仁与义看成是和阴与阳、柔与刚一样,是对立而又统一的一对概念。仁是对人而言的,要"爱人",要"己所不欲,勿施于人",要"己欲达而达人,己欲立而立人。"义是对己而言的,《中庸》说:"义者,宜也。"是说自己处理事情,要得其宜。《论语·里仁篇》说:"君子之于天下也,无适也,无莫也,义之与比。"刘宝楠《正义》解说:"义之与比,是言好恶得其正也。"《里仁篇》又说:"君子喻于义,小人喻于利。"《正义》又解说:"能礼义故能喻于义,不能礼义故喻于利。"这是把礼与义并提,认为凡是合于礼的,就是好恶得其正,就是正当的行为,因此自己应当勇敢地去做。正是在这个意义上,孔丘有"见义不为,无勇也"(《为政篇》)的讲法,孟轲也有"舍生而取义者也"(《告子上》)的讲法。循此推演,《礼记·经解》说:"除去天地之害,谓之义";《荀子·强国篇》说:"夫义者,所以限禁人之为恶与奸者也。"凡此,都是儒家思想中的积极因素。儒家是保守的,是要恢复和巩固古代奴隶制的,为什么会产生这种积极的思想因素呢?我们说,这一方面是由于形势所逼。当时"礼废乐崩",奴隶制正在开始解体,为了保存它,就必须有所革新,必须注进新的血液。孔丘和他的追随者们,正是看到了这一点,所以提出仁义的思想,要当时的奴隶主能够"其养民也惠,其使民也义"(《公冶长篇》),能够"修己以安百姓"(《宪问篇》)。另方面,则是当时急剧的社会矛盾和变革,使孔丘悟出了一个哲学道理:要保存现有的秩序,必须不安于现有的秩序。《易·系辞下》说:

> 子曰:"危者安其位者也,亡者保其存者也,乱者有其治者也。是故君子安而不忘危,存而不忘亡,治而不忘乱,是以身安而国家可保也。"

那就是说,为了安而不至于转危,在安的时候就不要忘记危,就应当防止向危的转化。怎样防止呢?那就要行仁政和德政,以仁义为心了。就是在这个意义上,孔丘发见了奴隶社会所忽视的"人",提出了仁义的思想。他以这一思想,作为他政治伦理哲学的基础。

"仁近于乐,义近于礼",孔丘的仁义思想直接影响到他的礼乐思想。他的"正乐",不仅要恢复古代的雅乐,反对新兴的俗乐,而且要把仁义的新内容注进到他的礼乐思想中去,从而使他的礼乐思想成为他整个政治伦理哲学的一个组成部分,即所谓"礼乐刑政"的思想。《汉书·艺文志》说:

> 仁之与义,敬之与和,相反而皆相成也。

"敬"是礼,"和"是乐,因此礼与乐的关系,有如仁与义的关系。

礼别贵贱,维护现存的秩序;而"歌乐者,仁之和也。"(《孔子家语·儒行解》)那就是说,音乐可以调和人们的关系,使这一关系不至于太紧张。《学而篇》说:

> 礼之用,和为贵。先王之道,斯为美。小大由之,有所不行,知和而和,不以礼节之,亦不可行也。

这段话,很好地说明了礼和乐的关系。礼要乐来调和,乐要礼来节制。正因为这样,所以孔丘的美学思想——礼乐思想,是从政治伦理的需要出发来谈的。也正因为这样,所以他"正乐"的时候,谈的是乐,但立足点却在礼的上面。而这礼,又是充实进了仁义的内容的。《颜渊篇》说:

> 颜渊问仁。子曰:"克己复礼为仁,一日克己复礼,天下归仁焉。为仁由己,而由人乎哉?"颜渊曰:"请问其目。"子曰:"非礼勿视,非礼勿听,非礼勿言,非礼勿动。"

这段话,各人理解不同,但把它看成是孔丘思想的中心,则差不多很少例外。分歧是在于对"克己复礼"的解释。"克己"的"克",有人释为"胜",有人释为"任",但无论是"胜"或"任",我们认为它都包含得有"人"的自觉性的意思在里面。因为能够自觉地意识到自己是"人",所以我们才一方面要加重自己的责任感,另方面则应当把旁人也看成是"人",所谓"己所不欲,勿施于人",正是这个意思。从这一点来说,孔丘给当时奴隶主的暴行,提出了一定的制约的要求,是很明显的。至于"复礼"的"复",很多人都解释为"恢复",这也未尝不可。但我们认为"复"的最恰当的解释,似乎应当是"反"的意思。《论语正义》说:"反犹归也。"那就是说,克己而能归于礼,按照礼办事,那就是仁了。这句话并不是孔丘的发明,《左传》昭公二十年:"仲尼曰:'古也有志,克己复礼,仁也。'"志是记载,因此,孔丘不过引了古书的成语,用来说明他关于仁的概念。要具体地实行仁,按照礼办事,就得"非礼勿视,非礼勿听,非礼勿言,非礼勿动。"这样,礼就不是抽象的,而成为具体的行为规范了。

孔丘的"正乐",就是要使乐服从礼的规范:

> 孔子曰:"益者三乐,损者三乐。乐节礼乐,乐道人之善,乐得贤友,益矣。乐骄乐,乐佚游,乐宴乐,损矣。"(《季氏篇》)

在这里,孔丘区分了"礼乐"与"宴乐"。前者服从礼的规范,因此益;后者不服从礼的规范,因此损。那么,乐要怎样才能服从礼的规范,成为"乐节礼乐"的"乐"呢? 当时诗、乐不分,孔丘谈诗的话,可以同样适用于乐。他关于诗,提出了下列的一个规范:

> 诗三百,一言以蔽之曰:"思无邪"。(《为政篇》)

"思无邪",应当说,就是"非礼无思"。孔丘不仅要求我们的视、听、言、动,一举一行,都要合乎礼,而且也要求我们的思想意识,也要合乎礼。他"正乐",就是要使诗和乐"立于礼"、"约之以礼",然后达到"无邪"的程度。邪与正是对立的,合乎礼的就正,不合乎礼的就邪。至于是否合乎客观的事实,他是不管的。因为从客观的事实出发,那是一个是非的问题,而不是正邪的问题。孔丘只重正邪,不重是非,影响所及,使二千多年来在儒家思想统治下的中国文化,只有正与邪,正统与异端之争,而没有是与非、正确与错误之争,从而使中国文化长期不辨是非、不论黑白,在音乐美学思想中长期只重雅乐、不重新乐,从而也就长期停滞不前,这一点,孔丘是不能辞其咎的。但是,虽然这样,孔丘还只是在理论上提出"思无邪"的要求,在具体的做法上,他还没有走到汉儒以后的那样极端。他的删诗,就是一个明显的例子。现存《诗经》中许多并不符合"思无邪"的标准的东西,他都保存了下来。《野有死麕》,难道还不"淫"吗?《大雅·瞻卬》,难道还不是"戾"而且"怒"吗? 可是孔丘都没有把它们删掉。鲁迅说:

> 怨而不戾,怨而不怒,哀而不伤,乐而不淫,虽诗歌,亦教训也。然此特后儒之言,实则激楚之言,奔放之词,《风》《雅》

中亦常有。(鲁迅《汉文学史纲要》第13页,人民文学出版社)

鲁迅的话,我们认为是很正确的。对于古人应当全面评价,不能只攻其一点,而不计其余。

第四,也是最后,我们还想谈一点,那就是孔丘"正乐",除了"礼乐刑政"这一政治上的目的之外,还有更重要的道德教育上的目的,也就是"诗书礼乐"一方面的内容。他以"诗书礼乐"教,想通过诗书和礼乐来达到他培育理想的人格的目的。正因为这样,所以他谈礼乐,就不限于礼乐本身,而是含有更多的意义,赋予更高的要求:

> 礼云礼云,玉帛云乎哉?乐云乐云,钟鼓云乎哉?(《阳货篇》)

> 人而不仁,如礼何?人而不仁,如乐何?(《八佾篇》)

那也就是说,礼和乐都不过是手段,它们的目的,是在于培育出能够行仁政和德政的"仁人"来。《述而篇》说:"志于道,据于德,依于仁,游于艺。"这"艺",可以说包含得诗与乐在内,因此诗与乐应当是以"道"、"德"和"仁"作为前提的。《八佾篇》有一段记载:

> 子夏问曰:"巧笑倩兮,美目盼兮,素以为绚兮,何谓也?"子曰:"绘事后素。"曰:"礼后乎?"子曰:"起予者商也,始可与言《诗》已矣。"

这里的几句诗,意思很清楚,只是形容一个女子长得好看,经过打扮之后格外好看,但孔丘却用"绘事后素"来回答。郑玄注说:"凡绘画,先布众色,然后以素分布其间,以成其文。喻美女虽有倩盼美质,亦须礼以成之。"正因为这样,所以子夏理解为"礼后乎?"意思是说,一个人必须有很好的道德品质,才谈得上美,谈得上行礼作乐。孔丘谈诗,很少从诗的本身来谈,差不多都是从道德教育上来谈的。如《学而篇》:

> 子贡曰:"贫而无谄,富而无骄,何如?"子曰:"可也,未若

贫而乐,富而好礼者也。"子贡曰:"《诗》云:'如切如磋,如琢如磨',其斯之谓与?"子曰:"赐也,始可与言《诗》已矣,告诸往而知来者。"

这也是用诗来说明道德教育上的问题。《宪问篇》:

> 子路问成人。子曰:"若臧武仲之知,公绰之不欲,卞庄子之勇,冉求之艺,文之以礼乐,亦可以为成人矣。"

这段话,与前面"绘事后素"一段话的意思,基本上相同,都强调用礼乐来教育人,使之成为"成人",也就是完美的人。《说苑·辨物篇》谈到颜渊问仲尼:"成人之行何若?"解答说:"成人之行……既知天道,行躬以仁义,饬躬以礼乐,夫仁义礼乐,成人之行也。穷神知化,德之盛也。是成人为成德之人。"这就很清楚了,孔丘"正乐",就是要以仁义礼乐来培养"成人"的。《先进篇》说:

> 子曰:"先进于礼乐,野人也;后进于礼乐,君子也。如用之,吾从先进。"

《论语正义》说:"野人者,凡民未有爵禄之称也。""君子者,卿大夫之称也。""夫子弟子,多是未学,故亟亟以礼乐教之。所云兴于诗,立于礼,成于乐,即是从先进。"这一方面说明了孔丘以礼乐为教,另方面则说明了孔丘不管野人、君子,只要谁先进于礼乐,他就从谁。这在当时世卿世禄的时代,不能不说有其一定的进步意义。

那么,怎样以礼乐为教呢?《尚书·尧典》说:

> 帝曰:"夔!命汝典乐,教胄子直而温,宽而栗,刚而无虐,简而无傲。"

直与温、宽与栗、刚与无虐、简与无傲,都可说是两个对立的方面。夔用音乐教胄子,要求同时注意到这两个方面,而不是只注意一个方面。这可说是儒家"乐教"的传统观点。《左传》襄公二十九年,季札观于周乐,所称颂也正是符合这种观点的音乐:

> 至矣哉!直而不倨,曲而不屈;迩而不逼,远而不携;迁而

不淫,复而不厌;哀而不愁,乐而不荒;用而不匮,广而不宣;施而不费,取而不贪;处而不底,行而不流。五声和,八风平,节有度,守有序,盛德之所同也。

孔丘"正乐",就是要用"五声和,八风平,节有度,守有序"的音乐,来教育人。所谓"乐而不淫,哀而不伤"(《八佾篇》)、"和而不流"(《中庸》)、"怨而不怒"(朱熹)等说法,以及汉儒所说的"温柔敦厚"的"诗教"等,都是从此演变出来的。在这些说法中,孔丘所强调的音乐美学理想是"和"。"乐"与"和",在儒家的美学思想中,差不多具有同样的意义。《仲尼燕居》说:"礼法天地之别,乐法天地之和。"《乐记》说:"礼者天地之别也,乐者天地之和也。"都说明了这个问题。

"和"与"同"是相对的。"同"是泯去差别,"和"则是在差别中求平衡,在矛盾中求统一。孔丘"正乐",用礼乐来教育人,就是要在礼乐的相反相成的调节中,来达到"和",达到"允执其中"(《尧曰篇》),从而造就出"中庸之德"(《雍也篇》)和"礼乐皆备"(《乐记》)的人才。

音乐教育的这种"和"的作用,我们还可以从下面的两段话中看出来:

声亦如味……君子听之,以平其心,心平德和。(《左传》昭公二十年)

既和且平,依我磬声。(《诗·商颂·那》)

因此,孔丘对于乐的要求,往往就是对于人的要求。而要达到这样的要求,必须礼与乐相配合,以礼来节乐,以乐来化礼。《礼记·仲尼燕居》说:

子张问政。子曰:"师乎!前!吾语女乎。君子明于礼乐,举而错之而已。"子张复问。子曰:"师!尔以为必铺几筵,升降酌献酬酢,然后谓之礼乎?尔以为必行缀兆,兴羽籥,作钟鼓,然后谓之乐乎? 言而履之,礼也;行而乐之,乐也。君子力此二者,以南面而立,夫是以天下太平也。"

这样,孔丘"正乐",推行"乐教",最后的目的,并不在于礼乐的本身,而在于通过礼乐,来培养和教育能够推行仁政和德政的理想的统治者,从而达到"天下太平"。在这种情况下,普天之下,都在一片和乐的声音当中,"克己复礼",归于仁,归于治。所谓:

安善治和,莫善于礼;移风易俗,莫善于乐。(《孝经》)

这就是为什么孔丘要把"正乐"看成他晚年最重要的一项任务了。然而,当时列国并争,讲的是"耕战",是"法术",他们根本反对礼乐,自然更不重视了。秦汉以后,封建专制的君主,包括秦始皇这样的暴君在内,方才想到礼乐,重视礼乐,但他们不过是把它当成他们宝座上的一点妆饰,用来威吓和麻痹人民罢了。因此,礼乐在封建社会当中所起的不是进步作用,而是反动作用,也就不言而喻了。

(原载《文艺理论研究》1980 年第 1 期)

蒋孔阳(1922—1999),生前为复旦大学中文系教授,著名美学家,出版美学著作多部。

本文指出孔丘"正乐"的目的有二:其一,用"礼"统帅"乐",所正的"乐"是能够为"礼"服务的"乐"。其二,用"礼乐"来反对其它非礼之"乐"。孔子提出的"礼乐"不仅有音乐上的美学意义,而且具有鲜明的政治倾向性。

论《文心雕龙》的纲

马宏山

刘勰《文心雕龙》的纲是什么？作者在全书的最后一篇——《序志篇》中说："盖文心之作也，本乎道，师乎圣，体乎经，酌乎纬，变乎骚。——文之枢纽，亦云极矣。"又，作者对全书前五篇的安排，依次为《原道》、《征圣》、《宗经》、《正纬》、《辨骚》，这与《序志篇》中所说的"枢纽"完全一致。这就是全书的纲。也可以说是刘勰文艺理论的准则。根据这一准则，他在前五篇中论述了文学的起源和功能，内容和形式，体制和要求，以及"谶纬"神学对文学可能发生的作用，并提出了他对屈原的评价。但五项准则既不彼此孤立，也不互相等同，而是有本有末，有主有从，有体有用，有真有伪。其中一以贯之的是作为佛家思想的"道"。刘勰的指导思想是以佛统儒，佛儒合一。

对于《文心雕龙》的文学理论的这个纲，过去的研究者很少有人注意和剖析其意蕴。据笔者所见，刘永济是仅有的一位。他在《文心雕龙校释·辨骚》的释文的最后，说了如下的一段话：

> 舍人自序，此五篇为"文之枢纽"。五篇之中，前三篇揭示论文要旨，于义属正；后二篇抉择真伪同异，于义属负。负者箴砭时俗，是曰破他；正者建立自说，是曰立己。而五篇义脉，仍相流贯。盖《正纬》者，恐其诬圣而乱经也。诬圣，则圣有不可征；乱经，则经有不可宗。二者足以伤道，故必明正其真伪，

即所以翼圣而尊经也。《辨骚》者,骚辞接轨风雅,追踪经典,则亦师圣宗经之文也。然而后世浮诡之作,常托依之矣。浮诡足以违道,故必严辨其同异;同异辨,则屈赋之长与后世文家之短,不难自明。然则此篇(指《辨骚篇》——笔者)之作,实有正本清源之功。其于翼圣尊经之旨,仍成一贯。而与《明诗》以下各篇,立意迥别。

刘永济在这段话里,指出《文心雕龙》之中属于"文之枢纽"的前五篇"义脉""流贯"这一点,十分重要,是很难得的一个见解。但是还有不能令人首肯之处。第一,对于刘勰之所谓"道",没有点出它是什么思想,给人以不得要领之感。第二,对于"纬"和"骚"的说法,不尽符合刘勰的原意。第三,说明还不详尽,没有指出所以然来。因此,笔者先从"文之枢纽"的"义脉"开始,写出自己的一点理解,以抛砖引玉。

"本乎道"

从《文心雕龙·原道篇》全文来看,"道"既是派生文(包括天地之文、动植万品之文和人类之文;人类之文中又包括所谓"河图洛书"等神物之文在内)的本源,又是文的社会功能之本源。

譬如刘勰对于"道"派生文的问题,《原道篇》有如下的话:"夫玄黄色杂,方圆体分,日月叠璧,以垂丽天之象;山川焕绮,以铺理地之形;此盖道之文也。"这是对天地之文的产生而说的。

又如:"傍及万品,动植皆文:龙凤以藻绘呈瑞,虎豹以炳蔚凝姿;云霞雕色,有逾画工之妙;草木贲华,无待锦匠之奇;夫岂外饰,盖自然耳。至于林籁结响,调如竽瑟;泉石激韵,和若球锽;故形立则章成矣,声发则文生矣。"这是对动植万品之文的产生而说的。

再如:"仰观吐曜,俯察含章,高卑定位,故两仪既生矣。惟人参之,性灵所钟,是谓三才。为五行之秀,实天地之心。心生而言立,言立而文明,自然之道也。"又如:"人文之元,肇自太极,幽赞神明,易象惟先。庖牺画其始,仲尼翼其终,而乾坤两位,独制《文言》,言之文也,天地之心哉!若乃河图孕乎八卦,洛书韫乎九畴,玉版金镂之实,丹文绿牒之华,谁其尸之,亦神理而已。"这两段话是对人类之文,包括所谓神物之文的产生而说的。

此外,在《明诗篇》中还有:"人禀七情,应物斯感,感物吟志,莫非自然。"在《情采篇》中也有:"故立文之道,其理有三:一曰形文,五色是也;二曰声文,五音是也;三曰情文,五性是也。五色杂而成黼黻,五音比而成韶夏,五性发而为辞章,神理之数也。"这两段说的也是人类之文的产生。

刘勰对于"道"是文的功能之本源的问题,在《原道篇》中的说法是:"玄圣创典,素王述训,莫不原道心以敷章,研神理而设教;取象乎河洛,问数乎蓍龟;观天文以极变,察人文而成化。然后能经纬区宇,弥纶彝宪,发挥事业,彪炳辞义。"又说:"《易》曰:鼓天下之动者存乎辞。辞之所以能鼓天下者,乃道之文也。"

总之,刘勰对于"道"是派生文之本源又是文(这里的文均指人类之文而言)的社会功能之本源的问题,是以"道沿圣以垂文,圣因文而明道"这句话来概括的。这样,他就对"道"和文(指广义的文而言)的关系作了规定,即"道"和文之间,一个是"本体",一个是"末用";"道"是文之"本",文是"道"之"末";"道"是文之"体",文是"道"之"用"。——如此而已。

刘勰之所谓"道",根据刘勰称呼"道"为"神理"这一名称来看,"道"就是"佛道",亦即"佛性"。例如,刘勰在《灭惑论》中说:"是以谘亲出家,《法华》明其义;听而后学,《维摩》标其例。岂忘本哉,有由然也。彼皆照悟神理,而鉴烛人世。"在《梁建安王造剡山石城寺石像碑》中说:"道源虚寂,冥机通其感;神理幽深,玄德思其契。"

"道性自凝,神理独照。"这都说明刘勰所说的"神理"的实质性含义即是"佛道"、"佛性"。生活在刘勰之前的刘宋时期的佛教居士宗炳的著作同样说明了这一点。他在《明佛论》中说:"汉魏晋宋,咸有瑞命,知视听之表,神道炳焉。有神理必有妙极,得一以灵,非佛而何?""若使颜、冉、宰、赐、尹喜、庄周,外赞玄儒之迹,以导世情所极;内禀无生之学,以精神理之求,世孰识哉!"(《弘明集》)宗炳还在同篇中对"人之神理"用明镜作了一个形象的比喻说:"今有明镜于斯,纷秽集之,微则其照蔼然,积则其照眺然,弥厚则照而昧矣。质其本明,故加秽犹照,虽从蔼至昧,要随镜不灭,以之辨物,必随秽弥失,而过谬成焉。人之神理,有似于此。"这些直叙或比喻都说明"神理"一词的特定意义就是"无生之学",而"无生之学"即是"涅槃佛性"之说,所以刘勰所赋予"道"的意义就是"佛性"无疑。

其次,再以"道"的总名"自然之道"(或只称"自然")为例,来看"道"是什么意义。晋时著名沙门慧远说:"《佛经》所云:'佛有自然神妙之法'。"(《弘明集·沙门不敬王者论》)晋时佛教居士孙绰说:"佛也者,体道者也;道也者,导物者也。应感顺通,无为而无不为也。无为,故虚寂自然;无不为,故神化万物。"(《弘明集·喻道论》)这两个例子说明:佛教信徒所谓"自然",还是"佛性"之意。由于此,刘勰在《文心雕龙》中把"神理"和"自然"都按照"佛性"的意义来使用。例如我们在前面所举"道"派生文的证明中就有《明诗篇》的"感物吟志,莫非自然"和《情采篇》的"五性发而为辞章,神理之数也"这样相同意义的语句,即是其证。又《丽辞篇》的"造化赋形,支体必双,神理为用,事不孤立。心生文辞,运裁百虑,高下相须,自然成对"这句话中对举足义的"神理"和"自然",也都是"佛性"之意,又是其证。

再次,我们更把"太极"这个"道"的名称加以探索,看一看刘勰赋予它是什么意义。曾和刘勰同时反驳《三破论》的南齐沙门僧顺,在他所著《释三破论》一文中说:"太极剖判之初,已自有佛"(《弘明集》)。这是说"太极"这个远古的时代就是由佛来统驭的世界。这种观点当然是极其荒谬的,但是佛教信徒却对这种说法"敬信不敏",所以刘勰这个佛教信徒也用"人文之元,肇自太极"之语,来和"自然"、"神理"二者合拍。从表面上看,好像是儒释道三教并衡,但骨子里却只是佛家一家之"道"。

根据以上所论,"文之枢纽"之所谓"本乎道"之"道",更证明它是"佛道"无疑。这样,文之本源也就是"佛性"无疑。

关于文学的产生问题,在现代人的头脑里,由于学习了马克思主义理论而得到解决,但是,在刘勰所处的那个时代,甚至到了清代,人们也是弄不清楚的。例如乾隆时期《四库全书》的总编纂官纪昀(晓岚),就曾针对这一问题在《文心雕龙·原道篇》眉批说:"文以载道,明其当然;文原于道,明其本然。识其本乃不逐其末,首揭文体之尊,所以截断众流。"纪昀对刘勰的观点表示了钦佩的态度,可见这个文学艺术的起源问题,刘勰不可能作出很好的回答,这是时代对他的局限所使然。马克思在《政治经济学批判·序言》中说:"物质生活的生产方式决定着社会生活、政治生活以及精神生活的一般过程,不是人们的意识决定人们的存在,恰恰相反,正是人们的社会存在决定人们的意识。"恩格斯在《劳动在从猿到人的转变过程中的作用》一书中说:"由于手、发音器官和脑髓的共同作用,人才变成有能力来进行更复杂的活动和有能力来提出和达到更高的目的——这不仅对个别的人来说是如此,而且对社会的人来说也是如此。劳动本身一代一代地变得更加不同、更加完善和更加多方面。打猎和畜牧以外,又有了农业,农业以后又有了纺纱、织布、冶金、制陶器和航行。与商业和手工业一起,最后出现了艺术与科学……"据此,刘勰所谓文"与天地并生",文是"道"所派生的观点,就不攻自破了。他的总结性的"道沿圣以垂文"的说法,也就更显示出了它的唯心主义本质和佛教的荒诞之说。

既然文"与天地并生"的说法是荒谬的,那么刘勰所谓文之功能的本源是"道"的说法,总结这种说法的"圣因文而明道"的话,当然也同样是荒谬的了。虽然如此,但是刘勰认为文有其社会功能的说法,却还有它合理的一面。肯定文有其社会功能这一点,正是刘勰在《文心雕龙》开头第一句所说的"文之为德也大矣"这句话所表示的观点。

"文之为德"是文的功能或作用之意。《论语·雍也》"中庸之为德也,其至矣乎",《礼记·中庸》"鬼神之为德,其盛矣乎"。这两个例子即可说明"文之为德"的"德"字的意义是"功能"或"作用"。有人以为这个"德"字是"文之所由来"之意,失之远矣(见《历史学》一九七九年第二期《〈灭惑论〉与刘勰前后期思想的变化》)。试问"文之所由来"怎么能说是"大矣"呢? 范文澜曾把"文之为德"解释为"君子以懿文德"的"文德"(见《文心雕龙注·原道注三》),似乎也是不恰当的。

毛泽东同志在《新民主主义论》中说:"一定的文化(当作观念形态的文化)是一定社会的政治和经济的反映,又给予伟大影响和作用于一定社会的政治和经济;而经济是基础,政治则是经济的集中的表现。这是我们对于文化和政治、经济的关系及政治和经济的关系的基本观点。那末,一定形态的政治和经济是首先决定那一定形态的文化的;然后,那一定形态的文化又才给予影响和作用于一定形态的政治和经济。"据此,刘勰提出"文之为德"是指为封建地主阶级门阀士族的利益而服务的文之功能而言。如他说:"经纬区宇,弥纶彝宪,发挥事业,彪炳辞义"(《原道篇》),"摛文必在纬军国"(《程器篇》),"惟文章之用,实经典枝条,五礼资之以成,六典因之致用,君臣所以炳焕,军国所以昭明"(《序志篇》),即是其证。对于刘勰的这种看法,一方面我们不能苛责古人,因为他所处的时代对他有局限性,另一方面我们应当看到他比他同时代的有些人来说,他的观点是比较落后的。如他在《史传篇》说:"原夫载籍之作……表征盛衰,殷鉴兴废,使一代之制,共日月而长存;王霸之迹,并天地而久大",即是其证。在这个问题上他连一点发展变化的观点都不存在了。

这就是笔者对于"本乎道"这一理论准则、文的起源问题和文的功能问题的看法。

至于刘勰所谓"道"和文的关系,根据"道沿圣以垂文,圣因文而明道"的说法来看,它是用佛教的"真谛"(亦名"第一义谛")和"俗谛"(亦名"世谛")的思想所推衍出来的"二谛义"的逻辑来看待"道"和文的关系的。"道"既是"真谛",它是看不见、摸不着的观念,而"俗谛"的文也就必然会发挥其世俗的作用,在现实社会中显示出它自己的功能了。孙绰对此有一段话说:"周孔即佛,佛即周孔,盖内外名之耳。""周孔救极弊,佛教明其本耳,共为首尾,其致不殊。"(《弘明集·喻道论》)孙绰的这些话把"真谛"为佛,"俗谛"为儒的关系一语道破了,把儒学也等同于文了。刘勰和孙绰的逻辑是一致的,都是以佛教的宗教思维方式来进行思维的。

再进一步说,既然文之源是"道",文的功能是"明道",那么,把"文之枢纽"的这一项准则规定为"本乎道",就在理论上毫无窒碍,逻辑上也顺理成章。反过来说,由于刘勰要规定文必须"本乎道",所以也才有"原道"的理论阐发。虽然这种"文原于道"的理论,是凭空的臆说,没有事实为其根据,难以自圆其说,也使人莫名其妙,但是它毕竟反映了刘勰的世界观和文学观的主要方面,代表了刘勰的唯心主义思想,却是无可置疑的。笔者猜测:也许刘勰在《原道篇》中用的是"罩眼法",以令人不可解的"哑谜",掩饰着他混杂儒释,淆乱古今,一切为"我佛"所用的手法,惑乱人们的视线,致使很多研究者对于"道"与文的关系问题,众说纷纭,莫衷一是,甚或理不出一个头绪来。例如《原道篇》既包括"玄圣"（佛）、"神理"（佛道），又包括"庖牺诸圣"、"易道"（天地人之道）等等佛儒两家的东西，同时又在一篇之中既有称孔子为"素王"的今文派的说法，又有"取象乎河洛，问数乎蓍龟"等等古文派的东西。试问这应属于哪家哪派呢？这不过说明了刘勰既不是一个纯儒，又不是一个儒学古文派能守其"家法"者。范文澜认为刘勰是儒学古文派的裔传，当然也应是一个纯儒，这说法令人怀疑其合理性。由于范文澜有如此说法，很多人也跟着如此来说，这已是众所周知的了。鲁迅在《汉文学史纲要》中说："梁之刘勰，至谓'人文之元，肇自太极'，三才所显，并由道妙，'形立则章成矣，声发则文生矣'，故凡虎斑霞绮，林籁泉韵，俱为文章。其说汗漫，不可审理。"（单行本四页）可见刘勰的"文原于道"之说是一定有其烟幕的。

第一，他要以"神理"这个佛教之道来统驭儒学的"易道"。刘勰在《文心雕龙》中称"易道"为"三极彝道"，亦即他所谓"神道阐幽"（《正纬篇》），"神道难摹"（《夸饰篇》）的"神道"。《周易·观·象》："观天之神道而四时不忒，圣人以神道设教而天下服矣。"刘勰在《原道篇》两次曾说："神理设教"，却不说"神道设道"。可见在刘勰的思想里"神道"和"神理"既有共同之处，又有不同之点。其共同之处是二者都是宗教神学，其不同之点是二者一儒一佛。

第二，他要以佛（玄圣）来统驭儒学之所谓"庖牺诸圣"这一系列儒家认为的中国古代历史上文化的开创人物。

第三，他要以荒谬的佛教"太极剖判之初已自有佛"的逻辑所推衍出来的"人文之元，肇自太极"之说来统驭儒学原有的文起源于"易象"（即八卦）之说。

可见刘勰的这种"文原于道"的思想，是为他所信奉的佛教扩大宣传和巩固地盘而服务的理论。这就是刘勰"本乎道"的准则的思想实质。然而，即便是这种从臆说而生发出来的"本乎道"的思想,刘勰还是把它作为"文之枢纽"的理论出发,从而再生发出"师乎圣,体乎经"的文学准则,并又从"师乎圣,体乎经"的思想而更生发出"酌乎纬,变乎骚"的理论来。因此,《文心雕龙》的"文之枢纽"的文学准则,就由"道"一脉贯注,一线相承而成为有体系的理论准则了。

这里还必须对"玄圣创典,素王述训"这句话作一解释。"玄圣"一词,《弘明集》卷三载宗炳《答何衡阳书》云:"夫《佛经》所称,'即色为空,无复异者,非谓无有,有而空耳。有也则贤愚异称,空也则万异俱空。夫色不自色,虽色而空,缘合而有,本自无有,皆如幻之所作,梦之所见。虽有非有,将来未至,过去已灭,见在不住,又无定有。'凡此数义,皆玄圣至极之理。"这就肯定地说明:"玄圣"是对佛的称呼。其实在刘勰之前的刘宋时期它就已经是被人们公认的词语。晋时的孙绰很可能是用"玄圣"这个词语表示佛的最早的一人。他在《游天台山赋》中说:"昔玄圣之所游化,云仙之所窟宅。"李善注云:"《名山略记》曰:'天台山即是定光寺,诸佛所降葛公山也'。"(《文选》)即使到了唐初,释法琳还在《九箴篇》中说:"玄圣创典,以因果为宗;素王陈训,以名教为本。"(《广弘明集》)虽然,"玄圣"一词在《庄子·天道篇》、《后汉书·王充传论》以及班固《典引》、何承天《上白鸠颂》等文中曾出现,但均是泛指"老君、尼父者也",注家皆不得其确解。只有孙绰、宗炳和法琳等人之所谓"玄圣",专为指佛而言,具体明确,毫不含糊。可见在刘勰之前和之后,佛教信徒都称佛为"玄圣",则是无可置疑的。能不能说偏偏处于中间的刘勰,而他也是一个虔诚的佛教信徒,在使用这个已有特定意义的词语时,可以凭空生发出另外的意义来,或仍然沿袭"泛指"呢? 看来这是不可能的。退一步说,即使刘勰在这里所说的"玄圣"可以解释为"老君、尼父者也",那么按照清人纪昀的说法,"若指孔子,于下句为复",当然解释为"老君"就更不是正确的了。

况且刘勰在《原道篇》中又使用了"神理"这个有其佛教特定意义的词语,不是更加说明了刘勰同样在《原道篇》中使用也有特定意义的"玄圣"一词的合理性吗? 在这里我们更不必再举出刘勰在《文心雕龙》中使用佛教专有词语如"般若"(系由梵语直译过来的,意为"智慧",大乘佛教称为"诸佛之母")、"圆通"(觉慧周圆,通入法性之意)等等来作例子以为证明了。肯定地说,刘勰所谓"玄圣",就是指佛而言无疑。

至于所谓"玄圣创典"之"典",它是"典刑","法典"之意。《毛诗·周颂·维清》"文王之典",即是其证。这一句的正确解释应是:"玄圣"(佛)创《佛经》之典,孔子述"玄圣"所创之佛典为儒家之六经,故孔子之所述为"训"。按,"训,顺也",《尚书·洪范》"是训是行",即其证明。那么,孔子所"镕钧"的六经,也就不言而喻地成为"佛典"的附庸了。这样一来,"玄圣创典,素王述训"这句话就和下文"莫不原道心以敷章,研神理而设教"的意思完全合辙。总括起来说,"道"是佛道,"玄圣"是佛,对儒家的圣人孔子,刘勰虽然用了今文派的"素王"之称,但它在刘勰的眼里,只不过是一个佛徒而已。因此,"道(佛道)沿圣(孔子)以垂文(儒家之经),圣(孔子)因文(儒家之经)而明道(佛道)"这句话,不是可以作具体的解释了吗?

"师乎圣"

刘勰在《原道篇》所说"道沿圣以垂文,圣因文而明道"的话,是对"道"派生文,而文又反过来"明道"的过程而言;而"玄圣创典,素王述训"的话,则是对由"道"到文,又由文到"道"的另一说法。"道沿圣以垂文,圣因文而明道"的"圣",分明是指儒家的孔子这个圣人而言;"玄圣创典,素王述训"的"玄圣",不用说是在指佛而言。

这样就使人更加明白"道"派生文最后坐实的是儒家的六经。因此，必然是在"道"派生文的问题上，"玄圣"和素王，即佛和孔子，以及佛所创的"典"，孔子所述之"训"，即"佛典"和"儒经"，就都是一主一从，一本一末，一内一外，一首一尾，一道一俗，一体一用的关系了。既然如此，那么，要人们明白什么是"道"（也就是佛），就必然要从孔子那里来证验了。这就是"征圣"的意义。纪昀说："此篇却是装点门面，推到究极，仍是宗经。"这一说法我认为不是确论。《弘明集》卷十三载有颜延之《庭诰二章》，其中有云："达见同善，通辩异科，一曰言道，二曰论心，三曰校理。言道者本之于天，论心者议之于人，校理者取之于物，从而别之，由涂参陈；要而会之，终致可一。""崇佛者本在于神教，故以治心为先。"从颜延之的这些话看刘勰的"原道"、"征圣"和"宗经"的相互关系，似乎可以这样说：他们所用的逻辑是一致的。

《征圣篇》开头说："作者曰圣，述者曰明"，这是对《原道篇》"玄圣创典，素王述训"的话的照应之笔。这里的"圣"指"玄圣"而言，"明"指"素王"而言。因为"作者"就是"创典"者，"述者"就是"述训"者之故。同时，紧接下文所说的"夫子文章，可得而闻，则圣人之情，见乎文辞矣"这句话，就是承接"作者曰圣，述者曰明"的话而来。这里的"夫子"指孔子，"圣人"当是"玄圣"（佛）了。如果不这样来看，文字上的逻辑就是讲不通的。所以"圣人之情"是指佛之情而言。这是无可辩驳的。

又，《征圣篇》对孔子有"鉴周日月，妙极机神，文成规矩，思合符契"的赞语。这是在说，孔子是高瞻远瞩，妙观察智，文是典范，心合佛理的一位令人景仰的人物，因此，刘勰认为：作家要明"玄圣"之情，就得以孔子为师，否则就是不可能的。所以"夫子文章，可得而闻，则圣人之情，见乎文辞矣"这句话，也仍然是"道沿圣以垂文，圣因文而明道"和"玄圣创典，素王述训"这些话的另一种说法而已。因此，"师乎圣"这一"文之枢纽"的准则，是从"征圣"这个不成道理的道理而引申出来的结果。同时，"征圣"又是"师乎圣"的理论阐释，二者相互为用，又互为因果。这就是刘勰所运用的逻辑方法及其奥妙之处。

至于《征圣篇》的"先王圣化，布在方册；夫子风采，溢于格言"之语，即是上文"圣人之情"和下文"政化贵文"、"事迹贵文"和"修身贵文"这三个"贵文"表现"儒经"政治思想的一大段文字的媒介。即是说，它是"玄圣创典"和"素王述训"的一个中间环节。因此，它说明了三个"贵文"的那一大段表示"儒经"政治思想的话，就是"素王"所述的"圣人之情"，而这也就不能不是"玄圣"所创之"典"的具体内容了；同时它也就不能不是"原道"之"道"的内容了。所以，为儒家所宣扬的中国古代的唐虞盛世和西周教化的政治思想，也就统统成为"玄圣"(佛)的观念形态之内的东西了。按照刘勰所说的三个"贵文"的内容来看，也就是孔子的"祖述尧舜，宪章文武"的政治思想，也就不能不是刘勰自己的政治思想的内容了，更不能不是他对文学创作提出的政治内容了。从这一点看，"圣人之情"和"夫子文章"的关系，就是"佛道"和刘勰对文学创作所要求的内容二者之间的关系。证之刘勰在《原道篇》所说的"唐虞文章，则焕乎始盛"，"逮及商周，文胜其质，《雅》《颂》所被，英华日新"，以及在《时序篇》中所说的"昔在陶唐，盛德化钧，野老吐何力之谈，郊童含不识之歌"的话，还有对肖齐王朝阿谀奉承所说的"经典礼章，跨周轹汉，唐虞之文，其鼎盛乎"的谀辞，即可明白，《征圣篇》中刘勰是用孔子赞美唐尧和西周的政治教化来表示自己的政治思想的，也是表示他对文学创作的内容所提出的看法和要求。

孔子的"祖述尧舜，宪章文武"的政治思想是所谓"王道"和"霸道"相杂的东西。如《礼记·经解》说："孔子曰：'天子者，与天地参，故德配天地，兼利万物；与日月并明，明照四海，而不遗微小。其在朝廷,则道仁圣礼义之序……义与信,和与仁,霸王之器也'。"即是其证。刘勰以孔子的"祖述尧舜,宪章文武"为样板的政治思想,也是"王道"和"霸道"相杂的东西,如他在《史传篇》所说的"使一代之制,共日月而长存;王霸之迹,并天地而久大",即是其证。如果文章有这种王霸思想的内容,同时又有"或简言以达旨,或博文以该情,或明理以立体,或隐义以藏用"的形式,即所谓"衔华佩实"的"雅丽"之文,不是就可以体现"圣人之情"了吗?刘勰说:"精理为文,秀气成采",即指此类之文而言。

什么是"精理为文,秀气成采"呢?

这里"精理"和"秀气"对举,"文"和"采"对举,可见"精理"和"秀气"都属于内在方面,也可以说是"质"的方面;"文"和"采"都属于外在方面,也可以说是"文"的方面。《体性篇》"理发而文见",《章表篇》"气扬采飞"的话,即是其证。这就说明,没有"精理"就不可能成文;没有"秀气"就不可能有采。那么,"精理"和文是内外的关系,"秀气"和采是隐显的关系。《体性篇》有"盖沿隐以至显,因内而符外者也"的话,又是其证。

"精理"——南北朝时期,佛教盛行,佛教信徒把"佛理"叫做"精理",如佛教居士王僧达《答颜延年诗》说:"珪璋既文府,精理亦道心"(《文选》)。所谓"道心",就是体道之心。刘勰在《原道篇》有"原道心以敷章,研神理而设教"之句,把"道心"与"神理"并举,即是其证。可见"精理"也就是"佛理",当无疑义。

"秀气"——刘勰在《原道篇》有"惟人参之,性灵所锺,是谓三才,为五行之秀(气),实天地之心"的说法。"五行",又叫"五材",《序志篇》也有"禀性五材"之语。可见刘勰认为人是金木水火土这五种物质所供养的灵秀之物。《左襄二十七年传》有"天生五材,民并用之"之说,即是其本。又《国语·郑语》记桓公与史伯的问答,其中有史伯的一段话说:"故先王以土与金木水火杂以成百物,是以

228 of 748 儒家文艺思想研究

和五味以调口,刚四支以卫体,和六律以聪耳,正七体以役心,平八索以成人,建九纪以立纯德,合十数以训百体,出千品,具万方。"这就说明,刘勰所谓人"为五行之秀(气)"的说法,是向儒经取材的。那么所谓"秀气",即《风骨篇》"缀虑裁篇,务盈守气"的"气",亦即同篇"诗总六义,风冠其首,斯乃化感之本源,志气之符契也"的"志气"。那么,所谓"秀气",也就是人的"志气",具体的说,就是理想的决心或勇气,"志气"在刘勰的眼里,是属于世界观(包括人生观、政治观等在内)的范畴,《神思篇》说:"神居胸臆而志气统其关键",就是指创作构思要有世界观的指导和制约的说明。《体性篇》说:"才力居中,肇自血气,气以实志,志以定言,吐纳英华,莫非情性"。这里所谓"英华",当指作品的文采而言,证之《书记篇》"志气盘桓,各含异采",《章表篇》"气扬采飞",《诸子篇》"气伟而采奇",《丽辞篇》"气无奇类,文乏异采",《物色篇》"英华秀其清气"等等,即可知"秀气成采"就是指"志气"的"因内而符外"的表现形式而已,亦即由有感染力的辞语而构成的表达人的理想之决心或勇气的一种文学艺术形式,或者说是有着"秀气"为内在力量的一种能感染人的作品形式罢了。

"精理为文,秀气成采"的意义既明,那么这一句话的前一层就是说要以"精理",即佛理为文的内容,后一层就是说要以"秀气",即人的理想之决心或勇气为文的表现形式。亦即一方面是"真谛"的佛理,一方面是"俗谛"的人的理想之决心或勇气,二者合二而一的"因缘和合",也就是"圣人之情"的意蕴。

总之,刘勰之所谓"圣文之雅丽,固衔华而佩实者也"的内容和形式的标准,说到底就是"真谛"的"佛理"和"俗谛"的"志气"的合二而一的"偕通"、"并用"。这种"二谛义"的逻辑结构形态,实质上也就是以佛统儒,佛儒合一的指导思想的表现形式罢了。

关于文学的内容和形式二者的关系问题,刘勰还说:"志足而言文,情信而辞巧,乃含章之玉牒,秉文之金科。"如何做到"志足而言文,情信而辞巧"呢?刘勰说:"故知繁略殊形,隐显异术,抑引随时,变通适会。"这种观点,也正是下文"正言所以立辩,体要所以成辞。辞成无好异之尤,辩立有断辞之义。虽精义曲隐,无伤其正言;微辞婉晦,不害其体要。体要与微辞偕通,正言共精义并用。"这种无条件的"偕通"、"并用",使内容和形式二者"因缘和合"罢了。反过来说,它们的关系并不是内容和形式的辩证的统一。这里我们用唐代著名沙门吉藏的一段话,和刘勰说明文学的内容和形式"偕通"、"并用"的话,作一个比照,其原文如下:"俗非真则不俗,真非俗则不真。非真则不俗,俗不碍真;非俗则不真,真不碍俗。俗不碍真,俗以真为义;真不碍俗,真以俗为义也。"(《大正藏》卷四五,第九五页)这就可以看出它们的思维方式完全是一致的,都是以"二谛义"的逻辑为其思想方法的指导的。

"体乎经"

　　既然"道"和文的关系是"道沿圣以垂文,圣因文而明道",是"玄圣创典,素王述训",所以,儒家的经典(刘勰在《文心雕龙》中有时称为"六经",有时称为"五经")也就只能是"文"和"训"。或者说,"儒经"就是"道(佛)"的体现者,它的社会功能就是"明道"——明佛之道。所以为文就应以"儒经"为其效法的样板,或者说"儒经"就是文章的模子,作家创作而"宗经"就是不言而喻的一项文学准则了。这就是"体乎经"的准则和"宗经"的理论阐释之间的关系。

　　这里还必须说明的是:刘勰对于"三极彝训"的儒家经典的评价是"恒久之至道,不刊之鸿教"的问题。"三极彝训"的"训"字,即《原道篇》"玄圣创典,素王述训"之"训",所以它是"玄圣创典"之

"典"的体现者,因此刘勰又在同篇"赞曰"中称它为"三极彝道"。然而作为"道"又有"教"的作用,所以刘勰称它为"恒久之至道,不刊之鸿教"。这个评价是很高的。同时,刘勰对这种既是"至道"又是"鸿教"的"三极彝道"的社会功能,还用"象天地,效鬼神;参物序,制人纪;洞性灵之奥区,极文章之骨髓者也"的话来说明。刘勰对"儒经"这种作用的论述,和他在《灭惑论》中对佛的作用的描绘,是极为相似的。《灭惑论》说:

"释迦出世,化洽天人,御国统家;并证道迹……佛之至也,则空玄无形,而万象并应;寂灭无心,而玄智弥照。幽数潜会,莫见其极;冥功日用,靡识其然……其显迹也,则金容以表圣;应俗,则王宫以现生。拔愚以四禅为始,进慧以十地为阶;总龙鬼而均诱,涵蠢动而等慈。权教无方,不以道俗乖应;妙化无外,岂以华戎阻情。是以一音演法,殊译共解;一乘敷教,异经同归。经典由权,故孔释教殊而道契;解同由妙,故梵汉语隔而化通。但感有精粗,故教分道俗;地有东西,故国限内外。其弥纶神化,陶铸群生,无异也。"

从这一段话中的"一音演法,殊译共解;一乘敷教,异经同归"的话看,刘勰是把"儒经"当作佛的派生物来看待的,所以我们在这里就有可能把刘勰对"儒经"的作用的论述和他对佛的作用的描绘,作一个比照,即可发现二者是没有多大区别的,只是在说法上有其详尽和粗略之不同罢了。具体地说:

"儒经"的"象天地",在佛则是"化洽天人"。

"儒经"的"效鬼神",在佛则是"总龙鬼而均诱"。

"儒经"的"参物序",在佛则是"万象并应"。

"儒经"的"制人纪",在佛则是"御国统家"。

"儒经"的"洞性灵之奥区",在佛则是"玄智弥照"。

"儒经"的"极文章之骨髓",在佛则是"妙化无外"。

这样,佛和儒在刘勰的眼里,不是正如孙绰所说的"逆寻者每见其二,顺通者无往不一"(《弘明集·喻道论》)的二者是二而一的东西了吗?当然刘勰不会完全把佛和儒等同起来,他是把它们看做一内一外,一首一尾,一本一末,一主一从,一体一用,一精一粗,一道一俗的"真谛"和"俗谛"的关系。这种关系犹如佛寺里屏风前面"大慈大悲"的佛陀和屏风后面"执杵降魔"的韦陀一样,是一体一用的关系罢了。那么,这不正说明了刘勰之所以"宗经"是由于"儒经"是佛(道)的体现者吗?因此他提出"体乎经"的准则,就不是无其理论根据的了,所以他希望后世作家在创作上要"宗经"。

同时,从《宗经篇》全文看,刘勰在这一篇里表示了他对文学的体制和要求两个问题的观点。

关于文学的体制问题,刘勰说:"故论说辞序,则《易》统其首;诏策章奏,则《书》发其源;赋颂歌赞,则《诗》立其本;铭诔箴祝,则《礼》总其端;记传移檄,则《春秋》为根。——并穷高以树表,极远以启疆。所以百家腾跃,终入环内者也。若禀经以制式,酌雅以富言,是即山而铸铜,煮海而为盐也。"接着他又提出对文学的要求说:"故文能宗经,体有六义:一则情深而不诡,二则风清而不杂,三则事信而不诞,四则义直而不回,五则体约而不芜,六则文丽而不淫。"纪昀对于刘勰的上述观点,在《文心雕龙·宗经篇》眉批中有两句话表示了不同意的看法,第一句是:"此亦强为分析,似钟嵘之论诗,动曰源出某某。"第二句是:"此自善论文耳。如以其文论之,则不脱六代俳偶之习也。此评不允。"对于纪昀的第一句话,笔者表示赞同,认为他抓住了问题的要害。但是纪昀的第二句话,是自相矛盾的。

对于刘勰所谓文学的体制应以"五经"为"首"、为"源"、为"本"、为"端"、为"根"的说法,我们认为应全面地去看。因为"五经"的大部分是中国古代历史的文献,是中国古代文化的宝藏,不完全是孔子的私人著作;它对中国后世文学的发展,影响是巨大的,它本身在文学上的成就不容忽视,并不完全是儒家把它作为经典的结果。所以文学创作从"五经"那里取法,有其一定的道理。然而文学是要创新的,只有将推陈和创新结合起来,才能使文学健康发展。因此,刘勰的"往者虽归,余味日新,后进追取而非晚,前修久用而未先,可谓太山遍雨,河润千里者也"以及"百家腾跃,终入环内者也"等话,说得非常过分,不切实际。刘勰的用意是用"五经"来束缚人们的思想,所以他认定只有向"五经"取法一个途径,这就是一种倒退的文学观点。他甚至说:"夫文以行立,行以文传,四教所先,符采相济,迈德树声,莫不师圣。而建言修辞,鲜克宗经,是以楚艳汉侈,流弊不还。正末归本,不其懿欤!"这就不仅是要用"五经"的框子笼括文学,而且是要用"五经"来改造人。至于反对屈原作品(包括"楚辞")的创新,那还在其次了。当然,创新是会出现缺点或错误的,但不能因为有缺点或错误而否定或反对创新。

至于刘勰对文学的六点要求,从表面看似乎既有普遍性(即一般)的意义,又有其特殊性(即具体)的意义。然而刘勰本人的着眼点并不在普遍性的意义方面,而在特殊性的意义方面;他能够提出这个"六义"的要求,正是因为他有具体所指。

第一,"情深而不诡"。根据《原道篇》"道"和文的关系看,文的功能是"明道",那么文之"情"就应当是作者对"道"之"情深而不诡",亦即作家对"自然之道"(佛道)之"情深而不诡"。《情采篇》"五性发而为辞章,神理之数也",《明诗篇》"人禀七情,应物斯感,感物吟志,莫非自然"("自然"和"神理"同是"道"的名称),即是其证。如果用"三极彝道"的观点来说明"情"的内涵,即《诠赋篇》"原夫登高之旨,盖睹物兴情。情以物兴,故义必明雅",《情采篇》"盖风雅之作,志思蓄愤,而吟咏情性,以讽其上,此为情而造文也","而近之作者,采滥忽真,远弃风雅,近师辞赋,故体情之制日疏,逐文之篇愈盛。"应当认为:这些话所指出的"风雅"之情,就是"情深而不诡"之"情"的具体意义。这正说明它和"宗经"的意义连结得很紧密;反之,就是所谓"诡"。

第二,"风清而不杂"。《风骨篇》说:"诗总六义,风冠其首,斯乃化感之本源,志气之符契也。是以怡怅述情,必始乎风……情之含风,犹形之包气……意气骏爽,则文风清焉。""若能确乎正式,使文明以健,则风清骨峻,篇体光华。"《时序篇》说:"唯齐、楚两国,颇有文学。齐开庄衢之第,楚广兰台之宫,孟轲宾馆,荀卿宰邑,故稷下扇其清风,兰陵郁其茂俗。"《铭箴篇》说:"及崔胡补缀,总称《百官》,指事配位,鬃鉴可征,信所谓追清风于前古,攀辛甲于后代也。"《诔碑篇》说:"标序盛德,必见清风之华。"《章表篇》说:"必雅义以扇其风"。《诏策篇》说:"诰命动民,若天下之有风矣。"《明诗篇》说:"江左篇制,溺乎玄风。"《正纬篇》说:"至于光武之世,笃信斯术(指方士儒生之"谶纬"),风化所靡,学者比肩。"《风骨篇》说:"思不环周,索莫乏气,则无风之验也。""相如赋仙,气号凌云,蔚为辞宗,乃其风力遒也。"《时序篇》说:"盖历政讲聚,故渐靡儒风者也。"所有这些话,都是把"风清而不杂"的具体意义和"宗经"的思想连结得很紧密;反之,则是"杂"。

第三,"事信而不诞"。《正纬篇》说:"原夫图箓之见,乃昊天休命,事以瑞圣,义非配经。""若乃羲农轩皞之源,山渎锺律之要,白鱼赤乌(雀)之符,黄银紫玉之瑞,事丰奇伟……"《檄移篇》说:"事兼文武"。《奏启篇》说"陈政言事"。《原道篇》说:"经纬区宇,弥纶彝宪,发挥事业……"《议对篇》说:"事实允当","事以明核为美","事切而情举"。《檄移篇》说:"辞切事明"。《事类篇》说:"若譬葛为葵,则引事为谬;若谓庇胜卫,则改事失真"。《征圣篇》说:"事迹贵文"。所有这些话,都是把"事信而不诞"的具体意义和"宗经"的思想连结得很紧密;否则就是所谓"诞"。

第四,"义直而不回"。《史传篇》说:"立义选言,宜依经以树则"。《封禅篇》说:"义胜欲则从,欲胜义则凶"。《奏启篇》说:"辟礼门以悬规,标义路以植矩"。《比兴篇》说:"夫人象义,义取其贞。"《诏策篇》说:"命之为义,制性之本也。"《原道篇》说:"文王患忧,繇辞炳燿,符采复隐,精义坚深。"《辨骚篇》说:"依经立义"。《明诗篇》说"义归无邪"。《才略篇》说:"辞义温雅,万代之仪式也。"《辨骚篇》说:"昆仑悬圃,非经义所载。"《夸饰篇》说:"子云《校猎》,鞭宓妃以馋屈原;张衡《羽猎》,困玄冥于朔野。娈彼洛神,既非罔两;惟此水怪,亦非魑魅,而虚用滥形,不其疏乎?此欲夸其威,而饰其事,义暌剌也。"《时序篇》说:"诗必柱下之旨归,赋乃漆园之义疏。"所有这些话,都是把"义直而不回"的具体意义和"宗经"的思想连结得很紧密;反之,则是所谓"回"。

第五,"体约而不芜"。《体性篇》说:"繁与约舛";"精约者,核句省字,剖析毫厘者也。"《铭箴篇》说:"至于王朗杂箴,乃置巾履,得其戒慎,而失其所施。观其约文举要,宪章武铭,而水火井灶,繁辞不已,志有偏也。""潘尼乘舆,义正体芜。"《章表篇》说:"使繁约得正"。《论说篇》说:"王弼之解《易》,要约明畅"。《檄移篇》说:"言约而事显"。《铭箴篇》说:"文约为美"。所有这些话,都是把"体约而不芜"和"宗经"思想连结得很紧密;否则就是"芜"。

第六,"文丽而不淫"。《体性篇》说:"雅丽黼黻,淫巧朱紫"。《物色篇》说:"所谓诗人丽则而约言,辞人丽淫而繁句也。"《书记篇》说:"公干笺记,文丽而益规"。《乐府篇》说:"桂华杂曲,丽而不淫"。《情采篇》说:"为文者丽淫而烦滥"。《丽辞篇》说:"丽句与深采并流"。《章表篇》说:"必雅义以扇其风,清文以驰其丽"。《明诗篇》说:"古诗佳丽,或称枚叔"。《乐府篇》说:"淫辞在曲,正响焉生"。《时序篇》说:"邠风乐而不淫"。《辨骚篇》说:"士女杂坐,乱而不分,指以为乐,娱酒不废,沉湎日夜,举以为欢,荒淫之意也。"

所有这些话，都是把"文丽而不淫"的具体意义和"宗经"思想连结得很紧密；反之，就是"淫"。

总之，"文能宗经，体有六义"的观点，是从"建言修辞，鲜克宗经，是以楚艳汉侈，流弊不还"的思想出发而提出的"正末归本"的办法。从这一点看，刘勰对于屈原以及楚辞的许多作家是怎样地从心坎里反对，更不用说他对汉赋的厌恶态度了。那么，"宗经"的用意及其针对性，不是很明白了吗？

从以上"本乎道，师乎圣，体乎经"三项准则的内容来看，它们一脉贯注，一线相承，是清楚明白的。这"脉"就是"佛"，这线就是"道"。刘永济谓"前三篇揭示论文要旨，于义属正"，从逻辑说是可以说通的。但是笔者认为："于义属正"这一说法，还欠妥当，应当认为它是"于义属主"，而后二项"酌乎纬，变乎骚"则是"于义属从"，而不是"于义属负"。因为"于义属从"仍是"佛"一脉贯注，仍是"道"一线相承，而"于义属负"则是相反的方向了。

"酌乎纬"

《文心雕龙》"正纬"之所谓"纬"，包括"谶"和"纬"。"谶纬"是汉代流行的宗教迷信，西汉后期得到封建统治阶级的支持，主要把自然界某些偶然现象神秘化，看作社会安危的决定因素，为封建统治者说教。东汉末年，"谶纬"虽逐渐衰微，但仍继续流行，至隋炀帝杨广焚毁这方面的书籍为止。由于"谶纬"长期对人们思想、学术和政治生活起着相当大的影响，刘勰不能不注意它对文学创作的作用。"谶"和"纬"属于同类性质，所以常常并称，甚至连缀成词，刘勰所谓"纬"，也包括"谶"在内。《正纬篇》说："神道阐幽，天命微显，马龙出而大易兴，神龟见而洪范燿。故《系辞》称：'河出图，洛出书，圣人则之'，斯之谓也。"又说："有命自天，乃称符谶。"

"原夫图箓之见,乃昊天休命,事以瑞圣,义非配经,故河不出图,夫子有叹。"这些论述表明刘勰完全相信这类宣扬宗教迷信的东西,把它们当作和"儒经"一样奉为圭臬。他所谓"正纬",是"正"那些由于"世夐文隐,好生矫诞,真虽存矣,伪亦凭焉"的"伎数之士,附以诡术,或说阴阳,或序灾异,若鸟鸣似语,虫叶成字,篇条滋蔓,必假孔氏"的东西。所以"正纬"并不是反对"纬"或否定"纬",而是赞赏"纬"和肯定"纬"。至于刘勰对"神道"和"神理"这两个词语的看法,在这里作点说明:《周易·观·象》说:"观天之神道而四时不忒,圣人以神道设教而天下服矣。"这是儒家的观点。《弘明集》载宗炳《明佛论》说:"汉魏晋宋,咸有瑞命,知视听之表,神道炳焉。有神理必有妙极,得一以灵,非佛而何?"这是佛教信徒的观点。儒家和佛教对"神道"的看法不同:儒家的"神道"是"天道",佛教的"神道"是被"佛道"统驭的"天道",因为佛教信徒有"孔、老二教,法天制用,不敢违天;诸佛设教,天法奉行,不敢违佛"(《广弘明集·吴主孙权论叙佛道三宗》)的看法。刘勰在《灭惑论》中也有"佛之至也,化洽天人"之说,因此,刘勰在《文心雕龙·原道篇》只说"神理设教",而不说"神道设教",因为他所谓"神理"是包摄"神道"在内的。刘勰在《正纬篇》中认为"经显,圣训也"是正面的东西,"纬隐,神教也(神道设教)"是幽隐的东西;正面的是"圣训宜广",幽隐的是"神教宜约"。如果"纬多于经",即幽隐的东西多于正面的东西,那不是"神理"(包括"神道")"更繁",使人难信,起不到哄骗人的作用了吗?从这种观点来说,"神理"和"神道"就是一主一从的关系,而"神理"和"圣训"("儒经")则是一隐一显的关系。即使在这个问题上,刘勰也坚持了他的"以佛统儒,佛儒合一"的观点和"二谛义"的逻辑思想。

关于刘勰相信"谶纬"的问题,在《文心雕龙》之中例证是很多的。《时序篇》对南齐王朝的一段阿谀奉承之词如下:"皇齐驭宝,运集休明,太祖以圣武应箓,高祖以睿文纂业,文帝以贰离含章,中宗以上哲兴运,并文明自天,缉遐景祚。今圣历方兴,文思光被,海岳降神,才英秀发,驭飞龙于天衢,驾骐骥于万里……"即使在他的另一篇著作《梁建安王造剡山石城寺石像碑》中也有如下的话:"暨我大梁受历,道铸域中,秉玉衡而齐七政,协金轮而教十善。地平天成,礼被乐洽:瞻行衢而交让,巡比屋而可封;慈化穆以风动,慧教涣以景烛;般若炽于香城,表刹严于净土。希有之瑞,旦夕鳞集;难值之宝,岁时辐凑。"这就不难看出,刘勰对"谶纬"的相信是真诚的。那么,他所谓"正纬"和"酌乎纬"又是怎样的关系呢? 所谓"正",即"正其真伪"之意,目的就是为了使所谓"真"的东西在对当时封建统治阶级所拥有的"皇权"发生巩固的作用,尤其是那些"羲农轩皞之源,山渎锺律之要,白鱼赤乌(雀)之符,黄银(原文为"金",依范注改)紫玉之瑞",由于它们"事丰奇伟,辞富膏腴",虽然对于"道"之体现者——儒家的经典没有补益,但对文章的思想性却是能够有其助力的,所以他提出要通过"正"的办法,分清其真伪,通过这种"正"的办法赞赏"纬"和肯定"纬"。可见"酌乎纬"和"正纬"是一回事。

同时,从《正纬篇》看,刘勰在这里还表示了他对文学的思想性问题的看法。他所举的例子和内容如何呢?

第一,"羲农轩皞之源"。"羲"指伏牺,即庖牺;"农"指神农;"轩"指黄帝,"皞"指少皞。所谓"源",即"谶纬"叙述它们的来源都是神奇的。

传说伏牺继天而王,受河图,八卦是由他创始的。伏牺之母曰华胥,当燧人之世,有大人迹出于雷泽,华胥履之,而生伏牺,长于成纪,蛇身人首,有圣德,在位一百十五年,或曰传十五世(见《历代帝王年表》、《汉书·五行志》及《尚书序·孔疏》等)。

传说炎帝神农氏姜姓,母曰任己,有娇氏女,名曰女登,为少典正妃,游华山之阳,有神龙首感女登于尚羊,生炎帝,人身牛首,长于姜水,继无怀之后,在位一百四十年,传八世(同上)。

传说黄帝轩辕氏,有熊氏少典之子,姬姓,灭蚩尤而有天下。母曰附宝,其先有巢氏。附宝见大电光绕北斗,照于郊野,感而有孕,二十四月生黄帝,长于姬水,龙颜,在位一百一十年。自帝以后五帝三皇,皆其子孙。《白虎通议》说:"黄帝之时,凤凰蔽日而至"(同上)。

传说少皞金天氏,黄帝之子,名挚字青阳,母曰女节,黄帝时大星如斗,下临华渚,节梦与之接,感而生少皞,在位八十四年。少皞时有凤鸟至(同上)。

这些传说之所以被刘勰重视,并认为它们"事丰奇伟,辞富膏腴",就在于它们不仅有其"谶纬"之源,而且它们对维护封建迷信有积极的作用。

第二,"山渎锺律之要"。"山渎"指"五岳"(山)、"四渎"(渎);"锺律",据《汉书·律历志》说:"五声之本,生于黄锺之律","九六相生,阴阳之应","有三统之义焉"。"要","要害"之意。

"山渎",颜延年《三月三日曲水诗序》说:"暑纬昭应,山渎效灵"。李善注云:《说文》曰:暑,日影也;纬,五星也。《易纬·乾凿度》曰:五纬顺轨,四时合栗。山,五岳也。渎,四渎也。效灵,山出器车,渎出图书之类"(《文选》)。

"锺律",又写作"钟律"。"阴阳之应"即"律十有二,阳六为律,阴六为吕","律以统气类物","吕以旅阳宣气"。"三统之义",即"天旋、地代、人事之纪也"。"黄钟为天统","林钟为地统","太族为人统"。总的说来,"在天成象,在地成形","后以裁天地之道,辅相天地之宜,以左右民","此三律之谓矣,是为三统"。

"山渎锺律"之所以为刘勰所重视,就在于前者出图书,后者附会出王者的三统,都是赤裸裸地为封建统治者巩固政权而服务的宗教迷信,所以刘勰以"要害"之意而称呼它们。

第三，"白鱼赤雀之符"。"白鱼"指《史记·周本记》所载周武王的故事。"赤雀"指《礼记·檀弓》"夏后氏尚黑"一节孔疏引《礼纬·稽命征》所载"周有赤雀衔书"之语。"符"即符瑞。

"白鱼"的故事：武王渡河，中流，白鱼跃入舟中，武王俯取以祭。既渡，有火自上复于下，至于王屋"。

"赤雀"之语："其天命以黑，故夏有元珪；天命以赤，故周有赤雀衔书；天命以白，故殷有白狼衔钩"的记载。

所谓"白鱼"、"赤雀"，都是帝王受命，精神感动天地，天帝因而降下符瑞的迷信传说。"天统"和"符瑞"都是暗示帝王受天意的召示，以及表现正朔的时间和灵符下降的颜色。这些迷信之所以为刘勰所重视，就在于它们说明帝王受命之不可怀疑，而人民只能服服帖帖的拥护，无权表示任何意见。

第四，"黄银紫玉之瑞"。"黄银"、"紫玉"见于《礼纬·斗威仪》："君乘金而玉，其政象平，黄银见，紫玉见于深山"（见范注），又见于《宋书·符瑞志》："王者不藏金银，则黄银、紫玉见"。又，庾信《羽调曲》："山无藏于紫玉，地不爱于黄银"。可见"黄银紫玉"均指王者的符瑞而言。刘勰所谓"黄金紫玉之瑞"，正和《宋书·符瑞志》所载相合。这些都是价值昂贵的东西，不仅是王者骄奢淫逸的生活所需要，而且把它们作为符瑞，对于王者的统治是有利的。

总之，刘勰提出"羲农轩皞之源"等等，是由于它们总比那些"虫叶成字"，"鸟鸣似语"之类的"诡术"容易使人相信，对经典虽无补益，但也无害，同时又有益于文章的思想性，所以他提出了"酌乎纬"的准则。

"变乎骚"

《离骚》是我国战国末期伟大的浪漫主义诗人屈原的代表作

品，也是“楚辞”的代表作品。它对二千多年的中国文学所产生的影响是巨大的，尤其对古代辞赋的影响，更为巨大。刘勰甚至认为《离骚》“衣被辞人，非一代也”。他又说：“自《风》《雅》寝声，莫或抽绪，奇文郁起，其《离骚》哉！固已轩翥诗人之后，奋飞辞家之前，岂去圣之未远，而楚人之多才乎？”这种赞誉，也就说明了刘勰评论文学不能不把以《离骚》为代表的屈原作品，作为对后世作家必然要起重大作用的东西，当然要在他的所谓“文之枢纽”之中提出对《离骚》的评价和指导后人创作时如何“效骚命篇”的问题了。为此，他对刘安、扬雄、班固、王逸等对《离骚》的评论，作一次总结，认为他们“褒贬任声，抑扬过实”，从批评中提出自己的评论。

刘勰认为《离骚》有“同于风雅者”四事，有“异乎经典者”四事。“同于风雅者”被他称之为“典诰”，“异乎经典者”被他呼之为“夸诞”，所以他说《离骚》是“体宪于三代，而风杂于战国，乃雅颂之博徒，而辞赋之英杰也”。虽对《离骚》有所肯定，却否定了《离骚》的强烈浪漫主义特色。因为浪漫主义并不在于文字形式上单纯的词藻华丽，而是由其在内容上的想象为基础的。刘勰肯定《离骚》“同于风雅者”四事，是从他的“以佛统儒，佛儒合一”之“道”为出发的“宗经”立场所决定的，所以他持赞许的态度，“赞曰”中所谓“金相玉式”就是对此而言，即是说，内容和形式都如金玉似的。但是他对《离骚》“异乎经典者”四事的看法，也是从他的“以佛统儒，佛儒合一”之“道”为出发的“宗经”立场所决定的，所以他持否定的态度，“赞曰”所谓“艳溢锱毫”就是对此而言，即是说，内容和形式的虚诞夸张太过分了。他所谓“体宪于三代，风杂于战国”，是说《离骚》既有继承《诗经》的传统，又夹杂着战国“纵横之诡俗”；他所谓“雅颂之博徒，辞赋之英杰”，是说《离骚》既是《诗经》的浪荡之子，又有辞赋所特具的“玮烨之奇意”。《时序篇》说：“屈平联藻于日月，宋玉交彩于风云，观其艳说，则笼罩雅颂，故知玮烨之奇意，出乎纵横之诡俗也",即是其证。我们认为:如果屈原作品没有他那极度怨愤的忧国之情,没有他那忽天忽地的奇异想象,怎么能够产生那种光怪陆离的意境和瑰异艳丽的辞藻呢? 屈原作品的浪漫主义特色并不是由于有了刘勰所谓"同于风雅者"的"典诰"的思想所能创造出来的;如果思想僵化得完全"同于风雅者"的"典诰",离开浪漫主义就要更远,还谈什么具有浪漫主义特色的问题呢? 关于"夸诞"二字,是褒义还是贬义,从这个词语的本意来看,不用说是贬义,这在古书中例证是很多的,也是众所周知的,这里就不再列举了。即如刘勰本人对"夸诞"二字的看法来说,也是不折不扣的贬义。《文心雕龙·铭箴篇》说:"赵灵勒迹于番吾,秦昭刻博于华山,夸诞示后,吁可笑也"。这不就是《文心雕龙》之中"夸诞"的解释吗? 难道在《文心雕龙》之中两处所用"夸诞",一处是褒义,一处是贬义的吗? 同时刘勰对他所说的《离骚》的"夸诞"提出了四个方面的问题为据,不是更证明了刘勰称《离骚》"异乎经典者"四事为"夸诞"是贬义的吗? 最近有文章说它是褒义(见《吉林大学学报》一九七九年六期《刘勰对屈原作品浪漫主义特色的评价》一文,简称《评价》),不符合刘勰的原意。宋人葛立方在其所著《韵语阳秋》卷八中有一段话说:

> 余观渔父告屈原之语曰:"圣人不凝滞于物,而能与世推移"。又云:"众人皆浊,何不淈其泥而扬其波;众人皆醉,何不哺其糟而啜其醨";此与孔子和而不同之言何异? 使屈原能听其说,安时处顺,置得失于度外,安知不在圣贤之域,而仕不得志,狷急褊躁,甘葬江鱼之腹,知命者肯如是乎? 故班固谓:"露才扬己,忿怼沉江";刘勰谓:"依彭咸之遗则,狷狭之志也";扬雄谓:"遇不遇命也,何必沉身哉";孟郊云:"三黜有愠色,即非圣贤模";孙郃云:"道废固命也,何事葬江鱼"。皆贬之也。而张文潜独以"楚国茫茫尽醉人,独醒惟有一灵均。哺

糟更使同流俗,渔父由来亦不仁"。

这就可见,刘勰对屈原作品用"夸诞"二字来贬抑,并不是没有人评论,也并不是"夸诞"二字可以随便用褒义来解释的。

其次,刘勰对《离骚》的文学特点还作了"观其骨髓所树,肌肤所附,虽取熔经意,亦自铸伟辞"的评语,这就更加清楚地说明,他是满意属于"取熔经意"的"同于风雅者"四事的思想内容的方面,而又看到属于"自铸伟辞"的辞藻艳丽的表现形式的方面。这就又在说明,刘勰是把"自铸伟辞"当作"同于风雅者"的思想所决定的,因而他就不可能理解屈原作品瑰丽艳美的表现形式是受其浪漫主义创作思想决定的,而不单纯是在文字上讲求华丽可以做到的这个问题。刘勰既要反对作为屈原作品的浪漫主义特色的具体表现"异乎经典者"四事,把它呼之为"夸诞",又看到其由于浪漫主义而在表现形式上的瑰丽艳美的辞藻,这更在说明他并不理解屈原作品的瑰丽艳美的辞藻是从哪里来的,所以他只好把它归之于"楚人之多才乎?"从而使他提出的"效骚命篇",也只能是"凭轼以倚雅颂,悬辔以驭楚篇"为前提条件的"酌奇而不失其真,玩华而不坠其实"的要求和方法了。他在思想上仍然是以"经典"为框子,而在文字的表现上又要辞藻艳丽,这就是自相矛盾的。刘勰虽然把屈原作品称之为"惊采绝艳,难与并能",但是它比刘安的评价"虽与日月争光可也",是有逊色的,他的评论是从表面出发的,它和屈原作品的浪漫主义特色毫不相干。

综上所论,刘勰既然是站在"以佛统儒,佛儒合一"的立场,眼睛始终盯在"儒经"这个"道"的体现者的方面,并把它作为文学的最高典范来看,自然就要对《离骚》有"同于风雅者"和"异乎经典者"的分别,那么他也就不能不辨其与"儒经"同异的正确与否了。从而提出"变"其"异乎经典者"的"夸诞",学其"同于风雅者"的"典诰",因而确定"效骚命篇"的要求和方法。这就是刘勰眼中的"儒经"和《离骚》的关系。这种关系在逻辑上仍然是"儒经"为本,《离骚》为末这样一种"二谛义"。

总之,刘勰之所以要"辨骚",就是他要阐明他所看到的文学上一个重要问题,即文学的艺术性问题,他认为文学的艺术性在屈原作品中浓郁地表现着,但这种艺术性并不是由于屈原作品"异乎经典者"的"夸诞"所形成的,而是由艳丽的辞藻所组成的。所以刘勰说:"故其叙情怨,则郁伊而易感;述离居,则怆怏而难怀;论山水,则循声而得貌;言节候,则披文而见时"。"故才高者菀其鸿裁;中巧者猎其艳辞;吟讽者衔其山川;童蒙者拾其香草",总之,"效骚命篇者,必归艳逸之华",就是他的结论,而这和"模经为式者,自入典雅之懿"(《定势》)的话恰恰成为对立的说法。"变乎骚"三字就淋漓尽致地表明了刘勰对于屈原作品浪漫主义特色的不理解,不赞成,甚至反对的态度。这种态度对文学艺术的发展是不利的,它是扼杀文学的艺术性的一种压力。如果作家都遵照刘勰的这种看法对待文学的艺术性,不仅不会有浪漫主义的文学出现,而且文学将会停滞不前,只能有一种僵死的文学——庙堂文学在文苑内猖獗,更不会出现词、曲以及戏剧、小说等等文学形式了。同时,我以为:辞赋虽有它的缺点,但对后世文学的艺术性则是一个前导。

以上是对"文之枢纽"五项准则及其"义脉"的初步探索。可以看出,这五项准则是由"道""一以贯之"的,它是一个自成体系的文学理论,同时又是作为刘勰文学理论之"纲"而出现在《文心雕龙》之中的。虽然这个"纲"即使是对当时文学来说也并不是没有问题的。

这就是笔者的粗浅之见,特就正于大家。

(原载《中国社会科学》1980 年第 4 期)

马宏山(1941—　),现在新疆大学任教。主要论著有《〈文心雕龙·辨骚〉质疑》、《〈文心雕龙〉之"道辨"》等。

本文认为《文心雕龙》的纲是本乎道,师乎圣,体乎经,酌乎纬,变乎骚;其中一以贯之的是作为佛家思想的道。刘勰的指导思想是以佛统儒,佛儒合一。他用这样的指导思想来征圣,宗经,正纬,辨骚。本文认为刘勰的思想是落后的。

孔子论艺术的社会作用

韩林德

孔子是春秋时期社会剧烈变动中崭露头角的著名思想家。他面对"礼坏乐崩"的政治局面,目睹加剧着的权力、财产再分配的严酷现实,从日暮途穷的氏族贵族的立场出发,反对"法治",坚持"礼治",试图维护摇摇欲坠的氏族贵族的政治统治。经济上,他主张宁可社会贫困也不要财产悬殊、贫富分化,极力维护生活水平低下但秩序相对安定的氏族公社的传统生活。人格精神上,他重视道德的砥砺、情操的培养,鄙弃新贵的追逐货殖、唯利是图,主张在动荡的社会生活中保持人格的尊严和高洁。总之,他追慕先王的"大同"盛世,缅怀文、武、周公"刑仁讲让,示民有常"的"小康"政治,掮起"复礼"的旗帜,企图将历史的车轮拖回到西周的故道上去。显而易见,孔子极力维护分崩离析的"周礼"的政治思想具有保守性甚至反动性;但另一方面,他反对新兴奴隶主残酷的经济剥削和暴虐的政治压迫,要求恢复建立在氏族公社经济体制之上、社会秩序相对温和安定而具有一定的原始民主制色彩的政治生活,又带有民主性和人民性。孔子以"仁"为核心的哲学政治思想体系,就建立在这种深刻复杂的矛盾之上。

孔子的美学思想是他的哲学政治思想体系的一个组成部分。他认为:(一)艺术具有多种社会作用,但最根本的是政教的工具。(二)美是形式与内容的统一:美的艺术应是"尽美尽善",美的人应是"文质彬彬"。审美判断与道德判断紧相联系,并把道德判断置于首位。

孔子的美学思想,不论对当时还是后世,影响都极大。现在仅就其著作中涉及艺术的社会作用——"兴、观、群、怨"与"游于艺"的部分,作一初步的探索。

孔子为着"复礼"的目的,十分重视艺术的社会作用。他认为,诗歌有认识作用、教育作用、团结作用与批评作用,这就是他的著名的"兴、观、群、怨"说所包蕴的主要思想。他还主张寓政教于艺术活动中,这就是他的"游于艺"论的主旨。

(一)"兴、观、群、怨"说

《论语·阳货篇》载:"子曰:'小子何莫学夫《诗》?《诗》,可以兴,可以观,可以群,可以怨。迩之事父,远之事君;多识于鸟兽草木之名'。"孔子对他的学生说:"你们为什么不学习《诗经》呢?学习《诗经》,可以兴,可以观,可以群,可以怨。拿近的来说,可以用其中的道理侍奉父母;拿远的来说,可以用其中的道理服事君主。而且藉此还可以知道些鸟兽草木的名字。"这里,孔子用"兴"、"观"、"群"、"怨"四个字,概括地指明了艺术的多种社会作用。

"兴"的意思是什么呢?朱熹《论语集注》认为是"感发志意"。"兴"在先秦本有"起"的意思(见《说文》及《尔雅》),又有"发"的意思(见《经典释文》释《左传》"兴空泽之士千甲")。按照朱熹的解释,诗"可以兴",一是"兴"所谓"志",即兴发情感;一是"兴"所谓"意",即兴起事理。由古代文献看,《尚书》提出"诗言志"的论点,已经触及诗与情感的关系。孔子强调诗能兴发情感,正是对"诗言志"论点的肯定。至于诗"可以兴"的第二层意思——兴起事理,《论语》中的有关记载便是最好的注脚。

　　子夏问曰:"巧笑倩兮,美目盼兮,素以为绚兮。何谓也?"
　　子曰:"绘事后素。"曰:"礼后乎?"子曰:"起予者商也! 始可与

言诗已矣。"(《八佾》)①

子夏所问的三句诗,描写一个女子长得好看,笑得好看,眼睛也好看,打扮一番更加好看。子夏问这三句诗是什么意思?孔子回答说,画画先要有白底子。子夏说:"礼后于仁吗?"孔子很满意子夏的这个回答,他亲昵地叫着子夏的小名说:这个回答对我大有启发,像你这样的人可以一起谈论诗了。《论语》中另一段论诗,也是作如此"兴"法:

> 子贡曰:"贫而无谄,富而无骄,何如?"子曰:"可也;未若贫而乐,富而好礼者也。"子贡曰:"《诗》云:'如切如磋,如琢如磨',其斯之谓舆?"子曰:"赐也,始可与言《诗》已矣,告诸往而知来者。"(《学而》)

子贡提问:"贫穷而不巴结奉承,富裕而不傲气凌人,这种人怎么样?"孔子说:"还可以,但不及虽贫穷而仍快乐,纵富裕却谦让好礼!"子贡说:"有两句诗说,人的修养象治骨治角,先切之又磋之,像治玉治石,先琢之又磨之,功夫需一步步加深。'贫而无谄,富而无骄'像切和琢这一步功夫,'贫而乐,富而好礼',像磋和磨这一步功夫。"孔子对子贡的这种"兴"法至为高兴,说:"像你这样的人,可以一起谈诗了。告诉你一点,却能感悟发挥联想到另一点上。"

由描绘女子"素以为绚"的诗句而推出"礼后"的结论,由"贫而无谄,富而无骄"、"未若贫而乐,富而好礼"的人生哲理而比附及"如切如磋,如琢如磨"的诗章,就逻辑学讲,作这样的推理无疑是失当的。但在艺术创作和艺术欣赏中,借助对象的某个特征,经过感情的中介作用,进行类比联想,这正是产生审美感知的关键因素(在现代电影艺术中,如果没有起码的类比联想能力,那么连极普

---

① 以下引《论语》者,均只注篇名。

通的苍松比喻烈士永存的镜头也将莫名其妙)。在这两条材料中,
孔子对子夏、子贡兴出"礼后"(指"礼"后于"仁")及"如切如磋,如
琢如磨"(指人的道德修养须如精雕细刻的玉石加工)事理的赞扬,
固然说明孔子念念不忘复礼的守旧心理,但也反映出孔子对诗歌
欣赏中类比联想的高度重视。

"观",郑玄说是"观风俗之盛衰",朱熹进而引伸作"考见得
失"。郑、朱两家的解释同《汉书·艺文志》所谓"古有采诗之官,王
者所以观风俗,知得失,自考正"的说法正相符合,简言之,便是诗
有"参政"的功能。春秋末期,吴公子札到鲁国观乐,便是这类"依
声以参时政知其兴衰"(《左传·襄公二十九年》)的实例。但是,
"观"不仅有"参政"的意思,它还包含着另一层"知人"的意思。从
《论语》的有关材料看,孔门十分强调"知人",所谓"不患人之不己
知,患不知人也"(《学而》),并把"知人"作为"知(智)"的标志。大
家知道,"春秋观志,讽诵旧章"(《文心雕龙·明诗》),两周氏族贵族
于交际会聘、宴享酬酢之际,断章赋诗之风极盛。席间,观他人赋
诗以知其人,更是贵族的必备修养。通观《左传》一书,这方面的例
子俯拾皆是。如:

> 郑伯享赵孟于垂陇,子展、伯有、子西、子产、子大叔、二子
> 石从。赵孟曰:"七子从君,以宠武也,请皆赋以卒君贶,武亦
> 以观七子之志。"(《左传·襄公二十七年》)

> 夏四月,郑六卿饯宣子于郊。宣子曰:"二三君子请皆赋,
> 起亦以知郑志。"子蟜赋《野有蔓草》(杜注:取其"邂逅相遇,适
> 我愿兮"),宣子曰:"孺子善哉,吾有望矣。"子产赋郑之《羔裘》
> (杜注:取其"彼己之子,舍命不渝"、"邦之彦兮",以美韩子),
> 宣子曰:"起不堪也。"子大叔赋《褰裳》(杜注:《褰裳》诗曰:"子
> 惠思我,褰裳涉溱。子不我思,岂无他人"),宣子曰:"起在此,
> 敢勤子至于他人乎?"……子游赋《风雨》(杜注:取其"既见君

子,云胡不夷"),子旗赋《有女同车》(杜注:取其"绚美且都");子柳赋《蘀兮》(杜注:取其"倡予和女")。宣子喜曰:"郑其庶乎! 二三君子以君命贶起,赋不出郑志,皆昵燕好也。二三君子数世之主也,可以无惧矣。"宣子皆献马焉,而赋《我将》(杜注:取其"日靖四方"、"我其夙夜,畏天之威")。子产拜,使五卿皆拜,曰:"吾子靖乱,敢不拜德。"(《左传·昭公十六年》)

在这类外交场合,一方断章赋诗,表达心志,另一方心知其志,对答自如,这就算有"专对"的本事,换种说法,也叫没有白学诗。反之,如观诗"弗知",不能"专对",便要出尽洋相。《论语·子路篇》:"子曰:'诵《诗》三百,授之以政,不达。使于四方,不能专对,虽多,亦奚以为!'"讲的就是这种情况。当时,宋的华定(见《左传·昭公十二年》),齐的庆封(见《左传·襄公二十八年》)便因赋诗"弗知"而在外交宴席中丢尽丑的。需要说明的是,观诗"知人"的作法,断章取义,宰割诗意,已完全不是审美欣赏,而只是由"兴起事理"而引伸类比推论了。艺术在这里已完全不是起美的作用,而只是政治代用品的修辞术了。

"群"的解释,自来众说纷纭。孔安国说是"群居相切磋",朱熹说是"和而不流",均欠妥贴。其实,孔子所谓"群",是会合、团结的意思(《荀子·非十二子》:"壹统类而群天下之英杰"。杨倞注:"群,会合也")。在周代,诗是入乐的:能歌能奏①,能赋②,能笙③,能

---

① 《左传·襄公四年》:"穆叔如晋,……晋侯享之。金奏《肆夏》之三,不拜;工歌《文王》之三,又不拜;歌《鹿鸣》之三,三拜。"

② 《左传·僖公二十三年》:晋公子重耳及秦,"他日,公享之……公子赋《河水》,公赋《六月》。"

③ 《仪礼·乡饮酒礼》:"笙入堂下,磐南北面立,乐《南陔》、《白华》、《华黍》。"乃间,"笙《曲庚》"、"笙《崇丘》"、"笙《由仪》"。

管①,能龠②。同时,诗乐又是合礼的,宴享祭祀,阶级不同,等级有异,所用篇什也有明显的区别。遵礼而行,大夫、士用《小雅》③,国君宴大夫、士亦用《小雅》④,国君与国君相见用《大雅》⑤,周天子则用《颂》⑥。诗入乐,就有乐的功能;诗合礼,就有礼的作用。"乐者为同,礼者为异,同则相亲,异则相敬。"(《礼记·乐记》)这就是说,礼以区别,叫人不逾矩,守本分;乐在求同,使人心相印,情相通。诗有礼乐的这类特点,学习它,无疑能起到交融情感、互通心音、促进氏族贵族团结的作用。这也就是所谓"群"了。

"怨"的意思孔安国说是"怨刺上政",邢昺说是"有君政不善则风刺之"。他们的解释都有可取之处,但范围框窄了。黄宗羲指出,"怨亦不必专指上政"(见《汪扶晨诗序》)。在《诗经》十五国风及大、小雅中,搜罗着一批怨刺时政世态的作品,如《秦风·黄鸟》(毛传:"刺穆公以人从死")、《邶风·北门》(毛传:"刺仕不得志")、《鄘风·相鼠》(毛传:"刺无礼也")。其中有些劳动人民创作的作品,直泻胸臆,回响着强烈的反抗心声,如《魏风·伐檀》(毛传:"刺贪也")、《魏风·硕鼠》(毛传:"刺重敛也")。也有士大夫抨击时政,讥刺昏君的愤懑之作,如《小雅·节南山》(刺幽王)、《大雅·桑柔》(刺厉王)。应该说,《诗经》中这些怨刺之作,如同一面镜子反映了西周社会阶级矛盾重重、国事沸羹蜩螗的现实

---

① 《礼记·仲尼燕居》:"下管象《武》,夏龠序兴。"

② 《周礼·龠章》:"中春昼击土鼓,龠《豳诗》以逆暑,中秋夜迎寒亦如之。"

③ 《仪礼·乡饮酒礼》:"工歌《鹿鸣》、《四牡》、《皇皇者华》。"

④ 《左传·襄公四年》:"《鹿鸣》,君所以嘉寡君也,敢不拜嘉;《四牡》,君所以劳使臣也,敢不重拜;《皇皇者华》,君教使臣……。"

⑤ 《左传·襄公四年》:"《文王》,两君相见之乐也。"

⑥ 《尚书大传》:"古者帝王升歌《清庙》之乐。"

状况。待历史进入春秋时代，社会各种矛盾进一步加剧。一些作者发扬《诗经》的这一传统，继续采取"怨刺"手法以反映现实生活，如：

《左传·僖公五年》：晋侯使士蒍为二公子筑薄与屈。士蒍左右为难：城不坚则为公子所诉，为公所让；坚之则为固仇不忠，无以事君。在进退维谷、莫知所从的窘境中，士蒍满腹怨怼，"退而赋曰：'狐裘龙茸，一国三公，吾谁适从？'"

《左传·宣公二年》："郑公子归生受命于楚，伐宋，……宋师败绩，因华元……华元逃归。"后，"宋城，华元为植，巡功。城者讴曰：'睅其目，皤其腹，弃甲而复。于思于思，弃甲复来。'"

《左传·襄公十七年》："宋皇国父为大宰为平公筑台，妨于农收。子罕请俟农功之毕，公弗许。筑者讴曰：'泽门之皙（杜注：皇国父白皙而居近泽门），实兴我役；邑中之黔（杜注：子罕黑色而居邑中），实慰我心。'"

《左传·定公十四年》："卫侯为夫人南子召宋朝，会于洮。大子蒯聩献孟于齐，过宋野。野人歌之曰：'既定尔娄猪，盍归吾艾豭'。大子羞之"。

这些诗作虽然只是了了数语，但短小精悍，就反映生活的深度来说，并不亚于内容空疏的"鸿文巨制"。孔子用"可以怨"来概括诗歌的这种社会作用，正是对由《诗经》开创而春秋时代仍在广泛运用的诗歌现实主义创作方法的一定程度的承认和肯定。

在中国美学史上，对诗歌的社会作用作"兴、观、群、怨"这样全面的阐述，可以说，孔子是第一人。在孔子之前，《诗经》一些篇章的作者虽也流露出诗歌有助政教德化的思想火花，但仅限于片言只语①。孔子系统地阐述了诗歌有"兴、观、群、怨"的多种作用,明确地指出了诗歌有助政教德化的社会功能,从而将诗歌同政治之间的关系紧紧地连系了起来。并且,二者之间不是用神秘的宗教的方式联系,而是以明晰的理性方式来联系,把原始艺术的神秘宗教色彩去掉了,立足于现实人生之上,这无疑是一大进步。王夫之《姜斋诗话》说:"'兴、观、群、怨',诗尽于此矣。"说"尽于此",固属虚美之词,但"兴、观、群、怨"说在美学史上的地位,却是毋庸置疑的。后世论者,如:《诗·大序》:"故正得失,动天地,感鬼神,莫近于诗。先王以是经夫妇,成孝敬,厚人伦,美教化,移风俗。"曹丕《典论·论文》:"文章经国之大业。"陆机《文赋》:文艺"济文武于将坠,宣风声于不泯。"挚虞《文章流别论》:文艺"宣上下之象,明人伦之叙,穷理尽性,以究万物之宜。"他们这些强调文艺应为政治服务的思想,探其源,无不蹈袭了孔子"兴、观、群、怨"的观点,不断发展变化而来。

当然,"兴、观、群、怨"是孔子在两千年前那个剧烈变动的时代依据诗歌艺术的本质及功能提出的,它获得了可贵的理论思维成就,但也无可避免地要打上那个时代深深的阶级烙印。

第一,如上分析,"兴、观、群、怨"已初步地和部分地涉及艺术的认识作用、教育作用、团结作用和批评作用。这种认识作用具体指"兴起事理"、"观参时政"和"观诗知人",内容包括在"兴"和"观"内;教育作用具体指"兴发情感"和道德教化,内容包括在"兴"和"群"内;团结作用指在"礼"的基础上的安分守己、和谐相处,内容

---

① 如:《诗·小雅·巷伯》:"寺人孟子,作为此诗,凡百君子,敬而听之。"《小雅·节南山》:"家父作诵,以究王讻,式讹尔心,以畜万邦。"《大雅·烝民》:"吉甫作诵,穆如清风,仲山甫永怀,以慰其心。"《大雅·嵩高》:"吉甫作诵,其诗孔硕。其风肆好,以赠申伯。"

见之于"群";批评作用指以"礼"为尺度对时政世态进行鞭笞讥刺,内容蕴含在"怨"内。当然,这里所说的几个作用与今天我们所说的艺术上的认识作用、教育作用、团结作用和批评作用,仍然有着本质的区别。比如,孔子所谓的"观",就不等于我们今天所理解的建立在实践基础上的对客观世界的认识,他只限于体察风俗的变化、把握道德的兴衰;他所谓的"兴",属于兴发情感,悟发事理(礼),与我们今天所说的通过艺术作品对群众进行审美教育迥然有别;他所谓的"群",是指氏族贵族内部在"复礼"的基础上谋求矛盾的缓和;他所谓的"怨",又以不危及氏族贵族根本利益为先决条件,绝不是实行革命的批判。

　　第二,更为要紧的是,孔子所谓的"兴、观、群、怨",最终旨归于"迩之事父,远之事君"的忠恕孝悌之道,落脚于维护"周礼",因此有着明确而狭隘的政治目的。

　　我国夏商周是早期宗法奴隶制,它以血缘为纽带,赖分封、世袭、等级等礼制维系统治。到了春秋末期,宗法奴隶制走上了穷途末路,"世道衰微,邪说暴行有作,臣弑其君者有之,子弑其父者有之。"(《孟子》)孔子正是在这样的历史背景下,鼓吹学诗"迩之事父,远之事君"的。《论语》中其它一些材料足以说明孔子的这种政治意图。

　　　　有子曰:"其为人也孝悌,而好犯上者,鲜矣;不好犯上而好作乱者,未之有也。"(《学而》)。

　　　　曾子曰:"夫子之道,忠恕而已矣。"(《里仁》)

这里所说的"孝",是对宗族内父辈的尊敬和服从;"悌",是对宗族内同辈的友爱和相助。如将孝悌之道推及社会,便是忠、恕。"忠",是对君主的绝对听命;"恕",是对氏族贵族的相亲相爱,"己所不欲,勿施于人"。这些就是孔子所谓"迩之事父,远之事君"所包含的具体内容。在早期奴隶制社会里,忠孝之道行,宗法制大厦立;忠孝之道衰,宗法制大厦溃。由此可见,孔子主张学诗"迩之事父,远之事君",是为着维护宗法奴隶制统治的。其政治倾向性非常确定。

(二)"游于艺"论

孔子对艺术的性质和特点的了解,还表现在"游于艺"上,即主张寓政教于艺术观赏中。

> 子曰:"志于道,据于德,依于仁,游于艺。"(《述而》)

"艺",何晏、邢昺等释作"六艺"(礼、乐、射、御、书、数),不确,应指艺术而言,具体地说是指音乐、舞蹈、诗歌等多种部门艺术。"游",观的意思(见《诗经·有杕之杜》"噬肯来游"毛传)、乐的意思(见《吕览·贵直篇》"在人之游"高注)、戏的意思(见《广雅·释诂三》)。孔子说:树立"复礼"志向的人,目标在"道"("复礼"),根据在"德",依靠于"仁",娱乐观赏于艺术园圃之中。

何以"志于道"尚待"游于艺"、娱乐观赏于艺术园圃之中呢?个中奥妙,后儒辈深知底蕴。请看《礼记·学记》的相关论述:

> 大学之教也,时教必有正业,退息必有居学。不学操缦①,不能安弦;不学博依②,不能安诗;不学杂服,不能安礼。不兴其艺,不能乐学。故君子之于道也,藏焉,修焉,息焉,游焉。夫然,故安其学而亲其师,乐其友而信其道,是以虽离师辅而不反。

就是说:儒家兴办的贵族子弟学校,在正课时间里,学习先王之"道",课余时间,有课外作业,以与学习先王之"道"相配合。学习

① "操缦",即操弄杂乐。《汉书·礼乐志》:"缦乐鼓员十三人"。颜注:"缦乐,杂乐也"。

② "博依",即杂曲。朱熹:"博依谓杂曲可歌咏者也。"(见孙希旦《礼记集解》引朱注)

的方法,如果不学"操缦"杂乐以练习手指,就弹不好琴;不学"博依"杂曲,就无从娴熟诗歌的节拍;不学洒扫应对等杂事,就无从知道礼节仪式。不引导他们学习艺术,就不能辅助正课的不足,也提不起他们学习"道"的兴趣。所以君子在学校中学习,注意正课传研;课余休息时,重视开展艺术活动。如此做了,就能使学生安心学"道",敬重师长,友爱同学,相信"道"理,即使此后走出学校,离开师长,也不会去做违背"道"理的事情了。

由此可见,孔门把"志道"视作正业,看作根本,规定为贵族子弟追求的目标;而把艺术活动当作"正业"的辅助,达到目标的手段。所谓"不兴其艺,不能乐学",不开展艺术活动,就提不起贵族子弟学习"道"的兴趣;反过来讲,"兴其艺",大力开展艺术活动,则贵族子弟"安其学"、"信其道"、"虽离师辅而不反"。可见,孔门在一定程度上已经捉摸到"艺"与"道"二者相依相存、相得益彰的关系了。

按照孔子的思想,学生在校学"道",需"游于艺",走上社会,为官行"道",也需"游于艺"——大力开展礼乐教化活动。而且,能否这样去做,还是检验一个学生是否掌握了治国要领的重要标志。孔子有时就用这类"何以治国"的题目考考他的学生,看他们是否心领神会了此道。

　　子路、曾皙、冉有、公西华侍坐。子曰:"以吾一日长乎尔,毋吾以也。居则曰:'不吾知也!'如或知尔,则何以哉?"子路率尔而对曰:"千乘之国,摄乎大国之间,加之以师旅,因之以饥馑,由也为之,比及三年,可使有勇,且知方也。"夫子哂之。"求!尔何如?"对曰:"方六七十,如五六十,求也为之,比及三年,可使足民。如其礼乐,以俟君子。""赤!尔何如?"对曰:"非曰能之,愿学焉。宗庙之事,如会同,端章甫,愿为小相焉。""点!尔何如?"鼓瑟希,铿尔,舍瑟而作,对曰:"异乎三子

者之撰。"子曰:"何伤乎? 亦各言其志也。"曰:"暮春者,春服
既成,冠者五六人,童子六七人,浴乎沂,风乎舞雩,咏而归。"
夫子喟然叹曰:"吾与点也!"……《先进》

这里,孔子之所以独独倾心于曾皙之回答,就因为曾皙形象地表达
了他将身体力行"志道"、"游艺"的志向。话虽不多,但说到了为政
的点子上。在孔子看来,治国之道在"礼治",而礼乐教化、"游艺"之
举正是达到礼治天下的重要手段。如果处处弦歌不绝,事事依礼而
行,宗法奴隶制度也就永世长存了。而这,正是孔子日所盼,夜所
想,梦寐以求的。如能躬行此道者,当然就是他的得意门生了。

　　子之武城,闻弦歌之声。夫子莞尔而笑,曰:"割鸡焉用牛
刀?"子游对曰:"昔者偃也闻诸夫子曰:'君子学道则爱人,人
小学道则易使也。'"子曰:"二三子! 偃之言是也。前言戏之
耳。"(《阳货》)

孔子来到学生子游做官的武城,听见弹琴歌诗的声音。他笑
逐颜开,但嘴里却说:"杀鸡何必用宰牛的刀呢? (治理这么个小地
方何必用礼乐教化呢?)"子游回答说:"过去听老师讲课是这样说
的:'君子学道就能爱人,小人学道就容易听使唤。'"孔子赶忙改口
说:"学生们! 子游的话对极了! 我刚才所说的只是开个玩笑罢
了!"

　　子游担任武城县宰,治地弦歌之声飘忽悠扬,表面看来是在进
行艺术活动,其实正精心于行"道"。孔子看到学生不负昔日栽培,
兢兢业业推行教化计划,心情欣喜自不待言。平日不苟于言笑的
夫子此时竟然在学生面前开起玩笑来,这不正说明他此时神态的
得意吗?

　　孔子一生风尘仆仆、栖栖遑遑,以"志道"、"复礼"为己任。为
着将梦幻变成现实,他要求学生也能捐起"复礼"的大纛,学习时专
心于"学道",为政时致力于"行道"。并且将"志道"与"游艺"联系

起来,充分发挥艺术对人的情感、心理的激励感染作用。而这一切全是为着在精神、道德、伦理、思想上掌握群众。用他的话说:"移风易俗,莫善于乐;安上治民,莫善于礼。是故圣王修礼文,设庠序,陈钟鼓……所以行德化也。"(《说苑·修文》)如果说,前面"兴、观、群、怨"是寓"复礼"("迩之事父,远之事君")于"学诗"中,那么这里便是寄"志道"于"游艺"内了。

　　这里有一点是值得注意的:"游于艺"论同"兴、观、群、怨"说一样,也是主要着眼于艺术的政教德化功能,也是同样没有充分强调艺术给人以美感享受的特性。产生这种片面性,当然同孔子念念不忘"复礼"的主观因素相关,但另一方面又与历史造成的客观原因不无瓜葛。本来,在原始艺术中,音乐、舞蹈、诗歌相融一体而统称之为"乐"。那时,举"乐"是为着敬神、祭祖、出征、会盟、庆功,是氏族部落政治宗教性的活动。《诗经》"雅"、"颂"中那些歌功颂德的诗篇就是当时举行这类政治宗教性活动的历史见证。但是,随着社会的发展,到了西周晚期,理性精神抬头了,"乐"(艺术)逐渐挣脱宗教神学的羁縻获得了新的发展生机,一批反映人生喜怒哀乐之情、表达人民对美好生活追求向往的诗篇,取代祭神颂祖之作,登上了诗坛。此时,继续将艺术视作宗教政治性活动的历史文献,继续无视艺术给人以美感享受的特性,这就显然落后于现实生活,落后于诗歌艺术发展的实际步伐了。

　　总之,我们认为,孔子强调艺术的社会作用,反对为艺术的艺术,这种观点是正确的和值得批判地继承的。但是具体到艺术功能的运用上,他却主张艺术为宗教神学和伦理、道德、政治、思想等等领域的复古主义服务,这从另一方面也暴露出孔子美学思想的历史局限性。

　　　　　　　　　　　　(原载《西北师院学报》1982 年第 1 期)

　　韩林德(**1939——**　)，上海市人，1964 年毕业于北京大学中文系，中国社会科学院哲学研究所研究员，主要学术专长是中国美学史，著有《石涛与〈画语录〉研究》、《境生象外》、《中国古代哲学精华》等。

　　本文指出，孔子为实现其"复礼"的目的，十分重视艺术的社会作用。"兴、观、群、怨"说包含的主要思想是诗歌的认识、教育、团结、批评作用。

论 桐 城 派

敏 泽

在我国散文的发展中,桐城派形成宗派以后,独树一帜,衣钵相传,有理论纲领,有创作实践,统治了清代文坛二百多年之久,声势之广大,影响之长远,除了诗歌中的江西派约略可以与其相匹外,在中国文学史上确实是很少见的。至于其毁誉之繁,则较江西诗派似又远为过之。

对于文学史上这一具有特殊性的现象,进行认真的、实事求是的、历史唯物主义的分析,揭示它的产生、发展、直至衰亡的原因,对它的历史功过做出允当的评价,并总结出其中的规律性原因,这一课题对于文学史的研究工作者来说,无疑是十分有意义的事。"五四"之前,随着近代文学改良运动的兴起,桐城派本来就逐渐地成了众矢之的,到"五四"运动,历史揭开了反帝反封建的新的民主主义革命序幕后,由于当时桐城派的代表人物对于革命新文学的反对,"桐城谬种"遂和"选学妖孽"一起,成为革命新文学"横扫"的主要对象,这可以说是历史的必然。因为当时彻底、坚决的反帝反封建的历史要求,就是要求除旧布新,不对传统的思想文学进行彻底的冲决,革命的新文学就很难顺利的前进和发展。但"五四"的新文学革命,又同历史上的一切革命一样,又常常必不可免地带着形而上学的历史局限:好就是绝对地好,坏就是绝对地坏。传统的思想文化是如此,对受到清王朝统治阶级重视的桐城派就更不用说了。那时的历史条件下,人们不可能冷静地思考和仔细地辨别。在当时谁要提出这个问题来,是难免要遭到"国粹主义"或"遗老遗少"之讥的。当事情逐渐成为过去、成为历史以后,人们才更加理智和清醒起来:未必已往一概否定的,都是应该彻底否定的。对历史需要革命性,同样需要科学性,需要历史唯物主义的态度。全国解放以后,我们在古典文学研究方面走过的曲折道路不用讲了。至少在近几年来,关于桐城派的历史评价,总的说,都是采取有分析的态度了,这不能不是一个大的历史进步;但是我们也看到:在具体的评价上,又存在着很多分歧,甚至是比较大的分歧。这样来看目前的这一讨论,就更可以看到它的必要性了。这里讨论的是桐城派的问题,其实际意义,又是超出关于桐城派的、关于如何评价比较复杂的文学史现象的问题。因此,这一讨论,既具有具体的针对性,又有方法理论上的一般性。

　　在讨论中,许多同志从各个方面发表了许多有益的意见。这里,我也不揣浅陋地发表一些自己的看法,参与讨论,并求得方家的赐教。

一

　　从历史唯物主义原则来看,任何问题的发生和发展,都并非某些人头脑中臆想的结果,而是有其客观的历史必然性。人们的愿望或主张,都不能简单地仅仅从个人的理想方面去寻找原因,而必须同时把它放在一定的历史条件之下去考察。在中国传统的文学批评中,从来很重视"知人论世"的方法,而对于"知人论世"来说,"论世"应该是首先的,"知人"应该建立在"论世"的基础上,不知其世,可以说就无法论定其人。对于桐城派的分析,也必须是如此。

　　如果我们对清代初中叶的历史作一番考察,我们就完全可以这样断定:桐城派的产生,是清王朝一定的文化政策下的历史产物。我最近有机会将卷帙浩繁的《清实录》中的一切有关文化政策、宗教政策、教育政策以及有关哲学、历史、古籍方面的有关上谕,仔细读了几遍,在大量的事实面前,使我对这一点更加深信不疑。

清王朝在统一中国的过程中,对国内各民族曾经主要是仰仗火与剑进行征服和镇压的,那时,在思想武库中,他们还拿不出什么有力的武器,足以降服人心、动员群众,传统的封建纲常的武器之类,虽是有号召力的,对此时的清王朝却只能是十分有害的,因为封建纲常的核心是"忠孝",这时提倡它,岂非为"夷夏之防"甚深、并且正在进行着炽热的反清扶明斗争的汉族知识分子火上加油!他们希望的和实际做的,是要求明王朝的官员和知识分子一个个"弃暗投明",背叛明王朝。所以,在当时的政治和文化政策方面,他们是晓之以"大义":即所谓"流贼"窥窃神器,他们是代"天"行讨;喻之以利害:对汉族官员和知识分子是礼贤下士,重金收买。洪承畴被俘后,为了收买他,清统治者用尽了各种手法,恩遇之隆,可谓无以复加。而到他们入关,江山坐稳以后,就开始采取一系列的政策来加强他们的统治。首先,是他们反复地强调"夷夏之防"是毫无道理的,为此一再抬出"亚圣"孟子来,说孟夫子说过舜为东夷人,文王为西夷人,怎么能以"夷夏"之别区分自古以来谁属正统?与此同时,他们在政策上、也在实际上,大力地利用传统思想中每一点于他们有利的资料,特别是推重以"至圣先师"孔子为代表而被程、朱发展了的道统。康熙不仅屡下诏书,倡导程、朱理学,并把朱熹抬进孔庙,封为"十哲之次",而且,还身体力行,寒暑无间,"学讲"程、朱理学,这类事例在《清实录》中真是多不胜数,比比皆是。使程朱理学真正成为名副其实的御用哲学。而这一切,目的都在于巩固他们的统治。用康熙的话说:叫做"道统在是,治统亦在是矣"①。真可谓一语破的!

在提倡道统、证明他们是理所当然的道统继承人,从而证明他们的"治统"完全是合理合法的同时,他们就转而大力提倡封建纲常的"忠孝",大力褒扬忠于明王朝的臣民,连为崇祯皇帝死节的太监王承恩这类名副其实的历史的小人物,康熙皇帝也要亲自祭奠,撰写悼词,痛切致意,以为后世臣子树楷模,而对于就抚、甚至在清代开国时立了大功的,如洪承畴之统,这时态度可就和先前大不一样了:修史时要列进"贰臣传"中,——尽管是"甲编",至于钱牧斋之类,投降后三心二意的所谓"乱民",就等而下之,不用说了。雍正特别是乾隆对于"忠孝"的提倡,更是不遗余力的。

这种提倡不仅是政治上的,而且康、雍、乾三朝,都曾反复地要求文学发挥这样的作用,如《清实录》康熙十二年癸丑八月辛酉上谕:

> 文章以发挥义理、关系世道为贵,骚人词客,不过技艺之末,非朕所贵也。

康熙十六年十二月庚戌上谕,要求一切文章"务使阐发义理,裨益政治"。"义理"即程朱理学,认为发挥它是一切文章的根本任务。雍正十三年十月辛巳上谕:"文以载道,与政治相通。"乾隆在《〈清诗别裁〉序》中说:"且诗者何?忠孝而已耳!离忠孝而言诗,吾不知其为诗也。"诗就是"忠孝",说得何等直接了当而又何等急功近利啊!又乾隆五十三年三日庚辰上谕:"文词本属游艺末节,然亦须根抵经训,有裨身心,方为载道之文。……朕所好者载道之文,非世俗徒尚虚车之文。"如果我们翻一翻多达四千三百五十五卷的《清实录》,就可以发现这类记载真可以说是多不胜数的。

---

① 《清实录》康熙十六年十二月庚戌上谕,又见《四书讲义·序》,乾隆也说过同样的话。

我们也还可以看一看清初的一些最高封建者,在文学方面的其它一些主张。在文风上,康熙是一再主张"文章贵于简要",反对"排偶文辞"(《清实录·仁祖实录》卷一一四),要求"辞取达意,以确切明晰为尚"(同上卷一一五)的。至于"黜华崇实"、"清真雅正"的文风,从康熙、雍正起,直到光绪年间,一直为清王朝的最高封建统治者所提倡不衰,如乾隆三十四年四月癸酉上谕所说的:"将欲一洗陋习,归于清真雅正。"此外,乾隆还曾提倡"散体古文",提倡"以古文为时文",认为当时的各种明经制策之文,"流派皆不纯正,但如归有光、黄淳耀数人,皆能以古文为时文,至今具可师法"。(《清实录》乾隆二十四年十月辛丑上谕)

上面我们不得不多少花点笔墨来极其简单地介绍一下清初的文化政策以至文艺政策,是由于不进行这样的简单的分析,我们对清代初、中叶的文学现象的兴衰更替,就无法最终做出科学的解释。譬如说,清代初期为什么像王士禛提倡镜花水月、以超越现实为特点的艺术能够风靡一时,受到康熙等的赏识,称他"作诗甚佳"、"诗文甚优"等(见康熙十七年正月的上谕等),而时过不久,这类文学就逐渐衰退,失去市场? 代之而起的,是一批以强调经术和程朱理学以及封建纲常为特点的诗文流派的骤然兴起? 如强调"诗之为道",可以"善伦物"、"设教邦国"(《说诗晬语》)、"厚人伦,匡政治"(《重订唐诗别裁集·序》)、"义实关乎君臣友朋"(《唐诗别裁集·凡例》)的沈德潜的诗论;强调诗必有"义理之理"(《复初斋文集》卷八《神韵论下》)、有"学问"作根基,"文章即政事"(同上卷四《延晖阁集序》)、甚至在《渔洋诗髓论》中认为诗就是"忠孝而已矣"的翁方纲的诗歌主张;以及倡导理学的桐城派的文学主张等等。为什么这些流派在清代初期没有产生,而是在康熙统治的后半个时期,特别是在雍正、乾隆时期一起涌现? 这只能从当时的政治形势及统治阶级的文化政策所造成的"精神气候"中去求得解释。而放在这样的历史背景下来考察,上面所提出的一系列问题便可迎刃而解了。我们在前面提到的论断,说桐城派的文学思想在基本上是清王朝稳固了自己政治统治后的文化政策的产物,就是缘此。我们把从康熙后期到雍正、乾隆时期封建帝王文化和文学方面提倡的一些观点:在思想上推尊程朱理学、提倡忠孝的封建纲常,在文学上提倡以"古文为时文",推尊这方面的典范明代的散文家归有光(乾隆元年,乾隆还曾称赞方苞说:"学士方苞,工于时文"),以至文风上反复倡导"黜华崇实"、"清真雅正"等等,和桐城派的文学思想以至某些具体的文学主张加以比较,我们就可以清楚无误地看到从文学思想到某些具体的文学主张,桐城派基本上是忠实地执行了清王朝的文化政策的,或者说,桐城派确切无误地属于清王朝文化政策的历史产物。

在这里,有两点是必须加以说明的。

首先是:必须克服我们过去对待历史和文学史研究中的严重的形而上学的观点,这就是:凡是封建统治阶级提倡的,就必然是坏的,就必然是革命人民应该反对、打倒的。这并不是一种科学的、历史唯物主义的观点,而是一种文化思想中的"左"倾幼稚病。譬如说,在乾隆有关的上谕中,曾经称颂过屈原、刘勰、韩愈,苏轼,米芾等等,我们能因此而对这些优秀、杰出的作家一概否定吗?当然不能。不错,凡是封建统治者倡导的,总是直接间接于维护他们统治有利的。这不应该成为问题。但是,这虽属真理,都未必是真理的全部。要对封建帝王的各种措施,政策的客观意义做出评价,要看到出于他们的阶级本能从而维护统治利益的方面,同时,也还要分析它们在历史的客观发展过程中,具有积极的还是消极的意义。拿清王朝在自己的统治逐渐趋于巩固时所采取的一些思想、文化措施来说,就需要做这样具体的分析,而不能像过去那样概予否定的态度。他们的打破"夷夏之防"的努力,目的固在于维护其统治,并且在实践上他们推行的实际上是一种以满族为主体的种族统治,但在客观上,对于促进国内各民族之间的团结,也不能说是毫无积极意义的;他们提倡了二百年来的"黜华崇实"、"清真雅正"的学风和文风,固然和他们所倡导的代圣贤立言的八股文是分不开的,但它对于清代比较朴实的学风和文风的形成,也并非毫无积极方面的作用;他们倡导读经,甚至编纂《四库全书》,目的固然在于转移知识分子的视线,删除古籍中不利于他们统治的文字,但客观上对于清代考据文学的发展,以及整理和保存古籍方面,也有一定的影响和积极作用。至于他们对于程、朱理学和封建纲常的提倡,情况则并不一样。程、朱,特别是朱熹的唯心主义哲学思想中,虽有一些较好的见解,可以而且应该为我们批判的吸收,但是,他的哲学思想的根本方面,对于被统治者说来,正如戴震所说的却属"忍而残杀之具"(《孟子字义疏证》),这是分毫不爽的。与之相联系的封建纲常等,同样是如此。

其次是:我们要重视对社会现象的历史分析,却不能以对于社会现象的必要的历史分析,代替对于具体的文学流派的分析。沈德潜、翁方纲以至桐城派的产生,虽然都是和当时的历史形势分不开的,但他们在文学上的主张既有时代的、历史的、以至阶级的共性,却又有不同的个性或差异性,因此,他们在文学史上的地位或功过,也就不可能是一样的。

在谈了上面的一些属于基本方面的情况和看法以后,我们再回头来看桐城派的根本文学思想(不是他们的具体的每一个文学问题方面的见解和评价,这一点我们后面还要谈),对之作出历史的评价,似乎就比较容易一些了。这就是:这个散文流派,从它诞生那一天起,就是和程、朱理学紧密结合在一起、不可分割的。他们一方面尊程、朱为"父师"①反反复复地宣扬程、朱是孔、孟道统的真传,是"真儒",士子对他们只应该顶礼膜拜,"推其绪而广之"(《望溪文集》卷六《再与刘拙修书》),并极力地宣扬封建纲常。拿桐城派的始祖方苞来说,他一直把宣扬忠孝视为己任,所以《鲁岩所学集》说"《望溪集杂著》一册,大致为扶持人纪,表扬忠烈而作也"(卷十三《跋〈望溪杂集著〉》)。方宗诚说他一生的写作原则是:"非阐道益教、有关人伦风化者不苟作"(《柏堂集》次编卷一《桐城文录序》)。同时,桐城派的作者还极力地攻击当时的进步学者和思想家,如方苞之咒骂、攻击黄宗羲和颜元(《望溪文集》卷六《与李刚主书》、《再与李拙修书》等),姚鼐之咒骂、攻击戴震、程廷祚(《惜抱轩文集》卷六《复蒋松如书》等)等。这类言论在桐城派的著作中多不胜数,不是桐城派个别或少数几个作家的看法,而是他们的共同的见解,这样,从根本上就决定了他们的文学思想的落后性。当然,我们也应该承认他们的作品中,多少一些揭露时弊之作,在客观上具有一定的积极的意义,如方苞的《送冯文子序》、《与陈密旃书》等,这是不应该抹煞的。但是,我们既应该看到这些揭露远说不上尖锐和深刻,又应该看到这并非他们文学思想的核心,他们之所以受到清王朝的重视并非由于后者,而是由于前者。

二

桐城派创始人方苞在文学理论上所提倡的主要是"义法",这是方苞文论的核心,是针对古文而发的。方苞认为古文"与诗赋异道"(《望溪文集》卷六《答申谦居书》),它源于《六经》、《语》、《孟》等

---

① 姚鼐《惜抱轩文集》卷六《再复简斋书》:"程、朱犹吾父师也。"

(同上集外文卷四《古文约选序》),因此不能不讲求"义法"。"义法"的根本要求就是他在《又书货殖传后》(同上卷二)中所说的:"义即《易》之所谓言有物也,法即《易》之所谓言有序也。义以为经,而法纬之,然后为成体之文。"即义是内容,法属形式,两者是一种经纬的关系,法从于义,并要求两者的统一。这一见解自然是好的,符合创作实际的,较诸那些脱离内容而奢言法度,以至纯粹从形式上模拟古人的见解,如明代的前后七子那样,无疑要高出一筹。但它似乎也绝不像有的同志的评价那样:"思想内容与艺术形式并重,三百年前对文学有如此完整的认识,确实是难能可贵的。"这未免有溢美之嫌。关于内容与形式有主次而且应该统一的观点,更远的不说,二千年前左右的扬雄就明确地提出了"事(内容)辞称",既反对"事胜辞"失之"伉",又反对"无质先文"、"以淫辞倔法度"(见《太玄》卷四《文》、《饰》等)。稍后王充所说的"实诚在胸臆,文墨著竹帛。外内表里,自相副称。"(《论衡·超奇篇》)刘勰所说的"情者文之经,辞者理之纬:经正而后纬成,理定而后辞畅,此立文之本源也。"(《文心雕龙·情采》)……这类见解在我国文学理论批评史上太丰富了,这里无法列举,而且,许多关于这一问题的论述也远比方苞的论法更为精辟、深透,还应该看到,方氏所说的"言有物",就其基本内容来说,主要也是理学教条。我们应该承认他的见解是切合实际的,但也必须实事求是,不应给它以过高的历史评价。再一个问题是关于所谓法,一些同志认为方苞因义以立法,是一个远远超出前人的创造性发展,窃意也不敢苟同。这个问题在中国文论史上,同样也有太丰富而又精辟的论述,远的不说,就拿和他同时代魏禧、叶燮论法的见解来说,也远比方氏的论述更为精辟和深透。魏禧批评桐城派尊为圭臬的唐宋派所主张的法只是死法。他既强调作家积蓄、炼识的头等重要性,又重视法的必要性,但他认为由于"天下之物形""纷然各出",因此,不变固然为法,变善亦是法,而且,"变者,法之至者也"。(《魏叔子文集》卷八《陆悬圃文序》)同时,他还提出:不应为了尊法而限制了自己的艺术独创性,只要作者既有广泛而深厚的生活积蓄,又有真挚而充分的内在感受,"得意疾书,浩然自快其志",仿佛"法有所不得施"(同上卷五《答计甫草书》、卷八《彭躬庵文集序》)的文章,常常却是最好的文章。比方氏论法的见解高明得多。至于叶燮论法的精辟见解,方氏更是远未梦见。方氏在《答孙以宁书》、《与乔介夫书》、《书五代史安重诲传后》等文中谈法的一些具体的好见解:法应根据文章的题材、体裁的不同而有所变化,都不曾超越魏、叶二氏的论述。他在《古文约选序例》中所说的"布置取舍、繁简廉肉不失法"的叙事方法,刘知几、欧阳修早已提出。我们应该承认方氏论法有其可取的较好的发挥,但又不应给它以不切合其实际意义的估价。他对"义法"的理解其实是很狭隘的。他的《古文约选》对"汪洋自恣,不可绳以篇法",以及"奇崛高古精深",无法可寻者"皆不录"的事实,说明了他所标举的法,实际上只是停留在修辞、谋篇方面。所以连姚鼐在《惜抱轩尺牍》卷五《与陈硕士》中也不得不承认:"望溪所得,在本朝诸贤为最深,然较之古人则浅。其阅太史公书,似精神不能包括其大处、远处、疏淡处及华丽非常处。只以义法论文,得其一端而已。"恽敬在《上曹俪生侍郎书》中则说他"旨近端而有时而歧,语近醇而有时而窳"。不能不承认这一评价是完全符合实际的。

构成"义法"重要内容的,除了上面谈到的一方面的意义外,还有尚简去繁的要求。这是方苞根据司马迁《史记·十二诸侯年表》中的"约其文辞,治其烦重,以制义法",而引申出来的"春秋笔法",并曾受到欧阳修的"尚简"主张的明显的影响。尚简去繁,更为方苞所反复的强调,如说:"夫文未有繁而能工者,如煎金锡,粗矿去,然后黑浊之气竭而光润生。"(《望溪文集》卷六《与程若韩书》)桐城派重视行文的简洁,而且散文一般也都写得比较秀洁,这确是其长处和特点。但"文未有繁而能工者"这一命题,无疑是极其片面的。所以不仅遭到了钱大昕的讥嘲:"文有繁有简,繁者不可减之使少,犹之简者不可使之增多,谓文未有繁而能工者,非通论也。"(《潜研堂文集》卷三三《与友人书》)连姚鼐也无法赞成他的这一理论,在《与陈硕士》中说:"文章之事,语其言之多寡当然,不可增减。"在《答鲁宾之》中更说:"夫内充而后发者,其言理得而情当。理得而恰当,千万言不可厌,犹之其寡矣。"这些批评都是恰切的,离开"理得而情当"的原则论繁简,不能不是荒谬的。这在他的《唐宋八家文钞》对于柳宗元、欧阳修散文的修改中,不难找到经他"去繁"后伤害到散文的气势、风格的例子。散文中的有些虚词,看来仿佛是累句芜辞,但虚实相成,去掉了这些虚词,也就破坏了散文的内容,而方苞却并不能够真正理解这一点,只是一味着眼于文字的繁简,所以连归有光散文中的精辟之处,在《书归震川文集后》中,也认为它"近俚而伤于繁",而姚鼐在《与陈硕士》中却认为归氏文中"能于不要紧之处,说不要紧之语,却自风韵疏淡,此乃于太史公深有会处",正是他的长处,并说:"震川论文深处,望溪尚未见",这是完全正确的批评。

　　方苞义法论的又一个重要内容,是所谓语言的"雅洁",这也是桐城派普遍提倡的。方苞反对以"语录中语,魏、晋、六朝人藻俪俳语,汉赋中板重字法,诗歌中隽语,《南、北史》中佻巧语"入古文(沈莲芳《书望溪先生传后》引方语),这有其一定的合理的因素。但笼统地一概反对古文引入上述各体著作语言,又无疑是片面的。文学史上不乏吸收其它各种文体语言来发展和丰富自己艺术表现手段的例子,如苏轼之于诗、辛弃疾之于词。而且方苞自己的创作实践上也并非完全如此,例如他的《左忠毅公逸事》中所用的口语"庸奴"就是如此。他在《古文约选序例》中曾高度地推重韩愈的文章,

20世纪儒学研究大系

认为它与《左传》、《史记》同样，都是"雅洁"的、"字句可薙芟者甚少"的典范，但韩愈之所以成为一个散文大家，正在于他不仅重《春秋》的"谨严"，也重"左氏浮夸"，对于《诗经》，以及"下逮《庄》、《骚》、太史所录"、"子云、相如"，无不加以继承和吸收，远没有方苞那样偏狭。而方苞却充其量只能是"一代正宗才力薄"（袁枚《小山仓房诗集》卷二六《仿元遗山论诗》之一）。

方苞的"义法"说把古文特别看得尊严，制定了一些法规戒律，在根本上又是和他毕生企图把古文和理学结合起来的努力是分不开的。"义法"论中虽有可取之处，但迂腐的见解也颇不少，而且他的散文中虽清真雅正有余，却宏放精深远为不足，这和他的理论主张不能说是没有联系的。

曾经被桐城派后学吴敏树等所看不起的刘大櫆，应该说，在散文理论的发展中，还是有所贡献的。光明甫先生所说的："海峰小拘桐城义法，索之一字一句之间，而学力不足以赴之，虽格调颇圆熟，所谓有模仿而无创造，并模仿亦失其真面目，又驰骛为诗，粗疏更不如惜抱远甚。"（《桐城派略论·论文诗说》、《江淮论坛》1982 年第 2 期）这段话用以评价刘大櫆的创作，基本上是允当的，用以评价他的文学理论，则未免失之公允。在中国的文论史上，对于诗歌的声律节奏一类的探讨，是相当丰富的，但关于散文语言声律美的探讨，相对说就显得十分缺乏。所以刘大櫆在《论文偶记》中不为无因地说："近人论文，不知有所谓音节者。至语以字句，则必笑为末事。此论似高实谬。作文若字句安顿不妥，岂复有文字乎？"（下文引自此篇者，不再注明）重视语言对于散文创作的重要性，可以说是桐城派的一个重要观点，从姚鼐至林纾，都曾十分重视这一点。如姚鼐所说的："文字者，犹人之语言也。有气以充之，则观其文，虽百世而后，如立其人而与言于此。"（《惜抱轩文集》卷六《答翁学士书》）林纾所说的："古文中亦不能无声调，盖天下之最足动人者,声也。"(《春觉斋论文·声调》)刘大櫆论文不大重视"义法"中的"义",所谓"至专以理为主者,犹未尽其妙也。"而着重于其中之"法"。他的神、气、音、节之说,实际上是对方苞"义法"论中的"法"的一种补充和丰富。并被后来桐城派的相当一部分人奉为不传之秘。

刘大櫆的神、气、音、节说,既是吸收了我国传统文论中以神、气论文的见解,又是吸收了我国诗歌音律理论和创作实践,而把它运用到散文写作中来的。

关于前者,如他所说的:"行文之道,神为主,气辅之。""文章最要气盛,然无神以主之,则气无所附,荡乎不知其所归也。神者气之主,气者神之用。神只是气之精处。"就是说,文章的气势是靠"气之精"或气之主的神来统摄,从而形成作品的思想艺术特点的,离神言气,则"气无所附";离气言神,则神无所体。这一关于神与气的关系的论述,无疑是比较合理的,对传统的以神、气论文的见解,有进一步的发挥。

关于后者,刘氏一再强调阴、阳、平、仄对于散文音律美的重要性。并且将神、气与音律结合了起来。由于前者是抽象的和无形的,于是他进而提出了于字句求音节、于音节求神气的方法:"盖音节者,神气之迹也;字句者,音律之矩也。神气不可见,于音节见之;音节无可准,以字句准之。"要求在创作时,反复进行字句的推敲:"积字成句,积句成章,积章成篇,合而读之,音节见矣;歌而咏之,神气出矣。"这就是刘氏因声求气的逻辑。用他的话说,就是"学者求神气而得之于音节,求音节而得之于字句,则思过半矣。"桐城派比较普遍重视评点之学,和这种见解实际上是分不开的。

应该说,优美的散文读起来总是给人以很强的节奏感,从思想的直接现实——语言的节奏中,确实可以品味出作家的情趣、神气的一些特点来,这显然是对韩愈在《答李翊书》中的"气盛则言之长短与声之高下者皆宜"的进一步的发挥。从这个意义上说,刘氏的因声求气说,在我国散文艺术理论的发展上,是有自己的贡献的。

但刘氏的理论也有很大的局限性。这就是他把写好文章的关键,看作主要是依靠烂读熟记"古人文字",达到"以此身代古人说话","与古人神气音节相似处"。而根本不了解,文学的创造性,固然表现在语言上,但更根本、更主要的却是"造意"即思想方面的创新,这是怎样烂熟古人文字音节也是毫无补益的。离开作者的时代、生活阅历、思想等方面的根本因素,要求从文字音节学古,这未免是轻重倒置的。刘大櫆在散文创作上还不如方苞和姚鼐,和他株守自己这一片面的艺术见解不能说是无关的。

桐城派的文学理论,到姚鼐,有了一个大的发展。这倒主要并不在于桐城派和姚氏高自标帜的"义理、考据、文章"之说。此说之倡如本文第一部分所论述的,究其实,不过是当时封建统治阶级文化政策下的历史产物,宋代的程颐就提出了"一曰文章之学,二曰训诂之学,三曰儒者之学",不过他为了尊道学不赞成"一溺于文章,二牵于训诂"(《二程遗书》卷十八)罢了。到了清代中叶,理学和考据在当时的政治气候下时髦起来时,翁方纲也曾企图将道学家们尊道学而贬文章、考据的情况加以纠正,但又觉得将三者结合起来较为困难,如他所说的,"有义理之学,有考订之学,……三者不可强而兼也。"(《复初斋文集》卷八《吴怀舟时文序》)到姚鼐,则适应当时政治形势的需要,第一次提出了"义理、考据、文章"三合一的纲领来。他的"以考证助文之境,正有佳处"(《惜抱轩文集》卷六《与陈硕士》)之说,对于某些山水游记之作,确有某些积极的作用,如他的《登泰山记》,一方面描写泰山山水自然风光,同时比较恰切地穿插了一些有关的地理沿革,从而增加了游记散文的生动性和知识牲。但这对以抒情为主的散文来说,意义就不大。当然,姚氏提出考证来,也是要求文章应该有比较充实的内容,以补救前此桐城派流于空疏之弊,正如翁方纲企图以"肌理说"实王士祯"神韵说"之空泛一样。应该说,这于政论文之类的写作(传统上我们也是将其看作散文的),也是具有一定意义的。但要求古文写作要有充实的内容,这却并非什么新见解,——尽管姚氏之前不曾提出"考证"这一语汇作为内容的要求。因此,姚氏提出这一要求来,总的说,并无太多的创造性意义。至于姚鼐明确地将"义理"作为散文的一个根本要求提出来,则既是为了和御用哲学攀亲以抬高自己的身价,又是表明了文章要为宣传受到清王朝重视的理学服务,根本上缺乏任何积极的意义。也有的同志提出"义理"还有文章主干方面的意义,这应该说是有道理的,但从主干方面对文章提出明确要求的,早在姚氏之前的一千五百年前就有了,如陆机在《文赋》中提出的"理扶质以立干,文垂条而结繁",就是如此,也谈不上什么创造。"义理"之说的提出,如果说具有什么启示意义的话,那么,最主要的是它在客观上说明了一个真理:即历来对文学和文化从不曾采取冷漠态度的统治阶级所推行的文化政策,从来是不会不在文艺创作实际中产生影响的。虽然在对待清王朝统治者的态度上,姚鼐的态度和方苞有所不同,远不像方苞那样趋炎附势,但在对待程、朱理学上,他们是毫无二致的。

姚鼐在散文理论上的真正贡献,是他在艺术理论上对于我国古代散文理论的较好的总结。由于在我国文学的发展中,古文家常常以道统、世用虚张门面,自视甚高,因此,关于古文的写作,谈道统、世用、形式内容之类还较多,但都普遍地不屑于谈具体的艺术经验,因此,尽管在我国文学史上,散文几乎和诗有着同样长久的历史,同样丰富的艺术经验,但是谈诗的创作经验和艺术理论的却多不胜数,谈散文的创作和理论的,却少得可怜。只有王若虚的《滹南文话》等极少一些。在这样的情况下来看姚鼐关于散文的艺术理论,就更显得难能可贵了。

　　姚鼐论文,虽然在许多方面和方、刘论文是相同的,但在不少方面都远比方、刘高出一筹。光明甫先生对方氏文论的评价是:"虽有时剖析不免稍尚繁琐,大体不可不谓于文有所发明"(《桐城派略论·论文诗说》,《江淮论坛》,1982年第2期),是近乎公允的。姚鼐则在许多问题上较之方、刘通达、全面。例如方苞只看到了"古文之传与诗赋异道"(《望溪文集》卷六《答申谦居书》),而姚鼐则看到了"诗之与文",虽"取径不同",却"固是一理",即在艺术表现方面它们有着规律的一般性,所谓"诗文皆技也"(《惜抱轩文集》卷六《答翁学士书》)。这就不像方苞那样划地为牢,他论文虽重法:"为文章者,有所法而后能"(同上卷八《刘海峰先生八十寿辰序》),很赞成刘大櫆重法的见解,却远不像刘氏那样偏狭,执一端而拟万变。在他的《古文辞类纂序目》里,姚鼐比较详尽地分析了各种文体的渊源和特点,又提出了作为散文艺术的共同的特点,这就是他所提出的著名的八字诀:

　　　　凡文之体十三,而所以为文者八。曰:神、理、气、味、格、律、声、色。神、理、气、味者,文之精也;格、律、声、色者,文之粗也。然苟舍其粗,则精者亦胡以寓焉?学者之于古人,必始而遇其粗,中而遇其精,终则御其精者而遗其粗者。

　　这就是说,文章的体制虽然很多("十三"),但"神、理、气、味、格、律、声、色",却是一切优秀的散文所应该具备的。前四者属于思想内容范畴,是艺术表现的"精";后四者是属于语言表现艺术范畴的,是艺术表现之"粗",但"精"由"粗"现,舍"粗"就无以见其精。学习古人,必须由"粗"入手,但又不能止于"粗",应以求"精"为目的,最终达到"御其精而遗其粗"的艺术化境界。汪洋恣肆,而又随心所欲不逾距,才是艺术创作的最高境界。这样就不仅把属于内容方面的诸要求,与形式方面的诸要求统一起来,建立了一个比较完整的艺术论,比刘氏的因声求气说大大前进了一步,更为全面和辩证,论述也精辟得多,而且,对于由"粗"至"精",再至于御精去粗的论述,无疑也是精卓的,比刘氏的从声气上模古的理论,要高明许多倍。姚氏在散文写作固然也重法,重声律之美等等,但他又认为文无定法,声律、辞采都要受意与气的统摄和驱使,变化无穷:

> 意与气相御而为辞,然后有声音节奏高下抗坠之度,反复进退之态,采色之华。故声色之美,因乎意与气而时变者也,是安有定法哉?

"意与气"即"神、理、气、味","辞"或"辞采"即"格、律、声、色"。后者要受前者的驱遣,并因前者之变而变化无穷,不可以一固定模式律之。正是由于这一见解,使他能够认识到汉以后"最工"于古文的"数十人","其体制固不同",千差万别,在"意与气足主乎辞"这一点上,却又都是"所同"的(同上卷六《答翁学士书》)。全面地注意到了思想、情感和辞色的关系,这一切都是刘氏远未看到的。姚氏散文能够写得清深秀洁,自成一格,不像刘大櫆那样常常食古不化,和他对散文的这些精辟的见解,不能说是没有真接关系的。

姚氏的"神、理、气、味、格、律、声、色"之说的提出,对于我国源远流长的散文理论,无疑是一个大的发展和创造,远远超出了前人。它既是对桐城派散文创作经验的总结,又是对我国散文艺术理论的总结。

还应该看到:刘氏的这一理论虽是针对散文而说的,对于诗歌艺术来说,其实也不例外。

姚鼐在散文艺术上的再一个贡献,就是他的著名的阳刚阴柔风格美之说。阳刚阴柔之说,在我国古文论中虽有很长远的历史,并非姚氏的独创,如《文心雕龙》的《体性》、《熔裁》、《定势》等篇都曾不止一次地谈到"刚柔"即阳刚阴柔的问题,并且在《熔裁》篇中谈到了"刚柔以立本,……立本有体,意或偏长"等,但是,姚鼐的阳刚阴柔之说,在传统的文论和美学思想上,都具有崭新的创造性。

这主要地表现在以下几个方面：

首先是按照传统的观念，姚鼐在详尽地论证了由阴阳构成的自然界的运动规律，是世界万物生生不息地发展的根本原因："天地之道，阴阳刚柔而已。……阴阳刚柔，其本二端，造物者糅，而气有多寡进绌，则品次亿万，以至于不可穷，万物生焉。"文章则是"天地之精英，而阴阳刚柔之发也。"客观自然变化无穷，"文之多变，已若是矣。"指出了文章之多变，根源于客观万物的变化不息。并指出变化尽管多端，其要则不出于阳刚阴柔二者。阳刚与阴柔虽是对立的、矛盾的，又是统一的，相辅相成的。一般作者由于秉性的关系，虽然不能像"圣人"那样，"统二气之会而弗偏"，在实际创作中常常总是会有所"偏胜"，或偏于阳刚，或偏于阴柔，但"糅而偏之，可也"，即兼具二者而有所偏长，是可以的，若"偏胜之极，至于一有一绝无，与夫刚不足为刚，柔不足为柔者，皆不可以言文。"（同上《复鲁絜非书》）在《文集》卷四《海愚诗钞序》中，他进一步发挥说：

> 阴阳刚柔并行而不容偏废，有其一端而绝无其一，刚者至于偾强而拂戾，柔者至于颓废而幽暗，则必无与于文者矣。

进一步论证了为什么阳刚与阴柔既是对立的，又必须相反相成，而非绝对对立，非此即彼的。

在同文中又说："古之君子称为文章之至，虽兼具二者之用，亦不能无所偏优于其间。"但仅有阳刚而毫无阴柔之气，就必然流于"偾强而拂戾"，仅有阴柔而毫无阳刚相济，就必然会溺于"颓废而幽暗"，因此，两种情况中的任何一种，都是不可能成为美的、优秀的散文的。这一见解无疑是十分精辟的，是我国美学和风格理论中的一份十分可贵的遗产。它既是对于阳刚阴柔的传统美学思想和风格理论的继承，又是一种富有辩证精神的创造。它不仅适用于散文艺术理论，而且，对于一切艺术形式：诗词、小说、戏曲以至音乐、美术等等，无不是适用的。

其次是，姚鼐主张阳刚阴柔美，但又不是将二者同等看待的，他继承了前人的、包括刘大櫆《论文偶记》中重壮美的见解："昔人云：'……鼓气以势壮为美'，此语甚好"。并对它作了进一步的发挥："文之雄伟而劲直者，必贵于温深徐婉。温深徐婉之才，不易得也；然其尤难得者，必在乎天下之雄才也。"而且，姚鼐还指出了作家的禀性、气质虽有阳刚阴柔之分，阳刚和阴柔也属于两种不同的美学范畴，但偏于阴柔的作家，应该而且可以取别人之长，补己之短，如他在《复鲁絜非书》中所说："欧阳、曾公之文，其才皆偏于柔之美者也。欧公能取异己者之长而时济之，曾公能避所短而不犯。"这些意见无疑也是较好的。

当然，姚鼐虽然推重阳刚美，并且在《海愚诗钞序》中对也属刘大櫆的弟子、与他"相知数十年"的朱子颖文章的阳刚之美，给以热情地颂扬："即之而光升焉，诵之而声哄焉，循之而不可一世之气勃然动乎纸上而不可御焉，味之而奇思异趣角立而横出焉"，表现了他的期慕之情，但他的气质、禀性，以及他的文章所表现的，却并不具备阳刚美。而且，他论述阳刚阴柔美，主要是从作家的禀性，气质等等方面着眼的，这固然有其合理因素，但也并非绝对的，作家先天的天赋禀性固然对其气质等等有着重大的影响，但先天的禀性等等并非固定的，一成不变的，姚氏不重视作家后天的社会阅历等等对于作家禀性、气质的影响，甚至是决定性的影响，无疑是片面的理论。他常常把先天的因素作为惟一的因素论文，如"其才天与之"（同上卷四《述庵文钞序》）、"文之至者通乎神明，人力不及施也"（同上卷六《复鲁絜非书》）等。

<h2 style="text-align:center">三</h2>

方、刘、姚为桐城派的奠基人，但桐城派在姚氏之后，仍有很长

时期的发展和延续,一直到"五四"新文化运动兴起之后,才在文坛消声匿迹。要全面论述桐城派的历史发展,本文是不可能做到的。但是,在这里,我想简单提出桐城派进一步发展中的某些问题来,提纲挈领地谈一点自己的看法。

首先是:桐城派在进一步发展中,支流日繁,歧见时出,其间虽然仍有足以名家者,如吴至诚、马通伯等,文论方面也并非没有可取的见解,但是思想日趋落后以至反动,这却是事实。这在某种意义上讲,并非是由他们主观愿望决定的,而是由于他们的主观思想越来越和急剧发展变化的历史背道而驰,越来越站到了客观历史进程的对立面去的结果。这是一个无法改变的基本的事实。

但是,我们也不能够因为存在着这样一个基本事实,就不加分析地对他们采取一概抹煞、骂倒的态度。这并不是马克思主义的态度。但过去一个长时期中,由于"左"的思想的泛滥,我们在对桐城派后期的研究工作中,却普遍地存在着这一情况,甚至几乎可以说是无例外地存在着这种情况。有程度的差异,甚至大的差异,却无质的差异。这就使我们看到了一个基本的事实:不仅古人有难免的历史局限性,今人常常也不例外(当然局限性的历史内容是有质的不同的)。我这里首先不是批评别人,而是批评我自己。拙著《中国文学理论批评史》出版后,曾经受到了领导、前辈和同辈、后辈学者的谬奖,也受到了他们不少有益的批评。这些批评中有些是我自己不曾完全认识到的,有些确是我自己在写的过程中,就完全认识到了的。此书写于文化大革命之前,交稿在刚刚粉碎了"四人帮"之后不久,意识到了而书已付梓,无法做大的改动。虽然在过去"左"的思想流行的年代,自认为自己对"左"是有所认识、并极力抵制的,但事实上仍然不能受到它的影响,本来明知的问题,却由于缺乏政治和学术的勇气不敢秉笔直书,以致有些地方的论述不够实事求是,思之愧然。其最著者为清初的钱牧斋及桐城派的曾国藩。当然,像曾国藩这样一个具体的历史人物,在全国解放后,在文史研究中,除了一笔骂倒外,完全是一个禁区,有的出版社因为高步瀛的《唐宋诗举要》注释中引用有曾国藩的意见,也就一概删尽了,可见一斑。

当然,曾国藩效忠清王朝,以至勾结外国侵略者,镇压伟大的太平天国革命这一历史事实,是谁也不能回避的,这一点历史已经给他做了最后的结论,勿庸置疑。由于我自己在一段时期内曾对太平天国革命做过一些较为深入的研究,这方面的认识和体会是更加深切的,但是否就应该因此而因人废言,对其文学方面的创作和理论见解完全视而不见呢? 这当然是不应该的。笔者正在抽机会对拙著进行一次大的修订。要而言之,一是增加一些至今尚无人论及的新问题;二是改正一些不妥的论点。曾国藩即是其中之一。

应该承认这一事实:曾国藩在当时文坛上的地位,主要是由于他镇压太平天国革命而带来的显赫一时的政治地位。如梁启超所说的:"国藩功业既焜一世,'桐城'亦缘以增重"。(《清代学士概论》十九)光明甫先生所说的:"一代宗师由势位,青袍白简拜湘乡",都是符合和接近事实的。但光明甫先生认为"涤生之文,张皇颠倒,虚大不经","涤生于宋儒义理,涉猎固浅,考证更疏,词章则隐括宋人论述记序之文,杂以普通公牍而成,欲为惜抱台隶,犹几弗及。"则未免是一种失平之论。他很称许章太炎论文的卓识,称之谓"余杭眼识空自古,独许桐城尽俗文"(《桐城派略论·论文诗说》,《江淮论坛》1982 年第 2 期),但章太炎在《太炎文录·校文士》中就曾对曾国藩在文章上的成就给以很高的评价,说他"善叙行事,能为碑版传状,韵语深厚,上攀班固、韩愈之轮"。总之,应该承认他在散文写作上还是有一定成就的。至于他在文学理论方面的见解,也并非毫无建树。约而言之,其要如下:

第一、曾氏不大重视桐城派奉为不传之秘的法度,而比较强调"理"与"情"对于写好文章的重要性:"人心各具自然之文,约有二端:曰理、曰情,二者人之所固有。就吾所知之理,而笔诸书,而传诸世;称吾爱恶悲愉之情,而缀辞以达之,若剖肝肺而陈简策。斯皆自然之文"(《曾文正公文集》卷一《湖南文征序》),并且反对"复古",这在桐城派的进一步发展中,一些人不能全面地理解姚鼐论文宗旨,仅仅局泥于从法式上摹古的情况下,无疑是具有积极的补偏意义的。

第二、和姚鼐的誉重一时的《古文辞类纂》不选经、子及六朝的文章不同,曾国藩所编选的《经史百家杂钞》,却选进了一些经书的内容,把它和史籍、百家之作放在一起,说明他的眼界更为开阔,并不那么严守桐城家法。曾国藩所以这样编选,和他注重经济实用、不尚空谈的观点是相一致的,而桐城派的空疏,在当时却是普遍受到诟病的。连推重"姬传之丰韵,涤生之博大精深",称之为"近之绝作"的刘师培也说:"特文以征实为最难,故枵腹之徒,多托于桐城之派,以便其空疏。"(《国粹学报》二十六期《论近世文学之变迁》)《经史百家杂钞》曾经风靡一时,并对桐城派文风的转变发生了一定的影响,这在稍后的吴汝纶等等那里,是看得很清楚的。

第三、桐城派从他的始祖方苞起,都是很重视评点,并对归有光的《史记》评点等十分推重的。而当时的评点,繁琐为法,流弊无穷,曾国藩对这一点却大加指斥:"前明以四书经艺取士,我朝因之,有勾股点句之例。……试官评定甲乙,用朱墨旌别其旁,名曰圈点,后人不察,辄仿其法以涂抹古书,大圈密点,狼藉行间。章句者,古人治经之盛业也,而今专以施之时文。圈点者,科坊时文之陋习也,而今反以施之古书,末流之变迁,何可胜道?"(《曾文正公文集》卷一《经史百家简编序》),甚至将"评点"之学与"试艺"同等看待,视为"天下之公患":

自有明以来,制义家之治古文,往往取左氏、司马迁、班固、韩愈之书,绳以举业之法,为之点,为之圆围以尝异之;为之乙,为之纤围以识别之,为之评注以显。读者囿于其中,不复知点、围、评、乙之外,别有所谓属文之法也者。虽勤剧一世,犹不能以自拔。故仆尝谓末世学古之士,一厄于试艺之繁多,再厄于俗本评点之书,此天下之公患也。将不然哉,将不然哉!(同上《谢子湘文集序》)

一概否定从宋代开端的评点艺术,自然是缺乏识见,很不妥当的,但对于当时那种除了评点之外,不知"别有属文之法"的现象,这一意见无疑是具有积极的针砭意义的。

第四、是他对于"器识"的重要性的一再强调和重视。这当然并不是什么新命题,而且曾氏提倡这一点,和他所重视的维护封建统治的反动思想是分不开的,但在当时文坛"器识之不讲,事业之不问,独沾沾以从事于所谓诗者,兴且而缀一字,抵莫而不安;毁齿而拘研声病,头童而不息……"(同上卷二《黄仙桥前辈诗序》)的情况下,强调这一点,也还是有其某些积极作用的。

总之,对近代史上镇压人民革命刽子手之一的曾国藩,我们既应充分地看到他在历史发展中的反动作用,但也应该实事求是:不因人废言。过去如果说这是史学研究中的一个禁区,那么,在今天具有学术自由的情况下,就绝不能采取已往的态度了。那其实就是一种好就绝对的好,坏就绝对坏的形而上学。因此,笔者在正在修订的《中国文学理论批评史》中,已经按照自己的认识,给他恢复了历史的本来面貌(包括清初之钱谦益)。

以上意见中难免有不当之处,深望得到方家的指正。

(原载于《江淮论坛》1983年第3期)

　　敏泽（**1927—**　），中国社会科学院文学研究所研究员，著有《中国文学批评史》等著作多部。

　　本文以实事求是的态度，对桐城派给予了较为科学、客观的评价，纠正了长期以来将之全盘否定的错误观点。

从《文心雕龙》看中国古代文论的民族特色

牟世金

中国古代文论有自己的民族特色。研究这种特色,是古文论工作者的重要任务。但这是一个相当复杂的问题,要准确地认识中国古代文论的民族特色,还要做许多深入细致的研究。可以从某一侧面进行专题研究,也可对某一个时期、某一专著进行剖析。当然,也可进行一些总的探讨。朱光潜先生曾提出:"中国古代文艺理论大半是围绕着《诗经》而作的评论和总结",由此形成中国诗论的三大特点:一是以情为主,二是根据自然而不止于自然,三是重教化(《中国古代美学简介》,《中国古代美学艺术论文集》)。这对我们研究中国古代文论很有启发。刘勰主张"为情而造文"(《情采》);作者的情和作品中表达的情主要来自自然景物:"情以物迁,辞以情发"(《物色》);而"美教化,移风俗",更是刘勰的一贯主张。这说明,中国诗论的三大特点,《文心雕龙》是具备的。集先秦以来古文论之大成的《文心雕龙》,具有承上启下的重要作用,因此,从其中是可看到整个古代文论的某些基本特色的。体大思精的《文心雕龙》,至少可说是中国古代文论中较有代表性的一部,是构成整个中国古代文论的一个重要部分;而魏晋六朝又正处于中国古代美学思想大转变的关键时期,宗白华先生说得很好:这个时期的《文心雕龙》等"更为后来文学理论和绘画理论的发展奠定了基础。"(《中国美学史中重要问题的初步探索》,《美学散步》)从这个重要组成部分或"基础"来探讨古代文论的民族特色,自然是一个可取的起点。

(一)

文学理论的特点,可以从多种角度来研究。从表达方式上看,有哲理式的抽象概括,有表现式的具体描绘;从理论结构上看,有论辩式的对答,有随感式的漫谈,有综合性的论述,有逐家逐体的分论;从理论体系上看,有以某种观点为主构成的体系,有以特定的论述对象构成的体系,有侧重于抒情言志的主张,有侧重于再现现实的论述等等。这里有必要注意的是,孤立起来看,上述种种特点,都可能为其它民族的文学理论所有。因此,不仅要全面考察各个方面的特点,还须从其内部联系上来研究,才能较为准确地认清文学理论的民族特色。

首先从表现方式上看《文心雕龙》。如论艺术构思:

> 文之思也,其神远矣。故寂然凝虑,思接千载,悄焉动容,视通万里。吟咏之间,吐纳珠玉之声;眉睫之前,卷舒风云之色;其思理之致乎。……夫神思方运,万途竞萌,规矩虚位,刻镂无形;登山则情满于山,观海则意溢于海,我才之多少,将与风云而并驱矣。(《神思》)

对这种想象虚构的特点,刘勰并不是作理论的概括,他似乎并非在主张什么,要求什么,推论什么,判断什么,而是描绘一幅形象的艺术构思图,把进行艺术构思的实际情况呈现出来。这幅图画表明:艺术想象,古往今来无所不及;在构思过程中,有声有色的形象,逐渐浮现在作者的耳目之前;这种形象是从无到有、从抽象到具体地虚构而成。通过这样的描述,把艺术构思的基本原理体现出来了。这是《文心雕龙》中常用的表现方式之一。又如论内容和形式的关系：

> 水性虚而沦漪结,木体实而花萼振,文附质也。虎豹无
> 文,则鞟同犬羊;犀兕有皮,而色资丹漆,质待文也。……夫铅
> 黛所以饰容,而盼倩生于淑姿;文采所以饰言,而辩丽本于情
> 性。故情者文之经,辞者理之纬。经正而后纬成,理定而后辞
> 畅:此立文之本源也。(《情采》)

其所讲内容和形式的关系,无待细说。用比喻来说明某种道理,固
然是古今中外一般文辞所常见的方式,但刘勰论文,不是对难明之
理偶用比喻。他不仅借助一系列比喻来说明内容和形式相互依存
的必然之理,说明文学创作的根本原则,即所谓"立文之本源",且
全篇内容,差不多自首至尾,都是用一个接一个的比喻组成的。如
"鸟迹"、"鱼网"、"择源于泾渭"、"按辔于邪正"、"桃李不言而成
蹊"、"男子树兰而不芳"、"翠纶桂饵"、"衣锦䌹衣"、"贲象穷白"、
"正采间色"、"吴锦好渝,舜英徒艳"等。既用比喻以说明其主要论
点,又运用得如此之多,这就构成其论述方式的又一突出特点了。

不仅阐明种种论点是用形象的描绘或比喻,刘勰对作家作品
的评论,也常常如此。如评"连珠"体的作者:

> 杜笃、贾逵之曹,刘珍、潘勖之辈,欲穿明珠,多贯鱼目,可
> 谓寿陵匍匐,非复邯郸之步;里丑捧心,不关西施之颦矣。惟
> 士衡运思,理新文敏,而裁章置句,广于旧篇,岂慕朱仲四寸之
> 珰乎! 夫文小而易周,思闲可赡。足使义明而词净,事圆而音
> 泽,磊磊自转,可称珠耳。(《杂文》)

读这种评论文,我们甚至可得到一种艺术的享受。从扬雄"肇为
《连珠》"之后,模仿者相继不绝,但刘勰认为杜笃等都是邯郸学步、
东施效颦,他们所作《连珠》,虽是想穿"明珠",却大都是穿的"鱼
目",而不成其为"珠"。陆机的《演连珠》虽还不错,却又贪大"珠",
篇幅太长。相传仙人朱仲有一颗特大的四寸宝珠,陆机岂不是羡

慕其"四寸之珰"！既然是"连珠"体，刘勰认为就应该写得明净圆
润，"磊磊自转"，才能称之为"珠"。这里既有对作家作品的评论，
也有对写《连珠》的基本原理的论述，但我们读来，好像是生动活泼
的小品文。这种妙趣横生的评论文，妙就妙在它的形象化，是一种
形象化的评论。

　　除以上三种类型外，《文心雕龙》中还有一种值得注意的理论
形式：各篇的赞词。五十首赞，是可当做五十首诗来读的。这也只
举一例可明：

　　　　山沓水匝，树杂云合；目既往还，心亦吐纳。春日迟迟，秋
　　风飒飒；情往似赠，兴来如答。（《物色》）

经昀谓"诸赞之中，此为第一"。这确是一首好诗：高山重叠，流水
环绕，草木复错，霭霭云霞；诗人反复观赏，情灵激荡欲发。春光舒
畅柔和，秋风萧萧飒飒；投以情怀似赠送，兴致勃起似报答。在这
幅情景交织的画绘中，似觉没有什么理性的论证，却高度概括了
《物色》篇所讲"情以物迁"、"物动心摇"的要义。在"山沓水匝，树
杂云合"的物色之前，正因作者的目有所往，才能心有所吐。在"春
日迟迟，秋风飒飒"的景物变化中，作者之所以"情以物迁"，就由于
"兴来"是对"情往"的报答。由此可见，在这首赞的诗情画意中，是
包孕着深刻而重要的文学理论的。

　　以上四个方面，说明《文心雕龙》在表达理论的方式上，其显著
的特点是用具体的形象来描绘和体现其论点。这正是中国古代文
论较普遍的重要特色，论者多看到这种表达方式的不科学、不准确
等不足之处，这是无庸否认的；但也应看到，它还有自己的优点，最
主要的是用艺术的方式来表达艺术的理论。形象性既然是文学艺
术本身的特点，本于这种特点来论述它，应该说是理所当然的。今
天的读者，还常对干瘪枯燥的评论文章发出不满之议，古代大量生
动形象的文论，我们却视而不见，这或与长期推崇西方文论而忽于

民族特点有关。文学艺术本身是复杂多变的,忽视了这种特点而欲以严格的理念来说明或规定种种文学现象,就难免不产生限制、束缚艺术的作用。今天的艺术理论,当然应该力求其科学性、严密性,但如能发扬我们的传统特点,把艺术理论写得生动一些,符合艺术特点一些,可能是更为读者所喜闻乐见的。

古代文论用艺术的方式论艺术的特点,不是偶然出现的。我们读汉代的一些有关论著,如《毛诗序》、《法言》、《论衡》等,形象化的特点是看不见的,至少是不明显的。这种特点从陆机《文赋》才开始明显起来。"本陆机氏说而昌论文心的"刘勰,在表现方式上自然也受到陆机一定的影响。但无论陆机、刘勰或六朝其他论者,在中国古代文论正式形成的时期,这种特点就大量出现,是有其特定的历史原因的。

"文贵形似"可说是六朝时期的时代特征。从《文赋》提出"期穷形而尽相"之后,追逐形似之作,蔚为风尚。刘勰的"自近代以来,文贵形似"(《物色》),确是概括了当时文学创作的普遍风气。问题还不只是文学创作如此。《世说新语》中的许多记述反映了当时的社会风尚:

　　殷谢诸人共集,谢因问殷:"眼往属万形,万形来入眼不?"(《文学》)

　　殷中军问:"自然无心于禀受,何以正善人少,恶人多?"诸人莫有言者。刘尹答曰:"譬如写水著地,正自纵横流漫,略无正方圆者。"(《文学》)

　　山公曰:"嵇叔夜之为人,岩岩若孤松之独立;其醉也,傀俄若玉山之将崩。"(《容止》)

　　谢太傅寒雪日内集,与儿女讲论文义,俄而雪骤,公欣然曰:"白雪纷纷何所似?"兄子胡儿曰:"撒盐空中差可拟";兄女曰:"未若柳絮因风起"。(《言语》)

第一例很值得注意,它说明时人认识到,眼所见者乃万物之形,并已开始研究人与形的相互关系。第二例是用具体形象来说理。第三例是用形象来品评人物。第四例不仅是用形象来说明形象,小儿女已精于此道,更说明当时用形象化的语言已极为普遍了。以上四种类型,特别是第二、三两种,魏晋以来运用得很普遍。在这种空气下,重视文采的绘形绘声之作,几乎遍及当时的一切文辞。不仅鲍照的《登大雷岸与妹书》、丘迟的《与陈伯之书》、吴均的《与宋元思书》、陶宏景的《答谢中书书》等书信,甚至地理书《水经注》、写寺庙建筑的《洛阳伽蓝记》之类,也无不富有形象描绘。尤有甚者,是章表奏议等政治文件,也深受其影响,以至如李谔所讲,朝廷屡下政令,仍不能禁绝华丽的文风。所谓"连篇累牍,不出月露之形;积案盈箱,惟是风云之状"(《上隋高帝革文华书》),正反映了当时文风的特点。

　　既然六朝文风如此,有关文学评论的著作何能例外? 文论可影响及文风,文风也有影响于文论,其间关系是错综纷杂的。问题还在于:文论或文风都重文采,在当时有它的一致性。初唐刘知几论史曾说:"昔文章既作,比兴由生,鸟兽以媲贤愚,草木以方男女,诗人骚客,言之备矣。"诗义创作须借形象以生比兴,可是后来"史臣撰录,亦同彼文章",以至"或虚加练饰,轻饰雕采;或体兼赋颂,词类俳优:文非文,史非史。"(《史通·叙事》)这种批判说明,在刘知几之前,文史不分的现象仍是大量存在的。文史哲不分是我国古代长期存在的一个重要情况。魏晋以后,文史哲的不同性质虽已渐为人们所认识,但凡是立言都遵奉一个信条:"言之不文,行而不远"。在这一点上,文史哲就有一定的一致性了。在六朝特定的社会环境下,言之有文,受到了格外的重视,因而助成一代文风。加之我国古代极少纯粹的历史家、文学家、哲学家,凡是文人学者,往往都兼通俱解,特别是文学家和文学评论家,一身而二任的就更多。此期的曹丕、曹植、陆机等自不必说,刘勰也有"文集行于世"(《梁书·刘勰传》),其内容现在虽不得而详,但《文心雕龙》本身就可视为一部文学作品。从上引《物色》篇的赞词看来,刘勰是不乏诗才的。这种情形后世更多。陆机以赋论文,刘勰以骈文论文,唐宋以后大量的论诗诗,都是以文学的形式论文学。文论既和文学作品一致,其形象化的特点就有其必然性了。

刘勰以后,钟嵘的《诗品》、司空图的《诗品》、敖陶孙的《诗评》、严羽的《沧浪诗话》等,以及清人宗廷辅所辑《古今论诗绝句》,在评或论的方式上,无不具有形象描绘的显著特点。《四库提要》谓司空图的《诗品》,其二十四品是"各以韵语十二句体貌之"(《四库全书总目》卷一九五)。"体貌"二字,正概括了我国古代文论在表现方式上的基本特点。而这种"体貌"方式的实质,则是用艺术的方法来论艺术,它虽有其不足之处,却是我国古代文论值得重视的民族特色之一。

(二)

在理论结构上,中国古代文论也具有其独具的特点。

《文赋》和《文心雕龙》等六朝文论对后世"体貌"式的文学理论批评自然有一定影响,但这种方式在古代文论中能形成一种重要的表现特点,更主要的还是古代文学理论批评家大都是作家造成的。在我国古代,文学家、理论家、批评家、鉴赏家,往往一身而数任。既然评论者本身又是作者,其评其论,大都密切联系自己或当时的创作实际而发,因此,单纯的理论著作不多,在理论结构上,自然就形成这样一些特点:较少完整严密的结构,而多是创作实践的点滴体会与评论;理论、批评和欣赏常常密不可分;文质论、文道论、通变论既互相结合而又贯穿于整个古代文论之中。

《文心雕龙》的结构虽素有严密之称,也是在中国古代文论中相对而言,它的不足之处,也是颇为明显的。其一,为了凑合"大衍之数五十,其用四十有九"(《周易·系辞上》),在篇章的安排上是很勉强的。如《征圣》、《宗经》本是一回事,没有必要分为两篇;《正纬》独立成篇就更无必要。论文体不问大小广狭,论创作不究轻重主次,各设一篇,不妥者甚多。其二,创作论各篇之间虽有一定联系,但一篇一论,不能不造成一定的局限。《文心雕龙》的结构在古文论中堪称独步,尚且如此,后世大量随笔式的诗话、词话、曲话,其结构之松散,就更为突出了。这种形式,可能与古代《论语》、《孟子》、《法言》等语录体的流行有关,但主要仍由论者本人多是诗人、作家所决定。他们或者在创作实践中偶有所感,或针对当时创作情况而有所赞同与反对,因而三言两语,信手写来,初无周密计划,更非有意写成全面系统的论著。诗话与随笔既已流行,写来又很方便,就成了我国古代论诗的主要形式。

理论、批评和欣赏混揉杂陈以至密不可分,也是同一原因造成的。《文心雕龙》的《知音》篇,一般认为是批评论;有的论者认为是欣赏论,也有道理。批评和欣赏本身既有联系,《知音》篇也未加区别而予以分论。《文心雕龙》五十篇,是否论批评欣赏的只有《知音》一篇呢? 当然不是。把全书作一整体来看,理论、批评和欣赏都有,这是不言自明的。从某一部分或某些篇章来看,我们常区分为文体论、创作论、批评论等,也只是就其大体而言。其实,每个部分或很多篇章,都并不单纯是论文体、创作或批评。通常称为文体论的二十一篇最为明显。这里面既有对历代作家作品的评论,又有对各种文体写作特点的论述,也有一些地方讲到文学欣赏。各篇都可说是理论、批评和欣赏的综合体。如《乐府》篇对汉魏诸家的作品进行评论后讲到:

故知诗为乐心,声为声体;乐体在声,瞽师务调其器;乐心

> 在诗,君子宜正其文。好乐无荒,晋风所以称远;伊其相谑,郑
> 国所以云亡。故知季札观辞,不直听声而已。

这完全是从实际创作中总结出来的经验教训。其主张"务调其器"、"宜正其文",强调"好乐无荒"而反对"伊其相谑"等,是刘勰对乐府的论;"不直听声",则是对欣赏乐府的要求了。本篇前面曾讲到:"师旷觇风于盛衰,季札鉴微于兴废,精之至也。"认为师旷和季札是古代善于鉴赏音乐的典范,要求像他们那样,能从音乐中察知士气的盛衰、国事的兴亡,所以,只听音乐的声音是不行的,这正是关于欣赏的理论。本篇还批评了这样一种倾向:"雅咏温恭,必欠伸鱼睑;奇辞切至,则拊髀雀跃。"雅正的乐府温和而严肃,却使人厌烦得打呵欠,瞪眼睛;新奇的乐府则使人感到亲切,听了高兴得拍着大腿跳跃。刘勰不满于这种欣赏倾向,虽表现了他的保守性,但这是对欣赏问题的论述则是无疑的,只是它并非单纯的、独立的欣赏论,而是结合在创作上主张"正声"提出的。其论乐府创作的意见,又是在评论汉魏以来的乐府中提出的。所以,这里论创作、批评和欣赏的意见,是密切结合而难截然分开的。

《文心雕龙》的创作论部分,也并不是单纯的创作论,多数篇章也结合进行了文学批评。如《定势》篇批评:"近代辞人,率好诡巧";《情采》篇批评:"后之作者,采滥忽真,远弃风雅,近师辞赋,故体情之制日疏,逐文之篇愈盛"等。这样的例子很多,特别是《指瑕》、《时序》等篇,更是通篇结合批评来论创作的。

《文心雕龙》的结构体制是分篇专论,尚且如此,它如曹丕的《典论·论文》,挚虞的《文章流别论》,沈约的《宋书·谢灵运传论》,钟嵘的《诗品序》等,更无不如此。其后,如白居易的《与元九书》,特别是唐宋古文运动中提出的大量文论,以及从反台阁体开始的前后七子及明清各派的文论,密切联系当时创作上的实际问题而提出自己的理论主张者就更多、更突出。一部中国文学理论史,也

可称之为"批评史"或"批评理论史",就是这个原因。极少脱离实际的文学理论,大都是有具体针对地主张什么、反对什么,从而在理论结构上形成古代文论的又一特点:理论、批评和欣赏的结合。

与此相关的又一理论结构上的特点,是文质论、文道论和通变论的密不可分。从儒家之道形成开始,历汉唐而明清,文与道的关系一直是古代文论史上争论不休的一个重大问题。儒家之道是中国古代思想的特产,文学理论上文道关系的论述,自然是中国古代文论的特殊现象。而这种特殊现象又一直和文质关系、古今关系密不可分,这就构成古代文学理论结构上的又一特点。内容和形式的关系,继承和革新的关系,是文学理论上具有普遍意义的问题,这两种关系的理论,一般来说是各有其独立性的。但由于我国古代文论大多不是纯理论的探讨,不仅这两种关系往往密不可分,更和文与道的关系直接联系着,三种关系就都具有不同于一般的特殊意义了。由于是为了解决实际问题而立论,在创作实践上或重质轻文,或重文轻质,文与质势难平衡。重质者多尊道复古,重文者多强调文的新变和艺术特点;加之各个时期对"道"的不同理解和要求,因而在古代文论史上,三种关系往往相互关联而此起彼伏,论争不已。

文质论是《文心雕龙》全书理论的轴心。其总论有云:"志足而言文,情信而辞巧,乃含章之玉牒,秉文之金科矣。"(《征圣》)以内容的充实可信,文辞的巧丽多采为文学创作的金科玉律,并以圣人之文的"衔华而佩实"为"征圣立言"的典范,都说明刘勰把文质并茂作为其论文的基本原则。他不仅以此为准来评论历代作家作品,并用"割情析采"来概括其全部创作论和批评论;甚至很多重要篇章,如《体性》、《风骨》、《情采》、《熔裁》等,其篇题都是从文质两个方面着眼的。但刘勰以文质论为全书理论的主干,并不仅仅是为了阐明文质关系的理论问题,而主要是为了解决当时创作上"跨略旧规,驰骛新作"和"去圣久远,文体解散"的实际问题。

汉代诗歌大都"质木无文",和儒道思想的束缚有很大关系。建安时期儒道衰微,"甫乃以情纬文,以文被质"(沈约《谢灵运传论》),出现了文学史上的自觉时代。但从西晋开始,就愈来愈向文胜其质的趋势发展。刘勰在《文心雕龙》中从各种不同角度来强调文质并重,正是从这种实际出发的。但只从理论上阐明"文附质"、"质待文"的关系是力量不大的,还必须和文与道、古与今的关系联系起来论述。刘勰提出"征圣"、"宗经",主张"模经为式"、"还宗经诰",反对"跨略旧规"和"摈古竞今"等,正是这个原因。《通变》中说:

> 黄唐淳而质,虞夏质而辨,商周丽而雅,楚汉侈而艳,魏晋浅而绮,宋初讹而新。从质及讹,弥近弥澹。何则?竞今疏古,风味气衰也。……矫讹翻浅,还宗经诰。斯斟酌乎质文之间,而櫽括乎雅俗之际,可与言通变矣。

由于一代一代地"竞今疏古",文学创作由质朴而华艳,以至讹滥。刘勰的通变论所要解决的文质问题,固然是就整个文风而言,但他反对的"今",并不仅仅是形式的华丽;要求的"古",也不仅仅是形式的质朴。"还宗经诰"是"矫讹翻浅"的良药;刘勰的宗经思想虽不能和宗儒家之道等同,却无疑是他重质的重要主张和理论根据。《宗经》篇也有相应的论述:后世作者"建言修辞,鲜克宗经;是以楚艳汉侈,流弊不还。正末归本,不其懿欤!"这和《通变》篇所论,完全一致。"正末"即"矫讹翻浅";"归本"就是"还宗经诰"。而刘勰要求宗经的目的,是为了使作品"情深"、"风清"、"事信"、"义直"等。由此可见,刘勰要求的通古,就是宗经,亦即重质;则通变关系,也就是文道关系和文质关系的另一角度而已。

论通变必然联系到文质关系,同样,论文质关系也必然联系到通变问题。如《情采》篇是论文质关系的专篇,也要求学习《诗经》

的"为情而造文",而反对"远弃风雅,近师辞赋"。这些论述说明,
文质关系和古今关系在古代文论中是有密切联系的。

文与道的关系在《文心雕龙》中主要表现为用征圣、宗经的主
张来挽救当时"从质及讹"的倾向。这种倾向和魏晋以后的儒道不
振有关。和刘勰同时的裴子野,大力反对当时作者"摈落六艺,吟
咏情性"(《雕虫论》,《全梁文》卷五三),正说明晋宋以来文与道的
矛盾情况。但这个时期的文论,还没有直接、明确地提出儒道问
题,到了唐宋古文运动,就突出了文与道的关系,代替了六朝时期
以文质论为主干的结构。但唐宋时期的文道关系,虽然"道"的内
容有所不同,仍既和复古主张相联系,也和反对六朝及唐末宋初的
重文轻质密不可分。到道学家出现之后,苏轼、黄庭坚等起而对
立,文与道的关系和内容都有了新的变化。但无论道学家与苏黄,
还是其后前后七子的复古与公安三袁的反复古,或者是沈德潜、翁
方纲的复古主义格调论、肌理说,叶燮、袁枚反复古的进化观、性灵
说等等,虽侧重点不同,轻重程度各异,都不是单纯的复古或反复
古;虽然有的是形式主义的复古,有的是反形式主义的复古,但或
重质轻文,或重文轻道,都多多少少有一定的联系。所有这些,都
决定于我国古代文论从实际出发的性质,既不是孤立地谈理论,而
多是在实际问题上的论战,就很难有纯粹的内容与形式的关系论、
继承与革新的关系论等,因而形成理论结构上文与质、文与道、通
与变相结合的特点。

(三)

古代文论理论体系的特点相当复杂,这里只能提出一些很不
成熟的蠡测。

理论的结构和体系,在某些方面有联系,但二者并不等同。古

代大量的诗话、词话、曲话,其结构虽大都较为松散,但在理论体系上,却并不都是混乱的。除《诗话总龟》等少数芜杂的论著外,往往有一以贯之的指导思想,像《沧浪诗话》、《人间词话》等,显然有其严密的理论体系。作为一种理论体系,必须以某种基本思想或观点来统领其全部理论;其次是要围绕某一中心而展开一系列有内部联系的、互相制约的论述。如果可以这样理解,我们就可说,中国古代文论的多数论著是自成体系的,虽然严密、完整的程度各有不同;由此以窥探中国古代文论,也就可能从总体上看到理论体系的特点了。

　　中国古代文论诗话,大多数是以儒家思想为指导思想写成的。与此相应的则有征圣、宗经、文以载道、美刺教化、温柔敦厚等一系列问题的论述。诗是中国古代文学中历史最长,流行最广,作者最多的一种主要形式。又由于《诗经》是儒家六经之一,使诗歌在古代文学中具有最尊崇的正统地位。因此,在古代文学理论中,不仅论诗评诗的专著特多,绝大多数文论也以论诗为中心,并由此而有诗言志、赋比兴、兴观群怨、抒情状物、情景交融、声律对偶,以及象外之象、别材别趣、神韵格调、肌理说、性灵说等一系列问题的研究。这些问题还不单是论诗,大都以诗的原理推及其它,甚至文学以外的艺术理论。如赋比兴,刘勰在《比兴》篇,就由诗而论到辞赋,并以《高唐赋》、《洞箫赋》等大量的赋来论证:"比之为义,取类不常"。刘熙载论赋也强调:"赋兼比兴","赋之为道,重象尤宜重兴"(《艺概·赋概》)。又如蒋敦复论词:"词源于诗,即小小咏物,亦贵得风人比兴之旨"(《芬陀利室词话》卷三)。陈骙论文也说:"《易》之有象,以尽其意;《诗》之有比,以达其情;文之作也,可无喻乎?"(《文则》)陈廷焯更认为:"伊古词章,不外比兴"(《白雨斋词话·自序》)。这样的例子举不胜举。在文艺理论上,赋比兴作为一种艺术方法是有普遍意义的,但它的意义是从诗歌艺术中总结出来,再逐渐扩大及其它的。古代文论中不少重要的理论问题,大都类此。

古代诗论影响于整个文论最大最普遍的是"诗言志"。"诗言志"是古代诗论的中心,不仅赋比兴从属于这个中心,古代文论诗论中有关抒情状物的全部理论,无不和"诗言志"的观点有一定的联系。如何抒情状物,几乎涉及文学创作的全部问题;而我国古代论写物之功、状物之理,大都从"体物写志"或"因物达情"的要求出发。由此可见,古代文论的许多论旨,往往都受制约于"诗言志"的传统观点。这样,或可作一简单的概括:我国古代文论在理论体系上的特点,是以儒家思想为主导,以诗言志为中心构成的。这种特点只能是就大体而言,对每一具体论著不可能都符合。但至少从《文心雕龙》这部有代表性的巨著中,是可得到充分印证的。

刘勰和后来古文家的观点不同,和道学家更是大异其趣。他虽然把孔子捧到人类至高无上的地位:"自生人以来,未有如夫子者也"(《序志》);把儒家经典尊为最伟大的永恒真理:"恒久之至道,不刊之鸿教"(《宗经》),但是,《文心雕龙》中并没有提出"文以载道"的主张。其"征圣"、"宗经"的旗帜是鲜明的,却主要是宗奉儒家的文学观点;是以儒家经典为写作的典范,要求向儒家圣人学习写作,即所谓"征之周孔,则文有师矣。"(《征圣》)《原道》中的"自然之道"并非儒道,而是指万物有自然文采的规律;《征圣》、《宗经》则主要是讲周孔之文的各种好处,"文能宗经,体有六义",便是其宗经思想的集中反映。特别是《序志》篇讲得更为明确:"去圣久远,文体解散,辞人爱奇,言贵浮诡",因而刘勰要根据"尼父陈训"来写《文心雕龙》。这些都说明,他的征圣、宗经思想,是从文学创作出发,不是从宣扬儒道思想着眼。

刘勰所取的儒家文学观点是什么呢? 他根据儒家的种种说法:"言以足志,文以足言";"情欲信,辞欲巧";"旨远辞文"等,归结为："志足而言文，情信而辞巧，乃含章之玉牒，秉文之金科矣。"以充实的内容和巧丽的文辞相结合为文学创作的金科玉律，并以此为准则来"论文叙笔"和"割情析采"，可见这是其全书立论的指导思想。

必须说明的是，《文心雕龙》是论文，而不是传教，更不是写哲学讲义，因而以"衔华而佩实"为全书立论或评文的指导思想是得体的。当然，刘勰并不是为论文而论文，既本于儒家的文学思想来论文，就不能不和儒家的一系列主张有相应的联系。如论骚体则肯定其"典诰之体"，"规讽之旨"、"比兴之义"、"忠怨之辞"（《辨骚》）；论诗则赞扬"顺美匡恶"的优良传统（《明诗》）；论乐府便强调"岂惟观乐，于焉识礼"（《乐府》）；论赋则批判"无贵风轨，莫益劝戒"的作品（《诠赋》）；论创作便强调"化感之本源"（《风骨》）；重视《诗经》的作者"志思蓄愤，而吟咏情性，以讽其上"（《情采》）；不满于汉代辞赋家的"诗刺道丧，故兴义销亡"（《比兴》）；特别是论作家品德，更主张"摛文必在纬军国，负重必在任栋梁；穷则独善以垂文，达则奉时以骋绩。"（《程器》）显然，这些都是儒家思想的直接运用。这些意见是否游离于"衔华佩实"的基本观点之外呢？只举一例可明：

> 丽辞雅义，符采相胜，如组织之品朱紫，画绘之著玄黄；文虽新而有质，色虽糅而有本，此立赋之大体也。然逐末之俦，蔑弃其本，虽读千赋，愈惑体要，遂使繁华损枝，膏腴害骨，无贵风轨，莫益劝戒。（《诠赋》）

刘勰强调写赋的基本原则是"丽辞雅义"的高度结合，要有文有质，有色有本。这正是在"衔华佩实"的基本观点指导下提出来的。但"逐末之俦"把赋写得"繁华损枝，膏腴害骨"，也就是有文无质，有色无本，因而就"无贵风轨，莫益劝戒"了。这足以说明：要求文质并重，正是为了使作品很好地发挥其教化或美刺的作用。所以，刘勰的重美刺教化，和"衔华佩实"的基本观点有着必然的内在联系。

以上是构成《文心雕龙》理论体系的一个方面。与此密不可分的另一个方面，是以"诗言志"为中心而提出的一系列理论问题。

从篇幅上看，《文心雕龙》中论诗的最多，这和整个古代文论以论诗为主的情况一样。除"论文叙笔"部分的《辨骚》①、《明诗》、《乐府》等篇外，"割情析采"的二十四篇，篇篇都论及诗或与诗有关，且很多重要理论问题，都是围绕着诗的原理而提出或展开的。《比兴》篇自不必说；《声律》篇所论声、调、和、韵，主要从论诗出发，也很明显。《通变》是总结"九代咏歌"的发展情况来论通变的必要性。《情采》据"诗人篇什"来主张"为文而造情"，并发展了"诗言志"的观点而提出"述志为本"的主张。《夸饰》篇据"《诗》《书》雅言"来论夸张手法的必要。《时序》篇则从"歌谣文理，与世推移"的情况，讲到东晋的"诗必柱下之旨归，赋乃漆园之义疏"，从而总结出"文变染乎世情，兴废系乎时序"的著名论点。《物色》篇更是总结《诗经》、《楚辞》的创作经验，提出了"以少总多，情貌无遗"，和"诗骚所标，并据要害"等重要理论。这样的例子很多，说明刘勰的创作论，是以论诗歌创作为中心建立起来的。

刘勰的文学理论不只是多论诗，而且根据"诗言志"的特点来阐发种种文学理论。言志和言情，在《文心雕龙》中是统一的，不过他要求的情，是"义归无邪"的情，所以用"持"来解释诗，要求诗能"持人情性"（《明诗》）。这和他以儒家思想为主导来立论的原则是一致的。

《宗经》篇曾明确说过："诗主言志"，则抒情言志为诗的主要特

---

① 《辨骚》篇是否为"论文叙笔"之一，尚存异议。范文澜以此篇为"文类之首"，拙见以其说为是。但无论其属上属下，《楚辞》为诗体之一，则无疑义。

点,刘勰是很清楚的。但是,在很多并非论诗的地方,他也强调志,突出情。如《熔裁》:"万趣会文,不离情辞";《情采》:"情者文之经,辞者理之纬";"况乎文章,述志为本";《附会》:"必以情志为神明,事义为骨髓,辞采为肌肤,宫商为声气"等。这说明:刘勰不仅用"情"或"志"来概括一切文学作品的内容,而且以抒情言志为文学艺术的职能。这是刘勰以诗为中心来论文在历史上取得的重要成果。明确了这点,既有利于进一步认识文学艺术的特点;在此基础上来论文,更有利于在理论上作深入的探究。如《明诗》篇所论:"人禀七情,应物斯感,感物吟志,莫非自然。"这里提出文学理论上一个重要问题:情与物的关系。"诗言志"既是有感于物而言志,则物和情就有着密切的关系。《物色》篇对这种关系做了具体研究:"春秋代序,阴阳惨舒,物色之动,心亦摇焉……岁有其物,物有其容,情以物迁,辞以情发。"这就说明:情来自物,物决定情;客观事物有所变化,作者的感情也随之而变。因此,怎样抒情言志,就不仅在理论上要研究情与物的关系,还必须研究物和言的关系,也就是怎样写物的问题。

《诠赋》篇说:"情以物兴,故义必明雅;物以情观,故词必巧丽。"这也是根据"志足而言文,情信而辞巧"的基本观点所作的论述,只是这里是从情物关系的角度来论述,而把"志足"、"情信"发挥为"义必明雅",把"言文"、"辞巧"综合为"词必巧丽"。这里值得注意的是刘勰对情、物、辞三者关系的论述:情是由物引起的,所以内容必然明显而雅丽;因有了物所引起的具体的情,言之有物,故能明雅。物是通过作者的情而表现出来的,因而文词必然巧丽。这除了说明物与情必须结合外,更说明"巧丽"的词离不开物。诗人写物,并不是为写物而写物,写物是为了"体物写志",因此,其所写之物,必须是能言志的。"物以情观"正说明这个道理。所写之物,既是融化于情又能达情的物,描写这种物的文辞就能"巧丽"

了。这是文学理论上一个很重要的问题,因为它涉及到文学语言的形象性这一特点,必须用能言志的形象的语言,才是"巧丽"的文学语言。

刘勰虽然没有直接而明确地说明这种物与情、物与言的关系,但在其"体貌"式的表述中,是确切地反映了这种关系的。《物色》篇有一条很好的旁证:

> 古来辞人,异代接武,莫不参伍以相变,因革以为功;物色尽而情有余者,晓会通也。

刘勰认为善于继承和革新相结合的作者,就能创造出"物色尽而情有余"的作品。这个"物色",就是描绘物色的语言,也就是形象的语言。必须用形象的语言,才能产生言虽尽而意有余的艺术效果。钟嵘论赋比兴,也曾说过类似的话:"文已尽而意有余",其义略同。唐宋以后,这话发展成古代文论的一句名言,正如苏轼所说:"言有尽而意无穷者,天下之至言也。"(见姜夔《白石道人诗说》,《历代诗话》)袁中道则谓:"天下之文,莫妙于言有尽而意无穷。"(《淡成集序》,《珂雪斋文集》卷二)试较"言有尽"、"文有尽"和"物色尽"三说,其义虽同,惟刘说最善。在文学作品中,意之所以"无穷",情之所以"有余",一般的"言"与"文"是很难做到的,只有写物的言辞,可以产生形象大于思维的作用,能透过一定的物象,生发出无尽的意味;亦即刘勰所谓"以少总多"是也。

"以少总多"是《物色》篇提出的写物方法,此篇对怎样写物还有一系列论述。首先是要对所写之物有深入的观察了解:"流连万象之际,沉吟视听之区";"窥情风景之上,钻貌草木之中。"其次是要准确逼真地描绘物象:"体物为妙,功在密附。故巧言切状,如印之印泥"。但由于"物貌难尽",而必须"善于适要",用"以少总多"的方法来做到"情貌无遗"等。总的来看,《物色》篇是以"物"为中心,而论述了物与情、物与言两种关系,也就是研究了物怎样决定情和怎样以言写物两个相互关联的问题。其中所说："吟咏所发，志惟深远；体物为妙，功在密附。"不仅概括了本篇所论两种关系的要旨，也体现了全书所论的要义。言志求深远，体物求妙合，正是对"志足而言文，情信而辞巧"的阐发。《文心雕龙》的创作论就是围绕这两个方面及其相互关系来论述的。

《神思》是就"物以貌求，心以理应"的心物交融之理来论艺术构思，通过"神与物游"的想象活动，而"情变所孕"，产生了作品的种种内容。《体性》和《定势》两篇都是讲情与言的关系："志以定言"。即按"情动而言形"之理论艺术风格，据"因情立体"之理论文章体势。《风骨》则从"怊怅述情"和"沉吟铺辞"两个方面强调风骨并重。《通变》和《情采》两篇的关系上文已经讲到，所论角度虽有不同，但都是为了反对"采滥辞诡"、"从质及讹"的创作倾向而要求文质并茂。《熔裁》论"櫽括情理，矫揉文采"，是对质文两个方面的规划与加工。"阅声字"诸篇，也不外讲如何抒情状物，以及用种种艺术方法来体物写志。其全部论述，都是为了写出"志足而言文，情信而辞巧"的作品。从方法论的角度看，其创作论所研究的，主要就是如何使"言以足志，文以足言"。而志——言——文的关系，主要是志——言——物的关系。在刘勰的理论体系中，"文"和"物（象）"都从属于"言"，所以，其理论体系的主干就是"志"和"言"的关系，亦即所谓文质关系。

由上述可见，刘勰的理论体系，是以儒家思想为主导，以诗言志为中心，以文质关系为骨干建立起来的。这个体系，基本上反映了古代文论理论体系的概貌。而以儒家思想为主导，以诗言志为中心，以文质关系为主干，也概括了中国古代文论的三大特点。唐宋以后的文论，当然各有其不同的具体特点，但大多数文论的概貌，是具有这种基本特点的。

（四）

中国古代文论的民族特色,还表现在它有一套自己的概念、术语和传统的论题,如道、气、势、赋比兴、风骨、形神、神思、刚柔、声律、格调、骈俪、文道论、文质论等。这些概念和论题,都不是突然出现的,它们都植根于古代文学艺术创作的民族特色。正因如此,它们一经出现就经久不衰,在长期的古代文学发展过程中,既有影响于创作的发展,也对古代文论的民族特色起到一定的促进作用。所以,它们既是古代文论民族特色的表现因素,也是构成因素。它们既有自己的独立性,也和古代文论"体貌"式的特点、理论结构和理论体系的特点互为表里。

这些概念和论题,《文心雕龙》中大都有所涉及,有的还做了专题论述。其中虽未直接论及形神和格调问题,也有某些相关的论述。如明清时期才明确提出的格调说,《文心雕龙》自然不会讲到。但杨慎论风骨有云:"诗有格有调,格犹骨也,调犹风也。"(《杨升庵先生批点文心雕龙》《风骨》篇评语)亦非毫无道理。至于形神问题,刘勰以前的乐论、画论,已有较为广泛的运用了。《文心雕龙》中虽未直接讲到形神问题,但不满于表面的形似之论是有的。如《物色》篇总结《诗经》的写物之功,有的能"一言穷理",有的只"两字穷形",从而做到"以少总多,情貌无遗"。所谓"情貌无遗",指的是用一两个字就完全概括了物象的神情状貌。写出这样的"情貌",也就是传形之神了。本篇所讲"物色尽而情有余"的形象描写,也只有这种"情貌无遗"的传神之笔才有可能。此外,《比兴》篇提出的"拟容取心"。更是要求在表面形似("容")的基础上进一步表达出它的"心"。王元化同志说:"拟容取心"的命题,"就是在艺术形象问题上分辨神形之间的关系。心和容亦即神和形的异名。"

(《文心雕龙创作论》54页)这是很有道理的。

此外,古代文论中一些较常见的概念,《文心雕龙》都有集中的论述,特别是神思、风骨、比兴等,都是经刘勰做了专篇论述后,在古代文论的发展中产生了深远的影响。这里,只对神思、风骨、比兴三个问题略加叙述。

先看"神思"。

我们现在所讲艺术构思的"构思"二字,刘勰之前的臧荣绪已经用过:"左思……欲作《三都赋》,乃诣著作郎张载访岷邛之事,遂构思十稔。"(《文选·三都赋序》注引臧荣绪《晋书》)刘勰不用"构思"而用"神思"来论艺术构思,这并不单是个用词问题。"构思"一词,可以用于文学创作,也可用于文史哲一切论著的写作,用"神思"二字,则更适合于艺术构思的特点。

"神思"二字,最初只是泛指用心、用思。如曹植《上疏陈审举之义》:"又闻豹尾已建,戎轩鸾驾,陛下将复劳玉躬,扰挂神思"。(《全三国文卷十六》)陆凯曾说:"愿陛下重留神思,访以时务。"(《三国志·陆凯传》)东晋孙绰在《游天台山赋序》中说:"天台山者,盖山岳之神秀者也。……余所以驰神运思,昼咏宵兴,俛仰之间,若已再升者也。"(《文选》卷十一)这里的"驰神运思",讲的是作者的想象活动,其含义就有了新的变化。其后,晋宋之际的宗炳论画,有"万趣融其神思"(《画山水序》,《历代名画记》卷六)之说,就直接用于艺术构思了。刘勰正是取孙绰"驰神运思"之意,在宗炳之后第一次用以指文学创作的艺术构思。《神思》篇不仅以此为题做了专论,且对"神思"的特点做了充分论述。"文之思也,其神远矣。故寂然凝虑,思接千载,悄焉动容,视通万里。"这种飞驰于千载之上、万里之遥的想象,刘勰谓之"其神远矣",就是说,艺术构思是一种无所不及的精神活动;在艺术家驰神运思之中,"神用象通,情变所孕",精神和物象相沟通,从而孕育出作品的种种内容。从刘勰的这些论述可见,对艺术创作这种精神生产的特点来说,"神思"二字是很能表达其特点的。正因如此,"神思"二字成了古代文论中一个特定的概念,并为后世论者所沿用。如刘勰之后不久的萧子显用以论文:"属文之道,事出神思,感召无象,变化不穷。"(《南齐书·文学传论》)唐代王昌龄用以论诗:"诗思有三,……久用精思,未契意象,力疲智竭,放安神思,心偶照境,率然而生,曰生思。"(见《唐音癸签》卷二)宋代韩拙用于画论:"盖有不测之神思,难名之妙意,寓于其间矣。"(《山水纯全集·论观画别识》)清代刘熙载用于书论:"右军《乐毅论》、《画像赞》……孙过庭《书谱》论之,推极情意神思之微。"(《艺概·书概》)直到鲁迅,在《摩罗诗力说》、《文化偏至论》、《破恶声论》等文中,也多次运用了"神思"这个概念。(见孙昌熙、刘淦《鲁迅与〈文心雕龙〉》,《文心雕龙学刊》第一辑)

再看"风骨"。

"风骨"一词源于汉魏以来的人物品评,过去的研究者说之已详;刘勰也是利用旧说而第一次用于文学理论。《文心雕龙》对此作了专篇论述后,"风骨"成了古代文论中一个重要的概念。刘勰的"风骨"论,原是针对六朝文风而对文学创作提出的美学理想,因而常被后世用作评论文学的标准。从初唐陈子昂开始,就高举"汉魏风骨"的大旗,反对齐梁以来"采丽竞繁,而兴寄都绝"的创作倾向(《修竹篇序》,《陈子昂集》卷一)。中经李白对"蓬莱文章建安骨"的提倡(《宣州谢朓楼饯别校书叔云》,《李太白全集》卷十八),殷璠以"风骨"、"气骨"来论诗和评诗(《河岳英灵集》),"风骨"就成了一个很受重视的审美标准。到了宋代,严羽把钟嵘《诗品序》中的"建安风力"发展为现在还为文学史家常用的"建安风骨"(《沧浪诗话·诗评》)。明清时期,"风骨"、"气骨"、"建安风骨"之类概念,在胡应麟《诗薮》、沈德潜《说诗晬语》、刘熙载《艺概》等论著中就运用得更为普遍了。叶燮对"古今人之诗评"多所不满,对钟嵘、刘勰之论,也认为"其言不过吞吐抑扬,不能持论"。即使他持这种过于偏颇的态度,但对"沈吟铺辞,莫先于骨;故辞之待骨,如体之树骸"几句,仍以为"斯言为能探得本原"(《原诗》卷三)。正因为刘勰的"风骨"论从根本上提出了文学创作的最高要求,因而既有较普遍的意义,也有较大的号召力量。

"风骨"这个概念,也不只用于文学评论,在刘勰之前,便已常用于书画评论了。如王僧虔论书法:"郗超草书,亚于二王,紧媚过其父,骨力不及也。"(《书法要录》卷一)谢赫评绘画:"不兴之迹,殆莫复传,惟秘阁之内一龙而已。观其风骨,名岂虚成!"(《古画品录·曹不兴》)刘勰之后,以"风骨"论书画者,仍相继不绝。如唐僧彦悰评画:"北面孙公,风骨不逮"(《后画录》,《画品丛书》)。宋人刘道醇评画:"气骨意思,深有父风"(《圣朝名画品》,《画品丛书》)。孙过庭论书:"假令众妙攸归,务存骨气,骨既存矣,而遒润加之。"(《孙过庭书谱笺证》110 页)张怀瓘论书:"以风骨为体,以变化为用。"(《书断》,《法书要录》卷四)这样的例子甚多。杨慎评《风骨》篇曾说:"此论发自刘子,前无古人。徐季海移以评书,张彦远移以评画,同此理也。"(《杨升庵先生批点文心雕龙》《风骨》篇评语)这个概念之所以既可用以论诗评文,又可移以评画论书,就因为诗文书画都"同此理也"。由此可见,"风骨"这个概念确是概括了多种艺术共同的审美特征。

最后看"赋比兴"。

"赋比兴"这一诗歌艺术的传统表现方法,前面已经讲到,在它的发展过程中,逐步由诗论扩大到古代文论的许多方面。这里要加以补充的是,"赋比兴"不仅广泛运用于诗、词、歌、赋和散文,也为古代书画理论所吸取。各举二例如下:

> 故诗人六义,多识于鸟兽草木之名,而律历四时,亦记其荣枯语默之候;所以绘事之妙,多寓兴于此,与诗人相表里焉。

（《宣和画谱·花鸟叙论》）

作诗须有寄托，作画亦然。……松树不见根，喻君子之在野也。杂树峥嵘，喻小人之昵比也。江岸积雨而征帆不归，刺时人之驰逐名利也。春雪甫霁而林花乍开，美贤人之乘时奋兴也。（盛大士《西山卧游录》卷二）

然草与真有异：真则字终意亦终，草则行尽势未尽。……或寄以骋纵横之志，或托以散郁结之怀。（张怀瓘《书断》）

写字者，写志也。……笔性墨情，皆以其人之性情为本。是则理性情者，书之首务也。钟繇笔法曰："笔迹者，界也。流美者，人也。"右军《兰亭序》言："因寄所托"，"取诸怀抱"，似亦隐寓书旨。（《艺概·书概》）

这些论述说明二个共同的道理，无论绘画或书法艺术，都是为了抒情言志。因此，也和诗歌运用比兴方法一样，要因物寓意，要有所寄托或美刺，而"与诗人相表里"。从这里，更能看出我国古代文学艺术以"诗言志"为中心的理论特点。正因为比兴方法要在借物言志，在古代文论的发展过程中，"比兴"又逐渐形成一种要求有充实的思想内容的特殊概念。这一转变，在唐代最为明显。陈子昂开始不满于"采丽竞繁，而兴寄都绝"的齐梁诗作。他说的没有"兴寄"，和"汉魏风骨，晋宋莫传"，"风雅不作"等一致；显然，要求有"兴寄"，主要是要求有充实的思想内容。到白居易论诗，尤重"比兴"。他称许张籍的诗："风雅比兴外，未尝著空文。"（《读张籍古乐府》，《白居易集》卷一）并直接用有无"比兴"来衡量作家作品：

诗之豪者，世称李杜。李之作，才矣奇矣，人不逮矣，索其风雅比兴，十无一焉。杜诗最多，可传者千余首，至于贯穿今古，覼缕格律，尽工尽善，又过于李。然撮其《新安》、《石壕》、《潼关吏》、《芦子》、《花门》之章，"朱门酒肉臭，路有冻死骨"之句，亦不过三四十。杜尚如此，况不逮杜者乎！（《与元九书》，

《白居易集》卷四五)

这就以"比兴"为评论作家作品的主要标准了。且白居易所说的"比兴",不是一般的艺术手法;认为李杜之作还"十无一焉",可见他对"比兴"的要求极高,只有《新安史》、《石壕史》,"朱门酒肉臭,路有冻死骨"之类具有深刻的现实意义的诗作,才算有"比兴"。这样,"比兴"这概念就在托物喻志的基础上发展得更为丰富,也更为重要了。刘勰的《比兴》篇在这一发展变化过程中,是起着重要作用的。他释"比兴"为:

> 比者,附也;兴者,起也。附理者切类以指事,起情者依微
> 以拟议。……比则蓄愤以斥言,兴则环譬以托讽。

黄侃认为:"后郑以善恶分比兴,不如先郑注谊之确"。钟嵘的解释,"又与诂训乖殊",惟"彦和辨比兴之分,最为明晰。一曰起情与附理,二曰斥言与环譬,介画燎然,妙得先郑之意矣。"(《文心雕龙札记》174页)据黄侃此说,可见刘勰的解释,首先是明晰准确,其次是本于先郑,也就是说,是在前人解说的基础上提出来的。但先郑之说只是:"比者,比方于物也;兴者,托事于物。"(《周礼·春官·大师》引注)这并不涉及所比所托的思想内容。刘勰的发展,则在赋以"蓄愤斥言"、"环譬托讽"之义,"比兴"就不仅仅是一种艺术手段了,而是从方法到思想都有了具体的要求。"比兴"从表现方法发展而为评论作家作品的标准,这是一个重要的过渡。

从以上所述可见,古代文论中一些传统的概念或论题,它们能够长期而广泛地运用于文学艺术理论之中,显然不是一种孤立的现象。这些概念和论题,和古代文论的种种特点都有其必然的内在联系。如由"文"与"质"两个概念构成的文质论,既是古代文论的结构特点的表现形态,又和以"诗言志"为中心的理论体系相辅相成。"赋比兴"的方法对以"诗言志"为中心的理论体系,就既有促进其形成与发展的作用,其本身又是这个理论体系的重要表现

形式。"文气"、"神思"、"风骨"等概念的普遍运用,则和古代文论的"体貌"特点有关。"气"、"风骨"、"形神"等,都是在以物为喻的基础上形成的。

值得注意的一种现象是:古代文论既有形象化的表现特点,而其概念、术语,如"气"、"势"、"神"、"风"、"骨"、"韵"、"格"等,却给人以高度抽象的感觉。这种似乎矛盾的现象,其实是统一的。理论多是形象性的描绘,概念也多形象化的表述,这本来是一致的。中国古代文论的一套术语概念,正由此而具有一个重要的特点:直接性。上文所作"神思"和"构思"的对比已能说明这种特点。又如"神与物游",虽然不是一个固定的理论概念,但古来类似说法甚多,如王昌龄的"神会于物"(《唐音癸签》卷二引),苏轼的"神与万物交"(《书李伯时山庄图后》,《苏东坡集》前集卷二三),李日华的"神游意会"(《六砚斋笔记》,《中国画论类编》134 页),黄宗羲的"情与物相游"(《黄孚先诗序》,《南雷文案》卷二),李渔的"梦往神游"(《闲情偶记》卷三《语求肖似》)等说,大都是讲艺术构思中思想和物象相结合进行的想象活动。若以这类说法和"形象思维"这个近代的概念相较,就可清楚地看到,其内容是相近的,而我国古代的"神与物游"诸说,则有较显著的直接性。古代文论中的许多术语、概念,大都具有这种特点。"风",就是自然界的风,风吹则草动,这种作用喻之于文,就是文的教育力量:风化。"骨",就是动物的骨骼,骨既是硬的,又是动物体的支柱,用以喻文,就有骨力、骨架的要求。"势",正如刘勰所说:"圆者规体,其势也自转;方者矩形,其势也自安:文章体势,如斯而已。"(《定势》)圆体转动,方体安稳,这就是它们的"势",用以喻文,就是要遵循文体的自然之势。

正因为古代文论的用语大都具有直接性的特点,即使有的已形成相对固定的概念,但大都是不须给它某种定义,也其义自明。如果要给某一术语或概念确立总的界说,是很不容易的,因其直接性或以物为喻的特点,有较大的灵活性、伸缩性;特别是古代文论多是针对实际问题而发,虽是同一用语,往往随其针对的事物、情况的不同,其含义也随之而异。如刘勰所讲的"自然之道",不同于扬雄所讲"正道"、"它道"的"道";韩愈讲的仁义之"道",又迥异于刘勰的"自然之道";宋代道学家的"道",也不同于唐宋古文家的"道";章学诚在《文史通义》中写了三篇《原道》,却是讲的"六经所不能言"的"道",与上述诸家之道又不相同。这种情形在古文论中是常有的。但这种情形的存在,并不是无法确解古文论中的术语概念了,相反,我们常在一些概念上争论不休,就有可能是对古代文论所用术语概念的特点注意不够;认识了这些特点,注意它的直接性,掌握其针对实际问题而发的具体情况,反而是不难理解的。

总上所述,我国古代文论的基本特点,是用体貌的方式,从实际出发进行综合论述的结构;在儒家思想支配下,以"诗言志"为中心,以文质论为主干构成的理论体系;用一套传统的术语、概念和论题而进行一系列评论。

一九八三年五月

(原载《学术研究》1983 年第 4、第 5 期)

牟世金,已故,生前为山东大学文学院教授,致力于中国古代文论特别是《文心雕龙》的研究。

本文指出,我国古代文论的基本特点,是用体貌的方式,从实际出发进行综合论述的结构;在儒家思想支配下,以"诗言志"为中心,以文质论为主干构成的理论体系;用一套传统的术语、概念和论题而进行一系列评论。刘勰的《文心雕龙》正体现了以上特点。

孔子诗论管见

詹福瑞

　　春秋战国时期,《诗经》可以说是惟一成熟的文学作品。可惜,在春秋战国这一较长的历史时期内,人们对《诗经》的审美价值却缺少应有的认识。诗三百在当时的社会生活中,虽然产生过广泛的影响,不过,它并不是作为审美对象而得到人们的欣赏和重视的。诗三百或者作为社会交际、政治活动的语言工具,具体运用于公卿大夫之间,赋诗言志,断章取义,有时甚至连诗的本义都置之度外,只取我之所需;或者被统治阶级看成是政治、伦理教育的教义,其次是被当作历史文献来认识。因此,这一时期里《诗经》的社会地位表面上看虽然很高,但诗的艺术价值却没有真正得到社会的重视。

　　在先秦诸子中,儒家的开山祖孔子最重视《诗经》,对《诗经》的批评言论也最多。孔子的诗论在先秦的诗论中,占有十分重要的地位。但孔子教诗和评诗,也只是局限于诗的社会作用上,强调的是《诗经》的政治作用,阶级功利价值。极少研究和探讨《诗经》作为语言艺术的特征。他的诗论,虽然客观上揭示了诗与政治的关系,揭示了诗的社会作用,但却有意无意间忽略甚至可以说是抹杀了《诗经》的艺术价值,不宜给予过高的评价。

一、孔子为什么重视《诗经》

在先秦诸子中，孔子对《诗经》的重视最为突出。道家、法家对《诗经》都采取了一种排斥的态度。法家的集大成者韩非认为："明主之国，无书简之文，以法为教；无先王之语，以吏为师"(《韩非子·五蠹》)。儒家所讲的"文学"、"诗书"，均是"虚旧之学"，"愚诬之学"(《韩非子·说疑》)。因而把"文学"、"诗书"与"法"对立起来加以反对，赞同商鞅"燔诗书而明法令"(《韩非子·和氏》)。道家主张无为而治，反对一切文化学术，因而他们否定得更彻底。不但否定诗，否定文学，甚至连花纹色彩都主张废弃掉。庄子说："道德不废，安取仁义？性情不离，安用礼乐？五色不乱，孰为文采？五声不乱，孰应六律？"(《庄子·马蹄》)"故……擢乱六律，铄绝竽瑟，塞瞽旷之耳，而天下始人含其聪矣。灭文章，散五采，胶离朱之目，而天下始人含其明矣。"(《庄子·胠箧》)墨子虽然提出了著名的"非乐"说，反对大力提倡音乐，但对《诗经》似乎比较通融。《墨子》一书引诗的地方也很多，但只是"断章取义"而已。惟有儒家最重视《诗经》，评价也高。而孔子则创其首。

孔子教育门徒，其教学内容是四大类：文、行、忠、信(《论语·述而》)。"文"这一类中，《诗经》的教学是第一科。孔子在教学工作中，对流传于当世的诗歌，也曾下了一番删削整理的功夫。《史记·孔子世家》说："古者诗三千余篇，及至孔子，去其重，取可施于礼义，上采契、后稷，中述殷周之盛，至幽厉之缺，始于衽席……三百五篇，孔子皆弦歌之，以求合韶、武、雅、颂之音。"对司马迁的孔子删诗说，历代颇有疑议。但说其整理过《诗经》，大抵是可信的。《论语》中保存下来的关于《诗经》的批评言论，有些是他在教学时与弟子讨论诗歌的记录，有些就有可能是孔子整理、批阅诗的随感。所以上面的情况,我们完全可以看出孔子对《诗经》的重视。

　　就《论语》保存下来的史料看,孔子的家庭教育,也是有研读《诗经》这一项内容的。《论语·季氏》载:孔子"尝独立,鲤趋而过庭。曰:'学诗乎?'对曰:'未也。''不学诗,无以言。'鲤退而学诗"。还有一次,"子谓伯鱼曰:'女为《周南》、《召南》矣乎? 人而不为《周南》、《召南》,其犹正墙面而立也欤!'"(《论语·阳货》)人如果不学《诗经》,就不会说话,就好像面墙而立,既看不远,又走不通。可见学习《诗经》对于人的言谈处事是十分重要的。

　　那么,孔子为什么这样重视《诗经》呢? 换句话说,孔子是从什么方面认识到了《诗经》的价值呢? 是从审美的角度吗? 还是从别的与审美不甚相关的角度? 且看孔子自己的意见:

　　　　子曰:诵诗三百,授之以政,不达;使于四方,不能专对,虽多,亦奚以为? (《论语·子路》)

这话说得再透彻不过了。学诗,是为了从事君王的内政外交工作。假如不能应用于政事,在孔子看来,那就等于白学,没有丝毫的意义。借赋诗来阐明外交人员的政治态度之风,在孔子之世已不盛行。但孔子仍然强调"专对",可见他还在固守着"赋诗言志"这种实用主义的传统。那么《诗经》的价值,在孔子的眼中,依然不过是政治的实用工具而已。

　　在讨论孔子的文学思想时,一些文章认为:孔子论诗认识到了诗的审美特征。这种观点一般来说均出于对孔子"兴"、"观"、"群"、"怨"说的理解。孔子的话见于《论语·阳货》:

　　　　子曰:"小子,何莫学夫诗! 诗可以兴,可以观,可以群,可以怨。迩之事父,远之事君,多识于鸟兽草木之名。"

这段话的确是孔子诗论的核心。他之重视《诗经》的原由,在此处得到了集中的解释。但什么是"兴"? 什么是"观"? 什么是"群"? 什么是"怨"? 它们与"迩之事父,远之事君"是一种什么关系? 这些问题的理解不同,都直接影响到对孔子诗论的评价。

在兴、观、群、怨四者中,对后三者的理解出入不大。所以我们先谈后三者。

什么是"观"? 郑玄注解:"观风俗之盛衰。"朱熹进而引申为"考见得失"。郑、朱两家的解释是符合孔子原意的。所谓"观",是说读者可以从诗三百中学会考察时政,社会风气的盛与衰,即培养敏锐的政治眼光。

什么是"群"? 孔安国注:"群居相切磋"。是说读诗可以使人们互相切磋砥砺,学会团结本阶级民众的本领。

什么是"怨"? 孔安国注:"怨刺上政"。邢昺说:"有君政不善则风刺之"。什么样的君政可以怨? 怎样"怨刺上政"? 这些都有原则和方法。《礼记·经解》引孔子的话说:"温柔敦厚,诗教也"。批评上政,但要和风细雨,不指切事情,含蓄委婉,不破坏,不作乱。因此,学习《诗经》,可以掌握讽谏君政不善的原则和得体方式。

现在,我们再回过头来讨论"兴"。对"兴"的理解分歧最大。所谓"感染作用",注意到了诗的审美特征诸说,均起源于对"兴"的误解。而这种误解又是因为过分相信了旧注。在注解"兴"这一条目时,各家多引孔安国的注:"兴,引譬连类",和朱熹的《四书集注》:"感发志意。"其实,孔安国和朱熹的注,是后人对"可以兴"的理解。在孔子的诗论中并无确凿的佐证。我们认为,"可以兴"的"兴",就是《论语·泰伯》中"兴于诗,立于礼,成于乐"的"兴"。讲的是道德修养的问题。"可以兴"是言学诗可以兴起读者的道德修养。而这种"兴起",着重于理性的领悟。有孔子与子夏谈诗的实例为证:

> 子夏问曰:"巧笑倩兮,美目盼兮""素以为绚兮",何谓也?
> 子曰:"绘事后素。"曰:"礼后乎?"子曰:"起予者商也! 始可与言诗已矣。"(《论语·八佾》)

素以为绚兮,是一首佚诗,具体内容已不可考。"巧笑倩兮,美目盼兮",出自《诗·卫风·硕人》。这是一首赞美卫庄公夫人庄姜的诗。全诗分四章,第一章写庄姜出身高贵,是"齐侯之子,卫侯之妻"。是第二章写庄姜绝代的容貌。第三章写庄姜出嫁时的礼仪之盛。第四章写她随从之美。"巧笑倩兮,美目盼兮"是第二章的后两句:"手如柔荑,肤如凝脂,领如蝤蛴,齿如瓠犀,螓首蛾眉,巧笑倩兮,美目盼兮。"从全诗的上下文看,这两句话不外是描写了贵夫人的容貌神态之美。说她长得十分漂亮,笑时眼波流动,显得益发美。这句诗启发了子夏对于"礼"和"仁"关系的认识,引申出了礼后于仁的义理。这种领悟,既无须对艺术形象的感受和体验,也无须情感的参预,诗句仅仅被处理成了启发引申义的基本义,当然谈不上什么感染作用和审美了。

所以,兴、观、群、怨所强调的无非是学诗对培养统治人材的实用价值。学诗可以兴起读者的道德修养,可以培养考察时政、社会风俗兴衰的敏锐的政治眼光,可以学会团结本阶级民众的本领,可以掌握讽谏君政不善的原则和方法等等。

兴、观、群、怨与"迩之事父,远之事君"有着紧密的内在联系。学诗是手段,是砥砺培养统治人材。"迩之事父,远之事君"是目的,是旨归。通过学诗,培养合乎统治阶级规范的道德品质,学会一整套"事父""事君"的本领,而后才会近事其父,远事其君。要之,孔子是把《诗经》当作培养统治人材的教科书,即工具来对待的。他所认识到的只是《诗经》作为工具的一般社会功用,而非《诗经》作为语言艺术的特殊的审美作用。

二、孔子是怎样批评《诗经》的

正因为孔子对《诗经》的认识是如此之狭隘,影响到诗的具体批评,他也往往采用了一种功利的实用主义态度,缺乏客观的实事求是的批评精神。

诗三百是文学作品,是特殊的意识形态。对这样的文学作品,只有全面地把握作品的思想性和艺术性,"披文以入情,沿波讨源",(刘勰《文心雕龙·知音》)才是正确的欣赏和批评的途径。在《诗经》中,当然不乏政治、道德等有关政治教化的内容。但是,这些内容不是赤裸裸地道出来的,更不是读者外加的。它以形象的形式存在于作品之中。读者只有通过形象的感受,体验,进而才会领会其思想意义。即使你是一个十分重视政治伦理教化的批评家也好,也应以作品的欣赏为基础,从作品本身挖掘它的思想教育意义。

但孔子和他的弟子在讨论《诗经》时,往往离开作品内容本身,附会一些政治的、道德的说教,把活生生的文学作品道德伦理化。

上面,我们已经谈到孔子和子夏讨论"巧笑倩兮,美目盼兮","素以为绚兮"这两句诗的情况。这两句诗本没有"礼后乎"这样的内容,只因为诗句中隐含有先有美质,后有文饰这样的意思,于是孔子及其弟子推及"礼后乎"这一义理,附会上去道德的说教。

在《论语·学而》中还有这样的一例。子贡和孔子讨论人的修身问题:

> 子贡曰:"贫而无谄,富而无骄,何如?"子曰:"可也,未若贫而乐,富而好礼者也。"子贡曰:"诗云:如切如磋,如琢如磨!其斯之谓与?"子曰:"赐也,始可与言诗已矣,告诸往而知来者。"

子贡由"贫而无谄,富而无骄"未如"贫而乐,富而好礼"这一义理比附及"如切如磋,如琢如磨"的诗句,这本来不是正确理解诗句的途径。孔子反而以赞赏的态度肯定了子贡,并声言,只有这样讨论《诗经》,子贡才有了和他共同论诗的资格。可见这种附会曲解的说诗方法,在孔子和他的弟子之间乃是一种比较高一级的说诗方法,并不是任何弟子都能办得到的。要想和孔子这样讨论诗,非有一种举一反三的附会才能不可。

但是,这种牵强附会的说诗方法,对于《诗经》思想内容和艺术特色的探讨,委实是有害无利的。孔子这种论诗方法,对后世产生了很坏的影响。继孔子之后,孟子虽然提出了"以意逆志"(《孟子·万章上》)"知人论世"(《孟子·万章下》)的批评方法论,为后人论诗提供了比较科学的批评方法。但他本人在说诗、引诗的具体实践中,却又背离了这个批评方法,重蹈了孔子说诗的老路。譬如《诗·大雅·公刘》,本来是周人歌咏公刘从邰迁豳的史诗。其第一章:"笃公刘,匪居匪康。乃场乃疆,乃积乃仓。乃裹糇粮,于橐于囊。思辑用光。弓矢斯张,干戈戚扬,爰方启行。"原是写启程前准备工作的。诗中热情地赞颂公刘团结其民人,积极生产,准备迁居的事迹。孟子在引述这章诗时,为了宣传的需要,对诗作了牵强附会的曲解。这一段详见《孟子·梁惠王下》:

> 王曰:"寡人有疾,寡人好货。"对曰:"昔者公刘好货,《诗》云:'乃积乃仓,乃裹糇粮,于橐于囊。思辑用光。弓矢斯张,干戈戚扬,爰方启行'。故居者有积仓,行者有裹粮也,然后可以爰方启行。王如爱货,与百姓同之,于王何有?"

诗本来是写启程前的准备工作的,与"好货"没关系。孟子不是从诗的整体形象领会诗的意旨,只根据临时的需要,附会以"好货"的思想内容,这种说诗方法显然是受了孔子的影响。

类似这种论诗方法,从孟子到荀子,一直沿续到汉代的一些经学家。他们不是把《诗经》作为文学作品来研究,探讨其思想意义和艺术成就,总结其创作经验。而是通过说诗、引诗,附会以儒家的教义。这些与诗作品本身毫不相干的教义,逐渐淹没了诗的本义、真义,把它搞得面目全非,给后人研究《诗经》,带来很多困难。

罗根泽先生有感于此,指出:"自从有人受着功用主义的驱使,将各不相谋的三百首诗凑在一起,这功用主义的外套便有了图样;从此你添一针,他缀一线,由是诗的地位逐渐高了,诗的真义逐渐汩没了。"因此,罗先生称这一时期为"诗的崇高与汩没"时期。(罗根泽《中国文学批评史》第三篇第一章)

　　孔子论诗的另一个突出特点,是带有强烈的政治偏见。他生当新旧势力递嬗的时代,面对的是"礼坏乐崩"的政治局面。为了维护没落的氏族贵族的统治,孔子主张"克己复礼",提倡人们"非礼勿视,非礼勿听,非礼勿言,非礼勿动。"(《论语·颜渊》)想用礼来调整社会关系。出于这种政治思想,孔子论诗常带有很大的政治偏见,譬如对"郑声"的批评,就集中体现了孔子的偏见。颜渊问孔子怎样治国家,孔子说:"行夏之时,乘殷之辂,服周之冕,乐则《韶》、《武》。放郑声,远佞人,郑声淫,佞人殆。"(《论语·卫灵公》)"郑声",是产生于郑国地区的民间新诗乐。《白虎通·礼乐篇》说:"郑国土地民人,山居谷汲,男女错杂,为郑声以相悦怿。"今天看来都是民间表现爱情的诗乐,孔子认为这些诗乐不能"约之以礼",超过了常度,扰乱了"雅乐"。(《论语·阳货》:"恶紫之夺朱也,恶郑声之乱雅乐也,恶利口之覆邦家者。")因此,他像古希腊的哲学家柏拉图驱逐诗人荷马那样,要把"郑声"从他的"理想国"中驱逐出来。

　　对《诗经》,孔子还有一个总的批评:

　　　诗三百,一言以蔽之,曰:思无邪。(《论语·为政》)

《诗经》三百篇,用一句话来概括它的思想意义,就是不要邪僻。过去,人们多认为这是孔子对《诗经》的全面肯定,有些人甚至因此而得出结论:孔子衡量文学作品思想内容的尺度是比较宽泛的。我们认为,孔子这句话并不是对《诗经》的全面肯定。"无"者,毋也。"无邪",就是不要邪,即包成注解的"归于正"。这句话的意思是说,合于礼的雅正的内容,可以从正面引导读者,使他们的思想纯正而不邪僻。譬如像孔子肯定的《关雎》,它"乐而不淫,哀而不伤",(《论语·八佾》)快乐和哀伤都有节制,都不超过常度。这样的作品可以从正面教育读者,是"正面教材"。也有的作品,像"郑声",它"淫"而"乱雅乐",但可以作"反面教材",从反面止僻防邪,提醒人们不要那样去做。无论是"正面教材"也好,还是"反面教材"也好,都会引导读者的思想"归于正"。朱熹说:"凡诗之言,善者可以感发人之善心,恶者可以惩创人之逸志,其用归于使人得其性情之正而已。"(朱熹:《四书集注》)这种解释是颇能领会孔子"思无邪"思想实质的。所以,我们认为,"思无邪"并非孔子批评尺度宽泛,肯定了《诗经》所有的思想内容。相反它却告诉我们,孔子的批评尺度是严格的。"思无邪"是从作品与读者阅读的角度,为读者规范了一个领会《诗经》思想内容的小圈子。它带有鲜明的政治倾向性,显示出强烈的阶级功利的色彩。

三、孔子诗论的得与失

上面,我们对孔子的诗论作了一个粗略的考察。从这个考察中,我们可以看出,孔子对诗的认识,还主要限于它的社会功用方面。但是,只就这一点而言,就是一个不容忽视的理论贡献。在春秋战国时期,诗虽然广泛运用于政治、外交以及其他方面,引起社会的广泛重视,但是从理论上总结并揭示诗的社会功用的,孔子是第一人。鲁迅先生说过:"尝闻艺术由来,在于致用,草昧之世,大朴不雕,以给事为足;已而渐见藻饰,然犹神情浑穆,函无尽之意,后世日有迁流,仍不能出其封域。"(鲁迅《集外集·拾遗·蜕龛印存·序》)文艺从其一产生,就在于致用。孔子认识到了诗的社会功用,并且自觉地从理论上提出这一问题。尽管他的理论还有很大的局限性,但在我国文学批评史上,仍不失为一种拓荒性质的工作,其贡献是不容忽视的。

与此同时，我们还必须指出，孔子所看到的诗的社会作用，还只是一般意义上的社会作用，与哲学、政治、伦理等其他社会科学的作用并没有什么两样。他尚未真正认识到诗之为诗，也就是诗作为语言艺术的特殊社会作用。孔子认识到诗是有社会作用的，可是它是怎样发挥社会作用的？这一理论问题在孔子那里没有得到科学的解释。所以孔子论诗，讲实用，不讲审美，把一部形象的具有艺术活力的诗集，当成了培养统治阶级人才的教义。

这样认识孔子的诗论，是符合当时文学批评发展实际的。文学批评和文学理论的产生与发展，是受各方面条件限制的。人们对文学的认识，也有一个发展的过程。

在先秦时期，文学创作尚处于非自觉的阶段，文学批评也处于萌芽时期。人们对文学的认识还模糊不清，对文学的性质和特征缺少一定的认识，没有能力辨别文学与其他社会科学的异同。因此，也不可能从文学的特性着眼，去揭示文学的社会作用。

《诗经》虽是先秦比较成熟的文学作品，但在诗的产生之初，却带有一种种族、部落、国家的历史性、政治性、宗教性的文献性质（参见李泽厚《美的历程》）。所谓"诗言志"，不是像今人理解的抒发思想感情，而是"记事"和"载道"。（参阅朱自清《诗言志辨》）但这只是在《雅》、《颂》一些作品的产生之初。后来，随着《国风》中大量的抒情作品的出现，诗的这种文献的性质发生了变化，但人们的认识却没有一下子跟上来。所以，无论儒家也好，墨家也好，还是法家也好，仍旧没有注意到《诗经》的文学性质。

爰及有汉，这种情况才开始有了变化。政教的作用虽然仍是《诗经》批评的主要内容，经学家们仍习惯于把《诗经》与各种社会政治、历史事件联系起来加以穿凿附会，但批评家们开始注意到了诗的文学特征。"情动于中而形于言"（《诗大序》），说明诗是抒发

20世纪儒学研究大系

感情的。诗人心中有不吐不快的思想感情,而后才能发而为诗。诗不再单纯的带有"言志"的性质。不仅如此,汉代的批评家们还开始研究诗的赋、比、兴方法,探讨诗的特殊作用:"风以动之,教以化之"(同上),突出的是"动"和"化"。到这时,诗的艺术特征,诗的特殊的社会作用,才被正式提出来。此前,荀子的《乐论》虽然也注意到了情感问题,但他的认识主要是在音乐方面。先秦批评家对诗的艺术特征、诗的特殊的社会作用的认识,还处于蒙昧状态。

所以,从先秦批评家对文学,对《诗经》的认识,来看孔子对诗三百的批评,我们可以知道孔子只讲实用,不论审美,即不把诗作为文学作品来批评是有其历史根源的。明白了这一点,孔子对诗三百采取实用主义的态度,也就不足以怪了。

(原载《河北大学学报》1985 年第 2 期)

詹福瑞(1953—　　),河北大学中文系教授,博士生导师,著有《中古文学理论》等著作。

本文认为孔子对《诗经》的批评言论虽在先秦时期具有重要地位,但孔子教诗和评诗也只是局限于诗的社会作用上,强调的是《诗经》的政治作用和阶级功利价值。

论儒家诗教及其影响

王启兴

在传统的精神文化中,儒家思想始终居于正统地位,因此,我国几乎所有的文化观念无不受其浸染,诗歌也不例外。从孔子的诗论到把儒家诗论进一步系统化、理论化的《毛诗序》,都具有超时空的权威性,对后世的诗歌创作和诗歌评论产生了深远的影响。所以认真地清理和重新认识儒家的文学观、价值观,在今天还是很有意义的。

一

脱离诗歌的本质特征,以道德和功利的眼光来赞美诗、肯定诗,这是儒家论诗的显著特点。儒家学派的创始人孔子就十分重视诗歌的社会作用和政治作用,他总结了西周时期的诗歌创作实践,以及春秋时用诗的情况,较完整而明确地论述了《诗》的各种社会功能。在孔子看来,要加强和提高道德修养,要从政,要从事外交活动,要善于言辞,都必须学《诗》。他说:"兴于诗,立于礼,成于乐。"(《论语·泰伯》)何晏《论语集解》引包咸注:"兴,起也,言修身当先学诗。礼者,所以立身。乐以成性。"刘宝楠《论语正义》云:"学诗之后,即学礼,继乃学乐。盖诗即乐章,而乐随礼以行,礼立而后乐可用也。……乐以治性,故能成性,成性亦修身也。"包咸和刘宝楠的疏解应该说是较符合孔子本意的。孔子还告诫他的儿子伯鱼说:"女为《周南》、《召南》矣乎? 人而不为《周南》、《召南》,其犹正墙面而立也与?"(《论语·阳货》)马融解云:"《周南》、《召南》,国风之始,乐得淑女以配君子。三纲之首,王教之端,故人不为,如向墙而立。"(何晏《论语集解》引)马融的解释本于《毛诗序》,未必完全符合孔子原意,但从学《诗》以加强道德修养而论,与孔子所强调者吻合。孔子还说:"不学诗,无以言。"(《论语·季氏》)又说:"诵诗三百,授之以政,不达;使于四方,不能专对,虽多,亦奚以为?"(《论语·子路》)这是由从政和外交言辞应对来说明学《诗》的重要性。对《诗》的社会作用孔子更为重视,他对学生们说:"小子何莫学夫诗? 诗,可以兴,可以观,可以群,可以怨。迩之事父,远之事君,多识于鸟兽草木之名。"(《论语·阳货》)"兴"、"观"、"群"、"怨"的内涵究竟是什么呢?《论语集解》引孔安国注:"兴,引譬连类。"朱熹《论语集注》释"兴"为"感发意志"。"观",郑玄的解释是"观风俗之盛衰"(《论语集解》引)。朱熹则注为"考见得失",(《论语集注》)。"群",孔安国解为"群居相切磋"(《论语集解》引)。朱熹注:"和而不流。"(《论语集注》)"怨",《论语集解》引孔安国云:"怨刺上政。"朱熹《论语集注》:"怨而不怒。"这些解释虽不能说毫不可取,但也很难说符合孔子论诗的本意,我认为还是从《论语》中寻求解释可靠些。

　　"兴",《论语》中凡九见(据杨伯峻先生《论语词典》统计),但与《诗》有关的只是前面所引"兴于诗,立于礼,成于乐"一处,包咸注云:"兴,起也。"就是说,提高道德修养应先学《诗》,而学《诗》又和礼乐紧密相连。"诗,可以兴"之"兴",与"兴于诗"之"兴"其含义应该是相同的,也是起始之意。因为孔子虽然处在"礼乐崩坏"的时代,可是他是以复兴周政为己任的哲学家、思想家、教育家,所以,论《诗》总是和礼、乐联系在一起,而且把《诗》作为礼、乐的附庸,习礼与乐的初阶。我们知道,礼、乐是周代执政者治国的重要工具,也是周代国学的主要课程。礼,指周代的典章制度,道德规范,行为准则。乐则受制于礼,并为礼服务。实际上乐包括三科,即诗、乐、舞,统称乐罢了。就诗而言,也是周代国学的科目,教材即《诗》。《礼记·王制》云:"乐正崇四术,立四教,顺先王《诗》、《书》、礼、乐以造士。春秋教以礼、乐,冬夏教以《诗》、《书》。"由此可见,孔子论《诗》与礼、乐相联系是有其渊源的。再从《论语》中孔子与弟子子贡、子夏论《诗》的记载(见《学而》、《八佾》)来看,都是把学《诗》与习礼相联系。这样,我们完全有理由肯定"诗;可以兴"与"兴于诗"这两个"兴"的含义无别。

　　"观",据杨伯峻先生统计,《论语》中言及者十一处,但除诗"可以观"外,其他的与诗无涉,如果我们联系春秋时期赋诗观志的风尚来考察,"观"我以为就是观志之意。《左传·襄公二十七年》载:"郑伯享赵孟于垂陇,子展、伯有、子西、子产、子大叔、二子石从。赵孟曰:'七子从君,以宠武也,请皆赋,以卒君贶。武亦以观七子之志。……"这是春秋时外交酬酢中赋诗观志的例证。《论语·先进》记载:"南容三复白圭,孔子以其兄之子妻之。"意思是:南容把《诗经》中《大雅·抑》篇的"白圭之玷,尚可磨也;斯言之玷,不可为也"这几句诗再三诵读,孔子就把侄女嫁给他。孔安国认为"南容读诗至此,三反复之,是其心慎言也"(《论语集解》引)。皇侃也说:"南容慎言语,读诗至白圭之句,乃三过反复,修玩无已之意也。"(《论语集解义疏》)杨伯峻先生联系孔子评价南容能做到"邦有道,不废;邦无道,免于刑戮"(《论语·公冶长》)来考察,也认为"大概南容是一个谨小慎微的人"(《论语译注》)。从南容"三复白圭"见其谨慎,这也是赋诗观志的有力证据。因此,"观"即为观志,这较郑玄、朱熹的解释为佳。

　　"群",在《论语》中凡四见,但除"诗……可以群"外,其余与诗无关。不过探求这一"群"的含义，仍以《论语》所载为证较为可信。《论语·卫灵公》："子曰：'群居终日，言不及义，好行小慧，难矣哉！'"这里的"群居"似与"诗……可以群"的"群"不类，倒是子曰："君子矜而不争，群而不党"（同上）的"群"可以为证。"群而不党"，皇侃疏解为："君子乃朋群义聚，而不相阿党为私也。"（《论语集解义疏》）江熙云："君子以道相聚，聚则为群，群则似党。群居所以切磋成德，非于私也。"（《论语集解义疏》引）朱熹则云："和以处众曰群。然无阿比之意，故不党。"（《论语集注》）杨伯峻先生认为："'群而不党'，可能包含着'周而不比'以及'和而不同'两个意思。"（《论语译注》）这些解释虽不尽相同，但指出"群而不党"是以道义相聚，不阿比为私，则是一致的。这就是说，"君子"相交，遵守礼义，不谋私利。这与孔子的思想是吻合的，因此，用来解释"诗……可以群"也是有说服力的，那就是孔子认为学《诗》可以培养人们在社交中符合礼义准则的思想言行。

　　"怨"，《论语》中出现达二十次之多（据《论语词典》统计），但除了"诗……可以怨"外，其他表现怨的思想感情孔子都持否定态度，尤其是对君父长上不能有怨。孔子所主张的是"在邦无怨，在家无怨"（《论语·颜渊》）。在子贡问伯夷、叔齐推让都不肯做孤竹国的国君，后来有没有怨恨时，孔子回答是："求仁而得仁，又何怨？"（《论语·述而》）既然孔子对任何怨的思想言行都加以反对，为什么独独讲"诗……可以怨"呢？这只有一种较合理的解释，即整理过《诗》和主张学《诗》的孔子，看到了《诗》中有不少表现"怨"情之作，因而承认这一实际情况，提出了"诗……可以怨"，也就是初步认识到"诗"可以表达内心的怨愁和不平，这算是对诗的特质有朦胧认识之后的概括，与"兴"、"观"、"群"相较，可以说具有一点文学批评的意味。

　　至于"迩之事父，远之事君"，应该说是孔子论《诗》的核心。因为强调"君君，臣臣，父父，子子"（《论语·颜渊》）的孔子，十分重视伦理道德规范，上下尊卑之礼，所以把《诗》也纳入"事父"、"事君"的范畴。这种把《诗》作为服务于伦理道德的工具，对后世产生十分深远的影响。"多识鸟兽草木之名"，则是在学《诗》中增加文化知识，这当然不是文学批评。

孔子还说过："《诗》三百，一言以蔽之，曰：'思无邪'。"（《论语·为政》）这一在封建社会中被不少诗论家和诗人奉为圭臬的观点，也并不是文学批评，因为这只是对《诗经》所表现思想的笼统概括。问题很清楚，孔子并没有明确地认识到《诗》的文学特质，虽然孔子把门徒分为四科，"文学"是其中之一，但所谓"文学"是指学习古代的典籍，以具有广博的知识，这与现代的文学概念根本不同。因而"思无邪"的概括，仍是以伦理道德为标准的。另外，传为孔子所说的"温柔敦厚，诗教也"（《礼记·经解》），也被看作孔子论《诗》的重要内容而影响后世。

综上所述，我们可以看出孔子论《诗》的社会功能重在事奉君父，重在道德修养，重在从政和外交的言辞应对，这些都是非文学性的评论，但是后来《诗》的文学特质逐渐被认识，加上孔子被尊为"万世师表"，所以他的论《诗》观点具有极大的权威性，很自然地转化为诗歌创作和评诗的准则。

完成于东汉卫宏之手的《毛诗序》，继承了孔子的观点并加以发展，对后世也产生重大影响。首先《毛诗序》特别强调诗歌的教化作用，诗歌既可以"用之乡人"，也可以"用之邦国"，对人民"教以化之"。其次，高度赞扬诗歌的巨大社会政治作用，认为诗歌是封建社会中统治者应该掌握的一种强有力的统治手段，通过"美刺"能够对朝廷的政治、伦理纲常，以及社会风俗产生重大影响："正得失，动天地，感鬼神，莫近于诗。先王以是经夫妇，成孝敬，厚人伦，美教化，移风俗"，这是把诗歌视为封建社会有效的政教工具。如前所论,儒家很强调上下尊卑,长幼有序的纲常伦理,正如司马谈在《六家要旨》中所说:"夫儒者以《六艺》为法,《六艺》经传以千万数,累世不能通其学,当年不能究其礼,故曰:'博而寡要,劳而少功。'若夫列君臣父子之礼,序夫妇长幼之别,虽百家弗能易也。"这十分扼要地指出儒家学说的核心是纲常礼教。西汉时的董仲舒提出"三纲五常"是永恒不变的"道"(见《春秋繁露·基义》)。东汉时的班固提出"三纲六纪",同时阐明其作用在于"强理上下,整齐人道"(《白虎通义·三纲六纪》)。封建伦理纲常,经过董仲舒和班固从理论上加以发挥,强化了国君的绝对统治权威,封建宗法关系也得以加强。事实很清楚,封建伦理纲常是宗法政权的强有力支柱,因此所谓"正得失",无非是要统治者密切注意伦理纲常是否为人民所恪守,抑或失序。至于"经夫妇,成孝敬,厚人伦,美教化,移风俗"等等,也不过是利用诗歌来达到维护宗法关系的目的。再次,通过对"风、雅、颂"的解释来说明诗歌的政教工具性质。《序》中说:"上以风化下,下以风刺上。主文而谲谏,言之者无罪,闻之者足戒,故曰风。……雅者,正也,言王政之所由兴废也。政有大小,故有小雅焉,有大雅焉。颂者,美盛德之形容,以其成功告于神明者也。"勿庸赘言,这样阐释"风、雅、颂",完全从政教得失而进行美刺出发。第四,《毛诗序》对诗歌创作有严格的规定,那就是"发乎情,止乎礼义"。所谓"止乎礼义"就是要人们在抒发感情时,要谨守君臣上下之礼,伦理纲常之义,不能有所逾越。《毛诗序》确立的"政教工具论",在漫长的封建社会中同样具有无上的权威而"牢笼百代"。

二

　　东汉末年的郑玄,继承《毛诗序》大力阐扬诗歌为政教服务的社会功能。他在《诗谱序》中提出诗歌具有颂美与刺恶两种政治作用：“论功颂德，所以将顺其美；刺过讥失，所以匡救其恶。各于其党，则为法者彰显，为戒者著明。”其意在于强调诗歌必须或美或刺，起到引发人们在社会生活中崇善戒恶，以伦理道德来规范行为的作用。郑玄还明确地表达了诗歌创作与政教相通的观点，认为“文、武之德，光熙前绪”，所以“风有《周南》、《召南》，雅有《鹿鸣》、《文王》之属。及成王，周公致太平，制礼作乐，而有颂声兴焉，盛之至也。”到了厉王、幽王，“政教尤衰，周室大坏”，因而产生了《十月之交》、《民劳》、《板》、《荡》这些“刺怨相寻”的作品。对“赋、比、兴”，郑玄完全从为政教服务的观点来解释：“赋之言铺，直铺陈今之政教善恶。”“比，见今之失，不敢斥言，取比类以言之。”“兴，见今之美，嫌于媚谀，取善事以喻劝之。”十分明显，这和《毛诗序》释“风、雅、颂”一脉相承。郑玄把“赋、比、兴”也纳入为政教服务的轨道，其维护“政教工具论”的立场也就不言而喻了。

魏晋之际，经学衰微，老庄流行，玄学大盛，出现了“学者以玄老为宗，而黜六经”（干宝《晋纪总论》）的情况。反映到文坛上，诗人直抒对于现实感受的激情，并以准确朴素明快的语言表达出来，有着鲜明的艺术个性，文学进入了自觉的时代。这一时期“政教工具论”不为人重视和遵奉。但到六朝，随着文学由质朴而趋向藻丽，重词采声律之美，讲求描绘和形象生动，于是一些反对者在指责“人自藻饰”，“随华习侈”的同时，推崇《诗经》的重大作用是“劝善惩恶”，是“王化”之所本（裴子野《雕虫论》）。梁简文帝萧纲，虽然主张诗歌应有文采，并称道谢朓、沈约之诗（见《与湘东王书》），自己也在写宫体诗，但在论及“文之为义”时，仍然认为“成孝敬于人伦，移风俗于王政”（《昭明太子集序》）是为文的根本。以后为政教服务的传统文学观念逐步被宣扬，并以此作为反对文学发展，反对文学审美功能的根据。

隋文帝统一南北朝之后,深厌南朝词采华美的所谓"浮艳"文风。李谔即上书隋文帝猛烈攻击南朝"竞骋文华",认为齐梁之世"文笔日繁,其政日乱"(《上隋高祖革文华书》),把文风和国家的治乱紧密相连。进而李谔提出以儒家经典为"训民之本"的主张,他说:"《诗》、《书》、《礼》、《易》,为道义之门。故能家复慈孝,人知礼让,正风调俗,莫大于此。"(同上)

隋末大儒王通,更是恪守《毛诗序》的教化说,论诗尤重封建伦理纲常。他认为诗歌的社会作用是"上明三纲,下达五常"(《中说·天地篇》);用诗进行教化,可以使人"出则悌,入则孝"(同上)。他甚至以诗文是否合于儒家之道来区分君子和小人,以为古之君子都是先"志于道,据于德,依于仁"(《中说·事君篇》),而后才为诗文的。后世文士如谢灵运、鲍照、沈约、江淹、庾信等,背离儒家仁义之道,所作诗文"傲"、"冶"、"怪"、"诞",都是狂狷纤小之人(同上)。李谔和王通是隋代坚持儒家诗教,反对文学艺术美的代表人物。

唐初,唐太宗及一些大臣承袭儒家文艺与政教相通的传统思想,把齐、梁、陈之亡,归之于文风"淫丽",于是利用修史书之机,宣扬为政教服务是文学的惟一社会功能。如魏征在《隋书·文学传序》中说:"文之为用,其大矣哉!上所以敷德教于下,下所以达情志于上;大则经纬天地,作训垂范;次则风谣歌颂,匡主民和。"魏征不仅继承《毛诗序》"上以风化下,下以风刺上"的观点,而且把"文"的社会作用抬高到"经天纬地"的地位,这反映了建国不久的唐王朝急于利用文学以巩固统治的迫切要求。值得注意的是经学家孔颖达,他奉诏撰《五经正义》,得到唐太宗的嘉奖,颁行天下,成为钦定的教科书。在《毛诗正义序》中,孔颖达竭力阐发《毛诗序》的"政教工具论":

> 夫诗者,论功颂德之歌,止僻防邪之训,虽无为而自发,乃有益于生灵。……若政运醇和,则欢娱被于朝野;时当惨黩亦

> 怨刺形于咏歌。作之者,所以畅怀舒愤;闻之者,足以塞违从
> 正。……故曰:"感天地,动鬼神,莫近于诗。"此乃诗之为用,
> 其利大矣。

孔颖达在这里大力肯定诗歌的教化作用,肯定为政教服务是诗歌的惟一社会功能,这除了他严守儒家诗教外,也是唐太宗让文学为政教服务的意志的体现,在唐代有很大的影响。

　　遵奉"政教工具论"而又有所发展,在唐代最突出的是白居易。他明确宣布诗歌的重大社会政治作用在"补察时政",也就是"稽政",认为"美刺之诗不稽政,则补察之义废矣"(《策林》六十八)。诗歌的功能既然是"稽政",所以白居易特别指出诗人肩负着重大使命:"惩劝善恶之柄,执于文士褒贬之际焉;补察得失之端,操于诗人美刺之间焉。"(同上)诗人的使命既如此重大,因而白居易要求诗人作诗要"为君,为臣、为民、为物、为事而作"(《新乐府序》)。在诗歌应该"稽政"的思想指导下,白居易身体力行,"凡直奏密启之外,有合方便闻于上者,稍以歌诗导之"(《与杨虞卿书》)。为了完成诗歌"稽政"和"闻于上"的任务,白居易还规定了写作程式,即"首句标其目,卒章显其志",要"辞质而径","言直而切","事核而实","体顺而肆"(《新乐府序》)。这不仅违背诗歌的艺术规律,而且赤裸裸地宣布取消诗歌的审美功能,这对蓬勃发展的唐代诗坛,无疑是一种复古倒退的理论。可以这样说,在唐代诗人中白居易是"政教工具论"的自觉维护者和实践者。

　　晚唐的皮日休也是继承儒家诗教的诗人,笃信古代采诗的重大作用,认为"古圣王采天下之诗,欲以知国之利病,民之休戚"(《正乐府序》)。同时特别强调诗歌的美刺讽谕,他说:"诗之美也,闻之足以观乎功;诗之刺也,闻之足以戒乎政。"(同上)很明显,皮日休也是"政教工具论"的维护者和实践者。

　　诗歌服务于政教这一传统的文学观念,在唐以后仍然被不少

20世纪儒学研究大系

诗人遵为"万世极则"。如宋代的范仲淹既坚信文学与政教相通的传统观念,更谨守诗歌教化万民之说,认为诗歌"其体甚大",其巨大的社会作用在于:"羽翰乎教化之声,献酬乎仁义之醇;上以德于君子,下以风于民,不然何以动天地而感鬼神哉!"(《唐异诗序》)赵湘则宣称为文之本,"发其要为仁义孝悌礼乐忠信,俾生民知君臣父子夫妇之业,显显焉不混乎禽兽,故在天地间,介介焉示物之变。盖圣神者若伏羲之卦,尧舜之典,大禹之谟,汤之誓命,文武之诰,公旦公奭之诗,孔子之礼乐,丘明之褒贬,垂烛万世莫能灭"(《本文》),这在北宋也是典型的复古文学观。

道学家邵雍一方面承认"曲尽人情莫若诗",但又说,"无雅岂明王教化,有风方识盛与衰。"(《观诗吟》)程颢也说:"诗有美刺,歌诵之以知善恶治乱兴废。"(《二程遗书》卷十一)正因为程颢认为诗歌的社会功能是为政教服务,所以否定有美感的诗篇,如他批评杜甫诗"穿花蛱蝶深深见,点水蜻蜓款款飞"为"闲言语",根本没有创作的必要。南宋的朱熹,不遗余力地反对《毛诗序》,认为"《诗序》害《诗》","乱《诗》本意","妄诞其说"(《朱子语类》卷十八)。但他一再声称"诗三百篇劝善惩恶"(《读吕氏诗记》),读之"使人法其善,戒其恶"(《答廖子晦》)。在《诗集传序》中朱熹史赞扬《诗经》"其言皆足以为教",可用"以化天下"。这实际上仍然是承袭传统的"政教工具论"。

金、元诗坛虽较沉寂,但论诗仍本《毛诗序》,尤重教化。如金代的赵秉文在《答李天英书》中说:"诗文之意,当以明王道,辅教化为主。"元好问则慨叹:"诗亡又已久,雅道不复陈。"(《赠杨焕然》)郭邦彦一方面指斥《离骚》为"怨刺杂讥"之作,另方面颂扬《诗经》"殷殷金石声"(《读毛诗》)。元代的吴澄不仅宣扬维护封建宗法制的"三纲二纪"为"人之大伦",而且强调诗歌创作应"有关世教",反对"求其声音采色之似"(《萧养蒙诗序》)。郝经则盛称诗歌为"王政之本"，在《与橄彦举论诗书》中云："诗，文之至精者也。……故三代之际，予以察安危，观治乱，知人情之好恶，风俗之美恶，以为王政之本。"这些都说明在宗法制为支柱的封建社会，即使是少数民族的统治者，也毫不例外地要用诗歌作为教化的工具，以使人们恪守封建纲常伦理。

在进一步把"三纲五常"绝对化的明代，几个很有影响的诗人都据儒家诗教宣扬诗歌的教化作用。刘基在《照玄上人诗集序》中说："夫诗何为而作哉？情发于中而形于言。国风二雅列于六经，美刺风戒，莫不有裨于世教，是故先王以之验风俗，察治忽，以达穷而在下者之情。词章云乎哉？"在刘基看来，诗歌创作应以《诗经》为典范，不论是"美刺"或者"风戒"，都应该以"有裨于世教"为目的，至于"词章"那是无关紧要的。这毫不隐讳地否定诗歌的审美价值和审美功能，在当时诗、文、词、传奇、小说不断发展的情况下，无疑是一种保守复古的论调。更有其者莫过于方孝孺，他奉《诗经》为楷模，彻底否定历代诗歌，《读朱子〈感兴诗〉》云：

> 三百篇后无诗矣！非无诗也，有之而不得诗之道，虽谓无之亦可也。夫诗之所以列于五经者，岂章句之云哉！盖有增乎纲常之重，关乎治乱之教者存也。

方孝孺把诗歌的社会功能限制于纲常教化，这是一种极为狭隘的功利主义，以功利主义来论诗，自然要彻底否定所谓无关于"纲常之重"的诗歌，其错误不言自明。

清代，"政教工具论"仍然是具有无上的权威性，是创作和论诗所必须遵循的准则。清初的纪昀批评两汉魏晋诗人"不知诗之有教"，"亦不知诗可以立教"，至"齐梁以下，变而为绮丽，遂多绮罗脂粉之篇"，慨叹"诗教之决裂久矣"（《诗教堂诗集序》）。以后沈德潜高倡"为诗之道，以微言通讽谕"（《施觉庵考功诗序》），因此，他对唐代诗歌"声律日工，托兴渐失"（《说诗晬语》）深为不满，认为众多的唐诗,可以"视为嘲风雪,弄花草,游历燕衍之具"(同上),深叹"诗教远矣"!于是他编选《古诗源》,要"使览者穷本知变,以渐窥风雅之遗意",有助于恢复"诗教"(《古诗源序》)。朱彝尊则进一步分条缕析诗教的社会政治作用:"诗之为教,其义:风赋比兴雅颂;其旨:兴观群怨;其辞:嘉美规诲戒刺;其事:经夫妇,成孝敬,厚人伦,美教化,移风俗;其效:至于动天地,感鬼神。"(《高舍人诗序》)这是封建社会中对儒家诗教最全面的概括和表述。直到晚清,诗歌为政教服务这一传统的文学观念仍然为不少诗人所遵奉,如刘熙载认为诗人创作,"莫先于内持其志,而外持风化以从之"(《艺概·诗概》),并以《诗经》的"风、雅、颂"为标准,要诗人去写"物情之微者""明人治之大者"、"通天地鬼神之奥者"(同上)。至于词,刘熙载明确提出要表现"得其正"的"情",他认为"忠臣孝子,义夫节妇,皆世间极有情之人"(《艺概·词概》),词人应该尽力去摅写。刘熙载虽然强调词要抒写情,但他所重的是"忠臣孝子,义夫节妇"之情,这就把情限制在封建伦理纲常之内。

　　总上所论,可见出儒家诗教在封建社会中影响之巨大。其消极影响可以概括如下:一、诗歌的社会功能只是为政教服务,势必严重限制诗人的视野,广阔的社会生活只注目于政教一隅,只能反映与政教有关者,这在文学进入自觉时代以后,对诗歌创作无异是沉重的枷锁,显然违反文学发展的规律。二、把《诗经》奉为体现诗教的典范,诗人创作的楷模,这就必然引导诗人面向过去,进而否定诗歌创作中任何表现领域的开拓,任何艺术上的创造。三、诗歌的社会功能只是服务于政教,势必会导致忽视或否定诗歌的审美价值,以及排斥和否定文学史上众多的优秀诗人和作品。当然,为政教服务的儒家诗教,在封建社会中曾引导诗人对现实政治的得失进行美刺褒贬,特别是抨击时弊,揭露黑暗,这些不无积极意义。

三

诗歌既然是为政教服务,所以思想内容要求纯美正大而符合纲常伦理。这样,"思无邪"、"温柔敦厚"、"发乎情,止乎礼义"这些封建社会中超时空的权威性言论,自然也就是诗人创作和评论必须遵循的准则。诗人胸中横梗着这些教条,使他们在抒情写怀,状物图貌时不能不有所顾忌,凡是可能被认为不符合伦理道德规范的题材,就不敢去发掘反映,凡是可能被认为不纯正的思想感情,不敢去抒发摅写,影响所及,流弊甚多。

晋代的挚虞一方面强调为文有"所以宣上下之象,明人伦之序"的重要作用,另方面又盛称赋为"古诗之流",并说:"古之作诗者,发乎情,止乎礼义。情之发,因辞以形之;礼义之旨,须事以明之。故有赋焉,所以假象尽词,敷陈其志。"(《文章流别论》)这就是说,诗人作赋虽然是"发乎情",但必须"止乎礼义",不能有所背离。梁代的裴子野指责当时的文坛"淫文破典,斐尔为功"(《雕虫论》),都是"非止乎礼义"之作,徒尚华丽,应予摒斥。

唐代的王勃颂扬文学有经世教化的作用,认为作文有"甄明大义,矫正末流,俗化以资兴衰,国家繇其轻重"(《上吏部裴侍郎启》)的重大意义。他慨叹"周公、孔子之教,存之而不行于代。天下之文,靡不坏矣"(同上),所以,希望唐王朝能"激扬正道","黜非圣之书,除不稽之论"(同上)。显然,王勃把所谓"天下文坏"的原因,归之于乖离"周公、孔子之教"。因之他认为,孔子死后,"斯文不振"。在王勃看来,屈原是淫艳文风的始作俑者,他说:"屈宋导浇于前,枚马张淫风于后。"(同上)以后魏文帝、宋武帝继续倡导,齐梁之时愈加炽烈。总之,照王勃的论断,孔子之后到六朝末千余年的诗坛,都是有违周公、孔子之教的淫丽之作,统统都在扫荡之列。

　　刘峣则以"温柔敦厚"的诗教为武器,猛烈批评当时的所谓"淫文"。他说:"古之作文,必偕风雅;今之末学,不近典谟。劳心于草木之间,极笔于烟云之际,以此成俗,斯大谬也。昔之采诗以观风俗,咏《卷耳》则忠臣喜,诵《蓼莪》而孝子悲。温良敦厚诗教也,岂主于淫文哉!"(《取士先德行而后才艺疏》)严遵诗教的刘峣,对于描绘山川草木之美,烟云风月之秀的作品深恶痛绝,一概斥之为"淫文",而要诗人以《诗经》为典范,以"温柔敦厚"为创作准则,去写"忠臣"、"孝子"。这对蓬勃发展的唐代诗坛,无疑是一股复古逆流。

　　诗人吴融更说:"史诗之作者,善善则颂美之,恶恶则风刺之,苟不能本此二道,虽正美,犹土木偶不主于血气,何所尚哉?"(《禅月集序》)这是以美刺论诗,并以此作为创作的准则。正由于吴融严守美刺讽谕的诗教,因而他对李贺及其他诗人的作品进行了抨击,认为"李长吉以降,皆以刻削峻拔飞动文彩为第一流,而下笔不在洞房蛾眉,神仙鬼怪之间,则掷之不顾,迄来相教学者,靡漫浸淫,困不知变"(同上)。深恶这些"不关教化"之作,感叹"风雅之道息"。吴融惟美刺之诗为高,其狭隘与偏颇不言而喻。

　　被文学史家称为"北宋杰出的现实主义诗人"的梅尧臣,也严守诗教,宣称自己"不书儿女情,不作风月诗,惟存先王法,好丑使无疑"(《寄滁州欧阳永叔》),对"烟云写形象,葩卉咏青红","经营为切偶"(《答韩子华韩持国韩汝至见赠述诗》)的诗作深为不满,大加指责。为王安石所赏识的王令对当时诗坛重艺术上的创造颇为反感,主张以"礼义政治"为诗之主。他在《上孙莘老书》中说:"古之为诗者有道,礼义政治,诗之主也;风雅颂,诗之体也;赋比兴,诗之言也;正之与变,诗之时也;鸟兽草木,诗之文也。夫礼义政治之道得,则君臣之道正,家国之道顺,天下之为父子夫妇之道定。"把诗歌纳入为封建伦常服务的轨道,这在北宋是十分突出的。

　　南宋的张戒奉"思无邪"为创作和评诗的惟一标准,他说:"孔子删诗,取其思无邪者而已。自建安七子、六朝、有唐及近世诸人思无邪者,惟陶渊明、杜子美耳,余皆不免落邪思也。"(《岁寒堂诗话》)接着他指斥六朝的颜延之、鲍照、徐陵、庾信,唐代的李商隐,北宋的黄庭坚"乃思邪之尤者"。其棍棒之猛实为罕见,其卫护诗教的态度可谓坚决。朱熹对于"思无邪"可是膺服而称颂的,在《读吕氏诗记桑中字》一文中说:"孔子之称思无邪也,以为诗三百篇劝善惩恶,虽其要归无不出正,然未有若此言之约而尽耳。"这是要求创作和评诗都以'思无邪'为准绳。既然诗歌要纯正,要以《诗经》为典范,"温柔敦厚"则为朱熹所推重,讥刺怨愤则加以反对。他说:"温柔敦厚,诗之教也。使篇篇皆是讥刺人,安得温柔敦厚?"(《朱子语类》卷八十)显然,朱熹十分诚笃地遵奉"温柔敦厚"的诗教,所以要求诗歌的思想内容既要纯正,又要怨而不怒,因此,他批评陈子昂的《感遇诗》"不精于理,而自托于仙佛之间"(《斋居感兴二十首序》)。所谓"不精于理",就是没有很好地体现儒家礼义道德等纲常伦理;"自托于仙佛之间",则是责其思想不纯正,有乖诗教。

金代的元好问认为"诚"为诗之本,"心诚"之作,"皆可以厚人伦,美风化"(《小亨集序》)。由此而推论唐诗,元好问一主"温柔敦厚","怨而不怒"。他说:"唐人之诗,其知本乎? 温柔敦厚,蔼然仁义之言为多;幽忧憔悴,寒饥困惫,一寓于诗,而其厄穷而不悯,遗佚而不怨者故在也。"(同上)这是"先王之泽"所被的结果。至于王若虚虽然主张"哀乐之真,发乎情性,此诗之正理"(《滹南诗话》),但又说:"诗三百出于国史,未能不思而深? 然皆止乎礼义,则所谓无邪也。"(《滹南先生文集》卷三)可见,诗教影响之深远。

元代论诗者更是十分突出"思无邪"、"止乎礼义"等诗教。如叶颙说:"六艺之文,惟诗最能感物动情。故诗有兴、有比,能多识山川草木鸟兽鱼虫之名,能关古今治乱、世教盛衰之运,能发忠臣义士怀邦去国、感慨呜咽、悲壮幽愤之音。……可谓乐而不淫,怨而不怒。"(《樵云独唱序》)方回则云:"周有三千余篇,孔子删为三百篇,垂于后世,盖取其喜怒哀乐爱恶欲之七情,发为风赋雅颂比兴之六体。曰'思无邪',曰'止乎礼义'。以达政教,以移风俗。此诗之大纲然也。"(《名僧诗话序》)至若王义山则以中庸之道论诗,他在《赵文溪诗序性情说》一文中明确地阐述道:"余尝读《诗大序》,皆自《中庸》'喜怒哀乐未发谓之中,发而皆中节谓之和'两句发出来。……诗三百皆情也。情者,喜怒哀乐发而皆中节之谓也。"这可以说是抓住了《诗大序》论诗思想渊源之所自,然而他对喜怒哀乐之情都加以限制,要"中节"而不能过,这不过是"乐而不淫,哀而不伤"(《论语·八佾》)、"发乎情,止乎礼义"(《毛诗序》)的翻版而已。

　　明代推尊《诗经》之论更盛,特别突出雅正温厚。如张萧说:"雅者,人心之始,而王教之源也。士大夫屏淫而尊雅,则人心正而王教成矣。"(《国雅序》)胡应麟则云:"国风雅颂,温厚和平。……风雅之规,典则居要。"(《诗薮》)方孝孺在《刘氏诗序》中更说:"古之诗其为用虽不同,然本于伦理之正,发于性情之真,而归乎礼义之极,三百篇鲜有违乎此者。故其化能使人改德厉行,其效至于格神祇、和邦国,岂特语词之工,音节之比而已哉?"这是重伦理,尊礼义,崇教化,排斥诗歌的艺术美。李梦阳对"温柔敦厚"的诗教体悟尤深,认为:"夫诗,宣志而道和者也。"(《与徐氏论文书》)同时从各方面阐明"温柔敦厚"在作品中的表现:"柔淡者,思也;含蓄者,意也;典厚者,义也。"(《驳何氏论文书》)这清楚地表明李梦阳不仅主张诗歌"道和",而且要"柔淡"、"含蓄"、"典厚",所论大大超越前人。

　　清代不少诗人创作和论诗都以"温柔敦厚"为依归,如清初的申光涵论诗主风教,更崇尚"温柔敦厚"。在《连克昌诗序》中以

"和"来阐释："凡诗之道以和为正。……乃太史公谓诗三百大抵圣贤发愤之所为作。夫发愤则和之反也，其间劳臣怨女悯时悲事之词诚为不少，而圣兼著之，所以感发善心而得其性情之正，故曰温柔敦厚诗教也。所以正夫不和者也。"依照申光涵的观点，《诗三百篇》虽然是圣贤发愤之所为作，是"和之反"，但因为可以"感发善心"，愤而不失其正，更可匡正"不和"，这就是"温柔敦厚"。这里所阐扬的仍然是"思无邪"、"怨而不怒""止乎礼义"的意蕴。

冯班反对"骂詈"和"式号式呼"(《叶祖仁江村诗序》)之作，他和班固、颜之推一样，批评屈原"露才扬己，显君之失"(《陆敕先玄要斋稿序》)，认为"忠愤之词，诗人不可苟作也。以是为教，必有臣诬其君，子讼其父者，温柔敦厚其衰矣"(同上)。于是在倡导诗歌应该"规讽劝戒"的同时，又以隐秀来释"温柔敦厚"。他说："诗有活句，隐秀之词也。直叙事理，或有词无意，死句也。隐者兴在象外，言尽而意不尽者也；秀者章中迫出之词，意象生动者也。"(《钝吟杂录》)这是要求诗歌要含蓄而有余味。

沈德潜、何绍基也是清代著名的诗教维护者，"温柔敦厚"更为他们所竭力宣扬。沈德潜一方面强调诗歌"以微言通讽谕"，另方面又力主诗歌要"比兴互陈，反复唱叹，而中藏之欢愉惨戚，隐跃欲传，其言浅，其情深也。倘质直敷陈，绝无蕴蓄，以无情之语而欲动人之情，难矣"(《说诗晬语》)。这是从诗要有"蕴蓄"来释"温柔敦厚"。何绍基则说："温柔敦厚诗教也，此语将三百篇根底说明，将千古做诗人用心之法道尽。……诗要有字外味，有声外韵，有题外意，又要扶持纲常，涵抱名理。"(《题冯鲁川小像册论诗》)这不仅阐述了"扶持纲常，涵抱名理"是循诗教为诗的根本，而且也从艺术风貌上来说明"温柔敦厚"之作应是含蓄蕴藉，意在言外，情韵悠然。

正因为"思无邪"、"温柔敦厚"、"发乎情，止乎礼义"也是古代诗歌创作的权威性教条，所以我国古典诗歌虽然风格流派众多，千姿百态,琳琅满目,但从总体上看,艺术风貌是中和娴雅,醇正精工,婉转有致,有话不能道尽,有情不能直陈。这固然形成我国古典诗歌所特有的圆润含蓄,委婉深曲,情味隽永之美,但由于"礼义"的束缚,诗人内心不平之情不能倾泻,欢爱之思不能尽吐,这不能不削弱诗歌的表现内容。朱自清先生说得好:"中国缺少情诗,有的只是'忆内'、'寄内',或曲喻隐指之作;坦率的告白恋爱者绝少,为爱情而歌咏爱情的更是没有。"(《中国新文学大系·诗集导言》)朱光潜先生也说:"中国爱情诗大半写在婚媾之后,所以最佳者往往是惜别悼亡。"(《中西诗在情趣上的比较》)闻一多先生针对"温柔敦厚"的诗教,一针见血地指出:"我在'温柔敦厚,诗之教也'这句古训里嗅到了数千年的血腥。……诗的女神善良得太久了……她受尽了侮辱和欺骗,而自己却天天在抱着'温柔敦厚'的教条,做贤妻良母的梦。"(《三盘鼓序》)所以,他认为我国的诗歌缺乏"药石性的猛和鞭策性的力"。这一见解是十分深刻的。

就价值观来看,因"思无邪"、"温柔敦厚"等的影响,不少人以此作为估量作品的惟一尺度,对历代众多优秀诗人及其作品加以贬抑甚至否定,例证前面所引甚多,这里就不再列举,其谬误也勿庸再为评论。但是,这种影响达数千年沉潜在民族群体意识深层的观念,在今天的古典文学研究中并没有清除净尽,对白居易诗歌理论的赞扬与回护这是人所尽知的,李白研究中有的同志对李白诗歌的评价处处谈政治寓意,似乎李白的诗歌没有政治寓意,就没有价值,这也是很典型的。

对儒家诗教支配下所形成的传统的文学观和价值观,进行清理和重新认识,于古典文学的研究不无推进作用。本文所论,抛砖引玉而已,幸方家正之。

(录自《文学遗产》1987年第4期)

　　王启兴（1929—　），1958 年毕业于北京大学中文系。现为武汉大学中文系教授。著有《贺知章、包融、张旭、张若虚诗注》等，并发表过唐诗研究论文多篇。

　　儒家思想在中国传统精神文化中始终居于正统地位。从孔子的诗论到把儒家诗论进一步系统化、理论化的《毛诗序》对后世的诗歌创伤作和诗歌评论都产生了深远的影响。本文详细地梳理了儒家诗教观对后代诗论的影响。

横看成岭侧成峰

——从春秋赋诗看孔子的"兴观群怨"说

贾东城

"兴观群怨"之说,既是孔子诗论的核心,又是我国文学批评的真正开端。历代论诗者,莫不对之进行诠释和阐发。其中虽不乏金石之论,但也不无管窥之见,故仍有进一步研究之必要。笔者不揣鄙陋,试图从春秋赋诗这个特有的历史现象出发,对孔子的"兴观群怨"说作些新的探讨,以期抛砖引玉之效焉。

一、孔子论诗的社会背景和思想动机

马克思主义告诉我们,任何一种理论的产生,都是对人类社会实践的理性的认识和概括,都离不开当时那个具体的社会背景。孔子诗论之形成,也不例外。那么,孔子所处的社会背景是怎样的呢?

周至厉、幽,王室始衰。平王东迁,江河日下,纲纪废弛,礼崩乐坏。于是,诸侯崛起,争霸兼并,历史进入了霸主政治时代。由于"天下共主"的周室已名存实亡,周朝原有的那种"群星拱月"式的统治体系不复存在,而诸侯国彼此之间的关系便显得空前重要了。随着他们之间征战兼并的频繁和加剧,这种关系日趋复杂微妙、变化莫测,彼此间的会聘燕飨的交际也日益为人们所重视。当时,外交活动的成败,甚至于直接影响到一个国家的安危存亡。为了邀宠或劝喻君主,为了结交同盟或折服敌国,各国大夫于外交场合莫不讲究其进退之礼仪,文饰其应对之辞令,于是乎赋诗喻志之风兴焉。正如班固所说:"古者,诸侯卿大夫交接邻国,以微言相感;当揖让之时,必称诗以喻其志。盖以别贤不肖而观盛衰焉。"(《左传·艺文志》)可见,赋诗言志在当时是多么的流行和重要!它不但是当时外交场合上折冲揖让的辞令和礼节,还是人们鉴别使者的贤或不肖,观察国家兴盛或衰亡的标准和依据。在这方面,《左传》中的记载颇多,兹示其一二:

《左传·襄公二十七年》,楚薳罢如晋莅盟,晋侯享之。将出,赋《既醉》。叔向曰:"薳氏之有后于楚国也,宜哉!"

又,《左传·昭公十二年》:宋华定采聘,通嗣君也。公享之,为赋《蓼萧》,弗知,又不答赋。昭子曰:"必亡!……"

楚国薳罢到晋会盟,他知礼晓仪,赋诗适时而得体,晋叔向由此看出他是相材,并断定,楚国之政权将非他莫属了。而宋国华定聘问鲁国,既不解鲁君所赋之诗,更不会以诗相答,故鲁大夫昭子斥之曰:"必亡!"同是出使他国,结果却有荣辱誉毁之别,臧否福灾之分。由此可知,班氏所言不诬也。

这种赋诗喻志,用以交际的风气漫延到当时的整个上层社会。对其特征,齐国卢蒲癸曾说:"赋诗断章,余取所求焉。"(《左传·襄公二十八年》)这就是说,当时的赋诗者出于表达心志的需要,可随心所欲,割裂诗章,只取所求,而不必管诗之原意。很显然,他们还没有认识到诗之为诗的艺术特征、价值,更谈不上把诗作为审美对象来加以感受、体验和欣赏了。在他们眼里,赋诗只是一种社会交际的语言手段和形式,而不是语言艺术的审美活动。换言之,他们所认识和所重视的,仅是诗的政治作用和功利价值,而压根儿还没意识到诗的艺术本质和审美特征。

这就是孔子之诗论产生的社会背景和思想基础。正是有了赋诗喻志的广泛的社会实践和有关论述,孔子才得以对学诗的目的和作用作了更为明确的概括。

孔子出生在鲁襄公二十一年(依公羊、谷梁之说),主要活动在昭公、定公及哀公时期。其青少年之时,诸侯大夫赋诗之风正炽,爰及中年以后,赋诗之风日趋消沉。然而,孔子对赋诗以应对诸侯的交际活动竟是如此地怀恋和赞赏,以至于把它当作他讲诗和弟子学诗的直接目的。他说:

> 诵诗三百,授之以政,不达;使于四方,不能专对,虽多,亦奚以为?(《论语·子路》)

在他看来,学诗就是为了从政和"专对",假设不能如此,读得再多,学得再好也没有用处。这清楚地表明,孔子所强调的仍是诗所具有的政治教化功能和语言交际的实用价值。正是基于这种目的和认识,孔子才时常督促弟子们学诗。他说:"不学诗,无以言。"(《论语·季氏》)"人而不为《周南》、《召南》,其犹正墙面而立也与?"(《论语·阳货》)又说:"小子何莫学夫诗!诗可以兴,可以观,可以群,可以怨,迩之事父,远之事君,多识于鸟兽草木之名。"(《论语·阳货》)前两句言不学诗之危害,后一段说学诗之好处,一反一正,所论莫不是诗的交际功能和政治作用。由于前两句说得具体而形象,人们很容易看到赋诗之风和孔子论诗的联系;而后一段讲得抽象而概括,故后人在理解上便产生了歧异,有的诠释则远离了孔子论诗的主旨。其实,只要我们把孔子论诗讲学的思想动机与当时那个特定的历史背景联系起来,加以分析和探究,就不难发现,孔子的"兴观群怨"之说所受赋诗喻志活动之影响亦是比较明显的。本文将就此分别加以论述。

二、关于"诗可以兴"

"兴"为何义？今人注解，多沿袭朱熹"感发志意"的说法，认为它讲的是诗的"启发鼓舞的感染作用"（郭绍虞：《中国历代文论选》上册），诗的审美特征和价值。其实，这并不是孔子论诗的原意，也不符合孔子当时论诗的实际。我认为，所谓"兴"，当是孔安国和邢昺所说的"引譬连类"（参见《论语注疏》），即学诗可以培养人们由此及彼、由事及理的通悟和联想能力。何以见得？有孔子与弟子论诗的实例为证：

> 《论语·学而》：子贡曰："贫而无谄，富而无骄，何如？"子曰："可也；未若贫而乐，富而好礼者也。"子贡曰："《诗》云：'如切如磋，如琢如磨'，其斯之谓与？"子曰："赐也，始可与言《诗》已矣，告诸往而知来者。"

> 又，《论语·八佾》：子夏问曰："'巧笑倩兮，美目盼兮，素以为绚兮。'何谓也？"子曰："绘事后素。"曰："礼后乎？"子曰："起予者商也！始可与言《诗》已矣。"

"贫而乐，富而好礼"与"如切如磋，如琢如磨"本来并不相干，而子贡却能以诗喻义，用以附会道德修养。子夏则从诗句所隐含的"盼倩生于淑姿"的道理中，引申出礼后于仁的义理关系。显然，这种断章取义、强自比附的解诗方法，强调的仅是理性上的通悟和联想，而不是什么感情上的感染和体验，故后人视之为非解诗之正途。值得注意的是，孔子当时却对这种论诗方法十分肯定和赞赏。这说明，孔子所谓的"兴"，讲的决不是诗的审美特征和"感染作用"。这两个例子告诉我们，孔子之所以认为子贡、子夏有了与他论诗的资格，是因为他们能做到"告诸往而知来者"和"起予"。所谓"告诸往而知来者"指的是什么呢？孔安国注云："子贡知引诗以成孔子义,善取类,故然之。"(同上)而"知引诗"、"善取类"即是前面孔、邢二人所说的"引譬连类"。可见,"告诸往而知来者"和"兴"讲的是一回事,只是一个具体,一个抽象罢了。所谓"起予"又作何解?包咸注曰:"孔子言子夏能发明我意。"(转引自《论语集解》包氏注)即是说子夏能引譬类比,以诗喻理,来阐发孔子的思想主张。朱熹、包咸都曾释"兴"为"起",而包咸、刘宝楠又训"起"为"发"(详见《论语集注》、《论语正义》),三者互训,为同义词甚明矣。至于"起",亦即"兴"究竟讲的是什么,这在上面两例中已有明确的含义,那就是兴起道德、义理方面的领悟和联想。也许正因为如此,孔子才把诗、礼、乐相提并论,用以阐述自己修身养性的观点和主张。他说:"兴于诗,立于礼,成于乐。"(《论语·泰伯》)包咸注:"兴,起也。言修身当先学诗。"(同上)刘宝楠亦云:"学诗之后,即学礼,继乃学乐。"(同上)孔子在此把学诗作为兴起道德品性方面的联想及通悟的手段而列为学礼学乐之前,其修身养性方面的用意再明显不过了。

孔子以"兴"来谈修养问题,似乎"兴"与春秋赋诗活动没有什么联系了。事实恰恰相反,孔子之所以能看到诗在修养方面兴起领悟、感发联想的功能,正是与社会上赋诗之风对他的影响分不开的。"诗可以兴"固然首次出于孔子之口,然而诗可以引譬事理、启发联想的妙用,早在孔子出生之前,就为世人所察觉了。赋诗喻志"正是以个人对诗句之自由的感发联想为依据的一种实际应用。"(叶嘉莹:《"比兴"之说与"诗可以兴"》,见《光明日报》1987 年 9 月22 日)惟其如此,人们才能赋诗断章,以诗喻义,附会政治,进行交际。孔子的"兴"只不过是对这具体社会实践活动加以抽象的概括而已。

三、关于"诗可以观"

"观"为何义？郑玄注云："观风俗之盛衰。"朱熹补曰："考见得失。"二者与班固所谓"古有采诗之官，王者所以观风俗，知得失，自考证"(《汉书·艺文志》)的记载相符合。很明显，他们都认为"观"谈的是诗在考察民意、施行教化方面的功能。《国语·周语》曾记载："天子听政，使公卿至于列士献诗，瞽献曲，史献书，师箴，瞍赋，矇诵，百工谏，庶人传语，近臣尽规，亲戚补察，瞽史教诲，耆艾修之，而后王斟酌焉，是以事行而不悖。"这说明西周时期，王室的确存在着采诗、献诗和诵诗的制度，由此也可想象出天子"依声参时政"的情形。然而，降及春秋，王室式微，"礼乐征伐，自诸侯出。"(《论语·季氏》)王室采诗献诗之制日衰，诸侯大夫赋诗之风日盛。正如刘勰所说："自王泽殄竭，风人辍采；春秋观志，讽诵旧章，酬酢以为宾荣，吐纳而成身文。"(《文心雕龙·明诗》)就是说，采诗献诗是王室之事，赋诗喻志是诸侯之事；前者多为新制，后者皆为旧章；前者旨在天子"参政"，后者功在宾主交际。孔子前期，以诗"参政"早已成为邈远的史话，而以诗观志则正成为流行的风尚。是故，与其说孔子提出的诗"可以观"，是指诗在观风俗、施教化古老传统活动中所显示出的功能，毋宁说是对当时赋诗喻志和观志这一社会交际活动的理论概括。喻志和观志是就交际双方而言的，对赋诗者来说，赋诗是为了喻志、明志；而对听者来说，则是观志。宾主酬酢，缺一不可。《左传》所载赋诗观志的例子是很多的。如，

《襄公二十七年》：郑伯享赵孟于垂陇，子展、伯有、子西、子产、子大叔、二子石从。赵孟曰："七子从君，以宠武也。请皆赋以卒君贶，武亦以观七子之志。"……

又，《昭公十六年》：夏四月，郑六卿饯宣子于郊。宣子曰：

"二三君子请皆赋,起亦以知郑志。"……

一方赋诗断章,表白心志;一方观其志向,应答自如。其表白的心志和对答的言词,或为当事者个人的意向观点,或为当事者各自国家的愿望和态度。上举两例中,前者赵武要观七子之志,故郑国七子各言其好。所赋之诗,不惟国度不同,且风雅不一。赵武听后,即依他们所赋之诗来议论他们各自的优劣穷达。而后者,韩起欲知郑国之志,故郑六卿所赋之诗都"不出郑志"(郑风),所喻之意"皆昵燕好也"。韩起没有分别评论他们,而是一并赞扬说:"二三君子,数世之主也!"并由他们的志向而断定郑国将会是兴旺昌盛的。可见,通过赋诗明志、观志的交际方式,不仅可以知其人,还可知其君知其国。古云"欲知其君视其使"(《说苑·奉使》),即是这个意思。

总起来说,春秋时这种以诗明志、观志之风与西周时期的依诗"观风俗"、"参时政"之制虽有联系,但却是两码事。故如仅从"观风俗"方面去理解孔子的"可以观",未免显得太狭隘了。

四、关于"诗可以群"

"群"为何义?孔安国说是:"群居相切磋。"今人据此演绎为"对群众的启迪与团结作用"(郭绍虞:《中国历代文论选》上册),或"教育群众的作用"(黄海章:《中国文学批评简史》)。我认为,这些观点有进一步推究之必要。孔注的"群居"之"群"应作何解?《论语·卫灵公》中,孔子有云:"群居终日,言不及义。"《论语正义》注曰:"群居,谓同来学共居者也,夫子言人群居当以善道相切磋,不可以非义小慧相诱也。"由此可知,"群"非指一般平民百姓,更非现在意义的"群众",而是指属于统治阶级之列的学诗论道的"君子"、"学士"之类。

"群居"之"群"非指"群众"已明,但与"可以群"之"群"亦非同义。前者说,君子相处当以礼义共勉,不应以小利相诱,这讲的是道德修养方面的事;后者虽和修身养性不无关系,但是,孔子在此强调的是诗在社会交际和外交活动中的实用价值。此"群"是动词,意为会合,联合(《荀子·非十二子》:"壹统类而群天下之英杰"即取此意)。对"可以群",杨树达的解释最为精当。他说:"春秋时,朝聘宴享,动必赋诗,所谓可以群也。"这说明此"群"的主体和客体并不是什么"群众",也不是什么讲学论道的"君子",而是春秋时活跃在外交场合上的诸侯卿大夫。"可以群"讲的主要是赋诗喻志这种特殊的交际形式在会聘酬酢、折冲樽俎时所显示出的结交友好、联络感情的功能。这种交际方式,既可微言相感,委婉致意,又显得彬彬有礼,富有文采,故士大夫们乐于采用。如,

《左传·昭公二年》:(韩宣子)自齐聘于卫,卫侯享之。北宫文子赋《淇澳》(杜注:"《淇澳》诗卫风,美武公也。言宣子有武公之德"),宣子赋《木瓜》(杜注:"《木瓜》亦卫风,义取于欲厚报以为好")。

《左传·昭公二十五年》:宋公享昭子,赋《新宫》(杜注:"逸诗"),昭子赋《车辖》(杜注:"诗小雅,周人思得贤女以配君子。昭子将为季孙迎宋公女,故赋之")。

可见,春秋时各国大夫于会聘宴享之时,或互相赞美,以示友好;或宾主唱酬,以结婚姻;或诉说衷情,求救于邻邦,或解危舒难,施惠于他国,莫不以赋诗喻志之交际方式,来达到其交接邻国,援助同盟,孤立敌国,壮大自己的政治目的。这正是"可以群"的最好说明。

五、关于"诗可以怨"

"怨"为何义?孔安国注:"怨刺上政。"邢昺疏:"有君政不善则

风刺之。"孔、邢之注疏固没有错,但范围却限制得太窄。西周末年,君主昏聩,国势板荡,怨声载道,确乎产生了士大夫抨击时政、讽刺君王的愤懑之作。如小雅之《雨无政》、《菀柳》,大雅之《桑柔》、《召旻》是也。逮及春秋,卿大夫作诗怨刺君主时政的余风虽为人所承袭,但也只是不绝如缕了,史书对此仅偶有记载。黄宗羲说:"怨亦不必专指上政。"(《汪扶晨诗序》)此言是颇有见地的。"怨"之不限于君主、上政,这首先可从《诗经·国风》中得到证明。如《葛屦》,公认是缝衣婢女用以讽刺贵族嫡妻的,《君子偕老》是嘲讽齐女宣姜荒淫乱伦的,《氓》是谴责负心男子的,《柏舟》则是抒发了作者对父母干涉自己婚姻的怨艾。即使有些讽刺君主的诗篇,也不止于什么"上政",如《新台》、《台南》、《株林》、《墙有茨》等等。都是对统治者纵情淫猥私生活的大胆揭露和辛辣嘲笑。当时的歌谣亦是如此,如《左传·宣公二年》记载,郑宋交战,宋大夫华元当了俘虏,继而又狼狈逃回。后来宋筑城,华元为巡察监督者,"城者讴曰:'睅其目,皤其腹,弃甲而复。于思于思,弃甲复来。'"对华元色厉内荏,草包饭囊的形象给以有力的讽刺。可见,当时诗歌里"怨"的对象不单是昏君和暴政,而是有着更为广泛的社会内容。

不惟诗歌创作如此,人们对诗歌的引用也是这样。春秋时期,周王室已是日薄西山,气息奄奄了,故无暇于采诗观风;而诸侯公卿意在兼并,更无心创制新章。当时士大夫之所以热衷于"讽诵旧章",其目的不仅仅是怨刺上政,讽喻君主,而主要是为了适应当时错综复杂、变化无常的政治形势和外交斗争,更确切地说,是为了在会聘宴享时,文饰辞令,附庸风雅,掌握交接宾客、应对诸侯的交际本领。赋诗之风,使诗从王室庙堂里解放出来,得到广泛的传播,从而,亦使"怨"的对象变得愈加丰富和复杂。在宾主会聘酬酢之时,彼此之间往往就借赋诗之方式来嘲笑无礼,怨刺无道。如,

《左传·襄公十四年》:(宣子)将执戎子驹支……赋《青蝇》

而退。宣子辞焉。

晋范宣子作为盟主,欲在会盟之时拘禁西戎之驹支。驹支闻之而赋《青蝇》之诗,意在怨刺宣子听信谗言,不辨是非而加害无辜。宣子听后不得不当众道歉。又如,齐庆封两次失礼于鲁,穆子赋《相鼠》、《茅鸱》来嘲笑他(《左传·襄公二十七年、二十八年》);晋国不恤鲁难,穆叔也曾以诗讽刺(《左传·襄公十六年》)。

由此可见,"怨"和"群"一样,讲的主要是赋诗在办理外交事务、调节诸侯关系方面所体现的政治功能。"怨"与"群"虽然出发点不同,手段不同,但其目的却不外是争取盟国,孤立异己,捍卫社稷。巧妙地运用"怨"、"群"手段,往往使人在政治、外交斗争中,纵横捭阖,左右逢源,化险为夷,变被动为主动。纵观春秋,一些优秀的政治家、外交家莫不深谙此道。

综上所述,春秋时期,诗歌创作尚处在不自觉的阶段,而文学批评则是刚刚萌芽,人们所重视的只是、也只能是诗在政治教化和交际方面的社会功能。孔子虽是圣人智者,但他却不能超越时代。孔子受采诗观风和赋诗喻志活动的影响,把诗当作社会交际和讲学论道的工具,而未能真正认识到诗之作为语言艺术的审美特征和价值是不足为怪的。故孔子的"兴观群怨"与其有关言论一样,只讲实用,不讲审美,只讲政治,不讲艺术。

(原载《河北师范大学学报》1989 年第 4 期)

　　本文从春秋赋诗的历史现象出发,对孔子的"兴观群怨"说作出了新的探讨。孔子受采诗观风和赋诗喻志活动的影响,把诗当作社会交际和讲学论道的工具,而未能真正认识到诗之作为语言艺术的审美特征和价值是不足为怪的。孔子的"兴观群怨"只讲实用,不讲审美,只讲政治,不讲艺术。

20世纪儒学研究大系

关于朱熹的诗歌理论与诗歌创作

胡 明

朱熹作为两宋道学的集大成者成就主要在哲学上,他的一大堆影响深远的道学著述奠定了他在中国哲学史上的名气和地位。朱文公的木头牌位从南宋淳佑元年起就被捧入黉宫与孔孟一道歆飨天下读书人的香火,七百多年来的读书人也正是从道学——哲学范畴来认识他、研究他、评价他的。不过他有点像后来的胡适之,哲学是本行,却时时优游于文学之中。他喜爱文学,关心文学,情性到时也写诗。《诗集传》、《楚辞集注》、《楚辞辨证》、《楚辞后语》、《韩文考异》等著述可以说是他文学研究上极有分量的成果,但他是诗人这一点注意的人并不多。朱熹一生写了一千一百八十六首诗(且不算词、赋),他的书牍序跋、讲学语录保存了他大量关于诗歌的见解和评论。然而直至今天几乎还没有看到过一篇讨论朱熹诗歌创作和诗歌理论的专文,笔者这里主要就是谈谈这个问题。——从某种意义上说,这也是考察和理解朱熹思想的一个更明晰的角度。

朱熹以道学自命,无意当诗人。他屡屡声明"熹不能诗",他称自己的诗"笑杀吹竽滥得痴"(《寄江文卿刘叔通》,《朱文公全集》卷九。以下只注篇名)。宋人罗大经《鹤林玉露》记载:"胡澹庵(铨)上章荐诗人十人,朱文公与焉。文公不乐,誓不复作诗,迄不能不作也。"这件事朱熹自己也承认过,既不愿当诗人,又手痒要写诗,这正是他思想深处诗与道矛盾认识的表现。朱熹授道等身,临死前两只眼睛几乎全瞎了还在修改《大学·诚意》注;写诗也等身,庆元六年(公元1200年)二月初八他死的前一个月还在诗中唱道:"履薄临深谅无几,且将余日付残编"(《南城吴氏社仓书楼为余写真》)。朱熹对道以献身精神投入了巨大的热忱和精力,他对诗却又有一副特别的心肠,将之放在一个特殊的位置。

《朱子语类》第一百四十卷记载他的话道:"今言诗不必作,且道恐分了为学工夫,然到极处当自知作诗果无益。"——"作诗无益"的重要原因是"恐分了为学工夫",即担心写诗挤占了闻道为学的精力和时间。他指责元祐诸公"尽日唱和",挤占了做正经事业的大量工夫。朱熹在《答杨宋卿》里说:"古之君子,德足以求其志,必出于高明纯一之地,其于诗固不学而能之。"强调君子以道德高纯、义理明辨为上,似乎也没有明确反对写诗。所谓"诗固不学而能之"正是孔子"有德者必有言"的推演,与二程强硬的"诗文害道"说有明显的区别,但比起另一位酷爱诗歌并强调"曲尽人情莫如诗"(《伊川击壤集·观游吟》)的道学家邵雍来说当然又远远不及了。朱熹将"讲义理"与"学诗文"两者的位置摆得十分明确:"今人不去讲义理,只去学诗文,已落得第二义。"又说:"主乎学问以明理,则自然发为好文章,诗亦然。"义理放在第一位,诗文放在第二位,正是这个矛盾最近乎实际合乎自然的解决。朱熹对诗歌的确切态度下面一段话似乎更清楚一些:

> 诗之作本非有不善也,而善人之所以深惩而痛绝之者,惧其流而生患耳。初亦岂有咎于诗哉。(《南岳游山后记》)

故他主张"闲隙之时,感事触物,又有不能无言者,则亦未免以诗发之"(《东归乱稿序》)。这便也是《答曾景建》中所谓"偶自得之,未必专以是为务也"的意思,只不过要防范"流而生患",故尔"戒惧警省之意则不可忘也"。朱熹《清邃阁论诗》有一条云:"作诗间以数句适怀亦不妨,但不用多作,盖便是陷溺尔。"可见他的前堤后防是很坚固的——诗歌偶尔做做无伤大雅(何况有些人事情节非诗则不能写尽"难喻之怀"),但万万不可当作头等大事来办。因之,他对那些汲汲乎以诗博能名的"专业"诗人极有反感。在评价一个人、议论一件事时他也时时心中把持这一杆秤、这一条准则。如《跋张公予竹溪诗》中他说张公予"好为诗歌",他的一班朋友"皆退让推伏,乐称道之"。朱熹大谓不然:"予闻公予天资孝友绝人,其笃于兄弟之爱,至犯患难取祸辱而不悔,有古笃行君子所难能者。诸公乃徒盛称其诗而曾不及此,予不能识其说也。因窃记编之后以示乡人,使知公之所以自见于世者,不但其诗而已,盖于名教庶几亦深有补云。"观察一个人、评价一个人,不能徒然看他的诗,更要紧的是看他的言行是否有补于名教、即义理道德方面的建树或表现如何。又如《跋景吕堂诗》:"余谓后学宗慕前辈而表其遗迹,固为美事,然默而识之求其所以至于彼者而勉焉可也,何以诗为哉?""后学宗慕前辈",亦应以遵循道德楷模、义理师范为主,不必专在编诗文刻集子一类事上弄花样。最说明问题的还有一件事,朱熹《题嗣子诗卷》云:"大儿自幼开爽,不类常儿。予常恐其堕于浮靡之习,不敢教以诗文。"这固也说明他的善察与心细。后来这个"大儿"夭折了,别人拿着他的诗卷来给朱熹看。诗做得很好,朱熹吃了一惊,"予初不知其能道此语也,为之挥涕不能已"。我们且不讨论这件事是否给朱熹有什么震动或启发,但他最初的态度却是与他的诗歌认识合拍的。——处处留心防范诗歌诱人的邪力未免有点迂执僵化,且也神经过敏。

其实,他老先生自己就屡屡"陷溺",和好朋友相会,谈笑之余不免就要唱酬,还坦白承认其间乐趣无穷,如《和刘抱一》:"适意何劳一千卷,新诗闲出笑谈余。"《再和》又云:"木瓜更得琼琚报,吟咏从今乐有余。"有时发起兴来,诗如泉涌,不可止遏。罗大经《鹤林玉露》载"尝同张宣公(栻)游南岳,唱酬至百余篇。瞿然曰:吾二人得无荒于诗乎?"据他在《南岳游山后记》中说,上山前他们(同游的实为四人)曾一再设誓戒诗,但山川形胜太美了,做诗的欲望太强了,不由得一再破戒,"唱酬至百余篇"。朱熹也只得一再修正誓约,连连诡辩,自欺欺人。——吟唱的时候是兴之勃发,堕入其中,不知无觉,到清醒过来时乃有所惊惧,有所警惕,担心"荒于诗",堕于浮靡之习而不能自拔,颠倒了严正的主从关系。不仅如此,当他忘了惊惧警惕时甚至还会杜撰十二生肖诗、回文词之类的东西,完全堕入游戏不经的地步。可见诗歌邪力的诱惑他老夫子自己首先便抵挡不过。大抵也是人物开爽、感情丰赡的缘故吧。有一次他观赏李龙眠的画和尤袤、杨万里等人的诗,忽然生起"尤物移人,甚可畏也"的惊惶(《跋李伯时马》),这似也说明他深知自己善情易感,不时要为自己敲敲警钟。他也曾经下过决心,绝不作诗,还劝人戒诗(即便写也须围绕着义理道德服务,不可偏离正确思想方向)。自从那首题名很长的诗《顷以多言害道绝不作诗两日读大学诚意章有感至日之朝起书此以自箴盖不得已而有言云》写成之后,他确是板着面孔写了一连串思想纯正的诗篇《仁术》、《闻善决江河》、《仰思》、《困学》、《示四弟》、《克己》、《曾点》等。即便是寻春登临的内容也偏要来个篇末点题、曲终奏雅,如《春日偶作》:"闻道西园春色深,急穿芒屦去登临。千葩万蕊争红紫,谁知乾坤造化心。"不过,闻道春色深,急忙去登临毕竟还是诗人本色,未失诗人的情感活力与敏锐心理(何况他很快就忘了这个决心)。——朱老夫子毕竟是个有浓重诗人气质的道学家,也不妨可以称他是将道学作为主要事业责任的诗人。笔者研究他最觉有味的便是他在道学与做诗两者之间周旋调和的苦心。

　　朱熹对诗歌的基本态度清楚了,道学是第一义的当行职责,做诗是第二义的感情辅助。诗弄弄无妨,弄得太多、太认真便要陷溺堕落。朱熹诗论主张因而也相应强调思想标准第一,艺术标准第二。他要求于诗歌的首要一条便是义理纯正,所谓"诗以道性情之正"(《建宁府建阳县学藏书记》)、所谓"宣畅湮郁,优柔平中"以达"义精理得"(《南岳游山后记》)。《答杨宋卿》里几句话最有代表性:

> 熹闻诗者,志之所之,在心为志,发言为诗。然则诗者岂复有工拙哉?亦视其志之所向者高下如何耳……故诗有工拙之论,而葩藻之词胜,言志之功隐矣。

话说得十分明白,道充而诗生,志高而诗至,诗歌倘若以艺术标准(格律、词藻、巧思)放在第一位,则"诗言志"最基本的圣训之义便湮沦隐没了。一句话,诗不能以工拙论优劣。"华词无益"、"不汲汲乎辞"等是他教训后学的口头禅。《答巩仲至第四书》有云:"要使方寸之中无一字世俗言语意思,则其为诗,不期于高远而自高远矣。""要使方寸之中无一字世俗言语意思"还有一个形象的比喻:"洗涤得尽肠胃间夙生荤血脂膏",使仁义温厚之气蔼然发于笔墨畦径之外,即是说义理境界要光明纯透,思想面貌要纤尘不染,才能做出最好的诗来。

朱熹就是以这个标准观照前人的诗歌、规范后来的诗人的。即使是他十分赏爱的诗人,其思想内容略有偏差,他也毫不客气地批评指斥。如他很欣赏唐陈子昂的《感遇》诗,赞之为"词旨幽邃,音节豪宕","然亦恨其不精于理而托于仙佛之间以为高也"(《斋居感兴二十首小序》)。《跋杜工部同谷七歌》云:"杜陵此歌豪宕奇崛,诗流少及之者。顾其卒章,叹老嗟卑,则志亦陋矣。人可以不闻道哉?"《清邃阁论诗》又云:"东坡晚年诗固好,只文字也多是信笔胡说,全不看道理。"在这个严峻的标准面前,诗人无论古今贵贱、名声大小,资望高低一律平等,李杜苏黄也不例外。

实际上朱熹赏爱某人的诗、厚称其诗品,不少是缘由于敬仰其人，贵重其人品。比如，有个叫李弥逊的人，是主战派领袖人物李纲的至友，政治主张也相同，朱熹十分敬重他。李有一首与政治毫不关涉的《武夷》诗，刻在一个寺观的东楹上，朱熹"每至其下辄讽玩不能去"。又如，一个叫李勉仲的人，曾与朱熹一同应试礼部，落榜后纵情诗酒间，狂放不羁。"襟怀坦然，意象轩豁，论说纵横，杂以诙笑，傲倪一世。"不意朱熹对此种人品也抱有浓烈好感，十分欣赏其人的诗，赞为"极清新稳密，时出巧思，伟丽可喜"（《跋李勉仲诗卷》）。——这里很可看出朱熹骨子里的人生态度，赞赏狂放不羁、诗酒纵横的一面正是朱熹诗人气质的感情判断，这与他前面对思想政治、人品风范的理性认识似乎也并不矛盾，至少是可以平行存在。当然两者之间于理性判断看得更重一些，尤其是当他的理性清醒得近乎一本正经时。再举一个很能看出两者间矛盾表现的例子，《题曹操帖》云："余少时曾学此表，时刘共父方学颜书鹿脯帖。余以字画古今诮之，共父谓予：'我所学者，唐之忠臣；公所学者，汉之篡贼耳。'时予默然亡以应。"这里说的是书法，他的审美趣味使他赞爱曹操的字，但一经那位刘共父点破：一个是"唐之忠臣"，一个是"汉之篡贼"，他茫然无以对，心中不无震动。这件事虽发生在他的"少时"，也无涉诗歌，但其间的人品与艺品矛盾表现却是十分典型的。

　　朱熹的思想标准与政治标准往往挂钩得很紧密，——朱熹对一首诗的内容表现和一个诗人的政治态度尤其是在南宋偏安形势下主战主和的态度十分敏感，他屡屡赞美陆游的诗，着眼点便在陆诗中强烈的抗敌主张和深沉的爱国情志。他自己的诗歌创作在这一点上也是态度鲜明的。我们读读朱熹的《感事书怀十六韵》、《感事》等诗，其关怀国事，干预政治的深志坦然可见。神州陆沉，胡尘满眼，朱熹同许许多多深怀忧虞的志士一样，"丹心危欲折，伫立但彷徨。"绍兴三十一年秋，南宋军队在虞允文指挥下击溃了准备渡江南侵的金兵,接着金廷内乱,完颜雍夺取政权自立为帝,亲自在江淮前线督兵的金主完颜亮被部将杀死在扬州,荆襄两淮一线金兵全部北撤,南宋政权乘虚收复了大片土地。当朱熹听到这个消息时,激动万分,禁不住诗思潮涌,写出了《闻二十八日之报喜而成诗七首》和《次子有闻捷韵四首》,表达了他驱除强虏、光复失土的由衷殷望。

> 胡马无端莫四驰,汉家原有中兴期。旐裘喋血淮山寺,天命人心合自知。(《闻二十八日之报喜而成诗七首》之一)

> 渡淮诸将已争驰,兔脱鹰扬不会期。杀尽残胡才反旆,里闾元未有人知。(其四)

> 神州荆棘欲成林,霜露凄凉感圣心。故老几人今好在,壶浆争听鼓鼙音。(《次子有闻捷韵四首》之一)

> 杀气先归江上林,貔貅百万想同心。明朝灭尽天骄子,南北东西尽好音。(其二)

朱熹后期虽有过"攘外必先安内"的建议(先整顿思想纲纪,后再起军事北伐),但他抗御外敌,恢复中原的志愿则是始终如一的,这从他对主战派领袖张浚的敬爱态度也可以看出,他的《拜张魏公墓下》称:"念昔中兴初,孽竖倒冠裳。公时首建义,自此扶三纲。精忠贯辰极,孤愤摩穹苍。……志士既豫附,国威亦张皇。"在《跋张魏公诗》中又说:"举大义以清中原,此张公平生心事也。观此诗可见其寝食之不忘,然竟不得遂其志,可胜叹哉!"这话与他前面的诗一样反映出朱熹深沉强烈的爱国主义政治态度。朱熹在送友赴官等酬应诗中也不忘表示他的政治意向,如《送张彦辅赴阙》:

> 执手何草草,送君千里道。君行入修门,披胆谒至尊。问君此去谈何事,袖有谏书三万字。明堂封禅不要论,智名勇功非所敦。愿言中兴圣天子,修政攘夷从此始。深仁大义天与通,农桑万里长春风。朝纲清夷军律举,边屯不惊卧哮虎。一

朝决策向中原,著鞭宁许他人先?

又如《送彦集之官浏阳》:"君行岂不劳,民瘼亦已深","君行宽彼氓,足以慰我心"。前者谈军国大事,意中许多建议;后者劝牧民之道,一片拳拳衷曲。即便是游山玩水的作品,如《庐山万杉寺》也时而流露出"愿以清净化,永为太平基"的美好愿望。

朱熹直接议论政治的诗歌不多,远不如他的那些言词激切,披肝沥胆的"封事"(奏章),但他直接谈论道学的诗歌尤少,即便如《石子重兄示诗留别次韵为谢三首》、《鹅湖寺和陆子静》、《送林熙之诗五首》这样的正经诗实际上也只是略沾了点道学味的朋友之间的劝赠之言,《长溪林一鹗秀才有落发之愿示及诸贤诗卷因题其后二首》更是晓人以陋巷箪瓢无穷乐,劝人不要轻易出家当和尚的诤言。——朱熹强调的所谓思想内容却大都落实在澹泊守志、寄怀高远一点上,这也是他低调的"述怀"、"言怀"、"感怀"诗数量很多的原由。尽管这一类诗大都染有明显消极逃世的色彩,但朱熹却絮絮叨叨、乐此不倦。这一层变异是我们讨论朱熹诗论时最需注意的,也是我们在理解朱熹的义理内容、道德规模时心中首先要有数的。他的创作与理论的矛盾现象与其说是个遵循上的折扣问题,毋宁说是个认识上的偏差问题。这个偏差的由来后文还要涉及,这里不妨先听听他重重迭迭的衷怀:"终当反初服,高揖与世辞。"(《述怀》)"抗志绝尘氛,何不栖空山。"(《月夜述怀》)"终期谢世虑,矫翩兹山岗。"(《秋怀》)"我愿辞世纷,兹焉老渔蓑。"(《落星寺》)"稻粱随处有,珍重采薇歌。"(《醉作三首》之一)"一咏归来赋,顿将形迹超。"(《试院杂诗》之三)再如《梵天听雨》:"持身乏古节,寸禄久栖迟……渐喜凉秋近,沧洲去有期。"《春日言怀》:"端居适自慰,世事复有期。终然心所向,农亩当还归。"《题郑德辉悠然堂》整首诗便是歌咏归隐、仰望陶潜的,所谓"认得渊明千古意"。《次刘明远宋子飞反招隐韵二首》也说:"却学幽人陶靖节,正缘三径起

弦歌"、"荣丑穷通只偶然,未妨闲共耸吟肩。"——调门几乎都差不
多。这种思想认识和反映这种认识的诗歌创作以及充分欣赏这种
创作倾向的理论标准的变异,正是上述偏差的表现,也可以说是他
思想深处人生矛盾的表现。尽管他有时也吟出"经济夙所向,隐论
非素期"(《感怀》)的感怀,为白发已垂、事业未竟而感到悚惧,但
"幸闻卫生要,招隐夙所臧"(《秋怀》)的观念始终占着上风。

　　朱熹七十一岁生涯中历仕高宗、孝宗、光宗、宁宗四朝,为官约
十年。他的政治生涯的结局是被戴上"伪学逆党"的帽子,剥夺一
切职名与祠禄,赶出朝廷(差一点被押送管制)。他死后十年才获
摘帽,"赐遗表恩泽",彻底平反,恢复名誉,谥"朱文公"。十三年后
他《论》、《孟》集注被定为"大学"教科书,他的学说升为官方哲学。
前个十年中他几番怀着经济夙愿和从政决心跳入宦海,却又几乎
每次都是自己逃回岸上,屡屡"请祠",主动告退的原因,一是为了
讲学授道,阐扬儒教,另一重原因不能不说是早年吸入头脑里的
佛、道的诱惑。朱熹青年时代十分好佛、好道。《诵经》、《久雨斋居
诵经》等诗篇表现了他披读释氏书的兴趣,据《崇安县志》记载,他
在福建时与当地的禅宗和尚道谦,圆悟等来往密切,还曾请教过道
谦禅宗哲学的有关问题,如"狗子有佛性"。又据《佛祖历代通载》
载,有一次刘子翚打开朱熹的箱子,别无所有,只珍藏一本当时著
名禅宗大师宗杲的语录。朱熹受道家的影响更大,《登阁皂山》、
《送单应之往阁山》等诗都有浓重的道家色彩。他曾羡慕道家的飞
仙术,《读道书作六首》:"不学飞仙术,日日成丑老。空瞻王子乔,
吹笙碧天杪。"《过武夷作》:"誉言羽衣子,俯仰日婆娑。不学飞仙
术,累累丘冢多。"我们不妨再来读一节《读道书作六首》吧:"岩居
秉贞操,所慕在玄虚。清夜眠斋宇,终朝观道书。形忘气自冲,性
达理不余。于道虽未庶,已超名迹拘。"——到后来干脆要当道士
仙客了,《送李道士归玉笥》之一:"偶随云去伴云归,笑指清都在翠

微。为我中间留一榻,他年去著薜萝衣。"《题赤城观》也说:"此身旧有蓬瀛约,玉笥归来问姓名。"他的一首《鹧鸪天》词中亦有"脱却儒冠著羽衣,青山绿水浩然归"的句子。——朱熹的这些诗歌鲜有人提及和论述,但这对于朱熹思想的成型却是十分重要的。尽管朱熹有时声称"吾道一以贯",其实他并非是个"一以贯之"的儒派人物。他世界观的矛盾自己也往往供认不讳,《再赋解嘲》还唱出"宇宙一瞬息,人生等浮游","颠倒不自知,旁观乃堪羞"幡悟式的结论。面对浩渺宇宙,身历仕途凶险,积极入世的经济夙愿很快就被少壮熟习的释老冲淡,甚而吞裹,儒家的固有思想中"独善"也往往压倒"兼济"。但他又不肯真地退出人生舞台和事业圈子,自甘湮没,于是澹泊守志、寄怀高远便成了他这种既不甘屈节降志又活得栖栖皇皇的士大夫知识分子最合适的"道"之正途,何况"独善"又还是调剂"兼济"的一种体面的方式。实际上也就是他受儒、佛、道三种思想夹攻而采取的调和姿态。

朱熹选择的这个"道"的正途很自然地成为他对诗人人生态度的基本要求。他自己首先是以这一条准则要求自己的,"冲澹养志"几乎是他对诗歌内容和审美境界的最执著的追求:

> 澹泊方自适,好鸟鸣高林。(《试院即事》)
> 澹泊忘怀久,浑沦玩意深。(《挽籍溪胡先生》之二)
> 对此景凄凄,还增冲淡意。(《对雨》)
> 杜门守贞操,养素安冲漠。(《杜门》)

《六月十五日诣水公庵雨作》很值得一引:

> 云起欲成雨,中川分晦明。才惊横岭断,已觉疏林鸣。空际旱尘灭,虚堂凉思生。颓檐滴沥余,忽作流泉倾。况此高人居,地偏园景清。芳馨杂峭茜,俯仰同鲜荣。我来偶兹适,中怀淡无营。归路绿浃溁,因之想岩耕。

这首诗不仅透露出朱熹"中怀淡无营"的胸襟,更重要的是集中反映了朱熹诗歌的风格特征:冲淡平和、高远清旷、天然浑成、意思蕴藉。朱熹论证特别注重的也正是这一点。

朱熹认真探索过诗的生成过程:"人生而静,天之性也。感于物而动,性之欲也。夫既有欲矣,则不能无思。既有思矣,则不能无言。既有言矣,则言之所不能尽而发于咨嗟咏叹之余者,必有自然之音响节奏而不能已焉,此诗之所以作也。"(《诗集传序》)——这一节话将这个流程描绘得相当精细。质言之,诗须是心中自然流出,口中平淡说出而决不能刻意制作,苦苦排凑,用他自己的一句话来表白即是:"诗须是平易不费力,句法混成。"(他最欣赏李白的两句诗:"清水出芙蓉,天然去雕饰。")出于这样的诗歌审美要求,他赞赏陶潜的"超然自得,不费安排";赞赏王维的"萧散自在";赞赏李白的"从容"、"自在";赞赏梅尧臣的"枯淡中有意思"。他在《跋张公予竹溪诗》中称美张公予诗"精丽宏伟,至其得意往往也造于闲澹";在《跋南上人诗》中称美南上人诗"清丽有余,格力闲暇"——闲澹、闲暇似要比精丽、清丽高一等。《向芗林文集后序》中他又称美向芗林"一觞一咏悠然若无意于工拙,而其清夷闲旷之姿,魁奇跌宕之气,虽世之刻意于诗者,不能有以过也",旨要便在一点:无意于工拙。他赞美韦应物"其诗无一字做作,直是自在"(《清邃阁论诗》),也正是强调这一点。——做作与自在,刻意与无意,朱熹在论诗中反复再三强调这两者之间的对立,如《跋刘叔通诗卷》:"叔通之诗不为雕刻篆组之工,而其平移从容不费力处乃有余味。"朱熹赞美他父亲朱松的诗时也特别点明这一点:"其诗初亦不事雕饰,而天然秀发,格力闲暇,超然有出尘之趣。"(《皇考吏部朱公行状》)

朱熹认为:古人之诗,大率只是平平说去而意思自长,声味自永;今人之诗,则务寄意多而酸涩,务声律繁而荡佚,故"不满人意,无足深论"。他不仅一再批评黄庭坚的诗"著力做"、"费安排"、"刻意为之"，甚至连古人的杜甫这方面的倾向也大有微词："晋宋间诗多闲澹，杜工部等诗常忙了。"(《清邃阁论诗》)他还不止一次批评了"嵌事使难字"、用字讲来历、造句问出处的做诗风气。经过一番分析研究，朱熹得出结论：今人之所以忙于做诗、刻意做诗、费大力气、竭尽心智，其意在图虚名、在求人知，根本一点便是"不虚不静"——"不虚不静，故不明；不明，故不识"，对诗的质性、诗的功用本身没有正确的认识和理解，却"尽命去奔做"，能做得出好诗来么？——不虚不静，忙碌奔趋，又正是落在冲淡平和、天然浑成审美理想的对立面了。朱熹对诗品的要求(风格气象)与他对人品的要求(志趣高下)是和合统一的。

　　冲淡平和、天然浑成的审美理想和批评准则决定了朱熹的文学史观，朱熹对诗歌发展的结论是很有点悲观的。他有著名的"诗三等"说：

　　　　古今之诗，凡有三变，盖自书传所记虞夏以来下及魏晋自为一等；自晋宋间颜谢以后下及唐初自为一等；自沈宋以后定著律诗下及今日又为一等；然自唐初以前，其为诗者固有高下而法犹未变。至律诗出而诗之与诗始皆大变。以至今日，益巧益密而无复古人之风矣。(《答巩仲至第四书》)

这种厚古薄今的观念固然有受其父亲朱松影响的因素，但似又不能不大部归因于他自己的"慎思明辨"。朱熹对诗歌史有一套自己的认识，远比他父亲的单篇片言有深度、广度。更说明问题的还是他的《跋病翁先生诗》：

　　　　病翁先生……诗也，规模意态全是学文选乐府诸篇，不杂近世俗体。故其气韵高古而音节华畅，一时流辈少能及之。逮其晚岁，笔力志健，出入众作，自成一家，则已稍变此体矣。然余尝以为天下万事皆有一定之法，学之者须循序而渐进，如学诗则且当以此等为法，庶几不失古人本分体制，向后若能成就变化,固未易量。然变也大是难事,果然变而不失其正,则纵横妙用,何所不可? 不幸一失其正,却似反不若守古本旧法以终其在之为稳也。李杜韩柳初亦皆学选诗者,然杜韩变多而柳李变少,变不可学而不变可学。故自其变者而学之,不若自其不变者而学之,乃鲁男子学柳下惠之意也。呜呼! 学者其毋惑于不烦绳削之说而轻为放肆以自欺也哉。

这一大段话有几层意思:一,与"诗三等"的说法相吻合,朱熹认为选体诗是学诗者最理想的范本,古来大家名家如李杜韩柳辈都是学选诗起步的。二,诗能变而不失其正固是好事,也是难事。变而失其正则不如"守古本旧法"。这个变即前文"益巧益密"的诗歌格律化趋向,在"因"与"革"的矛盾对立上明显偏向"因"的一面,即复古保守的一面。朱熹充分肯定"病翁先生"(刘子翚)的选体诗,而对他的"稍变此体"不无异词,从而得出"自其变者而学之,不若自其不变者而学之"的结论。三,强调万物皆有定法,学诗尤然,只能循序而渐进。切勿被"不烦绳削而自合"一类蛊惑人心的话头所欺骗,堕入放肆荡佚,不可收拾的田地。——朱熹崇尚汉魏六朝古诗,反对杜韩新变律诗的根本态度已经很清楚了。他曾想"抄取经史诸书所载韵语,下及文选汉魏间古词,以尽乎郭景纯、陶渊明之所作,自为一编,而附于三百篇、楚辞之后,以为诗文根本准则。又于其下二等之中择其近于古者各为一编,以为诗之羽翼舆轮。其不合者悉皆去之,不使其接于吾之耳目而入于吾之胸次"(《答巩仲至第四书》)。——从这话的后半截听来,坚持学汉魏、学六朝(即学选体)已不仅仅是个形式体制正变雅俗的问题,这里已经明确表示沈宋以后下至今日的第三等诗的思想内容带有某种污染性或腐蚀性,其严重程度竟至欲"不使其接于吾之耳目而入于吾之胸次"。——朱老夫子活着时倘真的掌管文教风化大权,后果实也可虞。

　　朱熹不止一次强调李杜皆学选,意在坚持与捍卫选诗的权威地位。他对李杜又还区别对待,这里面还有个杠杠标准。"李太白终始学选诗,所以好;杜子美诗好者亦多是效选诗,渐放手,夔州诸诗则不然也"(《朱子语类》)。他不止一次贬抑杜甫夔州后诸诗,如《清邃阁论诗》:"杜陵夔州以前诗佳,夔州以后自出规模,不可学。"朱熹拘于定法不变的成见,厌恶律诗的诞生,否定杜韩的出入众作,自出规模,尤其是否定老杜思想内容到形式技巧都十分成熟的夔州诸诗,显然是不恰当的。这恐怕是他生硬地搬来儒学中的一些思维模式和传统精神误用、滥用到诗艺上的缘故吧。否定诗的发展演化,缺乏前进的眼光和容纳变革的心胸,其理论必然陷入僵化可怜的境地。

　　然而我们观察一下朱熹的诗歌创作,又可以发现一些有趣的现象。他的诗确实是从学选体起步的,古诗十九首的影响尤为明显。早年的《拟古八首》几是汉魏古诗的音声格调:"离离原上树,葰葰涧中蒲"、"绮阁百余尺,朝霞冠其端"、"郁郁涧底树,扬英秋草前"、"高楼一何高,俯瞰穷山阿"……其他如《古意》、《邵武道中》等诗也都是刻意摹仿选诗的产物,艺术上还处于规规矩矩的模仿阶段。不过他的诗很快就从陶韦王孟一路诗人那里找到了新变的转机,选体终于被撇到一边(当然陶也跨入选诗)。因为陶韦王孟一路诗人的诗与他的论诗宗旨和审美趣味最为投合(他也曾由衷地赞美过他们):萧散清远,平淡冲和而意态自足、余味溢发。朱熹的诗很喜欢以"雨"为题,或者说在"雨"中他最喜欢作诗,大概是"雨"最能使人虚静,最能诱发诗思灵感吧。这一些"雨"诗便很有代表性:《客舍听雨》、《秋夜听雨奉怀子厚》、《夜雨》、《兼山阁雨中》、《冬至阴雨》、《中元雨中呈子晋》以及前面曾引说过的《梵天听雨》、《对雨》、《六月十五日诣水公庵雨作》等等,一片萧疏的雨意风情,一派高旷的清思远志,诗大多写得淡雅深微,往往还弥漫着一种凄迷幽

清的气氛。前面《六月十五日诣水公庵雨作》已见大概,再如《夜雨》之一:

> 拥衾独宿听寒雨,声在荒庭竹树间。万里故园今夜永,遥知风雪满前山。

朱熹绝大部分好诗——主要是七绝——都是从这一条路子上出来的(爱写七绝本身便是对学选体的否定)。我们再看一些例子:

> 昨夜扁舟雨一蓑,满江风浪夜如何。今朝试卷孤篷看,依旧青山绿树多。(《水·行舟二首》之一)

> 胜日寻芳泗水滨,无边春光一时新。等闲识得东风面,万紫千红总是春。(《春日》)

> 白酒频酌当啜茶,何妨一醉野人家。据鞍又向岗头望,落日天风雁字斜。(《次韵择之进贤道中漫成五首》之一)

《次韵择之舟中有作二首》也值得一引:

> 一江烟水浩漫漫,昨夜扁舟寄此间。共向船头望南北,不知何处是家山。(其一)

> 一席三人抵项眠,心知篷外水如天。起来却怪天如水,月落乌啼浦树边。(其二)

他的七律也有很好的,如《又和秀野二首》、《九日登天湖以菊花须插满头归分韵赋诗得归字》、《归报德再用前韵》等均是上品,且引末首为例:

> 几枝藤竹醉相携,何处千峰顶上归。正好临风眺平野,却须入谷避斜晖。酒边泉溜寒侵骨,坐上岚光翠染衣。踏月过桥惊易晚,林坰回首更依微。

情景相生,意味隽厚。看来朱夫子迫于时势潮流也动手写律诗时,暗中还是与"益巧益密"的风气顶着干的。其他如《云谷二十六咏》、《武夷棹歌》、《十梅诗示元范》、《刘德明彦集祝弟以夏云多奇峰为韵赋诗戏成五绝》等系列诗也都是清新含媚、滋润淡逸的佳制,风格轻灵,姿态跌宕,看似率情而唱、信心而吟,实则气脉一贯、音节自然,令人耳目一新。

朱熹作为一个道学家,他的诗却绝少道学气,更无头巾气、酸馅气,他与一般诗家一样,常用字眼也无非是水天山色、江风夜月一类。朱熹有时也用诗来说理,但绝不说孔孟周程的理,他的说理诗多有形象思维,不仅比说理的文章清爽透彻,而且比一般臃肿而空乏的抒情言志诗更觉灵气发越,亲切近人。著名的《观书有感二首》便是典型的例子,几百年来脍炙人口:

　　　　半亩方塘一鉴开,天光云影共徘徊。问渠那得清如许,为有源头活水来。(其一)

　　　　昨夜江边春水生,蒙冲巨舰一毛轻。向来枉费推移力,此日中流自在行。(其二)

其实这一类"形象大于思维"的诗朱熹做过不少,这里不妨再举《偶题三首》为例:

　　　　门外青山翠紫堆,幅巾终日面崔巍。只看云断成飞雨,不知云从底处来。(其一)

　　　　擘开苍峡吼奔雷,万斛飞泉涌出来。断梗枯槎无泊处,一川寒碧自萦回。(其二)

　　　　步随流水觅溪源,行到源头却惘然。始悟真源行不到,倚筇随处弄潺湲。(其三)

此中的"理"看来真可让人揣摩半日,但诗的字面十分清秀,仿佛一幅平淡无奇的风景写生。——到此朱熹写诗的功夫我们已可领略大致。

笔者最后还想着重提一笔的是:朱熹写诗来劲时,诗人气质充分显露时,他的形象是十分可爱的。我们这里看他的一首《客来》:

　　　　怅望君家岭上云,便携佳友去寻春。论诗剧饮无他意,未管残红落佩巾。

一个风流倜傥、豪迈开爽的诗人形象呼之欲出。"论诗剧饮"正是诗人的本色风范,"去寻春"之类的言词恐怕也是一般道学夫子不肯轻易启齿的。我们再看他的《出山道中口占》:

> 川原红绿一时新,暮雨朝晴更可人。书册埋头无了日,不如抛却去寻春!

——著书立说,羽翼名教的正经事业竟也有厌倦之时,"不如抛却去寻春"(又是"去寻春"!),口气何等轻率,意思何等痛快,出自这么一个人的口中又是多么有趣,多么滑稽,然而这是真实的。说它真实不仅是因为白纸黑字,更因为他只有在兴到做诗时才肯忘乎所以,露出真容。他的一首词里(《水调歌头·次袁仲机韵》)还有"与君吟弄风月,端不负平生"的话哩,那是因为在词这种文学样式里他可以更放肆、更率性地说真话。——孔孟没有见过词,他自己大可不必为词强加点什么思想准则。朱熹在别人把他看作诗人,而他自己半推半就不肯承认时曾有一句诗叹道:"世间真伪有谁知?"作为诗人的朱熹这个题目已拉扯谈了这许多,笔者相信,不仅这"真伪"可断而无疑,"真"到什么地步,庶几也有个较清晰的认识了。

(原刊于《文学遗产》1989 年第 4 期)

胡明(1947——　　),《文学评论》编审。著有《袁枚诗学述论》等。

本文指出,朱熹对诗歌的基本态度是,道学是第一义的当行职责,作诗是第二义的感情辅助。朱熹诗论主张因而也相应强调思想标准第一,艺术标准第二。但他的诗却绝少道学气,其说理诗也多有形象思维。

汉儒以美刺说诗的新检讨

张伯伟

总观中国古代文艺批评史上"以意逆志"法的发展,自汉迄清,大致可分为四个阶段:两汉;魏晋至唐;宋至明代;清代。每一阶段的社会环境与文化氛围上的差异,导致了各个阶段的不同特色,而这些特色也就成为"以意逆志"法在发展史上的里程碑。

从中国历史上看来,两汉是秦朝的延续,也是有史以来的一大巨变。在社会组织与文化形态上,它奠定了此后两千余年中国社会与文化规模的基础。所以,作为历史上诸朝代之一的"汉"遂成为中华民族的一个象征。就"以意逆志"法而言,虽然孟子"叙《诗》、《书》,述仲尼之意"(《史记·孟子荀卿列传》),最初提出了此一说《诗》方法,但是,这一方法在中国文学史及文学批评史上产生了如此深远的影响,则不能不归功于汉儒将这一方法广泛的付诸实践。而汉儒在实践中所形成的意义及导致的弊病,对"以意逆志"法的发展也产生了莫大的影响。这一点,是首先需要郑重说明的。

一、汉儒说诗的特色及其产生背景

《诗》在汉代于"五经"中虽最早尊为"经"并立有博士①,但《诗三百》地位真正的提高,是在汉武帝"罢黜百家,独尊儒术"并置五经博士以后。汉代的《鲁》、《韩》、《毛》三家诗,从史籍记载上看,有说皆出于荀子②。西汉时,经今文学流行于世,而就《三家诗》而言,乃以《齐诗》最为显赫③,也以《齐诗》最能代表西汉经今文学的特色。儒学以齐、鲁为宗,汉代师儒也以齐、鲁最盛。《齐诗》之学

---

① 王应麟《困学纪闻》卷八:"后汉翟酺曰:'文帝始置一经博士。'考之汉史,文帝时,申公、韩婴皆以《诗》为博士,《五经》列于学官者,惟《诗》而已。景帝以辕固生为博士。"

② 汪中《述学》补遗《荀卿子通论》记汉初《诗》学源流甚详,文长不录,表列如下:

鲁诗:荀子→淳丘伯(包邱子)→申公;

韩诗:引荀子以说《诗》者四十有四,荀子之别子也;

毛诗:子夏→曾申→李克→孟仲子→根牟子→荀子→大毛公

案:汪氏所论:除《鲁诗》出自荀子为有据外,其馀均不尽然。即以《韩诗》而言,《外传》虽引荀子者四十有四,但却不尽与荀子同。如卷四引其《非十二子》,即去掉子思、孟子,成为十子。相反,《外传》不取荀子的"性恶"说,而是接受了孟子的"性善"论,卷四引孟子曰:"仁,人心也;义,人路也。……故学问之道无他焉,求其放心而已。"即为一例。

③ 据《汉书·儒林传》记载,辕固弟子"以《诗》显贵",又谓《齐诗》有翼(奉)、匡(衡)、师(丹)、伏(理)之学。满昌授九江张邯、琅玡皮容,皆至大官,徒众尤盛"。又据《汉书·艺文志》统计,《鲁诗》三种凡五十三卷,《齐诗》五种凡一百二十二卷,《韩诗》四种凡八十七卷(《韩外传》六卷,《隋书·经籍志》后皆录为十卷),亦以《齐诗》为夥。

固然出于孟子,汉儒之学亦可谓多出于孟子①。而从汉儒说诗方法来看,其受孟子的影响更是显然。并且在汉代的政治、社会及文化的熏染下,"以意逆志"法又有新的发展,形成新的特色。

《汉书·艺文志》云:"汉兴,鲁申公为《诗》训故,而齐辕固生、燕韩生皆为之传。"辕固的《传》未见著录,《艺文志》仅录申公《鲁故》二十五卷,韩婴《韩故》三十六卷,《韩内传》四卷及《韩外传》八卷。颜师古云:"故者,通其指义也。它皆类此。"据此说,则"故"、"说"、"传"、"记"的意思大体上是一样的,主旨均在"通其指义"。但实际上在当时恐怕是有差别的。"故"即"训故",是据经文字句作解释;"传"则不同。《汉书·儒林传》云:"(韩)婴推诗人之意,而作《内外传》数万言",可见"传"的重点在"推诗人之意"。班固接着说:"其言颇与《齐》、《鲁》间殊,然其归一也。"这里的《齐》、《鲁》,当指辕固的《齐诗传》和申公的《鲁诗传》②。"所谓'其归一'者,谓《三家诗》言大旨不相悖耳。"(王先谦《诗三家义集疏·序例》)而《毛诗》篇篇有序,亦即序作者之意。

那么,这种"其归一"的"大旨"是什么呢?从现在可见的文献来看,尽管齐、鲁、韩、毛四家《诗》在文字、训诂上间有出入,但他们所"推"的作者之"意"、所"逆"的诗人之"志"却是有着同一指向的,即"美刺"、"讽谏"。正如程廷祚所概括的:"汉儒言诗,不过美刺二端。"(《诗论十三·再论刺诗》、《青溪集》卷二)其实,不止于《诗》,汉代的一切文学批评,在涉及作者旨意时,几乎无一不具有"美刺"、"讽谏"之意。以王逸的《楚辞章句》为例,《离骚经序》谓《离骚》"独

---

①　参见庞俊《齐诗为孟子遗学证》,载《四川大学季刊》第一期文学院专刊,1935年;蒙文通《汉儒之学出于孟子考》,载《论学》第三期,1937年3月。

②　案:申公《鲁诗传》虽未见著录,但据《汉书·楚元王传》载:"申公始为《诗传》,号《鲁诗》。"可知亦曾作有《诗传》。

依道径以风谏君也。"《九歌序》曰:"上陈事神之敬,下见己之冤结,记之以风谏。"《九辩序》谓《九章》"风谏怀王,明己所言与天地合度,可履而行也。"《招魂序》曰:"外陈四方之恶,内崇楚国之美,以风谏怀王,冀其觉悟而还之也。"《大招序》曰:"因以风谏,达己之志也。"《惜誓序》曰:"盖刺怀王有始而无终也。"由此可见,"美刺"(尤其是"刺")、"讽谏"是汉儒使用"以意逆志"法所得出的共同结论。这是汉儒说诗的第一点特色。

在孟子的思想结构中,"以意逆志"与"知人论世"是两个紧密联系的链环。但是在表述时,这两段话却是在不同的篇章中分别道出的。将隐含于孟子思想结构中的这两方面在实践中有机的组合起来,使"知人论世"成为"以意逆志"法中不可分割的部分,是汉儒对这一方法的发展,也是汉儒说诗的第二点特色。这一特色,突出表现在司马迁的《史记》中。读其书,逆其志,并欲进而知其人,论其世。这是司马迁读古人书(不限于读文学作品)的方法之一,也是他修史的方法之一。例如:

余读孔氏书,想见其为人。(《孔子世家》)

吾读管氏《牧民》、《山高》、《乘马》、《轻重》、《九府》,及《晏子春秋》,详哉其言之也。既见其著书,欲观其行事,故次其传。(《管晏列传》)

余尝读商君开塞耕战书,与其人行事相类。(《商君列传》)

余读孟子书,至梁惠王问"何以利吾国",未尝不废书而叹也。(《孟子荀卿列传》)

(虞卿)不得意,乃著书。上采《春秋》,下观近世,曰《节义》、《称号》、《揣摩》、《政谋》,凡八篇。以刺讥国家得失,世传之曰《虞氏春秋》。……使虞卿非穷愁,亦不能著书以自见于后世云。(《平原君虞卿列传》)

余读《离骚》、《天问》、《招魂》、《哀郢》,悲其志。适长沙,

观屈原所自沈渊,未尝不垂涕,想见其为人。(《屈原贾生列
传》)

人类的著作,是人类思想的结晶,而思想是在历史中形成,在时代
里成长的。只有深入于古人的时代中,与古人一起经受时代课题
的考验,才能衡量出古人的人格上的高低,才能把握住其用心的
幽微曲折,才能对其思想在历史中正面及负面的意义加以判断。
如司马迁对屈原的论述,首先将他的作品放在历史环境中加以考
察,指出"屈平之作《离骚》,盖自怨生也"。并且对其志洁行廉的
高尚伟大的人格作了充分的肯定:"推此志也,虽与日月争光可
也。"(《屈原贾生列传》)他对司马相如的分析,也是能在其"虚辞
滥说"的表面现象中,看到"其要归引之节俭"的真正动机与用心,
从而作出"此与《诗》之风谏何异"的结论(《司马相如列传》)。司
马迁的《史记》,之所以能够成为中国史学史和文学史上的高峰,
与他对"以意逆志"法的理解和使用,并在使用中加以发展,是分
不开的。

汉儒对"以意逆志"法的发展,至东汉后期的郑玄而作一总结。
王国维在张采田《玉溪生年谱会笺序》中指出:

及北海郑君(玄)出,乃专用孟子之法以治《诗》。其于
《诗》也,有《谱》有《笺》。《谱》也者,所以论古人之世也;《笺》
也者,所以逆诗人之志也(《观堂集林》卷二十三)。

《诗》的写作手法有三种,即赋、比、兴。《诗》的主旨便是通过这三
种手法表现出来。郑玄的解释具有典型的汉儒特征:

赋之言铺,直铺陈今之政教善恶;比,见今之失,不敢斥
言,取比类以言之;兴,见今之美,嫌于媚谀,取善事以喻劝之。
(《周礼·春官宗伯·乐师》注)

赋、比、兴虽然出现于先秦遗籍中,但是在实践上将它们具体化、定
形化,使之在作品中各有所归,在创作时各有所用,则是汉代才出

现的。因此,郑玄对《周礼》中提到的赋、比、兴的解释,实际上是根据汉儒的具体运用加以总结,从而逆推上去的。郑玄在《六艺论》中曾指出:

> 诗者,弦歌讽诵之声也。自书契以兴,朴略尚质,面称不为谄,目谏不为谤。君臣之接如朋友然,在于恳诚而已。斯道稍衰,奸伪以生,上下相犯。及其制礼,尊君卑臣。君道刚严,臣道柔顺。于是箴谏者希,情志不通,作诗者以诵其美而讥其过。(孔颖达《诗谱序正义》引)

很显然,"君臣之接如朋友然"指的是战国以前的情形,"尊君卑臣"则是秦汉以来的情形。这正从另一个侧面表明了郑玄对赋、比、兴的解释与时代的关系。郑玄的另一著作《诗谱》虽早有残缺,但是经过后人的整理①,我们已能大致睹其规模。他将三百篇按写作时代次序,盛世之诗"谓之诗之正经"(《诗谱序》),衰世之诗"谓之变风、变雅"(同上),将诗与时代紧密结合起来。这对后世的影响是极大的。

对汉代文学批评中的上述现象究竟作何评价,这无疑是个十分复杂的问题,任何简单地肯定或否定都只能使这个复杂的问题更加复杂。为了对此一问题有个较为准确的把握,我们有必要将它提到历史环境中,对其产生的背景稍作考察。

汉代是一个经学空气甚浓的朝代。总的说来,汉儒对《五经》、"六义"的理解,除了少数"曲学以阿世"如公孙宏之辈,以及将《五经》当作获取利禄之手段的人以外(这些人也不在本文考察之内),多能继承先秦儒家的传统思想,措心于孔孟之"道"的实现。然而

---

① 对《诗谱》的整理始自欧阳修,今人裴普贤《郑玄诗谱图表的综合整理》最为详备,收入糜文开、裴普贤合著《诗经欣赏与研究》(三),三民书局1979年版。

汉代的政治毕竟不同于先秦,它是大一统的一人专制社会①。贾山《至言》中写道:"雷霆之所击,无不摧折者;万钧之所压,灭不糜灭者。今人主之威,非特雷霆也;势重,非特万钧也。"(《全汉文》卷十四)在"道"与"势"的对峙中,士人要做到不"枉道以从势"(《孟子·滕文公下》),一方面在主观上要有"以直谏主,不避死亡之诛"(《至言》)的勇气与胆略,另一方面,客观上也要在舆论界使人们(包括统治者在内)承认、接受"道"高于、尊于"势"。在这一问题上,先秦儒家(尤其是孟子)有许多精辟的论述。而汉代首先提出这点,从而在理论上奠定经学高于政治的基础的是汉初的陆贾,《新语·道基》指出:

> 后圣(即孔子)乃定《五经》,明"六义",承天统地,穷事察微,原情立本,以绪人伦……。《鹿鸣》以仁求其群,《关雎》以义鸣其雄,《春秋》以仁义贬绝,《诗》以仁义存亡,《乾》、《坤》以仁和合,《八卦》以义相承,《书》以仁叙九族,君臣以义制忠,《礼》以仁尽节,乐以礼开降。仁者道之纪,义者圣之学。学之者明,失之者昏,背之者亡。

这里指出了政治对经学的依赖,而所谓经学的核心内容就是"仁义"。汉武帝立《五经》博士以后,经学的地位进一步提高,这固然是利禄之途所在,并引起了不良的后果②,但这也开辟了由通经以进入政治圈中的道路。而以后的皇室子弟,从小皆以《五经》为教材,这也使道统高于政统的理想在一定程度、一定范围内得到了实现。因此,统治者的"受言"、"纳谏",由经学的修养而得到低度的

---

① 徐复观先生《两汉思想史》卷一对此问题有极详赡而透辟的分析,可参看。学生书局 1985 年版。

② 《汉书·韦贤传》引邹鲁谚曰:"遗子黄金满籝,不如一经。"以谋求功名利禄的动机读经,必然使经的精神荡然无存。

保障;而忠臣义士在"天下无道"的形势下不惜"以身殉道"(《孟子·尽心上》),也由经学的修养而获得精神上的鼓励。

这也就决定了汉儒说经的方法是借古讽今。换言之,他们是完全站在现实的立场上去把握经学,理解经学,并运用经学的。这种方法,也可以说是肇自陆贾的。《新语·术事》云:"善言古者合之于今,能述远者考之于近。"这一传统,在汉儒看来,也是导源于孔子。董仲舒认为孔子作《春秋》的用意是"以为天下仪表,贬天子,退诸侯,讨大夫,以达王事。……别嫌疑,明是非,定犹豫,善善恶恶,贤贤贱不肖"(《史记·太史公自序》),等等,所侧重的正是强烈的现实感以及对人类命运的责任心。在他们的眼中,经学的意义在很大程度上就是对统治者的讽谏,具有浓厚的政治色彩。所以汉儒中就有以《诗》为"谏书"者①。

《诗》为《五经》之一,汉初有孔子删《诗》之说,又认为其删削的标准就是"取可施于礼义"(《史记·孔子世家》)。而《诗》与《春秋》,从孟子就说"《诗》亡然后《春秋》作"(《孟子·离娄下》),二者在精神上有着密切的联系②。所以,汉儒说《诗》,也就本着这样一种经学眼光,站在现实的立场上强调其"美刺"、"讽谏",以达到借古讽今的目的。《春秋繁露·精华篇》云:

　　　所闻《诗》无达诂,《易》无达占,《春秋》无达辞。
这几句话在汉代颇为流行。凌曙注曰:"《诗·汎历枢》:'《诗》无达

① 《汉书·儒林传》记王式语曰:"臣以《诗》三百五篇朝夕授王,至于忠臣孝子之篇,未尝不为王反复诵之也;至于危亡失道之君,未尝不为王深陈之也。臣以三百五篇谏,是以亡谏书。"

② 廖平《今文诗古义疏书凡例》一"笔削取义"中认为,《孟子》"王者之迹熄而诗亡"句,当为"王者之迹熄而《诗》作,《诗》作然后《春秋》作"。所以,《诗》"既经素王笔削,篇章字句,机杼全出圣心,亦如《春秋》,比事属辞,皆关义例。"(见《六译馆丛书·诗经类》)此说可参。

诂,《易》无达言,《春秋》无达辞。'《说苑》作'《诗》无通诂,《易》无通吉(案:"吉"当作"占"),《春秋》无通义'。"王应麟《困学纪闻》卷三指出:"董子曰'《诗》无达诂',孟子之'不以文害辞,不以辞害志'也。"这仅仅注意到其相同的一面。而前者强调说者的主观性,则是对后者的发展。同样,赵岐在《孟子注》中,对"以意逆志"的解释是:

> 人情不远,以己之意逆诗人之志,是为得其实矣。

我曾经指出,赵岐拈出"人情不远",是抓住孟子人性论的基础的①。但是,明确提出"以己之意逆诗人之志",则是赵岐对"以意逆志"法的发展,这与"《诗》无达诂"说的背景是一样的。这种理论与汉儒说《诗》的实践也是完全一致的。班固曾就立于学官的齐、鲁、韩三家对《诗》的训传作过这样的评价:"或取《春秋》,采杂说,咸非其本义。"(《汉书·艺文志》)这是因为,汉儒说《诗》的基本用心,原就不在追寻诗人的本义,只不过是借题发挥而已。而他们借题发挥的着眼点则完全放在对统治者的"美刺"(尤其是刺)、"讽谏"上,汉儒念念不忘这一点,随时加以发挥。《周礼·春官宗伯》记瞽矇的职责,有"讽诵诗"一条,郑司农(众)即注云:"讽诵诗,主诵诗,以刺君过。"这又是由汉代大一统一人专制的政治所决定的。《淮南子·修务篇》云:"为道者必托之于神农、黄帝,而后能入说。乱世昏主,高远其所从来,因而贵之。"作者在这里虽对托古立说所持的是否定态度,但也从一个方面透露了其中消息。

　　《诗》固然为《五经》之一,但是在汉人的心目中,《离骚》(即《楚辞》的代表)也兼有《国风》"好色而不淫"与《小雅》"怨诽而不乱"的特点(《史记·屈原贾生列传》),乃"依托《五经》以立义"(王逸《楚辞

────────────

　　① 　参见拙作《从儒家人性论看孟子"以意逆志"的提出》,将载《文化,中国与世界》第七辑,三联书店。

章句叙》);而赋又为"古诗之流"(班固《两都赋序》,《文选》卷一)。所以,在汉儒的眼光中,这些作品具有"美刺","讽谏"的色彩也就是理所应当的了。

二、历史意义与历史局限

汉儒在"以意逆志"的实践中,将"志"的内容局限在"美刺"与"讽谏"中,从历史上来看,有其意义,也有其局限,两者既有区别,又有联系。

毫无疑问,汉儒的文学批评实际上是一种政治批评。从现代人的眼光来看,这种批评无疑抹杀了文学的特性,持这一标准去看待文学也无疑是迂腐乃至僵化的。但是,从历史上来看,当汉儒以"美刺"、"讽谏"说诗的时候,面对的是其威势至高无上的君主,他们的借古讽今,往往是要以其个人的荣辱乃至生命的存亡为代价的[①]。这决不同于书生的信口开合或想当然,经学的意义,在他们是由文字直贯入其精神血脉中,成为支持其生命的源泉与力量。就他们所说的具体诗而言,他们所"逆"的诗人之志可能有偏差甚至完全相反,但是从他们的动机乃至表现看,却恰恰代表了传统士人的良心与勇气。这里,我们以对《关雎》的解释为例。

汉代流行的《诗》,主要是齐、鲁、韩三家,《毛诗》只在民间流传,未能列入学官。对《关雎》的解释,《毛传》认为作于文王之时,其义乃是赞美"后妃之德"。但郑玄作笺以前,汉代流行的《三家

---

① 《汉书·眭宏传》载,宏上书云:"先师董仲舒有言,虽有继体守文之君,不害圣人之受命。汉家尧后,有传国之运。汉帝宜谁？差天下求索贤人,禅以帝位而退,自封百里,如殷、周二王后,以承顺天命。"霍光以其"妄设袄言惑众,大逆不道"而伏诛之。案:眭宏所据正为《春秋》公羊家说。

诗》义却不是"美",而是"刺"。兹据王应麟《诗考》①,将三家义列之如下:

> 《韩诗》:"今时大人内倾于色,贤人见其萌,故咏《关雎》,说淑女,正容仪以刺时。"

> 《鲁诗》:"佩玉晏鸣,《关雎》叹之。"(《后汉书·杨赐传》:"康王一朝晏起,《关雎》见几而作"注:此事见《鲁诗》。)

> 《齐诗》:"孔子论《诗》,以《关雎》为始。言太上者民之父母,后夫人之行不侔乎天地,则无以奉神灵之统,而理万物之宜。故《诗》曰:'窈窕淑女,君子好仇。'言能致其贞淑,不贰其操。情欲之感,无介乎容仪。宴私之意,不形于动静。夫然后可以配至尊而为宗庙主。此纲纪之首,王教之端也"。

由此可见,《三家诗》均认为《关雎》乃康王时所作,其意为刺"今时大人内倾于色","后夫人之行不侔乎天地",这可以说是《三家诗》的通义,也是在汉代流行的观点②。然而,撰诸史乘,其中明显是有矛盾的。《史记·十二诸侯年表》云:"周道缺,诗人本之衽席,《关雎》作"。又《儒林传》云:"夫周室衰而《关雎》作",这是承三家义而来,诗意主"刺"。但是司马迁在《周本纪》中又载:"成、康之际,天下安宁,刑错四十余年不用。"正是太平盛世。这个矛盾,我认为只能用汉儒的托古讽今(这比借古讽今更进一层)来解释。汉代自诸吕篡政以来,外戚问题相当严重。好色宠内,往往导致外戚之祸。这从陆贾就已意识到,并加以警戒。《新语·慎微》指

---

① 王先谦《诗三家义集疏》虽卷帙丰于《诗考》,但其中对"三家诗"内容的划分多有不合理处,故本文乃据《诗考》。

② 王应麟《诗考》有《诗异字异义》节,于《关雎》下集有当时七家之说,大义相似。

出："夫建功于天下者,必先备于闺门之内。"《三家诗》以《关雎》主"刺",其意亦在于此。值得注意的是,上引《齐诗》之说,正见于匡衡所上《戒妃匹劝经学威仪之则疏》中,其目的正在于藉《诗》的大义以匡谏成帝"采有德,戒声色"(《汉书·匡衡传》),而成帝却正是以宠飞燕、耽酒色为当时及后世所诟病的。可见,他们完全是站在现实的立场,针对现实的情况而说《诗》的。讽刺汉皇而托之于康王,这与唐人诗中讽刺唐皇,而每每以汉皇代之,虽一为批评,一为创作,其实质是颇为类似的。所以,汉儒的说《诗》,往往不是诗的本义,又往往显得很拘执,乃至很牵强傅会①。其意义和局限都在这里。

汉儒使用"以意逆志"法强调"美刺"、"讽谏",对创作本身也带来很大影响。这就是诗赋当有为而作,发挥"美刺"、"讽谏"的作用。西汉的大赋,多具有讽谏的传统,赋序中的"作赋以讽"、"上赋以劝"等字样,即为明证。虽然这些序均为"史辞"②,但却真实地反映了这些赋的作意。东汉的赋作者,更是有意识地继承前人的讽谏传统。《后汉书·班固传》谓固"因感前世相如、寿王、东方之徒,造构文辞,终以讽谏,乃上《两都赋》。"《张衡传》谓"衡乃拟班固《两都》,作《二京赋》,因以讽谏"。而杜笃《论都赋序》自云:"窃见司马相如、扬子云作辞赋以谏主上,臣窃慕之,伏作书一篇,名曰《论都》。"(《后汉书·杜笃传》)后人看到这种现象,遂有将赋与《五经》并提者,如孙绰云:"《三都》、《二京》,《五经》鼓吹。"(《世说新

---

① 王先谦《诗三家义集疏》卷一于《关雎》诗下云:"《毛传》匪刺扬美,盖以为陈圣贤之化,则不当有讽谏之词。得粗而遗其精,斯巨失矣。"案:王氏扬今文,抑古文。但若就《关雎》一诗的本义而言,其说实未必是。

② 王芑孙《读赋厄言·序例》云:"西汉赋亦未尝有序,……其题作序者,皆后人加之,故即录史传以著其所由作,非序也。自序之作,始于东京。"

语·文学》)《毛诗序》释"风"曰："上以风化下,下以风刺上。主文而谲谏,言之者无罪,闻之者足以戒。"而诗赋中的讽喻传统,遂成为我国文学的一大特色。相反,歌功颂德的篇什,则每每被认为是无聊的,甚至是可耻的,而为中国诗教传统所不容。

这里也就牵涉到一个评价标准问题。由于受汉儒说诗的影响,对文学作品的评价,首先便以是否有讽谏之意为标准,来衡量作品的优劣。《史记·屈原贾生列传》指出："屈原既死之后,楚有宋玉、唐勒、景差之徒者,皆好辞而以赋见称。然皆祖屈原之从容辞令,终莫敢直谏。"便是以后者的"莫敢直谏"而反衬屈原作品的价值或功能。扬雄《法言·吾子》中关于"诗人之赋"与"辞人之赋"的划分,也是以"讽谏"为标准衡量的。这种情形,后来在中国文学史上也曾多次出现,唐代的新乐府运动即是显著一例。

这一标准固然有其不可抹杀的价值,但是汉人在使用上的最大的弊病,乃在于将它惟一化、绝对化。由于是从经学的观点看文学,遂限制了汉儒的视野,使他们的论述不免狭隘、偏执。其历史意义也由于其历史局限而淹没于历史尘埃之中。

在汉人的创作中,还有一点也大堪注意。汉儒以"美刺"、"讽谏"为原则去看待作品,但是在表现手法上,又必须是"主文而谲谏"(《毛诗序》),做到曲终奏雅。这就是《诗经》中的比兴传统,也就是《楚辞》中"香草美人"的传统。所以,汉人一方面在批评时强调比兴寄托之意,另一方面在创作中也继承了此一传统,有意识地摹仿这种手法。如张衡《四愁诗》,其序曰:

> 时天下渐弊,郁郁不得志,为《四愁诗》,依(案:此字据胡克家《文选考异》卷五补)屈原,以美人为君子,以珍宝为仁义,以水深雪雰为小人,思以道术相报,贻于时君,而俱谗邪不得

以通(《文选》卷二十九)①。

这种创作与批评的互为作用,遂使作者藉男女之词,寓身世之感,说者指闺阁之言,作美刺之笺,从而形成中国古代文学与传统文学批评的一大特色。"以意逆志"法之长流不衰,这种内在的必然性是断断不可忽视的。

(原载《南京大学学报》1989 年第 5 期)

张伯伟(1959—),南京大学中文系教授,博士生导师。主要著作有《禅与诗学》、《钟嵘诗品研究》、《全唐五代诗格校考》、《中华文化通志·诗词曲志》、《中国诗学研究》、《中国古代文学批评方法研究》等。

本文指出,孟子的"以意逆志"法在中国文学史及文学批评史上产生的深远影响,应归功于汉儒将这一方法广泛地付诸实践。而汉儒在实践中所形成的意义及导致的弊病,对"以意逆志"法的发展也产生了较大影响。

---

① 王观国《学林》卷七以此序非张衡自作:"《四愁诗序》乃史辞耳,辞有不同者,盖撰《后汉书》者非一家,后之编集衡诗文者增损之耳。"案:此序虽非其自作,但却是对张衡写作动机的真实说明。

略谈古代文论在当代文艺
研究中的地位与作用

徐中玉

一

中国古代文学理论是一个极为丰富的宝库，它对全人类文化有着重要贡献，这是海内外学者都越来越公认的事实。这不能不归功于数千年来斯学先贤们的创造发扬之勤，也不能不归功于近数十年来海内外学者辛勤搜集整理、研究阐说的努力。但应该承认，由于这种努力的时间还不长，方法还不多，有待挖掘的东西还大量处于湮没尘封之中，而由于我们的观念又长期习于狭隘、凝固、保守，往往不能从多方面、多层次、多角度既微观地来分析发窥它们丰富的意义和价值，又不能综合地、系统地、宏观地来揭示它们在整个学术领域、民族文化构成中的精义与地位，所以它的影响还是不够深广的，它对繁荣当前文学创作、发展理论研究的积极作用还远没有得到发挥。这中间的原因之一，即在于对斯学的研究，长期仍局限于少数学者、研究工作者之中，就在我们国内，广大文学工作者对这门学问大都还是生疏、陌生的。一门重要的、原本具有广泛性的学问如果只限于少数学者的圈子里，成果只能受到同

行的关心注意,它就很难得到迅速的发展,而发挥出它应有的巨大
作用,如能选择一部分重要的古代文学理论资料,加上简要的注
解,附以可信的语体文今译,就可能使我国这一份极有价值、提供
了许多文学规律性认识的优秀文学遗产,在国内广大读书界扩大
影响,争取有更多的同志参加这个研究队伍,从而温故知新,古为
今用,共同把建设民族化的、社会主义的文学理论这一当前文学界
非常需要的事业做好,并向前推进。

　　普及工作并不容易。有两种"浅出",一是浅入而后的浅出,一
是深入而后的浅出。当然后一种浅出才有意义、才有很大价值。
有些人不愿做普及工作,以为它太容易,显示不出自己的本领;也
有些人则因为看到了它的难度,而不愿轻于承担。我赞同后者的
郑重态度,却深望这些同志能为后来者尽力。令我深感欣慰的是,
这些年来已出版了一些这方面比较认真的译作,我相信,经过他们
以及将来继起参加注译的同志们的辛勤努力,这类书籍必将受到
广大读者的欢迎。

二

　　中国古代文论有自己的特色,这一认识没有分歧。分歧在于
你认为这点是特色,他认为未必;你认为有这些种,他认为有那些
种,或还有其它种种。我看尽可以各抒己见,不嫌多样,提出来共
同探讨,互相比较。既称民族特点,就该从各民族的理论实际中去
比较研究,而各民族文学理论的发展如此复杂多样,涉及面是那样
广阔,谁敢胆大包天,说自己对人对己,都已了如指掌,全局在眼
了,不过我们似也不必认为对此谁都将无能为力,共同的探索积累
之功,必然能使我们日益接近事实的真相。问题在于我们都应有
追求真理的愿望,和通力合作的诚心,并植根于切实的努力。

中国古代文论有些什么特点？我想极简单地谈谈其中的六点。而且，我宁愿凭经验、凭直觉来谈谈，或许可以减少一些空泛和学究气。

所谓民族特色，我认为，不是指其他民族一定没有的东西。读天下书未遍，动辄就断言这是其他民族一定没有的东西，我往往怀疑好用这样口气说话的人是否真知道这个地球上究竟有多少个民族，多少议论。所以我自己一向只把民族特色这种东西，只看成在我们民族的文论里占有显著的地位，而且具有本民族特有表现方式，是相对的而非绝对的东西。

基于这样的认识，我以为——

特色之一，是尚用。孔子以来，尚用的议论千千万，本来，文艺原是有多方面的作用的，出现这么许多议论，毫不足怪。大至经邦济国，为时为事，小至娱乐身心，传之后世，全谈到了。值得注意的是"兴观群怨"中这个"怨"字，"怨刺上政"，成了历代进步文艺家创作的崇高目标，评论家赞赏的准则。歌功颂德的应制文学，大致都可列入庙堂文学之列，这种作者当时能捞到点好处，但文学史上从无他们的地位。大作家们也难免会写些这种文字，但他们之所以成为大作家，决不是由于有了这种文字，而是他们写的这些关怀民生疾苦、忧国伤时、要求革新弊政的作品在起主要作用。不仅歌功颂德之作得不到大家的欢迎，即便是表现欢愉之情的诗文也难得好评。为何"穷苦之辞易好，欢愉之辞难工"？其中道理尽可细细分析，但"穷苦之辞"中有"怨"在，而"欢愉之辞"中则当然没有，这是一个重要差别。对"怨"字，古代文论也曾加以分析，有"为民请命"式的怨，也有个人"叹老嗟卑"式的怨，前者受重视，得共鸣，后者有时也能引起同情，但有识之士则以为品格不高。真才实学而不得展其抱负的人的确各代皆有，可是"叹老嗟卑"的人却并非真的都有才学，很多无非出于一己之私利未得如愿满足而已。不过比之卑躬屈膝、无耻捧场的东西来，人们对单纯"叹老嗟卑"之作的反感毕竟还是少一些，为什么？因为其中有时多少反映出了一些封建社会中的不公道现象，而那时的绝大多数人，的确都不同程度受到这种压抑的。"怨刺上政"对不对？只要"上政"真有弊病，损国病民，加以"怨刺"，用今天的话来说就是批评和讽刺，有什么不对呢？尽管"怨刺"的动机绝大多数确实不过是希望稍有改良，不要把老百姓逼到走投无路去铤而走险的地步，"水能载舟，亦能覆舟"嘛！应该说对封建统治仍怀忠忱并未绝望，他倒看到了这个政权的危机和社会比较长期的利益。可是难道可以因为他的动机如此，就连他对确实存在的损民时弊的批判也一笔抹煞？把这种批判放在民族历史发展的长河里来考察，应该说对后人还是有些历史教训和启发作用的。而若某些比较开明的统治者因此多少作了一点改良，客观上使老百姓稍为减轻了一些痛苦，那也并不总是坏事。过去有人说这会麻痹人民的斗志，延缓甚至取消革命，我很怀疑这种不管时间、地点、条件反对一切改良的高调，按此推论，则如昏君赃官以及一切坏人越多，倒更可以促进革命了？历史行程难道可以据此来论断吗？

　　"发愤著书"、"不平则鸣"、"穷而后工"，我看这些话都同"怨"的需要和作用有密切关系。主张"文须有益于天下"的顾炎武也揭露了当时社会的许多弊端，因而不能自已地提出了这个鲜明主张。尚用而着重在"怨"，固然有长期封建社会专制统治的历史为其背景，但只要社会总需无止境的前进，即使在现代，批判精神仍值得肯定，当然出发点应该是为了促进历史前进而决不应是拉向后退。随着批判对象的不同，方式方法也要讲究。嘻笑怒骂、温柔敦厚，各有其宜，务求产生实效。我们今天强调批评与自我批评，未始不包含有"怨"中的合理因素。有人一听"尚用"就摇头，难道"无用"倒可贵吗？

　　特色之二，是求真。古代文论讲"信"、讲"实"、讲"诚"，意思和"真"差不多。求真有两个方面：反映客体要真，抒写主体也要真。古代批评家们似乎并不像后人有那么多清规戒律，崇拜统一的模式，即使像主张"宗经"、"征圣"的刘勰，在这方面也颇开明。他对屈原的《离骚》不无微辞，但对它的"惊采绝艳"，还是赞叹不止的，因为它做到了"酌奇而不失其真，玩华而不坠其实"。孔子早提出"情欲信"，后来欧阳修也指出"事信"的重要。人们称《史记》为实录，老杜诗为"诗史"，都包括了主客体两方面的真实之统一这一根本要求在内。修辞要立诚，作文要不得已而言，苏轼指出文章的成功"非能为之为工，乃不能不为之为工也。"觉得非写不可，不写出来对不起人，有这么一股创造的激情在，文章就必然有内容，必然不虚假。写出客体的真，当然也不限于表象。过去每多以镜之照物来比喻反映客体的真，刘熙载就不同意，说得很有道理："镜能照外而不能照内，能照有形而不能照无形，能照目前现在而不能照万里之外，亿载之后。"（《持志塾言》下）客观事物怎能单凭写出它的外表、可以照见的部分、和眼前的静止状态就算已描写得很真了呢？主观很真诚，不说假话，当然很好，但还远远不够，真话并不一定合理、属实、有益。把客体写得很真了，把主体的感受、心灵世界也写得很真了，而且具有极大的艺术感染力，能鼓励人们积极向上，主客观统一，这才是好作品。融真实、真情、真理于一炉，"真"还是最重要的基础。这一主张自然要涉及主体的人品。古人常说"道德文章"，"士先器识而后文艺"，所以把"道德""器识"放在前面，有其深意，即认为无德无品或品德卑下的人是写不出真好的文章来的。"一为文人，便无足观"，这里所说的"文人"，即指品德低下或很平庸，只爱雕章琢句、以花俏自喜一类的人，这样说的人倒并不真在抹煞文学的作用，否定一切的文人。人品更重于文品，或者也可算古代文论的特色之一，我认为它便是从求真这一特点派生、延伸出来的。鲁迅有"革命人"才能写出革命文学的谠论,同古代文论中这一观点不无联系。专横暴戾,极端个人主义,也是一种主体性,也可以是真的,所以谈主体性虽极重要,却不能说任何"自我"都至高无上,还是要有个前提。

　　特色之三,是重情。孔子说:"情欲信。辞欲巧。"情由人生,重情也就是重人,刘熙载直捷了当地指出"文,心学也。"(《游艺约言》)这样的意思在宋代已有些文论家明白表达出来了。所谓"心学",无异说文学是表现人心的学问,其强调主体的作用是明白的。古人也常说"言志","情""志"其实很难分清楚,言志怎能毫不流露感情? 抒情怎能毫不反映思想? "情志"后来往往就被联合在一起运用了,同"情性"、"性情"、"性灵"成了差不多的观念。为别于某些说教式的东西,在谈及文学时当然用抒情、言情这些词明确些。古人早就看出文学有潜移默化、感发读者意志的特殊作用,这作用就是从情的感染中产生的,较之辱骂恐吓、耳提面命的教训,它的作用要深广得多。当然也不是说文学作品里不能直接说点理,但那是带着强烈感情的说理,是蕴含在感情表现中的说理。有的文学形式的枯燥说教,也有如某些道学家写的诗,却被称为有韵的语录,至于鸟名诗、药名诗之类,则更只能算文字游戏了。古代文论重情,同时也很重理,苏轼说事物都有一定之理,诗文如果不能充分表现出这一定之理,就说不上已到了"辞达"的高境界。我们民族确有重视理性的传统,认为轻视理性是不符事实的。严羽说得好:"诗有别趣,非关理也。然非多读书,多穷理,则不能极其至。所谓不涉理路,不落言筌者,上也。诗者,吟咏情性也。"这段话有什么错? 却被很多人攻讦了几百年,真冤枉,他的意思不是很明白吗? 文学的特点就该寓理于情,直露了一般就没有味道,就不能吸引人,起不了什么作用。说明要说得有趣味,耐人思索,一唱三叹,不是排斥理性。当然"歪理十八条",有趣仍不行。情若写得丝丝

入扣引起同情,人就活了,也就能吸引读者了。作品就真有生命力
了,文学的各种作用就自然发挥出来了,这是单靠华丽的词句、离
奇曲折的情节、盗名欺世的豪言壮语等都不能真正达到的。社会
生活当然是源泉,客观存在的事物当然是基础,文学乃是作者通过
刻画形象,描写人情来反映、评价这些事物,否则事物具在,为什么
人们对之并不能像读了优秀作品后那样激动、那样爱憎、那样萦迴
于心,久久无法忘怀? 这说明重情既非主观主义,也非唯心主义,
更不是非理性主义。

特色之四,是重简要,即爱好要言不烦,存心使人自己思考,举
一反三,厌恶唠叨不完,以艰深文其浅陋。不久前读到一篇文章,
作者认为文学批评家目前在文学界的地位所以很低,"其中很重要
的一个原因",在于"我们民族的理论思维的薄弱,不像德意志民族
孕育出了黑格尔、马克思那样的理论巨人"。我觉得此论颇怪。黑
格尔的美学体系庞大,抽象思维、逻辑推论很多,有许多深刻见解,
马克思是无产阶级革命导师,是理论巨人,对此我们谁也不会有异
议。马克思且不谈,难道因为有黑格尔,今天德国文学批评家的地
位就特别高了? 用黑格尔的著作,就能断言我们民族理论思维的
薄弱? 部头大,有明显的系统,艰深难懂,这些便可证明理论思维
的高强? 我毫无意思要贬低黑格尔的重大贡献,但对这种脱离历
史、文化、民族思维心理习惯等等要素的比较实在无法苟同。我们
无权干涉黑格尔的思维习惯和文风,却有权说我们无须如此跪倒
在外国人的脚下,尽管他确有某种权威性。难道刘勰就不是当时
世界上的文学理论权威吗? 他比黑格尔早了多少年! 尽管我们可
以不同意宋明理学家们的观点,可是他们的思辨能力并不差。薄
弱或不薄弱,不能看外表形式,主要应该看探索的深广度、理论发
挥出的力量,对各自的文学发展历史起了多大的实际作用。德国
同样也是巨人的歌德对黑格尔式的理论思维就多次表示并不恭

维。即使我不是中国人，我也不认为黑格尔那样的表达方式就是惟一最好的方式。黑格尔当然不是"以艰深文浅陋"，但他未必能算是一个很想把理论交给群众的人。"通道必简"，我相信没有一种真理不能用通俗平易的方式充分表达出来，直观感受，切身领悟，整体观照，就近取譬，难道就一定不能表现真理？在我们这里，像蹩脚翻译文字那样把并不深奥的问题搞得尽是名词概念，玄之又玄，以示思辨能力高强的东西确已出现不少，许多读者啧有烦言是理所当然的。在这个时候略为说说我们民族文论崇尚要言不烦的特色，也许有些益处。

我们民族向来主张"辞尚体要"。这倒未必因为古代书写、纸张、刻印都十分困难的缘故。刘知几称《左传》"其言简而要，其事详而博"，在简要中见详博，贯多以少，举少见多，后来纸张印刷方便之后仍被奉为著述的信条，论文谈艺亦不例外。高明之士，每以为有些话是不必谈或不必多谈的，有些话是可以意会尚难确切言传不用费辞的，有些话是说了再多仍难免挂一漏万的。那些唠叨不休的话，不说别人也能知晓，说了则欲益反损，反倒阻碍了别人思路，有些甚至是糟粕。刘勰谓圣人之文："虽精义曲隐，无伤其正言，微辞婉晦，不害其体要。体要与微辞偕通，正言共精义并用"（《征圣》）；在《论说》篇中，他说"通人恶烦，羞学章句，"《风骨》篇中，他说："文术多门，各适所好，明者弗授，学者弗师。"分明是"文约为美"的意思。"体大思精"的《文心雕龙》不过寥寥三万字左右，却已史论评相结合，成为不朽名作。难道它理论不深，分析不精，没有体系？韩、柳、欧、苏，都无理论批评专书（《六一诗话》远不如欧公集中诸文重要），卓绝之论岂少？难道不成系统？诗、词、曲话、小说评点等，虽零碎而作用甚广，娓娓道来，亲切有味，何尝不如堆砌名词概念生造字句、动辄数十万言之作？各民族互有短长，各有所适，我决不敢尽煞别人志气，一味长自己威风，乃是力求实事求是,有点科学态度和历史唯物主义精神。刘熙载解释他为什么要把著书称为《艺概》:"艺者,道之形也,……顾或谓艺之条绪綦繁,言艺者非至详不足以备道。虽然,欲极其详,详有极乎! 若举此以概乎彼,举少以概乎多,亦何必殚及无余,始足以明指要乎,是故余平昔言艺,好言其概。"(《艺概自序》)我认为我们民族论文谈艺的这一文风特色,今天也还值得发扬光大。当然我们也不能自命不凡,定于一尊,但认为这种文风不得自树一帜,竟成了什么障碍,姑不谈虚无主义之类的责备,实在太欠自重,太不科学了。

特色之五,是形式多样,本身即为艺术品。现代我们的文学理论文章,多颇缺乏吸引力、可读性。有的是棍子大棒,令人愤恨惧怕;有的是老生常谈,令人一翻即合;有的是穿靴戴帽,看了几页还未知究竟要讲些什么;实在太枯燥乏味。文字和样式近乎千篇一律。近年似乎还有越写越长,非填满两万个格子不足表示气势大、学问多的趋势。当然,好文章不厌其长,问题在这样的文章极少,而胡说乱扯,空话连篇硬凑拉长的东西太多。古代文论上千字的极少,通常每篇不过几十字,几百字。而且随笔、杂记、书信、题跋、序引、评点,甚至就用诗、词、曲、赋、小说中人物对话本身来随机发几句议论,却非常具体、有趣、中肯,令人读后永难忘记。杜甫是诗人,他的《戏为六绝句》不足一百七十字,谈到多少问题,蕴有多少深意? 如让现在有些人来写的话,我看少则两万字,多至五万、十万,绝不令人意外。大量水分加上大量张三李四说过的话,可以很容易达到这个数目,浓缩一下,恐怕仍不过重复这些意思,甚至还远不能如此深切著明有味。陆机《文赋》是一篇赋,刘勰《文心雕龙》运用的是拘束很多的骈体文,司空图《诗品》全用的四言句,不仅说理精深微妙,本身都是公认的文学作品,耐人寻味。创作形式风格应该多样,为什么理论的形式风格就不可能或不应多样呢?

特色之六,是艺术辩证法异常丰富。一与多、远与近、难与易、厚与薄、多与少、形与神、景与情、大与小、疏与密、离与合、变与通、有法与无法，……诸如此类，可以随便举出几十对，它们既对立，又统一，既相反，又相成。可以说从先秦古籍以来，辨证法思想及其细致的运用，即充满在文艺理论之中。不是我们的文艺理论缺乏哲学色彩，而是我们还未及或未能从中去发现其深刻的哲理内含。《文心雕龙》《白石诗说》《沧浪诗话》《原诗》《艺概》《人间词话》……不妨再仔细读读这些精光四射的论著。古化文论家很多是优秀的哲学家，不同于人的是他们决不摆哲学家的架势，用故作高深、玄妙的名词术语概念吓唬人，而是举重若轻，平易道来，使人但觉其隽永值得咀嚼，却不感到玄虚、晦涩、难明。刘熙载云："古乐府中至语，本只是常语，一经道出，便成独得。词得此意，则极炼如不炼，出色而本色，人籁悉归天籁矣。"(《艺概·词曲概》)四十一字中，把至语与常语、极炼与不炼、出色与本色、人籁与天籁这些对立的概念一下子就融会贯通了起来，虽然并未举出什么例子，但古乐府是大家熟悉的，一经点悟，不易领会的道理便很快使人豁然开朗了，能说这不是了不起的特殊本领吗？

　　谈了以上六点，还想补充一个感受，即中国古代文论中还有极多的宝贵东西可供挖掘，这对贯通中外古今，进行比较，找出各种普遍的规律，肯定大有作用。宋代陈郁《藏一话腴》所谓"盖写其形，必传其神，必写其心"之说；清代沈德潜《说诗晬语》卷下所谓"性情面目，人人各具，…倘词可馊贫，工同鞶帨，而性情面目，隐而不见，何以使尚友古人者读其书想见其为人乎！"；明代钟惺、谭元春《古诗归》卷十所谓"退寻"，即作品当境成篇，往往不佳，退而寻之，却易出佳作，钟惺又有诗为"活物"之说，因是活物，所以读者尽可各就所识所感，各自为说，虽不必皆有当作者之意，但皆可有助于对生活与诗的理解，从而实际分析了"诗无达诂"这个聚讼纷纷的问题。稍稍一想，古人这些议论，未始不同目前人们常在谈论的外国也谈过的"文学是人学"、"距离说"、"接受美学"等有相当的联系。至于像叶燮所说:"曰理、曰事、曰情三语,大而乾坤以之定位,日月以之运行,以至一草一木一飞一走。三者缺一,则不成物。文章者,所以表天地万物之情状也;然具是三者,又有总而持之,条而贯之者,曰气。事、理、情之所为用,气为之用也。……得是三者,而气鼓行于其间,絪缊磅礴,随其自然,所至即为法,此天地万象之至文也。"(《原诗》卷一)刘熙载所说:"描头画角,是词之低品,盖词有全体,宜无失其全,词有内蕴,宜无失其蕴。"(《艺概·词曲概》)以至常语所谓"见树不见林"、"见林不见树"等说,是否这里也已接触到了当前正在广泛谈论的"系统论"?"微观"与"宏观"等问题? 分析理当入细,即所谓微观,而细微分析之后尚须有宏观的综合,看到子系统上面的高一级系统,这里所讲的理、事、情三者与总持、条贯其上的生气或生命的关系,细部与全体、外表与内蕴的关系,不妨看为古人多少也感知到了这些问题对创作与评论实践所具有的意义。我无意说当代这些新说在古代文论中早已完全有之,贬低各种新探索的价值。不过确实感到不少问题,往往在各国各民族优秀作家的思维、经验中都已有萌芽,有所理解,存在某种承传的关系,并非都是从天而降。了解过去,就可以接受前贤的薪火,至少利用它的熹光微明;还可表明,并非一切人们尚不明白尚不习惯的新说全是奇谈怪论,所以我补上这一笔,或者还有望得些"以复古为解放"之益,固不仅显示古代文论内容极其丰富而已。

三

再联带谈一点古代文论名著今译的问题。从普及的需要看,择要搞些古文论今译,我以为很有意义。在简要的注释之外,对所选代表性作品加以今译,可供掌握古代汉语者作比较参阅之用。

当然,译文不过是一种手段,譬如过河需要的桥梁,目的还是帮助读者,借此逐渐能够直接阅读古书。今译至少在清末已经有了,看似容易,做好实极困难。再好的今译,也终究不能替代原作。古今语文变化甚多,词汇修辞语法时有不同,加以思想感情、名物制度、器物风尚改易频频,要求今译处处准确无误,铢两悉称,非常困难,特别有些话意在言外,含蓄既深,又包涵着许多想像、联想的成分,译文往往只能择一而言,无法把原作的所有用心,以及原作未曾用心而客观上却能够引发读者心智的那些无形存在的深广意义都译出来,这是略知译事甘苦者都深知的,好在这也是深知译事之难者都能谅解的。现在有些译者不畏艰巨,尽了他们的大力值得感谢,不足、可商之处必然仍会有,好在原文具在,又有注释,今译不过供初学的方便,多一种参考材料总是好事。知道了此中关系,它们就能发挥出虽然有限而仍积极的作用了。

(原载《文艺理论研究》1989 年第 6 期)

徐中玉(1915—　　),江苏江阴人,1939 年毕业于中央大学。华东师大中文系教授,著名古代文论研究专家。

本文指出,建设当代文艺理论体系必须吸取中国古代文论中的精华,这便有一个"古代文论的当代转换"问题,徐中玉这篇文章概括出了古代文论的尚用重"怨"、求真、重情等特点,并指出它们仍具有十分重要的当代价值,而儒家文艺思想在其中无疑具有不可忽视的作用。儒家文艺思想仍然活在当代。

关于淫诗的问题

匡亚明

孔子以何标准删诗？三百篇中有无淫诗？两千年来争论不休。有人认为孔子取可施于礼义的留下，删掉了很多。又有人认为孔子批评"郑声淫"，但《诗经》中有《郑风》，可见没有根据上述标准去删。支持第一种意见的人又说淫诗已删，现在《郑风》不过是留下来的反面教材。不管攻之者，还是辩之者，都把郑声当作郑诗，也都把孔子当作禁欲主义者，这是不对的。

孔子从来没有讲过"郑诗淫"，只是讲"郑声淫"，并不认为《郑风》是淫奔之作。过去人们有一种偏见，认为孔子把一些反映男女爱情的诗都划为淫诗，其实是不对的，不合乎孔子的一贯思想。孔子这个人在男女爱情方面是比较开放的。例如《诗经》卷首的《关雎》是歌颂一个贵族青年爱上一个美丽的姑娘，一直相思得翻来覆去睡不着觉，最后终于结合在一起，孔子称之为"乐而不淫，哀而不伤"的典范。还说"洋洋乎盈耳哉"！其实《郑风》中的大部分内容与《关雎》的内容是一致的，多反映男女之间的爱情。这些内容表现出来的感情是真挚热烈的，没有丝毫忸怩做作。像"维子之故，使我不能餐兮……维子之故，使我不能息兮"，"一日不见，如三月兮"等，与"寤寐求之"、"辗转反侧"是一脉相承的。《郑风》在十五《国风》中数量为二十一首，是最多的。从这里也可以看出孔子支持、赞赏人民有享受爱情的权利，这不仅符合当时的社会实际，也符合孔子"仁者爱人"的一贯思想。

淫与不淫是从声上讲的,与诗无关。孔子讲"放郑声","恶郑声之乱雅乐",都是把郑之乐曲与《韶》、《武》对应提出的。《乐记》中魏文侯问子夏:"吾端冕而听古乐,则唯恐卧,听郑卫之音,则不知倦,敢问古乐之如彼,何也? 新乐之如此,何也?"子夏回答说:"修身及家,平均天下,此古乐之发也。""今夫新乐,……奸声以滥,溺而不止……不可以道古,此新乐之发也。"据此可知,魏文侯与子夏区分淫与不淫,是从古乐与新乐的对比上讲的。雅乐,古乐也。"雅者,正也。言王政之所由废兴也。政有大小,故有《小雅》焉,有《大雅》焉。"后人一般都把周之音乐称为雅乐,而郑卫之音则是一些通俗音乐,有广泛的群众性,这些音乐自然是不合雅乐的,一直受到雅乐的排斥而流行于民间。春秋后期,礼崩乐坏,郑卫之音蓬勃而起,并逐渐形成一股"新乐"的洪流,冲击荡涤着雅乐,因此,它决然不是《诗经》中的《郑风》(诗)。再说,如果把《郑风》(诗)等同郑声的话,那子夏在回答魏文侯"何谓溺音"时说"郑音好滥淫志,宋音燕女溺志,卫音趋数烦志,齐音敖辟乔志,此四者皆淫于色而害于德,是以祭祀弗用也",作何解释呢? 难道在今存的《诗经》中还有宋风吗?

在作了以上的简单分析之后,我们说,郑声不等于《郑风》(诗)。孔子在男女爱情方面是开放的,正因为如此,十五《国风》中绝大多数描写爱情的诗章才保留下来,并且以《郑风》数量为最多,并将《关雎》列于三百篇之首,都有力地证明《郑风》(诗)并非就是后人强加给孔子的所谓淫奔之作。

(节选自匡亚明著《孔子评传》,
南京大学出版社 1990 年)

匡亚明(1906—1996),江苏丹阳人。建国后,历任中共山东分局政策研究室主任,华东政治研究院书记兼院长,东北人民大学、南京大学党委书记兼校长、国家古籍整理出版规划小组组长等职。主持编写《中国思想家评传》,著有《孔子评传》等。

本文认为,郑声不等于《郑风》(诗)。因为孔子在男女爱情方面是开放的,因此,十五《国风》中绝大多数描写爱情的诗章才被保留下来。将《关雎》列于三百篇之首,有力地证明《郑风》(诗)并非是后人强加给孔子的所谓淫奔之作。

中国古典文学中的忧患意识及其文化渊源

顾伟列

忧患意识的形成,可追溯到古代中国人所处的地理环境及其生存的自然条件。中国古代文明发源于黄河流域,黄河流域较之于希腊半岛、尼罗河谷或两河平原,自然条件相对恶劣。这种恶劣的环境使中国人从很早的年代就感受到生活的严峻。当他们摆脱野蛮状态而步入文明时,当他们具有了对环境和自身的反思能力时,一种灾祸随时可能降临的危机感就笼罩在中国人的观念上空。他们代复一代地在极其艰难的外部生存条件下奋斗,忧患意识也就成了代代相续的民族的深层心理结构。正如苏轼所言:"人生识字忧患始。"忧患意识作为一个学术命题,则是由我国著名美学家高尔泰较早提出的。他认为,中国艺术、中国美学乃至中国哲学具有许多不同于西方的明显特征,其中尤为突出的是强烈的忧患意识,它是中国艺术的基本格调(详见《中国艺术与中国哲学》)。本文试图以中国古典文学为视角,择要概述忧患意识在古代文学中的基本类型,进而探讨形成忧患意识的文化渊源。

中国古典文学作品中的忧患意识

一部中国古代文学史,以《诗经》、《楚辞》为发端,直至古典文学终结,忧患的情绪贯穿始末。对此,晚清刘鹗在《老残游记序》中有一段很形象的概括："《离骚》为屈大夫之哭泣,《庄子》为蒙叟之哭泣,《史记》为太史公之哭泣,《草堂诗集》为杜工部之哭泣。李后主以词哭,八大山人以画哭,王实甫寄哭泣于《西厢》,曹雪芹寄哭泣于《红楼梦》。"所谓"哭泣",即指充溢于作品中的忧患情绪。

古代文学作品中的忧患意识,可归纳为以下三种基本类型:

对国家前途、民族命运的忧患是其一。中国文学史上第一个为王室命运而忧心忡忡、悲天悯人的形象,恐怕首见于《诗经·王风·黍离》一诗:"彼黍离离,彼稷之苗。行迈靡靡,中心摇摇。知我者谓我心忧,不知我者谓我何求。"《毛诗序》说:"周大夫行役至于宗周,过故宫宗庙,尽为禾黍,闵周室之颠覆,彷徨不忍去,而作是诗也。"诗中那缓慢的节奏、悲凉的境界,传达的是对故国的深广忧伤。再如屈原的《离骚》,自始至终贯穿着对楚国朝政腐败、楚国命运岌岌可危的忧患感,屈原所以坚持自己的"美政"理想,也是因为这关系到楚国的安危,因此决不妥协。汉代国势强盛,汉赋言必称君王,确有"劝百讽一"的献媚成分,但是另一方面,不少汉赋作家毕竟有其社会责任感和忧患感,他们在为强盛这一现况所鼓舞的同时,君国的命运又时时萦绕心头。例如,汉初贾谊就曾在被称为"文景之治"的盛世,满怀忧患地对文帝说:"臣窃惟事势,可痛哭者一,可为流涕者二,可为长太息者六"(《治安策》)。可见他们在强盛的背后,看到了潜在的危机和矛盾,以至流泪叹息。由于汉赋作家深知犯颜直谏易遭杀身之祸,因而他们对于忧患的表达多较含蓄。司马相如的《上林赋》在夸耀天子游猎之盛后,转笔写道:"天子芒然而思,似若有亡,曰:嗟乎,此大奢侈,……于是乎乃解酒罢猎。"其本意在于规劝天子不可一味贪于游乐,可赋中却说天子已觉悟到了这一问题,变直书径言为委婉达意,但其忧患意识仍隐然可见。至于两汉政论文,忧患感的表达则言直意切。诸如贾谊的《过秦论》、《治安策》、《论积贮疏》、晁错的《论贵粟疏》、桓宽的《盐铁论》、王充的《论衡》等，都能总结历史教训，指陈时弊，文中充满着忧患的情绪。

迨及魏晋南北朝，兵连祸结，国土分裂，当时的著名作家如曹操、曹植、王粲、蔡琰、阮籍、嵇康、左思、鲍照、庾信等，饱历风霜患难，在政治上都能忧心国事。他们诗中虽有"周公吐哺，天下归心"的慷慨高歌，但更多的则是"不戚年往，忧世不治"的忧患之声。忧心国事，成为魏晋南北朝诗坛的主调。

忧患时局，抒写对国家安危的关心和忧患，又是唐代诗文的一个重要主题。这方面杜甫是最突出的典型，一部杜甫诗集，十之八九写诗人对国家、时局和个人的忧患，所谓"乾坤含疮痍，忧虑何时毕"（《北征》），"向来忧国泪，寂寞洒衣巾"（《谒先主庙》）。郑燮认为杜诗"只一开卷，阅其题次，一种爱国爱民，忽悲勿喜之情，以及宗庙丘墟、关山劳戍之苦，宛然在目。其题次如此，其诗有不痛心入骨者乎？"（《范县署中寄舍弟墨第五书》）及至中晚唐，中国的封建社会在越过盛唐这一顶峰之后，开始缓慢地趋于衰颓，当时诗坛更弥漫着一种浓重的忧患情绪，正如李商隐在《乐游原》诗中所言："夕阳无限好，只是近黄昏。"

有宋一代，进步文人普遍关心国家政事，散文体现出关切现实、长于论政的显著特点，诗歌亦以忧心国事为惯见主题。宋室南渡后，词坛出现了"爱国词派"，他们或忧山河破碎，国土分裂；或忧统治集团的投降误国。对于国家前途、民族命运的忧虑，在爱国词人的作品中俯拾即是，家国之忧汇成南宋词坛的主流。辽金文坛以元好问成就最著，最能代表其创作成就的是"丧乱诗"，顾名思义，亦表现了作者对动乱社会的深重忧患。

元明清三朝，市民文艺崛起，描写人情世俗、男女性爱蔚成文坛风气，但另一方面，忧患感的表现未曾稍歇。我们在关汉卿的作品中，即可看到两组很不相同的艺术画面：一组画面所表现的是下层百姓的朴素生活及其健康感情和愿望，其中洋溢着抗争和乐观的基调，如《窦娥冤》《救风尘》等；而另一组画面所表现的则是失路儒生对民族歧视、社会黑暗的不满和痛苦，其中充溢着忧患的情绪和意识，如《陈母教子》《单刀会》等。明末以降，由于李自成失败带来了清王朝的建立，落后的少数民族强制推行保守的经济、政治和文化政策，造成明代新文艺思潮基础上的市民文艺萎缩，感伤文学代之而兴。著名传奇《桃花扇》和《长生殿》，表现的正是对民族失败和家国毁灭的忧患。至于《红楼梦》，诚如作者所言："满纸荒唐言，一把辛酸泪"，形象地反映了封建社会行将灭亡的历史大趋势，同时也浸染着没有出路，看不到革命理想的挽歌色调。在清代，即便是纳兰性德这样一位皇室近亲，贵族公子，身为满人，少年得志，其作品亦满蕴着忧患的意绪。他说："诗亡词乃盛，比兴此焉托。往往欢娱工，不如忧患作"（《饮水诗·填词》）。综上所述，普遍而深广的政治忧患感、"以悲为美"的古典审美传统，弥漫于中国古典文学几千年的历史发展长河中，它既反映了我们民族在历史进程中系心家国命运的优良传统，也赋予无数作品以深挚的悲感型的美感。

对民生多艰的忧患是其二。早在先秦，屈原就在《离骚》中表达了他的这种忧患意识："长太息以掩涕兮，哀民生之多艰。"先秦史传及诸子散文中，以民为本的思想显得尤为突出。如《左传》一书，就很重视人民的意志和力量。《曹刿论战》一节中，曹刿意识到战争的胜负取决于人心向背，把取信于人视为"可以一战"的基本条件。《子产相郑国》中，子产提出了"防民犹如防川"的见解，认识到民心向背关系到政治的成败。《国语》也体现了以民为主的思想倾向，如《召公谏弭谤》一书，召公指出"防民之口甚于防川"。《墨子》一书主张兼爱和非攻，认为统治者应做到"强不执弱，众不劫寡，富不侮贫，贵不傲贱，诈不欺愚"（《兼爱》中）。《孟子》一书提出行王道、施仁政的主张，其仁政的主要内容是"省刑罚，薄赋敛"，希望统治者减轻剥削。他的理想是"五亩之宅,树之以桑","百亩之田,勿夺其时,八口之家,可以无饥"(《梁惠王上》),要求人民能够温饱,免于虐政,他还进一步提出了"民为贵,社稷次之,君为轻"的思想。由此可见,远在先秦,"忧民"已成为古代知识分子的一种传统意识。

我国封建社会造成民生痛苦的原因不外乎有三:其一是中国历史上周期性的动乱,"分久必合,合久必分"。统治者创业时尚能励精图治,得天下后往往荒淫失德,政治黑暗,致使民不聊生。其二是赋税剥削严重,中国历史上纳税手段名目繁多,劳役、实物、货币三者常常同时施之于民,敲骨吸髓的剥削,使百姓陷于无以为生的境地。其三是天灾频繁。

传统儒家历来主张"民为邦本",所以古典文学作品中忧国常与忧民紧密地联系在一起。从《诗经》"十五国风"起始直至晚清,从文人之作到民间歌谣,忧民、伤农始终是重要的创作主题。人民饥寒交迫的生活境遇、所受赋税剥削的痛苦,以及对于温饱的渴求,总会通过文学作品表达出来。文学史上为民生而忧患的作品不胜枚举,像杜甫的"穷年忧黎元,叹息肠内热"(《自京赴奉先县咏怀五百字》)、白居易的"惟歌生民病,愿得天子知"(《寄唐生诗》)等,都是典型的例子。

对人生的忧患是其三。在中国古代文学作品中,忧患个人身世的作品随处可见,这种忧患人生的意识,主要出于个人的一种社会使命感,它在古典文学中的表现形式基本有二:

一是理想与现实(社会政治)的冲突。中国自秦始皇始便建立了大一统的专制政权,所谓"溥天之下,莫非王土;率土之滨,莫非王臣(《诗经·小雅·北山》)。知识分子只有为朝廷——君主所用,才能施展抱负,实现理想。这一情形较之于战国显然有所不同,战国时天下纵横,处士横议,诸侯卿相,争相养士,士则可朝秦暮楚,

"行不合,言不用,则去之楚越,若脱蹝然"(《史记·魏世家》)。及至四海为一,天子独尊,个人独立奋斗已无意义,只有得到皇帝青睐,才能实现自我价值,所谓"尊之则为将,卑之则为虏;抗之则在青云之上,抑之则在深泉之下;用之则为虎,不用则为鼠"(东方朔《答客难》)。这样,古代知识分子极易养成一种依附性人格,把生存价值、崇高理想,都寄托于高高在上的帝王,即便像李白这样傲视权贵,具有反抗性格的知识分子,一旦得知唐玄宗招其入宫,也要高唱"仰天大笑出门去,我辈岂是蓬蒿人",显得踌躇满志。再如中唐孟郊取中进士后赋诗云:"昔日龌龊不足夸,今朝放荡思无涯。春风得意马蹄疾,一日看尽长安花。"狂喜之情溢于言表。

但事实上,历史上能不拘一格降人才的帝王毕竟罕见,加之奸臣当道,贤者遭弃,以及不少朝代以门第取士,致使"上品无寒门,下品无世族"。所以当正直文人怀抱济世拯物之志步入社会时,大都痛苦地发现仕途多舛,举步惟艰,正如李白所说:"欲渡黄河冰塞川,将登太行雪满山"(《行路难》)。且不说"世胄蹑高位,英俊沉下僚"为太平年代的惯见现象,即便是大敌当前、民族危亡之秋,有志之士也多被排斥,所谓"公卿有党排宗泽,帷幄无人用岳飞"(陆游《夜读范至能揽辔录……》)。中国古代文学史上的重要作家,其仕宦生涯除极少数者顺利外,绝大部分屡历坎坷。他们或暂时得志,不久即在排挤、倾轧中失去了位置,如屈原、白居易、刘禹锡、柳宗元、苏轼、陆游、辛弃疾、汤显祖等;或终其一生,均未得到施展政治抱负的机会,如司马迁、曹植、阮籍、陶渊明、李白、杜甫、王实甫、关汉卿、吴承恩、吴敬梓等。这样,忧患理想破灭、壮志难酬便成为古代作家屡写不衰的传统主题。同时,政治上的磨难蹭蹬又为他们的创作提供了深刻的社会内容,诚如陆游《读唐人愁诗戏作》所说:"天恐文人未尽才,常教零落在蒿莱。不为千载离骚计,屈子何由泽畔来。"

二是人生短暂与时间无限的矛盾。人生短暂,岁月无情,这是一对矛盾,它很容易唤起有志之士强烈的忧患感。例如,曹操《短歌行》:"对酒当歌,人生几何?譬如朝露,去日苦多",陈子昂《登幽州台歌》:"前不见古人,后不见来者,念天地之悠悠,独怆然而涕下",李白《将进酒》:"君不见高堂明镜悲白发,朝如青丝暮成雪",杜甫《登高》:"艰难苦恨繁霜鬓,潦倒新停浊酒杯",岳飞《满江红》:"莫等闲,白了少年头,空悲切",辛弃疾《破阵子》:"了却君王天下事,赢得生前身后名。可怜白发生",刘克庄《沁园春》:"叹年光过尽,功名未立;书生老去,机会方来",陆游《金错刀行》:"丈夫五十功未立,提刀独立顾八荒"等等,无不充溢着时光易逝的焦灼感和功名未就的忧患感。古代作家对人生的忧患,往往和对于社会政治的责任感和使命感结合在一起,故读来尤为感人。

以上我们从忧国、忧民、忧己三个方面,择要归纳了忧患意识在中国古典文学中的基本类型,下面再谈谈忧患意识产生的文化渊源。

传统的经世致用观念与文人风尚

中国传统文化是一种非宗教的,世俗的封建文化,其文化精神不在于力求构造彼岸世界和灵魂永存的幻象,而是鼓励积极入世,告诫人们在此岸世界"立德、立功、立言",此即古人所谓"三不朽",亦即人格的不朽。所谓"立德",是指追求个人在道德上的完善。孟子说:"圣人,与我同类也"(《孟子·告子上》),他认为"人皆可以为尧舜",也就是说圣人与众人没有绝对界限,通向圣人境界的大门是敞开的,虽然实践上并不保证人人都能成圣,但要求人们努力追求这个目标是确定无疑的。所以一般知识分子都以"君子"来自我要求和自我期望,表现为道德上的高度自觉。所谓"立功",是指建功立业,它又与忠君和王权至上联系在一起。儒家主张"达则兼济天下","夫圣人君子,以天下为己任者也"(桓宽《盐铁论》)。从范仲淹的"先天下之忧而忧,后天下之乐而乐"到顾炎武的"天下兴亡,匹夫有责",都主张把个体的立功与群体的哀乐荣衰联系在一起,正如孟子所说:"独乐乐与人乐乐,孰乐?曰不若与人;与少乐乐,与众乐乐,孰乐?曰不若与众。"古代知识分子具有很强的群体意识,为国家——君主建功立业,便实现了人格的不朽。所谓"立言",是说"言得其要,理足可传,其身既没,其言存立于世,乃是立言也"(《左传》正义),亦即司马迁所说:"成一家之言"(《报任安书》)。就文学而言,传统文化把文学的功用限定为"经夫妇,成孝敬,厚人伦,美教化,移风俗"(《毛诗序》),古代作家多把儒家的诗教奉为信条。范仲淹说:"羽翰乎教化之声,献酬乎仁义之醇,上以德育君子,下以风于民。不然何以动天地而感鬼神哉?"(《唐异诗序》),又如郑燮说:"叹老嗟卑,是一身一家之事;忧国忧民,是天地万物之事"(《自序》),都自觉地把文学与社会政治联系在一起。

除"立德、立功、立言"三不朽外,儒家还提出了一条重要公式:"修身、齐家、治国、平天下"。这里,"修身"是道德,"齐家,治国,平天下"是政治,道德与政治彼此不可分割。经世致用就是强调关注现世与务实精神,这也是中华民族的传统性格,所以古代知识分子基本上都是"入世"型的。所谓"致用"指的是学必有用,《晋书·夏侯湛传·抵疑》说:"承门户之业,受过庭之训,是得以接冠带之末,充乎士大夫之列。"由学而步入仕途,进而实现自己的政治抱负,这是古代知识分子自我意识的基本内容,因此,作为文学家的主体意识与作为政治家的主体意识,在中国古代知识分子身上是相统一的。

上述"立德、立功、立言"与"修身、齐家、治国,平天下",始终规范着古代知识分子的人生道路和价值追求。积极入世,亦即关心社会现实的人生态度,在文人中成为一种传统风尚,其主流就是经世致用,兴邦治国,教民化俗。学术界有人曾作过形象的比较,西方基督教文化是"天学",印度佛教文化是"鬼学",而中国的传统文化则是"人学"。这种"人学"文化是积极入世的,而非消极出世的,其特点有二:一是瞩目于现实社会,致力于"今生",而不是着眼于"来世"。二是古代志士仁人都怀有深重的忧患意识,以国家社稷为重,以民生民瘼为怀,直面社会与人生。

　　古人读书是为人生,而人生的第一要义就是去尽自己对家族、对社会、对国家的义务,因为他们有一种传统的义务本位精神,只有完成了这种义务,才算是实现了自身的价值。我国古代作为启蒙读物的儿歌说:"天子重英豪,文章教尔曹。万般皆下品,惟有读书高。"读书是为科举,科举及第方才打通仕进之路。知识分子发挥自己学识才干的主要途径,就是"货与帝王家"。由此可见,学是基础,用是目的,《大学》说:"格物,致知,诚意,正心,修身,齐家,治国,平天下","格物"到"修身"是学,"齐家"到"平天下"是用。"博学之,审问之,慎思之,明辨之"是学;"笃行之"是用。孔子说"学而优则仕","学"是学,"仕"则是用。孔子又说:"吾岂匏瓜也哉,焉能系而不食?"不肯系而不食,就是求其有用。他说"诵诗三百,授之以政",同样是强调学以致用。"用"就是参预社会生活,参预政治。

　　古代作家,无论贵贱穷达,都怀着潜在的积极从政的欲望,知识分子中形成一种普遍的、富于社会责任感和使命感的经世致用的风尚。表现于文学,自然形成一种全力关注与反映民族、国家命运和民生痛苦的创作传统。从先秦到晚清,凡是进步文人,无论是在朝在野,都或多或少地在作品中表达了对国家、民族、民生、人生的忧患。白居易在《与元九书》中提出的"为君为臣为民为事而作",可说是对此所作的高度总结。

民本思想与民以食为天

"民本"亦即民为邦本。据前举《左传》诸书的有关论述,可知民本思想在中国萌生很早。作为一种政治思想,它深入于知识分子的头脑中,几千年间历来为进步文人所认可。他们从国家的长治久安出发,认识到"水则载舟,水则覆舟",希望国君能重视和体恤民间痛苦。传统文化认为"君德"以"恭俭"为主,恭则能礼贤下士,俭则能轻徭薄赋,前者与士相关,后者与民相关。

作为民,其最基本的生存条件是温饱,特别是中国古代是个半封闭的以农业自然经济为主导的大国,解决吃饭问题始终是中国文化的一个首要问题。在世界范围内,尽管中国较之于其他国家更早步入农业文明,但是,几千年的中国封建史,仍然是一部人民吃不饱饭的历史。吃,在中国人的日常生活中确实是一件头等重要的大事。这可从中国人的有关习俗中知其一二。例如,中国人彼此见面,打招呼的方式是问:"吃过饭了吗?"朋友、亲戚相会,即使吃了上顿无下顿,也总要留人吃饭以示热情。甚至拜祖宗、祭鬼神、供菩萨、扫墓,也都少不了食物。再如,中国人在食物资源的开发方面,具有令外国人惊叹的知识,就动物言,水中游的,天上飞的,地上爬的,几乎无一物不可食用;就野生植物言,《本草纲目》所列数千种植物,关于每种植物的注释中都说明了其可食性,这类植物,一到荒年即可用以充饥。另外,中国保藏食物的方法与品种之多,显然也超过了世界上的绝大多数民族,方法上有盐腌、烟熏、糖蜜、浸泡、风干、酱渍,品种涉及肉类、蛋类、蔬菜、谷物等,几乎无不可加工保存,保存的目的之一,就是为了应付饥荒。

古代历史上的所谓"盛世",为人称道的也总是"公私仓廪俱丰实",人人有一口饭吃,就是天下大治,说明统治者已能够"亲民",

有饭吃,百姓就不会造反。中国人既然对食如此强调,因此"民生"就成为中国历代政治思想的中心枢纽。中国古代最高的社会政治理想就是《礼运篇》中的"大同"境界,亦即普天之下"皆有所养"。陶渊明《桃花源记》所叙理想中的乌托邦社会也是"春蚕收长丝,秋熟靡王税"。《孟子》一书大半部是谈"行王道,施仁政",中心问题也是"民生",实现"王道"政治的标志,也就是"五十者可以衣帛","七十者可以食肉","八口之家,可以无饥"(《梁惠王上》)。一直到孙中山,也是提"民生主义"。

但事实上,中国的封建社会并不能解决吃饭问题,繁重的苛捐杂税使人民不得温饱,最终导致农民起义的接连爆发。正直的文人从自幼所接受的民本思想出发,由忧国而忧民;老百姓从"民以食为天"出发,在实践上便形成中国俗文学"饥者歌其食"的传统。从"国风"中的《伐檀》、《硕鼠》、《七月》等诗,到汉代乐府民歌,乃至后世大量的民歌、民谣,"饥者歌其食"是个屡唱不衰的主题。文人之作中忧患民生疾苦更是数见不鲜。白居易说:"但伤民病痛,不识时忌讳。遂作秦中吟,一吟悲一事",这里,白居易直白地道出了古代进步文人忧民的三个特点:一是忧患民生出于自觉;二是干预生活十分大胆;三是作品中所流露的是强烈的忧患悲愤之情。

综观中国古典文学中所体现的忧民意识,我们可以得到以下四点认识:其一,忧民的终极目的是忧国,因为古代中国作为农业——宗法社会,其存在和发展的前题是农业劳动力,农民"安居乐业"的格局一旦遭到破坏,就可能导致王朝的崩溃。其二,进步文人反对"杀鸡取卵"、"竭泽而渔",重民生、民意、民心,表现出可贵的人民性和朴素的民主精神。其三,他们大多能推己及人,富于感人的同情心和人道精神。其四,由于绝对的君权主义和封建社会的性质不变,因此他们的忧患往往于世无补。

忧患意识作为中国古典文学的一种重要的精神倾向,贯穿于几千年的文学发展史中,它所体现的"以天下为己任"、"先天下之忧而忧,后天下之乐而乐"的历史责任感和使命感,折射出我们民族历史活动中"天行健,君子以自强不息"的顽强精神,值得我们珍视,至于包含其中的悲观、消极成分,则是我们应该加以批判和抛弃的。

(原载《上海教育学院学报》1990 年第 3 期)

顾伟列(1953—　　),华东师范大学对外汉语学院教授,主要研究方向为中国古代文学与古代文化。

本文认为忧患意识表现为忧国、忧民、忧己三个方面,其根源来自于以儒家思想为核心影响下的中国传统文化。儒家的"立德、立功、立言"之不朽及"修身、齐家、治国、平天下"始终规范着古代知识分子的人生道路和价值追求。

孔子论《诗》与鲁迅论《诗》

孙昌熙　高旭东

《诗经》是我国最早的一部诗歌总集,后人对它的阐释也因时代不同而有所差异。我们选择孔子与鲁迅论《诗》的理由是:孔子对《诗经》的阐释在中国古代具有开创范式的意义,自汉代之后,《诗》被尊为《诗经》,是不能被随便解释的,因而在近现代之前,历代对《诗经》的阐释并没有打破孔子论《诗》的范式。而鲁迅论《诗》则打破了孔子论《诗》的范式,而开创了现代的新范式。当然,这并不是说孔子论《诗》对于现代就没有意义了,相反,孔子论《诗》即使对于"反孔"的鲁迅,也有很大影响。

一

孔子之前,《诗》的传习主要是由乐师负责,以尽其"献诗陈志"和"赋诗言志"的职能。据记载,春秋士大夫的赋诗,基本上是从功用的立场"断章取义",而并不顾及作品本文,只是借《诗》表达自己的情意或外交辞令。罗根泽在反省这种功用主义批评的原因时说:"中国的文化,发源于寒冷的黄河上游,经济的供给较俭啬,平原的性质亦较凝重,由是胎育的文化,尚用重于尚知,求好重于求真。"(《中国文学批评史》第 36—38 页)鲁迅也说:"华土之民,先居黄河流域,颇乏天惠,其生也勤,故重实际而黜玄想。"(《中国小说史略·第二篇》)正是在这一文化历史背景之下,对孔子论《诗》的功用主义特征才能有恰当的理解。

当然,与春秋那些只是利用《诗》的士大夫相比,孔子还是深明艺术的审美特性的。孔子"在齐闻韶,三月不知肉味"(《论语·述而》)。能够在审美陶醉中忘却了现实功利而达3个月之久,是杰出的艺术鉴赏家也难以做到的。所以,孔学所推崇的人生至境就不是宗教的,而是审美的。有一次孔子问弟子们的志愿,子路、冉求、公西赤或说"治国平天下",或说做一个小司仪,曾点说:"(莫)春者,春服既成,冠者五六人,童子六七人,浴乎沂,风乎舞雩,咏而归。"孔子说:"吾与点也!"(《论语·先进》)孔子赞赏的曾点的志愿,正是一种审美的境界。所以孔子将"乐"看作是至高的境界:"兴于诗,立于礼,成于乐。"(《论语·泰伯》)

但是,孔子身处东周王权衰落、诸侯国起而争雄的时代,所以,孔子以"克己复礼"为理想,以拯救家国为己任,再加上孔子论《诗》是在春秋时人"断章取义"以赋诗之后,就使得孔子对《诗》的阐释具有强烈的功用主义倾向。孔子认为,从积极的意义上说,学诗可以"迩之事父,远之事君;多识于鸟兽草木之名。"(《论语·阳货》)而从消极的意义上说,"不学诗,无以言"(《论语·季氏》),"人而不为《周南》、《召南》,其犹正墙面而立也与?"(《论语·阳货》)然而,如果熟读《诗》三百,而对于政事外交没有什么帮助,那么也就等于未读。所以孔子说:"诵《诗》三百,授之以政,不达;使于四方,不能专对;虽多,亦奚以为?"(《论语·子路》)这就与春秋士大夫的赋诗言志相类了。有一次,孔子在肯定了子贡所言"贫而无谄,富而无骄"之后说:"未若贫而乐,富而好礼者也。"子贡说:"《诗》云:'如切如磋,如琢如磨',其斯之谓与?"孔子说:"赐也,始可与言《诗》已矣,告诸往而知来者。"(《论语·学而》)然而,孔子这种"言《诗》"的方法,其实是不顾作品本文而想当然的利用了。

　　鲁迅先生处于西学东渐的时代,而一步入青年就在传播西学的学堂里读书,所以孔子论《诗》已不可能像对传统知识分子那样直接地对他起作用了。鲁迅弃医从文之后第一篇论诗的《摩罗诗力说》,就批判了孔子的诗论,而着力于介绍"恶魔派诗歌"。而在《摩罗诗力说》中,鲁迅吸收了康德的"无目的的合目的性"等理论,提出了文学的"不用之用",以反对孔子的功用主义文学观。鲁迅说:"由纯文学上言之,则以一切美术之本质,皆在使观听之人,为之兴感怡悦。文章为美术之一,质当亦然,与个人暨邦国之存,无所系属,实利离尽,究理弗存。"鲁迅在反省中国神话少而零散的原因时,就对孔子的功用主义表示不满:"孔子出,以修身齐家治国平天下等实用为教,不欲言鬼神,太古荒唐之说,俱为儒者所不道。"(《中国小说史略·第二篇》)因此,与孔子相比,鲁迅对《诗经》的阐释就是从诗歌的文学性上着眼的。

　　《诗经》的古老,使鲁迅谈到文学的起源及其"杭育杭育派"时想到了它,并肯定了"采诗"之说:《国风》里的东西,好许多也是不识字的无名氏作品,因为比较的优秀,大家口口相传的。王官们检出它可作行政上参考的记录了下来,此外消灭的正不知有多少。"(《且介亭杂文·门外文谈》)基于这种认识,鲁迅在《汉文学史纲要》中虽然并不同意孔子删诗之说,但在《选本》一文中又说:"孔子究竟删过《诗》没有,我不能确说,但看它先'风'后'雅'而末'颂',排得这么整齐,恐怕至少总也费过乐师的手脚,是中国现存的最古的诗选。"对于作品本文的释义,鲁迅说:"毛氏《诗序》既不可信,三家《诗》又失传,作诗本义遂难通晓。""要之《商颂》五篇,事迹分明,词亦诘屈,与《尚书》近似,用以上续舜皋陶之歌,或非诬欤?""至于二《雅》,则或美或刺,较足见作者之情,非如《颂》诗,大率叹美。""《国风》之词,乃较平易,发抒情性,亦更分明。"(《汉文学史纲要》,以下不注者皆引自《纲要》)总之,"《诗经》是经,也是伟大的文学作

品……为什么呢？——就因为他究竟有文采。"(《且介亭杂文二集·从帮忙到扯淡》)

但是，鲁迅处在中华民族面临生死存亡的时代，救国救民对于鲁迅来说，就成为从事其它一切活动的终极目的。因此，孔子论《诗》的功用主义对鲁迅有着潜在而深刻的影响。鲁迅的弃医从文就是要改造国民性，使中国成为"雄厉无前"的"人国"。尽管在《摩罗诗力说》中鲁迅强调了艺术的非功利性，但就在此文中，鲁迅又把诗歌的作用强调到了不适当的地步："国民皆诗，亦皆诗人之具，而德卒以不亡。"这就是说，德国战胜拿破仑，是由于德国人都是诗人的缘故。鲁迅后期认为："在一切人类所以为美的东西，就是于他有用"，"美底愉乐的根柢里，倘不伏着功用，那事物也就不见得美了。"(《二心集·〈艺术论〉译本序》)鲁迅又说："一切文艺，是宣传，只要你一给人看。……那么，用于革命，作为工具的一种，自然也可以的。"(《三闲集·文艺与革命》)鲁迅对文学功用主义的执着，甚至使其放弃了小说、散文诗的创作，而专写攻击时弊的杂文。因此，鲁迅从来就没有走进"艺术之宫"或"象牙之塔"，他更关心的是"艺术之宫"或"象牙之塔"之外的国计民生，所以虽然鲁迅前后期的观点并不一致，但是其感时忧国的精神则一。

二

孔子生当礼崩乐坏的春秋时代，他以为礼乐所以崩坏，是由于人心的麻痹与堕落使人的行为与文制之间产生了断裂，所以只要能克制造成人心麻痹堕落的私欲，重建与礼的和谐关系，才会有好的局面。"一日克己复礼，天下归仁焉。"(《论语·颜渊》)在这样的文化背景下，孔子对《诗》的阐释就容易使艺术道德化，从而使"诗"与"礼"结合，为稳定孔子建构的伦理系统服务。

在孔子看来,人的喜怒哀乐的性情是应该借诗抒发的,但是抒发过了度就会有害于礼,导致整个伦理整体的不稳定,所以关键就在于怎样合理地抒发。所谓"合理",就是"以道制欲"、"以理节情",从而达到"无过与不及"的"中和之美"。而一旦诗歌被纳入克服人心麻痹的礼的轨道上来,就会起到"厚人伦、美教化"的作用,所以孔子说:"入其国,其教可知也。其为人也,温柔敦厚,《诗》教也。"(《礼记·经解》)孔子推崇《关雎》,就在于其"乐而不淫,哀而不伤"(《论语·八佾》)。为了达到将情意纳入礼的轨道上来的目的,孔子就将一些写情的诗歌以类比的方法予以"理"(礼)的解释。"巧笑倩兮,美目盼兮,素以为绚兮",本来是赞美卫庄公夫人庄姜妩媚动人的诗句,然而子夏问孔子这几句诗是什么意思,孔子只说:"绘事后素。"子夏问道:"礼后乎?"孔子说:"起予者商也! 始可与言《诗》已矣。"(《论语·八佾》)孔子这种"言《诗》"的方法,使后儒不顾作品本文中"隐含的读者"而随意阐释诗。譬如,《关雎》本是一首情歌,《诗序》却说表现了"后妃之德";《狼跋》本是一首讽刺诗,《诗序》却说是"美周公也";甚至像《七月》那样的农事诗,也被说成是周公所作。而这样一来,一部《诗经》就被阐释成了"美教化"的了。所以孔子说:"《诗》三百,一言以蔽之,曰:思无邪。"(《论语·为政》)然而,孔子也看到了《诗经》中有"淫邪"的异端:"放郑声,远佞人。郑声淫,佞人殆。"(《论语·卫灵公》)

鲁迅生当对于传统文化批判与反省的"五四"时代,而《摩罗诗力说》作为"五四"文学革命的先声,已经对孔子论《诗》的"无邪之说"展开了批判:"惟诗究不可灭尽,则又设范以囚之。如中国之诗,舜云言志,而后贤立说,乃云持人性情,三百之旨,无邪所蔽。夫既言志矣,何持之云? 强以无邪,即非人志。许自繇(由)于鞭策羁縻之下,殆此事乎? 然厥后文章,乃果辗转不逾此界。"鲁迅将"温柔敦厚"称之为"污浊之平和",而他介绍的反抗破坏挑战的"恶魔"之声,就是要打破静态与平和的:"平和之破,人道蒸也。"五四时期,鲁迅继续批判孔子论《诗》的"无邪之说"与"温柔敦厚"的诗教,反对以"无邪之说"排斥情诗的"含泪的批评家",批判"十景病"与"大团圆"。在这种文化背景之下,鲁迅对《诗经》的阐释就与孔子对《诗经》的阐释显出了较大的差异。

鲁迅说:"《诗》三百,皆出北方,而以黄河为中心。""其民厚重,故虽直抒胸臆,犹能止乎礼义,忿而不戾,怨而不怒,哀而不伤,乐而不淫,虽诗歌,亦教训也。然此特后儒之言,实则激楚之言,奔放之词,《风》《雅》中亦常有"。鲁迅以《大雅》中的《瞻卬》一诗为例,来证明《诗》三百并不都是"温柔敦厚"的"无邪"之辞,而是有非常"激切"的"怨愤"之言。《瞻卬》是一道讽刺周幽王宠幸褒姒以致乱政害民、国运濒危的诗。诗中说天降大祸,害苦了百姓,繁多的酷刑使得生灵涂炭,民不聊生:"蟊贼蟊疾,靡有夷届。罪罟不收,靡有夷瘳。"诗中还谴责统治者掠夺别人的财产,混淆是非,颠倒黑白,滥捕无辜却替罪人开脱等暴行:"人有土田,女反有之。人有民人,女覆夺之。此宜无罪,女反收之。彼亦有罪,女覆说之。"孔子"言《诗》"强调"告诸往而知来者",而如果反过来以"来者"反观"往昔",以后代那些畏惧暴政的淫威而不敢言、甚至粉饰现实社会的作品,来反观《瞻卬》对现实社会的大胆揭露与怨愤心情的真诚抒发,就会感到《瞻卬》是多么了不起地"敢于直面惨淡的人生,敢于正视淋漓的鲜血"!

鲁迅在《诗歌之敌》中说:"听说前辈老先生,还有后辈而少年老成的小先生,近来尤厌恶恋爱诗;可是说也奇怪,咏叹恋爱的诗歌果然少见了。从我似的外行人看起来,诗歌是本以发抒自己的热情的……纵使稍稍带些杂念,即所谓意在撩拨爱人或是'出风头'之类,也并非大悖人情,所以正是毫不足怪,而且对于老先生的一颦蹙,即更无所用其惭惶。"鲁迅认为,《国风》就是"闾巷之情诗"，而且能够"分明"而不掩饰地"发抒情性"。孔子推崇《诗》，说明他的神经还不像后来的"道学先生"那样脆弱，"道学先生""大惊小怪"，"绰号似的造出许多恶名，都给文人负担，尤其是抒情诗人。"(《鲁迅《集外集拾遗·诗歌之敌》)而对于《诗经》则从为礼教服务的角度随意诠释。所以，《牡丹亭》中杜丽娘以《关雎》为爱情诗，就使教她的老先生大为惶恐。而鲁迅与孔子对《诗经》阐释的分歧之一，就在于《诗经》的"有邪"与"无邪"上。孔子强调《诗》的"无邪"，是想将《诗》引向礼的轨道上；而反对礼教提倡恋爱婚姻自由的鲁迅，则认为"人志"中不可能"无邪"，因而这"邪"在成为人的个性一部分之后，也就不是"邪"了。所以孔子认为"郑声淫"而要"放郑声"，又遭到了鲁迅的反对："自心不净，则外物随之，嵇康曰：'若夫郑声，是音声之至妙，妙音感人，犹美色惑志，耽槃荒酒，易以丧业，自非至人，孰能御之。'""世之欲捐窈窕之声，盖由于此，其理亦并通于文章。"

当然，鲁迅并不是一味肯定《诗经》而否定孔子。(一)鲁迅对于《诗经》也时有批判。在鲁迅看来，中国文学中夸大、粉饰乃至"瞒和骗"的传统，就是由《颂》开启的："《颂》诗早已拍马，《春秋》已经隐瞒，战国时谈士蜂起，不是以危言耸听，就是以美词动听，于是夸大，装腔，撒谎，层出不穷。"(《伪自由书·文学上的折扣》)(二)即使孔子论《诗》的"无邪之说"与"温柔敦厚"的诗教，对鲁迅也不能说毫无影响。这在鲁迅 1927 年底说的一段话里得到了有力的印证："所谓'深刻'者，莫非真是'世纪末'的一种时症么？倘使社会淳朴笃厚，当然不会有隐情，便也不至于有深刻。如果我的所想并不错，则这些'幼稚'的作品，或者倒是走向'新生'的正路的开步罢。"(《鲁迅全集》第 10 卷第 446 页)

(原载《文史哲》1992 年第 1 期)

　　孙昌熙,生前为山东大学中文系教授,著名文学评论家,著有《文艺学新论》及鲁迅研究著作多部。

　　本文把鲁迅对《诗》的态度与孔子对《诗》的观点相比较,指出了二者的异同,特别指出了在鲁迅的文艺思想中孔子的思想有着潜在而深刻的影响。

孔子与中国古典文学的文化性格

刘玉平

文学从来都是一种精神文化现象,任何民族文学的基本品格都无一例外地为该民族的文化传统所规定。如果说孔子的思想熔铸着中国传统文化的基本精神的话,那么,它同时也就以巨大的力量塑造着中国古典文学的文化性格。在这个意义上我们有理由认为,不理解孔子,就不可能真正理解中国古典文学的深层涵蕴。孔子对中国古典文学的影响是多方面的,限于篇幅,本文不一一论列,只拟择其要者谈谈看法。

一、忧时伤世与中国古代作家的历史责任感

孔子是一个伟大的思想家,也是一个坚韧的行动者。思想和行动的完美统一构成了孔子特殊的风范和魅力。终其一生,他从未停留于"坐而论道"的玄思、殚精竭虑地构建纯思辩的形上理论体系,相反,始终以极大的热情关注着现实的社会问题和人生课题,孜孜寻求并创立了以"仁"为核心、以经世致用为特征的治平之道。更可贵的在于他不仅以超凡的智慧开出了救世方略,而且百折不挠地身体力行,以投入的姿态辗转奔波于列国之间,不知疲倦地阐扬自己的政治主张,力图将其付诸现实的社会实践,以匡正天下,济世安民。无论是"苟有用我者,期月而已可也,三年有成"

（《论语·子路》。下引该书只注篇名）的高度自信，还是"君命召，不俟驾而行"（《乡党》）的热切希冀，都贯穿着这一坚定追求。即使陷于"绝粮，从者病，莫能兴"（《卫灵公》）的困厄处境，也未能使他改弦更辙，相反，却以"君子固穷"、"君子忧道不忧贫"的信念支撑和强化自身的追求。虽然，时运乖蹇，命途多舛，历史的铁律嘲弄了这位伟大的先驱，从而使他不可避免地滋生过迷惘和惶惑，甚至不止一次地流露过"天下有道则见，无道则隐"（《泰伯》）、"道不行，乘桴浮于海"（《公冶长》）的内心隐曲，但是，积极入世，以天下为己任毕竟是他一生终难释怀的基本情结。"知其不可而为之"的执着构成了他人生实践的主调，也是他最为可贵的精神品格。

　　需要特别指出，孔子的这一品格内涵着强烈的忧患意识。一方面，孔子对礼坏乐崩、诸侯纷争、人命如草、战乱频仍的严酷现实痛心疾首，忧思难抑，这种情感构成了他全部人生实践的深层内驱力。无论他的思想还是他的行动，都不难在这里找到根源。就其思想而论，高倡"仁政"、反对"暴政"、力主"复礼"，正是忧时伤世情感的理性升华；就其行动而言，游说诸侯，追求入世，也正是为了变革现实、完善社会以消解沉重的忧患。但是，由于孔子的学说和行为在根本上有悖于历史发展的内在要求，"天下归仁"的主观愿望和"大道不行"的客观趋势构成的矛盾在当时情势下已如冰炭之难容。因此，另一方面，道德与历史的二律背反注定了孔子的悲剧——愈是执着，就愈是失望；愈是追求入世，就愈是成为时代的弃儿。问题还在于他不会也没有放弃过自己的既定目标，这就必然使他基于忧患展开的人生实践重新归于更深刻的忧患。终其一生，孤独的厄运和挫折的阴影伴随着他每一个艰滞的足印，如果说一部《论语》是孔子人生实践的忠实记载的话，那么，我们从中窥见的恰好是一颗忧患心灵的沉重搏动。"人无远虑，必有近忧"很难说具有普遍意义，但却无疑是孔子的人生体验。而且这种"忧"总是联系着时和世，"忧道不忧贫"的自白，"凤鸟不至，河不出图，吾已矣乎"（《子罕》）的悲叹，都清楚地昭示着他的这一心衷。据《孔子世家》记载，他临死时歌曰："泰山坏乎，梁柱摧乎，哲人萎乎！"其哀之至不仅是自身生命的终结，更在于天下"莫能宗予"。后人谓"孔子仁圣之人，忧世忧民"（王充《论衡·指瑞》）"仲尼忧世接舆狂"（苏轼《和刘原道咏史》），确非虚言。总之，孔子的一生是忧时伤世的一生，自觉地走向忧患、坦然地承受忧患赋予了孔子有限的生命以辉煌的意义！

孔子已矣，遗韵流芳！历史大浪淘沙般的严峻选择终于将孔子的思想推到了传统文化的主导地位。与此同时，孔子的忧患精神也如春风化雨般地沉潜于中国古代作家的深层心理结构之中，内化为一种深沉而自觉的历史责任感。相沿以下，无论他们是否接受孔子留下的治世药方，都具有忧虑时世、要求参与的精神素质，差异仅仅在于程度和方式。这可以说是中国古代作家自觉或不自觉的群体意识。

首先，从中国古代作家的自我人生设计来看，总是把"兼济天下"放在第一位。"思一效精力，靡躯以报国"（曹植）、"感时思报国，拔剑起蒿莱"（陈子昂）、"先天下之忧而忧，后天下之乐而乐"（范仲淹）、"天下兴亡，匹夫有责"（顾炎武）……坦露于其中的无一不是以天下为己任的用世之心和献身精神。本来，"立德"、"立功"、"立言"俱被视为不朽之事，伴随着文学的自觉，"立言"更被推向了崇高的地位。但事实上，一部中国文学史却罕有以文学为特殊生存方式的纯粹的作家。就他们的主动选择而言，几乎从来没有人企图一开始就通过"立言"追求不朽，实现自我人生价值。相反，他们总是将"立德"、"立功"置于"立言"之上，"立德"以完善自我，"立功"以化被天下，前者是基础，后者是目的。二者虽有内外之别，实则浑然一体，熔铸为"兼济天下"，一个"兼"字，可谓精神毕现。于是,孔子忧患心灵所渴求的"修己以安百姓"(《宪问》)就这样一次又一次地在后代作家的人生设计中回响和延伸。至于"立言",则往往是不得已而为之。许多作家即使在文学上成就斐然,但他们的心理天平仍明显地倾向于建功立业。李贺的一首小诗颇有代表性:

> 男儿何不带吴钩,收取关山五十州。
>
> 请君暂上凌烟阁,若个书生万户侯?

这首诗抒发了诗人怀才不遇、报国无门的一己苦闷,但其深层意义则在于展示了中国古代作家人生设计的普遍模式——"宁为百夫长,胜作一书生",不屑于徒以创作为生存方式,"立德"、"立功"总是和定国安邦、治世济民相联系的,因此,这一模式表明,中国古代作家一开始就自觉地以孔子为楷模,带着强烈的责任感走向社会,将自身的最高价值定位于社会发展的标尺之上。

其次,与这种自我人生设计相联系,中国古代作家的人生实践也总是以积极入世为基本向度。中国文学史上一个引人注目的现象就是绝大多数作家都热衷于仕途——或皓首穷经、科举登第;或取径终南、平步青云;或假手权要、恳盼援引……,方式不一而足,目的无非是希图获得一官半职。他们追求出仕,决非仅仅是为了谋取利禄、光耀门庭,事实上他们中的许多人本身就出生于值得炫耀的名门望族,即使终生不劳,亦无衣食之忧。显然,这一行为背后还隐含着更深刻的心理动机,即现实地"兼济天下"。因为中国封建社会的历史条件决定了文人只有出仕,才有可能议国是于朝中,安百姓于治下,故而出仕乃是自我人生设计在现实行为层面上的必然延伸。杜甫无疑是最有代表性的作家。他曾雄心勃勃地参加科举考试,无奈时运不济,未能遂愿,但求仕之心未见稍减,又频繁地干谒权贵谋求荐引,甚至不惜强抑"朝扣富儿门,暮随肥马尘"的辛酸和屈辱,而支撑着这种顽强追求的乃是"致君尧舜上,再使风俗淳"的责任感和使命感。正是在这里,我们又一次清楚地看到,孔子的精神是多么深刻的规范着中国古代作家的人生实践!还要特别提到的是隐逸作家。这类作家无论个人原因如何复杂,归宿都在一个"隐"字,从而区别于前一类作家。表面看来,他们的人生实践趋于与世无争、独善其身,似乎已臻于"纵浪大化中"、"无恋亦无厌"。然而,就多数而论,归隐并不意味着放弃人生设计,因而也就难以真正做到心如止水。号称"隐逸诗人之宗"的陶渊明,一方面躬耕田陇,诗酒自娱,即使"倾壶绝余沥,窥灶不见烟"也无损其乐。但另一方面,心灵深处的痛苦不仅未能因此销于无形,相反却与日俱增,清夜扪心,常慨叹"日月掷人去,有志不获骋。念此怀悲凄,终晓不能静",晚年读史,亦常借古人酒杯浇胸中块垒,流露出"如彼稷契,孰不愿之"的隐衷。其实,这种身心冲突于隐逸作家是普遍存在的。归隐江宁、潜心佛学的王安石自云"尧舜是非常入梦,固知余习未全忘";晚年闲置的辛弃疾亦谓"不念江左英雄志,用之可以安中国"都足资证明。这种矛盾深刻地表明,受孔子思想影响而形成的自觉的历史责任感即使在人生实践向度由入世转为出世时也并未随之消解,只不过迫于情势,使之由行为的层面敛而蕴蓄于心理的层面,从而表现为身归林泉,心骛时世。在这个意义上,中国文学史上很难找到真正的隐逸作家,通常的情况倒是隐而未逸。

　　复次,从中国古代作家的创作实践来看,普遍浸润着深重的忧患体验——忧己患名、忧谗畏讥、忧生惧死等等,但最稳定、最持久、最深刻的忧患却无疑是忧国忧民。"闲居非吾志,甘心赴国忧"(曹植)、"汉虏未和亲,忧国不忧身"(杨素)、"穷年忧黎元,叹息肠内热"(杜甫)、"一生忧国心,千古敢言气"(楼钥)、"浊酒难销忧国泪,救时应仗出群才"(秋瑾)……,真可谓"进亦忧、退亦忧",此心耿耿,可昭日月! 无论是对现实的关注,对弊政的批判,对理想的讴歌,对民生疾苦的同情,莫不发轫于这种忧患情结。深重的忧患体验无疑根源于自觉的历史责任感。如前所述,中国古代作家总是以天下为己任,视"兼济天下"为生命的最高价值,人生实践之仕隐出处俱系于斯。因此,即使现实追求的挫折会使他们调整行为方式,转而安时处顺、听天由命,但却难以在心理上转换价值目标,这实际上就形成了一种严重的自我压抑。压抑导致对补偿的心理渴求,文学则以其自由的本质成为获得补偿的有效途径。因此,中国古代作家总是带着强烈的历史责任感切入文学领域的。他们的创作不是希图通过构筑虚幻的艺术世界以自娱,而是延续现实人生实践的追求。正是这一点注定了中国古典文学的基本指向既不是狭隘地关怀自身,也不是空泛地侈言"彼岸",而是深切执着地忧虑现实。就其精神渊源而言,它无疑直承孔子的思想和人生实践,从而造就了它特有的凝重品格。

二、中庸精神与中国古典文学的伦理品格

孔子的思想极富于伦理意味,中庸则是贯穿其中的基本原则。"中庸之为德矣,其至矣乎"(《雍也》),可见在他心目中,这是一种很高的道德境界。虽然孔子没有明确表述过庸的义界,但通观《论语》,仍不难窥见其基本精神。例如他论及君子人格时反复强调:

惠而不费,劳而不怨,欲而不贪,泰而不骄,威而不猛。(《尧曰》)

君子矜而不争,群而不党。(《卫灵公》)君子贞而不谅。(同上)

评价自己的学生认为"过犹不及"(《先进》)。评论《诗·关雎》称道"乐而不淫,哀而不伤"(《八佾》)。他自己在日常生活中也总是执守"温而厉,威而不猛,恭而安"(《述而》)的准则。由此看来,中庸

作为普遍的伦理原则,实质上是强调合度,即要求人们的思想感情和现实行为都必须保持在一定范围内,凡事恰到好处,适可而止,不得趋于极端。儒家经典《中庸》释义云:"不偏之谓中,不易之谓庸",确乎切合孔子的原意。孔子极力倡导中庸,具有明显的现实针对性,即力图将"仁学"规范普遍内化为人们的心理自觉,缓和当时已日趋尖锐的社会矛盾,实现"克己复礼"的政治理想。由于这一基本出发点有悖于历史发展的必然要求,中庸思想理所当然地不会为他所置身的那个时代认同和接受。但是,从理论本身的角度冷静地审视,则应该承认,中庸作为伦理原则,具有明显的二重品格——一方面,它要求对立的两端在任何条件下都必须以不破坏有机体的统一为度。即使这种统一已明显构成了事物自身发展的严重障碍,也应该通过自我心理调节寻求折衷和妥协。因此,其基本的倾向性是保守的,即以回避冲突为代价来调和矛盾。另一方面,它又深刻地认识到,矛盾双方是相互依存的,片面地突出一方面压倒另一方,不适当地激化矛盾,同样不利于事物的发展,这无疑又包含着一定程度的合理性。总之,中庸的极致在于通过自我调节达到平衡与和谐,其积极意义和消极意义都在于此。

孔子的中庸思想对中国古代文学的影响极为广泛和深刻,构成了中国古代作家观照社会、体验人生、创造艺术世界的基本态度和最高准则。例如在创作活动中,处理个体与社会、感性和理性、文与质、情与景、意与势、形与神等方面的关系,无不以和谐为终极归依。这种艺术追求恰与中庸思想的影响分不开。限于题旨与篇幅,本文侧重考察中庸思想对中国古典文学伦理品格的形成的影响。

首先,在处理尖锐复杂的社会矛盾时,中国古代作家大都持折衷调和的态度。他们真诚地关心民生疾苦却又不愿消除造成这种疾苦的根源;冷峻地抨击暴政却又不愿从根本上变革社会;强烈地渴求开明政治却又顽固地维护统治阶段的最高利益。总之，他们并不无视社会矛盾的普遍存在，也并不无条件地袒护统治者，但却基于自觉的中庸精神，煞费苦心地将激烈的冲突消弥于无形，以求得对立面的统一。以杜甫为例，他对人民痛苦生活的深切体验是无与伦比的，寄予的关心与同情也是十分真挚的，乃至于不惜以自己的牺牲换取"天下寒士俱欢颜"，这无疑是令人景仰的品质。但是，一旦人民的要求与统治阶级的利益之间的矛盾有可能趋于激化时，他又总是以息事宁人的态度调和冲突。在著名的《新安吏》一诗中，这一态度表现得异常鲜明，作品一方面真实地反映了因安史之乱、朝廷抽丁拉伕给人民造成的沉重灾难、并寄予深厚的同情；但另一方面却又避而不论酿成安史之乱的原因，反而以"掘壕不到年，牧马役亦轻。况乃王师顺，抚养甚分明"安慰应征者及其亲人。当然用不着怀疑这种劝慰的真诚，但问题在于廉价的劝慰分明流露出诗人企图销解矛盾、将对立双方统一起来的良苦用心。又如《水浒》所反映的本来是一场"官逼民反"的农民革命，但作者却巧妙地以"替天行道"的旗帜为枢纽，将阶级对抗转化为社会改良，从而使之在"只反贪官，不反皇帝"这一行动意向上与统治阶级的根本利益呈现出深刻的一致性，"招安"的结局也就成了最合理的归宿。我们丝毫无意贬低作者开明的政治态度和作品进步的思想意义，但也不应因此而忽视渗透其中的调和矛盾、寻求妥协的中庸精神。尖锐的社会矛盾毕竟为任何艺术的和谐所难以消融和淡化，现实的悲剧也就因此而绵延不绝，它构成了文学无法回避的反映对象。然而，这种悲剧在中国古代作家笔下，通常被纳入由悲至喜的基本模式，引人注目的"大团圆"现象便是这一模式的集中表现。无论悲剧冲突事实上多么剧烈，无论他们开头如何浓墨重彩地渲染悲剧气氛，结果总是或由皇帝作主、或由清官伸冤、或由鬼神施报，从而被巧妙地导向和谐。《窦娥冤》如是，《牡丹亭》如是，即如《红楼梦》亦不例外。虽然黛玉夭亡、宝玉遁世,从而以"白茫茫大地真干净"奏出了悲剧性的休止符,但"兰桂齐芳"又给"树倒猢狲散"的悲剧性结局不无勉强地留下了"否极泰来"的希望。尤其是《红楼梦影》、《红楼圆梦》一类续书,更是直接为了"奋起而补订圆满之"。林林总总的"大团圆"结局无非是给悲剧的直接承受者以温情的精神抚慰,同时也给悲剧的观照者以虚幻的心理平衡。这一现象所隐含的深层内核正是以回避冲突、调和矛盾为特质的中庸精神。惟其如此,中国古典悲剧的审美效应通常止于令人一掬同情之间而缺乏催人拍案而起的内在力量。

其次,在处理个体情感欲求与社会理性规范的矛盾时,中国古代作家大都持"以礼节情"的态度。他们从不漠视个体情感欲求的存在并承认其合理性,但又总是自觉地将其控制在社会理性规范的阈限内,反对过分地放纵情感。所谓"发乎情、止乎礼义"、"怨而不怒、哀而不伤"等观念,几乎已成为他们根深蒂固的"集体无意识"。"喜来时一点检,怒来时一点检"很能代表中国古代作家的普遍心态。"点检"无疑是对个体情感的一种自律,而规范这种自律的正是外在的伦理原则,因此,任何情感欲求的冲动都在"点检"中表现为有节制的抒发,以至于我们很难从他们的作品中看到至悲至喜之情的渲泄。例如怀才不遇的苦闷是中国古代作家普遍的人生体验,因而"怨臣情结"构成了中国古代文学的一个基本主题。然而,表现这种怨情虽时有激愤之语,但总体上却不违温柔敦厚之旨。他们或如孟浩然之"不才明主弃,多病故人疏",将"被弃"的境况归诸于自身的"不才";或如李白之"乘风破浪会有时,直挂云帆济沧海",将挫折归诸于"时"而托之于命,虔诚地以"天生我材必有用"来自我宽解;或如刘长卿既为"得罪风霜苦"而抑郁不平,又念"全身天地仁"而感荷皇恩……,凡此种种无不表明,他们可以为不遇而"怨",但"怨"通常不会导致"怒"的冲动,而是消融于以中庸精神为内核的自我平衡之中。正因为中国古代作家面对个体情感欲求与社会理性规范的矛盾总是自觉地"以礼节情",使他们处于既不愿意彻底弃绝这种情感欲求,又不能一无羁绊地冲破理性规范的二难处境,于是旷达成了中国古典文学的一种普遍情调。无论陶渊明之"聊乘化以归尽,乐夫天命复奚疑"的纯任自然,还是苏东坡之"午睡醒来无一事,只将春睡赏春晴"的从容闲适,皆被视为旷达极境。细味个中意蕴,要义在于"退后一步自然宽"。不过,"退"不是完全放弃情感欲求,"宽"也并非了无阻滞,因而其中仍然饱含着深刻的痛楚与感伤,但毕竟又通过"退"避免了同社会理性规范的正面冲突,因而于"宽"中获得了有限度的平衡和代偿。在这个意义上,旷达的深层心理内涵仍不离中庸之旨,即通过自我克制换得消极和谐。

总之,中庸精神的影响形成了中国古典文学特殊的伦理品格——回避冲突、调和矛盾、追求和谐。这一品格的积极意义在于有效地遏制了纵欲主义、形式主义倾向的长时间泛滥,也极少堕入狂热的情绪渲泄;其消极意义则在于整体上缺乏强悍的抗争精神和彻底的批判态度。这种二重性使中国古典文学的基本走向趋于阴柔而悖于阳刚,优美有余而崇高不足。

三、崇古倾向与中国古代作家的价值参照系

孔子置身于乱世,一直以巨大的努力谋求着社会的改良和完善。但是,他的全部追求都是以复古为基本取向,所谓"天下归仁",就是"克己复礼",一个"复"字,明确道出了他的最高理想,即企图让历史重新退回到尧舜禹周的时代。由于这一理想根本上有悖于历史自身发展的必然规律,因而注定了他的全部追求的悲剧性宿命。然而更深刻的悲剧还在于他那种"知其不可而为之"的坚

执。所以,在他的心灵深处,以尧舜禹周为标志的"古"从来都具有不可企及也不可动摇的崇高地位。一部《论语》也就由此深深地打上了崇古烙印。不妨援引数例为证:

> 大哉尧之为君也!巍巍乎!惟天为大,惟尧则之。(《泰伯》)

> 巍巍乎,尧舜之有天下而不兴焉。(同上)

> 禹,吾无间然矣。(同上)

> 周之德,其可谓至德也已矣!(同上)

> 甚矣,吾衰也!久矣,吾不复梦见周公!(《述而》)

字里行间,充溢着虔诚得无以复加的追慕之意、景仰之情。在他看来,理想的社会图景、理想的人格典范、理想的文化形态无一不在于往古。不能说孔子的社会发展观缺乏未来的因素,但他的"未来"与逝去的"往古"却无疑具有深刻的同一性,社会向"未来"前进一步,就应该是向"往古"靠近一分,在时间向度上,历史不能倒退,在价值向度上,历史却可以复归,这就是孔子的独特逻辑。所以,他可以安于困厄、甘于贫穷,却无法容忍礼坏乐崩、人心不古的现实,当历史的发展日益远离往古范式时,一种铭心刻骨的痛苦也就无可避免地笼罩了他的全部生命。毫无疑问,孔子的崇古是基于历史发展进程中的负面因素——诸如人民的巨大牺牲、新兴统治者的残酷贪婪以及由此滋生的种种罪恶——而提出的理想范式,企图以温情脉脉的宗法血缘关系维系社会大厦,涤荡横流的人欲。在这个意义上,崇古倾向与他的仁学思想和民本主义精神是息息相通的,应该历史地加以肯定。但是,他没有也不可能认识到,在特殊的历史条件下,恶往往是社会发展的杠杆,正是伴随着不可避免的负面因素,人类社会才不断地通向辉煌的未来并逐步扬弃这些负面因素。因此,无条件地崇古,往往成为人类告别过去、超越现实的沉重羁绊。正是在这里,孔子的崇古倾向表现出自身巨大的片面性。

　　无论世人如何评说，一俟孔子作为巍峨的思想里程碑矗立于世的时候，人们都难以回避和跨越它，相反，总是自觉不自觉地接受和认同。因此，崇古倾向也必然以巨大的力量融入人们的心理结构、思维方式和价值取向之中。中国古代作家自然也不会例外，他们的现实追求通常被纳入"往古"这一参照系中加以校正和厘定，他们的创作活动也总是普遍流露出回忆和缅怀的情调。

　　首先，中国古代作家在作品中所表现的社会理想多以"法先王"为旨归。文学本质上是一种超越，是一种基于"第一自然"创造"第二自然"的活动。因此，作家并不满足于对现实生活的忠实摹写，相反，总是力图以理想的光辉烛照现实，换句话说，他们所展示的艺术世界，总是或隐或显、或直接或间接地包裹着理想的内核。正是从这一视角出发，我们可以清楚地看到，中国古代作家所表现的社会理想的基本向度不是追求未来，而是顽强地回归过去，以尧舜禹汤周为代表的"先王"之治是他们热烈憧憬、虔诚膜拜的社会图景。"惟上古尧舜，二人功德齐均，不以天下私亲。高尚简朴慈顺，宁济四海蒸民。"(嵇康《六言诗》)诗人以饱含景仰之情的笔触描绘了一幅尧舜治下的升平图景——没有尔虞我诈，没有私欲横流，更没有血腥的征战、惨酷的杀戮，有的只是和谐宁静、国泰民安。无论历史真实是否如此，都不妨碍我们作出如下论断——诗人最高的社会理想在于先王之治。这一社会理想构成了他们观照现实的基本参照系，无论是肯定还是否定当下的现实，都不外先王之治这一价值尺度。当他们通过作品直接表现社会理想时，"致君尧舜上，再使风俗淳"、"自期必管乐，致主必尧汤"一类诗句更是不胜枚举。即如陶渊明在《桃花源记》中所表现的"春蚕收长丝，秋熟靡王税"这一具有空想社会主义性质的社会理想，说到底也不过被坐实于"不知有汉，无论魏晋"之前的时代。

　　其次,中国古代作家在作品中所表现的人格理想多以"齐前贤"为极致。文学作为一种审美创造,不仅要通过艺术世界展示理想的生活图景,而且总是努力建构着理想的自我人格。惟其如此,卑污的灵魂才永远被拒于文学圣殿的大门之外,庸俗的情感、粗鄙的欲念都注定与真正的文学无缘。如果从这一视角展开考察,很容易看到中国古代作家人格理想的建构在总体上是以"齐前贤"为基本向度。不妨试举数例:

　　　　周公下白屋,吐哺不及餐。一沐三握发,后世称圣贤。
(汉乐府《古子行》)

　　　　吾希段干木,偃息藩魏君。吾慕鲁仲连,谈笑却秦军。
(左思《咏史》)

　　　　豫让酬思岁已深,高名不朽到如今。(胡曾《豫让桥》)
　　　　为国忘私仇,千秋思廉蔺。(严允肇《古风》)

虽然难免挂一漏万,但也已不难窥见,历代的贤臣义士在中国古代作家心目中确乎是理想人格的化身。文学史上的"崇屈(原)"、"慕陶(潜)"之所以成为引人瞩目的现象,根本原因还不在于他们卓著的艺术成就,而在于他们那光辉峻洁的人格令后代作家倾倒。因此,中国古代作家对自身现实人格片面性的反思和批判往往不是着眼于"未来"的新质,相反,通常是"我来动所思,致主愧前贤"(范仲淹《晋祠泉》),总是以"前贤"作为自身人格建构的惟一参照系。

　　复次,中国古代作家在作品中所表现的美学理想多以"宗诗骚"为至境。诗骚无疑是中国文学史上两座光辉的丰碑,对它们的任何漠视都是不明智的。但这丝毫不意味着它们就已经是不可逾越的巅峰,遗憾的是中国古代作家一直将其奉为圭皋,亦步亦趋,即使文学进入自觉时代以后,诗骚的楷模地位也从未有丝毫的动摇,相反倒是日益强化。《文心雕龙》这部"体大思精"的煌煌巨著,尽管其文艺思想异常庞杂,但一以贯之的却是标举诗骚传统。初唐陈子昂用以振衰救弊的武器也仍然是风雅传统以及直承这一传统的汉魏风骨。至如"大雅久不作,吾衰竟谁陈"(李白)、"别裁伪体亲风雅,恐与齐梁作后尘"(杜甫)、"能探风雅无穷意,始是乾坤绝妙辞"(方孝孺)、"辛苦十载摹汉魏,不知何故远风骚"(姚莹)一类创作主张和艺术追求更是屡见不鲜。我们决不是反对继承诗骚的优良传统,但这种继承必须是基于创新的目的才不至于丧失它应有的意义,而中国古代作家却完全将诗骚视为创作的理想模式,这不能不说是一种消极意义大于积极意义的追求。人们常常尖锐地批评"诗必盛唐、文必秦汉"一类复古主义主张,殊不知它们不过是以宗诗骚为核心的崇古倾向在极端意义上的表现而已。其实,中国古代作家并非根本缺乏创新意识,他们大都深谙"若无新变,不能代雄"、"不创前未有,焉传后无穷"之个中三昧,然而,在自觉意识的层面上,却又总是变不离宗、新以古矩,他们的创新似乎不是为了超越诗骚这一里程碑,倒是为了追求更加逼近它。因此,中国文学史上的革新运动通常是以"复古"为旗帜,将创新与复古奇妙地统于一体。无论是中唐的古文运动还是宋初的诗文革新,从客观意义上说,都具有崭新的特质,但它们的文学主张又总是从"往古"中寻求理论依据和合理性。在评价具体作品时,这种倾向就更加明显。例如李渔,理论上主张"文字莫不贵新,而词为尤甚,不新可以不作",但论及具体作品却仍以古人为矩式,企图于后世作品中重睹"汉之班、马,唐之韩、柳,宋之欧、苏"的神采风姿。

　　总之,崇古作为中国古代作家的基本价值取向是一个显而易见的客观事实,而在文化精神上,这无疑与孔子的思想影响有密切的关系。这一倾向的积极意义在于保持和发扬了民族传统文化的优秀遗产,使中国古典文学以其厚重深邃的品格在世界文学中放射异彩。而其消极意义则在于使中国文学的发展步伐显得凝滞沉重,尤其是愈到封建社会末期,就愈是显得步履维艰,虽然小说在其中一枝独秀,但毕竟难掩整体发展的颓势,而小说的长足发展也恰好在于突破了崇古的攀篱。

(原载《孔子研究》1992 年第 2 期)

刘玉平,山东大学易学与中国哲学研究中心教授,主要研究方向为中国传统文化。

本文指出,如果说孔子的思想熔铸着中国传统文化的基本精神的话,那么,它同时也以巨大的力量塑造着中国古典文学的文化性格。忧时伤世、中庸精神、崇古倾向等文化性格对中国古代作家的历史责任感,中国古代文学的伦理品格及以"前贤"为价值参照系的形成产生了重要影响。

宋代词学与儒学关系浅探

聂安福

作为研究"词"这种文学体裁的学术概念,"词学"一名是在清代伴随着汉学、宋学之风而流行于词坛的,以"词学"名书者似创于康熙间查继超所辑《词学全书》。其后,"词学"一名渐为学术界所认定。究其内涵,盖有广、狭二义:广义之"词学"包括词的创作和研究;狭义之"词学"则专指词的研究。本文所谈"词学"亦取广义,兼及宋代词作和词论。

对宋代词学的研究,当今学术界正趋向于多层次、多角度的全方位考察,在对词体本位研究的基础上,进而从政治经济、社会心理、审美观念诸方面探讨宋代词学现象的深层蕴义,创获颇多。然而宋代词学与儒学思想的关系这一课题似乎尚未引起学术界足够的重视。虽有少数专家学者涉及到这一问题,但总体说来,言之未详。想来或许有这样两层原因:一则把宋代儒学等同于理学,或只注意理学而忽略其他;二则在词学与理学关系上,只注意理学家对词学排斥的一面,而对二者由对立到某种程度上的协调这一微妙变化缺乏足够认识。为此,本文所谈宋代儒学除程、朱理学外,还将包括苏轼的儒学思想和陈亮的事功思想;在谈及理学与词学的关系时将重点阐述二者由对立到某种程度上的协调这一变化过程。

苏轼之前的词学与儒学

苏轼之前二百余年间,词坛盛行的词学观念多视词为"小道",词学与儒学的关系以对立为主。至北宋仁宗朝,词学与儒学的对立局面有了缓和,潜伏着某些协调的因素,词学与儒学的矛盾以及矛盾的缓和主要取决于词体特征与儒家诗乐教化观念之间的矛盾以及矛盾的缓和。

一

词是一种音乐性文学。词体特征,尤其是唐五代北宋初期的词,体现在文学和音乐两方面。就其文学特征而言,唐五代北宋初期词主要表现为言情柔媚侧艳。这与当时诗坛风尚很有关系。安史乱后的中唐时代,与讽谕诗、新乐府等现实主义诗作同时流行于诗坛的是艳体诗风。元结就曾慨叹:"时之作者,烦杂过多,歌儿舞女,且相喜爱,系之风雅,谁道是邪?"(元结《刘侍御月夜宴会序》,《元次山集》卷三)元稹、白居易以新乐府为后人称道,然时人所爱却在其艳体诗,正如杜牧所说:"自元和以来,有元、白诗者,纤艳不逞,非庄人雅士,多为其所破坏。""淫言媟语,冬寒夏热,入人肌骨,不可除去。"(杜牧《唐故平卢军节度巡官陇西李府君墓志铭》,《樊川文集》卷九)可见诗风所向。同样,自中唐从民间进入文人生活的曲子词正迎合了这种诗风。文人们摈弃民间词的俚俗、朴拙等特点,片面发展其艳体部分,流为艳丽。可以说,以"花间体"为代表的唐五代词与当时的艳体诗具有相同的情调风貌。

就词的音乐性而言,词的音乐载体是燕乐。燕乐,据任二北《唐声诗》所释,广义上包括雅乐之外的全部俗乐:"其剩居燕乐外,与之并列或对立者,惟雅乐耳。"《新唐书·礼乐志》云:"凡所谓俗乐者,二十有八调……皆从浊至清,迭更其声,下则益浊,上则益清,慢者过节,急者流荡。"其声情与雅乐之从容和平截然不同。与燕乐相配之歌词亦多为情诗,《旧唐书·音乐志》载开元二十五年,"时太常旧相传有宫、商、角、徵、羽《燕乐五调歌词》各一卷,……词多郑卫,皆近代词人杂诗。"燕乐声情在某种程度上影响了唐五代词的内容和格调。以唐五代词调的最大来源教坊曲这种唐代最流行的燕乐曲调为例,崔令钦《教坊记》所载三百三十四曲中有七十九曲演变为唐五代词调(见吴熊和《唐宋词通论》)。就曲名反映的歌曲内容看,多涉女子情事。唐五代词内容的艳丽倾向与此有关,因当时词作"往往调即是题","多缘题所赋"(参见《花庵词选》卷一李珣《巫山一段云》注,《四库提要·克斋词提要》)。本诸儒家"致乐以治心"、"非极口腹耳目之欲也,将以教民平好恶,而反人道之正也"(《礼记·乐记》)等传统乐教观念,燕乐、曲子词自当遭到摈斥。崔氏著《教坊记》的本旨就在:"孰谕履仁,蹈义修礼,任智而信以成之。"(《教坊记·后记》)对唐玄宗溺于声色之好致使政败国乱隐含斥意,故《四库提要》谓之"本亦示戒,非以示劝。"

　　从儒家诗、乐教化理论出发,以声情淫靡的燕乐为音乐载体、以柔媚恻艳为言情特征的唐五代曲子词势必与儒学形成对立局面。这种对立关系在当时有关笔记小说中有较多反映。花间词人孙光宪避乱江陵时著有《北梦琐言》,自序云:"每聆一事,未敢孤信,三复参校,然始濡笔。非但垂之空言,亦欲因事劝戒。"其中所载数则词坛纪事均表现出"劝戒"之旨。如卷四载唐末薛昭纬好唱《浣溪纱》,知举后,一门生辞归,"临歧献规曰:'侍郎德重,某乃受恩。尔后请不弄笋与唱《浣溪纱》,即某幸也。'时人谓之至言。"卷六载后晋宰相和凝少年时好作曲子词,广为流传,为相后托人烧毁不暇。孙光宪评曰:"然相国厚重有德,终为艳词玷之。……士君子得不戒之乎!"卷八载晚唐张祎爱姬早逝,哀悼不已,其侄制《浣溪纱》增其哀恸。孙光宪评曰："然于风教,似亦不可。"类似事例在其他史籍、小说笔记中亦有记载。如《十国春秋》载后蜀孟昶自称"不效王衍作轻薄小词。"又载徐光溥因以艳词挑前蜀安康长公主而罢相。至北宋,吕惠卿谓"为政必先放郑声",对晏殊填制小词颇为反感(见魏泰《东轩笔录》卷五)。程颐罪秦观小词亵渎上穹,"秀上人罪鲁直劝淫,冯当世顾(愿)小晏损才补德","雅人修士相戒不为(刘克庄《黄孝迈长短句》)。

上述情形表明曲子词有悖于儒家的政治教化和道德感化文学观念,显示出词体特征与儒家诗乐教化观念的矛盾和对立。然而这种对立并非二者关系的全部,对立并非绝对的。否则,在儒学复兴的宋代,词学渐趋繁荣这一现象就无法解释。因此,唐五代北宋前期词学与儒学的关系除对立之外必有其他蕴义。

二

通观唐五代北宋前期词坛,我们不难发现这样一种现象:某些持儒家诗乐教化观念而认为填词玷德、有害于风教的雅士本人就深爱小词,乃至堪制小词。唐宣宗主张"孔门以德行为先,文章为末",斥"花间鼻祖"温庭筠:"尔既德行无取,文章何以称焉!"可自己却"爱唱《浣溪纱》词"(《全唐诗话》)。牛希济在《文章论》中排诋"忘于教化之道,以妖艳相胜"之作,而其词则多写男女情爱。孙光宪也是《花间集》中存词较多者,"揽镜无言泪欲流,凝情半日懒梳头,一庭疏雨湿春愁"之类的词句亦不乏其例。至宋初,"文章豪放之士,鲜不寄意于此者"(胡寅《题酒边词》)。词人多为达官贵人,如钱惟演、韩琦、寇准、范仲淹、晏殊、欧阳修等。其词情格调基本上是五代词风的发展。可以说,对曲子词的赏悦已成时代风气。对此,学术界从词体审美效果和安史乱后的时代审美趋向的合拍进行了深入的考察。概言之,安史乱后,人们由对事功的热衷转为对情感的赏悦,由对未来的向往和自信转为对现实的沉浸和感叹。时代审美趣味相应地由以浩阔、雄奇为特点的壮美转向以缠绵、哀愁为特点的优美。以曲尽人情为特征的词体正与这种审美趋向相吻合,因而赢得文人们的普遍爱赏。

此外,唐五代至北宋前期儒雅之士对曲子词所持态度的微妙变化也是不可忽视的因素。中晚唐五代既是曲子词逐渐繁盛的时期,又是儒学日趋衰微的时期。儒学生命力的衰竭导致其文学观念的僵化,严厉排斥曲子词。儒雅之士对曲子词的公开态度是摈斥。但值得注意的是,在儒家教化观念之外,他们为曲子词留下了不可与"载道"之诗文同列的"小道"地位,又为儒学与词学对立关系的缓和留下了余地。

北宋立国,儒学复兴。儒学与词学之间虽存在对立关系,但对立局面的缓和却代表着二者关系的发展趋势。其主要原因在于儒学的新生与时代升平促使儒学的发展不自觉地作出了某种程度的导向,致使二者萌生出相对协调的迹象。

宋代儒学的复兴始盛于仁宗朝。这一时期的儒学在承继韩愈道统的前提下,呈现出双重特征:一为形而下倾向,即将儒道与现实生活相联系,振兴了儒学的衰微之势,显示了一定的新鲜活力;一为形而上倾向,即从本体论角度探讨儒道之合理性,从而开启了以心性义理为内容、以正心诚意为要旨的理学。前者可以欧阳修为代表;后者可以周敦颐、邵雍等人为代表。二者的文学观念和创作实践为我们理解曲子词盛行于仁宗承平时代这一现象提供了线索。

欧阳修代表了当时儒学的新活力,将儒道还原为现实人生:"六经之所载,皆人事之切于世者。"(《答李诩第二书》)在一定程度上重现了原始儒学的开明风度。在文学主张方面,他针对"文士"止于文之工而不进于"道",提出"大抵道胜者文不难而自至也。"

（《答吴充秀才书》）实则主张"道胜文至"。"道"既与现实生活相融，那么，文学就应为社会服务而不是为狭隘的伦理道德服务。"美善刺恶"固为诗之本义（《诗本义》"本末论"），"本人情，状风物"亦为诗之道（《书梅圣俞稿后》），乃至"宣其底滞而忘其倦怠"的唱和诗亦在"君子博取"之列（《礼部唱和诗序》）。"文至"则有两层含义：一为"语之工"，即"状难写之景如在目前，含不尽之意见于言外"（《六一诗话》）；二为"英华雅正，变态百出"（《书梅圣俞稿后》）。所谓"道胜文至"，即欧阳修在《梅圣俞墓志铭》中所说："不戚其穷，不困其鸣，不颠于艰，不履于倾，养其和平，以发厥声，震越浑锽，众听以惊，以扬其清，以播其英。"因此，欧阳修对唱和之类诗的要求是"肆而不放，乐而不流，以卒归乎正。"（《礼部唱和诗序》）正是本于这种儒学、诗学修养，欧阳修以曲子词"聊佐清欢"，形成其深婉词风。这种词学观念和风尚是当时词坛上名公儒臣的普遍倾向，从"乐而不淫"这一精神风貌看，与邵雍关于诗教的意见及其安乐诗并不矛盾。

　　身处仁宗太平之世的宋代理学创始人之一的邵雍（1011—1077）虽以布衣终生，却以其儒学涵养赢得当时名儒巨公的钦慕，如司马光、富弼、二程等均与之交善。他对诗教之"哀而不伤，乐而不淫"从人之性情修养方面进行了阐述。其《击壤集自序》以"乐而不淫，哀而不伤"为诗之极至。他认为达到这一境界的关键在于性情涵养臻于这样一种境地："以物观物"而不"以身观物"，"以名教乐"而不"以人世之乐"为乐，"以天下大义为言"而不滞于"一身之休戚"、"一时之否泰"。如此便能"因时起志，因物寓言，因志发咏，因言成诗，因咏成声，因诗成音。是故哀而未尝伤，乐而未尝淫，虽曰吟咏情性，曾何累于性情哉？"这样便承儒家传统"诗言志"说进而合情于志，归宿于"以名教为乐"、"以天下大义为言"，统一于儒家的性情之正。邵雍的诗歌创作就是这种理论的实践，由于忽视了"语之工",其安乐诗在艺术上无法与晏殊、欧阳修等大臣的享乐词相比,但其诗之归旨则在"风雅之道"(《自序》)。统观其诗,我们仍能感受到他那种太平享乐而又寄意于王道润泽的"乐而不淫"情怀(参见邢恕《击壤集后序》)。这与晏、欧等人的享乐词是相通的。

晏、欧等大臣享乐词与诗教"乐而不淫"观念之间潜在的契合因素是在仁宗的"忠厚之政"、时代承平气象以及社会享乐心理所形成的大环境中孕育而成的。自中唐以来渐兴的偏重于心境意绪的社会心理,在仁宗四十年"忠厚之政"中发展成以仁恕、中庸为旨归的时代风尚,君臣享乐太平而能"乐而不淫"。晏、欧等人娱宾遣兴,填制小词,舍其具体情事而取其雍容闲雅气度。从词人方面说,填词满足了词人"佐清欢"的愿望;就词作社会效果方面说,词作呈现出升平气象,显示出君臣相悦、与民同乐之王道润泽,因而得到统治者的认可。然而,与晏、欧等大臣词共同汇合成北宋前期朝野太平享乐图卷的柳永词作却遭到仁宗、晏殊等人的斥责。其原因就在于柳永平铺直说,拘滞于具体情事去描写市民(尤其是歌妓才子)的享乐生活,情感真挚坦率,给人强烈的感官印象,但缺乏深婉和平气度,有悖于"乐而不淫"。

晏、欧等大臣词与柳永市民词的不同命运就体现出仁宗时代儒学对词学由消极摈斥转向有分别地予以积极导向这种趋势。这一转机暗示出词学与儒学有可能在"乐而不淫"这一点上达成相对协调。这种可能性在当时未能转为现实,主要原因有二:其一,词学方面,晏、欧等大臣词作中与"乐而不淫"相贯通的深婉闲雅之态是不自觉的表露。他们均以游嬉遣兴的态度填词,不可能在词之创作和理论上有很大创新。而当时儒学之士面对词坛上所风行的柳永风调,对词体怀有轻视和戒心,自然不会对词学进行认真的探索。其二,儒学方面,严格奉守传统诗教理论的理学尚处于初兴阶段,当然无暇对其品欠雅的词学进行自觉的导向。由此看来,词学与儒学相对协调的轨迹将取决于词学和儒学的发展与联系的轨迹。从词学发展上说,仁宗朝之后自觉革新词风、推尊词体的先锋是苏轼。从儒学发展上说,欧阳修之后分为苏轼的文章之学、王安石的经术之学和二程性理之学(陈善《扪虱新话》卷五),惟有苏轼一派以文辞显世,其余二派均轻视文辞之学。因此,词学与儒学的关系在经历对立的缓和之后,再进一步协调这一任务便历史地落到了苏轼身上。

苏轼的词学成就与儒学思想

如果说欧阳修革新文风之主要功绩在诗文领域,那么,苏轼则承欧阳修进而涉足词坛,自觉革新词风,拓展词学发展前景,在词学发展史上占居重要地位。其创新成就可概括为"以诗为词",其词作中的具体表现主要有三:其一,题材上突破传统艳科藩篱,"无事不可入,无意不可言"(刘熙载语)。现存词作中赠答、纪遊、咏物、怀古、乃至说理谈玄词作占绝大多数,而传统题材如闺怨、留别之类则较少。可见东坡在自觉将词之创作纳入文人广泛的日常生活中。其二,手法上突破曲子束缚,"不喜剪裁以就声律"(《历代诗余》卷 115 引陆游语)。其三,风格上呈现出以高妙为基调,或清雄、或超逸、或清丽舒徐等多样化的统一。

上述诸端已成学术界之共识,尚须进一步研究的是对苏轼词学成就的探本求源。从词学方面说,晏、欧词的疏隽闲雅、张先词的清妙绝俗及其题材的日常生活化、柳永词的"不减唐人高处"等均对苏轼词学有一定积极影响。海内外学者对此亦有精辟中肯的论述。我们这里想从苏轼学养这一角度对其词学成就作些尝试性的探讨。

一

"子瞻自评其文如万斛泉源,不择地皆可出,唯词亦然。"(许昂霄《词综偶评》)苏轼作词放笔抒写其襟怀。其高妙词风与高妙之情怀表里如一,是其学养的自然形象的展现。因此,对其学养作些探讨将有利于理解其高妙词风。

苏轼可谓广学博览,一以贯之。就其学养而言,兼学儒释道,然而一以贯之的仍是儒学。苏轼《居士集叙》云:"道术不出于孔氏而乱天下者多矣。"并以孟子、韩愈、欧阳修为孔学正传。《答苏伯固》云:"某凡百如昨,但扶视《易》、《书》、《论语》三书,即觉此生不虚过。"苏辙《亡兄子瞻端明墓志铭》述其人品:"平生笃于孝友"。《宋史》本传亦谓其"自为举子至出入侍从,必以爱君为本,忠规谠论,挺挺大节,群臣无出其右。"苏轼学养以儒学为本也是无可置疑的。他之学佛习道是立足于人生现实,吸取其有利于理智地思考人生社会、可与儒家思想互证互补的东西,而摈弃其颓废放诞的消极因素。他在《庄子祠堂记》中认为"庄子盖助孔子者"、"庄子之言,皆实予,而文不予"。苏轼从释、老中研味出的实用于人生的是什么呢?那就是"静"和"达":"学佛老者,本期于静而达。静似懒,达似放。学者或未至其所至,而先得其所似,不为无害。仆常以此自疑。"(《答毕仲举书》)而这种"静而达"与苏轼所理解的儒学人生修养至境是相通的。

苏轼儒学思想与同时的二程"理学"、荆公"新学"皆可称作宋代新儒学。"理学"之"新"在揽佛、道入儒,空谈性理,不近人情。"新学"之"新"在揽法入儒,拘于功利。苏轼对之均为不满,谓"近时士人多学谈理空性,以追世好,然不足深取。"(《答刘巨济书》)。苏轼的儒学思想则注重现实人生,期以自成。其学术精神是对欧阳修的继承和发展。我们可以其《中庸论》中的一句话来概括他对儒道的理解:"举天下之至易而通之于至难,使天下之安其至难者,与其至易无以异也。"

苏轼立足现实人生,追溯圣人之道产生的原始动机,即"圣人之道所从始",认为圣人之道"皆出于人情","为人情之所乐者"。他认为圣人之道,"夫妇之愚,可以与知焉。""夫妇之不肖,可以能行焉。"(《中庸论》)可见圣人之道为"天下之至易"。这里也见出苏轼将传统儒道世俗人情化,因而有别于"理学"玄虚的"形而上"之论。

另一方面,圣人之道又是"天下之至难"。这里涉及儒家人生修养问题。苏试认为"圣人之所与小人共之而不能逃焉,是真所谓性也。"从生理和心理本能上说,喜怒哀惧爱恶欲七者皆为人性,而"性之动"则为人情,如乐富贵而羞贫贱,好逸豫而恶劳苦等。人之有善恶、贤愚、圣人小人之别在其"才"有异,即人的修养境界有高低。在苏轼眼中,君子、圣人之精神境界是蹈义赴节,毫无私欲之念,无狂狷之偏颇,无"乡愿"之虚伪的高洁而博大的境界。这便是圣人之道的"至难"处。

苏轼所理解的圣人君子境界乃是一种高妙的境界。它在待物处世中表现为正气浩然而无所芥蒂的安定、虚静、洞达、明澈之襟怀。苏轼常常名之曰"静",其本质在于融中正之道于人性之中,不为外物所动:"故君子学以辨道,道以求性,正则静,静则定,定则虚,虚则明。物之来也,吾无所增;物之去也,吾无所亏。岂复为之欣喜爱恶而累其真欤?"(《江子静字序》)达到这种精神境界的人能"不处而静",其好善恶恶之情皆出于本性(诚),无须思虑(见《思堂记》);其喜怒哀乐皆顺乎物性而无私情,"寓意于物"(对外物自然地作出情感反应,不介入私意私情,故物之来去而其心无所增亏,所谓"游于物之外也")而不"留意于物"(即不系心于物,为物所累,而能静守所养之道)(见《宝绘堂记》)。这种境界就其内而言之,为

"静"；而就其外言之，不可不谓之"达"。至此，我们不难看出苏轼独钟情于释老之道中的"静"和"达"的底蕴。苏轼能在逆境中安之若泰就根基于这种人生襟怀。

　　我们由苏轼对儒道"举天下至易而通之于至难"这一独特理解，去审视他词作中寄高妙之情怀于广泛的人生日常题材这一特色，便会有所醒悟。就其词作在题材方面的拓展而言，这与其将儒道世俗人情化有一定关系。因为文（包括诗）道关系是当时文人不可能置之不理的问题，那么对儒道的理解也就不可能不影响到诗文观念。苏轼词作（诗文亦然）广泛摄取日常生活题材与其立足现实人生去理解儒道不无相通之处。

　　再就苏轼词作风格而言，其最为词学界称道的是"逸怀浩气，超乎尘垢之外。"（胡寅《酒边词序》）这是词人高妙情怀的艺术再现。它与苏轼所理解的儒学修养之"至难"境界相一致。这一境界在人生逆境中更易显现。综观苏轼词作，不难发现绝大部分作于外任和贬谪时期，尤其是那些代表性词作，如《水调歌头》（"明月几时有"）作于熙宁九年知密州之时，《永遇乐》（"明月如霜"）作于元丰元年知徐州任内，《卜算子》（"缺月挂疏桐"）、《水龙吟》（"小舟横截春江"）、《定风波》（"莫听穿林打叶声"）、《念奴娇》（"大江东去"）等均作于谪居黄州时期。这些词作都充分体现出词人高妙襟怀。王国维《人间词话》中说：读东坡词"须观其雅量高致，有伯夷、柳下惠之风。"苏辙《墓志铭》云："孔子谓伯夷、叔齐古之贤人，曰：'求仁而得仁，又何怨？'公实有焉。"可见东坡词风人品契合无间，其思想根基在儒学，伯夷、柳下惠、叔齐均为儒者所尚之人。

二

　　不容忽视，苏轼词风人品二而一还得力于其"以诗为词"观念指导下放笔抒写这一创作手法。其实这仅仅是苏轼自然文学观在词学中的体现。而其自然文学观同样受到其儒学思想的启发。苏轼所理解的儒学修养境界也就是一种自然真诚之境。谈到"文"，他主张"文以述志"，"气以述其文"，"正志完气，所以言也。"(《送人序》)主张"修辞立其诚"："修辞者，行之必可言也。修辞而不立诚，虽有业不居矣。"(《苏氏易传》)反对"有作文之意"，推崇辞、意间的自然关系，并以此来理解孔子所谓"词达而已矣"(《答谢民师书》)，以"至当"评孔子之文(《子思论》)。这就是苏轼的自然文学观，也就是其"以诗为词"观念的实质内涵，即要求词人以为诗的态度作词，自然抒写词人襟抱，展现词人个性。苏轼高妙之学养襟怀及其自然文学观共同创造出了其高妙之文学风格，对词作的影响亦不例外。

苏轼的儒学修养对其"以诗为词"取得的创新成就产生了不可忽视的影响，而这些创新对词学发展尤具有重要意义。这种意义体现在词学创作和词学理论两方面。

在创作方面，苏轼词风从根本上克服了柳永风味中词语俗下和气格柔媚的弊病，同时又为其后的词坛开启了两种倾向：一为豪壮雄奇，如南宋爱国词作；二为超逸旷放，如两宋之交乃至南宋经始未息的山水隐逸词作。这些可以说是苏轼"以诗为词"观念之实践意义的深化和发展。

谈及苏轼"以诗为词"的理论意义，我们先得对这一词学观念的特定内涵略作辨析。将苏轼"以诗为词"观念与其有关词评言论合而论之，我们就可发现其"以诗为词"就是倡导"雄奇"词风，要求词作具有诗的健拔之格、壮观之境。所谓"句句警拔，诗人之雄。"(《答陈季常》)、"博雅纯健"(《答上官长官》)、"令东州壮士抵掌顿足而歌之，吹笛击鼓以为节，颇壮观也。"(《与鲜于子骏书》)等种种发论都是此意。然而这与"以诗为词"观念的应有内涵和苏轼词作的代表风格都不尽相符。这种情况的产生一方面出于苏轼纠正柳

永词风中气格柔媚的目的;另一方面则出于苏轼对文学风格形成
的独特见解:苏轼及其门人对"高妙"一格是极为推赏的,如苏轼谓
苏辙之文"体气高妙,吾所不及。"(《书子由超然台赋后》),誉山谷
诗文"超轶绝尘,独立万物之表。"(《宋史》黄庭坚传)晁补之评山谷
词:"鲁直所作小词,固高妙。"(吴曾《能改斋漫录》卷十六),山谷评
苏轼《卜算子》"语意高妙"(《苕溪渔隐丛话》前集卷三十九)等等。
但苏轼认为自然高妙是由雄奇绚烂渐趋极至的结果,二者并不矛
盾:"凡文字少小时,须令气象峥嵘,采色绚烂,渐老渐熟,乃造平
淡。其实不是平淡,绚烂之极也。"(《侯鲭录》卷八载苏轼语)所言
即为文学风格由雄奇逐渐发展为高妙的规律。由此可见苏轼一再
提倡雄奇健拔词作的个中原因。据此,我们要深入领会苏轼"以诗
为词"的理论意义,就不能拘泥于苏轼倡导雄奇健拔词格这一特定
涵义,还应从宋代词学发展史上去对"以诗为词"这一观念所含意
义进行客观合理的阐发。

　　首先,苏轼"以诗为词"观念是对前辈词人"娱宾遣兴"、"聊佐
清欢"词学观念的合理发展。陈世修《阳春集序》谓冯正中词"所以
娱宾而遣兴也"。北宋晏、欧等儒臣承之,在"遣兴"中流露出词人
学养襟怀,由唐五代重在"娱宾"转为偏重"遣兴"。苏轼词学观念
顺应了这一发展趋向。

　　其次,苏轼"以诗为词"观念的出现开启了词论界关于诗词异
同之争,促进了词学理论建设。苏轼词作在内容和艺术方面对传
统都有很大突破,基本主张诗词一理,苏轼的这种词学观,引出了
人们对词体"本色"、"当行"问题的深入探讨。李之仪《跋吴思道小
词》提出词"自有一种风格",至李清照则明确提出词"别是一家"
说,谓苏词为"句读不葺之诗",并从音律、铺叙、典重、故实、情致等
方面提出词之独特要求,以严诗、词之别。这些持诗词别派说者在
关于诗词异同争论中对词体艺术个性的探讨自然是宋代词学理论

的重大成就。

最后要提及的是,苏轼"以诗为词"观念及其有关评词言论对其后词坛尊体意识的促进作用。苏轼这一词学观念的实质就是从抒发性情的角度视词与诗同列。同时苏门评词言论中又不乏将词譬诸古诗、古乐府之例。这一切对南宋前期词论界在复雅词风盛行中从抒情本质上将词溯源至"诗三百"、古乐府的尊体意识,产生了很大的推动作用。如南宋朱弁(? —1142)《风月堂诗话》就将词追源到"诗三百":"东坡以词曲为诗之苗裔,其言良是。"王灼作于绍兴十九年(1149)的《碧鸡漫志》,承苏轼词学观进而穷溯词之本源而归于雅正,上比古歌、古乐府。认为与古乐府同源共本之"今曲子"也应承担"动天地,感鬼神,移风俗"这一教化功能。王灼的词论在苏轼词学观的基础上进一步沟通了词与诗、骚的关系,为其后理学之诗教观念渗入词学起了导夫先路的作用。

综上所述,苏轼词学革新成就在宋代词学发展上有着重要意义,而这些词学成就的取得与苏轼独特的儒学修养存在着不容忽视的内在联系。进入南宋,民族矛盾尖锐化,抗敌复仇情绪风行于朝野,事功经济思潮渐盛。苏轼词作中"指出向上一路"的精神特征及其"以诗为词"观念顺应时代风尚,为一批爱国词人所继承和发展。这样,儒学与词学的关系便表现为事功思想对词学的渗透。

事功思潮与词学

融修身治国之道为一体的孔、孟儒学到宋代逐渐衍化为经国治世之学和理气心性之学。由于唐代安史乱后的社会心理内向和宋代统治重文治教化而轻事功武绩等因素,有宋一代的学术领域中理气心性之学大盛而经国治世之学不显。直到南宋中兴,经国治世之学才以叶适、陈亮代表的浙东事功学派占据学术界一席之地。与此相应,崇尚苏轼词风的词坛,在事功思潮影响下,出现了以辛弃疾、陈亮等人为代表的爱国词派。

一

　　事功经济思想虽至陈亮、叶适才成为学派,但仍有其承继脉络。北宋仁宗时的孙复专治《春秋》,著《春秋尊王发微》,就表现出事功倾向,强调明诸侯大夫之功罪,以考时序之盛衰,而推见帝王之治乱。"范仲淹、富弼皆言复有经术,宜在朝廷。"因此与承思孟之学而重养气修饬的胡瑗"不合,在太学常相避。"(《宋史》孙复传)全祖望在《宋元学案》卷一"安定学案"中评曰:"安定(胡瑗)似较泰山(孙复)为更醇。"即本于理学正统观点。同样,范仲淹、富弼、欧阳修等人进行的庆历革新也是事功思想的实践。范仲淹所陈十事之一"精贡举"中就说:"……况天下危困乏人如此,固当教以经济之业,取以经济之才,庶可救其不逮。"(李焘《续资治通鉴长编》卷一四三)其后王安石的熙宁变法则援法入儒,重王霸理财用兵之道以图富国强兵,救庆历新政败后的积贫积弱之势。然两次新政的失败反映出北宋事功思想未成气候。尽管如此,这种事功思想在北宋词坛上仍有某些表露,某些具有事功思想的名臣士夫也偶尔不自觉地在词作中抒发其用世之志或失志之慨。范仲淹"庆历新政"失败后任陕西安抚使时作"穷塞主之词",王安石变法失败后退居金陵寄慨于《桂枝香·金陵怀古》、《浪淘沙令》("伊吕两衰翁"),他如苏轼《江城子·密州出猎》、李冠《六州歌头》("秦亡草昧")(《后山诗话》谓大侠刘潜喜诵之。程大昌《演繁露》卷十六谓之"良不与艳词同科")、贺铸《六州歌头》("少年侠气")等均为慷慨壮歌。然而词坛上这股细流之成为潮流还有待于事功思潮的盛行和词体解放二者的合力。

　　靖康之变后,民族危机激发起抗金复仇浪潮,促使事功思想上涨和苏轼词风盛行。事功思潮与词学结合，带来了爱国词创作的高潮。在考察二者关系时，兼顾词学和事功思想，我们拟选择陈亮、辛弃疾作为代表。这里先谈陈亮。

南渡之初，朝野一度以抗金复仇为志，颇有中兴气象。然秦桧主和派专权后，与金达成绍兴和议，杀害岳飞，贬黜主战派。孝宗即位初虽任用张浚主战，但不到三年便以隆兴和议告终，御制有云："寻澶渊盟誓之信，仿大辽书题之仪，正皇帝之称，为叔侄之国，岁币增十万之数……重念数州之民，罹此一时之难，老稚有荡析之灾，丁壮有系累之苦，宜推荡涤之宥，少慰凋残之情。"（《宋史》卷三三《孝宗纪》）这就是陈亮所讽刺的"爱吾民，金缯不爱"之举。这种苟安国策之下的士风日趋虚伪，空谈性理，不务实事："以端悫静深为体，以徐行缓语为用，务为不可穷测，以盖其所无。一艺一能，皆以为不足自通于圣人之道也。"（陈亮《送吴允成运干序》，《龙川文集》卷十五）因此，陈亮的事功思想既是北宋以来经国治世思想在新的民族危机激发下的产物，也是对当时"天下之气销铄颓堕"、"天下之士熟烂委靡"（陈亮《上孝宗皇帝第三书》）局面的反动，其核心在实现恢复大业。这在很大程度上决定了陈亮事功思想的主要内容和学术风格。

陈亮事功思想的中心内容就是本于抗金复国而主张学以成人，以适用为主，反对醇儒空谈性理。他在《与朱元晦秘书》中就表明："亮自不肖……然亦自要做个人，非专徇管、萧以下规摹也。正欲揽金银铜铁熔作一器，要以适用为主耳。"本于今之适用，他考古人用兵成败之迹而著《酌古论》，"穷天地造化之初，考古今沿革之变，以推极皇帝王伯（霸）之道，而得汉魏晋唐长短之由"（陈亮《上孝宗皇帝第一书》，《龙川文集》卷一）以成其王霸并用、义利兼行之道。在成人之道上，他主张融贯古今成功之道，"推倒一世之智勇，开拓万古之心胸，如世俗所谓粗块大脔，饱有馀而文不足。"主张"才德双行,智勇仁义交出而并见。"(《又甲辰答〈朱熹〉书》)所有这些归结于现实,就是要成就恢复大业:"复仇自是平生志,勿谓儒臣鬓发苍。"(陈亮《及第谢恩和御赐诗韵》,《龙川文集》卷二十)针对当时士气颓堕之风,陈亮强调养"气",认为"天地之正气郁遏而久不得逞,必将有所发泄,而天命人心固非偏方所可久系也"。而"天地之正气"不得发泄、士气销铄的根本原因在于统治者"以礼义廉耻婴士大夫之心,以仁义公恕厚斯民之生"。因此他奏谏孝宗"反其道以教之,作其气而养之",以国家之大耻振天下之士,"使人人如报私仇",并主张任用"度外之士"、"非常之人"(《宋史》陈亮本传)。

陈亮事功思想的主要内容及其所面临的论学议事上的争端决定了他的学术风格:陈述恢复大业、抗敌大策时慷慨激昂、充满信心;进行学术论争、抨击时风时气势傲然、锋芒毕露。其词学成就与其学术思想及风格不无关系。

本其事功思想,陈亮主张以词抒发"经济之怀"(叶适《书龙川集后》)。这是对苏轼以诗为词观念在新的历史条件下的具体发展。这种词学观念指导下的词作与其事功思想关系密切,内容与其论学议政之文颇多相互发挥参证之处。姜书阁先生《陈亮龙川词笺注》对此有详细笺释,此不赘言。在论及词作艺术时,陈亮同样表现出与其不以"醇儒"自律、熔金银铜铁为一器而归于适用的事功之学相贯通,主张"本之以方言俚语,杂之以街谈巷歌,掇摭义理,劫剥经传,而卒归之曲子之律,可以奉百世豪英一笑。"(《与郑景元提干》)这显然隐含着以文为词的因素。他在《书作论法后》中所说"大凡论不必作好言语,意与理胜,则文字自然超众。"即与其词论旨趣一致。这种艺术观点与其子沆所选"特表阿翁磊落骨干"(毛晋《龙川词补跋》)的三十首词作基本相符。以其与辛弃疾唱和的三首《贺新郎》为例,其一,"神奇臭腐"、"夏裘冬葛"、"蔓藤瓜葛"、"话杀浑闲说"、"不成教"、"亏杀我"、"人脆好"等均为方言俚语。其二，"涕出女吴成倒转，问鲁为齐弱何年月？丘也幸，由之瑟。"中前二句以春秋时齐景公流涕嫁女于吴乞求和亲(语出《孟子·离娄上》)、鲁国甘受齐国欺凌以致日衰一日(见《左传·哀公十四年》)两则史例表达词人对宋廷的愤慨和遣责；后二句借孔子语(见《论语》之《述而》、《先进》)暗示词人论调不合时宜。数句所用皆经传所载，经词人"抟搦"、"劫剥"便有力地表现出其抗金爱国之志和傲岸不屈的品格。

最后，由词作内容和艺术特征融合成的词作精神风度与词人学术风格有着内在联系。词作中展现出的词人精神是：一则满怀信心，力主恢复，如"举目江河休感涕，念有君如此何愁虏！"(《贺新郎》)"正好长驱，不须反顾，寻取中流誓。小儿破贼，势成宁问强对！"(《念奴娇》)"入奏几策，天下里，终定于一。"(《三部乐》)"胡运何须问，赫日自当中。"(《水调歌头》)等均是；再则屡受挫折，傲岸不屈。处身于朝野苟安、士风虚诈之世，陈亮屡受"无须之祸"(《送吴允成运幹序》)，故其词中颇多志士穷塞之悲。"邓禹笑人无限也，冷落不堪惆怅。秋水双明，高山一弄，著我些悲壮。"(《念奴娇》)"二十五弦多少恨，算世间、那有平分月！胡妇弄，汉宫瑟。"(《贺新郎》)"天下适安耕且老，看买犁卖剑贫家铁。壮士泪，肺肝裂。"(《贺新郎》)等悲愤词句中映衬出词人傲岸不屈的志士形象。其咏物词多以梅、桂、松等寓其高洁、傲岸情怀，如"君知否？雨僝云僽，格调还依旧。"(《点绛唇》)"入时太浅，背时太远，爱寻高躅。"(《桂枝香》)等词句真可谓是词人的精神写照！

总之，陈亮在其事功思想及学风影响下，承苏轼"以诗为词"观念，自觉以词抒写"经济之怀"，展现词人精神品格，呈现出磊落恣肆词风。这只是事功思潮在词坛的一种表现风格，而同以经济之怀、报国之志为内容的辛弃疾词作则代表了另一种表现风格。

二

　　辛弃疾为陈亮挚友，二人在淳熙五年初识于临安便志同道合。五年后陈亮《与辛幼安殿撰书》有云："亮空闲没可做时，每念临安相聚之适。"又五年，二人重聚于带湖，"长歌相答，极论世事。"(辛弃疾《祭陈同父文》，见徐汉明校本《稼轩集》)陈亮亦云："只使君、从来与我，话头多合。"(《贺新郎》)可见二人深挚友情建立在对"世事"的共识之上。略言之，辛、陈二人至少在以下两方面认识一致：其一，二人均立足于恢复大业而研究历史，力陈恢复大义，充满必胜信念。辛氏认为"恢复之道甚简且易，不为则已，为则必成。"(《九议》)并在《美芹十论》、《九议》等文中谈古论今，提出一整套中肯而精辟的抗战建议。其二，二人均不满于当时士人空谈性理、士气委靡不振，而强调民族正气和勇武之气的培养。辛氏认为"盖人而有气然后可以论天下"，"以气为智勇，是真足办天下之事而不肯以身就人者。"(《九议》)恢复大业成功与否取决于这种以智勇为内容的民族正气。因此，恢复大业只能与"天下之智勇之士"共计。(同上)据此，我们认为，辛弃疾虽未被归入事功学派，然其思想大旨与事功学派一致。

　　辛、陈二人思想志向上的契合决定了二人词作同以抗金报国的事功之志为核心精神，且词风亦有相通之处，如二人鹅湖会后数阕唱和词同属雄放壮烈之作。但从总体上看，陈亮词主要采取直言抒发的赋体方式，而辛弃疾更多地运用曲笔寄托的比兴手法，创造出刚柔相济词风。这一点词学界论述较多较全。至于二人词风相异的原因，似尚有开掘的余地。

　　夏承焘先生曾从辛、陈二人身世经历上解释二人词风，认为辛氏为"归正"军官，处处受到歧视和怀疑，一生大半屈处下僚或被迫退隐，壮志难酬又不能畅所欲言，因而只能采取比兴寄托手法达其

抑郁情怀。陈亮则终生为布衣,无所顾虑,慷慨陈辞而表现出磊落
恣肆之志(夏承焘《论陈亮的〈龙川词〉》,见夏承焘、牟家宽《龙川词
笺注》)。这是一个重要因素。此外,二人艺术修养和性情涵养两
方面的差异亦不可忽视。从艺术修养上说,陈亮轻视艺术性,对词
体特征缺乏深刻认识,多以为论之法直抒其经济之怀,气势雄健而
缺乏蕴涵。辛弃疾则有很深的艺术修养,曾有言:"诗在经营惨澹
中"(《鹧鸪天》"点尽苍苔色欲空"),对东坡体、花间体、李易安体、
朱希真体等均有效作。加之对经史子集的博通和对自然景致的敏
锐感受力,他便能挥洒自如地在比兴用典中寄托其抑郁情怀,故能
刚柔相济而不流于悍疾。

　　在性情涵养方面,辛弃疾身处穷境时确能从山水清景、古人诗
书中获得某种程度的精神慰藉。这是陈亮所不能做到的①。忘怀
名利、逍遥物外、盟鸥亲鱼、沉酣诗书等,虽不能说是辛弃疾心灵深
处的声音,但毕竟是其失志心情的一种外在寄托,对其积极用世志
向不能不说是一种掩饰。如他自《语》《孟》等儒经中体味出了与天
地并参的坦荡和至乐:"屏去佛经与道书,只将《语》《孟》味真腴。
出门俯仰见天地,日月光中行坦途。"(《读语孟》)"我识箪瓢真乐
处,诗书执礼易春秋。""此身果欲参天地,且读《中庸》尽至诚。"
(《偶作》)前人诗文如渊明诗、《北山移文》、《盘谷序》、《辋川图》(见
《行香子》"白露园蔬")以及《伊川击壤集》等均能给词人以一定的
精神寄托。"以气节自负,以功业自许"的辛弃疾退隐后确是"敛藏
其用以事清旷"(范开《稼轩词序》)。只是这种"敛藏"终究未能泯
灭其功业之心志,因而"饱饭闲游绕小溪,却将往事细寻思,有时思

_____

　　① 《朱子文集》卷一《答陈同甫》谓陈亮"不平之气"是因"平日才太高,
气太锐,论太险,迹太露之过,是以困于所长,忽略于所短,虽复更历变故,颠
沛至此,而犹未知所以反求其端也。"诚为知言。

到难思处,拍碎阑干人不知。"(《鹤鸣亭绝句》)游武夷,见巨石则想到"人间正觅擎天柱,无奈风吹雨打何。"(《游武夷》)这种矛盾心境致使辛词呈现出柔中含刚特色,若摘其词句为评,正所谓"唤取红巾翠袖,揾英雄泪。"

　　辛、陈二人因其客观身世和主观修养上的差别而形成不同词风,基本上代表了事功思潮在词坛的表现风格。然而在学术风尚上,事功思潮难以抗衡性命之学而处于压抑之境:"大率永嘉之论,多是相时低昂,终成背时耳。"(《与郑景元提干》,《龙川文集》卷二一)陈亮年三十欲以讲授为资身之策,乡闾不之信,疑其学之非是(姜书阁《陈亮龙川词笺注》所附《年谱》)。而程朱理学则日趋盛行,嘉定和议后被推至独尊地位,事功思潮趋于消沉。从词学本身说,事功思潮影响词学只有遵循词体特殊规律才能深化。在这一点上,陈亮算不上成功者。辛弃疾较好地处理了事功思想与词体特征的关系,创造出刚柔相济词作。这一词风又在某种程度上得力于辛氏对儒家性情涵养境界的体认。因而若不深掘其内在事功情志,这种词风便可通于温柔敦厚,张炎就谓辛弃疾《祝英台近》("宝钗分")"景中带情,而存骚雅"(《词源》)。这样,事功思潮影响下产生的"豪气词"被理学影响下的南宋后期词论家拒于词坛之外,其刚柔相济词作则被归属"雅正"词风。事功思潮与词学的关系便告结束,取而代之的是理学对词学的渗透。

程、朱理学与词学

　　程、朱理学是宋代儒学的主流学派。它从本体论角度阐述儒家伦理道德的合理性,天理与人性的关系,以及修养性情以合天理的方法途径等,主要是一种道德本体论学说。这一学说至南宋朱熹而集其大成,为时风所尊,进而以其性情涵养理论及相应的诗学观念影响文学领域。

一

宋代理学从"天理"、"性"、"情"的关系出发提出其性情涵养理论。他们以"上帝所降之衷"、"生民所秉之彝"的天理为宇宙本体,"理""气"聚合成宇宙万物。人亦然,因而生来就禀有天理和气质,相应地具有天命之性和气质之性。天命之性至善至美,气质之性因"气"之清浊昏明而有善恶之别(《朱子语类》卷四)。"情"为"性之动"(《河南程氏粹言》卷第二《心性篇》)。"喜怒哀乐,情也,其未发,则性也。"(朱熹《中庸章句》)发而"中节"之情即合乎儒家伦理道德之情,就是理学家的性情之正。"伊川性即理也,横渠心统性情,二句颠扑不破。"(《朱子语类》卷五)天理、人性、人情三者在儒家伦理道德中得到统一,关键在养心,即修养性情,以儒道充其心胸。在修养方法上,理学主张内则居敬无欲(周子、二程)、外则格物穷理(朱子)便可渐趋圣人心境。达到这种境界则能"明通公溥"(周子语):内则豁悟天理,外则言行合于天理仁道。在用情待物上则能"以其情顺万事而无情"(《明道文集》卷三《定性书》)。

本于涵养性情,理学家对传统诗教观念进行阐述。早在北宋初,邵雍《击壤集自序》就显示出理学的涵养性情与诗教之"乐而不淫,哀而不伤"的本末关系。其后程颐、杨时、朱熹等人禀承诗教,要求创作"发乎情,止乎礼义",要求欣赏能"兴发善意",重点围绕"兴发善意"这一道德功能对"兴"进行较全面的解释。程颐释"兴"有相互关联的三层含义:第一,谓儒道修养以诵《诗》为启蒙,"兴"指"开始":"得三百篇,皆止于礼义,可以垂世立教,故曰'兴于《诗》'。"(《河南程氏经说》卷第三)《诗》之所以能"垂世立教",是因为诵《诗》可以"兴起人善意"。这是"兴"的第二层含义:"夫子言'兴于《诗》',观其言是兴起人善意,汪洋浩大,皆是此意。"(《程氏遗书》卷第二·上)这种兴感因素既根源于"止于礼义"的抒情原则，也得力于表达方式上的委曲比兴。这是"兴"的第三层含义："兴者，兴起其义，'采采卷耳，不盈倾筐，嗟我怀人，寘彼周行'是也。"(同上)二程的得意门生、南宋理学主要传人杨时对程氏"兴发善意"再作具体发挥："学诗者不在语言文字，当想其气味，则诗之意得矣。"(《龟山语录》)朱熹也有类似说法："平心和气，从容讽咏，以求性情之中。"(《答陈体仁》)朱子更在其本人艺术修养影响下从创作角度对"兴"作出解释，不仅将程颐"兴起其义"具体化为"先言他物以引起所咏之词"，而且认为"兴"与《易》以言不尽意而立象以尽意"相似，给读者"活泼泼地"感觉(《答何叔京》)。这已触及到诗歌形象性特征，在理学家诗论中确为难能可贵。

　　上述理学家诗学理论虽立足于道德功能这一狭隘的出发点，但亦有一定的合理性，因此能伴随理学之盛行，借助于某些词坛因素而深入影响词学领域。

二

　　苏轼革新词风之后，词坛出现苏轼、周美成代表的两种风格类型。二者均极少涉入浅俗淫靡之境，且有相应的理论(李清照《论词》可视为美成词之创作理论)，促进了词坛尊体意识，为理学家所崇奉的诗教观念渗入词学开启了通道。

　　南宋初，王灼的《碧鸡漫志》首次以"诗言志"论词。而以诗、骚评词的现象在王书之前就已存在。许顗《彦周诗话》(序成于1128年)谓张先长短句"眼力不知人，远上溪桥去。"(今传子野词不存此二句，或已佚)远绍《诗·邶风·燕燕》中"燕燕于飞，差池其羽。之子于归，远送于野。瞻望弗及，泣涕如雨！"又评晁补之《满江红》("华鬖春风")"射虎山边寻旧迹，骑鲸海上追前约，便与江湖永相忘，还堪乐。"数句"善怨似《离骚》"。此词感叹贤人薄命，下片云："贤人命,从来薄,流水意,知谁托。绕南枝身似,未眠飞鹊。……"与东坡《卜算子》词境相似。铜阳居士谓东坡此词与《诗·卫风·考槃》相似,亦着眼于善寓怨意。至淳熙末曾丰《知稼翁词序》将词归旨于"发乎情,归乎礼义",谓东坡《卜算子》"触兴于惊鸿,发乎情性也。收思于冷洲,归乎礼义也。"并谓黄公度词能"清而不激,和而不流,要其情性则适,揆之礼义则安",根源在其"道德之美"。从王灼到曾丰显示出诗教观念对词学影响的不断深入。王灼从"因所感发为歌"出发正面推崇东坡、美成词风,尤推尊东坡。曾丰则进而将词之情志纳入封建伦理道德之中。

从南宋前期词坛看,其雅化论调主要涉及词之性情,而对词之艺术技巧几乎没有提出任何雅正要求。这一点可从学术风尚和词坛风尚两方面得到解释。在抗金复仇这一时代精神主宰下,在学术风尚方面,理学与事功之学在抗战主张上有某些一致性,如胡安国、胡寅、朱熹等理学派中人都曾主张恢复。词坛上则崇尚苏轼词风,以词抒发爱国情怀,激发抗金斗志。理学家亦谓此类词"读之使人奋然有擒灭仇虏扫清中原之意。"(《朱文公集》卷八四《书张伯和诗词后》)可见当时词坛倾向于豪壮情调,不甚注意词之艺术特征,再加之所崇尚的苏词本身艺术技巧难以离折,因而当时的雅词论调只能停留在词之性情方面,只不过将词之性情逐步归于理学家的性情之正,为南宋后期雅词论者对词之艺术提出具体的雅正要求作了准备。

三

南宋后期,社会沉入苟安局面,学术思想上独尊理学。词坛上诗教意识盛行。与诗教之温柔敦厚气象具有同质审美内涵的美成浑雅词风受到推崇。美成词作不仅在风格上可归入雅正,且其艺术上铺排勾勒、化用前人诗句等手法皆有迹可寻,因而成了理学家的诗教观念深入词作和词论的最佳途径。

　　南宋后期词坛，从姜白石、史达祖、吴文英到王沂孙、张炎、周密等，词风虽不尽相同，但都可归入雅正，从这一点上均可归入美成一类词风。白石词与美成词差别较大，盖因白石兼承美成、东坡而以疏淡邈远之境寓其沉郁之情，似可视为南宋词坛由尚苏转到尚周的过渡者，词作"清空又且骚雅"（张炎语），仍不出"雅正"。其他诸家，梅溪学周词而稍失之尖巧，梦窗又失之晦涩，草窗与梦窗相近，碧山、玉田皆与白石相若。可见南宋后期词作以雅正为主流，与美成词风有直接关系。当然，其根源还是理学带给词坛的雅正意识。这在词论中表现更为明显。

　　南宋后期词论承前期雅词论而较普遍地从性情雅正、风格温厚上评词。如张镃《题梅溪词》谓梅溪词"跻攀风雅，一归于正"。林景熙《胡汲古乐府序》评胡氏词"所谓乐而不淫，哀而不伤，亦出于诗人礼义之正。"而沈义父《乐府指迷》和张炎《词源》则在雅正词学观念基础上进一步对词的艺术技巧提出一系列雅正要求。在词的用意上，沈、张二人均主张平和。沈氏提出"发意不可太高"，张氏亦谓辛弃疾、刘过"作豪气词，非雅词也"。在下语用字方面，二人均要求浑雅精妥、含蓄蕴藉，反对鄙俗浅露、狂桀生硬，沈氏提出"下字欲其雅"、"用字不可太露"，倡导化用唐人诗句以求词之雅澹，对康、柳"鄙俗语"、美成"天便教人，霎时相见何妨"一类为情所役的浅率词句予以指斥；张氏亦要求句法"平妥精粹"，字面"一个生硬字用不得"、"善于融化诗句"，斥康、柳词流入"浇风"。这些艺术主张是沈、张二人立足于雅正词学观念对当时词坛的理论总结，标志着理学与词学以诗教观念为契合点达成相对协调的最终实现。

　　纵观宋代词学与理学的关系，二者的相对协调大致经历了三个阶段：北宋仁宗朝为协调的萌芽期；苏轼至南宋前期为观念上渐趋协调的时期;南宋后期为相对协调时期。从整体上说,这种相对协调的达成是宋代词学与儒学关系的归宿,其实现过程也就是词学与儒学关系的发展过程。而苏学、事功之学之于词学的影响为词学与理学的相对协调起了过渡作用。宋代词学与儒学关系所呈现的这种局面的首要原因,是理学在宋代儒学中的主流地位。此外尚有理学和词学本身的原因。从理学方面说,理学家虽重道轻文,但推尊诗、骚,禀承诗教,因而有可能以诗教理论影响文学艺术。然理学家在实践上排斥辞章之学,南宋时虽有所改变,刘子翚、朱熹、魏了翁、真德秀等甚至有词作存世,可无一人配称"词人"。因此,理学之影响于词学只有从理论观念入手,其深入到词学创作只能借助于词学本身。而苏学、事功之学影响于词学,促进了词坛尊体意识,为理学以诗教观念影响词学创造了条件,至南宋后期,美成浑雅词风的盛行又为理学以诗教理论深入词学创作开辟了道路,促成了词学与理学的相对协调。可见这种协调关系的建立之所以历时较长,是因为理学须借助于词坛风尚才能对词学创作施以影响。同时,也正因为理学从词学理论观念入手进而深入词学创作,所以渗透深广。

　　宋代词学在儒学影响下,词体渐尊,词境渐大,词格渐高,词品渐雅,终归于雅正。同时词坛上仍存在视词为诗人绪馀、馀事、馀技的观念。如南宋孙兢《竹坡词序》谓周紫芝"嬉笑之馀,溢为乐章"。关注《题石林词》谓叶梦得"翰墨之馀,作为歌词"。尹觉《题坦庵词》亦云:"词章乃其馀事"。这是观念形态发展中的规律性现象,也反映出词学与儒学调和的相对性。我们只有充分认识到宋代词学观念的这种双重性,才能较全面地理解词学与儒学的关系。

(原载《中国韵文学刊》1993 年第 7 期)

聂安福(1965—　　),文学博士,现任教于复旦大学中文系,研究方向侧重唐宋文学。

本文认为,宋代词学在儒学影响下,词体渐尊,词境渐大,词格渐高,词品渐雅,终归于雅正。同时词坛上仍存在视词为诗人绪馀、馀事、馀技的观念。反映出词学与儒学调和的相对性。

20世纪儒学研究大系

论汉魏六朝诗教说的演变
及其在诗歌发展中的作用

葛晓音

儒家诗教说在两汉确立以后,一直被奉为中国古代文艺理论的正统。其强调伦理教化、微言大义的美刺观念,则被视为诗歌革除绮靡、复归风雅的指导思想。近年来,虽有不少学者已注意到诗教说曲解诗文的谬误以及衡量创作的狭隘性,但由于把历代文人儒者标举的这种理论一律看作汉儒说诗的翻版,忽视其内涵在不同历史条件下的变化,因此很难就诗教说在每个诗歌发展阶段中产生的不同影响作出辨证的分析。即以汉魏六朝而论,诗教说的侧重点便曾经历过若干层次的发展,由美刺并重渐转为以颂美为主,而它对诗歌发展的作用也随之由助力而变成了阻力。对这一问题的探讨,不但有助于弄清汉魏六朝诗歌中不同的创作倾向和诗论中不同观念的针对性,而且对于正确理解唐代诗歌革新的特征也不无裨益。

一

两汉儒家诗歌理论的核心思想是强调文学在伦理教化方面的功用。《毛诗序》说:"是故正得失,动天地,感鬼神,莫近于诗。先王以是经夫妇,成孝敬,厚人伦,美教化,移风俗。"其实是抽取了孔子"兴、观、群、怨"说中的"观"字,扩大了诗歌在人事政教上的作用,后来的诗教说莫不以此为本。从这一基本观念出发,汉人说诗十分重视通过乐诗观察政教兴废和风俗厚薄。由于乐感人性,可以"内辅正心","其感人深,其风移俗易",所以"正教者,皆始于音","审音以知乐,审乐以知政,而治道备矣"(《礼记·乐记》)。世道的治乱直接关系到音乐的平和或怨怒:"治世之音安以乐,其政和;乱世之音怨以怒,其政乖;亡国之音哀以思,其民困。"(均见《礼记·乐记》)为此,汉人将《诗经》中的颂和大雅,视为王德之美的象征:"昔周公咏文王之德而作清庙,建为颂首;吉甫叹宣王穆如清风,列于大雅。"(王褒《四子讲德论》)当时大儒公孙弘、董仲舒等皆以为"音中正雅,立之大乐'可以兴助教化(见《汉书·礼乐志》)。于是,由雅颂之声的兴废来判断兴亡盛衰的观念便得以确立。所谓"雅颂之音理而民正"(《史记·乐书》),"成康没而颂声寝,王泽竭而诗不作"(班固《两都赋序》)的说法,自两汉到唐一直沿用不衰。汉人对乐诗政教功能的重视不仅体现为修兴雅乐,歌颂太平,更体现在强调诗的美刺讽谕作用。讽谕是"上以讽谏,冀其觉悟"之意,郑玄《诗谱序》所说"论功颂德,所以将顺其美,刺过讥失,所以匡救其恶",大体上可以概括美刺的本义。

　　上述观念给两汉诗歌的发展造成了复杂的影响。一方面,汉代今古文家说诗惟从美刺作用出发,不免以意逆志,牵强附会。齐、鲁、毛、韩四家诠释《诗经》,务求使之合于"明乎得失之迹,伤人伦之废,哀刑政之苛"(《诗大序》)的微言大义,像《关雎》本是一首普通的情歌,却被曲解成"说淑女、正容仪,以刺时"的讽谕之作。这类例子已为众所周知,无须列举。这样的说诗方法不但把诗三百变成了经典,而且也导致两汉文人诗中产生了不少以讽谏、自劝、述祖德、诫子孙为主要内容的雅颂体。例如西汉韦孟"为(楚)

元王傅,傅子夷王及孙王戊,戊荒淫不遵道",韦孟便作《讽谏诗》述其王祖之德,对戊"所弘非德,所亲非俊,唯囿是恢,唯谀是信"的过失严加切责。韦玄成因被削去所承父爵而作《自劾诗》,后又因继父相位,封侯故国作《戒子孙诗》,东汉时傅毅作《迪志诗》以世业自厉其志,均用庄重板滞的四言诗体进行长篇大论的说教。班固所作《论功歌诗》、《宝鼎诗》、《白雉诗》、崔骃的《北巡颂》等或歌颂皇德,或赞美祥瑞,则使形式比较自由的拟骚体也变成了典雅艰深的颂体诗。可见两汉诗教说实为促使四言体和拟骚体迅速僵化的重要因素。另一方面,汉代统治者为使诗歌起到"上以风化下,下以风刺上"(《诗大序》)的作用,仿照"古有采诗之官"的制度,设立乐府,注重采集民间"皆感于哀乐,缘事而发"的诗歌,使哀刺之作和颂美之作同样能够起到讽谕时事、观风俗、知得失的作用,则促进了汉乐府民歌的兴盛。采诗的根本目的当然是惩戒劝俗,巩固封建统治秩序,像《东门行》表现人民无法忍受贫困、拔剑反抗的行动,这类优秀民歌之所以被采入乐府,也是出于告诫统治者注意"乏困失职之民"铤而走险的用意,所以入乐后原来强烈的反抗性才会被篡改成劝导人民切莫犯上作乱的说教。尽管如此,这些民歌毕章是人民喜怒哀乐的自然流露,加上叙事体的表现方式造成了内容的客观性,其强烈的批判精神是无法掩盖的。因此,当美刺讽谕说为两汉的采诗制付诸实践后,可促使采诗者从下层社会发掘出较能反映生活真实的歌谣,有助于批判现实的诗歌的发展。

从两汉文人诗和汉乐府叙事诗的内容可以看出:无论是文人诗说教式的指陈切责也好,还是民歌形象化的控诉嘲谑也好,汉诗中的"刺"确能直接面向现实,触及社会的弊病以及民间的疾苦,与"美"从正反两面达到讽谕惩劝的目的。汉儒之所以主张美刺并重,应有多种原因。首先,封建统治阶级敢于听取下层呼声,了解社会弊端,往往是处于对自身统治力量较有信心的时候。因为这时刺世讥俗之言不足以动摇其统治的根基,反而可起到防微杜渐、修补时政的作用。汉乐府由武帝创设,正是汉帝国达到极盛之时,也说明了这一点。乐府采风延续到东汉明帝、和帝之世,都是社会政治相对稳定的时期,而到安帝以后,尤其是桓、灵之世,宦官外戚争权,朝廷大兴党狱,政治极度黑暗,杜绝言路尚恐不及,当然更谈不上采风观俗了。其次,汉乐府中反映社会问题的篇章集中为两大类,一类是表现孤儿、病妇、鳏夫、流民、士卒的痛苦生活,如《妇病行》、《孤儿行》、《东门行》、《艳歌行》、《战城南》等;一类是刺美郡守,如《陌上桑》、《平陵东》、《雁门太守行》等,这是因为汉乐府观风采风的基本内容是以存恤鳏寡孤独和考察郡县吏治为主,也就是说,汉乐府美刺的重点是在地方政治。像汉代童谣中《卫皇后歌》、《颖川歌》、《五侯歌》、《范史云歌》一类针对帝室、外戚、权贵,直接抨击时事的作品在汉乐府中极为罕见。这种采风标准与汉代的统治思想有关。汉代是继秦之后的第二个封建统一王朝,统治者从周、秦二代吸取的教训主要是妥善处理阶级关系和巩固中央集权的问题。由于当时生产方式的变化,汉代社会已形成以一家一户为基本单位的生产关系。考虑到农民对统治者"抚我则后,虐我则仇"的态度,儒家所推行的"家齐然后国治"的思想无疑最适应于调节、缓和阶级矛盾的需要。齐家、尊老、孝悌、恤孤是风俗淳厚的标志,而要化成天下必须以移风易俗为首:"为政之要,辨风正俗,最其上也。"(应劭《风俗通义序》)所以汉代统治者存问鳏寡孤独、招抚流民、瘗葬野尸的诏令一直不绝于书,而且成为考察吏治的重要标准。乐府采风的内容基本上都包括在统治者已经注意到的社会问题的范围内,虽然真实地反映了两汉的社会生活面貌,却没有直接损害中央政权的利益,反而可借此标榜统治者的仁政,这种刺世之作自然就不会超出统治者所能容忍的限度。再次,汉人能将哀刺之作与颂美之作并举,也与他们对政、乐关系的看法比较通达有关。尽管乐诗的作用被强调到可以变民风化民俗的高度,但他们还是认为政治决定音乐,而非音乐决定政治。大儒董仲舒曾说过:"故王道虽微缺,但管弦之声未衰也。夫虞氏不为政久矣,然而乐颂遗风,犹有存者。"(《元光元年举贤良对策》)指出王道的衰微有时并不能立即从音乐上体现出来,也就是承认政与乐有相对的独立性。既然君王失政已久,乐颂遗风犹存,足见政教之衰不由怨刺之声,而主要在君主能否遵守王道:"夫周道衰于幽厉,非道亡也,幽厉不由也。"(同上)郑玄《诗谱序》将治乱和颂怨的关系说得很清楚:"及成王周公致太平,制礼作乐,而有颂声兴焉,盛之至也。""厉也,幽也,政教尤衰,周室大坏,《十月之交》、《民劳》、《板》、《荡》,勃尔俱作,……刺怨相寻。"正因为汉人能明智地认识到颂怨之声只是国之盛衰的反映,并不是决定兴亡的根本,所以才不像后来的六朝统治者那样避忌怨刺之作。

由此可见,汉人不但在理论上将美刺相提并论,并能以"言之者无罪,闻之者足戒"的气度付之创作实践,做到以风刺上,抒下情而通讽谕。这种意识尽管导致了文人诗中四言体和骚体诗趋于僵化的后果,毕竟基本上继承了《诗经》关怀国家命运和正视社会现实的传统。同时也应看到:汉诗真正触及时事的作品主要是在民歌中,由于采诗的目的是辨风正俗,所刺的目标主要在地方风俗和郡守吏治,而不在最高统治集团,因此这种为教化目的而采集的刺时之作在深度广度上仍有一定的局限。尖锐抨击统治者的篇章在两汉文人诗中仅是极少数,在一般文人的心目中,只有"温纯深润"的"典谟之篇,雅颂之声"才"足以扬鸿烈而章缉熙"(扬雄《解难》)。就连王充这样具有反传统观念的思想家也认为"文人涉世",当以"纪主令功,颂上令德"自勉,否则"如千世之后,读经书不见汉美,后世怪之"(《论衡·须颂篇》),甚至批评"周秦之际,诸子并作,皆论他事,不颂主上,无益于国,无补于化"(《论衡·佚文篇》)。可见在美刺二端中,汉人更看重颂美之声。美政要以颂扬君德为主,刺时则不能有怨主之意,这在一定的时代条件下,很容易转化为惟以颂美王政为上的观念。

二

诗教说在魏晋时期发生了重大的转变。这一演变过程大体可按建安与西晋这两个不同时期分出两种截然不同的趋向。

经过汉末大动乱,东汉的名教经学已不能适应时代的剧变。曹操在统一北方的战争中,出于军事政治的需要和防止名门大族分裂政权的目的,痛抑东汉以来的儒族学门,采用名法之术,选拔人才以智能为先,不重德行虚名,录用"不仁不孝而有治国用兵之术"的微贱者为吏,这对两汉以仁孝为本的儒学经术自然是一个有力的冲击。"魏武好法术而天下重刑名","魏文慕通达而天下贱守节"(傅玄《举清远疏》),讲求循名责实,提倡通人情,重才智,轻伪德,成为建安时流行的学术思潮。这种变化必然会反映到文艺思想中来。随着两汉经学思想堤岸的崩决,儒家诗教说也很快衰微。在如何认识文学功能这一核心问题上,建安文人提出了新的观点,汉儒将文学看作经学的附庸、为政教服务的工具,而建安文人则在承认文章经国治世之用的同时,更重视文学自身的价值。曹丕《典论·论文》说:"盖文章经国之大业,不朽之盛事。年寿有时而尽,荣乐止乎其身,二者必至之常期,未若文章之无穷。是以古之作者,寄身于翰墨,见意于篇籍,不假良史之辞,不托飞驰之势,而声名自传于后。"其旨意显然在强调文章永恒的价值可超过有限的生命和短暂的荣乐,使作者借以立身扬名,获得真正的不朽。杨修对曹植提及文章"不忘经国之大美"时,所重的也仍是"书名竹帛"、"流千载之英声"(《答临淄侯笺》)。这就使文学从附属于经学的地位中解放出来,获得了独立存在的价值。由于对文学功能的认识发生了这样一个根本的变化,建安文人的论文著作中几乎没有美刺讽谕、伦理教化这类传统概念。他们所探讨的重点是文学自身的一些规律,诸如文人的个性气质和风格、文与质、词与理的关系等问题。他们甚至一边收集前代雅乐,一边提倡悲歌新声:"悲弦激新声,长笛吐清气。弦歌感人肠,四坐皆欢悦。"(曹丕《善哉行》)并专门设立清商乐署,演奏源自汉代街陌歌谣的清商三调。建安文人与曹氏兄弟"行则连舆,止则接席",谈诗论文,探讨得失,不再像两汉辞赋家那样被当作"倡优蓄之"。凡此种种,都说明建安人的文学意识已经觉醒,并从各方面摆脱了汉儒诗教说的羁束。

　　值得深思的是:建安文人虽然没有本着诗教观念去从事创作,他们的诗歌却继承了汉乐府批判现实的优良传统,真实地描写他们目击的战争疮痍,倾泻其蓄积已久的人生感触,深刻地反映了那个风衰俗怨的时代。现存建安诗歌中的刺时之作,主要以汉末董卓之乱和军阀混战为背景。对白骨被野的战乱惨象的哀悯,更激起了建安文人平定天下的热情,因此他们对现实的批判是通过抒写拯世济时、建功立业的大志表现出来的,并无用于美刺讽谕的功利目的。从此以后,通过抒写远大人生理想而反映出时代的真实面影,遂成为六朝进步文人诗的重要创作方式。

　　诗教说的式微,固然以建安时期学术思想、文艺观念及创作方式所发生的这些变化为主要原因,但也与"刺世讥俗"这一观念内涵的转化有关。诗教说所主张的刺过讥失,出自讽谏劝戒、有补教化的外在目的。但在实际创作中,还有一种因作者内心有所郁积而发的怨刺之文。王充在《论衡·自纪篇》中指责"俗性贪进忽退,收成弃败",自称因"疾俗情,作讥俗之书","冀俗人观书而自觉"。这似仍本乎讽谕之意,而突出了"不合于众"的愤世忌俗之情。东汉后期文人诗中出现的一些刺世疾邪之作，亦多因作者自身不遇的遭际而发。如郦炎的《见志诗》在抒写奋羽凌霄的壮志之时，流露出通塞有命的感叹，赵壹《疾邪诗》二首讽刺世人趋炎附势，媚富欺贫，更是忼厉激愤。"讥恶"、"刺时"既变成了文人的抒写忧愤，用于政教的外在目的便转化为内心情志的自然流露。到魏晋易代之际，阮籍、嵇康将这种愤世疾俗之作和建安文人通过讴歌理想以反映时事的作法结合起来，在探索人生意义的言情述怀之作中透射出对现实的强烈不满和否定。这在以伦理教化为目的的美刺讽谕诗之外，为我国古代诗歌确立了批判现实的另一种优良传统。

西晋时期，玄风虽盛，但诗教说在统治阶级文艺观中复又占据了主导地位，同时其内涵也发生了由汉代的美刺并重转为以颂美为主的突变。这一转折可由理论和创作两方面见出。综观晋人论文之作，虽不像汉儒那样言必称教化，但每当论及文学的本体和功用时，则仍是重复诗教说的老调，如皇甫谧说："昔之为文者，非苟尚辞而已。将纽之王教，本乎劝戒也。"（《三都赋序》）陆机认为文之职能在于"济文武之将坠，宣风声于不泯"（《文赋》）。至葛洪提出："夫文学也者，人伦之首，大教之本也。"（《抱朴子》佚文，见《御览》六〇七）更是把文学的政教作用拔到了前所未有的高度。不同于汉儒的是：晋人反复强调只有颂美王政方可称为雅音正声，"刺时"、"讥恶"一类概念基本上已从他们的文论中消失。如挚虞《文章流别论》将各种文体的职能都归结到颂美这一点："王泽流而诗作，成功臻而颂兴，德勋立而铭著，嘉美终而诔集。"而在各种文学形式中，又特别推崇称述圣王之德的颂体："后世为诗者多矣，其称功德者谓之颂，其余则总谓之诗。颂，诗之美者也。……故颂之所美者，圣王之德也。"夏侯湛为张衡立碑作传，也只提他那些歌咏皇家气象的赋颂："若夫巡狩诰颂，所以敷陈立德，二京南都，所以赞美畿辇者，与雅颂争流。（《张平子碑》）左思作《三都赋》，同样是本于"美物"、"赞事"的主旨:"发言为诗者,咏其所志也,升高能赋者,颂其所见也。"(《三都赋序》)今存陆云《与兄平原书》二十余篇,大都是与陆机探讨赋颂的作法,并自称"不长于五言",作诗"与颂虽同体,然佳不如颂"。既然弘敷王道只需赞颂之文,"讽谕"的内涵也自然随之改变,如果说汉儒所谓讽谕还包括以怨刺之声风谏其上,促使统治者考察政治得失,那么晋人所谓"纽之王教,本乎劝戒"就只是空洞的说教和泛泛的箴规,毫无触及时弊的实质性内容。傅玄在解释"连珠"时提出:"其文体,辞丽而言约,不指说事情,必假喻以达其旨,而贤者微悟,合于古诗劝兴之义。"(《连珠序》)虽是论其艺术表现的特点,却也反过来说明他所理解的古诗劝兴之义是一种委婉隐晦、不能明指直刺的表现方法。挚虞认为枚乘的《七发》"因膏梁之常疾,以为匡劝","不没其讽谕之义",所指的讽谕也是不痛不痒、借喻达旨的说教方式。但即使是这样的"讽谕",在晋人文论中也仅此二例。可见美刺讽谕说至此已将"刺"完全排除在外,只剩下了"美盛德之形容"的一端。

从西晋文学创作的总体趋势来看,由于赋颂最合乎称述功德、敷显王道的要求,当时文人大都致力于赋颂的创作,并且强调诗赋颂同出一源:"赋者,古诗之流也。""不歌而颂谓之赋。"(左思《三都赋序》)这就使他们的一部分诗歌反过来变成了赋颂之流。最突出的现象是早在汉代就已僵化的四言这时成了应用最广的诗体。出于"雅言之韵,四言为正,其余虽备曲折之体,而非音之正也"(《文章流别论》)的观念,西晋的庙堂雅乐歌辞,一般文人的应酬赠答之作,大都采用典重奥博的四言雅颂体。建安时的公宴诗和应诏应令诗以五言为主,至西晋时多改用四言,内容无非是歌颂"恢恢皇度,穆穆圣容"、"泽靡不被,化罔不加"(晋武帝《华林园集诗》)。每逢王公上寿举食、庆祝大小节令、进献祥瑞之物,四言颂诗更是不可或缺。不少文人还用四言宣传儒家教义,如成公绥《中宫诗》述令妃"仁教内修"之德。傅咸作《孝经诗》、《论语诗》、《毛诗诗》、《周易诗》、《周官诗》、《左传诗》，纯粹是六经的赞铭。夏侯湛作《周诗》以示潘岳，安仁称其"非徒温雅，乃别见孝悌之性"，并因此而作《家风诗》。束晰所作《补亡诗》六首，则用孝子之义、君子之道为周诗中"南陔、白华、华黍、由庚、崇丘、由仪"六篇填补阙辞。可见四言颂体的形式与儒家述圣设教的内容是相为表里的。除此以外，朋友、同僚间的四言赠答诗数量之多，几近西晋诗总数的一半。像陆云、郑丰、挚虞等就专以四言为能事。赠者答者均无真情实感，惟求"应宾之渊懿温雅"（《文章流别论》），诗中充满虚饰浮夸、装点门面的恭维之词。正如葛洪所批评的那样："古诗刺过失，故有益而贵；今诗纯虚誉，故有损而贱也。"（《抱朴子·辞义篇》）连论文反对贵古贱今的葛洪尚且不以为然，晋诗中大量充斥的这类虚美之作价值如何也就可想而知了。四言诗的僵化不仅促进了五言的雅化，而且为东晋玄言诗提供了典正平板、枯燥说理的现成形式。"夫四言正体，则雅润为本"（《文心雕龙·明诗篇》）的观念成为正统文人衡量诗歌艺术的首要标准，正是从西晋诗歌的这种创作实践中总结出来的。

诗教说之所以在西晋时期发生这一重大转变，与西晋的政治形势和学术特点密切有关。司马氏以篡夺的方式攫取了政权，为证明其受命的顺天应时，特别需要"言圣皇受禅，德合神明"（《晋书·乐志》）的颂词。加上司马氏集团的核心人物大多出自名门望族，开国元勋如荀颗、荀勖，贾充、王肃、卫瓘等都是东汉以来的学门，其他重臣如杜预是著名经学家，傅玄、张华也是尊儒贵学的士林文宗，所以晋氏受禅之初便大事崇儒兴学，经始明堂。张华、傅玄所作郊庙歌辞几乎篇篇一旨，以歌颂大晋的"顺天道"、"承运期"为主题，与曹魏郊庙歌辞重在记述魏武征伐统一之功迥然不同。太康元康中，经学之盛，正如荀崧所说："太学有石经古文，先儒典训,贾马郑杜服孔王何颜尹之徒,章句传注众家之学。置博士十九人,九州之中,师徒相传,学士如林。"(《上疏请置博士》)从西晋的许多章奏来看,这些博士在忙于议定各种礼乐制度之时,还需要不断从先儒典训中为皇室外戚频繁的篡乱寻找理论根据。例如贾后依靠汝南王亮废其婆母杨太后,又杀杨后之母,即有"公卿处议,文饰礼典"(《资治通鉴》卷八十二)。统治者掩盖现实犹恐不及,当然不愿也不敢听取来自下层的怨刺之声,所以在西晋乱政迭移、权贵们"朝为伊周、夕为桀跖"的遗遭时世中,诗坛上反而是一片歌颂王化政成的典言雅音。此外,社会上玄风的盛行又造成当官者不问政事、讥笑勤恪的普遍风尚。政治越是混乱,那些踞于上层的名士愈是清高放达。祖尚浮虚既可扬名天下,享受高官厚禄,又可避祸全身。为此朝野之人争相慕效当时的两大风流之首王衍、乐广、放荡恣情,宅心事外。而在一般士子中,由于九品中正制选人"不精才实,务依党利","高下逐强弱,是非由爱憎,凭权附党,毁平从亲,随世兴衰"(刘毅《上疏请罢中正除九品》),势家子弟不拘资历,超次升迁,普通士人奔竞风尘,阿附权贵,不少人在政治投机中粉身碎骨。既然文人们从上到下都不以匡济天下为心,汉儒奉为圭臬的刺过讥失、移风易俗这一套被晋人所鄙弃也就很自然了。所以当时的诗歌创作及理论排除怨刺,实际上是西晋士族阶级形成之后,为维护特权政治、粉饰太平而对汉儒诗教说加以篡改的结果。自从诗教说在西晋时期发生这一变化后,历宋齐梁陈几代,篡乱越是频繁,士族制越是不合理,统治阶级就越需要歌功颂德的雅音,强调颂美、否定怨刺的观念遂成为南北朝诗教说的核心。

三

南朝诗教观念的发展呈现出较为复杂的趋势。一方面,历代统治者仍然需要"美盛德之形容"的大雅颂声,因而每当论及文学功能时,总要加上几句"成孝敬于人伦、移风俗于王政"的冠冕,大抵是蹈袭西晋以来兴赋颂、美风教的老调,劝戒、讽谕等"风人之旨"已成绝响。另一方面,由于玄学佛教盛行,儒学相对衰微,士族阶级生活更加放荡,帝王宗室无不好尚文学,诗赋内容转为应酬娱情,文坛风气愈趋绮靡,南朝诗论在探讨文体源流、修辞声律等方面进展很快,这就促进了人们对文学基本特征和自身价值的认识。至齐梁时,政教和文学已明确分家,诗教说混淆经典和诗赋的观念甚至受到一些文人的批评。只有少数诗论家仍坚持儒家正统观念,以抵制当时浮艳华靡的文风,刘勰的《文心雕龙》和裴子野的《雕虫论》便是代表。

但是,诗教说在北朝诗论中却仍据有正统地位。这是因为北魏统一后,基本上承接了西晋以前中原文化的传统。从儒学到文学均拘守于汉晋的观念。就儒学来说,"大行于河北"的是东汉郑玄、服虔、何休的众经注解,西晋杜预所注的《左氏春秋》则"齐地多习之"(《魏书·儒林传序》)。学者但以墨守旧注为能事,不敢有所发明,稍有新见者往往为世人所讥。在文学上,魏人亦效法晋人,言志、咏怀、讽劝、颂政、赠答多用典正的四言雅颂体。特别需要指出的是,北魏还效法汉代,设有采诗制度。道武帝拓跋珪早在开国之初,就已采集北歌入乐府,"掖庭中歌《真人代歌》,上叙祖宗开基所由,下及君臣废兴之迹。凡一百五十章,昏晨歌之,时与丝竹合奏,郊庙宴飨亦用之。"(《魏书·乐志》)看来《真人代歌》是一种带有箴戒性的述圣颂德的歌曲。以后从魏明元帝到高宗文成帝,历代都有"分遣使者循行州郡,观察风俗"之事,是否采诗,史无明言,但魏孝文帝曾遣使观风采诗,却有《魏书·张彝传》为证。张彝在世宗时曾上采诗表,表文说:"高祖(孝文帝)迁鼎成周,永兹八百,偃武修文,宪章斯改。……犹且虑独见之不明,欲广访于得失,乃命四使观察风谣。臣时忝常伯,充一使之列,遂得仗节挥金,宣恩东夏,周历于齐鲁之间,遍驰于梁宋之域。询采诗颂,研检狱情,实庶片言之不遗,美刺之俱显,而才轻任重,多不遂心。所采之诗,并始申目。"后来因孝文去世,"不及闻彻","常恐所采之诗,永沦丘壑,是臣夙夜所怀以为深忧者也。……且臣一二年来,所患不剧,寻省本书,粗有仿佛,凡有七卷。今写上呈,伏愿昭鉴,敕付有司,使魏代所采之诗,不埋于丘井,臣之愿也。"张彝仅是当时采诗使者中的一员,尚且有七卷歌谣的收获,可以想见孝文时采诗的规模是相当可观的。《魏书·乐志》载:"(太和)七年秋,中书监高允奏乐府歌词,陈国家王业符瑞及祖宗德美,又随时歌谣,不准古旧,辨雅、郑也。"说明张彝所采的七卷诗虽未来得及呈上孝文帝,但孝文帝太和年间乐府歌词既有"不准古旧"的"随时歌谣',其来源必定是观采风谣所得。今传《梁鼓角横吹曲》六十六章,其中一部分叙慕容垂及姚泓时战阵之事,可以确定产生在后秦、后燕时期。此外尚有不少反映北方人民羁旅行役、尚武、婚嫁等各方面生活以及揭露贫富不均、刺美当地刺史或豪强的作品,有些可肯定产生于北魏,如《高阳乐人歌》为后魏高阳王乐人所作。又如《李波小妹歌》中的李波即魏孝文帝时人。《魏书·李安世传》载这首歌因"广平人李波,宗族强盛,残掠生民,公私咸患",百姓为之传唱。后李安世设计"诱波及诸子侄三十余人,斩于邺市,境内肃然"。这样的歌谣很可能是观风使者察访其吏治时一起收集上来的。从其他诗歌的内容来看,像"童男娶寡妇,壮女笑杀人"、"公死姥更嫁,孤儿甚可怜","流离山下"、"飘然旷野"、"剿儿常苦贫"等,反映孤儿寡妇流民、乃至因贫沦为剿儿的下层人民的生活,这类社会问题被采入乐府,亦当与魏孝文帝采风的标准有关。孝文帝在观风察俗、黜陟幽明等方面全是模仿汉制,他还多次下诏恤鳏寡孤独和贫不能自存者,次数之频繁,惟汉代可比。所以《梁鼓角横吹曲》中相当一部分北朝民歌,很可能是由于从道武帝到孝文帝时一直设有采诗制而保存下来的。北魏乐府停止以风谣入乐,是在世宗宣武帝时。《魏书·乐志》说,世宗永平三年冬,刘芳上表认为制舞名及乐章应"据功象德","汉魏已来,鼓吹之曲亦不相缘,今亦须制新曲,以扬皇家之德美"。世宗下诏"参定舞名并鼓吹诸曲","鼓吹杂曲遂寝焉。"也就是说,永平三年后,那些不属于歌颂皇家德美的杂曲歌谣(包括鼓吹曲)才不再用于乐府。北魏模仿汉代采诗之事的始末又一次证明:尽管采诗的根本目的是设教观政,但汉儒诗教说那种"庶片言之不遗,美刺之俱显"的宗旨却有益于广泛收集民间的呼声,使社会生活的真实面貌在民歌中得到最直接最深刻的反映。汉乐府民歌和北朝乐府民歌这两份最宝贵的遗产能在汉魏六朝文学史上保留下来,不能不归功于美刺讽谕说。而当统治者一旦以颂圣述德作为创制乐诗的惟一标准时,以哀刺为主的歌谣杂曲便必然受到排斥。

　　北魏分裂为东西魏后,东魏、北齐不重儒学,不正风教,齐后主又喜尚轻艳,文人一味模仿齐梁艳诗。惟有由南入北的颜之推坚持不为"郑卫之音",所作《颜氏家训》本着维护儒教的精神,对历代文风的演变及当时的文学状况提出了一系列"不从流俗"的见解。而西魏北周却继承北魏余绪,大倡儒家诗教。出于"移风易俗"、"还淳反素"、改革政治的目的,宇文泰以苏绰所作《大诰》宣示群臣,命"自今文章皆依此体"。这是自魏晋以来,统治者第一次自觉地将文风的改革作为革新政治的一项重要内容提出,并用行政手段付之实施。隋代统一不久,隋文帝效法西魏,普诏天下"公私文翰,并宜实录",将文表华艳的泗州刺史司马幼之付有司治罪。李谔又上表请正文风,以为"文笔日繁,其政日乱",一时形成公卿大臣纷纷钻仰儒家经典,弃绝华绮文辞的风气。隋末又有王通以乱世的孔子自居,论诗"上明三纲,下达五常","征存亡,辨得失",强调"变风变雅作而王泽竭"(《中说》)。其弟子薛收杜淹在唐初更进一步提出"前代兴亡实由于乐"(《旧唐书·音乐志》)。汉儒所说国之盛衰决定声之颂怨的本意至此便完全颠倒过来,发展到乐诗决定兴亡的极端。

诗教说在北朝的影响虽大于南朝,但南北朝坚持正统观念的文人在理论上的进展却是大体一致的。如果说汉晋诗教说的侧重点在文学的教化功能,那么南北朝儒家则在重申伦理政教说的同时,着重阐发了文学以宗经述圣为本的观点。这一变化与六朝文学观念的愈趋明晰有关。汉代文学和经学尚未明确分家,虽有"文"与"学"、"文章"和"儒术"的对举,实则在论述其职能时,仍然是把诗赋和学术著作混为一谈的,因此汉人较少单独论及文学的本质。魏晋以后,文学逐渐显示出脱离学术的趋势,到刘宋时分出儒学、玄学、史学、文学四科,齐梁人又进一步就文学自身的规律特点深入探讨,关于文学的本质是以"宗经"为主还是以"缘情"为主,就形成了两种对立的意见。汉儒虽然也谈"诗者,志之所之","情动于中而形于言",其实他们所说的情志乃是经国治世、纽乎王教的君子之志,所以汉儒诗教说中"缘情言志"与宗经述圣之间不存在矛盾。而六朝文论所说"缘情"主要指抒写个人遭际、节序变化等引起的人生感触,至齐梁更偏重日常生活的闲情和家庭、男女、朋友间的温情,往往不带政治道德上的功利目的,这就背离了情性止乎礼义、本于五经的大道。于是,提倡宗经述圣的"大道",摒斥吟咏情灵的雕虫小技,便成为南北朝诗教说的当务之急。

从表面上看,"大道"与"雕虫"的分歧体现了儒家的"淳素"与齐梁文风的"华伪"之间的对立,实质上在儒家看来,却是儒学与文学之间的对立。在齐梁诗论中,"大道'指儒素,"雕虫小艺"指诗赋,区别已很清楚。如王筠说:"文辞小道,孰若理冠君亲,义兼臣子。"(《答湘东王示忠臣传笺》)刘孝绰称萧统"是以隆儒雅之大成,游雕虫之小道"(《昭明太子集序》),沈约赞萧衍"雕虫小艺,无累大道"(《武帝集序》),均以儒术和文学对举,言二者互不相妨。而裴子野则专著《雕虫论》批判宋明帝以来"人自藻饰"、背离六经的倾向,认为"古者四始六艺,总而为诗,既形四方之气,且彰君子之志,劝美惩恶,王化本焉",指责那些"盛于时"的"雕虫之艺""莫不摈落六艺,吟咏情性","淫文破典"。明确要求以儒家经典为辞赋之本体,将"深心主卉木,远致极风云"的情性排除在外,使诗可以"被于管弦,止乎礼义",否则雕虫之艺就有害于大道。刘勰《文心雕龙》以《原道》、《宗经》、《征圣》三篇开宗明义,也是本于"文章之用,实经典枝条"、"详其本源,莫非经典"(《序志》篇)的思想。《原道》所说之道虽主要指天地、山川、日月等自然现象及其规律,但他又说:"玄圣创典,素王述训,莫不原道心以敷章,研神理而设教","观天文以极变,察人文以成化",显然认为圣人经典最合乎道,所以"论文必征于圣,窥圣必宗于经"(《征圣篇》)。《宗经》篇把各类文体都归源于五经,提出只有宗经才能"正末归本",做到"六义",可说是在当时文论中最为系统详尽的宗经述圣说。虽然刘勰对汉魏以来各种文艺理论的进展能够兼收并蓄,不像裴子野和北朝儒家那样片面,但宗经征圣的观念却使他在解释各类文体时,仍以政教功能代替其本质特点的论述。如《明诗》篇论诗虽云"人禀七情,应物斯感,感物吟志,莫非自然",最后却终归于"诗言志":"诗者,持也,持人情性";《乐府》篇认为"乐本心术",是故"务塞淫滥","必歌九德';《铨赋》篇则规定赋应"体物写志"、"义必明雅",倘若"无益风轨,莫益劝戒",便是"蔑弃其本",这就把诗、赋、乐府这三种主要的文学体裁都说成是控制情性,颂德明雅、以正风教的工具,而对于它们抒写情灵的主要特征则很少论及,可见他对文学的本质及其价值的认识是颇受儒家诗教观念局限的。颜之推认为"文章之体"害道的原因就在它"标举兴会,发引性灵"的特点,所以竭力将它纳入"原出五经"的轨道,指明"朝廷宪章,军旅誓诰,敷显仁义,发明功德,牧民建国"才是文章正当的"施用多途","至于陶冶性灵,从容讽谏,入其滋味",还要在"行有余力"时,方"可习之"(《颜氏家训·文章篇》)。苏绰、李谔则更加绝对化,将儒术和文学的对立强调到互不相容的地步。苏绰作《大诰》定为各体文章的准式,实际是要以誓诰一体取代一切文学形式。李谔上表以为文章只可用于"上书献赋,制诔镂铭,皆以褒德序贤,明勋证理,苟非惩劝,义不徒然,"而"更尚文词,先制五言","以傲诞为清虚,以缘情为勋绩","指儒素为古拙,用词赋为君子",就是抛弃儒家的"羲皇舜禹之典,伊傅周孔之说"。因此他提出"只有钻仰坟素"、"学必典谟",才能"弃绝华绮","择先王之令典,行大道于兹世"。这显然是要用六经代替诗歌,彻底否定文学存在的必要性。

由此可见南北朝诗教说强调宗经的最终目的是力求退回到汉儒把文学当作经学附庸的时代去。由于这种理论完全排斥了文学表现真性情的基本特征,实际上已把诗歌与经国文符、撰德驳奏混为一谈。齐梁文人针锋相对地指出:"未闻吟咏情性,反拟《内则》之篇,操笔写志,更摹《酒诰》之作。"(萧纲《与湘东王书》)要求诗赋发引被述德颂圣说教所掩没的性灵,无疑是更为符合文学规律的。诗教说用否定文学的办法来反对绮靡文风,只不过是要用誓诰典谟式的赋颂歌赞来代替轻艳的缘情之作。齐梁之际,时人曾经师法裴子野那些"了无篇什之美"的文章,以致弄得"京师文体,儒钝殊常"(萧纲《与湘东王书》),即是典型例子。所以正统儒家屡屡标举以宗经颂圣的雅正观念为核心的诗教说,总不能有效地革除浮艳文风,根本原因还在这种理论本身复古倒退的性质违背了文学发展的规律。

四

南北朝诗教说否定汉魏以来文学观念的进步,不但没有真正黜华去伪的实践意义,反而成为诗歌发展的阻力。因为正统文人拘守以颂美王政为大雅正声的观念,要求诗赋以宗经述圣为本,曲解历代作家作品的精神实质,将浮靡之源归于楚骚和建安,这就从理论上抹煞了前代文学中真正具有进步意义的内容,抵消了汉魏兴寄的优良传统。

在汉代诗论中,风雅颂本是三位一体的概念。从西晋以后,"风人之旨"随着"刺过讥失"的提法一起消失,到南北朝诗论中渐渐出现将雅颂和风骚分成两类不同创作倾向的趋势。雅颂既是歌咏王化、光扬德音的正声,风骚遂成为雕虫小道的根源。裴子野《雕虫论》说:"若悱恻芬芳,楚骚为之祖,靡漫容与,相如和其音,由是随声逐音之俦,弃指归而无执。赋诗歌颂,百帙五车。蔡邕等之俳优,扬雄悔为童子,圣人不作,雅郑谁分?"显然以楚骚汉赋为"童子雕虫篆刻"(扬雄《法言·吾子篇》)的滥觞,因雕虫实为文辞的代称,萧绎《金楼子·立言》就说过:"屈原、宋玉、枚乘、长卿之徒,止于辞赋,则谓之文。"裴氏正是从这一角度将楚骚汉赋斥为雕虫,并与风诗中的郑声相联系的。沈约《谢灵运传论》也说:"自汉至魏,四百余年,辞人才子,文体三变。……原其飙流所始,莫不同祖风骚。"徐陵《玉台新咏序》谓其所编艳情诗"曾无忝于雅颂,亦靡滥于风人",将雅颂和风人对举,不辱雅颂正声只是自饰之词,而诗集中所靡滥于风人的倒确乎是最典型的郑卫之音。此处又称"风人"与雅颂是在"泾渭之间",足见已非汉儒所说"上以风化下,下以风刺上"的本意,而是指不合雅颂的"逸思雕华"而言。隋人王贞在追述文章起源时,所说"雕龙之迹,具在风骚"(《谢齐王索文集启》),也是这个意思,只不过谢启需恭维之词,所以将"雕虫"美称为"雕龙"而已。与"骚"相连的"风"实指变风,这一点从《文心雕龙·辨骚》篇中可以看得更清楚。刘勰评价《离骚》的标准仍是宗经说,所以他推崇的是诗中的"典诰之体"、"规讽之旨"、"比兴之义"、"忠怨之辞";而对其中上叩天阍、下求佚女的浪漫幻想则视为"诡异之辞","谲怪之谈",又称其"依彭咸之遗则,从子胥以自适,狷狭之志也;士女杂坐,乱而不分,指以为乐,娱酒不废,沉湎日夜,举以为欢,荒淫之意也。摘此四事,异乎经典者也。"把屈原宁死不改其志的高尚精神斥为狷狭,将《招魂》中歌舞饮宴场面的铺叙视为荒淫,都是依据经典提出的偏见。正因如此,他才会对楚辞作出褒贬各半的结论:"固知楚辞者,体宪于三代,而风杂于战国,乃雅颂之博徒,而词赋之英杰也。"正统儒家一向认为"至于战国,王道陵迟,风雅寝顿,于是贤人失志,辞赋作焉"(皇甫谧《三都赋序》)。刘勰虽承认楚辞尚不失三代之典诰,但认为它既杂有战国的变风,就是王道和正风正雅衰微的反映,因此论辞赋虽可称英杰,却是有害雅颂之义的。"博徒"即赌徒,《韩非子·外储说》左下载,齐宣王问匡倩:"儒者博乎?"匡倩回答说:"儒者以为害义,故不博也。"可见刘勰虽然能肯定屈原的"惊采绝艳"、"气往轹古",但仍从有害于儒家雅颂之义的角度将楚骚和变风并提,贬低了它在思想内容和艺术表现上的价值。《宗经篇》指责"楚艳汉侈,流弊不还",更明确地将后世的绮艳文风归罪于楚辞汉赋,初盛唐文论中视骚人为哀怨之声和丽靡之源的偏见,实是从刘勰的这些观点发展而来的。

魏晋以来愈趋绮丽的文风,本与士族阶级好尚声色的淫靡生活有关,也是"诗赋缘情而绮靡"的文学观在创作中的反映,南北朝儒家却归因于建安文学背离诗教的倾向。首先,他们认为魏氏好尚清商新声,看重文章自身的价值,对于六朝淫靡文风的流荡具有直接的影响。宋王僧虔说:江左"家竞新哇,人尚谣俗","排斥典正,崇长烦淫"、"哀思靡漫"的清商小乐府,实源于"魏氏三祖,风流可怀"的铜雀乐(见《乐表》)。连沈约也承认:"自魏氏膺命,主爱雕虫,家弃章句,人重异术。"(《宋书·臧寿传论》)李谔就说得更明确了:"魏之三祖,更尚文词,忽人君之大道,好雕虫之小艺。下之从上,有同影响。竞骋文华,遂成风俗。江左齐梁,其弊弥甚。"(《隋书·李谔传》)如果说《离骚》的有悖雅颂还只是在它杂有变风、辞采绝艳的话,那么建安文学就是公然抛弃儒道经术、专尚文辞的祸首了。其次,在他们看来,建安风骨的基本精神比文辞的绮丽更有害于大道。颜之推认为由于文章有"发引性灵,使人矜伐"的作用,所以"自古文人,多陷轻薄"。他从屈原"露才扬己、显暴君过"开始说起,历数汉魏晋宋著名文人的过失,其中点到建安文人最多,如"吴质诋诃乡里,曹植悖慢犯法,……陈琳实号粗疏,繁钦性无检格,刘桢屈强输作,王粲率躁见嫌,孔融、弥衡诞傲致殒,杨修、丁廙扇动取毙",连"魏太祖、文帝、明帝"也"皆负世议,非懿德之君"。他将各种思想倾向和道德品质不同的文人混为一谈,一概斥为"忽于持操,果于进取",不管他们追求的目标有何不同,只要在政治上有所进取,就是忽视了恪守礼义的操行,最终都不免因"讽刺之祸"而自取损败,这样就不可能分清诗歌中的精华和糟粕。事实上,积极进取的意气和远大的人生理想,正是贯穿于汉魏晋宋进步文人诗中的最可贵的精神。

刘勰对于建安诗歌的基本内容、艺术特色及时代背景虽有不少精当的论述,但也未能充分理解建安风骨的主要精神。《乐府》篇指责"魏之三祖,气爽才丽,宰割辞调,音节靡平。观其《北上》众引,《秋风》列篇,或述酣宴,或伤羁戍,志不出于滔荡,辞不离于哀思。虽三调之正声,实韶夏之郑曲也。"认为建安乐府虽对清商三调而言尚为正声,但于韶夏雅乐而言就是郑卫之音,这一批评恰恰是针对建安乐府中的精华而发。那些在述酣宴中抒写人生感触和远大志向的作品,在伤羁戍中表现征夫流离生活和痛苦心情的诗歌,仅因表现了哀思、怨志,不合"必歌九德"的雅音正声,而被斥为郑曲,联系刘勰在《风骨》篇中所说"潘勖锡魏,思摹经典,群才韬笔,乃其骨髓峻也","相如赋仙,气号凌云,蔚为辞宗,乃其风力遒也",可以见出他所说的"风骨"不过是指艺术表现上的气势和力量而言。他对风的内涵的理解是"诗总六义,风冠其首,斯乃化感之本源"(《风骨篇》),亦即"夫化偃一国谓之风,风正四方谓之雅,雅容告神谓之颂"(《颂赞篇》),指的是同乎雅颂的正风。《宗经篇》又说"文能宗经",方能做到"风清而不杂",足见其所谓"风清骨峻"皆以"思摹经典"为本,这与建安文学的精神实质显然是大相径庭的。连刘勰这样颇有建树的文艺理论家尚且囿于儒家排斥哀刺之作的偏见,不能对建安风骨的实质作出正确的解释,足见南北朝诗教说决不可能使汉魏诗讴歌理想、批判现实的精神发扬光大,而只能进一步削弱晋宋以后已趋消歇的建安风力,助长典正雅丽、儒钝浮疏的诗风。

　　总的说来,从孔子最初提出兴观群怨的诗教说发展到汉儒的美刺讽谕说,在西晋变为颂美雅正说,再到南北朝的宗经述圣说,儒家对文学功能的认识显然越来越狭隘。重视文学的社会效果,要求诗歌为政治服务,本来有益于发展诗歌反映时事、批判现实的优良传统。但当怨刺的作用被取消,诗教说的内涵只剩下以颂美王政、宗经述德为大雅正声这一种标准时,这种理论不但成为粉饰六朝腐朽政治的工具,而且其坚持以文学为经学附庸、否认文学自身特点和独立价值的陈旧观念,只能造成诗歌的僵化和倒退,徒然为诗坛增添许多既无思想意义又无艺术价值的说理箴规述德诗,并阻碍诗歌沿着风骚和建安文学所开辟的正确方向发展。

(原载人民文学出版社《古典文学论丛》第 4 辑)

葛晓音(1946—　)，北京大学中文系教授，博士生导师。

本文认为，从孔子最初提出兴观群怨的诗教说发展到汉儒的美刺讽刺说，在西晋变为颂美雅正说，再到南北朝的宗经述圣说，儒家对文学功能的认识显然越来越狭隘。

儒学核心的"人学"与作为"人学"的文学

陈美林

中国传统思想文化博大精深,春秋战国时即分门结派,各自立说,百家争鸣,相互辩诘。但自秦汉独尊儒学以来,论及中国传统思想文化,则不得不首推儒学。二千余年来,儒学对我国人民生活(物质的、精神的)和社会发展的影响,至深至大。作为"人学"的文学亦莫能外。本文试就儒学对文学的绵远影响略做论述。

一

儒学核心是"仁","仁"在古时与"人"通,《论语·雍也》"井有仁焉"的"仁"即"人"。儒家对人的理论探讨全面而深刻,他们提出的一些观念至今仍然闪烁着智慧的光芒。

关于"人"的研究,不但我国古代的哲学家、文学家、史学家乃至科学家都发表了很多见解,西方既往的哲人如苏格拉底、亚里士多德、西塞罗、卢梭乃至弗洛伊德等对此也有不少论述,其中不乏可取之见。然而更多的西方学人却总是程度不等地将"人"的讨论纳入宗教范围,从而得出"人是神的奴仆"的结论。我国古代哲人,无论是儒家还是道家,虽然在怎样为人的见解上有积极进取、返璞归真的不同,但都没有陷入宗教的误区,总是从人的本身去探讨人。因而在我国古代,无论哲学、史学还是文学、艺术,都是以人为轴心来转动,应该说,我国的文化历史最富有人文主义精神。

以儒家思想而言,他们对"人"的研讨和见解,集中体现为"仁",换言之,"仁"是儒家人学思想的核心。早在春秋时期,"仁"字已被较多地提及,如《国语》中出现 24 次,《左传》中出现 33 次,而在《论语》中更多达 104 次。可见作为儒家核心思想的"仁"受到儒家大师孔子的重视程度。此后,又经孟子等人的进一步拓展,从而形成儒家的人学思想体系。他们的论题所及,涉及人的本质和价值、人与人相处的准则以及人的修养和理想等内容。

首先,儒家人学思想极端重视人,重视人的本质和价值。《论语·乡党》中记述了这样一件事:"厩焚。(孔)子退朝,曰'伤人乎?'不问马。"问人而不问马,这就表明了孔子对人的看重。他曾对曾子说:"天地之性,人为贵。"(《孝经·圣治》)在《易·说卦传》中又说:"是以立天之道曰阴与阳,立地之道曰柔与刚,立人之道曰仁与义。"将人与天、地并列,成为"三才"之一。历代思想家无不承袭这一重人的传统,如东汉王符在《潜夫论·赞学》中即云:"天地之所贵者人也,圣人之所尚者义也,德义之所成者知也,明智之所求者学问也。"宋人陆九渊更说:"天、地、人之才等耳,人岂可轻,人字又岂可轻!"(《象山先生全集》卷三十五《语录》)尤其难能可贵的是,儒家的人学思想不仅仅重视人,而且重视人的社会属性。孔子曾对子路等人说"鸟兽不可与同群",认为人只能与人交际,说:"吾非斯人之徒与而谁与?"(《论语·微子》)孟子虽然说"食色,性也"(《孟子·告子上》),但又着重地指出"人之所以异于禽兽者几希"。在孔孟看来,人与"禽兽"是大不相同的。这不同之处就在于"庶民去之,君子存之。舜明于庶物,察于人伦,由仁义行,非行仁义也"(《孟子·离娄下》)。人与兽的区别,人的社会属性全在于此。《礼记·曲礼上》亦云:"夫唯禽兽无礼,故父子聚麀。"这些论述,正说明儒家先贤们根据自己社会实践的经验,对人的本质所作出的判识,与近代理论家所作出的:人首先必须吃喝住穿,然后才能从事政治、科学、艺术、宗教等等,人的本质是一切社会关系的总和的理论判断极为近似。由此可见,儒家对人的重视、对人的本质的论述,长久以来一直为后代学人所重视,也就并非偶然。

其次,在充分尊重人的前提下,儒家人学思想又极其重视人际关系,强调人与人和睦相处。《说文》释"仁"云:"仁,亲也。从人从二。"这就表明"仁"字必与二人以上发生关系。《国语·周语》说"言仁必及人";《中庸》记孔子答哀公问政时也说"仁者,人也,亲亲为大"。孟子更将天、地、人三者加以并举分说,得出"天时不如地利,地利不如人和"(《孟子·公孙丑下》)的判识。由此可以看出儒家人学思想对人际关系的重视。至于如何与人相处,儒家人学思想中论述极多,当樊迟向孔子问仁时,孔子回答是:"爱人"(《论语·颜渊》)。孟子又据此引申为"仁者爱人"(《孟子·离娄下》)。如何"爱人"? 孔子主张的核心是推己及人:一方面是"己所不欲,勿施于人"《(论语·颜渊》),另一方面是"己欲立而立人,己欲达而达人"(《论语·雍也》)。如何做到推己及人地去爱人呢? 孔子主张严格要求自己,从自我做起,所谓"君子求诸己,小人求诸人"(《论语·卫灵公》),先使自己成为一个有高尚道德的人。孔子的学生曾子说:"吾日三省吾身:为人谋而不忠乎? 与朋友交而不信乎? 传不习乎?"(《论语·学而》)孔子答复弟子颜渊问仁又说:"一日克己复礼,天下归仁焉。为仁由己,而由人乎哉?"(《论语·颜渊》)这些言论都表明儒家人学思想认为只有"克己"即严格要求自我,才能"复礼"即维持人际关系的平衡,当然,儒家所谓的仁者爱人并不是泛爱,而是既有爱又有恶的一面,孔子在《论语·里仁》中明白地说:"唯仁者能好人,能恶人。"好与恶,是有明显的区别和具体的内涵的。儒家所重视的礼,同样也是有其鲜明的烙印的,即维护"君君、臣臣、父父、子子"(《论语·颜渊》)的伦常关系。不过,在上下尊卑的关系中,儒家又十分注意调节和缓冲功能,不使彼此之间失去平衡而产生对抗。例如对统治者和被统治者来说,孔子首先要求统治者能以身作则,说:"其身正,不令而行;其身不正,虽令而不从"(《论语·子路》)。他对季康子说:"政者,正也。子帅以正,孰敢不正?"(《论语·颜渊》)次而主张对民要讲礼、义、信,认为"上好礼,则民莫敢不敬;上好义,则民莫敢不服;上好信,则民莫敢不用情"(《论语·子路》)。此外又强调对民不能过于苛严,要"节用而爱人,使民以时"(《论语·学而》)。孔子明白对民众的无尽诛求,会遭到被统治者的殊死反抗,他曾公开表明替季氏搜刮的冉求"非吾徒也。小子鸣鼓而攻之,可也"(《论语·先进》)。《礼记·大学》中亦有言:"百乘之家,不畜聚敛之臣。与其有聚敛之臣,宁有盗臣。"这些言论,正表明儒家的人学思想极其重视调节人际关系。

再次,儒家人学思想还强调君子必须有自己的高尚理想,而且要为坚持自己的理想付出一切。孔子甚至说:"朝闻道,夕死可矣。"(《论语·里仁》)此所谓的"道"即理想,也就是他的志愿。子路曾向他请教"愿闻子之志",他的回答是:"老者安之,朋友信之,少者怀之。"(《论语·公冶长》)这就是关心民瘼,解除人们患难,让大家安居乐业,共同生活在理想社会中。儒家的理想社会即大同世界,《礼记·礼运篇》中有具体说明:"大道行也,天下为公。选贤与能,讲信修睦,故人不独亲其亲,不独子其子,使老有所终,壮有所用,幼有所长,矜寡孤独废疾者,皆有所养。男有分,女有归。货恶其弃于地也,不必藏于己;力恶其不出于身也,不必为己。是故,谋闭而不兴,盗窃乱贼而不作,故外户而不闭,是谓大同。"这种大同世界的理想,对后世思想家影响极大,成为他们社会批判的思想武器。如明清之际进步思想家黄宗羲甚至在《明夷待访录·原臣》中提出'天下之治乱,不在一姓之兴亡,而在万民之忧乐"的主张。为了坚持自己的理想,实现自己的志愿,孔子一再表明"君子去仁,恶乎成名,君子无终食之间违仁,造次必于是,颠沛必于是"(《论语·里仁》),也就是说在任何情况下都不能忘记实现自己的理想,甚至牺牲一己也在所不惜,所谓"志士仁人,无求生以害仁,有杀生以成仁"(《论语·卫灵公》),"三军可夺帅也,匹夫不可夺志也"(《论语·子罕》)。孟子更提出"我善养吾浩然之气",并对"何为浩然之气"作了说明:"其为气也,至大至刚,以直养而无害,则塞于天地之间。其为气也,配义与道,无是,馁也。是集义所生者,非义袭而取之也。"(《孟子·公孙丑上》)他认为一旦具有这种浩然之气,就能成为"富贵不能淫,贫贱不能移,威武不能屈"的"大丈夫"。(《孟子·滕文公下》)这种浩然之气,成为后世无数仁人志士坚持民族气节和爱国情操的精神支柱。

总之,儒家主张"仁",极为重视人的社会价值,讲究调节人际关系,强调个人节操,不惜牺牲一己以实现"大同"理想。当然,儒家人学思想内涵极其丰富,不是这简短的概述所可以尽言,但上述数端则为荦荦大者。

二

在古代,"仁"与"人"可以互训已如上述。儒家学说核心"仁",其实就是"人学",也就是研究人的学问,当然,以"人"为研究对象的学问很多,诸如医学、生理学、心理学等等,但它们的研究目的不同,手段也各异。儒家的"人学"却是研究人的精神境界,属于哲学范畴,而哲学与同为上层建筑的政治、法律、宗教、文学、艺术之间又都互相影响。至于被一些学人视作"人学"的文学,它所受到的时代思潮、哲学观念的影响更是巨大深远。当然,作为文学的"人学"与属于哲学范畴的"人学"在研究目的和研究手段上也同样大不相同,但它们却都以"人"为研究或描写的对象,在这一点上,二者之间则是契合的。

在我国思想史上,儒学一直占据统治地位,它的核心思想"仁"也即是"人学",对广大士人的日薰月染十分浓重,成为他们日常生活的信念和文艺创作的准则。可以毫不夸张地说,在我国历史长河中,还没有任何一种思想体系能像儒学那样,对我国古代的文学思想和文学创作产生如此深刻的影响。无论在文学与社会生活、文学的社会功能、文人和文学创作的关系等方面,只要略加考察,即可发现这种影响几乎无所不在。

首先,儒家人学思想极为重视人的社会属性,在文学领域中则强调文学须反映人的社会生活,在儒家看来,文学与社会生活的关系至为紧密,孔子在《论语·阳货》中就曾说:"小子何莫学夫诗? 诗可以兴、可以观、可以群、可以怨。""兴"、"观"、"群"、"怨",无不涉及"人"。黄宗羲就说:"古之以诗名者,未有能离此四者。然其情各有到处。"(《南雷文定》四集卷一《汪扶晨诗序》)王夫之也认为以此四者论诗"尽矣","人性之游也无涯,而各以其情遇,斯贵于有诗"(《诗绎》)。对"小子"学诗的目的,孔子在说明诗之兴、观、群、怨的功能后,又有所阐述:一是"迩之事父,远之事君";二是"多识于鸟兽草木之名"(《论语·阳货》)。文学功能既然如此,正表明它之不能离开人的社会生活的特性。所谓"男女有所怨,相从而歌。饥者歌其食,劳者歌其事"(何休《春秋公羊传宣公十五年解诂》),正表明了文学是社会生活反映的观念。千百年来,这种观念可谓根深蒂固,刘勰在《文心雕龙·时序》中一再说明"故知歌谣文理,与世推移"、"故知文变染乎世情,兴废系于时序",就是这种观念的表述。陆游在告诫儿子时曾说:"汝果欲学诗,工夫在诗外。"(《示子遹》)在另一首诗中,他对"诗外"有具体说明,即"君诗妙处吾能识,正在山程水驿中"(《题庐陵萧彦毓秀才诗卷后》)。袁宏道在《叙竹林集》中论及文艺创作与生活关系时,也表达出同样的见解,他说:

"……故善画者,师物不师人;善学者,师心不师道;善为师者,师森罗万象,不师先辈。"(《袁宏道集笺校》卷十八)此种观念可谓深入人心。从儒家人学思想来探讨文学与社会生活之关系又有两个不同的层次:即国家政治与个人际遇。诚如杨维桢在《杨文举文集序》中所言:"文章非一人技也,大而缘乎世运之隆污,次而关乎家德之醇疵。"(《东维子文集》)前者,有如《乐记·乐本》所云"审声以知音,审音以知政,而治道备矣";后者,有如苏舜钦《石曼卿诗集序》所云"诗之作与人生偕者也。人函愉乐悲郁之气,必舒于言"(《苏学士文集》卷十三)。由这些论述看来,文学与国家政治状况和个人生活际遇密切相关,这已成为儒家文艺观的重要内容。

其次,儒家思想既然重视文学与社会生活的关系,就必然重视文学的社会功能,主张文学作品要有益于世道人心,强调文学作品惩恶扬善的教化作用。孔子在《论语·泰伯》中即云:"兴于诗,立于礼,成于乐。"《毛诗序》承袭孔子兴、观、群、怨的观点,认为诗可以"经夫妇,成孝敬,厚人伦,美教化,移风俗"。《礼记·乐记》亦说:"乐也者,圣人所乐也……其移风易俗,故先王著其教焉。"文学作品不但可以转移世俗,而且也反映民风,《礼记·王制》即有"命太师陈诗以观民风"的记载。班固也认为乐府诗"可以观风俗,知薄厚"(《汉书·艺文志》)。可见,为了实现文学社会功能,儒家文艺思想一方面强调文以载道,另一方面主张美刺并举。前者,当颜渊问及如何治理国政时,孔子即将"放郑声、远佞人"作为必要措施之一,在他看来"郑声淫,佞人殆"。由此可见,孔子极为重视文艺作品中内容上的纯正。同时,他主张"人能弘道,非道弘人"。(《论语·卫灵公》)秉笔作文亦须"弘道"。子贡曾说:"夫子之文章,可得而闻也;夫子之言性与道,不可得而闻也。"(《论语·公冶长》)唐人柳冕就此发挥道:"即圣人道可企而及之者文也,不可企而及之者性也。盖言教化发乎性情,系乎国风者谓之道。故君子之交,必有其道。"

(《答衢州郑使君论文书》,《唐文粹》卷八十四)柳开在《应责》文中更直截了当地表明:"吾之道,孔子、孟轲、扬雄、韩愈之道也,吾之文,孔子、孟轲、扬雄、韩愈之文也。"(《河东先生集》卷一)将"文"与"道"合而为一,在他们看来,"尝谓文者,礼教治政云尔"(王安石《上人书》,《临川文集》卷七十七)。后者,孔子曾云:"仁者能好人,能恶人。"(《论语·里仁》)可见儒学思想主张的仁者爱人绝不是泛爱,既能好,又能恶。这反映在文艺观念中就是美刺并举。《毛诗序》即云:"上以风化下,下以风刺上,主文而谲谏,言之者无罪,闻之者足以戒。"历来阐说美刺的文字极多,姑举程廷祚之说以见一斑,他认为:"汉儒言诗,不过美刺二端。……夫先王之世,君臣上下有如一体,故君上有令德令誉,则臣下相与诗歌以美之。……故遇昏主乱政而欲救之,则一托于诗。……然则刺诗之作,亦何往而非忠爱之所流播乎?"(《诗论十三》,《青溪文集》卷三)可见刺之乃为救之。王充所谓"起事不空为,因因不妄作;作有益于化,化有补于正"(《论衡·佚文》),正体现了载道、美刺二端的统一,也都是为了强调文学的社会功能。不仅传统的诗文如此讲究,即连后起之小说、戏曲也莫不重视。凌云翰在为《剪灯新话》作序时就说:"是编虽稗官之流而劝善惩恶,动存鉴戒,不可谓之无补于世。"王守仁亦说:"今要民俗反朴还淳,取今之戏子,将妖淫词调俱去了,只取忠臣孝子故事,使愚俗百姓人人易晓,无意中感激他良知起来,却于风俗有益。"(《传习录》下,《王文成公全书》卷三)凡此,都足以说明儒家文艺观十分重视文艺作品劝善惩恶的教化功能。

此外,儒家人学思想极为注意个人的道德修养,并由一己推展开去,由修身做起,从而齐家、治国、平天下,以实现"仁"。至于如何实行"仁"?首先要求自己有实现仁的愿望,所谓"仁,远乎哉?我欲仁,斯仁至矣"(《论语·述而》);次而则要求反省自身,向仁者学习,所谓"见贤思齐焉,见不贤而内自省也"(《论语·里仁》)。孔子要求学习礼、乐、射、御、书、数六艺的士人,务须"志于道,据于德,依于仁,游于艺"(《论语·述而》)。这表明儒家学说是将品德修养放在首位,然后方是辞藻文章,也就是说先讲作人尔后考虑作文。"君子进德修业,忠信所以进德也;修辞立其诚,所以居业也"(《周易·乾文》)的观念影响了千百年来的文学主张和创作实践,直到清季前期卧闲草堂本《儒林外史》评者,还郑重其事地说:"大凡学者操觚有所著作,第一要有功于世道人心为主,此圣人所谓'修辞立其诚'也。"(第三十九回评)裴行俭"先器识而后文艺"(见《旧唐书·王勃传》)的见解,同样在《儒林外史》中有所反映,当乐清知县李本瑛向学道荐举匡超人的"孝行"时,学道就以"先器识而后辞章"为据允其所请。这些论述都是讲究人品先于文品。至于文品也反映人品的论述,同样是历代多有。扬雄《法言·问神》云:"故言,心声也;书,心画也。"王充在《论衡·超奇》中亦云:"有根株于下,有荣叶于上,有实核于内,有皮壳于外。文墨辞说,土之荣叶皮壳也。实诚在胸臆,文墨著竹帛,外内表里,自相副称,意奋而笔纵,故文见而实露也。"元人杨维桢亦云"评诗之品无异人品也"(《赵氏诗录序》,见《东维子文集》)。明人屠隆也在《梁伯龙鹿城集序》中说:"夫草木之华,必归之本根;文章之极,必要诸人品。"(《白榆集》卷二)清人杜濬《与范仲闇》云"人即是诗,诗即是人。"(见周亮工《尺牍新钞》卷二)直至近代刘熙载在《艺概·诗概》中还说"诗品出于人品",足见儒家要求人品、文品统一的文艺观影响之深远。

　　总之,儒家人学思想对千百年来我国文学主张与文学创作都产生了深远的影响。自然,儒家文艺观绝不仅仅限于此,但上述几方面却是最为重要者。

三

儒家人学思想的积极意义及其对文学的正面影响,前文已略作申说,至于它的消极作用及其负面影响,也不能不稍予评骘。

"仁"的实现有赖于"礼",孔子说:"克己复礼为仁,一日克己复礼,天下归仁焉。"(《论语·颜渊》)在他看来,仁是内在核心,而礼则是其外在形式。"爱人"的仁,如果不以礼加以约束,则成为无差别的泛爱,这却是孔子所不取的。他重视以"礼"教导弟子,颜渊曾感叹地赞美"夫子"对他的循循善诱,说:"博我以文,约我以礼"(《论语·子罕》)。

对于何谓礼,《礼记·郊特牲》有所说明:"父子亲然后义生,义生然后礼作,礼作然后万物安。"《礼记·曲礼上》亦云:"夫礼者所以定亲疏、决嫌疑、别同异、明是非也。"可见古人制礼、儒家守礼的目的在于辨别亲疏贵贱,使人安于现状不可有越礼非分之想,不可作越礼非分之事。具体来说就是现存的伦常秩序不容怀疑,更不容破坏。当齐景公问政时,孔子说:"君君、臣臣、父父、子子。"景公满意地叹道:"善哉!信如君不君、臣不臣、父不父、子不子,虽有粟,吾得而食诸?"(《论语·颜渊》)儒家认为如果舍礼不讲,天下就要大乱,《礼记·礼运》云:"故坏国、丧家、亡人,必先去其礼。"《左传·桓公二年》所记更为直截了当:"天子建国,诸侯立家,卿置侧室,大夫有贰宗,士有隶子弟,庶人工商各有分亲,皆有等衰;是以民服事上,而下无觊觎。"正因为此,孔子谆谆教诲弟子"非礼勿视,非礼勿听,非礼勿言,非礼勿动"(《论语·颜渊》)。即说君君、臣臣、父父、子子之礼也就是上下尊卑的统治秩序,是要竭力维护的。直至战国末期,荀子还赋礼以法的含义,在《荀子·劝学》中说:"礼者,法之大兮,类之纲纪也。"又在《荀子·修身》中说:"人无礼则不生,事无

礼则不成,国家无礼则不宁。"可见"礼"已成为当时维护统治的极
为重要的意识形态。

这种意识形态,在经历着巨大的社会动态的春秋时代,即使尚
有一定的维系社会稳定的积极作用,但对后代的消极影响却不容
忽视。在漫长的封建社会中,绝大多数文人学者莫不笃信并恪守,
而少有敢于背叛这种伦常观念者。例如,当司马迁解说"昔孔子何
为而作《春秋》"这一问题时,有云:"夫《春秋》,上明三王之道,下辨
人事之纪,别嫌疑,明是非,定犹疑,善善恶恶,贤贤贱不肖,存亡
国,继绝世,补敝起废,王道之大者也。"(《史记·太史公自序》)再看
董仲舒对春秋笔法的解释,他说:"……然则春秋义之大者,得一端
而博达之,观其是非可以得其正法,视其温辞可以知其塞怨,是故
于外道而不显,于内讳而不隐,于贤亦然,此其别内外差贤不肖而
等尊卑也,义不讪上,智不危身。"(《春秋繁露·楚庄王》)由此可见,
以《春秋》为代表的许多著作,即使有一些对统治者的委婉批评,其
目的仍在于维护伦常秩序,为统治者策划长治久安。尽管如此,历
代有不少作品,虽然也是为统治者根本利益考虑,但却具有一些嘲
讽性质,也不能为统治者或其帮闲文人所包容,更不能得到他们的
首肯,甚至"忠而获咎"。例如屈原曾以他的作品对统治者有所劝
戒,班固就批评他"责数怀王,怨恶椒兰"(见洪兴祖《楚辞补注》
引)。又如司马迁尽管在《太史公自序》中声明自己著作《史记》"非
独刺讥而已也",但汉明帝仍然指责他"反微文刺讥,贬损当世,非
谊士也"(见班固《典引》,《文选》卷四十八)。由此可见,以讥谏之
作"匡君之过,矫君之失"(刘向《说苑·正谏》)也并非易事,更遑论
直截斥责统治者的诗文创作了。

作为仁的外在形式的礼,其实质既然是维护伦常秩序,不但对
千百年来人们的生活和思想产生了极大的支配作用,而且对我国
古代的文学思想和创作也产生了极其恶劣的影响。在林林总总、

浩如烟海的古代文学创作中,极少能见到有直接抨击伦常秩序、敢于犯上作乱的作品。不仅以文人创作为主的诗文少见,而且连出自市民阶层的小说、戏曲作品中也很少见。即如对于《水浒传》这部小说的主旨,可谓言人人殊,"兹传也,将谓诲盗耶,将谓弭盗耶?斯人也,果为寇者也,御寇者耶?"(张凤翼《水浒传序》,《处实堂集·续集》卷六十四)自其问世之后,见仁见智之说纷纭,难以取得共识,因而历代文人对此毁誉不一,如袁中道认为"崇之则诲盗"(《游居柿录》卷九),归庄斥之为"倡乱之书"(《见梁章钜《归田琐记》所述),田汝成甚至诅咒其书作者"坏人心术,其子孙三代皆哑"(《西湖游览志余》卷二十五"委苍丛谈")。而另一些学人则以张扬"忠义"归之,如高儒在《百川书志》卷六中以《忠义水浒传》之名予以著录。李贽在《忠义水浒传序》中更说明何以被之以"忠义"之名,他说:"独宋公明,身居水浒之中,心在朝廷之上;一意招安专图报国;卒至于犯大难,成大功,服毒自缢,同死而不辞,则忠义之烈也。"大涤余人在《刻忠义水浒传缘起》中也说:"亦知《水浒》惟以招安为心,而名始传,其人忠义也。"当然,金人瑞绝不同意此说,予以深恶痛绝驳斥:"后世不知何等好乱之徒,乃谬加以忠义之目。呜呼!忠义而在《水浒》乎哉?"(《水浒传序二》)且不论批评者的见解如何纷歧,就《水浒》的具体内容来看,"只反贪官,不反皇帝"的意旨还是有所体现的。早年吴沃尧在《说小说》中就指出:"《水浒传》者,一部贪官污吏传之别裁也。"(见《月月小说》第一卷)而且,还有人将此书与《三国演义》合刊题为《英雄谱》,并且主张"为君者不可以不读此谱,读此谱则英雄在君侧矣;为相者不可以不读此谱,一读此谱,则英雄在朝矣"(杨明琅《叙英雄谱》)。由此可见,《水浒传》被冠以"忠义"之名也非偶然。

　　"犯上""作乱"的文艺作品,在我国戏曲创作中也同样难以见及。即如明清之际苏州派剧作家的重要人物李玉所著的传奇《清忠谱》而言,也存在同样的局限。此剧取材于现实事件,明代天启六年(1626),苏州爆发了以周顺昌为代表的东林党人和以颜佩韦为代表的广大市民结合在一起的反对阉党魏忠贤的斗争,最后以周顺昌被逮至京师备受酷刑而死,颜佩韦等五人则被屠戮于苏州。这是当时震动朝野的大事。崇祯即位之后,颁布阉党罪行,魏忠贤畏罪自缢身亡。一时之间,以此为题材创作的文艺作品如雨后春笋。以散文而论,有脍炙人口的名篇《五人墓碑记》;以小说而论,有《通俗演义魏忠贤小说斥奸书》、《皇明中兴圣烈传》、《警世阴阳梦》、《梼杌闲评》等;以戏曲而论,有《冰山记》、《请剑记》、《不丈夫》、《清凉扇》等十余种。在戏曲作品中,以李玉的《清忠谱》"最晚出",但"事俱按实,其言亦雅驯。虽云填词,目之信史可也"(吴伟业《清忠谱序》),最享盛誉而为人称道。然而就在这样一部"事俱按实"的传奇中,李玉在塑造暴动的市民英雄形象时,也依然存在只反贪官(魏忠贤阉党及其爪牙)而不敢触及皇帝(明熹宗朱由校)的局限,尽管作者热情地歌颂了颜佩韦等人的慷慨激昂的英勇气概和仗义救人不畏牺牲的精神,然而又赋予他"忠义俦、真孝友"的品格,并予以浓笔重彩的渲染,从而将他的斗争精神约束在"忠义孝友"的规范之内,大大损害了这一市民英雄的形象,削弱了这部传奇的批判力量。

　　总之,仅从上述二部极为人称道的小说、戏曲作品来看,"其为人也孝弟,而好犯上者,鲜矣;不好犯上而好作乱者,未之有也"(《论语·学而》)的思想可谓深入旧时代作家之心,以"仁"为内在核心,以"礼"为外在表现的儒家人学思想,长久以来束缚和支配着文人学者的思维,从而使得他们在自己的创作和著述中,不敢突破等级制度、不敢非议伦常秩序,批判的矛头总不敢直接指向最高统治者,至多不过"清君侧"而已。这不能不说是儒家的"人学"对作为文学的"人学"的负面影响。

（原刊于《苏州大学学报》1995 年第 4 期）

陈美林（1932—　），南京师范大学中文系教授，博士生导师。主要研究方向为中国古代小说。

本文从"人学"角度论述了儒学对中国文学的深远影响，指出了正负两方面的效果。

经学与儒家诗学

——从语言论透视儒家在经典文本上的"立言"

杨乃乔

一、儒家阐释主体的生存渴望与
语言家园的"建立"

海德格尔在《走向语言之途》一文的开端,曾把思考驻留在德意志短命天才——诺瓦利斯对语言的神秘体验上:"语言仅仅关切于自身,这就是语言的特性,(但这一点)却无人知晓。"(海德格尔:《走向语言之途》,《文化与艺术之途》,(香港)艺术潮流杂志社1992年版,第166页。)东西方的智者哲人对语言本质问题曾投入了无尽的思考:早在西方的亚里士多德时代,语言即在智者的沉思中被推誉为理性的人所使用的工具;而早在东方的春秋战国时期,语言即在诸子的思考中沉沦着且转移着其价值取向。的确,整个人类也正是在语言的诱导下远离感觉观照的朦胧世界,从而迈进了辉煌的人文理性之门。

海德格尔的诗学在讨论"思想的诗人和诗意的思者"时,曾把语言设定为生命主体存在的第一要义,认为"语言是存在的家园";"人是能言说的生命存在。这一陈述并非意味着人只是伴随着其它能力而也拥有语言的能力。它是要说,惟有言说使人成为作为人的生命存在。作为言说者的人是人。"(《诗·语言·思》,文化艺术出版社 1990 年中译本,第 165 页)海德格尔把语言诗意地描述为阐释主体安顿自我栖居和生存的家园。而在古代中国的儒家学术宗教——经学中,也把语言认同为生命主体存在的前题:"人之所以为人者,言也。人而不能言,何以为人。"(《春秋谷梁传》僖公二十二年)原来,儒家诗学也把语言设定为阐释主体存在的第一要义。

为什么东西方的智者哲人都将语言作为主体栖居和生存的家园呢?海德格尔在《诗·语言·思》中认为,阐释主体作为存在,惟有在语言中才能敞开且显现自我:"语言凭其给存在的初次命名,把存在物导向语词和显现。"的确,语言不仅是生命主体栖居的家园,语言也更以显现、敞开、照亮的方式呈现了整个人类世界。儒家诗学也把语言视为使存在呈现和敞开的家园。《左传·襄公二十五年》曾引孔子的话说:"仲尼曰:'……言以足志,文以足言。不言,谁知其志?言之无文,行而不远。'"在这里,《左传》认为语言是足以呈现阐释主体及其思想的,并且进而在逻辑上反推,认为阐释主体及其思想如果不借助语言,就无法被他人理解。扬雄的《法言·问神》在文学创作论上,也把儒家"立言"的经典文本认同为栖居和存在的空间:"或问:'圣人之经不可使易知与?'曰:'不可。天俄而可度,则其覆物也浅;地俄而可测,则其载物也薄矣。大哉!天地之为万物郭,'五经'之为众说郭。'"在这里,扬雄以"郛"和"郭"对举,隐喻栖居和存在的"空间":"天地"是盛载"万物"栖居和存在的"郭",而儒家的"五经"则是囊括"众说"的"郛"。刘勰《文心雕龙·原道篇》举赞的"言之文也,天地之心哉!"韩愈《送孟东野序》推崇的"人声之精为言,文辞之于言,又其精也。"周敦颐《通书·文辞》张扬的"文以载道":"文,谓文字也;道,谓道理也。而载取车之义。文所以载道,犹车所以载物。文之与车,皆世之不可无者,且无车则物无以载,而无文则道何以载乎?"这些表述虽然都是对文学现象进行阐释和批评的诗学话语,但在中国古代大文化的语境中,这三者均把语言认定为存在得以栖居和呈现的家园。

如果说儒家诗学把语言作为阐释主体栖居和存在的家园,这是儒家阐释主体生存渴望的第一个深层目的;那么,当我们跨过海德格尔"诗人使人达到诗意的存在"的命题,走向儒家诗学关于语言沉思的纵深处,就会发现,儒家诗学把语言视为阐释主体栖居和存在的家园还有第二和第三个深层目的。第二个深层目的即是:在语言的家园中规避死亡和追寻永恒;第三个深层目的即是:把语言的家园建立在中国古代学术宗教——经学的经典文本形式上。

儒家阐释主体栖居和存在于语言的家园并获得呈现和敞开后,进而渴望在语言的家园中规避死亡而追寻永恒。也正是在这一点上,儒家诗学不同于西方诗学。严格地讲,儒家阐释主体正是基于后两个目的而把语言作为自我栖居和生存的家园。在春秋战国时期,儒家阐释主体在生命面对死亡的规避中,张扬一种"三不朽"的精神:即"立德"、"立功"、"立言"。《左传·襄公二十四年》载:"穆叔如晋。范宣子逆之,问焉,曰:'古人有言曰:死而不朽,何谓也?'……穆叔曰:'……鲁有先大夫曰臧文仲,既没,其言立,其是之谓乎!豹闻之,太上有立德,其次有立功,其次有立言,虽久废,此之谓不朽。'"作为形而下的生命肉体是无法抗拒死亡的,生命面对死亡必然产生一种内在的心理恐惧,而主体平衡内在心理恐惧的惟一路径就是超越肉体生命生存的短暂和有限,规避死亡而归向永恒。但是,形而下的生命肉体对每一个人来说都是自我生存的极限,因此,生命规避死亡而追寻永恒的生存渴望只能作为一种抽象的价值取向在形而上的精神空间兑现。但是,思想和精神作为一种抽象的存在,往往在主体的运思中转瞬即逝;因而必须借助于语言这一中介来存在和呈现于这个世界。正是这种在语言家园中的"立言",使儒家阐释主体在精神和思想上超越了自我,获取了永恒。在儒家诗学体系中,"立德"和"立功"等功利性的价值最终必须落实在"立言"上,才能超越主体自我归向不朽的永恒。儒家阐释主体及其诗学体系也正是在经学的经典文本形式上"立言",才能够在历史的代际传递中延续下去,成为中国古代文化空间的精神不朽者。

纵观中国古代诗学漫长的发展历程,我们可以发现,儒家诗学始终是宗教般地执著于主体在文学创作中归向不朽的"立言"。曹丕的《典论·论文》对这种"立言"的渴望有着再度的阐释:"盖文章,经国家之大业,不朽之盛事。年寿有时而尽,荣乐止乎其身,二者必至之常期,未若文章之无穷。是以古之作者,寄身于翰墨,见意于篇籍,不假良史之辞,不托飞驰之势而声名自传于后。"与其说《典论·论文》对文学作用和文学价值的评估体现了魏晋间的时代精神①;不如说这种评估再度强调了儒家诗学对语言家园的建立,从而显露了儒家阐释主体在语言的家园中追寻生存永恒的渴望。因此,在儒家诗学的阐释下,作为语言艺术的文学也必然像曹丕阐释的那样,成为"不朽之盛事"。

第三个深层目的就是儒家诗学渴望把语言的家园建立在经学的经典文本上,从而占据经学的学术宗教地位,兑现其追寻永恒的欲望。经学是支撑中国古代文化大厦的官方学术宗教,而经学的文本形式为儒家诗学在经学的学术宗教地位上建立语言的家园提供了可能性。这里需要明确的是,儒家诗学崇尚的"立言"是指书写的文本(writing),而不仅仅指主体在场时的"对话语言"(saying)。在先秦时期,"文学"就是泛指学术文献的经典文本。这也

①　参见蔡钟翔、黄保真、成复旺《中国文学理论史》第1卷,北京出版社1987年版,第166页。

正如经学大师章太炎对这一时期"文学"概念的阐释:"文学者,以有文字著于竹帛,故谓之文,论其法式谓之文学。"(章太炎:《国故论衡》,浙江图书馆校刊本)因此,在儒家阐释主体建立语言家园的渴望中,主体及其诗学体系存在和追寻永恒的"语言家园"即是指"书写"的文本形式。而当儒家阐释主体把语言的家园建立在经学的经典文本上时,也即标志着儒家诗学对经学的学术宗教地位的获取。可以说,儒家诗学的整个体系、全部范畴、最高批评原则和在价值论上设定的最高文学范本均肇源于经学的经典文本,并且也正是在经学的经典文本中传承下去的。

海德格尔曾把语言设定为阐释主体存在的第一要义,企图为西方诗学建立存在的语言家园张目;而儒家诗学也把语言设定为阐释主体存在的第一要义,并且在上述三个深层目的中,渴望在经学的经典文本上建立阐释主体安顿自我的语言家园。值得注意的是,儒家诗学最终是把第一个深层目的和第二个深层目的置放在第三个深层目的上实现的,这就在获取学术宗教的神圣地位上,满足了儒家阐释主体建立语言家园的一切功利性欲望。

二、儒家诗学崇尚的"立言"与经典文本三个层面的涵义

为什么儒家诗学崇尚以"立言"在学术宗教——经学上建立自我栖居和存在的语言家园? 对这个问题的回答,要求我们首先从设问和界定"经学"这个概念展开思路。

经学发展的历程可以说与三千年中国古代文化史同步。经学发端于上古时期的周公时代(本文赞同古文经学关于经学缘起的界说),随着最后一位今文经学大师康有为和最后一位古文经学大师章太炎的寿终正寝,走完了其三千年的学术文化专制历程;与此

同时,经学也在历史敲响最后一个封建王朝的丧钟之际,走向了辉煌的终结。从认识论上审度,经学是统治中国古代社会始终的正统文化意识形态:在汉武帝罢黜百家、独尊儒术后,儒家思想及其诗学取得了经学的地位,经学被明确地认定为以孔子为始祖的官方学术宗教。从本体论和价值论上审度,经学又是主体以"经"为价值终极的本体论。因此,与其说儒家阐释主体是在经学的文本形式上建立起其生存且追寻永恒的语言家园,不如说儒家阐释主体是在"经"的本体范畴上建立起其生存且追寻永恒的语言家园。而在认识论、本体论、价值论上,经学所运作的文化行为,是作为一种对儒家经典文本进行语言阐释的古典阐释学而兑现的。因此,经学又是对儒家经典文本进行语言阐释从而建构自我理论体系的古典阐释学;在这个意义上,经学必然表现为一种对语言艺术——文学进行阐释的诗学理论形态。因此,作为中国古代的学术宗教意识形态,经学对中国古代诗学的生成和发展有着重要而深远的影响。

为什么说儒家阐释主体是在"经"的本体范畴上建立起其生存且追寻永恒的语言家园呢?"经"作为一个能指符号,阐释主体赋予它的涵义有三个层面:一是指本体范畴,这是"经"的第一个层面的涵义;二是由第一个层面的涵义引申出的文本形式——典籍;三是由第二个层面的涵义再度引申出的专指儒家的"六经"或"十三经"的经典文本。西方分析哲学的先驱戈特洛布·弗雷格在《论涵义和指称》中曾设定了一个完善的指号构型:"指号"——"涵义"——"指称"。"指号(能指符号:即范畴、概念或语言表达式),它的涵义和它的指称之间的正常关系是这样的:与某个指号相对应的是特定的涵义,与特定的涵义相对应的是特定的指称(对象)。"在戈特洛布·弗雷格的指号构型中,"涵义"是组接"指号"和"指称"两者逻辑关系的中介,三者由此形成一个完整的语言表达

20世纪儒学研究大系

式。那么，"经"作为一个"指号"，其所对应的"涵义"和"涵义"所对应的"指称"又形成一个怎样的完整的语言表达式呢？对这个问题的回答，实际上就是对"经"这一本体范畴作语言的释义。

"经"作为一个"指号"的使用，最早见于周代铜器铭文。郭沫若《金文丛考》认为："经"的原初"涵义"是"织物的经纬线"。这一释义实际上是承继许慎和段玉裁对"经"的释义而来的。《说文》："经，织，从丝也。"段注："织之纵丝谓之经，必先有经而后有纬，是故三纲五常六艺谓天地之常经。"值得注意的是，"经"在周代铜器铭文和周代典籍中的使用，有一个从实物名词向动词和抽象名词转型的过程；"经"也正是在这一转型的过程中，完成了阐释主体在理论思维形式上的蜕变，并且体现出阐释主体在诗学体系的建构上的终极关怀。把"经"的原初意义——"经纬"作为动词使用，"经"在指号的涵义上就被阐释主体赋予了"涵盖"、"统摄"、"包容"、"囊括"、"占有"和"治理"等等具有终极关怀的意义。这在先秦典籍中最为常见。《周易》："君子以经伦"，《左传》："经国家，定社稷"、"经纬天地曰文"、"以经纬其民"，《吕氏春秋·求人》："终身无经天下之色"，这里所运用的"经"，都是在上述意义上完成的。但是，理论思维形式的发展使阐释主体并不满足把"经"仅仅作为一个动词来使用，从而仅仅表述主体在运思的瞬间显露出的终极关怀。"经"必然在语言表达式的使用中从动词向抽象名词转型。因为动词所表示的主体对时空的"涵盖"、"统治"、"包容"、"囊括"、"占有"和"治理"等具有终极关怀的涵义，只有借助于抽象名词才能凝固下来而趋于恒定。《周礼》的"以经邦国"和《左传》的"天之经也"、"天地之经纬也"，就是在这个意义层面上完成的。

"经"作为动词向名词的转型，标志着"经"作为一个本体范畴的形成。"天之经也"的"经"，就是作为一个本体范畴被阐释主体所使用的。可以说，阐释主体在诗学体系的建构中只要抓住一个

"经"字,就可以"拎"起一方博大的天地。在本体论的理论形态上,这方博大的天地就是阐释主体在"经"的本体范畴上建构起来的思想空间和语言家园。孔颖达在《春秋左传正义》中对"经"曾作过本体论的阐释:"(经)覆而无外,高而在上,运行不息,日月星辰,温凉寒暑皆是天之道也;训经为常,故言道之常也。(经)载而无弃物,无不殖山川,原阳刚阴柔、高下,皆是地之利也。"正是"天之道"和"地之利"构成了儒家诗学所言指的"大全",而"涵盖"、"统摄"、"包容"、"囊括"、"占有"这个"大全"的终极本体就是"经"。

罗素在思考智者哲人无法逃避对本体论的建构的原因时,曾把这一疑惑归结为生命主体对"永恒"的追求:"追求一种永恒的东西乃是引入研究哲学(本体论)的最根深蒂固的本能之一。"(罗素:《西方哲学史》上卷,商务印书馆1976年版,第74页)在修辞学意义上,"经"作为一个抽象名词,是阐释主体在本体论意义上设定的一个具有恒定意义的本体范畴。倘若把东西方智者哲人的运思在诗学的本体论意义上做一次比较,"经"相当于巴门尼德的"存在"(bing)、柏拉图的"理念"(idea)、圣·奥古斯丁的"上帝"(God)、康德的"物自体"(thing in itself)和黑格尔的"绝对理念"(absolute idea)。因此,当儒家阐释主体立足于"经"的本体意义建立起自我栖居和生存的语言家园,并把自己庞大的诗学体系建构于这个语言家园中时,他们必然把"经"认同为是一个恒定的、放之四海皆准的终极真理。班固认为:"经所以有五何?经,常也,有五常之道,故曰五经。"(《白虎通》卷四)刘熙认为:"经,径也,常典也,如路径无所不通,可常用也。"(《释名·释典艺》)刘勰认为:"经也者,恒之至道,不刊之鸿教也。"(《文心雕龙·宗经》)《孝经序疏》引皇侃言:"经者,常也,法也。"王应麟《玉海》卷四一引郑玄《孝经序》:"经者,不易之称。"在朱熹的诗学思想中,"经是万世常行之道。……经者,道之常也。"(《朱子语类》卷三七)在王阳明的诗学体系中,

"经,常道也。其在于天谓之命,其赋于人谓之性,其主于身谓之心。心也,性也,命也,一也。"(《稽山书院尊经阁记》)所谓"五常之道"、"常道"、"常典"、"恒久之至道"、"不易之称"就是指"经"作为一个本体范畴的恒定性。"如路径无所不通"、"不刊之鸿教"即指"经"是放之四海皆准的终极真理和垂教万世的大法。也正是在这个意义上,皮锡瑞带着一种宗教般的迷狂把儒家诗学体系栖居和生存的本体——"经"崇奉为"圣经",认为"实圣经通行万世之公理"(《经学历史》,中华书局1959年版,第122页)。对本体的追寻是东西方诗学阐释主体无法逃避的劫数。在理论的思维价值取向上,古希腊诗学以理性瞩望着沉默的宇宙,从而命定于宇宙本体论;而儒家似乎认为宇宙太遥远,更着重在中国古代学术宗教的终极本体——"经"的基础上建构一个用语言文字凝固成的文本形式,即语言家园,从而在这个语言家园中来"立德"、"立功"、"立言",以此追寻精神和思想的不朽。

由于"经"的本体地位,中国古代诗学史上的各脉诗学思潮的冲突和碰撞常常表现为阐释主体对"经"的神圣地位的争夺和攫取。从阐释主体的深层心理结构来看,就是为了在"经"的神圣地位上"立言",企图借助"经"在本体论上的学术宗教性,追寻理论和思想的正统化,从而迫使中国古代诗学沿着自我诗学体系设定的理论方向而行进。因此,各脉诗学思潮在对"经"的神圣地位的争夺中,往往用"经"来指称自己"立言"的文本形式,以强调自己诗学思想的神圣性。这是从"经"的第一个层面的涵义引申出的第二个层面的涵义。《诗》、《书》、《易》、《礼》、《乐》、《春秋》被称为"六经"后,便成为儒家的经典文本、中国古代诗学的最高批评原则和中国古代文学的最高范本。墨子的"立言"文本称为《墨经》,《庄子·天下》载后期墨家三派"俱诵墨经"。老子的"立言"文本称之为《道德经》。庄子的"立言"文本被后人称之为《南华经》。《论语》、《孟

子》、《左传》、《公羊传》、《谷梁传》等也被后人列入十三部儒家之
"经"。仅这些被尊称为"经"的"立言"文本形式已涵盖了春秋战国
时期的绝大多数重要的典籍。把一部"立言"的文本形式称之为
"经",在价值取向上意味着赋予这部"立言"的文本形式以正统而
神圣的学术地位。因此,我们只要明晰了"经"的第二个层面的涵
义,便可以体验出一部被赋予"经"之地位的典籍在诗学体系中有
着怎样的正统性和神圣性。在春秋战国时期的意识形态领域中,
阐释主体在各脉诗学思潮的汇流中已经明确提出,要以思想"经天
纬地",就必须在"经"的这一本体范畴上建构起"立言"的文本形
式。这也正如《左传·昭公二十八年》所言:"经纬天地曰文。"这个
"文"指的就是"立言"的文本形式。杜预注对此作了进一步的阐
释:"经纬相错,故织成文。"而孔颖达正义又进一步把"经天纬地"
的文本形式直接阐释为"文章":"如经纬相错故织成文章,故曰文
也。"因此,在"经"的第二个层面的涵义上,"经"就是"文",就是"立
言"的文本形式,就是"立言"的文章和典籍,就是主体建立的语言
家园。

　　这种在文本的形式中"立言"从而追寻本体的终极关怀,成为
儒家诗学体系建构的一个重要方法论,因为任何诗学体系的建构
必须要有一个基点——本体。

　　如果说柏拉图诗学体系用理性瞩望着宇宙的最遥远外,在宇
宙的本体上设定一个"理念",从而开始了西方古典诗学史上的逻
各斯中心主义;那么,孔子则在"述而不作,信而好古"的复古精神
执著下删定"六经",从而启开了儒家诗学史上的经学中心主义。
克罗齐认为:主体思想运作的"精神本身就是历史,在它存在的每
一瞬刻都是历史的创造者,同时也是全部过去历史的结果。"(克罗
齐:《历史学的理论和实际》,商务印书馆 1986 年版,第 13 页)在春
秋战国时期,儒家诗学也正在"孔子删'六经'"的复古精神中被创

造着,成为全部过去历史的必然结果。司马迁在《史记·太史公自序》中阐释孔子的诗学思想时,已指出孔子"追修经术"是为了"垂六艺('六经')之统纪于后世":"周室既衰,诸侯恣行,仲尼悼礼废乐崩,追修经术,以达王道,匡乱世,反之于正,见其文辞,为天下制仪法,垂六艺之统纪于后世。"这是一种怎样的真知灼见啊!值得注意的是,当历史在各脉诗学思潮的汇流中选择了儒家诗学时,儒家诗学同时也在学术思潮的汇流中选择了历史。这是一个必然的、无可回避的双向选择。"经"作为一个能指符号,它的第三个层面的涵义即指儒家诗学"立言"的经典文本,这是从"经"的第二个层面的涵义再度引申出的专指儒家经典文本的涵义。在儒家诗学体系中,阐释主体存在与追寻永恒的语言家园,即是在"经"的第三个层面上引申出的"六经"的经典文本形式。儒家诗学认为,阐释主体作为思想者,其生命存在的全部意义和全部价值必须在语言的家园——"六经"的经典文本中才能够显现出来。这正如《论语·宪问》所申明的:"有德者必有言",也正如《周易·系辞下》所指出的:"圣人之情见乎辞"。反之,不强调在"六经"的经典文本形式上"立言",阐释主体便失去了生命存在的家园及其存在的全部价值和意义。从孔子删"六经"到汉武帝罢黜百家、独尊儒术,中国古代诗学由于受到学术宗教——经学的影响,直到经学的玄学化阶段——魏晋时期才开始走向自觉。因此,先秦两汉时期,在儒家经典文本中栖居和生存着的儒家诗学理论还没有完全在文本的形态上与母体分离开来,以独立的文本形式作为自我存在的精神家园,这意味着儒家经典文本即是儒家诗学存在的文本形式。正是儒家诗学崇尚在经典文本上的"立言",从而获取经学的学术宗教的神圣地位,儒家诗学才可能建构起一个庞大的官方文学批评语境,并且雄霸中国古代诗学史两千年之久。

三、儒家诗学的政治教化深度模式与
文学的崇高地位

　　德里达在拆解西方古典诗学的逻各斯中心主义体系时,发现形而上学的根本迷误在于:主体设定了世界存在的一个本体中心——终极价值或终极真理,形而上学必须把语言当作不幸而必要的透镜,透过语言去洞视这一终极价值或终极真理。儒家诗学的迷误也在于为此在世界设定了一个本体中心——"经",其所追寻的终极价值和终极真理正是设定在"经"这一本体范畴上。儒家诗学恰恰是将在经典文本上的"立言"作为语言透镜,通过这一语言透镜去对文学现象进行阐释和批评,因而必然导致主体在阐释和批评中追寻一种政治教化的深度模式,并且赋予文学崇高而神圣的学术宗教地位。

　　儒家诗学崇尚在经典文本上的"立言"所追寻的政治教化深度模式,对中国古代文学发展史的一个最突出的影响,即是在创作论上把儒家经典文本"六经"(或"五经")尊崇为文学创作必须遵循且不可超越的最高文学范本,并且把它渗透到每一位接受儒家诗学阐释原则的主体的灵魂深处,并外现于他们对文学现象进行阐释和批评的各个方面。只要对中国古代诗学和中国古代文学的发展史作一次粗略的扫描,便可以捕捉到这一点:

　　班彪在讨论司马迁《史记》的诗学思想时认为,《史记》在文学创作上之所以做到了"善述序事理,辩而不华,质而不野,文质相称",是因为"迁(司马迁)依'五经'之法言,同圣人之是非。"(《后汉书·班彪列传》)王逸在评价屈原《离骚》的审美价值取向时,认为"夫《离骚》之文,依《经》以立义焉"(《楚辞章句·序》)。颜之推在讨论文学的文体起源时,认为:"夫文章者,原出'五经':诏命策檄,生于《书》

者也;序述议论,生于《易》者也;歌咏赋颂,生于《诗》者也;祭祀哀诔,生于《礼》者也;书奏箴铭,生于《春秋》者也。"(《颜氏家训·文章篇》)刘勰带着极端的功利性把"宗经"、"征圣"、"原道"列为"文之枢纽",并且认为,文学的本体就是"五经":"然繁辞虽积,而本体易总,述道言治,枝条'五经'。"(《文心雕龙·诸子》)诗圣杜甫在《又示宗武》诗中,把诗句创作的出新归因于饱食"五经":"觅句新知律,摊书解满床。……应须饱经术,已似爱文章。"在唐代诗学中,尽管皎然是一位"禅栖不废诗"的僧人,但他在"妙悟"诗歌艺术的审美本质时,开宗明义地把诗的审美本质归统于"六经":"夫诗者,众妙之华实,'六经'之菁英,虽非圣功,妙均于圣。"(《诗式序》)白居易认为"六经"就是文学的渊薮,他对这一观点的陈述就像他的新乐府诗一样直白:"人之文,'六经'首之。"(《与元九书》)韩愈在表述古文运动理论时认为:"士不通经,果不足用。"(《送殷员外序》王禹偁)把"远师'六经'"认定为提高文章写作的途径(《答张扶书》)。朱熹在讨论"文以载道"时认为:"文者,贯道之器,'且如'六经',是文其中所道皆是这道理。"(《论文上》)李东阳在"诗在'六经'中别是一教"的理论旗帜下,张扬一股诗学理论的复古思潮,把"六经"认同为文学创作的最高准则:"夫文者,言之成章,而诗又其成声者也。章之为用,贵乎纪述、铺叙、发挥,而藻饰、操纵、开阖惟所欲为,而必有一定之准。……古之'六经',《易》、《书》、《春秋》、《礼》、《乐》皆文也,惟《风》、《雅》、《颂》则谓之诗,今其为体固在也。"(《春雨堂稿序》)茅坤在剖解文学创作主体的深层心理结构时认为:"……窃谓天地间万物之情名有其至,而世之文章家当于六籍中求其吾心之至,而深于其道然后从而发之为文……"(《复陈五岳廷尉书》)谭元春在讨论文学创作的审美价值时,认为"六经"就是最高的审美参照范本:"私谓'六经'无不美之文,无不朴之美。"(《黄叶轩诗义序》)艾南英虽然在其诗学体系的创建上致力于时文改革,但他还是把"六经"文本设定为文章

撰写的最高范本："以'六经'之文为诸儒倡。"(《陈大士合并稿序》)
而钱谦益则直截了当地把"六经"设定为文学的最高范本："'六经',
文之祖也。"(《袁祈年字田祖说》)桐城派诗学的基础就是"义法"说,
方苞在《古文约选序》讨论唐宋八大家文学作品时,把文章"义法"形
成的根源追溯到"六经"、《论语》和《孟子》："盖古文所从来远矣,'六
经'、《语》、《孟》,其根源也。"叶燮的《原诗》是中国古代诗学的总结,
叶燮以"才、胆、识、力"和"事、理、情"建构起他的整个诗学体系的框
架,而《原诗》的全部要义就在于把"六经"之"道"视为三千年来文学
创作无法超越的恒定的终极真理和基本规律："夫文之本乎经,袭其
道非袭其辞。如以其辞,则周秦以来三千余年间,其辞递变,日异而
月不同。然能递变其辞,而必不能递变其道。盖天下古今,止有此
一道,知差万别,总不可越。"(《与友人论文书》)袁枚的诗学理论主
张在"性灵说"中"著我",尽管如此,他还是认同了"六经"作为文学
创作的最高范本对两汉、六朝和唐宋文学创作的渗透和影响："'六
经',文之始也。降而'三传',而两汉,而六朝,而唐宋,奇正骈散,体
制相诡……"(《与邵厚庵太守论杜茶村文书》)而阮元则带着宗教般
的崇圣心理,把"六经"尊为中国古代文学的最高范本："夫人文大
著,肇始'六经'。"(《四六丛话序》)……仅这些个案列举所呈现出的
对"六经"宗教般的崇奉就足以证明,儒家诗学通过在"六经"经典文
本上的"立言"这一语言透镜所追寻的政治教化深度模式,乃是要求
文人墨客在文学创作中把"六经"尊奉为必须遵循且不可超越的最
高文学范本。"六经"是儒家阐释主体"立言"的经典文本形式,是儒
家阐释主体栖居和生存的语言家园,而文学又是语言的艺术;因此,
儒家诗学通过"立言"这一语言透镜把"六经"的文本形式认同为最
高文学范本,这在理论的逻辑推导上,也是自然和必然的终结。但
是,儒家诗学偏执地把文学创作导向追寻政治教化的深度思想模
式,也就忽略了文学作为一个独立有序的自足体其自身的艺术性和

审美性。

在日内瓦语言学派和胡塞尔现象学影响下崛起的俄国形式主义诗学理论批评家,为了把文学从政治教化的泥沼中拯救出来,曾把文学界定为一个独立有序的自足体,认为文学独立于政治、道德和宗教等各种意识形态,甚至独立于社会生活。什克洛夫斯基曾以咄咄逼人的挑战姿态向世人宣称:"艺术永远是独立于生活的,它的颜色从不反映飘扬在城堡上空的旗帜的颜色。"(什克洛夫斯基:《文艺散论·沉思和分析》,转引自《俄国形式主义文论选》,三联书店1989年版,第11页)与"艺术永远独立于生活"这种偏激观点截然相反,儒家诗学恰恰是通过在经典文本上的"立言"这一语言透镜,把文学存在的价值观投影和聚焦在国家学术宗教的意识形态文化背景上,让文学这种语言的文本表达式泛泛地覆盖于国家意识形态的政治、道德和宗教之中。因此,在儒家诗学崇尚"立言"的阐释方法操作下,文学的文本形式往往映衬出官方意识形态的浓烈的政治色彩。于是我们就不难理解吟咏"春风又绿江南岸"的王安石为什么要坚定不移地把文学认同为主体纯粹的"立言"文本形式:"尝谓文者,礼教治政云尔。其书诸策而传之人,在体归然而已。而曰'言之不文,行之不远'云者,徒谓辞之不可以已也,非圣人作文之本意也",并进而要求"且所谓文者,务为有补于世而已矣。"(《上人书》)儒家诗学崇尚的"立言"作为一种对文学现象阐释和批评的方法论,必然把文学认同为纯粹的"立言"文本形式,从而在一定的程度上剥夺了文学自身的艺术性和审美性。这也正是在儒家诗学理论话语下的文学现象最鲜明的特征。因为"六经"作为儒家阐释主体栖居和生存的语言家园,其在"立言"的经典文本形式中继承和负载了儒家思想设定的最高道德伦理准则;这些最高道德伦理准则在对文学现象的阐释和批评中,必然把文学导向追寻功利性和思想性,使文学表现为重政教,重言志,在创作风格上表现为写实主义,在文学思潮的兴起上表现为复古主义。这一切构成了儒家诗学的深层内涵。明白了这一点,我们就会了悟《毛诗·序》为什么要把感情真挚的爱情诗《关雎》阐释为"后妃之德"。

初唐四杰在对文学的阐释和批评中也主张"立言",要求借助语言的承继性和达意功能复归先秦儒家的诗学观念和诗学原则。王勃认为:"《易》称'观乎天文,以察时变';《传》称'言之无文,行之不远'。文章经国之大业,不朽之能事。"(《平台秘略论·文艺》)杨炯认为:"大哉文之时义也。有天文焉,察时以观其变;有人文焉,立言以垂其范。"(《王勃集序》)卢照邻指出:"文质再而复,殷周之损益足征;骈翰三而始,虞夏之兴亡可及;美哉焕乎,斯文之功大矣。"(《南阳公集序》)白居易要求诗歌创作"补察时政"和"泄导人情",并设定了诗歌的社会功能:"……非求宫律高,不务文字奇。惟歌生民病,愿得天子知。"(《寄唐生》)韩愈在初步建立"道统"的诗学理论时认为:"学生或以通经举,或以能文称。其微者,至于习法律、知字书,皆有以赞于教化。"(《省试学生代斋郎议》)。在理论上,韩愈强调作品的思想深度,把散文从六朝的形式主义诗学理论中剥离出来,有着积极的意义;但他最终把文学阐释为主体为了政治教化而必须借助的纯粹语言文本表达式。为此,韩愈以先秦两汉的古文反对六朝骈文的形式华美,以"宗经"、"征圣"、"原道"作为古文运动的政治信条,从而推动这一脉文学复古思潮向政治教化的深度模式拓展。古文运动发展到宋代,石介在反对西昆体的形式主义文学倾向时,把文学创作推向了追寻政治教化深度模式的新的高度:"故两仪,文之体也;三纲,文之象也;五常,文之质也;九畴,文之数也;道德,文之本也;礼乐,文之饰也;孝悌,文之美也;功业,文之容也;教化,文之明也;刑政,文之纲也;号令,文之声也;圣人,识文者也。君子章之,庶人由之……"(《上蔡副枢书》)石介之后,以欧阳修为传导中介,从周敦颐的"文以载道",到朱熹的"文

皆是从道中流出"，儒家诗学追寻的政治教化深度模式在宋代经学
大师的偏激理论推动下走向了极致。他们完全颠倒了"文"与"道"
即文学的形式和内容的关系，把文学作为主体为追寻功利性而纯
粹"立德"、"立功"、"立言"的文本表达式。刘大杰在讨论宋代的文
学思想时认为，宋代的经学大师"心目中只有周公、孔子，口里只谈
道学道，于是文学艺术的一点生机，全被这道学压死了。"（刘大杰：
《中国文学发展史》中册，上海古籍出版社 1982 年新 1 版，第 586
页）在这里，与其说文学艺术的一点生机是被道学压死了，不如说
是被儒家诗学苛求政治教化的深度模式压死了。儒家诗学崇尚在
经典文本上的"立言"和对政治教化深度模式的追寻，必然导致苛
求文学作品的思想内容，而忽视文学首先是审美的艺术这一大前
提。在儒家诗学的运作空间，阐释主体永远无法摆脱那似乎是命
定的功利性——"立德"、"立功"、"立言"。儒家诗学崇尚的"立言"
作为一种文学阐释和文学批评的方法论，其在历史的惯性推动下
和儒家阐释主体的操作下凝固成特有的理论语境，在这样的语境
下生存的文学必然笼罩着一层浓厚的政治忧患意识。倘若我们理
解这一点，就不难理解范仲淹的《岳阳楼记》在"衔远山，吞长江"的
抒怀中，为什么要把全文的主题落在"先天下之忧而忧，后天下之
乐而乐"和"居庙堂之高则忧其君，处江湖之远则忧其民"的忧乐观
上。

　　文学需要思想性。我们不否定儒家诗学在某种程度上把历史
使命感和社会责任感赋予文学，并且在某种程度上把文学创作导
向对思想深度的追寻而使作品走向丰厚。乔姆斯基在《语言沉思
录》一书中认为："语言是心的镜子。"（N. Chomsky: *Reflections on
Language*, Pantheon Books, A Division of Random House, New
York, 1975.）而通过"立言"这一语言透镜折射出儒家诗学的深层
心理结构即是，儒家诗学把文学置于崇高而神圣的学术宗教地位

而最终是政治教化的深度模式中,从而使创作主体失落了思想自由。这实际上还是从"中庸"走向了偏激。儒家诗学的经学中心主义让人们倍感文学的崇高与神圣,同时也让人们的思考停滞在政治忧患意识之下而倍感步履沉重。但这绝对不是中国古代诗学的阐释方法和批评方法的整体特色;因为道家诗学体系崇尚的"立意"作为儒家诗学体系崇尚的"立言"的对立面,其以"立意"于瞬间所追寻的直觉体验消解着儒家经典文本,颠覆着儒家诗学体系的经学中心主义,从另外一个方面推动着中国古代诗学的整体发展。这就是儒道诗学理论的冲突与互补。

(原刊于《中国社会科学》1995年第6期)

杨乃乔(1955—   ),文学博士,首都师范大学中文系教授。

本文从语言论的角度透视儒家在经典文本上的"立言",由此考察了经学对儒家诗学的整体生成的影响。认为儒家诗学在赋予文学以思想深度的同时,也使文学付出了某些思想自由和艺术美感的代价,儒家诗学的实质乃是经学中心主义。

试论孔子神话思想的内在矛盾

赵沛霖

在人类认识发展史上,神话以其荒诞离奇的特点,对人世间的基本公理最早提出了挑战,这道给人类理智提出的难题自古以来就困惑着人们。面对着这个神奇的"怪物",无数的哲人、智者纷纷提出各种各样的解释和分析,从而形成异说纷呈的神话观点和见解,即神话思想。就像人们在怪异现象面前情不自禁地做出强烈反映一样,各思想学派在神话面前也跃跃欲试,大显身手,因此,它们的性质、特点、深广程度以及有没有真理性也就会在神话面前自然地反映出来。在这个意义上不妨说,产生于人类文明初期的神话早就超前地考验着各种学说和思想,给它们的真理性、批判精神和生命力严格打分。这样看来,当这个"怪物"摆到既信天命又重人事的孔子面前的时候,也就分外值得注意了。

迄今为止,我们已经从多种不同的角度,诸如哲学、政治、伦理、教育以及文献整理、治学态度等等角度对孔子进行研究,而从神话学的角度研究孔子却始终无人问津。这不仅留下了学术空白,也使一些问题无法得到澄清。那么,孔子神话思想的本来面貌究竟怎样? 具有什么特点? 形成其特点的原因又是什么? 等等,搞清这些问题也许会对孔子的神话思想有一个初步的认识。

春秋时期,随着社会制度的重大变革,思想观念也发生了深刻变化:在哲学思想上,传统的宗教巫术观念开始动摇,新的实践理性精神蓬勃兴起;在宗教信仰上,传统的多神教逐渐失去固有的独尊地位,并向一神教转化。①

从多神信仰向一神信仰的转化,是世界各民族宗教发展的必然规律。原始先民中盛行万物有灵论,认为世界即神,世界万物与神同体并被神主宰着。在这种宗教信仰中,诸神不成系统,呈现出庞杂的多元化倾向,并且彼此之间完全平等。所以原始时代也是多神共同统治世界即多神教的时代。夏商以后,具有无上权威的最高神即上帝出现了。上帝不但主宰世界,而且统率诸神。从此以后,原来那些无拘无束为所欲为的诸神纷纷归到上帝的属下,听候上帝的调遣。天上王国是人间王国的折射,上帝的权威不过是人间最高统治者在上天的投影。所以,上帝的出现,归根结底是我国由原始社会进入奴隶制社会这一巨大变化在宗教上的反映。这正是从多神教向一神教转化的历史过程。对这一过程,恩格斯曾经这样加以说明:"……由于自然力被人格化,最初的神产生了。随着宗教的向前发展,这些神愈来愈具有了超世界的形象,直到最后,由于智力发展中自然发生的抽象化过程——几乎可以说是蒸馏过程,在人们的头脑中,从或多或少有限的和互相限制的许多神中产生了一神教的惟一的神的观念。"(《马克思恩格斯选集》第4卷,220页)从多神教向一神教的转化过程也是宗教由粗糙幼稚走向精致高级的过程。

当然,绝不是说,上帝一出现,所有的人便立即放弃对诸神的信仰而成为一神教的信徒。就每个人来讲,情况也完全不同:有的人可能很快成为一神教的信徒;有的人可能兼信,即多神与一神同

---

① 宗教巫术观念的动摇和实践理性的兴起,学者多有论述,可参阅。为了节省篇幅,这里只就一神教的兴起和多神信仰向一神信仰的转化,略加以说明。

时并信,有的人则可能停留在信仰的原始阶段,只信仰具体的诸神而缺乏宇宙最高主宰至上神的观念。那么,生活在宗教信仰和思想观念发生剧烈变化的春秋时代的孔子的情况如何呢? 这涉及到孔子宗教神话观的特征和具体构成。

孔子对于一神(即至上神)和多神的态度是完全不同的:他充分肯定了作为世界最高主宰的至上神的存在,并对它充满了敬畏的感情,而对一般的具体诸神则未肯定也未否定,采取了回避的态度。

先秦时代,作为至上神的上帝一般不称为神,而称为天和帝。《论语》中记录孔子就至上神意义谈论天的话很多,据统计约有十一处[①]。除天之外,孔子还喜欢谈命,《论语》中记录孔子谈命的话约有七处[②]。孔子认为,小自人之死生,大至道之行废,一切皆有命,而命之如何,完全被上天决定。十分明显,孔子是把天看作有意志的人格化的上帝,看作人类和自然界的最高主宰。像一切一神教信徒一样,孔子对于上帝也充满了虔诚和敬畏,并且把它作为善恶是非的标准和最后的精神寄托[③]。

孔子经常谈论天,却基本上不谈神。如前所说,天是指至上神上帝,那么,神是指什么呢? 当然是指超自我的神奇力量,但是,一般说来却不包括作为宇宙最高主宰的至上神上帝,而主要是指一般的具体诸神,主司山川河流、日月星辰、风雨雷电和人间祸福凶吉的神祇。《论语》中提到神的地方不少:

1. 祭如在,祭神如神在。子曰:"吾不与祭,如不祭。"(《八佾》)。

---

① ② 见蔡尚思《孔子思想体系》第四章。
③ 关于孔子肯定和崇拜至上神,论者多有论述,本文不重复。请参阅有关论著。

　　2．子疾病，子路请祷。子曰："有诸?"子路对曰："有之；《诔》曰：'祷尔于上下神祇。'"子曰："丘之祷久矣。"(《述而》)

　　3．季路问事鬼神。子曰："未能事人，焉能事鬼?"(《先进》)

　　4．子不语怪、力、乱、神。(《述而》)

　　5．子曰："务民之义，敬鬼神而远之，可谓智矣。"(《雍也》)

　　6．子曰："禹，吾无间然矣。菲饮食而致孝乎鬼神，恶衣服而致美乎黼冕，卑宫室而尽力乎沟洫。禹；吾无间然矣。"(《泰伯》)

　　在这六条文字中，前四条中所说的神，或为弟子所问，或为此文所及，或为作者所述，都不是孔子的言论。只有最后两条即5、6才是孔子所说，其中第5条主张对鬼神疏远，第6条是说禹对鬼神的态度，而不是说他本人对鬼神的什么观点。可见，一部《论语》充分说明，孔子基本上不谈论神鬼，不发表个人对于鬼神的认识和看法。他的弟子说他"不语怪、力、乱、神"，就"神"来看，是完全有根据的。这种情况与他经常谈论天的情况相比，形成了鲜明的对照。这样看来，孔子神话思想的一个重要特点也就清楚了：大谈特谈至上神上帝而基本上不谈一般的具体神祇，这种强烈的反差说明孔子崇信具有高度抽象本质的上帝，而对离奇怪诞，违背常理的具体神祇则十分冷漠。

　　当然，无论是上帝还是一般的神祇，在本质上与理性都是根本冲突的，但是，比较起来，恢怪不经的一般的具体神祇及其行为(即神话故事)与日常生活经验和理性的背离程度更其遥远，而高度抽象的上帝，由于"视而不可见之色，听而不可闻之声，抟而不可得之象"(王夫之《诗广传》卷五)，即缺乏具体可感的形象，在某些信仰者的心目中与日常生活经验和理性的冲突和矛盾反而不那么强烈和突出,而能够比较容易地与理性共处,并唤起他们的信仰。

那么,孔子对于荒诞离奇的一般神祇所采取的冷漠态度,是一般的不感兴趣还是另有更为深刻的原因,显然是一个更值得探讨的问题。

与这个问题相关的是孔子对于生死的态度。有个学生问关于死的问题,他说:"未知生,焉知死?"(《论语·先进》)实际也是采取了"不语"的冷漠态度。

人生,自何处来;人死,向何处去,是摆在人们面前的一个永恒主题,在得到科学的解释之前,这个领域一直由宗教主宰着。宗教认为"人类存在不是一个孤立的现象,而是一个庞大整体中的一部分。在认识生与死这个事实中,宗教社团内部和外部的许多人都试图把他们有限实体存在同某种更为持久的现实联系起来"(弗·斯特朗《宗教生活论》,今日中国出版社,1992年版261页)。于是一个最常见最普遍的问题也就变成了一个带有哲理和神秘特征的问题,所以,关于生与死的神话无处不有,遍及全世界各个民族。文化人类学家和神话学家有关考察当代原始民族的大量著作可以充分证明这一点①。宗教神话根本不承认死亡,认为死亡并非寂灭,只是生命形式的转化,即由一种生存形式转化为另一种生存形式,由这个世界转到另一个世界,由此岸到达彼岸。所以,宗教神话的一个坚定的执着的信念就是:死人活着。中国古代也是如此,认为人死之后继续存在,功业赫赫的祖先死后则为神,归向上帝。《诗经·文王》:"文王陟降,在帝左右"十分清楚地反映了周人关于生死问题的观念。中国古代对于生死的理解也是宗教神话式的,而非科学的。这种观念到春秋时代发生了动摇,关于死亡的宗教

---

① 这方面的著作很多,例如马林诺夫斯基的《神话与原始心理》就记录了很多死亡的神话。

神话式理解受到怀疑。在这种背景下,孔子对生与死的回答,既没有肯定宗教神话关于死人活着的说教,也没有肯定死是生命的必然归宿,而只是"未知"、"焉知",确实是耐人寻味的。

自古至今,各个学派的学者都喜欢谈论神话,阐明自己的神话思想,同时论证自己的哲学观点。"每个学者在神话中仍可发现那些他最熟悉的对象。从根本上说,各个学派在神话的魔镜中所看到的仅仅是他们自己的面孔。"(恩斯特·卡西尔《国家的神话》,华夏出版社1990年版,6页、61页、211页)在这面魔镜中,语言学家看见了语词和名称的世界,艺术理论家看见了艺术的源头,哲学家看见了"原始哲学",精神病学家看见了"神经过敏现象",而神学家则看到了"终极存在"。那么,作为一个集中国古代文化之大成的思想家,孔子从这面魔镜中看到了什么呢?难道什么也没有看到?如果不是这样,他为什么又"不语"、"未知"、"焉知"?

如前所说,孔子的思想具有深刻的矛盾:即有传统的宗教观念成份,又有富有时代特征的理性精神。这种相互尖锐对立的思想观念,使他在复杂的神话面前失去了天平的准星,而无法形成个人的明确见解。这就是说,孔子对于神话的"不语"和"未知"绝非偶然,更不是谦虚,而有其深刻的思想根源。

孔子对于神话的"不语"实际是就两个方面而言:既没有对神话加以肯定,也没有对神话进行批判。这两个方面中具备其中的任何一个方面,也不能说是"不语"。孔子不能肯定神话比较容易理解,因为他思想中的理性是一种道德化的理性,这种理性所重视的是人伦常理和实际生活经验,而与非经验性和非理性的神话水火不能相容。比如神话中诸神的形象,有植物形象、动物形象,有人神同体、人兽同构,十分怪异可怖;诸神的行为和举动更是荒谬绝伦,肆无忌惮,野蛮、混乱随处可见。这一切与孔子理性精神格格不入,孔子不去肯定它是十分自然的。

　　既然如此,孔子对神话本应当展开批判。事实上,古代一些坚守理性原则的思想家大多这样做过,例如我国古代的屈原、王充都曾对神话的违背世情常理进行过猛烈抨击。古希腊的哲学家色诺芬等则对神话的荒诞离奇展开了尖锐批判。孔子则不然,他没有这样做,其原因是:一、尽管在具有理性精神这一点上,孔子与色诺芬等哲学家有共同之处,但他们之间更有很重要的区别。色诺芬等哲学家在研究政治之前,已经研究了自然,并有很多重要发现。"如果没有这个基本前提,他们要想向神话思想的力量挑战,是根本不可能的。"(同上)孔子则不同,他的研究对象主要是如何做人和处理人际关系以及有关的伦理道德,至于自然现象和世界的本质,他根本没有什么兴趣,因而也就没有形成自己的本体论哲学。而正是关于自然的新的概念构成了关于人的个体生活和社会生活的新的概念的一般基础。孔子没有研究自然,对世界的本质缺乏明确的观念,不具备这样的基础,因而也就不可能对神话展开理性批判。所以,从根本上说,还是孔子的理性精神不彻底,使他没有能力去批判神话的"荒诞"和"乖谬"。二、更为重要的是,孔子思想中的宗教成份在起作用,殷周以来的传统天命观念构成了他的天命论哲学思想的框架,他不但承认作为宇宙最高主宰的上帝,而且承认盲目的异己力量的命运。这既限制了理性精神的发展,给知识的领域造成空白,当然也就给宗教信仰留下了地盘。这种终极存在的观念与以超自然力量为基础的神话具有某种一致性,从而使孔子对于神话不但不能展开理性批判,而且会产生一定程度的认同。

　　总之,孔子思想中宗教观念与理性精神的矛盾,使他在神话这个"怪物"面前无所适从而现出"窘态":一方面,他的理性精神限制了宗教观念的发展,使他不能肯定神话;另一方面,他的理性精神又不彻底,受到宗教观念的干扰和左右,使他不能否定神话。于是,他只得徘徊于二者之间,哪边的界限也不敢越过。所以,对于学生有关鬼神和生死的问题,只能是"不语"和"未知",将它们束之高阁,存而不论。可以想象,孔子在这个问题上的矛盾和苦衷。

对于神话的这种矛盾态度,不但反映在思想上,而且也反映在他的行动上。

纵观孔子的一生,可以知道,一方面,他是一个勇敢的进取者,为了实现远大理想和抱负,他以百折不挠的毅力与命运相抗争,以致终生栖栖皇皇,席不暇暖,表现出艰苦卓绝、奋发有为的伟大精神。他的那些按照理想标准和道德原则去进行的诸多举动,体现着时代精神和理性光辉。孔子的这种实践进取精神,使他在某种程度上像十八世纪的启蒙思想家一样,"一切思想都立刻转化为行动,一切行动都从属于一般的原理和依照理论标准而下的判断"(同上)。另一方面,他又是一个相信"天启"和命有定数的人。例如,他的某些实践活动,除了现实的目的之外,还带有强烈宗教特征的目的,如实践仁德以知命①,这种富于神秘色彩的道德实践,与他所主张的"天生德于予"(《论语·述而》)即道德根源在上天的观点完全一致。特别是当他在现实斗争中遭到打击和挫折时,宗教观念更容易膨胀,甚至压倒理性精神,成为主宰心灵的力量。这时他常常想到天,寻求上天的保佑和最后的寄托。在看到自己的理想无从实现时,他曾说过:"凤鸟不至,河不出图,吾已矣夫!"(《论语·子罕》)又鲁哀公十四年"孔子因《鲁史记》作《春秋》……西狩获麟,孔子伤周道之不兴,感嘉瑞之无应,遂以此绝笔焉"(《孔子编年》卷五)。这种以物象作为凶吉征兆,推究神意的数术,是以对于超自然的神奇力量的崇拜为观念基础,同时伴随着很多相应的神话传说②。可见,尽管孔子"不语怪、力、乱、神",在思想上对神

---

①　详拙作《信仰的开禁　观念的解放——孔子天命观新说》
②　参阅拙著《兴的源起》第一章,中国社会科学出版社,1987 年出版。

话采取了回避的态度,但在实际行动上有时恰好相反,不但肯定了它们,而且把它们与实际生活结合起来,用以指导自己的行动。这种听之于命的消极被动行为与前边说的那种积极进取,奋力抗争的精神风貌相比,判若两人。行动上的相互背离,与思想观念上的矛盾冲突完全一致。这充分说明,孔子关于神话思想观点的内在矛盾是多么深刻和尖锐!

孔子神话思想的这种状况,归根到底是时代理性精神与传统宗教观念激烈冲突的结果,同时也是多神信仰向一神信仰转化的必然反映。孔子对于至上神的信仰已经初步建立起来,但多神信仰尚未彻底消失,宗教形态过渡阶段的复杂状态在孔子身上表现十分突出。像这样具体地展示一位古代伟大思想家的信仰转化过程的状况,在宗教思想史上并不多见,这充分显示了研究孔子神话思想的巨大价值。

(原刊于《中州学刊》1996 年第 1 期)

赵沛霖(1938—　),天津社会科学院研究员,著有《兴的起源》等著作。

关于孔子的神话思想研究论著较少。本文作者提出,尽管孔子"不语怪、力、乱、神",在思想上对神话采取了回避的态度,但在实际行动上对之进行了肯定,并用以指导自己的行动。孔子的神话思想具有深刻的内在矛盾,其原因在于时代理性精神与传统宗教观念的激烈冲突,同时也是多神信仰向一神信仰转化的必然反映。

儒家思想与中国文艺的现实主义

朱恩彬

高尔基在论及世界文学史现象时说:"在文学上,主要的'潮流'或流派共有两个:这就是浪漫主义和现实主义。"(《谈谈我怎样学习写作》)中国古代文学艺术史上,虽然未出现过这样的口号,但就其总的创作精神来讲,大体亦如此。不过,中国古代现实主义与浪漫主义的产生与发展,与西方相比,有它自己的特色。因为它们的产生与发展,不仅根源于文艺与现实生活的关系,而且与整个中国文化思想史的关系极其密切。

中国古代思想史上,起主导作用的思想是儒家与道家。这两派思想对中国文艺创作原则的形成与发展,起着不同的作用。我们是否可以大体作这样论断:儒家是文艺现实主义精神的启迪者和推动者,道家是浪漫主义的源头。

下边我们只就儒家思想与中国古代文艺的现实主义的关系,发表一点意见。

"入世精神"与"参与意识"

现实主义本身就是一个发展体系,不可能有一个固定不变的模式,从古代的现实主义文艺形态到现代的现实主义文艺形态,是一个漫长的发展过程。其内容是不断变化的,其表现形式是复杂的、多元的。十九世纪以前西方的现实主义作品与现代派中所谓的心理的现实主义,黑色幽默、荒诞派的现实主义,魔幻现实主义,后现实主义等等,有着鲜明的区别。前者重在描写客观现实生活的真实;而后者,总的来说其倾向是向内转,转向侧重表现人的内心生活的真实。前者重艺术形象描写的客观真实性;后者则往往为了表现内在思想情感而有意识地打碎现实外在形式,重新组合成一个非现实的形象。但是,不管如何,有一点是共通的:即重现实(内在与外在的)的创作精神。十九世纪以前的现实主义,我姑且称之为古典的现实主义,它要求作家"对于人和人的生活环境作真实的、不加粉饰的描写"(高尔基语),也就是要紧密地结合人生,不回避现实生活的矛盾和斗争,敢于赞颂美和揭示丑恶。

如果说,西方的现实主义思想的最早源头出自古希腊亚里斯多德,到了十九世纪又受到实证主义的影响。那么,中国古典现实主义则是植根于孔子的思想及其儒家学派。

儒家与道家两派,产生和形成于春秋战国时代。这个时代,旧的奴隶制周代这个大帝国趋于分崩离析,战争频繁,社会处于大动荡中,社会异化现象严重,矛盾极其尖锐。面对着这样的社会和人生的现实,儒、道两家采取完全不同的态度。

道家把社会的混乱与异化,归罪于社会物质和精神文明的进步。故老子主张"绝圣弃智"、"绝巧弃利"。庄子认为:"绝圣弃知,大盗乃止;摘玉毁珠,小盗不起;焚符破玺,而民朴鄙;掊斗折衡,而民不争。"故他主张"灭文章,散五采,胶离朱之目","擢工倕之指"(《庄子·胠箧》),让人回到那人类太初的混沌状态中去。这实际上是要把社会的人还原为自然人,在冥冥的"道"中消除人与自然的对立,消除社会的异化,从而在精神上获得一种"超越"与"自由",进入那种"遗世而独立"的境界。这种所谓的"超越"与"自由",实质上是对社会斗争与矛盾的一种逃遁,是"出世"。

儒家则截然相反,积极"参与"社会的变化,采取"入世"态度。孔子一生,始终是面向现实、面向人生的。"子不语怪、力、乱、神。"(《论语·述而》)春秋时代,新兴的富有实力的奴隶主阶层力图推倒氏族贵族的"礼制",以君主集权专制来替代氏族贵族的民主。他们实行残酷的兼并战争,赤裸裸肯定压迫和剥削。面对着这种"礼坏乐崩"的状况,孔子奔走于各国之间,宣传"仁学",要各国国君以"仁"治天下,幻想恢复远古那种剥削较轻的温和的氏族血缘的统治体制。

儒家这种"入世"精神,首先启迪了后世文艺家面向社会现实,广泛、深入地接触社会,把文艺看作是参与社会生活的手段,认为社会生活是文艺的源头。《易经》系辞谓卦象之作,起于"仰则观象于天,俯则观法于地,观鸟兽之文,与地之宜。"就是说,易象起于大自然的启示,以它来概括自然的变化,及其对社会生活变化的认识。《礼记·乐记》是先秦儒家音乐理论的汇编。论及了音乐与现实生活的关系:"凡音之起,由人心生也,人心之动,物使之然也。感于物而动,故形于声。""夫民有血气心知之性,而无哀乐喜怒之常;应感起物而动,然后心术形焉。"人本有产生思想情感的能力,但是哀乐喜怒情感的变化,则是由客观外物所引起的,音乐就是这种心、物应感交流的产物。艺术家如果不深入到现实生活中去,没有生活的激发,其思想情感也只是一种潜在的能力,没有确定的内容,无法产生什么艺术品。汉刘安编著的《淮南子》,是一部"兼儒墨,合名法"(《汉书·艺文志》)的著作,在论及心、物关系时,坚持的也是儒说,《俶真训》篇说:"且人之情,耳目应感动,心志知忧乐,手足之挃疾痒,辟寒暑,所以与物接也。……今万物之来,擢拔吾性,攓取吾情,有若泉源,虽欲勿禀,其可得邪?"作者正是从心物的关系上,说明万物是激发思想情感产生的源泉。刘勰说得更简洁:"人禀七情,应物斯感。感物吟志,莫非自然。"(《文心雕龙·明诗》)

钟嵘在《诗品》中亦说:"气之动物,物之感人,故摇荡性情,形诸舞咏。"《诗经》中不少篇章描写到自然景物,但多为比兴。魏晋南北朝五言诗勃起,春花秋月,往往成为诗歌的重要内容,但抒发的依然是社会之情。白居易论及《诗经》内容时说明了这个道理:"大凡人之感于事,则必动于情,然后兴于嗟叹,发于吟咏,而形于歌诗矣。故闻《蓼萧》之诗,则知泽及四海也;闻《华黍》之咏,则知时和岁丰也;闻《北风》之言,则知威虐及人也;闻《硕鼠》之刺,则知重敛于下也;闻'广袖高髻'之谣,则知风俗之奢荡也;闻'谁其获者妇与姑'之言,则知征役之废业也。"(《策林》六十九》)说明《诗经》中的这些诗歌,都是人民情绪的一种反映,自然景物只是表现的一种手段。

正因为如此,所以我国古代许多倾向于现实主义的文艺家,都非常注重对生活的直接投入,不满足于道听途说,或一知半解。司马迁作《史记》,年方二十,就实地考查古代历代遗迹,南游江淮,上会稽,探禹穴,窥九疑,浮沅湘,北涉汶泗,讲业于齐鲁之郊,过梁楚,西使巴蜀,足迹遍及中国,了解了诸多风俗民情,为《史记》的创作打下坚实的基础。杜甫不经历天宝之乱,没有那种痛苦的经历,就不可能产生《三吏》、《三别》这样现实主义的诗歌。唐人画家韩干,以画马名于世,唐明皇曾下令要他"师陈闳画马,帝怪其不同,因诘之。奏云:'臣自有师,陛下内厩之马,皆臣之师也!'上甚异之。其后,果能状飞黄之质,图喷玉之奇。"(朱景玄《唐朝名画录》)可见,韩干马画得形神兼备,乃得力于他对御厩马群的直接观察与体验。苏辙在《上枢密韩太尉书》中直接论述了投入社会生活的重要意义:"百氏之书,虽无所不读,然皆古人之陈迹,不足以激发其志气。恐遂汩没,故决然舍去,求天下奇闻壮观,以知天地之广大。过秦、汉之故都,恣观终南、嵩、华之高,北顾黄河之奔流,慨然想见古之豪杰。至京师,仰观天子宫阙之壮,与仓廪府库、城池苑囿之富且大也,而后知天下之巨丽。"壮丽的山河,宏伟的帝都,不仅扩大了他的视野,而且激发了他的创作豪情。陆游在示子诗中反复教导他的儿子:"汝果欲学诗,工夫在诗外"(《示子遹》),"纸上得来终觉浅,绝知此事要躬行。"(《冬夜读书示子聿》)杨万里说:"闭门觅句非诗法,只是征行自有诗。"《下横山滩头望金华山》)金人元好问在《论诗三十首》也说:"眼处心生句自神,暗中摸索总非真。"非眼见,难来神来之笔。清人王夫之断然指出:"身之所历,目之所见,是铁门限"(《姜斋诗话》卷二)。所谓"铁门限"者,即铁的规律也。就是说,一个文艺家要写出优秀作品,就必须广泛地投入社会实践,阅历愈丰富,对社会生活的理解愈透彻,就愈可能深刻揭示社会生活的真相。清人张问陶说得好:"写出此身真阅历,强于饾饤古人书。"(《论诗十二句》)《红楼梦》之所以不落旧套,就是因为作者自幼就置身于那种温柔富贵之乡,所写之事也多是"亲睹亲闻的"。

儒家所谓的"参与意识",主要的是参与社会的政治生活。孔子是倡导"仁"道的,而孔子的"仁学"思想体系具有双重性。它一方面以"仁"释"礼",把奴隶制的等级制涂上了氏族血缘关系的色彩,使旧的"礼制"情感化、内在化,为周代的礼制寻找继续存在的合理性与内在依据,表现出它的保守性;另一方面它又保存了原始氏族的民主性与人民性。使儒家的"仁"学充满着一种人道精神。故"樊迟问仁。子曰:'爱人。'"(《论语·颜渊》)子路问孔子之志,子曰:"老者安之,朋友信之,少者怀之。"(《论语·公冶长》)孔子家马厩失火,"子退朝,曰:'伤人乎?'不问马。"(《论语·乡党》)在奴隶尚不被看作人的社会里,孔子这样关心人、爱护人的思想是极其可贵的。也正是从这种"仁"道出发,他提出:要"节用而爱人,使民以时"(《论语·学而》),主张爱惜人力,不误农时;反对涂炭生灵。季康子问政于孔子,孔子说:"子为政,焉用杀? 子欲善而民善矣"

（《论语·颜渊》）。倡导"为政以德"。后来孟轲发挥了孔子思想,讲"仁、义",对苛政、暴政展开了激烈的批判。认为统治者"庖有肥肉,厩有肥马",而"民有饥色,野有饿莩",此则是"率兽而食人也"。主张对百姓"省刑罚,薄税敛",让他们能"深耕易耨"。当梁襄王问他谁能统一天下,"对曰:'不嗜杀人者能一之。'""如有不嗜杀人者,则天下之民皆引领而望之矣。"(以上均见《孟子·梁惠王上》)孔子这种"仁学"思想的双重性,对中国古典的现实主义文艺的影响,突出的体现在对文艺任务的要求上。

孔子曾把文艺的社会功能概括为四个字:兴、观、群、怨。这四个字确实具有极高的概括力,几千年来一直为中国古典现实主义作家所尊奉。仔细分析一下,主要包含着这样两个方面含义。

一是要求文艺有益于统治阶级维护与巩固政权。文艺可以帮助上层统治者"观风俗之盛衰","考见政治之得失"。文艺反映了社会现实的生活,统治者就可以借此去了解民情和其政治在社会上的反响,从而坚持或调节其政策。汉儒则把文艺的功能归结为"美刺"。《诗谱序》云:"上以风化下,下以风刺上","颂者,美盛德之形容,以其成功告于神明者也。"郑玄说:"论功颂德,所以将顺其美;刺过讥失,所以匡救其恶。"(《诗谱序》)白居易认为诗歌的作用,就在于它能"补察时政"和"泄导人情"。他说:"古之为文者,上以纽王教,系国风;下以存炯戒,通讽谕。故惩劝善恶之柄,执于文士褒贬之际焉;补察得失之端,操于诗人美刺之间焉。"如果"褒贬之文无核实,则惩劝之道缺矣;美刺之诗不稽政,则补察之义废矣。"(《策林》六十八)诗文皆因时而发,非哗众取宠。皮日休认为:"碑、铭、赞、颂、论、议、书、序,皆上剥远非,下补近失,非空言也。"(《文薮序》)元人姚燧在《郭野斋诗集序》说了同样的道理:"子曰,诗可兴可怨。今之诗虽不得方《三百篇》,可以考知国风与王政之小大,要亦由于吟咏性情,有关美恶风刺而发,非徒作也。"可见,

"怨"与"刺政"乃是出于统治阶级政治的需要。

　　二是反映人民的疾苦。这是中国古典现实主义的最可贵、最重要的方面。战争与暴政都给人民带来无限的痛苦。司马迁在《史记·酷吏列传》中描写官吏残酷地压迫与剥削,迫使人民起而反抗,承认了"官逼民反"的合理性。曹操是位杰出的政治家和建安文学的开创者。他目见汉末各路军阀相互混战,自相残杀,给人民带来了沉重的灾难。在诗歌《蒿里行》中揭示当时的惨状道:"铠甲生虮虱,万姓以死亡。白骨露于野,千里无鸡鸣。生民百遗一,念之断人肠。"至于伟大的现实主义诗人杜甫与白居易那些反映人民疾苦的诗歌,更是妇孺皆知。柳宗元在《捕蛇者说》一文里无情地鞭笞了官僚阶层残酷剥削人民的事实,形象地说明了"苛政猛于虎也","赋敛之毒,有甚是蛇"。陆游对整个统治阶级对农民的压榨,作了这样的概括:"有司或苛取,兼并亦豪夺;正如横江网,一举孰能脱!"(《书叹》)"常年征科烦箠楚,县家血湿庭前土。"(《秋赛》)至于像关汉卿的《窦娥冤》,施耐庵的《水浒传》,对人民的痛苦就不仅是同情,而是一种愤怒的呼号和反抗了。白居易所谓的"为民"、"为事"而作,即此之谓也。中国古典现实主义文艺家,都充满着忧患意识与时代的使命感。杜甫从自己的茅屋为秋风所破,想到的是"安得广厦千万间,大庇天下寒士俱欢颜"。陆游至死不忘国家的统一,在《示儿》诗中要他儿子等到"王师北定中原日,家祭无忘告乃翁"。范仲淹的"先天下之忧而忧,后天下之乐而乐"一语是对关心现实,关心国家与人民命运的中国无数伟大文艺家心态的准确概括。他们真是"进亦忧,退亦忧","居庙堂之高,则忧其民;处江湖之远,则忧其君。"(以上见《岳阳楼记》)明末爱国诗人陈子龙在哀悼殉国烈士的诗中呼出:"不信有天常似醉,最怜无地可埋忧。"(《秋日杂感》)在民族危亡的时刻,他们甚至不惜牺牲自己的生命。南宋文天祥在被元人所俘之后,唱出了"人生自古谁无死,留取丹心照汗青。"(《过零丁洋》)"以身殉道不苟生,道在光明照千古"(《言志》)这些光辉的诗句,都表现出在敌人面前那种宁死不屈的精神。孔子曾再三强调"为仁由己"(《论语·颜渊》),"当仁,不让于师。"(《论语·卫灵公》)孟子认为一个高尚的人,应该做到"富贵不能淫,贫贱不能移,威武不能屈"(《孟子·滕文公下》)。人应有一种殉道精神:"天下有道,以道殉身;天下无道,以身殉道。"(《孟子·尽心上》)他说:"生,亦我所欲也;义,亦我所欲也。二者不可得兼,舍生而取义者也。"(《孟子·告子上》)像杜甫、陆游、文天祥、陈子龙那样一些杰出的现实主义诗人的诗篇,正是在孔、孟这种忧国忧民、义无反顾精神的光照下谱写成的。

但是,儒家文艺的现实精神还是有很大局限性的。虽然他们有时也认为暴君可诛之,特别是孟轲。他至齐国,齐宣王问之"汤放桀,武王伐纣,有诸?'孟子对曰:'于传有之。'曰:'臣弑其君可乎?'曰:'贼仁者,谓之贼;贼义者,谓之残。残贼之人,谓之一夫。闻诛一夫纣矣,未闻弑君也。'"(《孟子·梁惠王下》)他又说:"民为贵,社稷次之,君为轻。"(《孟子·尽心下》)而从总体上来说,儒家"忠君"思想却是根深蒂固的。孔子曰:"君使臣以礼,臣事君以忠"《论语·八佾》)。后来朱熹注曰:"事君不患其无礼,患忠之不足"。历代统治者又有意识地把儒家的"忠君"思想抬到绝对的地位,倡导"愚忠",使孟子那点"不敬"之心也没有了。一些儒者,由"畏大人"发展成为"大人讳"。那就是要人们对君主与上层统治者绝对服从,不能直言其过,更不能无情地揭露其罪恶,鞭挞其丑行了。

《毛诗序》是汉代总结先秦儒家诗论最系统的一篇论著。在论及"风"的作用时,虽然提到"下以风刺上",但接着就说:应"主文而谲谏"。就是"主于文辞而托之以谏"(朱熹语),也就是不直言统治者的"过"失,而要通过文辞去委婉含蓄地劝谏。否则,就有失儒家"温柔敦厚"的诗旨,对于皇上更不能直言其罪过。历史上许多现实主义作家,往往把"为民"与"忠君"看成是一致的,看不见或抹杀其对抗性。杜甫在《自京赴奉先县咏怀五百字》诗中,表明了他"穷年忧黎元"的心情,也揭露了统治者残酷剥削人民和奢华、腐败的生活,但紧接着就为最高统治者唐玄宗辩护,说"圣人筐篚恩,实欲邦国活",自己是"生逢尧舜君,不忍便永诀","葵藿向太阳,物性固难夺"。白居易说:"惟歌生民病",是"愿得天子知"。文天祥在《指南录》里也表白:"臣心一片磁针石,不指南方不肯休"。"反贪官不反皇帝",几乎成为中国古典现实主义文艺的共同特征。这种"忠君"思想,使他们难以从根本上揭露社会罪恶的根源——封建专制制度。"皇帝"是这个制度的最高代表,是这个产生罪恶的制度的最坚定的维护者。"忠君"思想,妨碍了中国古典现实主义文艺的深化,使他们往往止于对社会不公平现象的道德义愤,而不去探索铲除产生这些罪恶的根源,缺乏一种执着的追求真理的精神。

情为理约、意与景谐

　　情感在艺术创作中占有极重要的地位。它既是艺术创作的内驱力,又是艺术的重要要素,贯穿于艺术思维和创作活动的全过程,并渗透于艺术形象之中。现实主义与浪漫主义作品在情感表现的方式上是各有特点的。马克思、恩格斯在《致斐迪南·拉萨尔》及恩格斯《致敏·考茨基》、《致玛·哈克奈斯》的信中,论及文艺的现实主义时一再表示,反对作家赤裸裸地在作品中"公开表明"自己的"立场",反对文艺创作的"席勒化",把"个人变成时代精神的单纯的传声筒"。认为作家的思想情感倾向"应当从场面和情节中自然而然流露出来,而不应当特别把它指点出来",甚至说在作品中"作者的见解愈隐蔽,对艺术作品来说就愈好"。这些都清楚地说明,现实主义作品不像浪漫主义偏重于抒发自己的理想,情感奔放而强烈,用黑格尔的话来说,是内容溢出了形式。现实主义作品主体的思想情感则是浸沉在客观的描写中,情感的表现显得冷静和理智些。中国古代现实主义文艺在情感表现上,与西方有相似之处,但却带上了自己明显的特点——"中庸"色彩。

"中庸",在孔子那儿,不仅是一种处世哲学,而且是一种方法论,具有处理一切问题的意义。朱熹在《中庸》注中释:"中者,不偏不倚,无过不及之名;庸,平常也。"又曰:"以性情言之,则曰中和;以德行言之,则曰中庸是也。然中庸之中,实兼中和之义。""喜怒哀乐,情也。其未发,则性也。无所偏倚,故谓之中。发皆中节,情之正也。无所乖戾,故谓之和。"《中庸》云:"中也者,天下之大本也。和也者,天下之达道也。"朱熹接着注曰:"大本者,天命之性,天下之理皆由此出,道之体也;达道者,循性之谓,天下古今之所共由,道之用也。"既然"中庸"、"中和"是"天下之理"的总根源,是"天下古今之所共由",故它也是儒家美学思想之根由。它对中国古代文艺现实主义的形成的影响非常明显,集中地表现在对情和理、情和景、主观与客观关系的处理上。

首先谈谈情和理的关系。

许多学者在比较中国和西方诗学的不同时,认为中国诗论重在"表现",西方诗论重在"再现"。从整体上来说是有道理的。因为从中国文学发展史上看,中国古代诗歌抒情诗是主体,叙事诗不发达。从文论史上看,"言志"说在中国雄霸了几千年。《毛诗序》发挥"言志"说的思想:"诗者,志之所之也,在心为志,发言为诗。情动于中而形于言,言之不足故嗟叹之,嗟叹之不足故咏歌之,咏歌之不足,不知手之舞之,足之蹈之也。"故唐人孔颖达认为"情志一也"。后来"诗吟咏性情"之说,成了诗论家的共识。陆机在《文赋》中提出了"诗缘情"说,刘勰认为"情者,文之经;辞者,理之纬。"主张"为情而造文"(《文心雕龙·情采》)。钟嵘说:"至乎吟咏情性,亦何贵于用事?"(《诗品》)隋人王通说:"诗者民之情性也。"(《中说·关朗篇》)白居易曰:"诗者:根情、苗言、华声、实义。"(《与元九书》)宋人张戒在《岁寒堂诗话》中则激烈地反对诗人"专意于咏物",说"然诗者,志之所之也,情动于中而形于言,岂专意于咏物哉? 子建'明月照高楼,流光正徘徊',本以言妇人清夜独居愁思之切,非以咏月也;而后人咏月之句,虽极其工巧,终莫能及","言志乃诗人之本意,咏物特诗人之余事"。严羽亦然,也说:"诗者,吟咏情性也"(《沧浪诗话·诗辨》),并从这一点出发,反对"以文字为诗,以才学为诗,以议论为诗"和"多务使事",指斥江西派诗人倡导"用字必有来历,押韵必有出处"(同上)。李梦阳是明代复古主义的倡导者,曾被人讥笑其诗文为"模拟剽窃,得史迁、少陵之似而失其真"(《明史·文苑传》)。就是这样的人,晚年也觉悟到自己早年理论和创作的失误,甚至面对自己的作品"惧且惭",谓其诗"非真也",只是"文人学子韵言耳,出之情寡而工之词多者也",从而发出"今真诗乃在民间"之叹(以上见《诗集自序》)。民间之诗的"真"就真在是情之自然流露。清人叶燮说:"诗是心声,不可违心而出,亦不能违心而出。功名之士,决不能为泉石淡泊之音;轻浮之子,必不能为敦庞大雅之响。"(《原诗》)"不可违心"、"亦不能违心",就是因为诗必出自真情,来不得半点虚假,无病呻吟,终为赝品,为人所厌。

在中国儒道两家论诗都重情,但两者的实指是迥然不同的。道家强调真情,却主张"率性而行","任其自然",是要超越和摆脱一切世俗礼教的束缚,就如嵇康所说:"越名教而任自然",在行为表现上则是"任情",或趋向"纵情",嵇康、李白堪称代表。儒家亦云"率性",《中庸》云:"天命之谓性,率性之谓道。"朱熹注曰:"命,犹令也;性,即理也。"这个"理",在孔子为"仁",孟子则为"仁义",宋代理学家则为"五常"或称"五伦",即封建礼教所规定的君臣、父子、兄弟、夫妇、朋友五种关系的原则。显然,儒家所谓"情性",其自身就偏于道德伦理的理智的感情。《毛诗序》论诗则曰:"发乎情,止乎礼义。"儒家诗教即为"温柔敦厚"。因此,在儒家思想影响下的现实主义文艺的情感,自然就趋于理智的、严肃的、冷静的,符合中庸、中和之道。孔子论《诗经》,则曰:"《关雎》乐而不淫,哀而不伤。"(《论语·八佾》)就是说诗歌表达的感情应适度、适中,符合中道,像《中庸》所言:"君子而时中。"《毛诗序》认为诗应"主文而谲谏",批评统治者应委婉含蓄。魏晋时的阮籍,颇受老庄影响,任性不羁,蔑视礼法。就连这样的诗人,在论及文艺时,也认为诗歌表现性感应符合"中和"原则。他说:"歌咏诗曲,将以宣和平、著不逮也","先王之为乐也,将以定万物之情,一天下之意也。故使其声平,其容和;下不思上之声,君不欲臣之色;上下不争而忠义成。"(《论乐》)这显然是说歌诗所吟咏的性情,必须符合儒家"中和"之道,否则就不利于社会上下尊卑秩序的稳定。基于这种"中和"思想,孔子才反对"郑卫之音",谓"郑声淫",认为郑声太放荡,越出"中和"之道。后世许多文艺思想偏于保守的文艺家,都强调儒家"诗教",反对"叫嚣怒张"。黄庭坚在《书王知载朐山杂咏后》说:"诗者,人之情性也。非强谏争于廷,怨忿诟于道,怒邻骂座之为也",认为"强谏争于廷"、"怒邻骂座"皆有"失诗之旨"。韩昌黎提出的"不平则鸣"说,就遭到了清人的讥讽。纪昀在《月山诗集序》说:"要当以不涉怨尤之怀,不伤忠孝之旨为诗之正轨。昌黎送孟东野序称'不得其平则鸣',乃一时有激之言,非笃论也。""怒邻骂座",往往失之含蓄;"不平则鸣",则易于失之强烈。在正统的儒者看来,乃是"非中和"之音了。感情失去了理智的控制,则会走入邪门。

儒家这种以理约情的思想,从好的一方面说,它防止了中国文艺走向非理性主义;从不好的一方面说,它把中国文艺圈在儒家道德伦理的栅栏内,显示出对人性的冷漠,阻碍了中国现实主义作家对人性的探索。

第二,关于情和景、主观与客观的关系。

任何文艺都是主体思想情感和客体社会生活的统一。古典现实主义和浪漫主义当然也都如此。只是各有偏重而已。后者偏重表现主体的理想和激情,如屈原的《离骚》、李白的《将进酒》和《梦游天姥吟留别》;前者则偏重于再现客观的社会生活,情融于事物之中,从被描写的事物透射出来,如杜甫的《兵车行》《石壕吏》,白居易的《卖炭翁》《琵琶行》。在元明之前,我国文艺主体是诗歌,而且主要是抒情诗,因此文艺中主观与客观的关系又集中地表现在情和景的关系上。

在抒情诗中情与景大致是这样的:一些极富浪漫主义色彩的作品,由于感情如火烈、如泉喷,一发而不可遏,而且其想象奇异,可以因情而随意变幻,往往是意溢于景,不注意现实形象的外在真实性,重在抒发内在理想,用我们传统的说法叫"离形得似"。如李白诗:"君不见黄河之水天上来,奔流到海不复回。君不见高堂明镜悲白发,朝如青丝暮成雪。"(《将进酒》)黑格尔说:"浪漫型艺术又把理念与现实的完满的统一破坏了,在较高的阶段上回到象征型艺术所没有克服的理念与现实的差异和对立。"(《美学》第一卷第99页)人生易老,但不可能是"朝如青丝暮成雪",而作为作者内在情感的强烈感受来说,则是真实的。中国古典现实主义作品,乃是属于黑格尔所说的古典型艺术型的。黑格尔认为古典型艺术,"它把理念自由地妥当地体现于在本质上就特别适合这理念的形象,因此理念就可以和形象形成自由而完满的协调"(同上第97页)。他这一思想与中国儒家的"中和"思想是非常契合的。中国古代文论在许多地方就是以这种"中和"思想来处理、论述主体与客观、情和景的关系的。

一是强调主客统一、情景和谐

近代王国维在《文学小言》里认为情与景是诗的基本元素:"文学中有二原质焉:曰景,曰情。前者以描写自然及人生之事实为主,后者则吾人对此种事实之精神的态度也。故前者客观的,后者主观的也;前者知识的,后者感情的也。……要之,文学者,不外知识与感情交代之结果而已。"这里所谓的"知识"与"感情交代",也就是主观与客观统一,情景交融之谓也。

在创作上追求"情景交融",并在理论上提出它,始于唐代。作品如杜甫《绝句四首》之一:"两个黄鹂鸣翠柳,一行白鹭上青天。窗含西岭千秋雪,门泊东吴万里船。"写的是杜甫成都草堂窗外的景色,但其中浸透着作者欣快的心情和宽阔的胸怀。句句是景,字字是情。情景融而为一。这样情景交融的作品,在唐诗俯拾即是。从资料上看,最早从理论上提出的是诗人王昌龄,他在《诗格》中说:"诗一向言意,则不清及无味;一向言景,亦无味。事须景与意相兼始好。"什么叫"不清及无味"呢? 欧阳修在《六一诗话》中转引梅尧臣的话可作注脚:"圣俞尝语余曰:'诗家虽率意,而造语亦难。若意新语工,得前人所未道者,斯为善也。必能状难写之景,如在目前,含不尽之意,见于言外,然后为至矣。'""能状难写之景,如在目前",就是"清",反之谓"不清";"含不尽之意",谓之"有味",反之则是"无味"。这"情"、"意"兼好,才是最好的作品。近代王国维论词时,提出了"隔"与"不隔"之说,他认为词作能做到"语语都在目前,便是不隔;至云'谢家池上,江淹浦畔'则隔矣。"这"隔"则是"不清",即景象写得不鲜明、具体、生动和平易耳。

所谓"兼好",也就是要求情意与景能够"交融"。怎样算作"交融"? 宋以后许多文艺家都作了阐发。姜夔曰:"意中有景,景中有意"(《白石诗说》),能"融情景于一家,会句意于两得。"(见《花庵词选》转引姜夔论史达祖词云)范晞文在《对床夜语》中从发生学的角度说:"景无情不发,情无景不生""情景相触而莫分"。谢榛作了创造性发挥:"作诗本乎情景,孤不自成,两不相背。……景乃诗之媒,情乃诗之胚,合而为诗","情景相触而成诗,此作家之常也。"(《四溟诗话》)都穆认为"作诗必情与景会,景与情合,始可与言诗矣。"(《南濠诗话》)作诗时,须"情景相触",这景必是含情的景,这情必是带景的情,两者相合而成诗。故清人王夫之则曰:"情、景名为二,而实不可离。神于诗者,妙合无垠。""情景虽有在心在物之分,而景生情,情生景,哀乐之触,荣悴之迎,互藏其宅。"(《姜斋诗话》)情与景和谐、统一,主体的情因景而生并通过客观的景来表现,客体的景成了主体情的一种形式和手段。情景交融实乃是创作中主体与客体、虚与实的统一。

二是情景适度

和谐和适度的紧密相连的。不"适度"就难以谈和谐。所谓"适度",就是儒家所说的无过无不及,恰到好处。孔子说:"过犹不及。"(《论语·先进》)"过"与"不及",都做不到"适度"。在文艺创作中要把握好"度"是不易的。谢榛在论写景、写情的难易时说:"诗中比兴固多,情景各有难易。若江湖游宦羁旅,会晤舟中,其飞扬辗轲,老少悲欢,感时话旧,靡不慨然言情,近于议论,把握住则不失唐体,否则流于宋调,此写情难于景也,中唐人渐有之。冬夜园亭具樽俎,延社中词流,时庭雪皓目,梅月向人,清景可爱,模写似易,如各赋一联,拟摩诘有声之画,其不雷同而超绝者,谅不多见,此点景难于情也。"(《四溟诗话》卷二)满腹悲欢,如不能融情入景,使情物化,"慨然言情",就会"近于议论",失之唐体;眼前有景,清新可爱,如景尚不能与作家特有的情相遇,景无情入,只停留在外在的模写上,就易于雷同。"雷同"乃诗家之大病。情为虚,景为实,过虚、过实都不是恰到好处。"景多则堆垛,情多则暗弱。""景实太无趣","景虚而有味"(同上)。景多太实而缺乏情味,则不能引起人们丰富的联想和想象,景则是一堆缺乏生气的死景;情多而景乏,情缺乏载体则限于抽象,情感也就失去其鲜明性和生动性。

当然,这里所说的"适度",并不是要求情与景一半对一半。儒家所说的"中庸"、"中和"之"中",并非"中间"之意,乃物之常理也。朱熹说:"盖中无定体,随时而在"(《中庸》注)。情景之间,实有主客之分。清人在这方面作了详尽的发挥。吴乔在《围炉诗话》中说:"夫诗以情为主,景为宾。景物无自生,惟情所化。情哀则景哀,情乐则景乐。唐诗能融景入情,寄情于景,……弘、嘉人依盛唐皮毛以造句者,本自无意,不能融景;况其叙景! 惟欲阔大高远,于情全不相关,如寒夜以板为被,赤身而挂铁甲。"李渔亦说:"词虽不出情景二字,然二字亦分主客。情为主,景是客。说景即是说情,非借物遣怀,即将人喻物。"(《窥词管见·第九则》)情景相适而成诗,但从诗歌本质来说,则"情为主,景为宾",因景生情,而景随情转,为写景而写景,景不关情,则景无灵气,是为下品。情景失去了主宾关系,两不相融,就很难谈什么"适度"了,王夫之谓之"乌合"。

宋人魏泰说:"诗者述事以寄情,事贵详,情贵隐"(《临汉隐居诗话》)。融情入景,情则隐,隐则含蓄而有余味,"如'鸡声茅店月,人迹板桥霜',则羁旅穷愁,想之在目。若曰'野塘春水慢(漫),花坞夕阳迟',则春物融冶,人心和畅,有言不能尽之意"(宋人张耒《评郊岛诗》)。情景交融,融情入景,使情意从景中自然流露出来,乃是中国古典现实主义文艺的一个重要特点。

从"实录"到"逼真"

要求文艺家按照生活的本来面目去描写生活,要求细节的真实,是古典现实主义文艺的一个重要原则。中国古代的现实主义作品当然也蕴含着这种精神。但是,由于它是在儒家思想影响下形成的,也有自己的特点,经历了一条从"实录"到"逼真"的漫长而艰辛的路程。

中国古典现实主义文艺创作"实录"思想,溯其渊源,应该说首先是儒家的史学精神在文艺创作上的体现。世所共知,《诗经》与《尚书》、《礼记》、《春秋》等等一样,都是被儒家视为经典的。据传说孔子曾删定过《诗经》,它是古代民歌的总汇,非孔子所作。《书经》、《易经》、《礼记》等,乃是儒家门徒们加工整理的,《论语》是孔子弟子对老师言论的记录或回忆。只有《春秋》才真正是孔子的创作。《春秋》是一部史书,是春秋时代历史事实的记载,文字极其简约。当然,历史著作决不是纯客观的,字里行间也渗透着孔子的褒贬。《左传·成公十四年》谓:"《春秋》之称,微而显,志而晦,婉而成章,尽而不汙,惩恶而劝善。非圣人谁能修之?"孟子说:"孔子成《春秋》,而乱臣贼子惧。"(《孟子·滕文公下》)孔子作史的那种严格遵守历史史实的精神,就成了后世儒者著作的楷范。汉代班固提出"实录"写作方法,正是孔子的《春秋》笔法。他在《汉书·司马迁传赞》中说:"然自刘向、扬雄博极群书,皆称迁有良史之才,服其善序事理,辨而不华,质而不俚,其文直,其事核,不虚美,不隐恶,故谓之实录。"显然,这里所说的"实录",就是要求历史著作的记载和描述,都应符合历史事实的真实,好就写成好,坏就写成坏,不能臆造,更不应歪曲了历史的本来面貌。与班固同时代的王充在《论衡·艺增篇》所发表的意见,几乎与班固如出一辙:"世俗所患,患言事增其实,著文垂辞,辞出溢其真,称美过其善,进恶没其罪。"他要文艺作品也应言与事实不违。所不同者,即班固专论史书,而王充论述的是一般的文章,其范围比班固所说的更宽泛了。王充的论述是针对当时颇为盛行的谶纬之说与虚妄不实的文风的,无疑有其积极的意义,但以此来要求文艺作品,就不无偏颇了。

魏晋之后,这种"实录"说从散文波及到诗歌了。晋代诗家左思在其《三都赋序》中谈论自己的创作时说:"余既思摹《二京》而赋《三都》,其山川城邑,则稽之地图;鸟兽草木,则验之方志;风谣歌舞,各附其俗;魁梧长者,莫非其旧。何则?发言为诗者,咏其所志也;升高能赋者,颂其所见也;美物者,贵依其本;赞事者,宜本其实。匪本匪实,览者奚信!"左思认为自己的《三都赋》中所描绘的一山一石、一草一木与风物人情,都是有据可查的,不是妄加敷衍,如果不能真实地表现事物,"匪本匪实",写出来的东西就难以叫人相信。唐代诗人白居易把这种思想作了进一步的发挥。在《新乐府序》中,他极其重视诗歌题材的真实性,认为"其事核而实,使采之者传信也"。他指斥当时一些"褒贬之文无核实",致使"惩劝之道缺",认为这些"虚美"之诗文"若行于时,则诬善恶而惑当代;若传于后,则混真伪而疑将来"(《策林六十八》),其罪大矣!明人王文禄在称誉最杰出的现实主义诗人杜甫时说:"盖杜遭乱,以诗遣兴,不专在诗,所以叙事、点景、论心,各各皆真!诵之如见当时气象,故称史诗。"所谓"不专在诗",是说杜甫重在表现当时离乱的史实,故"叙事、点景、论心"都极为精确,使人读了"如见当时气象",给人以史书式的"实录"之感。

宋代话本专有"讲史"一派,明清演史小说甚多,出现了《三国演义》《隋唐演义》等著作。作统的"实录"思想更为一些文人所推重。蒋大器《三国通俗演义序》认为《三国演义》这部小说,"文不甚深,言不甚俗,事纪其实,亦庶几乎史",不同于史处就在于它对史实"留心损益"。随之林瀚在《隋唐志传通俗演义序》中提出演义小说"非博弈技艺之比",人们不应"以稗官野乘目之",应"以是编为正史之补"。张尚德提出演义小说应"羽翼信史而不违"(《三国志通俗演义引》)。稍后的余象斗、陈继儒也都持此说,强调演义小说"事核而详,语俚而显"(《叙列国传》)。清代毛宗岗的《三国演义》评点对历史小说从理论上作了更深入的探讨,他认为历史小说要以史实为依据,不可凭空臆造,称赞《三国演义》"据实指陈,非属臆造,堪与经史相表里"(见伪托金圣叹的《三国志演义序》)。非常有趣的是光绪时代的张小山作《平金川》,作品并不怎么拘守史实,但惟恐受别人指责,竟用自己祖宗的信誉来担保:"所有事实俱照原本,并无说诳;若有说诳,是我祖宗欺我了。"(《平金川》第一回)可见,儒家的史学"实录"精神对文艺创作和批评影响之大了。

儒家这种"实录"观,从其强调忠实于生活,按生活本来的样子来描写现实,当然是正确的。但是,它却把历史的、生活的事实与艺术的真实混同了起来,这就易于导致反对艺术概括,排斥艺术虚构的必要性与合理性,束缚作家创作的主体性。不过,中国的"实录"观,并未像西方那样,导致文艺上的自然主义。因为儒家文艺重政治伦理的价值观,使它不可能走上那条路,它写什么,不写什么,首先考虑的是是否有益于世。既不纯客观地追求感官的生理快感,也不会去描绘变态心理与遗传基因。

虚构毕竟是艺术创作的规律,没有虚构就很难创造出真正的艺术品。这一点中国古代许多艺术家与批评家都从创作经验中体验到了。比如干宝的《搜神记》本属志怪,而他"信好阴阳术数",相信那些鬼怪神异是实有其事。他编撰《搜神记》的目的就是为了"明神道之不诬"。但是,他也不得不承认有"虚错"之事。清人金圣叹将《水浒传》与《史记》作了个比较:"其实《史记》是以文运事,《水浒》是因文生事。以文运事,是先有事生成如此如此,却要算计出一篇文字来,虽是史公高才,也毕竟是吃苦事。因文生事即不然,只是顺着笔性去,削高补低都由我。"(《读第五才子书法》)这就是说,文学作品的写作,与写史书不同,他在不违背生活逻辑的情况下,可以任作家之意"顺笔性"写去,比较自由,可以虚构,能更多地体现作家的主体性。传奇小说,多为劈空撰出。故何文焕在《历代诗话考索》中说:"文人造语,半属子虚。"蔡元放改写《东周列国志》,没有虚构,有一件说一件,有一句说一句,他说:"连记事实也记不了,哪里还有功夫去添造。"其结果,困难很大,他不得不承认其失败:"《列国志》全是实事,便只得一段一段,各自分说,没处可用补截联络之巧了。所以文字反不如假的好看"(以上均见《东周列国志读法》)。这"补截联络之巧"就是虚构。正因为他在改写中排斥虚构,写出的文字才不"好看"。

当然,虚构本身并不是文学的目的,而是为了更好地塑造艺术形象,以表现作家主体的心灵与客观的社会生活。在这种要求的基础上,古文论中提出"逼真"这个范畴。宋人洪迈在《容斋随笔》中有这样一段话:"江山登临之美,泉石赏玩之然,世间佳境也,观者曰'如画'。故有'江山如画','天开图画即江山','身在画图中'之语。至于丹青之妙,好事君子嗟叹之不足者,则又以逼真目之。"这里所谓的"逼真",就是说图画"有如"、"好像"现实中真的景物一样,但它又不是真的实在的景物,而在似与不似之间。图画虽不是真景物,却画出了山水的真神。明容与堂刻本《李卓吾先生批评忠义水浒传》第一回总评亦云:"水浒传事节都是假的,说来却似逼真,所以为妙。常见近来文集,乃有真事实做假者,真钝汉也,何堪与施耐庵、罗贯中作奴。"所谓"假的",是说这些"事节"都是虚构的。不进行艺术的虚构,只是抄录事实,就会被琐屑的现象掩盖了真象,把"真事"说成了"假"。而艺术的虚构形象,却反而"逼真",更近似生活的真象。

这是为什么呢?

一是因为"虚构"的过程就是艺术概括的过程,也是作家主体对生活洞察力的体现。陆机认为文学作品能"观古今于须臾,抚四海于一瞬"(《文赋》)。刘勰提出文学创作是"以少总多"(《文心雕龙·物色》)。唐人司空图说诗歌写作要能"万取一收"(《诗品》)。明人袁黄在《诗赋》中说,诗人能"游寸心于千古,收八埏于一掬"。

这"总"、"收"就是艺术概括,是通过虚构来完成的。清人李渔在《闲情偶寄·审虚实》一节中则说:"传奇无实,大半皆寓言耳。欲劝人为孝,则举一孝子出名,但有一行可纪,则不必尽有其事,凡属孝亲所应有者,悉取而加之,亦犹纣之不善不如是之甚也。一居下流,天下之恶皆归焉"。"无实"当然是"虚",则是说传奇中的"孝子"与"纣",虽有一名,实则是一个有名的集合体,是概括了的成果。清人哈斯宝《新译红楼梦》第十三回评语云:"写王夫人,逼真勾画出一个疼子心切的母亲。"王夫人虽是贵夫人,但就其"疼子心切"一点来说,她表现的是天下母亲所共有的亲情。

二是现实主义的"虚构",不排斥艺术描写的事节的真实。作品中事节虽然"都是假的",但又要求一切描写得合情合理,符合生活的真实。宋人欧阳修评前人诗句云:"诗人贪求好句,而理有不通,亦语病也。如'袖中谏草朝天去,头上宫花侍宴归',诚为佳句矣,但进谏必以章疏,无直用稿草之理。"(《六一诗话》)进谏以稿草,违背了生活事实,故不可取。当然,诗中所谓的情理,往往是"意中之言,而口不能言;口能言之,而意又不可解。"如"'碧瓦初寒外'句,逐字论之:言乎'外',与内为界也。'初寒'何物,可以内外界乎?将'碧瓦'之外,无'初寒'乎?"这句诗是"写'碧瓦'乎?写'初寒'乎?写近乎?写远乎?使必以理而实诸事以解之",就是最好的辩才,也是说不好的。"然设身而处当时之境会,觉此五字之情景,恍如天造地设,呈于象、感于目、会于心"(《原诗·内篇》)。有些诗句"决不能有其事",如"春风不度玉门关"、"天若有情天亦老"等句,而却"为情至之语"(同上)。这样的诗句依然是合情合理的。因为在文学中有"不可名言之理,不可施见之事,不可径达之情,则幽渺以为理,想象以为事,惝恍以为情"(同上)。至于古典现实主义的小说,更是注重描写的真实性。《水浒传》写一百八个人性格,每个人都如现实中人,"真是一百八样"(金人瑞《读第五才子书法》)。"人有其性情,人有其气质,人有其形状,人有其声口。"(金人瑞《第五才子施耐庵水浒传序三》)《红楼梦》中人物写得活龙活现,人物的一言一行写得十分细腻、真切。比如写黛玉初来贾府,被接进贾母房间,与姑娘们一一相见过,接下与凤姐相见,文中写道:"一语未完,只听后院中有人笑声,说:'我来迟了,不曾迎接远客!'"未见其人,先闻其声。别人在贾母院中都敛声屏气,她却显得放诞无礼。接着写其衣着打扮,写她形状和神态:"一双丹凤三角眼,两弯柳叶掉梢眉,身量苗条,体格风骚:粉面含春威不露,丹唇未启笑先闻。"脂砚斋评曰:"第一笔,阿凤三魂六魄已被作者拘走了,后文焉得不活跃纸上","从来小说中可有写形追象至此者"。曹雪芹在《红楼梦》第一回中批评以前的小说创作公式化的倾向,说所写人物是"千部一腔,千人一面,……更可厌者,'之乎者也',非理即文,大不近情,自相矛盾",而自己写的是"亲见亲闻的几个女子",他是"按迹循踪,不敢稍加穿凿,至失其真。"正因为这样,作品细节描写的准确性、真实性,才使读者惊叹。

　　虚构使艺术形象更具概括性、规律性,同时在具体描写上又赋有细节的真实性,故能做到虚而不泛、实而不拘,虚实结合,走向了"逼真",使形象介于似与不似之间。

　　从"实录"到"逼真",既是对儒家"实录"观的突破,也是对它合乎规律的继续和发展。只是由于儒家思想的束缚,使这个观念变化的路途显得特别漫长、特别艰难。

(原刊于《文艺研究》1996年第3期)

　　朱恩彬,山东师范大学中文系教授,主要研究方向为中国古代文学批评。

　　本文指出儒家思想对中国文艺的影响主要体现在儒家是文艺现实主义精神的启迪者和推动者,也可以说儒家思想是中国现实主义的源头。

20世纪儒学研究大系

论儒家"风骨"的清虚化

韩经太

一、文学"风骨"论与儒家道德风化论的整合意识

文学"风骨"再阐于中唐，是以古文古道之复兴为契机，而又具体地以古文理论和新乐府理论为其阐释形态。韩愈论文，与风化气骨相关者，在"气盛言宜"观，而"雄深雅健"正可概括其自我树立之风范。刘熙载《艺概·文概》曰："昌黎谓柳州文'雄深雅健似司马子长'。观此评，非独可知柳州，并可知昌黎所得于子长处。"又道："《旧唐书·韩愈传》'经诰之指归，迁雄之气格'二语，推韩之意以为言，可谓观其备矣。"柳宗元评韩愈亦云："退之所敬者，司马迁、扬雄。迁与退之，固相上下。若雄者，如《太玄》《法言》及《四愁赋》，退之独未作耳，若作之，加恢奇，至他文过扬雄远甚。"(《答韦珩示韩愈相推以文墨事书》)由上可见，韩、柳互相推重而共同标举"迁雄之气格"，应是不争之事实。这就启示我们，要深入领会其"气盛，则言之短长与声之高下者皆宜"(韩愈：《答李翊书》)的"气盛言宜"观，绝不能忽略了"迁雄之气格"所包孕的丰富内蕴。

司马迁《报任安书》有云："夫人情莫不贪生恶死，念亲戚，顾妻子，至激于义理者不然，乃有不得已也。……古者富贵而名磨灭，不可胜记，唯倜傥非常之人称焉。"在这里，"激于义理"的"义理"，

可从其《史记·屈原传》之"其文约,其辞微,其志洁,其行廉"处去领会,亦可从《史记·太史公自序》之"《诗》《书》隐约者,欲遂其志之思也"处去领会,参照扬雄"或问:君子言则成文,动则成德,何以也?曰:以其弸中而彪外也"(《法言·君子》)之说,同时充分考虑到众所周知的发愤著作之主体精神的确立,最终可知,"迁雄之气格"表现为文章风格固然在于"雄深雅健",而作为此一风格的内在人格支撑,则在"幽而发愤"(班固《汉书·司马迁传赞》)"弸中彪外"——有德者必有言而其言以微言大义寄愤世嫉俗之意。

　　明乎此,方可进而讨论韩愈的"气盛言宜"观。"气盛"这一观念,早在《乐记》中就已出现:"德者,性之端也;乐者,德之华也;……是故情深而文明,气盛而化神,和顺积中,而英华发外,唯乐不可以为伪。"此间思理逻辑,乃是以道德自觉为性情端始,而且以为和顺之气充盈正是德性生情之体现。韩愈之"气盛"观,分明与此相通:"虽然,不可以不养也,行之乎仁义之途,游之乎《诗》《书》之源,无迷其途,无绝其源,终吾身而已矣。"(《答李翊书》)这正是孟子"夫志,气之帅也;气,体之充也""其为气也,配义与道,无是,馁也"(《孟子·公孙丑上》)之意的再阐。但是,韩愈的"气盛言宜"观又有着新发挥的内容和某种集大成的意味。韩愈尝言:"吾常以为孔子之道,大而能博"(《送王秀才序》),又说:"古圣人言通者,盖百行众艺备于身而行之者也"(《通解》)。显然,道之博大和艺之兼通,乃是一体之两面,没有通博,不成其大,没有其大,难成通博。即使只从所谓"百行众艺备于身而行之"来看,也当有养其气而臻于无所不包之境界的意向。值得注意的是,韩愈的"气盛"观,其价值取向完全与汉魏以来的养气观殊途。魏曹丕倡"文以气为主"说,其所言之"气","清浊有体","虽在父兄,不能以遗子弟",显然重在"不可力强而致"的个性自然之体气(《典论·论文》)。后来刘勰《文心雕龙》专有《养气》之论,开篇明其渊源曰:"昔王充著述,制养气之篇,验己而作,岂虚造哉?"而王充《论衡·自纪》曰:"养气自守,适食则酒,闭明塞聪,爱精自保",其旨乃近嵇康之《养生》。刘勰虽就"文心"而言"养气",但旨归亦在"务在节宣,清和其心,调畅其气",特别是"水停而鉴,火静而朗"的赞语,透出了以佛老清虚空静之机为养气之要的核心思想。相形之下,韩愈的养气至盛观,不重自然体气而重人生志气,不主清和而主雄健。其《闵己赋》曰:"昔颜氏之庶几兮,在隐约而平宽。固哲人之细事兮,夫子乃嗟叹其贤。"《与李翱书》再申此志曰:"孔子称颜回'一箪食,一瓢饮,人不堪其忧,回也不改其乐。'彼人者有圣者为之依归,而又有箪食瓢饮足以不死,其不忧而乐也,岂不易哉? 若仆无所依归,无箪食,无瓢饮,无所取资,则饿而死,其不亦难乎?"说自己比颜回还贫困,是绝对信不得的托辞,此间旨趣,是在不取颜子之乐,因为颜子之乐乃"哲人之细事",而在他看来,"孔子之道,大而能博",他显然是要取"哲人之大事"了。哲人之大事又何谓? 韩愈《论语新解》卷上释"温故而知新"曰:"先儒皆谓寻绎文翰,由故及新,此是记问之学,不足为人师也。吾谓'故'者,古之道也,'新'谓己之新意,可以为法。"不言而喻,以古道之新意为法,才是哲人之大事。有志于此者,自不取"隐约而平宽"之气象,而只有"才气壮健,可以兴西汉之文章"(柳宗元:《与杨京兆凭书》)的壮健才气,才足以有"气盛言宜"的效果。不仅如此,以古道之新意为法,实则是以"己之新意"为法,这样一来,必然高扬主体独创之精神,在以"新意"阐释"古道"之际,如同其文辞必陈言务去一样,其义理亦必有自我发挥处。于是,就像当时有陆质一派之"异儒"一样,司马迁那"是非颇缪于圣人"的独造意志,乃将复兴于此时。总之,韩愈的"气盛言宜"观,超越了汉魏以来的体气养生之理而直接与"迁雄之气格"相通,其外在表征为"才气壮健",而内在义理则在以"己之新意"阐发"古道",最终,在舍"哲人之细事"而就"大而能博"之"道"的价值追求中,实现对主体独创之"异儒"风格的高扬。

在中唐兴起的古文古学思潮中,弥漫着韩愈所谓"古道""新意"的精神。这种精神,体现在"异儒"学派身上,诚如赵匡所言:"疏以释经,盖筌蹄耳。明经读书,勤苦已甚,既口问义,又诵疏文,徒竭其精华,习不急之业。而其当代礼法,无不面墙,及临民决事,取办胥吏之口而已。"(《举选议》)可见,以得鱼忘筌的思想方法来解决"当代礼法"之现实课题,正是此一精神的具体内涵。柳宗元因此而提出了作为儒者的基本要求:"得位而以《诗》《礼》《春秋》之道施于事,及于物,思不负孔子之笔舌。能如是,然后可以为儒。"(《送徐从事北游序》)而当时"异儒"学派的主要成就又在《春秋》学。柳宗元以为,陆质、啖助、赵匡诸人"能知圣人之旨,故《春秋》之言及是而光明,使庸人小童,皆可积学以入圣人之道"(《唐故给事中太子侍读陆文通先生墓表》)。积学《春秋》之言,意在奉行孔子笔舌之旨。韩愈曰:"《春秋》书王法,不诛其人身。《尔雅》注虫鱼,定非磊落人。"(《读皇甫湜公安园池诗书其后》)不言而喻,"儒者"之志,就在秉承孔子《春秋》笔法。"腾褒裁贬,万古魂动"(《文心雕龙·史传》),而这种褒贬笔法,又被白居易整合于诗歌美刺之道:"故惩劝善恶之柄,执于文士褒贬之际焉;补察得失之端,操于诗人美刺之间焉。"(《策林六十八》)以褒贬美刺之言辞来实现惩劝善恶、补察得失之目的,这便是柳宗元施事及物精神的具体体现,也即是韩愈不屑于"哲人之细事"精神的具体体现。褒贬美刺,皆须关注于时事,而且是以复兴"先王文理化成之教"的意志来关注于现实,因此,就势必要同时宏扬两种传统:道德风化传统与文学风骨传统。而此二者交合的基本原理,正是韩愈所谓"不平则鸣"。

在传统的理解中,韩愈的"不平则鸣"被认为是对司马迁"发愤之所为作"精神的继承发扬。接着,人们又有所省悟,韩愈意中之"不平",并不限于"忧愁不平气"(苏轼《送参寥师》),而是兼忧乐两端而泛指一切有所激发者而言的。而在我们看来，以上两种认识，又须兼综统合。在这里，有以下要点须加以注意：

首先，"草木之无声，风挠之鸣，水之无声，风荡之鸣，其跃也或激之，其趋也或梗之，其沸也或炙之。金石之无声，或击之鸣。人之于言也亦然，有不得已者而后言，其歌也有思，其哭也有怀。"（《送孟冬野序》）可见，其歌其哭，皆有所激发而不得不言，从而其所提倡者，无疑在于感事感物之有为而作的文学精神。

其次，韩愈历述上古至魏晋有鸣各家，其范围并不囿于儒家道统，然而，当其标举"鸣之善者"和"其善鸣者"时，则又推"载于《诗》《书》六艺""孔子之徒"和"司马迁、相如、扬雄"为典型，不仅如此，其论孟郊之以诗鸣曰："其高出魏晋，不懈而及于古，其他浸淫乎汉氏矣"，可知在善其鸣与鸣之善的理想风范之确立问题上，韩愈是崇古而特标汉代"迁雄之气格"的，是以"才气壮健"为"不平则鸣"的理想风范。

再次，"抑不知天将和其声，而使鸣国家之盛耶，抑将穷饿其身，思愁其心肠，而使自鸣其不幸邪？"这是从天命时运的角度讲，自然期望着以和平之音鸣国家之盛；而其在《荆潭唱和诗序》中，对"德刑之政并勤，爵禄之报两崇，乃能存志乎诗书，寓辞乎咏歌"的充分肯定，更证明了其志存于德政诗文之并盛的精神意向。但是，"和平之音淡薄，而愁思之声要妙""然子厚斥不久，穷不极，虽有出于人，其文学辞章，必不能自力以致必传于后如今，无疑也"（《柳子厚墓志铭》），这又意味着，当其从文学价值的角度出发时，便偏取于穷愁幽愤之所鸣了。

综上所述，"不平则鸣"乃有泛论与独标两层，而其思理所寄，正在于泛论中凸出独标之体。其泛论旨在有所激发而作，感事感物，辅道及时，志在有为，不尚清虚，至其独标之旨，则不仅在穷苦愁思之自鸣不幸，更在壮健其气以勃兴郁发。但必须看到，泛论之旨作为一般原理,恰恰赋予独标之体以普遍价值。柳宗元曰:"大都文以行为本,在先诚其中",而"其归在不出孔子,此其古人贤士所懔懔者"(《报袁君陈秀才避师名书》),韩愈在称扬"有穷者孟郊,受材实雄骜"之际,又强调其"行身践规矩,甘辱耻媚灶。孟轲分邪正,眸子看瞭眊。杳然粹而清,可以镇浮躁"(《荐士》),这就是说,穷愁之思,雄骜之材,须合于儒家道德性情规范,然后才有价值。唯其如此,韩愈才有"建安能者七,卓荦变风操。逶迤抵晋宋,气象日凋耗"(同上)的评说。和唐初陈子昂倡导"汉魏风骨"而包括"建安作者"与"正始之音"相比,中唐韩愈及白居易诸人对建安正始之作的态度带有一定的批判性。这显然是由特定的文化思想背景所造成的。"魏武好法术,而天下贵刑名;魏文慕通达,而天下贱守节"(《晋书·傅玄传》载玄语),因此而越名教以任自然,因此而失拘检以兴任诞,唯才是举的实用观念和世积乱离的慷慨之气,造就的是各骋其才的主体意志,由此最终酝酿出来的建安风骨,诚具有可用以振起柔靡的阳刚之气和救治葩藻之习的兴寄之体,但在中唐以光复儒学古道为己任的韩、白等人看来,分明缺少一种内在的性情风范。其实,若仅着眼于文学风格和作者意气,则中唐诸子所标举者,正与建安风力相符契。曹丕《典论·论文》有云:"应玚和而不壮,刘桢壮而不密","孔璋章表殊健,微为繁富",倘说"才气壮健,可以兴西汉之文章",那么,曹氏之理想风范显然亦"浸淫乎汉氏矣"。至于"慷慨以任气,磊落以使才"(《文心雕龙·时序》)的创作作风,也显然与韩愈的"不平则鸣"相契合。正是在这个意义上,我们才认为,兴于中唐的诗文革新运动,是继陈子昂之后对建安风骨的再次弘扬,只是它又赋予此文学风骨以道德风化的目的论规定,从而使"风骨"本身成为受命于儒家人文意旨的儒家"风骨"。

儒家"风骨",作为文学"风骨"论和儒学风化论之统合精神的体现,除了上述诸项内蕴以外,还有一项常被人们所忽略的因素,那就是对文学主体作为现实教化角色的自觉。且不说韩愈的"每自进而不知愧"(《后二十七日复上书》),那是被朱熹指责为"他当初本只是要讨官职作"(《朱子语类》卷一三七)的,柳宗元的"施于事,及于物",也分明以"得位"为前提。达则兼济,穷则独善,这本是传统之所固有,不必特意强调。但是,通过白居易新乐府创作理论的阐释,那体现儒家"风骨"的褒贬美刺,便不仅是秉道德伦理尺度以兴讽时事的创作原则,也不仅是志士失意而发挥幽郁的表现风格,而是明确地被认定为特定政治体制和政治气候中的特定职务角色的神圣使命和应有义务了。和唐初陈子昂倡导"风骨""兴寄"相比,白居易对褒贬美刺、风雅比兴的倡导,是与"选观风之使,建采诗之官"(《策林六十九·采诗以补察时政》)的古制重演倡议相统一的,而其自作新乐府的创作实践,又是与"身是谏官,月请谏纸"(《与元九书》)的角色自觉相统一的。正是在这个意义上,我们可以说,中唐之际的文学复古革新运动,实则是一场文化政治运动,而政治角色的现实品格,更赋予了"风骨"之主体以强烈的实践理性色彩。

当然,这样一来,儒家"风骨"就具有多层面价值内容相整合的丰富内蕴和复杂结构了。各层面之间看似互不相关,实则义理相交。如白居易那谏官角色自觉式的讽谕精神,与韩、柳所标举的"迁雄之气格",初看去确乎不相关涉,但若深加推求,则会发现,司马迁之雄深雅健乃以幽而发愤为内因,而他在推扬屈骚之际,曾说:"屈原既死之后,楚有宋玉、唐勒、景差之徒者,皆好辞而以赋见称,然皆祖屈原之从容辞令,终莫敢直谏。"(《史记·屈原贾生列传》)如此看来,"直谏"作风与慷慨"风骨","才气壮健"与品性方直,原是一气相通的。而它们之所以能够相通,正缘文学"风骨"已与道德风化相统合,"气盛言宜"含有配以道义而志气不馁之义,

"不平则鸣"含有激发情志勃兴之义,道德人格与文学风格共同体现于现实人生态度。总之,值中唐儒学复兴与政治中兴之际,作为文学文化主体的"行道"之士,以"儒"者之自觉振兴"风骨"传统,用自己的理论和实践确立起多维复合的价值规范,相对完成了道德政治建设与诗文复古革新的整合思维课题。

二、"法自儒家"的疲惫与"统合儒佛"的爽然

诚如有的学者所指出的,"白居易思想转变在卸拾遗任之际"①,以特定政治气候下的角色自觉为支撑点的褒贬美刺精神,必然会因时过境迁而时移事变。白居易由力主讽谕转为多务闲适,再生动不过地表明,倘若没有超越于现实政治得失之上的忘我精神,倘若把救世济民的志向同企求统治者赏识的私念交织在一起,再壮健的文学"风骨"也极易疲软下来。而此间所谓忘我精神,实则也是对"君子道穷,命矣"(班固:《离骚序》)之"命"的价值体认。"命",自然意味着某种必然,但是,在对同一必然的认识前提下,却可以形成两种截然相反的人生价值选择。司马迁借总结历来幽而发愤之前哲风范而树立的原则,是述往思来,其本不企求于苟合现实,故可以独立于现实的主体人格来保证其兴讽时事微言褒贬的自由。而班固则因知"命"而主张"全命避害,不受世患"(同上),从而也就反对直面现实。问题在于,对前者来说,其述往思来的原则显然将以托古兴寄为最佳方式,而这样一来,岂不也与"直谏"式的发愤著作之意相矛盾! 至于后者,则更是主于明哲保身而无意于直面残酷之现实了。两者本相冲突,而又殊途同归,都将导

---

① 参见王谦泰《论白居易思想转变在卸拾遗任之际》,《文学遗产》1994年第6期。

致儒家"风骨"在现实压抑面前的隐微。

必须指出,隐微并不是退却。准确地讲,它是介于进退之间而以变通之理相调和的特殊的自由状态,也就是在两极之间而随机应变、无适不可的特殊智慧。用白居易的话来说,即"志在兼济,行在独善,奉而始终之则为道,言而发明之则为诗。谓之讽谕诗,兼济之志也;谓之闲适诗,独善之义也。"(《与元九书》)请注意,"志""行"本是体用不二之关系,世上绝无离"志"之"行"或离"行"之"志",所以,这句话的实质,无非在阐明一种精神统合的智慧,而这种智慧的核心内容,说到底,又在于将"全命保身,不受世患"的避祸心理提升到使忧道悯世之心相依于保身怡神之理的思想高度。

当儒家风化之道统一于文学"风骨"之际,由于高扬是非判断的道义价值,文学审美价值的独立性便往往被忽略。待到褒贬美刺之风骨因现实之不便批评而受挫,随着上述那种特殊智慧的形成,直面现实的是非判断便转化为道义自高的内省自美意识,疏离于道德风化之事功的文学审美性因而受到重视。而这一转化过程,从总体势态上看,无疑是由精神力量受激而外施转化为意态气度内凝而自适的过程。这一转化的客观外因,自然正是众所周知的历史内容,直谏受辱,讽刺招祸,无数次的历史重演,足令文士胆寒。理学向被视为儒学之哲学化,而理学外事功而主义理的内省倾向,又被后起的实学派指斥为"清谈"。其实,理学由酝酿而成熟的过程,安见得不是在某种程度上重演了汉魏之际由"清议"转为"清谈"的历史呢!王瑶先生曾说:"党锢之祸,名士言论受到惨毒的打击,以后的政局也同样是未便批评,于是,谈论之风遂由评论时事、臧否人物,渐趋于这种评论所依据的原理原则。……学术遂脱离具体趋于抽象,由实际政治讲到内圣外王天人之际的玄远哲理,由人物评论讲到才性之本,以及性情之分。"(《中古文学史论》,北京大学出版社,1986 年版,第 39 页)尽管草率的类比势必导致判断的简单化,但我们却不能不看到,当明末清初的实学派批判地总结理学的时候,便在提倡着以议政为具体内容的"清议"作风,而这恰好说明,先前颇有"清谈"风格的学术思潮,未尝不隐含着回避现实的苦涩心理内容。说其苦涩,是因为这中间包含着不得不如此的被动性自觉性质。以即事名篇而开新乐府之路的杜甫在《偶题》诗中感叹道:"文章千古事,得失寸心知。……法自儒家有,心从弱岁疲。永怀江左逸,多谢邺中奇。"在这里,"法自儒家有"之"法",显然就是得失自知的文章之法,亦即能体现儒家"风骨"的褒贬美刺之法,而"心从弱岁疲"之"心",亦即"得失寸心知"之心,而"得失",恰恰也包含有白居易"始得名于文章,终得罪于文章"的感慨。最后,一"疲"字意味深长,不仅"疲",而且"弱岁"已"疲",这就综合了对儒家"风骨"必然与时乖逢的理性预见和经验总结。惟其如此,文章之法,作者之心,都将谢建安作者之奇崛而就晋宋作者之清逸了。一言以蔽之,明知其不可为而为之,为之而后知其不可为,这就是苦涩心理的症结所在。而由于此一症结乃是矛盾两极的并行并存,因此,那与客观外因之压抑相对应的主观内因之反作用,便不是反压抑的冲动,而是化解外来压抑的精神释散。

从中唐复兴儒学之际《春秋》学的流行,到"北宋时期思想家借《易》以立言,蔚然成风"(侯外庐主编《宋明理学史》,人民出版社1962年版,第133页),分明折射出士人由取义于褒贬兴讽转而为用心于知几变通的心理历程。有鉴于"天道不难知,人情不易窥"(邵雍:《天道吟》)的痛苦经验,邵雍公然提倡"打乖"哲学(《打乖吟》),而"打乖"的要诀,无非就是黄庭坚所谓"俗里光尘合,胸中泾渭分"(《次韵答王慎中》),也就是以和光同尘的逍遥来涵养儒家的道德性情。说到底,这也就是白居易"志在兼济,而行在独善"的志行不二观。由此必然导致"统合儒佛"的思维态势。长期以来,学界已认识到,理学所以要援佛老以入儒,是为了引进其思辨学理。

在此我们不能不补充说，此间必有与儒家"风骨"之受挫相关者。柳宗元，这位明确主张"统合儒佛"（《送文畅上人登五台遂游河朔序》）的人，就曾说过"佛之道，大而多容。凡有志乎物外而耻制于世者，则思入焉。故有貌而不心，名而异行，刚狷以离偶，纡舒以纵独，其状类不一"（《送玄举归幽泉寺序》），足见多有幽愤寓藏其间。而儒者之所以能够入佛而又不弃儒者，又是因为"浮图诚有不可斥者，往往与《易》《论语》合，诚乐之，其于性情奭然，不与孔子异道"（《送僧浩初序》）。所谓"性情奭然"，就是黄庭坚在《书王知载朐山杂咏后》中所提出的"胸次释然"。作为一个奉行"俗里光尘合，胸中泾渭分"的人生哲学的人，其视"强谏争于廷，怨忿诟于道"为一事的看法，并不奇怪，因为在他看来，"人皆以为诗之祸"者，其实乃"是失诗之旨"。换言之，诗之旨是绝然不会招致祸患的。而要真正实现如此之诗旨，必须"其人忠信笃敬，抱道而居，与时乖逢，遇物悲喜，同床而不察，并世而不闻，情之所不能堪，因发为呻吟调笑之诗，胸次释然，而闻者亦有所劝勉"。呻吟缘其痛苦，调笑生自娱乐，悲喜交于一体，若冰炭之相战，如何能"释然"呢？原来，此中关键，还在悲喜"两忘"。如在黄庭坚诗论中，"怨忿诟于道"显然属于性情之邪，而"强谏争于廷"则有性情之累，邪者不该持，累者不宜持，道德修养统一于全命保身，"思无邪"统一于身无累，自然必须将彼此两端统统忘却。"两忘"则得"中道"。"大中者，为子厚说教之关目语，儒释相通，斯为奥秘。"（章士钊：《柳文指要》上《体要之部》卷七）柳宗元所谓"大中"，与天台宗之"中道"相契，龙树曾说："常是一边，断、灭是一边，离是两边行中道，是为般若波罗蜜。"（《大智度论》卷四三《释集散品第九下》，《大正新修大藏经·释经论部上》）这又诚如李翱《复性书》所谓"动静皆离"，"有静必有动，有动必有静，动静不息，是乃情也"。就其思理本质而言，无非是在提倡一种超越于两极对立且彼此转化之论的新思维，而这种新思维的意义,正在儒佛相济而兼得其旨趣。归结到关于儒家"风骨"命运的话题上,秉《春秋》褒贬与诗人美刺之义者,其发愤意气和壮健才气自然属于"动",而"风骨"销尽、心如死灰、无思无虑者则属于"静","方静之时,知心无思者,是斋戒也"。既然如此,主张"动静皆离"者,便既反对放纵其心,亦反对斋戒其心,两忘即两兼,最终,只可能是追求一种超然于"风骨"的"风骨"。

于是,便有了对远离朝市之山林情趣的提倡,于是,亦有了对不务事功之美感意趣的关注,而此两者又统一于"爽然"式的性情与美感规范。性好山林,寄怀丘壑,本是晋宋雅士的风流所在。陈子昂尝言:"汉魏风骨,晋宋莫传",这也是因为闲静的山林旨趣是与慷慨的济世之志相背反的。一般说来,山林闲静之趣与庙堂忧患之心的判别,也就是儒家与佛老的判别。而现在则不同了,恰恰是在复兴儒学并进而形成理学的大文化背景下,随着援佛老以入儒的思理建构,山林闲静之趣已深入于"法自儒家有"者的襟怀了。理学先驱周敦颐有"雅意林壑"(黄庭坚:《濂溪诗序》)之怀,邵雍有"江湖性气"(《安乐吟》)之吟,尤其可注意的是,作为理学集大成人物的朱熹,在论诗之际曾说:"因言《国史补》称韦为人高洁,鲜食寡欲,所至之处,扫地焚香,闭阁而坐,其诗无一字做作,直是自在,其气象近道,意常爱之。问:比陶如何?曰:陶却是有力,但语健而意闲,隐者多是带性负气之人为之,陶欲有为而不能者也,又好名。韦则自在,其诗则有作不着处,便倒塌了底。晋宋间诗多闲淡,杜工部等诗常忙了。陶云:'身有余劳,心有常闲',乃《礼记》身劳而心闲则为之也。"(《清邃阁论诗》)朱熹所心常喜爱的"气象近道"之"气象",显然是一种忘情静坐以体验超然物外之精神境界的性情涵养方式。朱熹尝自道其师承要领云:"李先生(侗)教人,大抵令于静中体认大本未发时气象分明,即处事应物自然中节,此乃龟山门下相传指诀"(《答何叔京二》,《朱文公文集》卷四〇),对此,现今学者有评云："采取同一种沉静的体验方式,一个宗教徒所得到的体验可能是与神同体,而一个理学家所体验的则可能是一个与物同体的天地境界。但在心理体验这一点上二者又确乎相近,实际上佛教对理学的影响主要也在这里。"(陈来:《朱熹哲学研究》,中国社会科学出版社,1993年版,第93页)我们接着来推断,理学对文学精神的影响也主要在这里。《史记·太史公自序》引古语云:"礼禁未然之前,法施已然之后,法之所为用者易见,而礼之所为禁者难知"。孔子作《春秋》,是"垂空文以断礼义,当一王之法",后人秉《春秋》褒贬之义使之与诗人美刺之义相合,因此也就具有"当一王之法"的文化意义。然而,就像白居易阐释褒贬美刺之义而申言"惩劝善恶""裨补时缺"一样,此"当一王之法"者,当然只能"施已然之后",其旨归在于疗救世病,而疗救远不及预防更能从根本上解决问题,唯其如此,理学执著于"未发"之际的涵养功夫,在实质上并不与提倡褒贬美刺的儒家"风骨"意旨相矛盾,而是恰恰相反,有着终极目的上的一致性。然而,由于其执著于这种心理体验方式的文化心理动因中,又有着持"风骨"而与时乖逢的苦涩经验,因此,终极目的上的一致性,便同时意味着具体方式上的调整转型。韩愈认为,"山林"非"忧天下"者所当安处其间,而理学家和与理学家气息会通的文士们却偏偏欣赏于"江湖性气"!当然,士人并非因此而企希于隐逸山林,只是崇尚那种与山林氤氲一体的气象而已。这种"气象近道"的"气象"一旦成为主体性情的自觉风范,就会有一种玄远清虚的意识流来冲洗"幽而发愤"的慷慨意气,而随着愤世嫉俗之不平之气的消解,崇尚壮健气格的艺术心理亦将随之而转型。

柳宗元《扬评事文集后序》曰:"文有二道:辞令褒贬,本乎著述者也;导扬讽谕,本乎比兴者也。著述者流,盖出于《书》之谟、训,《易》之象、系,《春秋》之笔削,其要在于高壮广厚,词正而理备,谓宜藏于简册也；比兴者流，盖出于虞、夏之咏歌，殷、周之风雅，其要在于丽则清越，言畅而意美，谓宜流于谣诵也。兹二者，考其旨义，乖离不合，故秉笔之士，恒偏胜独得，而罕有兼者焉。"柳宗元的这番议论，必须放在彼时曾倡导"文士褒贬""诗人美刺"之儒家"风骨"的背景下来考察。显然，这里所谓二者旨义之"乖离不合"，已然是对褒贬美刺说的一种改造，而其所持之思理，则正在于指示出与《春秋》笔削相乖离的诗人意趣，一种与超然物外的清虚襟怀相符契的诗美风范。在这个意义上，其明示二者旨义相乖而又感叹偏胜不如两兼者，恰好表现出其志在两兼的主体意志。乖离其旨而又志在两兼，在宋代诗文革新的先驱梅尧臣那里，同样有明显的表现。其《寄滁州欧阳永叔》诗曰："有才苟如此，但恨不勇为。仲尼著《春秋》，贬骨常苦笞。后世各有史，善恶亦不遗。君能切体类，镜照媸与施。直辞鬼胆惧，微文奸魄悲。不书儿女书，不作风月诗。唯存先王法，好丑无使疑。"这是再典型不过的《春秋》诗笔观，且只言"贬"而不称"褒"，其"风骨"更饶锋芒。然而，他在序林逋诗集时却说："其顺物玩情为之诗，则平淡邃美，咏之令人忘百事也。其辞主乎静正，不主乎刺讥，然后知其趣尚清远，寄适于诗尔。"试将此"趣尚清远"而辞主"静正"，与此前柳宗元的"丽则清越""言畅而意美"联系起来，同时又与此后朱熹称许韦应物之"气象近道"联系起来，将不难得出结论：从褒贬美刺一体论，到二者乖离而又两兼论，唯主儒家"风骨"的主体意志，变为"统合儒佛"的矛盾结构，矛盾之两极，一者依然是"高壮广厚，词正理备"、"直辞""勇为"之气格，而一者则是"静正""清远"之意趣，二者乖离背反，却又务必统合，这又将构成怎样一种意态呢？曾季貍《艇斋诗话》尝曰："前人论诗，初不知有韦苏州、柳子厚，……至东坡而后发此秘，……遂以韦、柳配渊明。"韦、柳之并称，确与苏轼之倡导有关，而这种有意的倡导十足证明，尽管宋人在理学之气氛中无不注重性情涵养之本及诗文载道辅时之用,但其主体自觉的基础,却是佛老静达之趣。理学大师朱熹,尽管以醇儒之自觉指斥柳宗元"反助释氏之说"(《朱子语类》卷一二二)和苏轼"到急处便添入佛老"(同上卷一三七),但其心爱韦应物之善于静中涵养的情趣指向,却未尝不与柳、苏之旨相合。有鉴于此,我们认为,在理学与文学相参照的意义上,复兴儒家之道德人性的文学——文化主体意识,表现出对佛老既攘又受的批判性含纳态度,而这种态度在文学创作思想上的体现,便是以柳宗元所谓"丽则清越"和苏轼所谓"温丽清深"(《东坡题跋》卷二《评韩柳诗》)的风格规范来具体实现"高壮广厚"而富于"迁雄之气格""建安之风力"的儒家"风骨"。这就是儒家"风骨"清虚化的具体含义。

　　周紫芝《乱后并得陶杜二集》诗云:"少陵有句皆忧国,陶令无诗不说归。"曾巩《孙少述示近诗兼仰高致》诗云:"少陵雅健材孤出,彭泽清闲兴最长。"陶、杜并重,恰是宋人意志体兼儒家"风骨"与佛老"神韵"的集中体现①。但并重不等于并行,受"诗之祸"的怵惕惊觉和"江湖性气"之性情体验的合力推动,其最终有以陶之清闲自在行杜之忧愤雅健的意向。上引周诗所吟之杜甫"忧国"与陶令"言归"之间,正当以"法自儒家有,心从弱岁疲"为中介。而曾诗"清闲兴最长"之意向,亦分明凝聚有性情涵养与文学审美的复合内蕴。

三、"温柔敦厚"的老传统与"大音希声"的新境界

　　两种互相背反的事物,要和谐地统合为一体,必须有一种特殊

---

　　①　参见拙文《中国诗学史的宏观透视》,《天津社会科学》1994 年第 5 期。

的建构机制,而这种机制必须同时具有主体意识结构和审美风格结构的价值。

　　先让我们来看一个典型的事例。韩愈《送高闲上人序》首先充分阐发其"气盛""不平"观,推许张旭草书乃"喜怒窘穷,忧悲愉佚,怨恨思慕,酣醉无聊,不平有动于心,必于草书焉发之",然后,又对高闲心艺表示不解:"今闲师浮屠氏,一死生,解外胶,是其为心,必泊然无所起;其于世,必淡然无所嗜;泊与淡相遭,颓堕委靡,溃败不可收拾,则其于书,得无象之然乎? 然吾闻浮屠人善幻多技能,闲如通其术,则吾不能知矣!"显然,韩愈是"不平有动"方通神论者,在他看来,其心"泊然无所起"者,其艺必"颓堕委靡",心境淡泊而其艺精妙,在他是不可思议的。到苏轼,针对韩愈的困惑而作说解:"颓然寄淡泊,谁与发豪猛? 细思乃不然,真巧非幻影。欲令诗语妙,无厌空且静。静故了群动,空故纳万境。阅世走人间,观身卧云岭。"(《送参寥师》)这一番说解,其核心意旨无非在"阅世"与"观身"互相兼综的内外兼修。其中,"阅世走人间"显然属于外向修养。对此,苏辙有着更为具体的阐发,在《上枢密韩太尉书》中,他针对韩愈"行之于仁义之途,游之于诗、书之源"的养气途径,提出"求天下奇闻壮观"以自广胸襟,这就与司马迁遍游名山大川的经验相契合,从而揭示出"迁雄之气格"非仅出于"壮健才气"的重要内蕴。"奇闻壮观"所激发者,必是奇伟壮健之气,这于是又与黄庭坚"推之使高,如泰山之崇崛,如垂天之云,作之使雄壮,如沧江八月之涛,海运吞舟之鱼"(《答洪驹父书》)相互补充,共同弘扬着中唐古文家崇尚"气盛"的美学精神。然而,在苏轼看来,这种"阅世走人间"的自我建构,难免"不识庐山真面目,只缘身在此山中"(《题西林壁》)的迷失。"处静而观动,则万物之情毕陈于前"(苏轼:《朝辞赴定州论事状》),"幽居默处,而观万物之变,尽其自然之理"(《苏轼:《上曾丞相书》),必须同时有另一个超然静观的自我对阅世之自我作旁观者清的审视,而后才可能造境于能入能出的神化境界。如果说这里的能入能出主要是就人生态度而言,那么,与此相通的艺术哲学原理,便是外枯中膏之论。"所贵乎枯淡者,谓外枯而中膏,似淡而实美","若中边皆枯淡,亦何足道,佛云:'如人食蜜,中边皆甜。'人食五味,知其甘苦者皆是,能分别其中边者,百无一二也。"(苏轼:《评韩柳诗》)"中""边"并非"中""外","中"即"大中之道",有"动静皆离",就有"甘苦皆离",就有"淡泊、豪猛皆离",非此非彼,亦此亦彼,两极化合,融为一体,这才是问题的要害。只有在秉"中道"之原理以养气运思的情况下,才最终能够有"外枯而中膏,似淡而实美"的效果,因为其"中"之所造者已含彼此交合之两体,故"中""外"之间便不再有冲突不合之势了。总之,由韩愈而苏轼,从人生哲学到艺术哲学,都实现了"不平有动"之奇崛壮健与"颓然无所起"之淡泊空静的有机统一。

只是这有机统一的"有机"二字,又是需要给予具体阐释的。"有机"二字在这里的含义,应是指两体合一而又绝无异物在体之痕迹。在这里,李德裕《文章论》中的一席话殊堪寻味:"鼓气以势壮为美,势不可以不息;不息则流宕而忘返。亦犹丝竹繁奏,必有希声窈眇,听之者悦闻;如川流迅激,必有洄洑透迤,观之者不厌。从兄翰常言:'文章如千兵万马,风恬雨霁,寂无人声。'盖谓是矣。"首先,鼓气有一个"度"的问题。一味地鼓气不泄,"流宕而忘返",则会导致力竭无余之感。唯其如此,含忍以求蓄势,流荡而又知返,便是具体的创作规范了。如苏轼论韩、柳诗曰:"退之豪放奇险则过之,而温丽清深不及也",又如苏洵论韩、欧文,以"人望见渊然之光,苍然之色,亦自畏避不敢追视"为韩文特性,而以"气尽语极,急言竭论,而容与闲易,无艰难劳苦之态"者为欧文特性,并指出:"惟李翱之文,其味黯然而长,其光油然而幽,俯仰揖让,有执事之态。"(《上欧阳内翰书》)章学诚有云:"世称学于韩者,翱得其正,

湜得其奇(《皇甫持正文集书后》),宋人承韩而舍奇持正,敛豪放
奇险使有温丽清深之致,去艰难劳苦之态而使有容与闲易之风。
此虽就文章作风而言,但又深合于儒家"风骨"之新意态。如张戒
论诗,便格外强调杜甫的"微而婉,正而有礼(《岁寒堂诗话》),并以
"其词婉,其意微,不迫不露"为国风之遗韵。细加考比,便可发现,
这里的词婉意微,不迫不露,正是温丽清深、容与闲易之意。足见
文章风格上的"度"也正是儒家"风骨"之实践中的"度",而这一
"度"的价值内涵,分明是对先儒温柔敦厚之旨的理论再阐。由中
唐诸子崇尚壮健气格以发扬褒贬美刺精神,到宋人重申温柔敦厚
之义而企希于容与闲易之态,分明呈现出由自我激发转为自我约
束的演化轨迹。但这还不是最新的追求。在李德裕的议论中,"千
兵万马,风恬雨霁,寂无人声",作为一种形象生动的喻说,阐发了
一种与"大音希声"之理相通的艺术哲学原理。这一极富理论魅力
的喻说,旨在揭示以下道理:第一,发而外露之气势,远不及蕴而未
发者更有潜在之震慑力量;第二,这种震慑人心的境界,必然是由
整体强烈的意志自律造成的;第三,其于人心之作用,自然也在唤
起其人凛然自警以自律之意志。在诗文审美风格的建构上,便意
味着只有在颓然无为的精神体验中实现性情自律之自觉,才能真
正融豪猛壮健于闲适淡泊之中而不见勉强之态。而在儒家"风骨"
的实践上,这又意味着,褒贬美刺之义,须寓于"大音希声"境界,有
形的指陈讽谕,当化为无形的灵魂拷问,在了无迹象的状态下,诗
人无意讥刺,而闻者悚然自戒。宋人杨万里对此处之义蕴阐发最
精。其《诗论》有曰:"而或者曰:圣人之道,《礼》严而《诗》宽。嗟
乎,孰知《礼》之严为严之宽,《诗》之宽为宽之严也欤?……诗果宽
乎? 耸乎其必讥,而断乎其必不愬也,诗果不严乎?"而其《颐庵诗
稿序》又倡导"去词去意"以求诗味,以"无刺之之词,亦不见刺之
意"的无形之刺,使闻之者"外不敢怒,而其中愧死矣"。综其两说,

分明有于极宽处见极严的意思,于无声处闻惊雷,处春风和气中觉凛然,一言以蔽之,无为而无不为。于是,我们认识到,和强调"度"相比,这种深层次上的思理建构,是与援佛老以入儒的思想特质密切相关的。惟其如此,"有机"之奥秘,非儒与释道互补者不能明之。

《老子》有云:"天下皆知美之为美,斯恶矣。皆知善之为善,斯不善矣。故有无相生,难易相成,长短相较,高下相倾,音声相和,前后相随。是以圣人处无为之事,行不言之教,万物作焉而不辞。"万事万物之所以能有判别,皆根于对立面之存在,失去了对立面便无从判别,无从判别,则美丑善恶难分,难分则奸伪充斥其间,所提倡的东西变成时髦的装点,便毫无真实价值。老子之用意,是为了防伪而不为。但万事皆须两面观,若天下皆知美之为美、善之为善,则世俗又同乎公德,人人防伪,形成气候,伪者自然悚惕,是以正面的批评反倒可以表现出极大的宽容。杨万里《诗论》云:"盖天下之至情,矫生于愧,愧生于众,愧非议则安,议非众则私,安则不愧其愧,私则反议其议。圣人不使天下不愧其愧、反议其议也,于是举众以议之,举议以愧之,则天下不善者不得不愧。"这一节精彩的论述告诉我们,天下大众之公议风行之日,便是诗中讥刺之词意消融之时,全社会的"议"权,正是诗歌不必再充当"直谏"角色的前提。显然,一旦实现了天下众议之举,秉方直之人格者也将不再会"幽而发愤",将道德风化的职能还给社会,文学正好去扮演其审美愉悦的角色。总之,这也无非就是庄子"相忘于江湖"的境界。在众议成风的汪洋大海中,作家何须要作振聋发聩的多余之举呢?足见,犹如处大化运行之中而不觉自身有动,泊然无所起者,绝非幽单孤独之体所宜持守。而这又意味着,去词去意而使"风骨"化为无形的价值追求,并不是对"幽而发愤"传统的背弃,而是要将它化为普遍的人体本质和合理的社会机制。当然,所有这些,都带有强烈的理想主义色彩。亦惟其如此,所谓儒与佛老之互补,最终意味着佛老超然人格与儒家社会理想的互补。互补就是相互生发,"有机"之机,于斯存焉。

佛老的超然人格有遗世之神韵,儒家的社会理想亦与现实格格不入,两者互相生发,势必导致儒家"风骨"现实锋芒的消解。如果说宋人对"温柔敦厚"传统的再阐意味着艺术上的含蓄化和意志上的温和化,那么,当进而企希于"大音希声"的境界时,便是艺术上的逸品化和意志上的清虚化了。逸品至上,是中国封建社会后期即宋元以来整个文艺思潮的主旋律,而在此逸品至上的思潮中,授作家以褒贬美刺之柄复令其激发壮健意气的创作思想,势难保持其先前的主流地位。而尤其重要的是,尽管杨万里所揭示的举天下之众以议的人文气候只是一种理想,而去词去意式的无所刺之刺诗,却俨然成为创作的现实规范。"句中池有草,字外目俱蒿"(杨万里:《和李天麟二首》之二),"不著一字,尽得风流"(司空图:《诗品·含蓄》)的美学风格,"状溢目前""情在词外"(张戒:《岁寒堂诗话》引刘勰《文心雕龙·隐秀》语)的艺术建构,提供给人们以怡神悦性的形象景观,酝酿出一种清新空灵甚至透出荒远清寒气象的审美氛围,而把褒贬时事、疗救世病的意义化作一种无形的期待——期待着其所暗示或隐喻的批判对象在良知发现之日"中心愧死"。恐怕这正是佛老悲观厌世与儒家道德憧憬彼此交合的奇特产物吧! 在这个意义上,儒家"风骨"的清虚化正历史地积淀着道义主体的现实的疲惫与理想的执著。

作为一个特定的概念,这里所谓"清虚",自然又与援佛老以入儒的理学文化背景有关。程颢《答横渠先生定性书》曰:"与其非外而是内,不若内外之两忘也。两忘则澄然无事矣。无事则定,定则明。明则尚何应物之为累哉?"朱熹进而说:"心之全体,湛然虚明,万理具足。""心虽是一物,却虚,故能包含万理。"(《朱子语类》卷五)这种心的本体澄然虚明而定性之法惟在两忘的思想观念,影响到明代性灵之论,后者亦每每以"虚灵"相阐发,如屠隆有曰:"佛家般若,道家灵光,儒家明德,总之所谓性也。朱紫阳注'明德',指出虚灵二字甚善。"(《与汪司马论三教》)以上足以证明,理学明心见性之学,在规范主体意志的课题上,是与佛老之学相参融的。同时,理学又有理气之辨,并且强调本源上的理在气先。既然如此,当理学阐发孟子养气之旨时,便强调"养之至则清明纯全"(《二程遗书》卷二一)。正是在这种思维定势的作用下,主张"气盛言宜"而执拗于"不平则鸣"的文学精神,遂在"茂其根本,探其渊源"的价值追求中,使"配义与道"的浩然之气澄然虚明了,从而也就使施事及物辅时补缺的外向意志内游而消融于虚明无限的空寂中了。而不容忽略的是,与此理学文化的发生发展相同步,在文学理论领域,以晚唐司空图为转运之关枢,也存在着一种由实返虚的美学思维趋势。杨廷芝《二十四诗品浅解》曰:"《诗品》首以'雄浑'起,统冒诸品,是无极而太极也。"而《雄浑》之品中的关键语,无疑正是"返虚入浑,积健为雄"。如前文所言,中唐诸子在整合文学"风骨"与儒家风化传统时,所秉持的主体意志,无论是讲"迁雄之气格",还是道义之方直,都可入于"积健"之义。而现在则要求"积健"与"返虚"相统一。怎样实现这种统一呢?王夫之后来的解说颇能启人神智:"每当近情处即抗引作浑然语,不使泛滥。"(《唐诗评选》卷二杜甫《赠卫八处士》评)何谓"抗引"?"文笔之差,系于忍力也。"(《古诗评选》卷一《羽林郎》评)看来,"返虚"亦即含忍,含忍至于中和之"度"还不够,必使壮健之气所蓄积之势内化而消融无迹,方才是浑然理想境界。总之,理学与美学的同步思维,正是儒家"风骨"清虚化的理性动因。

　　在描述了儒家"风骨"清虚化的演化轨迹并探询了演化的原因之后,当面临如何评价这一历史的文学文化现象时,我们却颇感困惑:因为儒家"风骨"的振兴或者衰变,本身就是一个多维复合的课题,无论是慷慨其志还是清虚其神,都存在着价值指向上的非单纯性。当其以"迁雄之气格"弘扬褒贬美刺之义时,对人生社会的强烈的关注热情和冷静的批判意识,却是同得其位而尽其职的政治角色意识一致的,在这个意义上,振兴弘扬之际安见得没有异化因素!而当其外受现实挫折、内受理学义理导引,从而敛约甚至消解其外向锋芒时,却将滞守在事功主义层面上的文学价值解脱了出来,并使其在注重怡神悦性的美感形式的同时,获得某种艺术哲学的灵性。在这个意义上,清虚化就既是一种衰变的过程,也是一种超脱的过程。历史的真实就是这样,我们无法改变。但是,探询这一真实的发生与发展规律,将有益于我们作为现代文学文化人的意志建构。凡是不以文学为"玩"物,亦不以文化为"包装"的有识之士,想必都会和我们一道来继续与此有关的思考。

(原刊于《中国社会科学》1996 年第 4 期)

韩经太(1951—),北京语言文化大学人文学院教授。

本文以唐宋间复兴儒家道德文化并进而形成伦理哲学的大文化背景为参照,历史地考察了唐宋诗文改革运动中的文学主体意识的演变轨迹,并进而探询发生这种演变的社会原因和精神原因。认为"风骨"经历了与儒家道德风化论的整合到内敛清虚的历史演变,对现代文化人的意志建构具有启示意义。

孔子与中国古代文论的
思维方式和言说方式

李清良

当代著名哲学家雅斯贝尔斯的"轴心期"（Axial Period）理论揭示了各民族文化的"轴心期"对于本民族文化的发展，具有开创基本方向、奠定基本格局、形成基本精神的决定性意义[①]。孔子就是中国文化"轴心期"最重要的思想家之一，对于中国文化有着至深至巨的影响。具体到中国古代文论，孔子的深刻影响不仅在于他提出了某些具体的诗学观点，更重要的还在于，他开创了那种思维方式与言说方式的独特结合方式。可以说，只有理解了孔子，才能更好地理解中国古代文论的思维方式与言说方式。可惜以前我们一直没有从这个角度来对孔子与中国古代文论的关系进行研究。本文乃试为发覆如下。

一、"一以贯之"与"泛应曲当"：孔子的
思维方式与言说方式

孔子常常采取一种随事生说、泛应曲当的言说方式。他总是

---

① 雅斯贝尔斯：《历史的起源与目标》，魏楚雄、俞新天译，华夏出版社，1989。

只在"有"而不在"无"的层次上言说,而且关于同一个问题,针对不同的人,其说法也有不同。孔门弟子在编纂《论语》时,似乎注意到了这一点,往往将不同的说法集在一处。如《为政》篇记载,同是问孝,孟懿子问时,孔子答曰:"无违";孟武伯问时,孔子则答以"父母唯其疾之忧";子游问时,则曰:"今之孝者,是谓能养。至于犬马,皆能有养;不敬,何以别乎";而子夏问时,孔子应之曰:"色难"。同一问题,竟有四解! 朱子集注引程子语解释此一现象说:"告懿子者,告众人者也。告武伯者,以其人多可忧之事。子游能养而或失于敬,子夏能直义而或少温润之色。各因其材之高下与其所失而告之,故不同也。"也就是说,孔子的言说具有很强的针对性。又如《先进》篇所载,同是关于知行问题,子路问"闻斯行诸"时,孔子答曰:"有父兄在,如何闻斯行之";冉有问"闻斯行诸"时,孔子则告之曰:"闻斯行之"。弟子公西华在一旁见此情景迷惑不解,孔子解释说,"求也退,故进之;由也兼人,故退之"。在孔子这里,很少有抽象的、放之四海而皆准的言辞,而常常是随事生发、不主故常的言说。这就是孔子"泛应曲当,用各不同"的言说方式。

　　孔子为什么要采取此种言说方式? 推究其中原因,可言者有三。其一是因为孔子特定的本体论。在他那里,并没有像柏拉图式的理念之类的实体性本体,可以高居于一切现象之上之外,凡事凡物都可以并且只能由此理念加以推衍。孔子的本体论是体用一如、理事一贯的本体论。美国汉学家郝大维(David L. Hall)与安乐哲(Roger T. Ames)在《孔子哲学思微》一书中指出:"孔子的哲学是事件的本体论,而不是实体的本体论。了解人类事件并不需要求助于'质'、'属性'或'特性'。因此,孔子更关心的是特定环境中特定的人的活动,而不是作为抽象道德的善的根本性质。"(中文版第 7 页,蒋弋为等译,江苏人民出版社,1996)这个说法是很中肯的。事件本体论就是体用一如、本末一体的本体论,本体并不高高在上,像上帝管辖天地一样,而是就存在于特定的事件之中,且只能通过特定事件来显示。因此,要言说此一本体,惟一的办法就是通过特定的事件来显示,并且在不同的事件中有不同的显示。当代西方哲学尤其是欧陆哲学正以解构实体的本体论为急务,反对"逻各斯中心主义",反对"在场的形而上学",而趋向于一种事件本体论。因而孔子的此种本体论具有十分重要的启迪意义。孔子"泛应曲当,用各不用"的言说方式显然是与此种事件本体论相适应的。

其二是源于对言语时间性的深刻体认。孔子认为,以言语达意,必掌握言语的时间性。此种时间性至少包括两个方面,一是因不同的言说对象而有不同的时间性。孔子说:"中人以上,可以语上;中人以下,不可以语上也。"(《雍也》)朱子于此下注引张敬夫语曰:"圣人之道,精粗虽无二致,但其施教,则必因材而笃焉。盖中人以下之质,骤而语之太高,非惟不能以入,且将妄意躐等,而有不切于身之弊,亦终于下而已矣。故就其所及而语之,是乃所以使之切问近思,而渐进于高远也。"也就是俗语所谓"到什么山唱什么歌,看什么人说什么话"。孔子又说:"可与言而不与之言,失人;不可与言而与之言,失言。知者不失人亦不失言。"(《卫灵公》)掌握好因人而异的时间性,正是君子言说的特点。二是同一言说对象的不同时间性。孔子说:"言未及之而言,谓之躁;言及之而不言,谓之隐;未见颜色而言,谓之瞽。"(《季氏》)他在对学生施教时,就表现为"不愤不启,不悱不发"(《述而》),必待学生心求通而未得,口欲言而未能之时,方才予以启发开导。可见,孔子是最典型的"时然后言"(《宪问》)者。正因他十分自觉地遵循了言语本身的时间性,所以导致了其言说方式的千变万化,泛应曲当。

其三是由于对言意关系的深刻把握。孔子所以不言"性与天道",乃是因为他认为这些形而上者实不可以言传。而他所以要说"予欲无言","天何言哉?四时行焉,百物生焉,天何言哉"(《阳货》),则更是希望弟子们能因他的实际生存,他的语默动静,来超越名言,直探道体。王弼《论语释疑》于此解释得极为分明:"子欲无言,盖欲明本,举本统末,以示物于极者也。""示物于极"就是超越名言,目击道存。如此一来,由泛应曲当的言说方式走向无言,也就顺理成章。无论是"泛应曲当"还是"无言",都只是通向孔子之道的筌蹄与舟筏,要当见月忘指,登岸舍筏。一言以蔽之,正因孔子主张超越言说,故其言说能够而且应该"泛应曲当",自由无碍,方便通达。是超越产生了自由,自由反映了超越。

以上三个方面,实际上都表明了,孔子对于其言说方式是有着非常自觉而深刻的把握的。他的这种"泛应曲当,用各不同"的言说方式,与老子的"正言若反",庄子的"谬悠之说,荒唐之言,无端涯之辞",实有异曲同工之妙。以前我们对于孔子思想的这一方面未曾加以足够的注意和研究。

弄清了孔子此种言说方式的内在原因,我们也就不致简单地认为孔子思想是一堆零散而混乱的道德教条,事实上,正如朱子在《里仁》篇注中所指出的那样:"圣人之心,浑然一理,而泛应曲当,用各不同。"孔子的言说方式虽是"泛应曲当,用各不同",但其"道"却是一以贯之,其思维方式并不紊乱。孔子自己就对子贡说:"予一以贯之。"(《卫灵公》)又对曾子也同样说过"吾道一以贯之"(《里仁》)。皇侃疏曰:"道者,孔子之道也。贯,犹统也,譬如以绳穿物,有贯统也。孔子语曾子曰:'吾教化之道,唯用一道以贯统天下万理也。'"(《论语集解义疏》卷三)王弼注曰:"贯,犹统也,夫事有归,理有会。故得其归,事虽殷大,可以一名举;总其会,理虽博,可以至约穷也。譬犹以君御民,执一统众之道也。"(楼宇烈:《王弼集校释》〈下〉,622 页,中华书局,1980)朱子注曰:"盖至诚无息者,道之体也,万殊之所以一本也。万物各得其所者,道之用也,一本之所以万殊也。以此观之,'一以贯之'之实可见矣。"(《四书章句集注·论语集注》)皇侃所谓"一道以贯通天下万理",王弼所谓"执一统众",朱子所谓"一本万殊",都表明了孔子所谓"吾道一以贯之",就是说他有一个贯穿其思想各个层面的基本原则(道),他所说的一切都是由此一基本原则出发并以之为归宿。其基本的思维方式就是以一个基本原则(一)统帅其思想各个层面(多),亦即是中国古代圣哲们常用的以执本驭末(或执一驭多、执简驭繁)为特点的本末思辨法①。

孔子说:"君子务本,本立而道生。"(《学而》)就思维方式而言,"务本"就是不规规于事为之末,而要执本以驭末,先本而后末。只有遵循这种思维方式,才能合乎于"道"。所以他对于礼乐,强调必须把握其内在的本质。"礼云礼云,玉帛云乎哉?乐云乐云,钟鼓云乎哉!"(《阳货》)意思是说,礼乐之本不在于玉帛、钟鼓这些外在形式,而在于其内在之义,即"仁"。故曰:"人而不仁,如礼何?人而不仁,如乐何?"(《八佾》)礼乐无仁以为本,则徒存其末,而实不复成其为礼乐。当林放"问礼之本"时,孔子赞叹说:"大哉问!"认为问题提得很好,因为这种提问所反映出来的思维方式正是因末而求本。孔子高足颜渊向孔子问礼时,也是先问其本,然后再"请问其目"(《颜渊》),同样是遵循了执本(纲)驭末(目)的思维方式。

孔子主张"君子不器"(《为政》),即应该致力于基本的生存之

---

① 本文作者的博士学位论文《中国古代文论思辨思维研究》,较详细地研究了中国文化与文论的主要思辨形态——本末思辨。本文为其中的一部分,故此处对本末思辨不再详论。

道而不是形而下的技艺或谋生手段,应该首先做一个真正纯粹的人而不是某种专门人才。只有先在根本上做一个真正的人,然后才能谈得上做一个某一方面的专门人才。在修养方法上,亦当先务其本。在这个问题上,主要是指应该先注重自身的内在修养,而不应以外在的毁誉为急务。《宪问》:"不患人之不己知,患其不能也。"朱子注:"此章凡四见,而文皆有异,则圣人于此一事,盖屡言之,其丁宁之意亦可见矣。"一句意思相同的话,在《论语》中竟然反复出现(参见《学而》、《里仁》、《卫灵公》等篇),足可见出其反复丁宁之意。孔子的意思是,内在的修养是本,外在的知与不知是末,君子所宜用心者,此本而已。故曰:"君子求诸己,小人求诸人。"(《卫灵公》)在己者为本,在人者为末,求诸己即是务其本。显然,孔子在此所运用的思维方式就是以执本驭末为特点的本末思辨。

在为学方面,孔子同样强调先务其本,一以贯之。为学的目的应该是提高自身内在的修养,即'闻道',而不是为了干誉炫耀,自夸于人。"古之学者为己,今之学者为人。"(《宪问》)学而为己,才是学道之本。在为学方法上,则当"下学而上达"(同上)。也就是说,为学必求知本达道,否则即是习焉而不察,博而未能约,徒事记诵,何关身心。欲求得本,则首须精思好问。所以孔子说:"不曰'如之何,如之何'者,吾未如之何也已矣。"(《卫灵公》)又说:"思而不学则殆。"(《为政》)其次,尚须执一驭万,举一隅而以三隅反。孔子说:"举一隅不以三隅反,则不复也。"(《述而》)所以他对于"告诸往而知来者"的子贡、子夏以及"闻一而知十"的颜回,都曾加以由衷的称赏。孔子又说:"温故而知新,可以为师矣。"朱子注释得好:"言学能时习旧闻,而每有新得,则所学在我,而其应无穷,故可以为人师。若夫记问之学,则无得于心,而所知有限。"可见,"温故而知新"实是"举一反三"的同义语,都强调为学当领悟其根本,如此方可举一隅能以三隅反,闻一理而以万事贯,因已学而推新知,执一贯之道,应无穷之事。

在政治思想上,孔子要求正本清源。《子路》篇载:子路问孔子:"卫君待子而为政,子将奚先?"子曰:"必也正名乎","名不正则言不顺,言不顺则事不成,事不成则礼乐不兴,礼乐不兴则刑罚不中,刑罚不中则民无所措手足。故君子名之必可言也,言之必可行也。君子于其言,无所苟而已矣"。可见,孔子提出为政以"正名"为先的主张,正是遵循着执本驭末的思维逻辑,惟名正,方可言顺、事成、礼乐兴、刑罚中而民有所适从。孔子还有一段名言:"听讼,吾犹人也,必也使无讼乎?"(《颜渊》)片言可以折狱,自是不易,但还只是局隅于末事,不是从根本上解决问题,根本之法当是正本清源,使国家和社会根本无事可听。朱子注引范氏语曰:"听讼者,治其末,塞其流也。正其本,清其源,则无讼矣。"正说明了听讼尚只是治末塞流,必使无讼才是正本清源。孔子所主张的正是要从根本上做起。

此外,在对待生死、鬼神等问题上,也是主张为其所能为,务其所当务,先立其本,不逐其末。

由此可以看出,孔子所谓"吾道一以贯之",诚非虚言,他在"一以贯之"的过程中所运用的基本思维方式就是其执本驭末的本末思辨法。

正因孔子其道虽一以贯之,而其言则泛应曲当,所以确实未易直探其源,条贯其理。故孔门高足如子贡者,犹以孔子但为"多学而能识之者"(《卫灵公》),其余更可想见。无怪乎颜渊喟叹说:"仰之弥高,钻之弥坚,瞻之在前,忽焉在后。……虽欲从之,末由也已。"(《子罕》)子贡亦谓:"譬之宫墙,赐之墙也及肩,窥见室家之好;夫子之墙数仞,不得其门而入,不见宗庙之美,百官之富。得其门者或寡矣。"(《子张》)

　　因此,我们必须认识到孔子思辨方式与言说方式的不一致:其思辨方式是执一驭万,以一道而贯万事,而其言说方式则是泛应曲当,以万事而显此一道。因而不能将其言说方式与其思辨方式混为一谈。事实上,认为孔子缺乏思辨性的学者,往往就是因为没有认识到其言说方式与思辨方式的不一致。黑格尔就是一个典型的例子。他说:"孔子只是一个实际的世间智者,在他那里思辨的哲学是一点也没有的——只有一些善良、老练的、道德的教训,从里面我们不能获得什么特殊的东西",甚至还说"为了保持孔子的名声,假使他的书(指《论语》)从来不曾有过翻译,那倒是更好的事"(黑格尔:《哲学史讲演录》,贺麟译,第 1 卷 119—120 页,商务印书馆,1959)。罗素曾说黑格尔除知道有个中国外,对于中国什么都不懂。其不知中国,本无足怪,然而其无稽之言成为定论,遂使孔学之思辨性沦于晦暗,则不能不于此有所辨明。

　　在思维方式与言说方式的结合方式上,其实存在着两种不同的表现形态,一是思维方式与言说方式相一致,一是思维方式与言说方式不一致。之所以各异,乃是因为二者本体论思想之不同。在本体论上,实体性本体所导致的,往往就是言说方式与思维方式相一致的结合,而事件性本体所导致的,则常常是言说方式与思维方式的不一致。在西方,思维方式与言说方式往往是一致的,无论是思维还是言说,都可以从一个预先设定的实体出发加以逻辑推衍。在中国,老、庄一派的本体论就带有实体性本体倾向,所以其言说方式与思维方式常常是一致的,与西方言说方式与思维方式的结合形态相对接近,所以其思辨性能够得到黑格尔等人的承认。而在孔子这里,并不存在这种可以离开现象而独立存在的实体性本体,有的只是一种永远只存在于具体现象之中、并只能通过具体现象与事件来显示的事件性本体。因此,作为显现此一本体的言说,不可能先从一个纯粹的本体出发(因为根本就没有这样一个离开具体现象而存在的本体），而只可能通过具体的现象与事件来显示此一本体。也就是说，在孔子这里，言说方式与思维方式是不一致的，与常见的思维方式与言说方式的结合形态正好相反，所以黑格尔说孔子的思想没有一点思辨性。其实黑格尔没有认识到，孔子的思维方式与言说方式正好是相反的，其言说方式虽是"泛应曲当"，而其思维方式却是"一以贯之"。我们不能以一种常见的表现形态去否定另一种不太熟悉不太了解的表现形态。

综上所述，一以贯之的思维方式与泛应曲当的言说方式的相互结合，正是孔子为中国文化所开创的一种独具特色的思维方式与言说方式的结合方式。

二、孔子对后世文论言说方式与
思维方式的影响

孔子这种一以贯之的思维方式与泛应曲当的言说方式，对于中国文化的影响是至为深远的。中国古代文论尤其是许多诗话之作，也往往采取一种语录式形式，虽有其一以贯之的诗学理论，却采取一种随事生说的言说方式，泛应曲当，不主故常。许多学者都好以中国诗话为例来说明中国古代文论纯是直觉感悟，没有系统性与逻辑性，其实正是没有把言说方式与思维方式分开，也没有认识到，像孔子这样在言说方式上泛应曲当，不主故常，而在思维方式上却是执本驭末，一以贯之，正是中国文化与文论的一个显著特点。

我们不妨以诗话之体的开山之作，欧阳修的《六一诗话》为例来加以具体的分析。

显然，《六一诗话》的言说方式正是"泛应曲当"，随事生说，各则诗话条目之间的排列并没有固定和必然的逻辑联系。但另一方面,《六一诗话》却又有其一以贯之的诗学主张。

综观《六一诗话》,其基本的逻辑起点就是对于语言与意义的综合思考。这可以分为三个层次。

一是在"意义"方面,欧阳修主张应当事理真实,即所谓"事信",艺术的真实应当与生活的真实相一致,反对只求好句而不顾事理是否真实可信。如谓:"诗人贪求好句而理有不通,亦语病也。如'袖中谏草朝天去,头上宫花侍宴归',诚佳句也,但进谏必以章疏,无直用稿草之理。唐人有诗云:'姑苏台下寒山寺,半夜钟声到客船',说者亦云句则佳矣,其如三更不是打钟时。如贾岛《哭僧》云:'写留行道影,焚却坐禅声',时谓烧杀活和尚,此尤可笑也。若'步随青山影,坐学白骨塔','独行潭底影,数息树边身',皆岛诗,何精粗顿异也?"作者连举数例,说明诗句虽佳,但理有不通;更以贾岛优劣诗句正反对比,说明事理通达与否正是诗之精粗的一条重要标准。本此观点,欧阳修于《诗话》中第一则便辨析李方"玉玺五回朝上帝,御楼三度纳降王"一联是否符合客观事实。又于第三则讨论"卖花担上看桃李,拍酒楼头听管弦"及"正梦寐中行十里,不言语处吃三杯"两联,认为"其语虽浅近,皆两京之实事也",故有其可取之处。而作为欣赏者,要真正弄懂诗歌所表达的生活真实,也必须弄清诗句中每一词的具体含义。所以他考证了李白《戏杜甫》中"借问别来太瘦生"之"太瘦生"一词为语助;而对陶谷"尖檐帽子卑凡厮,短幼靴儿末厥兵"中之"末厥"一词,王建《霓裳词》中"听风听水作霓裳"之"听风听水"一语,以不得其解而深感遗憾,并录之以俟后来能知者。《六一诗话》的考证字句,实是为了求得事理之通之"信"。

二是在"言语"方面,欧阳修主张精工雕琢,反对不加修饰而过于浅俗。其言曰:"圣俞尝云:诗句义理虽通,语涉浅俗而可笑者,亦其病也。如有《赠渔父》一联云：'眼前不见市朝事，耳畔惟闻风水声'，说者云：'患肝肾风'。又有咏诗者云：'尽日觅不得，有时还自来'，本谓诗之好句难得耳，而说者云：'此失却猫儿诗'。人皆以为笑也。"此虽为梅圣俞之言，其实也正是欧阳修之意。在他看来，诗句之产生歧义，乃缘于语句浅俗易解，因此诗语得之过易，反致作者本意被人歪曲。关于此点，他还有数则诗话，复申其旨。如"有禄肥妻子，无恩及吏民"之遭人误解，盖因"其语多得于容易"；吕文穆公"挑尽寒灯梦不成"之被胡旦讥为"乃是一渴睡汉耳"，实亦因其出语浅俗。

　　三是在言与意、事理与好句之间的关系上，欧阳修主张"意新语工"。他引梅圣俞的话说："诗家虽率（一作主）意而造语亦难。若意新语工，得前人所未道者，斯为善也。必能状难写之景如在目前，含不尽之意见于言外，然后为至矣。""语工"即指上文所谓用语经锤炼后不涉于浅俗，并且能"状难写之景如在目前"。"意新"首先是指语意之新，为"前人所未道者"；其次是指语意之深，"含不尽之意见于言外"。而诗作是否具有"言外之意"，即在于是否"语工"。这样，"意新语工"便统一起来而落实到词语的铸造和组织上。因此，欧阳修在《六一诗话》中极为推崇晚唐诗人周朴的"月煅季炼"，杜诗的一字不能移易，赵师民的"诗思尤精"。同时，他也并不反对西昆体诗人的用典，对于由用典而导致"语僻难晓"者，认为只是"学者之弊"而已。

　　上述三个层面，便是《六一诗话》之内在逻辑的起点，其余都由此推衍而出。由于主张艺术真实应与生活真实相一致，欧阳修因此而认为诗歌可以具有史传著作的作用，可以使那些史传不载的人物"得所依托"，而名垂后世。

　　由于主张"意新语工"，《六一诗话》便以此为标准，以大量的篇幅来鉴赏品评那些炼意新奇而造语精巧的佳诗好句，属于此类的共计14则,几占全书篇幅的一半。其中包括梅圣俞的《河豚鱼诗》、《春雪诗》,吴僧赞宁的敏捷而工的对句,杜甫的《送蔡都尉诗》、《九僧诗》,贾岛、孟郊的穷苦而工之句,周朴的"月锻季炼"之句,苏子美兄弟的雄伟之作,谢伯初的"不愧唐贤"之作,石曼卿的神仙之句,钱惟演、郑文宝的警绝之句,赵师民的"诗思尤精"之句,韩愈的韵工之诗,宋祁的"采候"之诗。在这里,衡量优劣的标准不再是笼统的"风格",而是具体词句的"意新语工"。无论是西昆体诗人的佳句,还是"涩体"诗人宋祁的妙言,只要符合"意新语工"的条件,欧阳修都一律加以称赏。欧阳修反对以风格来评价作品与诗人的优劣。他在评论梅圣俞、苏子美时就说:"圣俞、子美,齐名于一时,而二家诗体各异。子美笔力豪隽,以超迈横绝为奇;圣俞覃思精微,以深远闲淡为意。各极其长,虽善论者不以优劣也。"欧阳修之所以反对以风格之异而评论诗人诗作,就正在于他所使用的标准是"意新语工",远较风格之评切实而具体。

"言意之辨"也使欧阳修在实际批评中深刻地意识到了表意符号与语言意义之间的差别与矛盾。凭藉同一语言符号,作者所欲表达的与读者所能领会的或许迥然不同。《六一诗话》中的一则云:"晏元献公文章擅天下,尤善为诗,而多称引后进,时名士往往出其门。圣俞平生所作诗多矣,然公独爱其两联,云'寒鱼犹著底,白鹭已飞前',又'絮暖鲦鱼繁,豉添纯菜紫'。……余疑而问之。圣俞曰:'此非我之极致,岂公偶自得意于其间乎?'乃知自古文士,不独知己难得,而知人亦难也。"这实际上就是指出了作者原意与读者所得之意的区别与差异。

综上所述,《六一诗话》的内在逻辑结构可作如下图示:

这就是《六一诗话》的内在逻辑结构。整部《六一诗话》都是围绕此一结构而展开。

《六一诗话》自有其内在的逻辑结构，这就说明了此书虽然是由一条条互不相干的论诗条目构成，但它自有其一以贯之之道，自有其内在的思维逻辑，横说竖说，千言万语，都不过是此一逻辑结构的体现而已。《六一诗话》外在形式的散漫，只不过是其泛应曲当的言说方式的表现，而并不是其思维方式的缺乏逻辑。诗话此种泛应曲当的言说方式与一以贯之的思维方式，正是由孔子所开创的存在于中国文化与文论中的一种基本思维方式与言说方式。

许多诗话之作往往只有一些特出的诗论妙语，并不一定都有全面的诗学理论。这里因为诗话家们都力求言其所自得，而不苟为推衍。其不建立个人之诗论小体系，正在于都承认整个时代甚至是传统的诗论大体系。这与中国诗论家注重传统，不轻非古人之习密切相关。因此，无个人之小体系，并不意味着无整个时代之大体系，而适足以证明大体系能够成为共识。如《诗人玉屑》广收宋代诗话论诗之语，而分门别类，厘为 21 卷，以下为其所列之目录：

卷一："诗辨"、"诗法"；

卷二："诗评"、"诗体"；

卷三："句法"、"唐人句法"、"宋朝警句"；

卷四："风骚句法"；

卷五："三不可"、"八句法"、"四不"等及"初学蹊径"；

卷六："命意"、"造语"、"下字"；

卷七："用事"、"压韵"、"属对"；

卷八："锻炼"、"沿袭"、"夺胎换骨"、"点化"；

卷九："托物"、"讽兴"、"规诫"、"白战"；

卷十："含蓄"、"诗趣"、"诗思"、"体用"、"风调"、"平淡"、"闲适"、"自得"、"变态"、"圆熟"、"词胜"、"绮丽"、"富贵"、"寒乞"、"知音"、"品藻"；

卷十一："诗病"、"碍理"、"考证"；

卷十二："品藻古今人物"、"古诗"、"律诗"、"绝句"；

卷十三："三百篇"、"楚词"、"两汉"、"建安"、"六代"、"靖节"；

卷十四："谪仙"、"李杜"、"草堂"；

卷十五："王维"、"韦苏州"、"孟浩然"、"韩文公"、"柳仪曹"、"孟东野贾浪仙"、"玉川子"、"李长吉"、"刘宾客"、"常建"；

卷十六："白香山"、"玉溪生"、"王建"、"杜牧之"、"杜荀鹤"、"韩致元"、"晚唐"；

卷十七："西昆体"、"六一居士"、"苏子美"、"梅都官"、"石曼卿"、"西湖处士"、"邵康书"、"半山老人"、"雪堂"；

卷十八："涪翁"、"陈履常"、"秦太虚"、"张秦"、"张文潜"、"韩子苍"、"王逢原"、"蔡天启"、"俞秀老清老"、"袁世弼"、"郭功甫"、"贺方回"、"张子野"、"谢无逸"、"刑敦夫"、"潘邠老"、"胡少汲"、"徐仲车"、"杨公济"、"张芸叟"、"唐子西"、"王仲至"；

卷十九："中兴诸贤"；

卷二十："禅林"、"方外"、"闺秀"；

卷二十一："灵异"、"诗余"、"中兴词话"。

显然，卷一卷二为总论部分，卷三至卷九为诗歌创作论，卷十卷十一为风格鉴赏、批评、纠谬，卷十二到卷二十一则为具体的评论,以时代为经,以人物为纬,其排比井井有条。黄升叔序曰:"自有诗话以来,至于近世之评论,博观约取,科别其条;凡升高自下之方,由粗入精之要,靡不登载。……即又取《三百篇》、《骚》、《选》而下,及宋朝诸公之诗,名胜之所品题,有补于诗道者,尽择其精而录之。盖始焉束以法度之严,终焉极夫古今之变,所以富其见闻。"此种体例安排,先谈理论法度,后再极夫古今之变,其中的思辨方式就是先本后末与原始要终相结合的方法。理论是本,具体品评是末,且自源及流,由本至末。而这可说是当时众所周知的诗论之大框架或大体系。每一部具体的诗话著作都不过是此一大体系之一部分而已。历代诗话总集,如《诗话总龟》、《苕溪渔隐丛话》等,往往就是此种诗论大体系或大框架的体现。

　　因此,就系统性而言,诗话著作往往是以整个时代都承认的诗论大体系、大框架为其心中之"本",为其理论关注中心,而从各人侧面加以申说论述。易言之,从单部诗话著作来看,也许并没有一个全面的理论体系,但在一个时代众多诗话著作中却往往存在着一个共同的理论体系或理论框架,也就是说,这些诗话著作在"泛应曲当"的外表下又都有"一以贯之"的深层结构。

　　总之,无论是就每一部诗话著作本身来看,还是从它与其所属时代之共同理论框架之关系来看,都体现着"泛应曲当"的言说方式与"一以贯之"的思维方式的结合。这两个方面说明了同一个道理:中国古代文论尤其是中国诗话,在言说方式与思维方式的结合上,常常采用了由孔子所开创的那种结合方式,此种结合方式,虽然与老、庄一派乃至西方世界的通常方式有所不同,但却同样有着其内在的逻辑结构与思辨特点,在轻松活泼的笔调下蕴藏着严肃认真的理论,在泛应曲当的议论中包含着一以贯之的主旨。这种言说方式与思维方式的结合,也就是孔子所谓"从心所欲不逾矩"的境界,是深中法度的活泼自由,是备于规矩而又出乎规矩。那种认为中国古代文论特别是中国诗话缺乏内在逻辑、零碎散乱的观点,其实正是只看到了中国文论"从心所欲"的一面,而没有看到其"不逾矩"的一面。

(原刊于《东方丛刊》1998 年第 1 期)

李清良,四川大学中文系教师,文学博士。

本文指出,孔子作为中国文化"轴心时期"最重要的思想家之一,对于中国文化有着至深至巨的影响。具体到中国古代文论,孔子的深刻影响不仅在于他提出了某些具体的诗学观点,更重要的还在于开创了"一以贯之"的思维方式与"泛应曲当"的言说方式的独特结合。

从文化思想到文学理论：文质说的历史形成与发展

束景南

　　文质说向来被认为是中国古代重要的文学理论与文学思想，实质上，文质说最初是作为一种文化思想出现的，而作为文学理论与文学思想的文质说，有一个历史的形成发展过程。现在一般都认为文质说的文学思想起于孔子，也有的甚至认为起于刘勰，这种看法实际上都没有注意到文质说作为中国一种独特的文化思想的历史起源、形成、发展与演变。本文拟专门考察从孔子到刘勰这一时期文质思想的整个发展，它从文化思想到文学理论的历史演进，由此可以探明文质说的文学思想与文学理论究竟起源于何时。

　　先秦时代，人们已广泛使用"文"与"质"的概念，"文"具有文化、文明的含义，"质"具有体质、体性的含义。在《周易》中，"文"与"质"作为"文化"与"体质"的范畴，已具有形而下之器与形而上之道的意义。《周易·贲卦》的《象》曰："刚柔交错，天文也；文明以止，人文也。观乎天文，以察时变；观乎人文，以化成天下。"（又见《周礼》）贲，本有文饰、文采之意，"观乎人文，以化成天下"已包含了后来"文化"意义的萌芽。文明，具有文德教化之意，《周易·革卦》的《象》曰："文明以说"，孔颖达《疏》解释说："文明以说者……能思文明之德以说于人，所以革命而为民所信也。"又《周易·同人卦》的

《彖》曰:"文明以健",按王弼注说,是指人的中正行为。在《周易》中也已有与"文"相对的概念"质",具有本体、体性的意义,《系辞》下云:《易》之为书也,原始要终,以为质也。"他如《论语·卫灵公》云:"君子义以为质,礼以行之。"《礼·礼器》云:"礼,释回,增美质。措则正,施则行。"均同此意。这表明文质思想最初反映了中国人的一种关于人与社会的文化观,它首先发展为文质相副的伦理道德思想。文、质作为一对范畴并提,初见于《论语》,书中有二处提到文质相副:《雍也》曰:"质胜文则野,文胜质则史;文质彬彬,然后君子。"又《颜渊》曰:"棘子成曰:'君子质而已矣,何以文为?'子贡曰:'惜乎,夫子之说君子也,驷不及舌。文犹质也,质犹文也,虎豹之鞟,犹犬羊之鞟。'"孔子所说文、质是对人而言,非对文学而言。"质"指人内在的良质(体性),"文"指人外在的礼貌(文化):"文质彬彬",是说人内在的质朴美与外表的华美兼有相副。孔子最高的伦理道德标准是"仁","仁"的外在表现是"礼",孔子主张"克己复礼为仁",要求"仁"与"礼"的统一,也就是"文"与"质"的相副。可见他说的"文"、"质"是一对伦理道德范畴,他的文质相副说是关于人的伦理道德学说,而不是关于文学的理论。因此说孔子第一个提出伦理道德上的文质说则可,说孔子第一个提出文学上的文质说则非。

　　孔子的文质相副说代表了春秋以来儒家的伦理道德观。孔子之后,先秦诸子中提及"文"、"质"的,有墨子、庄子、韩非子三家,而三家的共同特点都是主张取消文学。墨子反对"以文害用","尚用"而"非乐",既然否定文学与艺术,自不会提出文质相副的文学理论,他也只是在对人、对社会的看法上主张质朴而反对奢汰,要求弃文反质,《说苑·反质》具体记述了墨子这一思想:

　　　墨子曰:"诚然,则恶在事夫奢也?长无用,好末淫,非圣人之所急也。故食必常饱,然后求美;衣必常暖,然后求丽;居必常安，然后求乐。为可长，行可久，先质而后文，此圣人之务。"

"质"指质朴，"文"指奢华，弃文反质反映了农业社会中的小生产者的社会观念。道家认为信言不美，美言不信，庄子后学用"文"、"质"论述了道家归真返朴、复归自然的思想，《庄子·缮性》云："离道以善，险德以行，然后去性而从于心；心与心识知，而不足以定天下，然后附之以文，益之以博；文灭质，博溺心，然后民始惑乱，无以反其性情，而复其初。""文"与"质"也只指人的文饰与质朴。法家韩非更激烈反对一切文学艺术，他也只是在论到人时才用到"文"与"质"一对概念，《解老》上说："礼，可情貌者也；文，为质饰者也。夫君子取情而去貌，好质而恶饰。夫恃貌而论情者，其情恶也；须饰而论质者，其质衰也。"这里的"质"指情，"文"指貌，谈的是"礼"而不是文学。《难言》又曰："捷敏辩洽，繁于文采，则见以为史；殊释文学，以质信言，则见以为鄙。"这里所说的"文学"，是指儒墨之学，不是我们今天所说"文学艺术"的文学，韩非的"文学之士"（虚文）相对于"法术之士"（质信）而言，即《八说》所谓"息文学而明法度"，是主张弃绝儒墨浮丽之说，而按法度之质信为说，这里的"文采"与"质信"也同文学艺术无关。

先秦时代关于文质说所能见的文献材料大体如此，表明先秦时代的文质说还处在作为一种社会思想与伦理道德思想的阶段。汉初的思想家，从这两个方面进一步发展文质说，一方面形成了文质循环递嬗的历史观，一方面形成了文质对立统一的哲学观，其代表人物就是春秋公羊学大师董仲舒。董仲舒的《春秋繁露》，标志着汉代公羊学的完成，他建立了一个大一统、张三世、通三统、以《春秋》作新王、绌夏、故宋、新周的公羊学历史体系，其思想基础便是他的文质循环的历史哲学。他把以文、质论"人"推广到以文、质论"历史"，提出了"通三统"，认为每一新王朝代替旧王朝时（历史

之"变"），为示自己是"受命而后王"，必须"改正朔，易服色，制礼
乐"，夏、商、周三代便是如此"改制"的：夏正黑统，以建寅为岁首，
尚黑；商正白统，以建丑为岁首，尚白；周正赤统，以建子为岁首，尚
赤。他在《春秋繁露·三代改制质文》中用质文递变解释这种三统
历史循环的原因说："王者之制，一商一夏，一质一文。商质者主
天，夏文者主地，春秋者主人。"《十指》也指出："承周文而反之质，
是化所务立矣。"这是说前一代尚"文"（文饰），后一代必救之以尚
"质"（朴质），由此形成三统循环的人类历史。他正是从这种文质
循环的历史观点来解释人与社会：

> 亲者重，疏者轻，尊者文，卑者质。（《天地阴阳》）
>
> 礼者庶于仁，文质而成体者也。今使人相食，大失其仁，
> 安著其礼；方救其质，奚恤其文。（《竹林》）
>
> 《诗》道志，故长于质；《礼》制节，故长于文。（《玉杯》）
>
> 志为质，物为文，文著于质。质不居文，文安施质？质文
> 两备，然后其礼成。文质偏行，不得有我尔之名，俱不能备而
> 偏行之，宁有质而无文……然则《春秋》之序道也，先质而后
> 文，右志而左物。（《玉杯》）

董仲舒把社会历史伦理道德化，他的三统循环说显然是汉代统治
者"大一统"政治需要的产物，从思想渊源上说，是承自邹衍的五德
终始说，都是用伦理道德来解释历史，用历史来为现实政治服务。
这种文质终始循环的历史观既适应了汉统治者的政治需要，对当
时的思想家与历史家也产生了很大的影响，如司马迁的历史观便
是包含了这种文质终始的历史哲学内核，他在《平准书》中认为：
"是以物盛则衰，时极而转，一质一文，终始之变也。"《高祖本纪》也
说："夏之政忠。忠之敝，小人以野，故殷人承之以敬。敬之敝，小
人以鬼，故周人承之以文。文之敝，小人以僿，故救僿莫若以忠。
三王之道若循环，终而复始。"此后一直到西汉后期的扬雄之前，文

质说作为一种历史观、政治观与道德观,都未超出董仲舒的水平进入到文学领域。如武帝时终军《白麟奇木对》:"建三宫之文质,章厥职之所宜。"宣帝时杨恽《报孙会宗书》:"恽材朽行秽,文质无所底。"(《汉书·杨敞传》)成帝时杜钦《白虎殿对策》:"殷因于夏,尚质。周因于殷,尚文。今汉家承周秦之敝,宜抑文尚质,废奢长俭,表实去伪。"(同上,《杜钦传》)匡衡上言罢郊祀云:"其牲用犊,其席藁秸,其器陶匏,皆因天地之性,贵诚上质,不敢修文。"(同上,《郊祀志》)都反映了这种文质的社会历史观与伦理道德观。值得注意的是刘向《说苑》中有《修文》、《反质》二篇,可以说是对先秦至西汉中期的文质说的总结。刘向一方面以文、质论人,继承了孔子的文质相副的伦理道德思想:"孔子见子桑伯子,子桑伯子不衣冠而处。弟子曰:'夫子何为见此人乎?'曰:'其质美而无文,吾欲说而文之。'孔子去,子桑伯子门人不悦,曰:'何为见孔子乎?'曰:'其质美而文缛,吾欲说而去其文。'故曰:文质修者谓之君子,有质而无文者谓之易野。"(《修文》)"德弥盛者文弥缛,中弥理者文弥彰也。"(同上)"圣人抑其文而抗其质,则天下反矣。夫诚者,一也;一者,质也。君子虽有外文,必不离内质矣。"(《反质》)"盖重礼不贵牲也,敬实而不贵华。诚有其德而尊之,则安往而不可。是以圣人见人之文,必考其质。"(同上)另一方面又以文、质论历史,继承了董仲舒的文质循环的社会历史思想:"文,德之至也,德不至则不能文。商者,常也,常者质,质主天;夏者,大也,大者文也,文主地。王者一商一夏,再而复者也。"(《修文》)"由余曰:'……夏后氏以没,殷周受之,作为大器,而建九傲,食器雕琢,觞勺刻镂,四壁四帷,茵席雕文,此弥侈矣,而国之不服者五十有二。君子好文章,而服者弥侈,故曰俭其道也。'"(《文质》)文质说之作为一种伦理道德学说与社会历史观,是同这一时期经学(儒学)的独尊与汉统治者大一统的社会政治需要相适应的,这一时期的文质说,是一种集道德、历史与政治三位一体的社会文化思想。

到了西汉后期,由于辞赋的兴盛发达,文学的观念与文学的独立意识增强,文学从学术(经学、史学)中分化出来,相应地文质说也从经学(儒学)、史学进入到文学中,扬雄第一个把文质说运用到文学上,提出了较完整的文质相副的文学理论。固然他仍继承孔子、董仲舒以来的伦理道德思想,以文质相副论人,《法言·先知》曰:"圣人,文质者也。车服以彰之,藻色以明之,声音以扬之,《诗》、《书》以光之。笾豆不陈,玉帛不分,琴瑟不铿,锺鼓不扡,则吾无以见圣人矣。"《吾子》也曰:"或曰:'有人焉,自云姓孔而字仲尼,入其门,升其堂,伏其几,袭其裳,则可谓仲尼乎?'曰:'其文是也,其质非也。''敢问质?'曰:'羊质而虎皮,见草而说,见豺而战,忘其皮之虎矣。'"但是扬雄扩大了"文"、"质"的内涵与用法,他把"文"与"质"赋予了宇宙间的万事万物,"文"与"质"具有了"阴"与"阳"对立的普遍意义,它们从一对道德范畴上升为一对本体范畴。《太玄·文首》曰:"阴敛其质,阳散其文。文质班班,万物粲然。"天地万物皆是阴与阳的统一,故天地万物也皆是质与文的相副。《玄文》曰:"天文地质,不易其位。"《玄摛》更具体说:"夫天地设,故贵贱序。四时行,故父子继。律历陈,故君臣理。常变错,故百事析。质文形,故有无明。吉凶见,故善否著。虚实盈,故万物缠。"在《玄文》中,他用"质文形,故有无明"的思想来解释天地万物的产生、变化、发展与消亡:

> 罔、直、蒙、幽、冥。罔,北方也,冬也,未有形也。直,东方也,春也,质而未有文也。蒙,南方也,夏也,物之修长也,皆可得而戴也。幽,西方也,秋也,物皆成而就也。有形则复于无形,故曰冥。

扬雄明确说"文"是文采、藻饰,"质"是本质、素质,《玄捝》曰:"文为藻饰",《玄文》曰:"直⋯⋯质而未有文也","直者,文之素也。"《太

玄》中的"文首"与"饰首",就是专门阐述他的文质思想的。在"文首"中,他具体表述了文质相副的观点:

初一,袷襑何缦,玉贞。测曰:袷襑何缦,文在内也。

次二,文蔚质否。测曰:文蔚质否,不能俱晬也。

次三,大文弥朴,孚似不足。测曰:大文弥朴,质有余也。

次四,斐如邠如,虎豹文如,匪天之享,否。测曰:邠之否,奚足誉也。

次五,炳如彪如,尚文昭如,车服庸如。测曰:彪如在上,天文炳也。

次六,鸿文无范,恣于川。测曰:鸿文无范,恣意往也。

次七,雄之不禄,而鸡苾谷。测曰:雄之不禄,难幽养也。

次八,雕幾谷布,亡于时,文则乱。测曰:雕幾之文,徒费日也。

上九,极文密密,易以黼黻。测曰:极文之易,当以质也。

他反对以文害质——"文蔚质否",反对有文无质——"斐如邠如",反对舍质求文——"雕幾之文","极文密密",而主张"大文弥朴",以"质"救"极文密密",也就是文质的相副。既然万事万物均体现"文"与"质"的相副与统一,那么文学也不例外,故他又在"饰首"中说:

初一,言不言,不以言。测曰:言不言,默而信也。

次二,无质饰,先文后失服。测曰:无质先文,失贞也。

次三,吐黄舌,拑黄聿,利见哲人。测曰:舌聿之利,利见知人也。

……

这是说事物之"质"决定"文",如无质而文,"无质饰",事物即"失贞(正)"。就文章著作言,他反对"无质饰"、"无质先文"而主张"吐黄舌,拑黄聿"。黄为中色,指文章内容(质)要表现中道,许翰注云:"拑,执也。聿，笔也。君子发言著书不失中道，惟智者能之，愚者不语也。《法言》曰：'言，心声也；书，心画也。声、画形，君子小人见矣。'"中道、圣人之道也即自然之道，《太玄·玄莹》曰："夫作者（按：包括作文章之事），贵其有循而体自然也。其所循也大，则其体也壮；其所循也小，则其体也瘠；其所循也直，则其体也浑；其所循也曲，则其体也散。故不惧所有，不强所无，譬诸身，增则赘，而割则亏。故质干在乎自然，华藻在乎人事也。"作文之事也在体循自然之道（质），否则是徒有文饰，则是"无质饰"，结果只能"失贞"——文质乖离。由此扬雄更明晰简练地概括他的学术与文学的文质相副说：

> 务其事而不务其辞，多其变而不多其文也。不约则其旨不详，不要则其应不博，不浑则其事不散，不沈则其意不见。是故文以见乎质，辞以睹乎情。观其施辞，则其心之所欲者见矣。（《玄莹》）

"文以见乎质，辞以睹乎情"，是说文章的文辞要表达情质。古代诗歌合乐，他又从音乐上阐述这种文辞与情质的相副："声生于日，律生于辰。声以情质，律以和声，声律和协而八音生。"（《玄数》）许翰注云："甲乙为角，丙丁为徵，庚辛为商，壬癸为羽，戊己为宫。故声主于日，天之气也；律生于辰，地之德也。声直之以情质，律述之以和声，而金石丝竹匏土革木之音生。声可和而成文。"扬雄认为文章是表达内心之情的，《法言·问神》说："声、画者，君子小人之所以动情乎！""言，心声也；书，心画也。"故他以"情"为文章之"质"，要求文、辞与情、质的相副。这种文学上的文质相副，具有形式与内容、艺术性与思想性相统一的意义。扬雄曾用这种文质说来评论屈原的作品，在他作的《反离骚》中，认为屈原的作品"何文肆而质蠥"。如淳注曰："文肆者，《楚辞·远游》乘龙之言也。质蠥者，恨世不用己而自沉也。""文肆"，指屈原作品俊逸奔纵的文辞与神奇浪漫的手法，"质蠥"，指屈原作品中不能知"时"而行竟抗志沉身的志向情趣。

扬雄第一个提出了文质说的文学理论,从扬雄到刘勰,就是这一文质说的文学理论由产生到成熟的发展过程,也并不是要到刘勰才提出了文学上的文质说。东汉时代,文学上的文质说进一步发展,班彪在《史记论》中用文质思想评价司马迁的著作说:"辩而不华,质而不俚,文质相称,益良史之才。"(《后汉书·班彪传》)班固也同扬雄一样,将"质"与"文"的相副看作"阴"与"阳"的普遍统一关系:"吾闻之:一阴一阳,天地之方。乃文乃质,王道之纲。有同有异,圣哲之常。"这个"吾闻之"之人,首先是指扬雄。班固也用文质思想评论西汉的作家与作品:"近者陆子优游,《新语》以兴。董生下帷,发藻儒林。刘向司籍,辨章旧闻。扬雄覃思,《法言》、《太玄》。皆及时君之门闱,究先圣之壸奥,婆娑乎术艺之场,休息乎篇籍之囿,以全其质,而发其文。"(《答宾戏》)东汉一代文质相副思想的代表,是最推崇扬雄的哲学家王充。他也认为天地一切事物都是文质相副:"且夫山无林则为土山,地无毛则为泻土,人无文则为仆人。土无山无麋鹿,泻无土无五谷,人无文德不为圣贤。上天多文,而后土多理,二气协和,圣贤禀受,法象本类,故多文采……物以文为表,人以文为基。"(《论衡·书解》)文学也是如此,他反对重质轻文,批判"士之论高,何必以文"的说法,认为:"夫人有文,质乃成。物有华而不实,有实而不华者。《易》曰:'圣人之情见乎辞。'出口为言,集札为文,文辞施设,实情敷烈。"(《超奇》)他认为文章是内心之情的流露:"笔能著文,则心能谋论。文由胸中而出,心以文为表。"(同上)是内心真情实诚(质实)的表达:"实诚在胸臆,文墨著竹帛。外内表里,自相副称,意奋而笔纵,故文见而实露也。"(同上)"实"者,质也,"文见而实露",也就是扬雄说的"文以见乎质"。因此,文质、辞情是外内表里副称统一的,"实虚之文定,而华伪之文灭;华伪之文灭,则纯存之化日以孳矣。"(《对作》)"笔集成文,文具情显。"(《佚文》)这些说法都同扬雄一致。

魏晋以降,文学经过建安时代的发展,进入从理论上自觉总结的时代,文质说也成为文学家评论文学的重要的文学理论。首先,他们用文质说来评论各种文体的风格,傅玄评论《诗》、《书》之体说:"《诗》之雅颂,《书》之典谟,文质足以相副,酌之若近,寻之若远,陈之若肆,研之若隐,浩浩乎其文章之渊府也。"(《北堂书钞》卷九十五引《傅子》)又评论连珠体的风格特征说:"其文体辞丽而言约,不指说事情,必假喻以达其旨,而贤者微悟,合于古诗劝兴之义……班固喻美辞壮,文章弘丽,最得其体。蔡邕似论,言质而辞碎,然其旨笃焉。贾逵儒而不艳,傅毅文而不典。"(《艺文类聚》卷五十七引《连珠序》)皇甫谧用文质相副的思想评论赋体说:"赋也者,所以因物造端,敷弘体理,欲人不能加也。引而申之,故必极美;触类而长之,故辞必尽丽。然则美丽之文,赋之作也。昔之为文者,非苟尚辞而已。将以纽之王教,本乎劝戒也。自夏殷以前,其文隐没,靡得而评焉。周鉴二代,文质之体,百世可知。"(《三都赋序》)由此他根据扬雄的辞赋思想,一方面肯定丽以则的屈原之赋:"是以外卿屈原之属,遗文炳然,辞义可观,存其所感,咸有古诗之义,皆因文以寄其心,评理以求其制。"另一方面批评丽以淫的宋玉之赋:"及宋玉之徒,淫文放发,言过于实,夸竞之兴,体失之渐,风雅之则,于是乎乖。"(同上)挚虞评论铭体,认为:"夫古之铭至约,今之铭至繁,亦有由也。质文时异,论既则之矣。"进而批评了文章文质不副的四过之弊:"夫假象过大,则与类相违;逸辞过壮,则与事相违;辩言过理,则与义相失;靡丽过美,则与情相悖。"(《文章流别论》)

其次,他们又用文质说来评论历代的作家及其文学作品。曹丕在《与吴质书》中评论建安七子之一的徐干说:"伟长独怀文抱质,恬淡寡欲,有箕山之志,可谓彬彬君子矣。著《中论》二十余篇,辞义典雅,足传于世。"后来的殷基也认为:"质胜文,石建;文胜质,蔡邕;文质彬彬,徐干庶几也。"(《意林》)卷四引《通语》)檀道鸾用文质思想评论两汉魏晋时代的作家,说:"自司马相如、王褒、扬雄诸贤,时尚赋颂,体则《诗》《骚》,旁综百家之言。及至建安,而诗章大盛。逮乎西朝之末,潘、陆之徒,虽时有质文,而宗归不异也。正始中,王弼、何晏好庄老玄胜之谈,而世遂贵焉。至过江,佛理尤胜,故郭璞五言始合道家之言而韵之。询及太原孙绰,转相祖尚,又加以三世之辞,《诗》《骚》之作尽矣,并为一时文宗……"(《世说新语·文学》注引《续晋阳秋》)陈寿也用文质思想评论三国时代的作家,精辟指出:"昔文帝、陈王以公子之尊,博好文采,同声相应,才士并出,惟粲等六人最见名目。而粲特处常伯之官,兴一代之制,然其冲虚德宇,未若徐干之粹也。王觊亦以多识典故,相时王之式。刘劭该览学籍,文质周洽。刘廙以清鉴著,傅嘏用才达显云。"(《三国志·魏书·王卫二刘傅传》)

值得注意的是,这一时期由于佛教的广泛传播,大量翻译佛经,文质说也成为佛家重要的翻译理论。他们要求佛经的翻译与佛学的著述也要文质相副,反对以文害质。道安认为:"饰近俗,质近道。文质兼,唯圣有之耳。"(《首楞严后记》)圣人的著作都是文质炳蔚的,支遁《咏怀诗五首》之一云:"涉《老》哈双玄,披《庄》玩太初。咏发清风集,触思皆怡愉。俯欣质文蔚,仰悲二匠祖。……"僧叡也认为:"烦而不简者,贵其事也。质而不丽者,重其意也。"(《毗摩罗诘提经义疏序》)因此佛经的翻译应当文质兼备,以文从质,僧叡评论《小品经》的翻译说:"梵文雅质,案本译之,于丽巧不足,朴正有余矣。幸冀文悟之贤,略其华而几其实矣。"(《小品经序》)道安称赞支谦的译经:"支谦弃文存质,深得经义。"(《梁僧传》)称赞《光赞经》的翻译:"《光赞》护公执梵本,聂承远笔受,言准天竺,事不加饰,悉则悉矣,而辞质胜文也。"(《合放光赞随略解序》)佛学论著的著述,也应当文质相副,慧远明确说:"圣人依方设训,文质殊体。故以文应质,则疑者重;以质应文,则悦者寡……若开易进之路,则阶藉有由;晓渐悟之方,则始涉有津。远于是简繁理秒,以详其中,令质文有体,义无所越,辄依经立本,系以问论,正其位分。"(《大智论钞序》)

魏晋时代文质说的文学思想的代表是陆机。他的《文赋》着重论述"辞"与"意"、"文"与"质"的关系,正如赋序所言:"恒患意不称物,文不逮意,盖非知之难,能之难也。故作《文赋》以述先士之盛藻。"他说的"文"指文辞、文采、文法,"质"指意、理、情。陆机提出了文学创作的基本观点:"理扶质以立干,文垂条而结繁。"这是说作文以理为质,而以文附理加以藻饰,使文章达到"信体貌之不差","要辞达而理举"的效果,即文与质、貌与情、辞与理的完美统一。这种统一在各类作品中的具体表现就是:"诗缘情而绮靡,赋体物而浏亮,碑披文以相质,诔缠绵而凄怆,铭博约而温润,箴顿挫而情壮,颂优游以彬蔚,论精微而朗畅,奏平彻以闲雅,说炜晔而谲诳。"同时指出五种文病,都在于以文害质,文质不副:"或寄辞于瘁音,言徒靡而弗华,混妍蚩而成体,累良质而为瑕。""或遗理以存异,徒寻虚而逐微。言寡情而鲜爱,辞浮漂而不归。"他在文质说的基础上统一了文道说与文情说,既反对遗"理"而逐浮靡的一面,又反对寡"情"而戕良质的一面;而对文以明道(理)与文以表情这二方面,他更注重文以表情的一面,提出了"诗缘情以绮靡"的著名美学思想。可以说陆机特别强调文与情的一面,规范了晋以后直到刘勰时代文质思想发展的审美走向,"诗缘情以绮靡"成为宋齐梁陈时代文学创作的美学旗帜(到唐宋古文运动兴起,文与道的一面才突出出来)。

迄于齐梁,由于声律说的兴起,文质说更趋完善。如陆厥把讲求宫商音韵也归入"文"中,认为这样才"辞既美矣,理又善焉"。他批评反对以声律为"文"的说法,解释说:"意者亦文质时异,古今好殊,将急在情物,而缓于章句。情物,文之所急,美恶犹相半;章句,意之所缓,故合少而谬多。义兼于斯,必非不知明矣。"(《与沈约书》)时移世变,"文"、"质"也有不同的内容。沈约则在《宋书·谢灵运传论》中,用文质说来认识文学发展史,认为一部文学史就是文与质、文与情、文与理的变化发展史。如他说自汉至魏四百余年文体"三变":"屈平、宋玉导清源于前,贾谊、相如振芳尘于后,英辞润金石,高义薄云天。自此以降,情志愈广。王褒、刘向、扬、班、崔、蔡之徒,异轨同奔,递相师祖。清辞丽曲,时发乎篇;而芜音累气,固亦多矣。若无平子艳发,文以情变,绝唱高踪,久无嗣响。至于建安,曹氏基命,二祖、陈王,咸蓄盛藻,甫乃以情纬文,以文披质。"他进一步举出"三变"中的代表作家论述说:"相如巧为形似之言,班固长于情理之说,子建、仲宣以气质为体,并标能擅美,独映当时。"相如的巧为形似,班固的长于情理,曹、王的气质为体,大体概括了不同时代文学的文质风貌,这样来论述文质因时而变是比较精辟的。同前人讲文质相副说不同的是,在"文"与"质"二者中,沈约更从声律这个新角度强调"文":"夫五色相宜,八书协畅。由乎玄黄律吕,各适物宜,欲使宫羽相变,低昂互节,若前有浮声,则后须切响。一简之内,音韵尽殊;两句之中,轻重悉异。妙达此旨",始可言文。以为"自骚人以来,此秘未睹",实际这可以说是他从"文"的方面发展了扬雄以来的文质说。

　　在前人对文质说不断丰富发展的基础上,刘勰在《文心雕龙》中对扬雄以来的文质相副文学理论作了集大成的总结。《情采》集中论述了他的文质说。他认为:"夫水性虚而沦漪结,本体实而华葶振,文附质也;虎豹无文,则鞟同犬羊,犀兕有皮,而色资丹漆,质待文也。"这高度精辟地阐明了文学艺术形式与内容的关系。因此他主张文质相副:"夫能设谟以位理,拟地以置心,心定而后结音,理正而后摘藻,使文不灭质,博不溺心,正采耀乎朱蓝,间色屏于红紫,乃可谓雕琢其章,彬彬君子矣。"这种"文"与"质"的相副,就是"文"与"情"(性)的相副:"故情者,文之经;辞者,理之纬;经正而后纬成,理定而后辞畅,此立文之本源也。""研味李老,则知文质附于性情。"也是"文"与"道"(理)的相副:"玄圣创典,素王述训,莫不原道心以敷文章","故知道沿圣而垂文,圣因文而明道","辞之所以能鼓天下者,乃道之文也。"(《原道》)也是文"与"事"(物)的相副:"然则明理引乎成辞,征义举乎人事,乃圣贤之鸿谟,经籍之通矩也。"(《事类》)由此他进一步悟出了"文"与"心"的关系:"是以诗人感物,连类不穷……写气图貌,既随物以宛转;属采附声,亦与心而徘徊。"刘勰的文质说,在情、理、文三者关系上,他是以情重于道,以情为经,以道为纬,"经正而后纬成",有其情才有其理,情理文的先后关系是情正而后理成,理定而后文畅。这一重要思想显然要比后来唐宋古文家与道学家弃情而只讲文与道更深刻,更触及到了文学艺术本身的特殊审美规律。所以他在具体论述"文"与"情"的关系时,又进一步发挥扬雄的观点说:"昔诗人什篇,为情而造文;辞人赋颂,为文而造情。何以明其然? 盖风雅之兴,志思蓄愤,而吟咏情性,以讽其上,此为情而造文也;诸子之徒,心非郁陶,苟驰夸饰,鬻声钓世,此为文而造情也。故为情者要约而写成,为文者淫丽而烦滥。"(《情采》)他用这种文质观分析各种文体之作,如论颂赞曰:"马融之《广成》《上林》,雅而似赋,何弃文而失质乎!"(《颂赞》)论议对曰:"至如主父之驳挟弓,安国之辨匈奴,贾捐之之陈于朱崖,刘歆之辨于祖宗,虽质文不同,得其要矣。"(《议对》)论赋曰:"荀况学宗,而象物名赋,文质相称,固巨儒之愤也。"(《才略》)刘勰又同扬雄一样,从文质相副的观点提出了文学因时发展的因革思想,认为:"时运交移,质文代变,古今情理,如可言乎!"(《时序》)"前映十代,辞采九变。枢中所动,环流无倦。质文沿时,崇替在选"。(同上)《通变》与《时序》二篇,集中反映了他这种文质因时变化的文学因革观。这种文质说的文学思想,不仅成为当时批判六朝绮靡文风的有力思想武器,而且也成为接踵汹涌而来的唐宋古文运动的思想基础了。

(原刊于《文献》1999 年第 3 期)

束景南,浙江大学古籍所教授,博士生导师。

　　本文考察了从孔子到刘勰文质思想的整个发展过程,以及它从文化思想到文学理论的历史演进,由此探明了文质说的文学思想与文学理论的起源时代。

"以意逆志"辨

董洪利

"以意逆志"是孟子在讨论如何理解《诗》义时提出的一个重要的文学理论观点。两千多年来,它作为文学批评与鉴赏的基本原则,在学界产生了巨大影响。但由于人们对于其中一些概念内涵的不同理解,因而对全句就有了截然不同的意义阐释,运用时也产生了严重分歧。我们先看孟子的原话:

> 故说诗者,不以文害辞,不以辞害志。以意逆志是为得之。如以辞而已矣,《云汉》之诗曰:"周余黎民,靡有孑遗。"信斯言也,是周无遗民也。(《孟子·万章上》)

这里,"文"指作品的文采,"辞"指作品的言辞,"不以文害辞"一句没有什么异义,很容易理解。歧义所在是对"不以辞害志,以意逆志"中的"志"和"意"两个概念的不同理解。最早对此作出解释的是东汉的赵岐。他说:

> 志,诗人志所欲之事。意,学者之心意。孟子言说诗者,当本之志,不可以文害辞,文不显乃反显也。不可以辞害其志,辞曰:"周余黎民,靡有孑遗。"志在忧旱,灾民无孑然遗脱不遭旱灾者,非无民也。人情不远,以己之意,逆诗人之志,是为得其实矣。(《孟子章句·万章上》)

赵岐认为,"志"是"诗人志所欲之事",即作者所要表达的意图。"意"是读者的心意。按照这个理解,"以意逆志"就是指读者以自己的心意去追求迎合作者的原意。后世的不少学者都是从这个意义上理解"以意逆志"的,如朱熹说:"当以己意迎取作者之志,乃可得之。"(《孟子集注》)王国维说:"顾意逆在我,志在古人,果何修而能使我之所意不失古人之志乎?"(《玉溪生年谱会笺序》)朱自清说:"以意逆志,是以己意、己志推作诗之志。"(《诗言志辨》)

还有一种意见认为,"意"不当指读者的心意,而是指作品的意旨。清人吴淇说:

> 诗有内有外。显于外者,曰文曰辞。蕴于内者,曰志曰意。……汉宋诸儒以一"志"字属古人,而"意"为自己之意。夫我非古人,而以己意说之,其贤于蒙之见也几何矣!不知志者古人之心事,以意为舆,载志而游,或有方,或无方,意之所到,即志之所在。故以古人之意求古人之志,乃就诗论诗,犹之以人治人也。即以此诗论之:"不得养父母",其志也;"普天"云云,文辞也;"莫非王事,我独贤劳",其意也。其辞有害,其意无害,故用此意以逆之,而得其志在养亲而已。

按照这个理解,"以意逆志"就是"以古人之意求古人之志",即以作品表达的意义为依据,推求作者的原意。

以上两种说法作为对孟子原话的解释,各有各的道理,但似乎都未能准确地概括出"以意逆志"作为文学批评与鉴赏方法的本旨。先看吴淇之说。他把"意"解释成"古人之意",强调要用作品所表达的意义去推求作者的意图,这个想法的本意应该说是不错的,但他却忽略了理解过程中一个至关重要的因素,即读者的作用。作品的意义只有通过理解才能实现,而理解的过程包括两方面的因素,即作品本身和读者的阅读。作品本身是决定性的因素,读者只能在作品内容的引导和控制下完成阅读,展开理解,脱离作品就不能形成理解。但是,作品只是理解的前提和条件,只有作品而没有读者的阅读仍然不能形成理解。譬如藏于壁窟中的敦煌卷子,已经存于世上近千年了,但在被发掘、被阅读之前人们是不会理解其意义的。所以理解只能发生在作品本身和读者阅读的相互作用之中。而读者的阅读,不是从心中一无所有的空白状态下开始的。在阅读某一部作品之前,他已经在接受语言和经历社会生活的同时接受了历史和传统文化的影响,形成了自己所特有的知识经验、思维方式、语言习惯、思想情感等等,用西方解释学的术语说,就是在开始阅读和理解某一部作品之前,他已经处于某种"前理解状态"。前理解状态是由历史和文化传统决定的、人无法拒绝也无法自由选择的一种心态,任何阅读和理解活动只有在前理解的基础上才能展开。举个例子也许能说得更清楚些。譬如我们要阅读《莎士比亚全集》而又不懂英文,不了解与莎翁有关的背景,将从何处着手呢?必然要先学习英语,在掌握语言的同时,了解英国的历史、莎翁的生活背景,然后才能翻开《莎士比亚全集》。这个学习语言、了解历史的过程就是前理解的过程,只有在这个基础上,阅读才成为可能。如果没有语言的基础,没有必要的知识储备,而直接翻阅《莎士比亚全集》,那你面对的将是由各种线条组成的天书,连一个字也读不懂,更不用说欣赏其优美的诗句,体会其深奥的意蕴了。而在学习语言、了解历史的过程中,人们已经对英国的历史、莎翁的背景等情况有了一定的主观认识。这些认识就是前理解的一部分内容。当人们开始阅读《莎士比亚全集》时,这部分前理解就必然会先入为主地影响并制约着人们对作品意义的理解。

通过这个例子,我们有理由认为,在任何阅读和理解活动中,读者的知识经验、思维方式、语言习惯、思想情感等前理解的内容必然会参与其间,并影响着读者对作品意义的感受和体会。也就是说经过读者阅读之后所概括总结的"作品意义",都必然包含着读者的前理解,纯然客观的、不掺杂任何读者主观意识的"作品意

20世纪儒学研究大系

义”是根本不存在的。因为无论作者在作品中对意义作了多么明显的提示和多么严格的限制，读者也不可能忘却自己的历史存在，否定自我意识，完全进入作者的历史环境和思维状态，一丝不差地重建作者的意图；而只能在个人的社会和生活环境中，以个人的前理解为基础来展开阅读和理解。吴淇不同意赵岐“以己之意逆诗人之志”的解说，把“以意逆志”解释为“以古人之意求古人之志”，以为改变了一个概念的内涵，就能站在纯客观的立场上解读古人作品的意义，殊不知这样做不仅不能排除读者的主观意识，反而会使它披上一层“纯客观”的外衣而变得更加隐晦，使人无法正确地认识和理解读者在作品意义实现过程中的重要作用。

再看赵岐之说。赵岐把“意”解释成“学者之心意”，应该说是正确的，但需要说明的是，所谓“学者之心意”是指读者在接受语言和经历社会生活过程中所形成的前理解状态，而不能简单地理解成纯主观的个人意识。“以意逆志”的“志”，赵岐解释为“诗人志所欲之事”，即作者所要表达的原意。这样一来，“以意逆志”就成了读者以自己的心意追求作者原意的一种原则。刘勰《文心雕龙·知音篇》对这种“以意逆志”的具体过程作了阐释：“夫缀文者情动而辞发，观文者披文以入情。沿波讨源，虽幽必显。世远莫见其面，觇文则见其心。”意思是说，作者情有所感，心有所动而表达和寄托在作品之中。读者则通过阅读作品，深入到作者的内心世界。作品就像发源于作者思想的江河，阅读则是逆流而上，沿波寻找作者意图的源头。这样，即使作者的意图隐藏得很深，也能使它显露出来；即使与作者年代相隔久远，不能谋面，也能原原本本地理解他的心。

阅读某一位作者的作品，希望自己的理解能契合作者寄托在作品中的原意，这是在传统的“以意逆志”原则影响下，每一位读者孜孜以求的目的。然而，这个目的只是一种美好的愿望，尽管看上去非常合乎情理与常识,但在阅读实践中却难以实现。究其原因,大致有二。

首先,作品中寄托了作者的原意,这是不容置疑的客观存在,但要认识和理解这个客观存在,必须受到某些条件的制约,即作者的原意只出现在读者与作品的交流关系中,而且不能离开读者的理解而独立存在。而读者的理解,如前所述,必须在个人前理解的基础上才能展开;作品的意义也必然包含着个人前理解的内容。由于人的生活经历、社会环境、知识结构、情趣爱好、思维习惯、语言方式等等各不相同,决定了每个读者的前理解也各不相同,所以每个读者所理解的作者原意也必然会因前理解的不同而出现种种差异。譬如,同是著名的经学家,郑玄对经义的理解不同于朱熹,朱熹也不同于王阳明,这不是因为他们面对的经书不同,也不是因为圣人寄托在经书中的原意不同,而是因为他们个人所拥有的前理解各不相同。人们常说有一千个观众就有一千个哈姆雷特,有多少个红学家就有多少个曹雪芹,说的也是这个道理。再举一个稍具体点的例子。请看诸家对杜甫《绝句》"门泊东吴万里船"一句的解释。

仇兆鳌引范成大《吴船录》说:

> 蜀人入吴者,皆从合江亭登舟,其西则万里桥。杜诗"门泊东吴万里船",此桥正为吴人设。(《杜诗详注》)

沈祖棻说:

> 草堂门外江边,停泊着船只。这些船,可以从成都直航东吴,行程极远,所以说是万里船。(《唐人七绝诗浅释》)

李思敬说:

> 透过他那院门口,又看到辽远的水面上飘着东去的航船……以门口为画框,则万里船竟如泊于门中。(《文史知识》1983 年 12 期《画意与诗情》)

刘兴诗说：

> 来自万里外的东吴航船的确有可能一直航行到草堂门前。(《科学画报》1980 年 7 期《草堂门外东吴船》)

张永芳说：

> 第四句写的虽是实有之景，却未必会是与黄鹂、白鹭、西岭同时出现在诗人眼前的景物，而是浮现于诗人心中的景象。在诗人触动离情的时候，平时久已见惯的"门泊东吴万里船"之景，顿时浮上心头，历历如在眼前。(《文史知识》1981 年 5 期《读杜甫绝句"两个黄鹂鸣翠柳"》)

以上诸说，只是杜诗解释的一小部分，就已经异解纷呈，使人感到眼花缭乱了。"门泊"，有的理解为泊在门中，有的理解为泊在门外，有的理解为浮在心中的景象；"东吴万里船"，有的理解为从成都直航东吴，有的理解为来自万里外的东吴航船，有的理解为作者因万里桥而想到"万里船"。从传统的"以意逆志"原则看，各位解释者都有理由认为自己的理解最符合作者的原意，因为他们都没有超出"门泊东吴万里船"这七个字的语言和意象所启示的理解范围。然而杜甫在创作时决不可能把这么多不同的"原意"注入同一句诗中。由此我们认为，读者的理解只能与作者期望实现的、通过作品语言和意象所启示的意义保持大体上的一致，不可能丝毫不差地完全符合作者原意。

我们再从作者与作品语言关系的角度谈谈这个问题。每一位作者都希望把自己的意图原原本本、毫无保留地反映在作品之中，但由于作品语言的局限，作者的意图不可能充分地、完全地表达出来，言不尽意是作者与作品语言关系中存在的普遍现象。黑格尔曾深刻地指出："语言实质上只表达普遍的东西，但人们所想的却是特殊的、个别的东西。因此，不能用语言表达人们所想的东西。"(引自列宁《黑格尔〈哲学史讲演录〉一书摘要》)所谓"不能用语言表达人们所想的东西",应当理解为作者创作思维中那些只有个人能理解的内部语言,不能直接外化为作品,必须把它转变成别人也能理解的具有共性的语言符号才行,而在转换过程中,必然会有一些特殊的、个别的东西不能完全与语言符号相对应而被迫舍弃其部分内容或改变原初的形态,于是就出现了作品语言不能完全表达作者意图的情况。这里所说的"特殊的、个别的东西",用现代语言学的某些理论来分析,主要是指语言意义中的非思维意义。思维意义指的是通常情况下用以交流和表达的具有普遍性的语义;非思维意义指的是语言中附着的感觉、知觉、表象以及情感和心理活动等方面的意义。(参见宋振华、刘伶《语言理论》,辽宁人民出版社,1984)非思维意义是以个人理解为条件的,属于个人意识中所独有的、非正规词汇意义系统之内的意义,一般来说,它很难在语言的交流和表达活动中用词和句子明确地凸现出来,只能在语言共性所允许的范围内提供一些理解的条件,引发读者的联想,让读者自己去体会。如果作者提供的理解条件比较充分和准确,那么读者的理解尽管仍然会存在种种差异,但理解的取向还可以大致趋近,不至于出现风马牛不相及的情况;如果作者提供的理解条件比较隐蔽,或者使用的多是含义朦胧的词汇,那么读者的联想就会自由驰骋,每个人所理解的作者原意就会呈现较大差异。

作者与作品语言之间的关系除了表现为作品语言不能完全表达作者的原意外,还表现为作品语言的意义范围溢出作者的原意,出现了作者不曾预料到的字义之外的意义,也就是言外之意。我们知道,语言只有在一定的语境中使用才能产生意义。由于作品的意义是在"书写——阅读"过程中展开的,而作品又把这个过程一分为二,变成了作者书写作品的过程和读者阅读作品的过程,这样,作品意义的实现就包括了两个语境:即作者书写作品的语境和读者阅读作品的语境。作者写作时必定处于某种特定的语境之中。这个语境包括作者的语言方式、心理活动、知识经验、历史环境、审美情趣以及语言所要描述的事物等等,因而他写出的作品才具有确定的含义。对于作者来说,这个含义是惟一的,不能作其他的理解。当一部作品完成之后,作者写作时的特定语境随即消失,原先认为惟一的、确定的含义也失去了使其确定的条件而变得含混模糊,处于一种意义未决状态。只有当读者开始阅读并与作品重新建立起某种语境关联的时候,未决的意义才能够实现。然而我们已经了解到,读者在接受一部作品的时候,头脑里绝不是一张白纸,任凭作品如印印泥般地打上不变的印记,而是在阅读之先已经从历史文化背景和社会生活环境中获取了各种各样的知识和观念,形成了各自不同的前理解。在前理解的制约下,读者所理解的意义与作者意欲表达的意义不可能是完全相同的,不同时代、不同地域的读者所理解的意义,甚至同一个读者在不同时期、不同心境下所理解的意义也不可能是完全相同的。这些不同的理解都是在读者与作品所建立的语境关联中获得的,从作者与作品关系的角度看,它实际上就是作品意义对作者原意的超越。德国学者加达默尔说:“一部作品的意义,并不是偶然地才逾越出作者的意图,而是永远处在这种越出作者意图的情形之中。”(《真理与方法》)作品对读者的开放是无止境的,只要有可以阅读的人存在,作品就有被阅读的可能;只要作品在不同的社会历史环境和不同的前理解结构中被阅读,它的意义就会呈现出超越作者意图的理解。

通过以上分析,我们认为,把“志”解释成作者的原意,并希望用“以意逆志”的方法寻求作者的原意,只不过是一种不切实际的幻想。就连发明“以意逆志”说的孟子本人,在说解《诗经》时也从未真正追寻到作者的原意,总是把自己的儒学观念掺进对作品的理解之中。例如《尽心上》的一段:

> 公孙丑曰:"诗曰'不素餐兮',君子之不耕而食,何也?"孟子曰:"君子居是国也,其君用之,则安富尊荣;其子弟从之,则孝悌忠信。'不素餐兮',孰大于是?"

"不素餐兮"句出自《诗经·魏风·伐檀》。古今大多数人认为此诗表现了伐木的劳动者对不耕而食、不劳而获的君子们的愤恨之情,并用反话对君子们的寄生本质作了辛辣的讽刺。公孙丑就是从这个意义上理解而对孟子发问的。但孟子却站在儒家立场上作了完全不同的解释,他认为君子能使国家富足安定,子弟孝悌忠信,功劳极大,的确不是白吃饭的。按照他的解释,此诗不仅毫无痛恨、讽刺之意,反而成了为君子们歌功颂德的辩护词。在孟子看来,他是运用"以意逆志"的方法发现了诗作者所要表达的原意,但今天大多数读者是不会同意这个结论的。由此可见,以追寻作者原意为目的的"以意逆志",从发明伊始就是一种虚假的现象。千百年来,在这种假象的掩盖下,"以意逆志"的本质被歪曲了,它作为一种文学批评与鉴赏的方法,也未能在实践中正确地发挥过作用。

造成这种假象的一个主要原因,就是对"志"的概念以及对"以意逆志"过程的理解都是不正确的。我们认为,批评与鉴赏是一种创造性的理解活动。在这个活动中,读者所理解的作品意义不可能是作者原意的恢复与重建,只能是读者个人的前理解与作品语言所表达的内容相互融合的产物。如果用"以意逆志"来概括,那么"志"就应当理解为作品语言所表达的内容,而不是作者的原意;"以意逆志"就是读者的前理解与作品语言所表达的内容相互融合的过程,而不是用读者的心意去追寻迎合作者原意的过程。只有这样理解,"以意逆志"才能成为具有可行性的文学批评与鉴赏的正确方法。不过,这里需要说明的是,文学批评与鉴赏的创造性,不能理解为通常意义上的文学创作,它必须受到两个基本因素,即

"志"(作品语言所表达的内容)和"意"(读者的前理解)的制约。而这两个基本因素中,"志"是主导性的,决定着理解的大致范围和基本走向。美国学者霍拉勃说:

> 在"本文——读者"交流中,"给予——接受"具有惟一的特点。读者必须在一定范围内由本文导引和控制,因为本文无法自发地响应读者的指导和问题。本文控制交谈的方式是交流过程中最主要的方面。(《接受美学与接受理论》)

在读者与作品的交流关系中,"志"是给予的一方,读者只能在给予的控制和约束下接受作品。譬如厨师,给他的是萝卜,就不能炒出白菜,只能以萝卜为原料加以烹制。因此,在"志"的控制下,读者的批评和鉴赏不可能是自由放任的。那些不顾作品语言所表达的内容,漫无边际地任意联想,只能视作个人的创作,与理解作品意义无关。这个观点,在运用"以意逆志"方法时是至关重要的,它是使批评与鉴赏得以保持客观性的基本前提。

(选自《中国典籍与文化论丛》第二辑)

董洪利,北京大学中文系教授,主要研究方向为中国古典文献学,著有《古籍的阐释》等。

本文从比较诗学的角度对"以意逆志"作了新的解读,认为"以意逆志"就是读者的前理解与作品的语言所表达的内容相互融合的过程,而不是用读者的心意去追寻迎合作者原意的过程。

贞观时期儒家文学观重建刍议

聂永华

由先秦儒家发轫的诗教说,经过汉儒从时代政治角度胶着地考释诗意的发展,产生了"风雅正变"的政治文学观。这样在使文学保持对社会生活的热忱的同时,也使作为人类心理——情感表现的审美创造被扭变成了国家治乱兴衰的"晴雨表"。由于中国古代社会结构和思想体系的稳定性,这种政治与文学敏感对应的"审音知政"文学观就成了考察文学的恒久不变的视角,历代统治者无不借用这副古老的盔甲作为经邦治国的思想武器,把文学纳入其政治思想体系之中。唐初统治者亦不例外。在贞观时期为了"多识前古,贻鉴将来"(高祖下诏语,见《旧唐书·令狐德棻传》)而修撰的一批近代史书的总体框架中①,文学是其中一个有机组成部分,在有关传论中比较系统地评述了从远古到北周、隋的文学演变史。他们在对崇圣尚质儒家文学观和有关教化的政治文学观的自觉认同中,对近代文学(按:指魏晋南北朝文学,下同)尤其是"宫体诗"

---

① 据《唐会要》卷三十六"修撰"条,官修近代史始议于武德四年,次年下诏实施,然而"绵历数载,竟不就而罢";贞观三年,"于中书省置秘书内省,以修五代史",贞观十年前后,基本告竣,主要包括《梁书》、《陈书》(姚思廉),《北齐书》(李百药),《周书》(令狐德棻),《隋书》(魏征等),《南史》、《北史》(李延寿),《晋书》(唐玄龄、褚遂良等)。

兴起以来的文学现象展开异口同声的批判,在此基础上发表了他们对未来文学的宏观构想。贞观时期这场声势浩大的儒家文学观重建运动,以其积极性和局限性,对贞观宫廷诗风的生成产生影响。

一

汉儒开创的"风雅正变"诗教观,虽然标举颂美和乐之"正声"与怨刺哀思之"变声",但显然是以"乐而不淫,哀而不伤"(《论语·八佾》)的温柔敦厚原则为祈向,安乐中和因与太平治世相联系而得到了特别推崇,因此,文学也就成了"经夫妇、成孝敬,厚人伦,移风俗"(《毛诗序》)的工具,并由此建立起一整套有明确价值标准的批评话语系统。然而东汉末年以来的持续动乱,魏晋玄学的勃兴,儒学文学观受到了冲击,"诗缘情"[①]审美文学观更是对"诗言志"(《尚书·尧典》)功利文学观的有力挑战,文学走上了表达个人情性的轨道。文学观念的更新引发了艺术文化形态的嬗变,文学的审美特质得以空前张扬。然而,南朝后期"宫体诗"淫亵卑弱的格调,使诗歌情性的发抒走入歧途;"赏好异情而意制相诡"(沈约《宋书·谢灵运传》)的"新变",又使艺术表现朝着文浮于质乃至以文灭质的方向发展。因此,从历史和逻辑来看,随之而来的反拨都是势所必然的。刚刚一统南北的贞观君臣,在着手新王朝的礼乐建设时,文学观念的重建也理所当然的摆上了议事日程,他们以高度的理性自觉进行着儒家文学观的重建,掀起了一场轰轰烈烈的儒家文学观的宣传运动。

---

① 陆机《文赋》:"诗缘情而绮靡。"

　　长期以来,学界流行一种观点,认为唐初统治者在文化政策上采取了宽松灵活的态度,儒、道、释三教并行,人们思想活跃开放。事实上,贞观时期大致上是儒风盛行,活跃开放不足。唐太宗李世民对佛教一直采取抑制政策①。在上演的"崇道尊祖"政治闹剧中亦不过是以儒说道。在贞观君臣心目中,儒家思想才是立国的指导思想,是创业守成、作训垂范的精神支柱。他们对儒家思想的倡导不仅不遗余力,而且采取了一系列切实的措施,成了他们的经常性的活动。《旧唐书·儒学上》云:

　　　　贞观三年,停以周公为先圣,始立孔子庙堂于国学,以宣父为先圣,颜子为先师,大征天下儒士,以为学官。(太宗)数幸国学,令祭酒、博士讲论,毕,赐以束帛,学生能通一大经已上,咸得置吏,于国学增筑学舍一千二百间,太学、四门博士亦增置生员……有能通经者,听之贡举。是时四方儒士,多抱负典籍,云会京师。……鼓箧而升讲筵者,八千余人,洋洋济济焉。儒学之盛,古昔未之有也。

由这段史料可以想见当年崇儒热情之高涨。这些政策措施的实施,使儒学成为凌驾于诸说之上的思想权威;"置吏"、"贡举"的世俗利益,意在诱导广大士人对儒学独尊地位的实际支持,从而造成了"天下儒士"得以"擢以不次,布在廊庙者甚众"(《贞观政要·崇儒学》)的局面。李世民不仅使当代儒士尽入其彀中,而且对前代名儒与经学大师旌彰有加。贞观十四年十二月下诏,指出梁朝皇侃、

────────────

　　①　太宗曾两度颁诏抑制佛教,对以佛非儒之徒绳之以法,甚于处以极刑,对尊佛大臣予以廷辱与非难,在总结前代兴亡教训时,把导致"子孙覆亡而不暇,社稷俄顷而为墟"的原因,归咎于统治者"穷心于释氏","锐意于法门"。参赵克尧、许道勋著《唐太宗传》第十五章,人民出版社1984年10月版。

褚仲都，陈朝沈文阿、张讥，北周熊安生、沈重，隋代何妥、刘炫等前代名儒"既行其道，理合褒崇"；贞观二十一年又诏以左丘明、卜子夏、公羊高、榖梁赤等二十二位先儒配享孔子庙（同上）。吴兢评云："太宗是举，亦前帝王所未及行也……太宗之崇儒重道，顾不美哉！"（同上）同时，贞观君臣还"锐意经籍"，开展了大规模的"制礼作乐"活动，为儒家思想的学习与普及提供一批"统编教材"。据《唐会要》卷三十"修撰"条及两《唐志》，主要有颜师古《五经定本》，房玄龄等人修定的《五礼》，孔颖达《五经正义》，魏征《群书治要》、《类礼》，李袭誉《忠孝图》等，几乎倾朝中重臣全班人马参与其事，或集体修撰，或个人编述，往往规模宏伟，意在综合已有，斟酌得失，实现统一。唐太宗李世民亦身体力行，著述勤奋，他的《帝范》、《金镜》、《自鉴录》等，着眼现实，总结既往，以儒家思想警示群臣，轨则后嗣，他曾一再表示："朕所好者，唯周孔之道，以为如鸟有翼，如鱼有水，失之则死，不可暂无也。"（《资治通鉴》卷一九二）

上之所好，下必有甚。最高统治者的大力倡导，必然导致朝野上下对儒学无以复加的推崇，形成以儒家思想观察、思考问题的视角，儒家文学观的畅行亦成势所必然。综观贞观君臣的有关言论，他们强调的是文学的政治和伦理价值，在对文学现象的认识上，形成了以明确的价值判断为中心的评价标准。《隋书·文学传序》云：

　　文之为用大矣哉！上所以敷德教于下，下所以达情志于上，大则经纬天地，作训垂范，次则风谣歌颂，匡主和民。

这样，随着文学自觉而树立的"缘情"文学观被摒落，文学失去了其审美存在，成了政治教化的工具，其旨归乃在"作训垂范"、"匡主和民"，其功用似乎仅是君臣、官民之间沟通的传媒。显然，这与《毛诗序》"风，风也，教也，风以动之，教以化之"以及"上以风化下，下以风刺上"的汉儒诗教观如出一辙。《隋书·经籍志》进一步申论云：

> 诗者,所以导达心灵,歌咏情志者也。……君尊于上,臣
> 卑于下,面称为谀,目谏为谤,故诵美讥恶,以讽刺之。初但歌
> 咏而已,后之君子,因被管弦,以存劝诫。

所谓"导达心灵,歌咏情志"云云,只不过是"诗者,言其志也;歌者,
咏其声也"(《礼记·乐记》)和"诗者,志之所之也"(《毛诗序》)等汉
代经生言论的翻版,而"诵美讥恶"实与"论功"颂德,所以将顺其
美;刺过讥失,所以匡救其恶"(郑玄《诗谱序》)的"主文而谲谏"
(《毛诗序》)同一声口。这样,文学就只是"被管弦"来"存劝诫",成
为臣民递交给君主的一张言辞委婉、态度温和的表章、谏纸,由此
而来的"温柔敦厚"风格,必然因对情感的扼制而有悖于文学的本
质。但是,在贞观君臣心目中,这样的"文学"似乎天经地义,是确
立文学地位与价值的尺度。《周书·王褒庾信传论》云:

> 两仪定位,日月扬辉,天文彰矣;八卦以阵,书契有作,地
> 文详矣……故能范围天地,纲纪人伦,穷神知化,称首于千古;
> 经邦纬俗,藏用于百代,至矣哉!

可以看出,史臣们让文学肩负起了"经邦纬俗"、"纲纪人伦"的"重
任",并且是一条难以逾越的律令。如此对文学地位的"提升",必
然成为对文学鲜活生命力的羁縻,文学缘情而作,以情感人的审美
特征亦被抛入了爪洼国中。

汉儒以"风雅正变"论诗,把颂美和乐作为诗之"正声",要求文
学通过"美盛德之形容"来"润色鸿业"(班固《两都赋序》)。在贞观
史臣的文学观念中,颂扬帝国气象、帝王功德也成了文学的重要功
能。《梁书·文学传序》云:

> 经礼乐而纬国家,通古今而述美德,非文莫可也,是以君
> 临天下者,莫不敦悦其义,缙绅之学,咸贵尚其道,古往今来,
> 未之能移。

通过"述美德"来"敦悦"君主,非文学莫可,缘儒术以美化王权,饰

文采以润色鸿业,成了文学"古往今来,未之能移"的"永恒主题",文学只能是兴礼乐、夸盛德的太平点缀。在此基础上,他们还在具体运作细节上指明了"述美德"的路径。《陈书·文学传序》云:

> 《易》曰观乎天文以化成天下,孔子曰焕乎其有文章。自楚汉以降,辞人世出,洛汭江左,其流弥畅,莫不思侔造化,明并日月。大则宪章典谟,神赞王道;小则文理清正,申抒性灵,至于经礼乐,综人伦,通古经,述美恶,莫尚于文。

就是要从天地合德的角度铺陈典实词藻,"控引天地,错综古今"(《西京杂记》),竭力侈大其词,壮大声势,造成"经纬乾坤,弥纶中外"(《晋书·文学传序》)的气势,以张扬帝国鸿业与帝王声威。由此,汉儒"美盛德之形容"的抽象原则也就发展成具体的可操作的"技术",而綦组锦绣、宏衍巨丽而造成的严谨整饰、拘束正统的风格,在抹煞文学丰富多彩的个性的同时,使文学可能再度沦入"为赋乃俳,见视如倡"(《汉书·枚皋传》)的境地。

此类经天纬地的文学观念,既是对"沿圣以垂文,圣因文而明道"(《文心雕龙·原道》)观点的因袭,也是对李世民"礼乐之兴,以儒为本;弥风导俗,莫尚于文"(李世民《帝范·崇文篇》)思想的发挥。以此为准则,贞观君臣对符合崇圣尚质儒家文学观的作品极力赞赏。史载李世民褒赞臣下诗赋作品的事例颇多,很多都是从政教角度出发的。如李百药作《赞道赋》,"述古来储贰事,以诫太子",太宗极加褒扬,"赐厩马匹,彩物三百缎"(《贞观政要·规谏太子》);称赞魏征《赋西汉诗》,"魏征每言,必约我以礼"(《大唐新语·文章》);张蕴古作《大宝箴》以作规诫,"太宗嘉之,赐帛三百缎,乃授大理丞"(《贞观政要·规谏太子》)。于志宁志在匡救,撰《谏苑》二十卷讽之,太宗大悦,赐黄金十斤,绢三百匹(《旧唐书·于志宁传》)。对前朝亡国君隋炀帝文集,贞观君臣亦不因人废文,对其中符合征圣崇质文学观的作品予以正面评价,魏征云:"词无浮荡……并存雅体,归于典则"(《隋书·文学传序》);李世民评云:"文辞奥博,亦知是尧舜而非舛纣"(《资治通鉴》卷一九二)。

贞观君臣以政治和伦理价值为旨归,把文学感发人心的功能局限在政治教化上,使文学成了政治的"婢女",这显然不是他们的发明,不过是对征圣崇质儒家文学观和有关教化的汉儒政治文学观的简单复归。不可否认他们为矫正南朝文学萎弱格调以建立新的文学风貌的良苦用心,然而从文学创作和理论的内在发展看,其扞格不通自不待言,以此为视角来审视"文学自觉"的历史已延续很久以后的文学现象,必然无视文学"缘情"的特征,从而造成对文学审美品格的全面颠覆。

二

唐王朝在战乱的废墟上崛起,近代以来幕幕亡国悲剧使贞观君臣骇目惊心,汲取前车之鉴以保皇祚永固成了当务之急。史臣们在审视近代文学尤其是"宫体诗"兴起以来的文学现象时,惊奇地发现历代帝王皆好丽辞,在以"宫体诗"为中心的近代后期文学中艳情、女性占据了显目的地位。申正细变、审音知政的汉儒政治文学观给他们提供了观察问题的视角,因而他们很自然地将文学文风与国家的治乱兴衰直接勾联起来。"宫体诗"将美女和艳情大量引入诗中更触动了他们敏感的神经,因为按正统诗教写男女之情就是郑卫之音,郑卫之音就是亡国之音。因而,对宫体诗的一场口诛笔伐的大批判就自然展开了。

率先为这场大批判定下基调的当属那位"以万机之暇,游息艺文"(李世民《帝京篇序》)的唐太宗李世民。《帝京篇序》云:

观列代之皇王,考当时之行事,轩昊舜禹之上,信无间然矣。至于秦皇、周穆、汉武、魏明,峻宇雕墙,穷侈极丽……九

> 州无以称其求,江海不能赡其欲,驰心千载以下,慷慨怀古,想
> 彼哲人。庶以尧舜之风,荡秦汉之弊;用咸英之曲,变烂漫之
> 音。

作为一代开国帝王,"覆亡颠沛"的政治教训是他思考问题的兴奋
点;作为宫廷诗坛的核心人物,避免美文败德是他考察文学现象的
基点。他对文学的要求是以"尧舜之风"、"咸英之曲"即儒家政教
文学观来批判、荡涤"烂漫之音"。贞观初,李世民对监修国史的房
玄龄等人提出史书修撰的原则:"文体淳华,无益劝诫,何暇书之简
册?"对那些"词直理切,可裨于政理者……皆须备载"(《贞观政要·
文史》)。与李世民志同道合的股肱之臣魏征更是推波助澜,直接
将文学与国家兴亡相对应。《群书治要·序》云:

> 近古皇王,时有撰述,并皆包括天地,牢笼群有,竟采浮艳
> 之词,争驰迂延之说,骋末学之传闻,饰雕虫之小技,愈失司契
> 之源,术总百端,弥乖得一之旨。

从对"近古皇王"的指责中,表现了直接从政治兴衰角度观察文学
现象的儒学眼光。视文学为"末学之传闻"、"雕虫之小技",不过是
汉儒视文学文人为博弈倡优的老调重弹,"浮艳"、"迂诞"之论则所
指甚明,并且明确表示要用国家政权的力量来干涉文学,以一种近
于教条的思想意识来规范文学风格。

显而易见,这些言论表现了在儒家文学观支配下审美趣味的
狭隘。以此为基点,史臣们从审音知政的角度,对近代后期文学展
开了激烈批判,对风靡梁、陈两代的"宫体诗"从内容到形式给予了
不加分析的全盘否定。《隋书·文学传序》云:

> 梁自大同以后,雅道沦缺,渐乖典则,争驰新巧。简文、湘
> 东启其淫放,徐陵、庾信分道扬镳,其意浅而繁,其文匿而彩,
> 词尚轻险,情多哀思,格以延陵之听,盖亦亡国之音乎!

内容上"雅道沦缺,渐乖典则",与儒家思想不符;风格上"尚轻险"、

"多哀思",与温柔敦厚趣味相左;形式上词采新巧,轻绮艳丽,与儒家传统审美观有悖,由此竟能导致亡国灭族,何等之怵目惊心! 史臣们完全以政治原因来解释文学现象,把文风与亡国捆绑在了一起。《北齐书·文苑传序》云:

> 江左齐梁,弥尚轻险,始自储宫,刑乎流俗。杂沾滞以成音,故虽悲而不雅。原夫两朝(按,指梁、北齐)叔世,俱肆淫声,而齐氏变风,属于管弦;梁时变雅,在夫篇什。莫非易俗所至,并为亡国之音;而应变不殊,感物或异,何哉? 盖随君上之情欲也……雅以正邦,哀以亡国。

洋洋洒洒,言之凿凿,然而不过是对"治世之音安以乐,其政和;乱世之音怨以怒,其政乖;亡国之音哀以思,其民困"、"声音之道与政通"(《毛诗序》)等汉儒政治文学观的发挥。如果说史臣们对儒家文学观的正面倡导态度还算客观理智的话,那么这里的反面批判可谓是义愤填膺的投入。在他们看来,安乐中和之"正声"和太平治世相联系,而怨怒哀思之"变声"可与乱世亡国划上等号,此"变声"又直接导源于表现"情欲"之轻险淫声,并向君上郑重告诫,当以此为鉴,莫蹈覆辙。

由南入北的王褒、庾信后期诗风大变,颇多"乡关之思",但史臣们仍不放过,对他们的文学行为进行了严厉指责。《周书·王褒庾信传论》云:

> 然则子山之文,发源于宋末,盛行于梁季。其体以淫放为本,其词以轻险为宗,故能夸目侈于红紫,荡心逾于郑卫。昔扬子有言:"诗人之赋丽以则,词人之赋丽以淫。"若以庾氏方之,斯又词赋之罪人也。

庾信前期诗风轻倩绮丽,后期诗因融入身世之慨而刚健清新,其"穷缘情之绮靡,尽体物之浏亮"宇文逌《庾信集序》的特色,可谓既集六朝之大成，又启唐人之先鞭①，体现了诗歌艺术内在发展的走向。而在史臣们儒学政治文学观"变色镜"的透视下却是内容上因"淫放"而"荡心"，形式上由"红紫"而"轻险"，成了远过于"郑卫之音"的"词赋之罪人"。这样他们很自然地把文风"轻险"、"淫放"导致亡国归咎于某种个人行为，认为文风的正变与君主个体兴趣的推导关系密切，是君主之喜好淫丽文风导致梁、陈各代的相继覆亡。《隋书·经籍志》云：

> 梁简文之在东宫，亦好篇什。清辞巧制，止乎衽席之间；雕琢曼藻，思极闺闱之内。后生好事，递相仿习，朝野纷纷，号为宫体。流宕不已，讫于亡国，陈氏因之，未能全变。

"宫体诗"对女性人体容貌美的描绘观赏被歪曲成了"衽席"、"闺闱"之内的淫亵龌龊，其承"永明体"而来的"清辞巧制"、"雕琢曼藻"也成了否定的对象，这一切又被简单地定性为"亡国之音"，指出正是君主之喜好淫曲丽文，导致人心不古、世风日下，致使邦倾国覆。史臣们似乎并不满足于一般的陈述，进一步把它提升到了理论的"高度"，把"丽文亡国"作为一种历史的必然标示出来。《陈书·后主纪》在描述后主爱好淫曲丽辞而致"众叛亲离"的史实后，引出结论云：

> 古人云：亡国之主，多有才艺。考之梁、陈及隋，信非虚论。然则不崇教义之本，偏尚淫丽之文，徒长浇伪之风，无救乱亡之祸矣。

文风淫丽导致世风浇伪，多有才艺必成"亡国之主"，二者联系是如此紧密，简直成了一种不可违扭的历史必然。这种文能败道、乱国乃至亡国的本末倒置之论，其偏激与武断到了无以复加的地

---

① 《四库全书总目提要》：庾信之文"集六朝之大成，而导四杰之先路"。杨慎《升庵诗话》卷九："庾信之诗，为梁之冠绝，启唐之先鞭。"

步。

这类今天看来颇为耸人听闻的言论,当年在贞观君臣那里却是正襟危坐的谠言正论。显然,这是用重政治伦理的功利文学观作为评断标准,对近代文学所作的价值评判。如前所论,汉儒文学观以传统儒学为依托,强调用诗来改善和强化现实政治,在使文学获得崇高而神圣地位的同时,使得文学表现的范围及深度大大减少;"发乎情,止乎礼义"的训诫,一方面使文学保持典雅持重的品格,同时必然削弱文学对万千世界与复杂心灵的审美丰富性,从而束缚乃至窒息文学的生机。显然,贞观君臣对宫体诗的批判更多的是基于政治家眼光的儒学的和政治的批判,而非文学的或审美的评价。

南朝后期风靡一时的宫体诗,其美学特征正如研究者所论,主要表现为形式体制的"新"和题材内容的"艳"。这既是由"永明体"开端的南朝文学尽态极艳、争新竞异"新变"的结果,又是南朝特定的政治、经济环境引发的审美趣味变化的表现以及长期以来对文学审美本质探索的结果(参曹道衡、沈玉成《南北朝文学史》第十三章《从"永明体"到宫体诗》,人民文学出版社 1991 年 12 月版)。因此,笔者认为,宫体诗更多是对"缘情绮靡"诗歌美学观的实践。所缘之情固多"艳情",但也多少透露了一点盘旋于诗人心底的情性意趣,证明着诗人对具有审美特性的个人情感的发现和认识;而"绮靡"则是指美感形式的妃青俪白、秾丽精巧,这显然是一种强烈的惟美追求。正是这种惟美追求使宫体诗避免了过于荒唐淫亵。细察宫体作品,所描写的大多是经过审美距离净化的"影里细腰"、"镜中好面"(萧纲《答新渝侯和诗书》)之类,近于不堪的色情描写为数极少。如历来被目为典型宫体诗的萧纲《咏内人昼眠》,只不过是以观赏的眼光写一青年女性睡态之慵媚,肌肤之细腻,其情调并非邪思。这首诗"曾被斥为'色情'、'肉欲'的描写,但平心而论,这样的结论未免罚过于罪,未必恰当"(曹道衡、沈玉成《南北朝文学史》第 251 页,人民文学出版社 1991 年版)。因此,宫体诗尽管有诸多缺陷,但它毕竟扩大了诗歌的表现领域,在美感形式、表现技巧上巩固了"永明体"以来在声韵律式上的成果并有所发展,诗体更趋近精炼,语言更加平易明快,描摹越发细密精巧,"可以说是一种讲究词藻,趋向律化的新变体"(周振甫《〈春江花月夜〉的再认识》,载《学林漫录》第七辑,中华书局 1983 年版)。明人王世贞《艺苑卮言》云:"六朝之末,衰风盛矣。然其偶俪颇切,音响稍谐,一变而雅,遂为唐体;再加整栗,便成沈宋。"

当代英国美学家瑞恰慈曾经指出:"一种过于狭隘的价值观点,或一种过于简单的道德伦理观念通常是对文学艺术误解的原因。"(艾·阿·瑞恰慈《文学批评原理》中译本第 57 页,杨自伍译,百花洲文艺出版社 1992 年版)。贞观君臣着眼于近代各朝短命而亡的"殷鉴"角度,完全从政治与伦理的功利目的出发来审视文学现象,无视文学首先是审美这一大前提,无从认识文学发展的内在规律,其迂阔偏颇显而易见,其实际效用也就不言而喻了。也许,历史事实对此作出了最好的注脚。史臣们一方面一本正经地作着大批判,一方面又在文酒诗会的应制应景中作着与前期趣味几乎相同的诗,即使作为这场大批判载体的史书,亦是"远弃史、班,近宗徐、庾,夫以饰彼轻薄之句,而编为史籍之文",呈现出"加粉黛于壮夫,服绮纨于高士"(刘知几《史通·论赞第九》)的不伦不类景观。在艺术文化风尚的强固性规律面前,儒家文学观显示出外在"规定"的生硬与隔膜,理论观念的建设者与批判的实施者也只能停留在空言论道的层面上,他们只不过是以高度的理性精神相互砥砺,而难以融入到创作实践中去。

三

就其本质而言,文学是人类情感的审美表现,其终极目的在于以情感人。然而在儒家文学观念中,颂美和乐和怨刺哀思的政治功利成了文学的本质,情感因素受到了挤压,最终导致在政治教化的深度模式中,文学主体思想自由的丧失和情感意绪的泯灭。如前所述,魏晋南北朝时期,随着儒学的式微,情感的活跃,文学中情的因素得到强化,虽然到南朝后期的宫体诗中,情的表达走入了歧途,导致格调的低下与意蕴的肤浅,但是仍然透露出了盘旋诗人心底的情性意绪。然而当贞观君臣以汉儒政治伦理文学观来审视这一文学现象时,不是从根本上来改造性情,而是对其中本已少得可怜的一点性情也予以彻底摒落。

然而文学在这四百年间毕竟获得了长足的发展,史臣们也无法完全回避这一事实,但是他们采取了釜底抽薪的方法,在除去其中品位不高的情性的同时,转而对尚能为其颂圣述美活动服务的典实藻绘等因素大加誉扬。

李世民的文学评价活动就集中表现出这一倾向。他亲自为《隋书》和《晋书》撰写了四篇论赞和序(参《唐会要》卷三十六"修撰"条)。在《晋书·陆机传论》中,李世民对这位"太康之英"赞赏有加,论云:

> 文藻宏丽,独步当时;言论慷慨,冠乎终古。高词迥映,如朗月之悬光;叠意回舒,若重岩之积秀。千条析理,则电坼霜开;一绪连文,则珠流璧合。其词深而雅,其义博而显。故足远超枚马,高蹑王刘,百代文宗,一人而已。

陆机为文繁缛赡密,时人张华曾讥之"患太多"(《世说新语·文学篇》刘孝标注引《文章传》),沈德潜认为其诗"通赡自足,而绚采无

力","今阅者白日欲卧"(《说诗晬语》)。事实上,陆机不惟是"缘情
绮靡"诗美观的揭橥者,而且不少诗抒发了深沉的情感。李世民却
舍彼取此,对士衡诗之"缛旨星稠,繁文绮合"(沈约《宋书·谢灵运
传论》)赞赏不已。除此之外,李世民对臣下作品亦多是从文辞缛
丽、文思敏捷角度进行褒奖的。《旧唐书·杨师道传》云:

> 师道退朝后,必引当时英俊,宴集园池,而文会之盛,当时
> 莫比。雅善篇什……酣赏之际,援笔直书,有如宿构。太宗每
> 见师道所制,必讽嗟赏之。

此类文酒诗会中的唱和应酬,自是流连光景之词,靠词藻堆砌、外
物铺陈而迅速成篇,思想感情、内涵意蕴方面无深刻独到可言。
《全唐诗》录存《安德山池宴集》诗一组,唱和者多有史臣。李百药
诗云:"上才同振藻,小技谬连章。"褚遂良诗云:"良朋比兰蕙,雕藻
迈琼琚。"许敬宗诗云:"宴游穷至乐,谈笑毕良辰。"可见这些"上
才"、"良朋"不过是以雅音清韵、词藻雕琢为务,以此来流连光景,
优游乐处,太宗之"嗟赏"正为此而发。《旧唐书》卷七六载李世民
对近臣称赏皇子李泰云:"泰文辞美丽,岂非才士? 我心中念泰,卿
等可知。"魏王李泰以"文辞美丽"而得父皇赏爱,几被立为太子。
宫廷作为当时诗坛的中心①,李世民又是宫廷诗坛的核心人物,其
趣味赏好具有标示风气的导向作用,必然引导宫廷诗人把性情搁
置一边,而以词藻堆砌、外物铺陈来应制颂美。

　　贞观宫廷诗人大多历梁、陈、隋而来,受到南朝艺术趣味的浓
重熏染②,入唐后新的时代氛围和自身所处的实际地位,使他们在

---

　　① 　关于宫廷诗在初唐诗坛的地位,参拙文《初唐宫廷诗风流变论略》,
《南都学坛》1997 年第 5 期。

　　② 　关于贞观宫廷诗坛的诗人构成及艺术文化风尚,参拙文《贞观宫廷
诗坛风会论》,《河南大学学报》1997 年第 2 期。

剥离南朝诗中格调不高的性情的同时,自然延承了传统宫廷诗的审美趣味并有所发展,胡应麟所谓"视梁陈神韵稍减,而富丽过之"(《诗薮·内编》卷四评李世民《帝京篇》语),就透露了其中的变化得失。贞观宫廷诗人正是在这一基点上认同前代诗的艺术成就与特色的。如屈原《离骚》,史臣们漠视其深沉的情感及对现实困境超越的审美价值,为它贴上了"冀君觉悟"的儒家文学观标签,认为其艺术特色是"气质高丽,雅致清远"(《隋书·经籍志四》)、"宏才艳发,有恻隐之美"(《周书·王褒庾信传论》)。评贾谊作品是"继清景而奋其晖"(同上)。对南朝诗人亦是从"辉焕斌蔚,辞义可见"的角度予以评价,如"延年错综之美,谢玄晖之藻丽,沈休文之富溢"(《隋书·经籍志集部总论》)。对宫体诗大师徐陵亦捐弃前嫌,称赞其诗文"颇变旧体,缉裁巧密,多有新意"(《陈书·徐陵传》)。《隋书·文学传序》称赏江淹、潘岳等南朝诗人"缛彩郁于云霞,逸响振于金石,英华秀发,波澜浩荡,笔有余力,词无竭源"。如此,贞观宫廷诗人对南朝诗艺完全采取"拿来主义"态度,拣取其中适合宫廷诗颂圣述美的典实藻绘来为其所用,把文学引向了可以不与情性相干的外物铺陈,因为他们需要的本来就是装饰性的点缀与外在的铺陈,而不是诗人的性情。

"一代有一代之文学"(王国维《宋元戏曲考·序》)。贞观君臣在以儒家文学观为依托对近代文学展开批判的同时,也在构想着自己时代文学的未来面貌。《隋书·文学传序》云:

> 江左宫商发越,贵乎清绮;河朔词义贞刚,重乎气质。气质则理胜其词,清绮则文过其意,理深者便于时用,文华者宜于咏歌,此其南北词人得失之大较也。若能掇彼清音,简兹累句,各去所短,合其两长,则文质斌斌,尽善尽美矣。

这段话屡屡为人所称引,被认为是首次明确提出合南北之长以构建新的文学风貌的理论设想,体现了实现大一统后,贞观君臣观察、思考问题的新视角和恢宏气度①。此论固不无道理。然而细按原文可知,其实质仍不过是征圣崇质儒家文学观和有关教化的汉儒政治文学观的翻版。且无论其所构想的"文质斌斌,尽善尽美"的文学面貌本身就是儒家诗教话语的舶来,就是在具体论述中也有鲜明体现。如对南北文学的概括,认为南方重文,其特征是文词的清绮绚丽和音节的抑扬易咏,这与上述之重词藻典实、摒落情性并无二致;北方主气,其特征是理胜词质、"便于时用",而"时用"云云又只能是"匡主和民,以存劝诫"之类。显然这里所使用的仍不过是儒家阐释主体操作下所凝固成的特定理论语境。如此而成的文学风貌与盛唐诗由情意充盈而达成的"如羚羊挂角,无迹可求","剔透玲珑,不可凑泊"(严羽《沧浪诗话·诗辨》)的境界无疑南辕北辙,而只能是儒家文学观和宫廷文学趣味的反映。如这段话还嫌模糊的话,下面一段文字的阐释就更为明晰了。《周书·王褒庾信传论》云:

> 摭六经、百氏之英华,探屈、宋、卿云之秘奥。其调也尚远,其旨也在深,其理也贵当,其词也欲巧。然后莹金璧,播兰芝,文质因其宜,繁约适其变,权衡轻重,斟酌古今,和而能壮,丽而能典,焕乎若五色之成章,纷乎犹八音之繁会。

这里虽然表达了较为通达的态度,然而与《隋书》所论实质全同。认为文学应具有和庄、丽典的风格及五色成章、八音繁会的风貌,显然也不过是儒家文学理想与宫廷诗审美趣味的集中体现,强调的仍不过是外物的罗列铺陈,词藻典实的雕琢堆砌,由此而成的文学只能是徒具宏整缛丽的体貌骨架,而缺乏情性的濡染、生气的灌注,难以产生震撼人心的艺术感染力。

---

① 参尚定《关陇文化与贞观诗风》,《文学遗产》1992 年第 3 期。

　　总之,唐初的这场文学观念重建运动,无往不在的是征圣崇质的儒家文学观和有关伦理教化的政治文学观。吴先宁先生认为:"制约文学优劣荣衰的条件是异常复杂多样的,只有有利于文学发展的外部条件和内部条件和谐、有机地结合,形成一股合力,才能推动文学蒸蒸日上,繁荣发展。"(吴先宁《北朝文化特质与文学进程》第 73 页,东方出版社 1997 年 10 月版)本来,"贞观之治"的政治背景和新的时代精神为文学的发展繁荣提供了良好的外部条件,但是作为当时诗歌中心的宫廷诗坛却没有做出积极的回应,应制唱酬之作连篇累牍,不过是以颂圣述美为旨归,大量充斥着风花雪月、日常生活琐事的狭窄题材,风格上徒具体貌而乏情少韵,与时代精神和社会文化的重构异辙,使处于文学主流的宫廷诗坛呈现出窘迫的局面。这种思想的"清醒"与意识的"模糊",既暴露了将文学强行纳入政教轨道的失败,也是制约贞观诗坛发展繁荣的诸多因素之一。

(原刊于《文学遗产》1999 年第 1 期)

　　聂永华(1962—　　),文学博士,湖北大学人文学院副教授。发表过论文《初唐宫廷诗风流变论略》等。

　　本文认为唐贞观时期,文人们在对崇圣尚质儒家文学观和有关教化的政治文学观的自觉认同中,对魏晋南北朝文学尤其是"宫体诗"兴起以来的文学现象展开异口同声的批判,在此基础上发表了对未来文学的宏观构想。

20世纪儒学研究大系

儒家文化与二十世纪中国文学

罗成琰　阎　真

一

儒家文化是中国传统文化的主流,统摄中国人的意识形态数千年。作为一种非宗教性的文化流脉,儒家文化历久不衰,其生命力之强韧,在世界文化史上独一无二。它不但是一种官方文化形态,也是一种民间文化形态,渗透到社会各阶层物质和精神生活的每一个细部。儒家文化的这种地位,使它对中国文学数千年的历史格局,有着决定性的影响。

儒家文化强调稳定、秩序、等级和结构。这既是其正面意义所在,也是其负面影响所在。认为儒家文化仅仅满足了统治者的利益和需要,是片面的,秩序和结构是百姓也需要的。以皇权为核心的政治体制并不是皇帝的个人需要,而是别无选择的社会结构性需要。儒家文化作为与这种政治体制相适应的意识形态,归根到底也是别无选择的社会结构性需要。儒家文化为社会规定了一种稳定的秩序,却也使社会在这种稳定中压抑个体,扼杀一切有创意的事物,失去了更新的活力。儒家文化与皇权政治和小农经济三者互为因果、互为支撑,形成铁板一块的社会结构。从儒学取得统治地位的汉代到鸦片战争前,这种结构变化甚微。

　　鸦片战争的炮火轰开了中华帝国闭锁的国门,这是与历来改朝换代不同的"五千年一大变局"。中华民族在蒙受屈辱的刺激下,却也获得了一种打破铁板结构,进行文化更新的可能性。作为统治思想的儒家文化在这种挑战面前,其回应是极其迟缓而被动的,这种迟缓被动充分表现了儒家文化僵化保守的文化个性。儒家文化在理论上的严谨性,感性上的亲和性和精神上的神圣性,使中国知识分子在如此社会巨变面前,仍不能也不敢对其进行本体性质疑。直到甲午战争失败,洋务运动破产,在民族危机日益加深的刺激下,才有康梁等人冲破"中体西用"的精神桎梏,呼吁以西方社会伦理观念为中国文明的主体。戊戌变法的失败并没有中断思想解放的潮流,但对儒家文化进行根本性挑战的历史条件并没成熟。这种潜伏在历史必然性中的挑战姗姗来迟,其中一个重要原因在于,中华民族越是蒙受外辱,就越是要强调自身的民族性以御外,而这种民族性在最大的程度上是由儒家文化所规定的。辛亥革命后儒家文化失去政权的支撑,延续数千年的铁三角结构被打破,为历史挑战的到来创造了条件。此后,袁世凯称帝、张勋复辟,皆借重于孔孟,这大大刺激了具有文化革新冲动的新一代知识分子与儒家文化彻底决裂的理性力量和道德勇气。至此,儒家文化也如中国政治体制一样,面临数千年一大变局了。

　　但文化形态不是政治结构,不可能被一种强大的力量截然切断。儒家文化在 20 世纪失去了其政治权威性,但作为中国人延续了数千年的生活方式和情感体验方式,在新的社会条件下仍有强韧的生命力。在新的历史条件下,儒家文化对中国人的生活仍有着很大的意义,对 20 世纪中国文学的发展,也有着很大的影响。在此,我们试图对儒家文化与 20 世纪中国文学的关系,作一种线索性的描述。

二

与上世纪末的维新派不同,新文化运动表现了价值选择的决绝性,即与儒家学说孔孟之道在理知与情感上彻底决裂。这样一种对儒家文化的毫无留恋毫不妥协的攻击姿态,是数千年来不曾出现过的。这是一种巨大的深刻的精神革命和情感革命,具有震动性断裂性的特征。这种震动和断裂,首先表现为语言质料方面的革命,即白话文运动。

《新青年》作为新文化运动的主要阵地,在 1915 年创办之初就表现出激进的文化姿态,但一开始并没有为文化革新找到具有标志性意义的突破。陈独秀在创刊号发表的《敬告青年》中对青年提出"自主的而非奴隶的"等六点希望,姿态激烈,目标却比较宽泛,没有明确具体的攻击点,因而对旧文化展开批判的有效性是不够的。胡适在 1917 年初发表的《文学改良刍议》,虽用改良一词,却具有革命性的意义。此文的历史意义在于,它为新文化运动找到了一个具有实际操作性和普遍社会回应性的突破方向。文章所言"八事",主要寻求在语言表达方式方面进行革新。陈独秀极为敏感地意识到这个话题的突破性意义,立即写了《文学革命论》予以响应。至此,白话文运动掀起轩然大波,在极短的时间内,改变了数千年"言文分离"的传统,白话文成为文学正宗。一种延续了数千年的传统,一两年之内在全社会范围内彻底改变,白话文运动来势之凶猛,成效之鲜明,大约是连倡导者也始料不及的。

白话文运动作为一种语言方式的革命,具有推动历史进步的重大作用。在当时的历史条件下,语言方式的革命,比思想观念的革命具有更深刻的意义。想在"言文不一"的语言方式之下进行彻底的思想革命,与儒家学说彻底决裂,那是不可能的,即使获得一时的思想进展,也终究要回到原来的精神窠臼中去。当年的维新派终于走向复古,语言方式没跳出来是一个重要原因。一种新的语言方式就是一种新的价值体系,特定的思想一定要用特定的语言来表现。新的语言方式不但带来大量新的词汇新的观念,同时也解构了儒家文化在言说方式上的权威性。言说方式的权威性一旦丧失,思想上的权威性就失去了依托。中国在过去几千年"言文不一",在语言方式上进展甚微,根本上不是一个技术问题,而是一个意识形态问题和政治问题。白话文运动打开了思想解放的通道,这是这个运动的意识形态意义。而且,语言方式的革命一旦展开,就难以逆转,由此而带动的思想革命,也就难以逆转了。白话文运动对儒家文化精神权威性的打击是沉重的,这就是为什么当时关于白话文的争论如此激烈,这本质上是革新与守旧、进步与停滞的斗争,是一场尖锐的意识形态的斗争。

　　几乎与白话文运动同步,新文化运动第二个攻击对象也骤然明确,即儒家文化孔孟之道。在极短的时间内,一个全盘否定儒家学说的思潮席卷全国。新文化运动的核心目标就是要摧毁文化的精神统治地位。孔子作为中国人的精神偶像,数千年来并非没有经历过思想挑战,但此时第一次被描述为妖魔鬼怪。吴虞的《家族制度为专制主义之根据论》、《儒家主张阶级制度之害》等文,从精神上动摇了儒家学说的根本。陈独秀的《宪法与孔教》、《孔子之道与现代生活》等文,揭示儒家学说与帝制之间不可分离的内在联系,认为三纲五常违背平等人权观念。鲁迅的《我之节烈观》、《我们现在怎样做父亲》等文,在更深的层次上,对儒家的伦理道德进行了思想清算。在这种历史大潮面前,儒家文化的拥戴者的回击是相当虚弱的。这是一个狂飙突进的大变革大转折时代,变革是如此剧烈,转折是如此迅猛,儒家文化的千年王国迅速崩塌,孔子偶像的神圣地位瞬间瓦解。这在中国思想文化史上是绝无仅有的

20世纪儒学研究大系

精神地震。

　　这样一种集体性的对儒家文化的极端姿态,在纯粹的学术意义上是缺乏理论严谨性的。但正是这样一种激烈决绝的姿态,对于完成精神启蒙的历史使命,对于思想解放的时代要求,起了决定性的作用。对儒家文化的理论攻击很快就在文学创作方面得到了表现。鲁迅是绝对的主将。我们辨析《呐喊》和《彷徨》的精神内涵,可以看出其价值趋向是批判性的,而批判的矛头直指着儒家文化。《呐喊》和《彷徨》的基本主题,是表现儒家文化与中国人的精神状况之间的关系,或者说,表现儒家文化对中国人的精神桎梏和毒害。除了相对不那么重要的如《鸭的喜剧》等少数几篇,其它作品都是围绕着这一精神命题的。鲁迅正是在这种命题中确立了自我形象与自我风格,这也是鲁迅之所以成为鲁迅的原因所在。鲁迅笔下的华老栓、七斤、闰土、阿 Q、祥林嫂、爱姑这一系列形象,为什么如此愚昧麻木,又有什么东西在捆绑着他们的精神? 就是儒家文化,就是孔孟之道。儒家文化的社会功能,就是从精神上来捆绑人的,而且它可以使人被捆绑了而不自觉,以至心服口服。再看孔乙己、方玄绰、吕纬甫、魏连殳、涓生这一人物系列,作为中国知识分子,他们都具有人格分裂的精神特征,而人格分裂正是受儒家文化薰陶的中国知识分子的精神标志。另外如赵七爷、赵大爷、鲁四老爷、四铭、高老夫子、七大人以至张沛君一类人物,深谙儒家文化的阴阳之道,在维护正统观念的名义下谋取的正是一己之私利。综观鲁迅笔下的这种种人物,各有特点,但都与儒家文化的某一侧面发生关系。这些人物没有道家释家文化的色彩,却无不具有儒家文化色彩。这一方面说明儒家文化对中国各阶层人物影响之广、之深,另一方面也表现出鲁迅批判传统文化的主要锋芒所向。我们注意到,在鲁迅笔下,儒家文化完全是负面的消极的,从没有任何层面上具有正面的积极的意义。他对儒家文化的批判如此地义无反顾,是极为罕见的,甚至是绝无仅有的,可以说,这是鲁迅的意义所在,也是鲁迅的独特性创造性所在,没有这样一种表现,就没有鲁迅。

儒家文化的精神统治一旦瓦解,文学创作就出现了全新的格局,"人的文学"成为文学界最响亮的口号。周作人说:"中国文学中,人的文学,本来极少。从儒教道教出来的文章,几乎都不合格。"(周作人:《人的文学》、《新青年》第五卷第六号)在他看来,所谓人的文学,就是从儒教道教中,或者说是从中国传统文化中解放出来的文学,其精神特征,就是个性解放和人道主义,这是与儒家文化截然对立的新的体系。这是一种全新的文学,旧礼教旧道德旧文学都在扫荡之列。个性的解放,爱情的自由,新形式的创造,成为一时的创作潮流。当时的新文学作品很难说有艺术的精致,却是时代感情的集中抒写,什么怨而不怒,温文尔雅,儒家文化几千年的情感和艺术的规范,全都被踩在脚下。虽然在这样一种打破传统解放个性的时代氛围中,仍有一些作家如叶圣陶、朱自清、冰心等保持着儒家文化的情感规范和美学规范,但他们也在很大程度上具有了现代意识,并对儒家文化实施了反叛,虽然这种反叛不那么峻急,也不那么奔放。在这种"大变局"的一系列代表人物中,如果要推出一个标志性的人物,那就是鲁迅。鲁迅作为一代大家,当然有着多方面的意义。但核心意义,是由他个人的创造性独特性决定的,这就是对儒家文化的历史性表态。鲁迅划出了两个时代的界线,是中国文化大转型时期的标志性人物。

三

文化本质上是一种价值姿态。这种姿态有理性认知的成份,但更重要的是情感上的认同。文化不是科学,它没有惟一的结论,也没有放之四海而皆准的普适性和统一性。对中国人的生活而言，儒家文化作为一个完整的价值体系，在一切方面都有其特定的选择趋向，而严谨的家庭伦理，是这个体系最重要的组成部分。钱穆先生谓："中国文化，全部都是从家庭观念上筑起的。"（钱穆：《中国文化史导论》，上海三联书店，1998 年版第 42 页）强调秩序、等级和服从，这既是家庭伦理的要求，也是社会政治结构的要求。儒家文化的家庭伦理有着明显的意识形态意义，与政治伦理有着严谨的同构性。"孝"是"忠"的人格规范，"忠"是"孝"的逻辑推衍。这就是为什么，历代王朝特别强调"孝"，甚至声称以"孝"治天下。对儒家文化而言，家庭伦理是其意识形态大厦的基础。儒家文化的家庭伦理以血缘认同为核心，有一个非常人性化的起点，也是其基本魅力之一。但由于政治的需要，儒家文化把家庭伦理从合理的起点推到了不近人情违反人性的地步，血缘认同的人性化起点最终走向了"以理杀人"的极端。

对儒家文化家庭伦理的攻击，是新文化运动的一个重要目标，表现在文学创作方面，更是如此。《狂人日记》对儒家文化的攻击，就是从这里开始的。它"意在暴露家族制度和礼教的弊害"，后来的许多小说都是沿着这一思路展开的。而冲出家庭走向社会，则成为贯穿 20 世纪中国文学的经典话题。从 20 年代到 40 年代，革命话语逐渐取代新文化启蒙话语成为文学的主流话语，但文学创作与儒家文化的关系并没有中断，主要表现在对家庭关系的描写上，这种描写是这个时期文学创作一个非常重要的方面。

巴金的《家》对儒家的家庭伦理是一次全面而激烈的攻击。从情绪上来说，这部小说是一张控诉状，写出了旧家庭制度的一切罪恶，如爱情的不自由、个性的压抑、礼教的残忍、长者的绝对权威和卫道者的无耻。小说发表于 30 年代初，感情上仍延续着新文化运动启动时期那样一种全盘否定的方式。对儒家的家庭伦理，作者以激烈的态度予以全面抨击。小说站在为年轻人辩护的立场上，基本上按人物年龄来确定其道德面貌。从某种意义上说。《家》是写"代沟"的小说，这种"代沟"既是观念的冲突，更是道德的冲突。从年轻的一代看，他们代表着善，代表着正义和良知。而中老年一代则代表着恶，代表虚伪无耻和残忍。作者不忍让年轻人有任何道德瑕疵，正如不愿让中老年一代有任何道德优势。这两个年龄集团的对抗，既是作者为年轻一代唱的青年之歌，又是对旧家族制度的全面否定。在这里，儒家的家族伦理在每一个细部都是丑恶、残忍和虚伪的存在，而人物依着他与这种伦理的位置关系，可以是绝对的纯洁善良，又可以是绝对的虚伪无耻。作者是真诚的，但真诚不是文学意义的全部。小说中的人物，善恶黑白的对比是过于分明了，而且划分这种善恶的基本依据也过于单纯。作者的主观热情在突出了题材的某种特定意义的时候，不自觉地改变了客观对象各部分之间的比例关系。如果我们将《家》与同是表现大家族生活的《红楼梦》比较一下就可看到，由于曹雪芹没有那么明确强烈的社会功利目的，而是试图通过对"家"的描写追问来探寻人生的底蕴及生命的意义，因而他对"家"的描写更加客观，对生活的表现更富于整体性和浑然一体的质感。在曹雪芹看来，"家"既是空间意义的、人伦关系上的"家"，更是价值意义上的、终极关怀上的"家"，所以，宝玉的出"家"就不像觉慧只是冲出具体的封建大家庭，而是失去了生存的依据和价值，感到存在的无意义，走向了人生的幻灭与虚无。巴金的《家》显然比《红楼梦》多了气势，多了力度，但同时也少了深邃，少了超越。

　　具有代表性的还有曹禺的《雷雨》。《雷雨》中一系列的悲剧人物，繁漪、侍萍、四凤、周萍、周冲，其悲剧的根源，都在于周朴园的专制性格。作为一家之长，周朴园的权威是绝对的，不能容忍任何挑战的。这种绝对权威，是儒家的家庭伦理基本的原则。在这一原则之下,对权威的任何对抗都要付出沉重的以至生命的代价。这种权威不讲道理,它本身就是道理,哪怕在没有直接目的和利害关系的时候,仅仅为了证明自身的不可挑战性,它也会有残忍的冲动和置人于死地的力量。周朴园逼着繁漪立即将苦药喝下去,就是这种残忍性的突出表现。在这里,证明权威的绝对性就是目的本身。我们因此明白儒家文化的那一套礼仪如请安、跪拜等等,都是有意味的形式,这种形式表明着某种关系,确定着某种秩序。周朴园逼繁漪喝苦药,就表现着这种关系和秩序,这就是这个细节的文化意义。特别值得注意的还有《北京人》。这部作品极为深刻地描绘了在儒家文化的禁锢下曾家人的精神的变态,灵魂的扭曲和生命力的萎缩。

　　作为表现旧式家庭的作品,张爱玲的《金锁记》和《倾城之恋》与上述作品不同,没有那么强烈的批判意向。但在张爱玲的笔下,家庭仍是扼杀人性的罪恶渊薮。在《金锁记》中,曹七巧嫁入姜家,戴上黄金的枷锁,守着残废的丈夫度过半生。这种压抑结下了怨毒,当她终于如愿以偿分到财产成为一家之主时,她拥有的长者权威使这种怨毒的发泄达到了疯狂的状态。"三十年来她戴着黄金的枷。她用那沉重的枷角劈杀了几个人,没有死的也送了半条命。"曹七巧所具有的"劈杀"的能力,正是儒家的家庭伦理所赋予她的。《倾城之恋》中的白流苏,在那种令人窒息的家庭气氛中,被逼得走投无路,只好将自己作为赌注孤注一掷。张爱玲笔下的大家庭,也是如此地阴森而恐怖,作品描写的家庭生活,也与《家》等作品一样,完全是从否定的方面去表现的,完全没有儒家文化所设定的那种亲情氛围。事实上,儒家文化的家庭伦理是有二重性的,其形态决不会这么单纯。如果它是如此地缺少人性而令人恐怖,那么,它延续数千年的力量又在哪里,存在的合理性又在哪里?

　　在这些作品中,两代人的冲突是一个具有模式意味的话题。

纵观新文化运动以来以描写家庭关系为素材的作品,有长者权威的地方必有大悲剧。而钱钟书的《围城》表现这个话题却别有一番风味。方鸿渐与父亲方遯翁也不断地发生着冲突,但这种冲突没有悲剧意味,而完全被喜剧化了。方遯翁没有真正的权威,没有庄谨的正统性。一厢情愿的权威性和正统性,成为滑稽可笑可怜可悲的表演。这种喜剧性来自晚辈的精神优越,方鸿渐对父亲的权威已完全不必认真。在这里,作者在精神上超越了对儒家文化的崇敬与反抗的二元对立,正如他超越了对西方文化的崇敬与反抗的二元对立。

我们注意到,到了40年代,以大家庭生活为表现对象的小说有了一些微妙的变化,对儒家文化的家庭伦理观的批判性和控诉性大为减弱,并且已不再是这些作品的基本思想目标。相反,儒家家庭伦理的正面意义被逐渐凸现出来。《财主底儿女们》写的是苏州一个封建大家庭的衰败,但家长蒋捷三不再具有那种绝对的不可抗拒的权威和专制性格。在很大程度上,这是一个作者赋予了同情的形象,至少,他已经失去了造成下一代人生悲剧的能力。而次子蒋少祖在新文化运动的感召下冲出家庭,攻击传统文化,而这个叛逆者最终还是将儒家文化作为了自己的精神归宿:"他们为什么连月亮都是外国好,给孔子涂上那样的鬼脸?——爱好孔子,因为他是中国底旷古的政治家和人道主义者,可以激发民族的自信心和自尊心,并不是说就要接受礼教!"(路翎:《财主的儿女们》,人民文学出版社,1985年版,第906页)这样一种认识,当时被胡风指为"走到复古主义的泥坑里"(胡风:《财主的儿女们·序》,人民文学出版社1985年版),但是我们看到,小说中的人物在40年代的看法,与半个多世纪以后的今天中国思想学术界对孔子的主流看法,实在是非常接近的。

老舍的《四世同堂》对儒家文化的家庭伦理的态度,与上一个十年的作品也有了极大的差异。祁老人一家四世同堂,生活在日本人占领下的北平,极为艰难窘迫,受尽了种种屈辱。四代人忍让谦和生死与共,相当典型地表现了儒家的家庭伦理的另一个层面,即以血缘为中心组织起来的生命共同体。在小说中,没有了长者的专制,也就消弥了对这种专制的反抗。在儒家文化的家庭伦理中去掉了这一层因素之后,其正面意义就显现出来了。小说中的瑞宣、韵梅夫妇俩是相当典型的儒家的家庭伦理的实践者,有着强烈的家庭责任感,忍让克己能力和自我牺牲精神。正是靠了这种精神,一家人才能够在艰难岁月中挣扎着生存下去。小说还特别描写了小羊圈胡同邻里之间那种相濡以沫,铁肩担道义的关系。钱家、崔家和祁家几次自家无力承受的后事料理,都是邻里出面来承担的。作者把儒家文化当作正面的东西予以赞扬:"这是中国人,中国文化! ……这些孩子与大人大概随时可以饿死冻死,或被日本人杀死。可是,他们还有礼貌,还有热心肠,还肯帮别人的忙……他们有自己的生命与几千年的历史! ……剥去他们那些破烂污浊的衣服,他们会像尧舜一样圣洁,伟大,坚强!"(老舍:《四世同堂》,《老舍文集》第五卷,人民文学出版社1983年版,第408页)

在二三十年代,儒家文化在文学作品中如妖魔鬼怪。像朱自清《背影》那样的作品,在描写两代人的关系时,不是表现冲突而是表现亲情,是极为罕见的。但到了40年代,在抗日战争的背景下,儒家文化不再被表现为完全消极的因素。在很大程度上,以儒家为代表的中国文化成为了中国人民族性格的证明,成为了中国人自我认同的身份证明。老舍的《四世同堂》便强烈地传达了这样一种新的时代信息。

四

从20年代后期开始,"革命文学"逐步取代"文学革命"而成为中国文学的主流,这是整个思想界革命话语取代启蒙话语成为主流话语在文学上的反映。由于这种转变,思想界对儒家文化的批判不再占有意识形态的核心地位,人们更关心的是与政治革命有关的话题。从表面上看,时代已经揭开了新的一页,清算孔孟之道与儒家文化的历史使命基本完成。

但儒家文化经过几千年的运行,已经成了中国人特别是中国知识分子的生活方式和情感体验方式,或者说文化本能。这就是为什么,许多激烈批评儒家文化的人,其行为方式和情感方式基本上是在儒家文化的规范之中的。特别是儒家文化的一个基本原则,即君子必须有承担的勇气,而不可以消极无为放弃责任,几乎被所有的启蒙战士和革命战士忠实地实践着。在严峻的现实面前退守个人的生存空间始终没有成为中国知识分子的主流选择。儒家文化的现代存在形态的确是相当复杂的,也是不可能用简单的断语给予评判的。在革命话语取代启蒙话语之后,儒家文化的一个最重要的存在方式,就表现在忧患意识承担精神和个人的修身养性内心自省两方面。在这里,儒家文化与革命学说非常自然地几乎没有障碍地产生了潜在的接轨,同时也成为表现知识分子的文学作品的一个最重要的精神主题。

儒家文化有一套严整的"内圣外王"之道,个人的道德修养和人格规范是儒学的基本理论支柱之一。"克己复礼"表明着"内圣"与"外王"的关系,"克己"是"内圣"的功夫,而归宿则是"复礼",是"外王",即为政治目标服务。孔子非常看重个人的内心自律,提出"圣人"、"君子"和"小人"等不同的人格范畴。圣人人格是至善至美的理想人格,君子人格则是具有现实操作性的人格,要经过严格的道德修善才能达到。孔子曰:"圣人,吾不得而见之矣,得见君子,斯可以。"(《论语·述而》,《论语译注》中华书局 1980 年版,第 73 页)"君子"一词,是《论语》中出现频率最高的词汇,超过百次。

与君子人格相对的是"小人"人格,其分野在于,"君子喻于义,小人喻于利"。孔子曰:"克己复礼为仁。"孟子曰:"生亦我所欲也,义亦我所欲也,二者不可得兼,舍生而取义者也。"(《孟子·告子上》,《孟子译注》中华书局1980年版,第265页)可见道德要修炼到"仁义"的境界之难。儒家的"修齐治平"是一套完整的体系,"修身"是起点,"治国平天下"是目的。既然"治国平天下"是君子的责任,"修身"也就是对君子对知识分子提出的特别要求。儒家"修身"的要求被宋儒推到极致,其二重性也就被推到了极致:一方面,它塑造了一批杀身成仁视死如归的仁人志士;另一方面,又压抑了正常人性,造成了无数道德上的伪君子。

　　在新文化运动启动之初,知识分子的内心自省在文学创作中就有明显的反映。这个时期的内心自省的特点,是对照工农找到自己精神上的差距。知识分子主动抛弃了几千年的"上智下愚"的精神优越感,把工农当作景仰或歌颂的对象。鲁迅的《一件小事》,郁达夫的《薄奠》,以及后来艾青的《大堰河——我的保姆》等,都相当有代表性地表现了这种倾向。在这个阶段,虽多少有一种"知识原罪"的意味,但知识分子并没有丧失其历史主动性,他们还处于评价者和启蒙者的地位。在当时的历史条件下,中国知识分子的忧患意识和承担精神的具体展现,就是义无反顾地投身革命运动。而革命运动对他们的要求,就是进行自我修养思想改造。儒家文化"内圣外王"之道在新的历史环境中以新的形式得到了实现。从40年代开始知识分子在新文化运动时期高度的历史主动性逐渐丧失,一个持续几十年的知识分子思想改造运动逐步展开,直到"文革",知识成为"罪恶"、"反动"的代名词,整个知识分子群体堕入了历史丑角的境地。

　　为什么知识分子群体如此顺从地接受了这样一种角色定位?在这里,儒家文化那种修身养性的要求在他们的情感潜意识中占

有很重要的地位,有着很深的根柢。新文化运动时期喧嚣一时的
"个性解放"倒是根柢很浅,没有在人们心中真正扎根,更谈不上形
成既定的不可逆转的普遍观念。在这个历史时期,以知识分子为
主角的文学作品并不多。因为他们不再是历史主角;但只要是以
知识分子为主角的作品,其基本主题,就是自我思想改造。

　　在这个过程中,新文化运动高潮中风靡一时的个性解放主题
被进一步淡化,个人不再是一个独立的存在,他只有在群体之中,
在工农之中,在革命运动之中,才能够找到自己生命的意义和价
值。儒家文化那种群体本位的要求,在新的历史环境中得到了复
活。不少作家对自己过去那种表达个人情怀,抒写青春感伤,吟唱
人生悲苦的创作表现了真诚的忏悔,并进行了创作的转向。如艾
青、卞之琳、何其芳等,甚至包括戴望舒,其中何其芳是最具代表性
的。何其芳多次为自己过去写下的诗歌感到内疚:"这个时代,这
个国家,所发生的各种事情,人民、和他们的受难、觉醒,斗争,所完
成的各种英雄主义责任,保留在我的诗里面的为什么这样少呵。
这是一个轰轰烈烈的世界,而我的歌声在这个世界上却显得何等
的无力,何等的不和谐。"(《谈写诗》,《何其芳文集》第四卷,人民文
学出版社1983年版,第61页)而要与人民的斗争相和谐,与轰轰
烈烈的世界相和谐,还必须经过痛苦的心灵修养和思想改造,彻底
地改变自己:"一个诚实的人只有用他自己的手割断他的生命,假
若不放弃他的个人主义"。(《还乡杂记·代序》,《何其芳文集》第二
卷,人民文学出版社1982年版,第131页)在特定的时代总有属于
这个时代的主导倾向,其合理性往往会演化成一种绝对化的要求
而失去应有的分寸。新文化运动时期的个性主义思潮是如此,而
后来对个性主义激烈批判也是如此。

　　《财主底儿女们》写了几个知识分子形象,已有某种自我思想
批判的意味,但尚没有作为小说的主题。小说中的蒋纯祖在精神

特征上表现出张扬个性和道德自责的性格分裂特征："他是怀疑自己,觉得自己卑劣、卑微,羡嫉一切人;但又荷着大的野心,猛烈地轻蔑着一切人,渴望落荒而走。"(路翎:《财主的儿女们》,人民文学出版社 1985 年版,第 791 页)"我自私,可耻! 我说大话,我骄傲!"(同上,第 1176 页)这种诅咒式的自我谴责,与张扬个性的冲动掺揉在一起,构成人物的基本性格。蒋纯祖处处碰壁,最后在潦倒中病死。他的悲剧性结局,相当典型地说明着,儒家文化仍在以改变了的形式潜在地强有力地支配着人们的生活。而思想改造的话题如此顺利地展开,张扬个性的冲动是如此地障碍重重,这种强烈的对比也说明着,走出传统,走出儒家的文化格局,决不是振臂一呼就可以实现的,几千年的文化继承性不可能在几年甚至几十年之内完全改变。

在这方面,《青春之歌》也是非常具有代表性的。小说写的是林道静从一个小资产阶级知识分子成长为成熟的革命战士的过程。这个过程,也是她不断地自我反省,通过内心修养克服精神上的种种弱点,以适应革命斗争需要的过程。儒家文化通过"修身"达到"治国平天下"程式,在这里得到完整的表现。"修身"也好,修养也好,都是为了完成政治目标而培养出高度一致化的人格。在这里,个人的色彩是一种非规范化的存在,更不用说个人的欲望。这就导致了这部作品的一个最大的悖论:在革命的意义上,林道静逐渐成熟了,进步了;但在文学的意义上,这个形象却逐渐失去个性,失去色彩,失去感性的生动性。主人公个性色彩的逐步丧失,也导致了作品本身色彩的逐步丧失。

我们看到,对于这种自我修养的要求,思想改造的要求,不少人是在内心予以真诚执行的,比如张贤亮小说《绿化树》中的章永璘。章永璘被划为右派,在政治迫害下处于生死边缘。即使在如此残酷的生存环境中,他内心的自我批判一刻也没有停止。他为了活下去想尽办法多捞一口吃食,这样做着他感到了自己的卑鄙。当一个人受到政治迫害在生死边缘挣扎的时候,还能够对自己灵魂的纯洁性提出如此高的要求,这是很难理解的。但这又是历史的真实,至少是相当一部分人所经历过的历史真实。一种外在的思想改造要求能够被内心如此自觉地履行,可见这种要求在当时是得到了被改造者的认同的。思想改造运动如果没有儒家文化作为社会心理基础,是不可能如此顺利地展开的,比如,这种运动不可能发生在一个张扬个性尊重个人权利的社会。特别令人吃惊的是,小说写在"文革"以后,经历了思想解放运动,作者还非常真诚地表现这种思想改造自我修养的必要性,甚至政治迫害反而提供了一种对照工农寻找差距的机会。从中我们也可看出儒家文化的精神魅力,它在改变了的环境中,以改变了的形式得到复活。

五

　　在世纪之末,儒家文化结束了几十年来在文学上的潜行状态,浮出了历史水面,这始于80年代中期的寻根文学。在此之前,虽然"文革"已经结束,但文学的趣味仍停留在单纯的政治层面。寻根文学以文化替代政治作为文学的核心价值,改变了延续了几十年的政治化文学观念。这是一个具有相当完整的理论系统性的文学思潮,其最基本的出发点,就是对文学创作的中国特色的强调,并把这种特色当作中国文学的自我身份证明。从这个基点出发,寻根文学对中国传统文化采取了价值认同态度,离开传统文化就无所谓中国特色,也无所谓中国文学的艺术个性。寻根文学的代表作家对新文化运动全盘反传统的态度表示了不满。韩少功认为,中国文学应发挥东方文化的审美和思维优势,才能与世界文学进行平等对话。在民族的深层精神和文化物质方面,我们有民族的自我。阿城认为,中国人的现代意识应从民族的总体文化前景中孕育出来。更有人认为新文化运动全盘反传统的姿态造成了中国文化源流的断裂。寻根文学对传统文化的肯定不限于儒家文化,但儒家文化作为传统文化的主体,它又一次得到表现的历史机会已经到来。

在创作上,寻根文学的代表作家与他们在理论上对传统文化的认同有相当距离,儒家文化也没有在创作中得到全面复活。王安忆写了《小鲍庄》,写的是一个以儒家文化为基本精神构成的村落,仁义是村民们的生活准则。这种精神信念带来了秩序、安宁和自我牺牲精神,却也导致了停滞、落后和僵化。这篇小说的意义在于,经过了几十年否定之后,儒家文化在文学上得到了重新审视的可能性。而不再是一个完全负面的存在,人们对其价值的二重性有了一种平和态度。

在这个时期,儒家文化似乎迎来了一个理论大复活的时代,其代表人物孔孟程朱,新儒家的代表人物梁漱溟、熊十力和冯友兰等,一时成为热门话题。李泽厚在相当程度上对儒家文化表示了学术意义上的肯定,有很大的影响。儒家文化的复活引起了一场激烈的思想交锋,西方文化派对这种复活给予了尖锐的反击。但这种对儒家文化的绝对否定态度并没有得到广泛响应。毕竟时代不同了,社会背景不同了,中华民族的历史任务也不同了。同样的文化姿态在不同的时代背景下有不同的意义和作用,因而也有不同的历史定位。新文化运动所处的时代是一个破旧的时代,打破旧文化观念旧道德是历史赋予那一代人的使命。为了完成这种历史使命而产生的偏激是能够得到理解和承认的。而世纪末则是一个建设的时代,在这样一种总体背景下,那种对传统对儒家文化绝对否定的态度,不但在学术的意义上站不住脚,在社会心理的认同方面,也是站不住脚的。特别是进入 90 年代之后,爱国主义和民族感情成为一种最普遍的社会心理,中国人的自我肯定和自我尊严,必然要到自己文化传统中去寻找依据,而决不可能用西方文化来证明自身的独特价值。儒家文化作为数千年来中国文化的主流,也是中国人之所以成为中国人最重要的文化标记。如果全盘否定了传统文化特别是儒家文化,那么,中国人在文化上的自我角色和认同感在什么基础上能够建立起来呢? 这种社会心理就是90 年代"国学热"的社会心理背景,也是"新儒家"在学术上异军突起的背景。这时,孔子重新成为文化圣人,全国各地的孔学研究会,孔学刊物如雨后春笋般出现,儒家文化强韧的自我修复能力得到了充分的表现。

　　只有到了这个阶段,儒家文化在文学上才得到了强有力的表现,而最具代表性的作品,是《白鹿原》。陈忠实以相当冷静的态度表现了儒家文化的现代命运,写出了其"仁义"和残忍二重性的有机统一。如果我们分析作者的主导趋向,不难看出他在感情上对儒家文化更倾向于肯定。白嘉轩为了坚守儒家文化的正统观念,承受了那样精神重压和肉体痛苦,仍不改初衷。而近乎神化的关中大儒朱先生更是作者笔下的理想人物,体现着作者的价值取向。贯穿了整个世纪的经典话题,即年轻的叛逆者走出家庭,现在也有了新的结局。白孝文和黑娃在反叛之后回乡祭祖,这实质上是一种文化的回归。这种情节设计,是一种新的文化姿态在文学创作中的表现。因此,尽管作者是以一种犹豫矛盾的二重态度描述儒家文化的 20 世纪的命运,我们仍把小说的出现看作世纪之末儒家文化在文学上的复活的一个重要表现。

　　世纪之末儒家文化的复活在文学上的重要表现,还有余秋雨的散文。余秋雨以文化人格为核心概念,对中国文化史进行了大规模的覆盖。审视中国文化史,正如审视中国思想史哲学史美学史,儒家文化不能不占有最重要的地位。余秋雨的多篇散文以肯

20世纪儒学研究大系

定的钦佩的态度描述了儒家文化的内在精神魅力。《流放者的土地》表现了儒家文化那种君子自强不息永不放弃责任的人生态度。作品中的知识分子在流放的极度艰难之中,凭着一种信念和责任心,凭着知其不可为而为之的生命意志,对东北这块不毛之地的文化开拓起到了极大的作用。还有《千年庭院》,大儒朱熹在作者的笔下具有圣人的风范。作者对朱熹那种开放严谨的学术态度,那种为文化的传承忍辱负重的精神,那种倾心教育而不为名利所动的人格,表示了由衷的钦佩。在他的笔下,朱熹这位从新文化运动以来一直被视为反面角色的人物,是一位大学问家、大教育家的形象,一位原则坚定人格高尚的圣者形象。

不仅是孔子和朱熹,为儒家文化的代表人物恢复名誉成为一时风尚,具有代表性的还有长篇小说《曾国藩》。几十年来由于"阶级论"的影响,曾国藩作为镇压太平天国运动的主将一直是极端反面的人物,而在唐浩明的笔下,曾国藩基本上是一个正人君子的形象。他不贪财,不好色,严于律己,忠心事君。即使他组建湘军围剿太平天国起义,也是为了保卫孔孟名教,维护天下太平。他不但是个道德君子,也是个文武全才。小说在艺术上也许并没有特别大的突破,但对人物的理解却与以前有了根本性差别。而社会各界对《曾国藩》这部小说所表现出来的异乎寻常的接受和认同热情,更是相当典型地表现了世纪之末的文化氛围。

在90年代,儒家文化与文学的关系与世纪之初是完全不同的。总体上说,文学对儒家文化表现出的是一种恭敬景仰的态度。几乎没有什么作品对儒家文化采取了激烈攻击的态度,更谈不上使之妖魔化、或欲置之死地而后快。对儒家文化采取亲和态度的作品则是大量的,如《黄河东流去》、《平凡的世界》、《湮没的辉煌》等等。儒家文化的荣誉在学术上得到了恢复,在创作上也得到了充分表现。

不过,儒家文化在世纪之交仍然面临着严峻的挑战,但这种挑战主要并不来自理论层面的质疑或攻击。儒家文化由于其内部构成的立体性,有着极强的自我修复能力。儒家文化源远流长,博大精深,要在学术的意义上把它打倒,是不可能的。作为中华民族文化特征的主要标记,儒家文化的意识形态意义与世纪之初也有了根本性的转变。对儒家文化的挑战主要来自世纪之交的经济现实。这种现实并不把儒家文化作为自己的直接对手,并不对它发动直接攻击,但却有着一种不动声色的全方位解构性。当经济成为这个时代的巨型话语,以儒家文化为核心的传统人文话语就逐步地退居边缘,尽管它曾在过去数千年占据着中心地位。市场经济是一种价值体系,也是一种意识形态,它带来的一些新的观念,如个人本位,利欲冲动,现世快乐等,极大地冲击着儒家文化的一些根本原则,如群体本位,修身养性,千秋情怀等。人文知识分子最基本的情结,即以天下为己任的承担精神,也在相当程度上失去了依托,中心离他们越来越远,"天下"也离他们越来越远了。表现在文学上,某些在市场经济背景下成长起来的文化人,在自己的作品中赤裸裸地表现自我中心意识,表现个人的欲望与渴求,在他们看来,"礼"既然不存在,"克己"也就是不必要的了。在新世纪已经到来之际,儒家文化面临的挑战是尖锐的,但毫无疑问,其生命力也将是极其顽强的。

作为过去几千年在最大意义上规定了中国人生活方式和思想方式的价值体系,儒家文化在 20 世纪虽然受到了前所未有的挑战,但它对中国人的生活影响仍然是巨大的,对中国文学的影响也仍然是巨大的。因此,儒家文化与 20 世纪中国文学的关系,是一种全方位的关系,对这种关系的详尽描述,决不是这样一篇文章可以完成的,甚至也不是一部著作可完成的。展望未来,儒家文化仍将深深地扎根于中国人的生活,也必将深深扎根于中国的文学。

20世纪儒学研究大系

（原载《文学评论》2000 年第 1 期）

罗成琰、阎真，湖南师范大学文学院教师。

本文描述了 20 世纪中国文学在世纪初对儒家文化的全面反叛以及在世纪末对儒家文化的重新认同这一历史演变轨迹，多方面地论述了儒家文化与 20 世纪中国文学复杂而深刻的联系，并在这种联系中对一些文学作品和文学现象进行了重新解读和阐释。

20 世纪儒学研究大系

柏拉图与孔子文体形态比较研究

邹广胜

孔子(公元前551—前479)和柏拉图(公元前427—前347)两位伟大的思想家对东西方文化的发展产生了深远的影响。二者有很多相似之处:他们都处在奴隶社会逐步衰亡、封建社会逐步兴起的交替时期;具有贵族与平民之间的社会文化身份;他们都积极入世,企图恢复贵族统治,力挽狂澜于既倒,带有极大的保守性;他们都广收门徒,对教育发展作出巨大贡献,等等。关于孔子与柏拉图思想的研究著作可谓汗牛充栋,对二者著作的文体却缺乏较为深入的研究。本文企图对两位思想家文体的特点作一对比考察,并揭示其所隐含的价值取向。正如巴赫金指出的:文体与哲学思想密切联系在一起,"文体自身就是有意义的思考方式","它能展示批评家对时间、社会、人的基本看法"(New Literary History, Vol. 22, No. 4 (Autumn, 1991) P. 1077)。

柏拉图全部的哲学著作,除《苏格拉底的辩护》外,都是用对话体写成的,约有四十篇。对话体在他的著作中占有绝对地位。在柏拉图的绝大多数对话中,主角都是苏格拉底,柏拉图的思想主要是通过苏格拉底和其他人的对话来体现的。关于文艺的思想主要集中在朱光潜先生译的《文艺对话集》中。对话文体在当时的希腊非常流行。除柏拉图写的苏格拉底对话外,还有色诺芬的对话、安基斯芬的对话等。哲学家西密阿斯就写过二十多种对话,虽然都已不存在,但从侧面反映了对话文体在当时所占据的重要地位(《文艺对话集》,柏拉图著,朱光潜译,人民文学出版社,1997年,第113页)。此外,还有许多重要作品采用了对话体的形式:琉善《被盘问的宙斯》、古罗马西塞罗的《论灵魂》、文艺复兴时期彼特拉克的《秘密》、阿尔贝蒂的《论家庭》、布鲁诺的《论英雄激情》、康帕内拉的《太阳城》、塔索的《解放了的耶路撒冷的辩护》、古典主义时期费纳隆的《亡灵对话录》、启蒙时期狄德罗的《拉摩的侄儿》和《宿命论者雅克和他的主人》等都成为文学史上众所周知的作品。当然还有人把荒诞派戏剧当成对话体文学。黑格尔和德国杰出哲学史家策勒尔则把柏拉图的对话当成"文学艺术作品"(《古希腊哲学史纲》,E. 策勒尔著,翁绍军译,山东人民出版社,1992年,第127页)。甚至有人直接把它看成戏剧(《柏拉图诗学和艺术思想研究》,陈中梅著,商务印书馆,1999年,第263页)。孔子的思想言行则主要集中在《论语》里。《论语》的文体有一部分采用对话形式。从整体上讲,和柏拉图的对话相比更具有语录体的性质。语录体在中国文化中占有重要地位。除《论语》、《孟子》外,还有西汉扬雄的《法言》、隋末王通的《中说》、宋明理学中的《朱子语类》、《陆九渊集》、《二程遗书》、王阳明的《传习录》、佛教禅宗中的语录、诗话中的各种问答体式,甚至"文革"期间的各种语录口号等,可谓贯穿中国文化的始终。语录体对中国文化产生了深远的影响,自身也成为中国文化的一部分。

一

　　《论语》的语录体首先是由孔子与他学生之间的等级关系决定的。孔子的学生多出于贫贱,孔子在设立学校广招门徒时也不存在门户之见,即他自己所说的"有教无类"。学生之间除了教学的需要以外，他们在孔子的面前都是平等的。如《颜渊篇》记载颜渊、仲弓、司马牛"问仁"，孔子有三种不同的回答。冉由和子路问"问斯行诸"时，孔子的回答也完全不同。可这并不表明他们在孔子面前的地位有所不同，而是孔子因人施教的表现。虽然孔子在《子罕篇》中也说"吾少也贱，故多能鄙事"，不是"不多能"的"君子"。在与学生的关系上，孔子却把自己当成一个充满智慧的老人和装满各种知识的百科全书，随时对学生（包括像鲁哀公那样的诸侯）各种各样的提问给以完满的解答，而学生在他面前是没有发言权的。《论语·为政篇》谈到：孟懿子问孝，孔子答"无违"，樊迟又问"何谓也"，孔子又答"生，事之以礼；死，葬之以礼；祭之以礼。""何谓也"是典型的孔子学生的话语，它是没有自己意见、没有自己观点、必需由孔子的观点来充实的空白，他必须按孔子自己的意思来理解孔子。这和苏格拉底对话中的"是"、"对"不同，因为"是"表明答话者有自己的意见，只是和讲话者相同，当然也可能存在不同和需要争辩的地方。但"何谓也"只是使说话者继续发表自己的看法，听者却没有自己的见解，更不要说不同的见解了。这种问答体中，每一段对话看似两个主体，其实是一个主体的行为，另一主体只是为这一主体的言行提供契机，而不是平等的对话和参与。所以，如果学生侃侃而谈，充满辩论，根本不把孔子放在眼里，那一定会使他非常不满。因为学生忽视了"礼"，这是孔子最为注重的东西。《颜渊篇》说"克己复礼为仁"；《季氏篇》说"不学礼，无以立"。其实，"礼"就是他在《颜渊篇》说的"君君，臣臣，父父，子子"。当然这句话也隐含了另一个含义"师师，生生"，"师者，人之模范也"。"礼"的根本含义就是对等级制的无条件肯定。孔子虽然处在一个动荡时期，等级混乱，一切都在进行新的组合，但孔子仍想恢复过去的等级制，他与学生之间的关系便是他理想社会的基本模式。孔子对"大人、圣人、小人"的区分，对"生而知之，困而知之，因而不知"

的界定,对"唯上知与下愚不移"的判断,都是孔子对等级关系存在的客观性和合理性深信不疑的表现。《论语》中体现的这种关系隐喻了孔子思维模式的深层结构,是孔子对人生和社会的基本理解。孔子的这种思想同样决定了"仁"自身的等级特征。面对不同行为主体,"仁"的内涵是不同的。所以,孔子反对"其父攘羊,而子证之"。主张"父为子隐,子为父隐"。看起来孔子是实行了一种对等原则。其实,"父为子隐"在于"慈","子为父隐"在于"孝",二者并不对等。"子为父隐"能推导出"为尊者讳"、"为贤者讳"、"为长者讳"。而"父为子隐"就推导不出"为贱者讳"、"为少者讳"、"为愚者讳"。孔子《阳货篇》主张,父母死后"三年之丧",守三年孝,即《子张篇》的"三年勿改父之道,可谓孝也"。原因在于:"子生三年然后免于父母之怀",儿女生下来三年才能完全脱离父母的怀抱。这可谓对等原则的体现。在谈到诗的功用时,孔子主张"迩之事父,远之事君"。如果"迩之事父"是对等原则体现的话,那么"远之事君"又如何证明呢?孔子对言语主体等级关系的强调决定了孔子的"侍于君子有愆",其一便是"未见颜色而言谓之瞽",即在言谈时必须察言观色,不能贸然开口,否则就和瞎了眼睛没有差别了。

与此相反,柏拉图笔下苏格拉底的对话者都是一些在经济和社会地位上比他还高贵的贵族和思想家。如戏剧家阿里斯托芬、悲剧家阿加通、诡辩派修辞家斐得若、演说家高尔吉亚、修辞学和语法学家普罗泰戈拉、哲学家巴曼尼得斯等。如果苏格拉底不是充满智慧和辩论技巧,他的话根本就不会有人听,因为对话者不是他的学生,更不是他的仆人。加答默尔说:"谈话艺术的第一个条件是确保谈话伙伴与谈话人有同样的发言权。我们从柏拉图对话中的对话者经常重复'是'这个情况,可以更好地认识这一点……进行谈话并不要求否证别人,而是相反地要求真正考虑别人意见的实际力量。"(《真理与方法》,加达默尔著,洪汉鼎译,上海译文出版社,1999年,第471—472页)正如苏格拉底常说的"使对手的地位更加巩固"。所以,黑格尔说柏拉图的对话体之所以是"特别有吸引力的"、"美丽的艺术品",就在于这种"客观的"、"造型艺术的叙述形式""充分避免了一切肯定、独断、说教的作风","容许与我们谈话的每一个人有充分自由和权利自述和表现他的性格和意见。并且于说出反对对方、与对方相矛盾的话时,必须表明,自己所说的话对于对方的话只是主观的意见"。"无论我们怎样固执地表达我们自己,我们总必须承认对方也是有理智、有思想的人。这就好像我们不应当以一个神谕的气派来说话,也不应阻止任何别的人开口来答辩"。这种"伟大的雅量"使柏拉图的对话"优美可爱"(《哲学史讲演录》卷二,黑格尔著,贺麟译,商务印书馆,1997年,第164—166页)。由此看来,古希腊的贵族民主政体固然是柏拉图对话文体的外在原因,对话主体之间的多元平等关系却是对话文体的内部构成机制。

对话的主要原因在于对话主体自身的匮乏、缺失和对话主体间的距离。主体通过对话交流联系在一起,通过他者认识自我,丰富自我(STCL,Vol,12,No.1(Fall,1987)P.96)。孔子眼中是不存在他者(学生)的。当然,孔子也讲"予欲无言",但那是因为"天何言哉",是为了"行不言之教"。孔子《为政篇》说:"知之为知之,不知为不知,是知也。"但孔子在与学生的交往中总要保持"以有知教无知"的心态。孔子对学生的基本态度是"启蒙"与"灌输"。《八佾篇》中,孔子说"起予者商也",承认卜商的礼乐产生在仁义之后的观点对自己有启发,看起来孔子以平等的身份来对待自己的学生了。但是孔子接着又说"始可与言诗已矣",现在可以同卜商谈论《诗经》了,仍以导师自居。《八佾篇》还有关于孔子"入太庙,每事问"的记载。孔子自己认为这就是"礼",把自己本来处于被教育地位的境况转换成一种积极主动的姿态。这都是孔子自己及文本叙述者保持对孔子优势地位尊重的心理反映。他这种"好为人师"的心态和苏格拉底根本不同。正如弗莱所说，"教师从根本上说，并非是教无知的有知者，这一点至少早在柏拉图的对话录中就已确认了"(《伟大的代码》，弗莱著，郑振益等译，北京大学出版社，1998年，第5页)。柏拉图笔下的苏格拉底是一位勇敢、坚韧、品格高尚、具有智慧的老师。但他自己从不声称是"诲人不倦"的老师，只是"神特意派来刺激雅典城邦，这匹'身体庞大而日趋懒惰'的'纯种马'的'牛虻'"。"我高于众人的本质就在于我非常自觉地意识到自己的无知"。苏格拉底常常承认自己的"无知"，他的名言就是：自己是世界上最聪明的人，原因就在于自己承认自己的无知，而其他人却自认为有知识(《苏格拉底最后的日子》，柏拉图著，余灵灵等译，上海三联书店，1988年，第45—66页)。孔子在《卫灵公篇》说"当仁不让与师"。很类似亚里士多德的"吾爱吾师，吾更爱真理"。但孔子很少承认自己的学生有"仁"。如《公冶长篇》就连续否认了子路、冉有、公孙赤有"仁"，连续说了三次"不知其仁也"。虽然孔子自己也说："若圣与仁，则吾岂敢？"但这又往往可以理解为是"夫子自道"。如《宪问篇》，子曰"君子道者三，我无能焉：仁者不忧，知者不惑，勇者不惧。"这看似孔子在自我批评，但还是子贡更能理解孔子的内心世界：他说这是"夫子自道也"，是他老人家在自我表白呢。孔子否定了他的对话者具有"仁"，也就否认了他的对话者具有正义、真理和美德，自然也就否认了学生平等对话、参与讨论的可能性。

<h2 style="text-align:center">二</h2>

　　对话主体之间的关系决定了对话主体的言说方式。孔子与学生之间的等级差异对孔子的言说方式起到了决定作用，可以说是

孔子语录体的根本原因。《论语》第一篇《学而篇》全部都是语录体。语式的一开始就是"子曰"。每一句话都是对经验、价值、立场的直接陈述,内容平铺直叙,不含有任何争辩性质。没有语境,没有叙事,没有原因,没有结果,没有过程,更没有戏剧性。不是讲述具体事件的话语,而是抽象的语言,只有最后不证自明的真理和结论。如主张"孝、悌、信、仁","事父母,能竭其力;事君,能致其身",没有丝毫的证明。孔子从自己的立场对《诗经》作出了解释:"诗三百,一言以蔽之,曰:思无邪",如何"思无邪",他没有说明,这就导致了后来因循守旧之人反而从这句话倒过来推导出对《诗经》的解释。如果孔子平等地举出其它看法或找出相反的意见来与自己争辩,就不会导致后来很多牵强附会的论断。但习惯于"攻乎异端"的孔子是不会承认有其他合理解释的。《诗经》是一部创作年代、作者、风格差异很大的诗歌总集,根本不可能"一言以蔽之"。柏拉图就不像孔子。他对待荷马充满了具体分析,根据自己的标准指出了荷马的伟大,也指出了他的局限。并且,孔子语气舒缓的陈述,具有千古不易、坚无不破的真理气概,和苏格拉底充满机智、充满戏剧性的争论也非常不同。苏格拉底宣扬什么都是通过他与另一个反对者展开论战。当然,有时候他自己就担当了对手的角色。无论怎样,苏格拉底的结论不是不证自明的结论,他不是对真理进行宣布而是对真理进行探讨。苏格拉底的言说方式是由他和对话者之间的平等关系决定的。

　　孔子与弟子之间的等级关系不仅决定了孔子对弟子的言说方式,而且决定了整个《论语》的基本内在结构。《论语》文体的基本结构一般都是:开始是"子曰",然后是弟子某"问",最后是"子曰"。据统计,《论语》中"子"共用431次,特指孔子就375次。"曰"字用755次,大都是作"说""道"解。"问"字用120次,作"发问"讲用117次(《论语译注》,杨伯峻译注,中华书局,1988年,第217页)。

可见,整部《论语》孔子的话占绝对优势。孔子在对话中占据的主要言说者的地位和他在生活中的地位是一致的。孔子学生的话语主要是对孔子言说内容的进一步发问。所以,孔子在《为政篇》中说他最得意的门生、"闻一以知十"的颜回:"我与回言终日,不违,如愚。"孔子整天对颜回讲学,颜回从不提出疑问,更不要说发表自己的看法和提出反对意见了。可见《论语》文体的特点是由孔子的宣讲和学生的沉默与对话角色的丧失为客观依据的。这就是孔子独白话语的根本特征。《阳货篇》记载了子游和子路两人向孔子的"发问",但他们都是用孔子自己讲过的话来质问孔子。这样做既能提出自己的疑惑,又遵守了师生之间应有的礼节。子游想用孔子"教育总是有用"的思想来驳斥孔子"对小地方不用教育"的思想,被孔子一句话"前言戏之耳"打发掉了。子路想用孔子"君子不到亲自做坏事的人那里去"来反对孔子自己到佛肸那里去。但孔子却用"最坚硬的东西不能磨薄,最白的东西染不黑"来为自己辩解。两次对话的实质都是孔子自己内部思想的争辩,并没有另一平等主体的介入。正如巴赫金所说的:"独白原则最大限度地否认在自身之外还存在着他人的平等的以及平等且有回应的意识,还存在着另一个平等的我(或'你')。在独白方法中(极端的或纯粹的独白),他人只能完全地作为意识的客体,而不是另一个意识。独白者从不期望他人的回答,对他人的回答置若罔闻,更不相信他人的话语有决定性的力量,能改变自己的意识世界里的一切"(《巴赫金全集》卷五,钱中文主编,河北教育出版社,第385—386页)。

颜回"如愚"一样的沉默源于他对师生等级关系的尊重与恪守。但柏拉图笔下的苏格拉底却不这样。柏拉图在《国家篇》里指出:从当时流行的观点看来,荷马是"最高明的诗人",是"希望的教育者",也就是全希腊民族的教师(《理想国》,柏拉图著,郭斌和等译,商务印书馆,1996年,第407页)。荷马的诗也是当时希腊教育的中心和焦点,每个希腊儿童都能背诵这些诗(《语言和神话》,卡西尔著,丁晓等译,三联书店,1988年,第179页)。但他并不因荷马的伟大而无条件的奉若神明。所以,他在《国家篇》卷十中说,"荷马的确是悲剧诗人的领袖",但是"尊重人不应该胜于尊重真理"。苏格拉底以平等的对话者的身份和对话者展开对话,以至于斐德若说他"你所说的全是废话"。苏格拉底并没有以训斥诅咒的口吻来对待他。他说:"这都是我不能和你同意的……如果我因为爱你而随声附和你,他们都会起来指责我……我很明白我是蒙昧无知的。"后来苏格拉底又以调侃的口气说:"我和你要好,和你开玩笑,你就认真起来吗?"斐德若说:"别让我们要像丑角用同样的话反唇相讥。""我比你年青,也比你强壮,想想吧,别逼得我动武!"苏格拉底最后说:"我要蒙起脸,好快快地把我的文章说完,若是我看到你,就会害羞起来,说不下去了。"(《文艺对话集》,柏拉图著,朱光潜译,人民文学出版社,1997年,第102—105页)柏拉图用纯客观摹仿的方式来叙述自己老师的言语行为,他这种中性的叙述者角色让孔子的学生看起来是不可思议的。柏拉图没有掩盖自己尊敬的老师的平凡、宽容和世俗性格而仅让世人看到他高不可攀的崇高地位,而孔子的学生却只想这样。在苏格拉底对话中,互相调侃的地方很多。但在论语中却没有这种情况。《子路篇》讲到子路说孔子"有是哉,子之迂也!"(你的迂腐竟到如此地步吗?)这在《论语》中是非常少见的,遭到了孔子的训斥,"野哉,由也!"(你怎么这么卤莽!)《论语》甚至很少描写孔子师徒之间自然而亲切的笑声。"笑"字在书中共出现五次,仅《宪问篇》就出现三次,都不是描述孔子师徒之间关系的。"笑"是日常言语行为中一个非常重要的因素,笑的亲昵性能消除一切距离,化解严肃性,打破等级秩序。它反映对话者之间深层的平等关系。正如赫尔岑所说的:"在教堂、在宫廷、在前线、面对行政长官、面对警察区段长、面对德国管

家,谁也不会笑。当着地主的面,农奴侍仆无权笑。平等的人之间
才会笑。如果准许下层人当着上层人的面笑,或者他们忍不住笑,
那么下级对上级的尊敬也没有。(《巴赫金全集》卷六,第107页)

当然,苏格拉底也常常长篇大论,如《会饮篇》。但他不是直述
真理,而是充满了辩解,充满了自己与自己的对话。如陀斯妥耶夫
斯基小说中的主人公的自言自语,对话者的立场与价值包含在他
自己的话语之中。苏格拉底自己的对语本身就是对话,和严格统
一的孔子话语不同,自身就分为两部分,互相争论。所以,在他的
陈述里充满了直接引语和间接引语,充满了疑问和对答。苏格拉
底和对方辩论,也和自己辩论。他对真理的追求靠的是思考和智
慧,而不是不证自明的权威。所以,他说:"不能反驳的是真理而不
是苏格拉底,反驳苏格拉底倒是很容易的事。"把真理置于自身之
上,和孔子把自身当成真理与权威化身的心态是不同的。在苏格拉
底看来,知其然而不知其所以然是不能算是真知的,知其然仅是
处于真知与无知之间的东西。真正的真理必须经过辩论和论
证。

等级原则是贯穿《论语》的一个基本原则。对话的内容、形式,
甚至对文本的阐释都起到重要作用。《微子篇》讲,丈人在子路问
"子见夫子乎"时,丈人说"四体不勤,五谷不分"。一般的解释都认
为是丈人在责备子路,说他"四肢不劳动,五谷分不清"。但在宋代
吕本中、清代朱彬等都认为是丈人在说自己。甚至,还有人认为是
讲孔子。虽然子路对隐者作了批评,认为隐者忽视了长幼关系,没
有尽到臣对君主的责任。但从《论语》的整体来看,很少有针对孔
子而发的议论,特别是这种含有否定含义的议论。如《子张篇》讲
"叔孙武毁仲尼",叔孙武的话根本没有出现。叙述者只用了一个
"毁"字就表明了自己的立场。与此相关,只有子贡的反驳。反驳
也并非是用"讲事实、摆道理"的方法进行辩论,而是对孔子的地位

和伟大进行直接的宣布,说:"仲尼不可毁也。仲尼,日月也,无得而逾焉。人虽得欲自绝,其何伤于日月乎? 多见其不自量也。"叔孙武也就落得个"蚍蜉撼树谈何易"的评价。当然,从能指与所指一致的语言学角度讲,"四体不勤,五谷不分"当然指子路和孔子,因为他们确实是"四体不勤,五谷不分"。但从整个文体呈现出的一个基本价值倾向来看,把它解释成"农夫自道",或以"自道"来表达讽刺更有道理。虽然孔子自己也说"少也贱,故多能鄙事"。但那是"夫子自道",其中隐含的并非是自卑感而是自豪感。如讲话者是另一主体而不是孔子,那么隐含的讽刺批评意味就会更多,文本就会采取策略来消解这种有损于伟人形象的话语了。孔子完美无瑕的形象和苏格拉底的"无知加自我批评"的智者形象根本不同。正如巴赫金所说,"苏格拉底对话中的双重的自我吹嘘,也是典型的:我比一切人都聪明,因为我知道自己一无所知。通过苏格拉底的形象可以观察到一种新型的非诗意的英雄化"(同上卷三,第528页)。

　　总之,这是由贯穿本书的"为尊者讳"的等级思想决定的。当然,语录体的语句结构也非常容易引起误读,以致多种解读的可能性。因为语录体大都是祈使句,没有主语,没有宾语和行为对象,没有时间,也没有地点。看起来是适用于任何人、任何情况、放之四海而皆准的真理。这种从具体语境中抽象出来的语言掩盖了言说者的立场和利益冲动,而貌似中立与客观。这种语言最合适于表达纯粹的价值判断。因为纯粹的价值判断和抽象的表述一起掩盖了现实生活中"客观存在"与"价值应分"之间的对立,用一种直接宣布的方式而不是争论对话的方式实现了从"客观存在"到"价值应分"的过渡。当把这种语言重新置入具体语境中了解其真实指向时,出现歧义是必然的。弗莱批评《圣经》的话非常适合于《论语》。他说:"由于作者的兴趣在于道德说教,因此在这种叙事结构

20世纪儒学研究大系

中我们所读到的是不断重复的同一类故事。作者对叙事结构特别重视，说明了这里的每个故事实际上都经过加工，使它能纳入这个模式。这些故事远离历史事实，就像抽象派绘画远离其所表现的现实一样。而且它们和历史事实之间的联系方式也和抽象派绘画与现实的联系相似。作者首先考虑的是故事的神话结构，而不是其历史内容。"(《伟大的代码》，弗莱著，郝振益等译，北京大学出版社，1998 年，第 64 页)《论语》只不过把《圣经》中的"神话"转换成了"日常生活"(并非指《论语》受《圣经》的直接影响)。但其隐含的深层结构是一致的。所以弗莱称《圣经》是一部"极为偏见"的著作，是一部"用于教学的经过加工的历史"。但是在这部传统上被称为"上帝的修辞学书"中，我们仍能听到与上帝争辩的声音。如《圣经·诗篇》第四十一篇中写道："你卖了你的子民，也不赚利，所得的价值，并不加添你的资财。你使我们受邻国的羞辱，被四周的人嗤笑讥刺。你使我们在列邦中作了笑谈，使众民向我们摇头。"我们在《圣经》中都能听到这种与上帝抗争的声音，在柏拉图对话录中也能听到这种声音，但是在《论语》中这种声音却被孔子一个人的声音淹没了。

　　柏拉图用对话体的方式记述了苏格拉底的思想，但苏格拉底却反对对话的体裁。苏格拉底认为："凡是诗和故事可以分为三种：头一种是从头到尾都用摹仿，像你(阿德曼特)所提到的悲剧和戏剧；第二种是只有诗人在说话，最好的例子也许是合唱队的颂歌；第三种是摹仿和单纯叙述掺杂在一起，史诗和另外几种诗都是如此。"而且指出"摹仿最受儿童们，保姆们，尤其是一般群众的欢迎"，以至于"禁止一切摹仿性的诗进来"。在苏格拉底看来，文体的运用并非是一个中性的概念，叙述文体有自身隐含的价值倾向。所以，他对叙述的文体进行了划分，"一种是真正好人有话要说时所用的；另一种是性格和教养都和好人相反的那种人所惯用的"

（《文艺对话集》，柏拉图著，朱光潜译，人民文学出版社，1997年，第50—60页）。苏格拉底对纯摹仿和纯叙述所作的区分，使纯摹仿遭到了苏格拉底的彻底排斥。原因在于纯摹仿"把对话中间所插进的诗人的话完全勾销去了，只剩下对话"。纯摹仿否定了叙述者对叙事的全视角和绝对权威，取消了诗人检查官的角色和对诗歌的价值评判，使叙述成为行为主体展示自身的过程，和纯叙述的单一的价值视角形成了对比。文体形式与行为主体的一致性决定了摹仿是各种文体的混杂，正如巴赫金所说的小说是各种文体的百科全书一样。苏格拉底对纯摹仿与纯叙述的区分对西方叙事文体的发展起到了非常重要的作用，所以，亨廷顿·凯恩斯说，对话使他"拥有了现代小说家的自由"（《柏拉图诗学和艺术思想研究》，陈中梅著，商务印书馆，1999年，第356页）。

三

对话不是宣布真理而是对真理进行探讨，真理在讨论中展示自身。在苏格拉底对话过程中，有很多"当然是"的回答，这既表示苏格拉底的观点得到了同意，而且表明了对话者的主体性，因为他们不同意就会发表自己相反的看法。如果把苏格拉底的话合在一起，对话者所有的对语"是"、"对"、"当然"合成一个，把对真理的探讨变成对真理的宣布，把一个不断展开的时间过程变成一个超时空的存在，其实质也就是把对话的结构变成独白的结构。独白的本质不仅在于把自己的话语当成绝对的真理，而且同时掩盖了自己得出结论的过程，把自己必须证明的结论当成无时不在、放之四海而皆准、不证自明的真理。独白的真正含义在于企图不证自明。《国家篇》卷十，虽然整篇都充满了格罗康对苏格拉底赞同的回答，但是，一开始我们是不知道答案的，答案"诗不但是愉快的，而且是有用的"在最后面,随着对话的展开而得出。所以苏格拉底不是宣布真理而是探讨真理,不是像演绎一样从结论开始,而是像归纳一样,最后得出结论,不可论证的独白就会在辩论中显露出自己的虚妄和无根基。辩论的前提是对话角色的平等和互换性,即在地位、知识、道德等方面都互相平等,只是由于探讨真理而走到一起。《会饮篇》为说明爱情就用了可置换的角色。不像孔子与弟子的等级角色一样不能互相置换,一个宣讲,一个聆听。对话首先是对话主体角色的确定,不像孔子讲话的角色那样。既可看成父亲,也可看成君王;既是上级,又是老师。总之是一种优势地位。苏格拉底在《伊安篇》中一开始就对伊安的角色进行限定,从身份、阶层、性别等角度,否定了诗人(作为叙述者)的全视角和权威性,承认诗人只能说诗人的话,不能说船长、奴隶、医生、妇女所说的话。讲话者的角色不可能像孔子那样是万能的,价值上是客观中立的,语境上是不分对象的。苏格拉底和伊安角色的平等必然导向对话结论的开放性。苏格拉底其实并没有用"灵感说"说服伊安,虽然他最后给伊安出了一个二难选择,即在"灵感"和"不诚实"之间作出选择,伊安出于道德的考虑选择了灵感。但他仍然犹豫不决,并非像接受命令似的接受苏格拉底的论断,最后的结论仍然是开放的,并没有以说服为归宿。真正的对话不仅在于互相辩论的形式,而且在于开放的结构,不定的真理。对最终真理、绝对真理的深信不疑是独白的根本原因。真理是开放的,没有已经掌握了的现成的真理,真理诞生在"共同寻求真理的人们之间",诞生在"他们的对话交际"中,苏格拉底只不过是谈话的"撮合者",真理的"接生婆"(《文艺对话集》,柏拉图著,朱光潜译,人民文学出版社,1997 年,第 144—145 页)。特别是《大希庇阿斯篇》关于"什么是美的"结论,苏格拉底一开始就承认自己由于"愚笨"不能替"美"下一个定义。最后,苏格拉底得出自己的结论:"我面面受敌,又受你们的骂,又受这人的骂。但是忍受这些责骂也许对于我是必要的;它们对于我当然有益。至少是从我和你们的讨论中,希庇阿斯,我得到了一个益处,那就是更清楚地了解一句谚语:'美是难的'"(同上第210页)。

开放的结论和多元的选择是柏拉图对话文体的基本特征。柏拉图在他著名的《第七封信》中讲到自己从事哲学的缘由:"三十寡头"的统治、他的朋友苏格拉底被控告杀死、政局"以惊人速度向四面八方急速恶化着,我变得头晕目眩,迷茫不知所从",以至于"我不得不宣告,必须颂扬正确的哲学"。但什么是"正确的哲学呢"?什么是"正义"和"善"呢?他在《曼诺篇》说:"其实我不但不知道道德性是否可以传授,而且连德性自身是什么,也完全不清楚","我并不是自己明明白白而去困惑别人。相反,正是因为我自己更加模糊才使得别人也感糊涂。目前,什么是德性,我就不知道,虽然你在与我接触之前可能是知道的,可现在却同样茫然不知了。尽管如此,我还是愿意同你一起考察它,以求发现它到底是什么。"在《国家篇》,当格老孔恳求苏格拉底对"善"作出解释时,苏格拉底说:"我恐怕我的能力不足,我轻率的热情会使我出乖露丑,成为笑料。朋友,还是让我们暂且不管善自身的实在本性吧。要理解它是什么,这对我现在的思想翅膀来说是一个难以到达的高度。"苏格拉底对"真理"、"善"、"美"本质的无法确定使他采取了运用文学手段即"真理的比喻和影像"来说明真理的方法(《古希腊哲学》,苗力田主编,中国人民大学出版社,1996年,第234—249页、第307—319页)。至于《巴曼尼得斯篇》这篇最难理解的对话,陈康先生说:"全篇'谈话'中无一处肯定,各组推论的前提是同样客观有效的。因此各组推论的结果在柏拉图自己的眼中并非皆是断定的。既然如此,这些结果的合并如何能构成柏拉图的玄学系统呢?"(《巴曼尼德斯篇》,柏拉图著,陈康译注,商务印书馆,1982

年,第 16 页)所以,策勒尔说:"这些对话篇大多数是以无确定的结果告终,这样做符合苏格拉底'一无所知'的原则;但它们也表明了柏拉图自己完全沉浸在对真理的追求之中。"苏格拉底真诚地把文明置于一种道德的基础之上,毕生探求"善"的意义,但是他"从未解决这个问题"(《古希腊哲学史纲》,E. 策勒尔著,翁绍军译,山东人民出版社,1992 年,第 131—139 页)。卡西尔说:"当我们研究柏拉图的苏格拉底对话时,我们在任何地方都找不到对这个新问题的直接解答……他从未冒昧地提出一个关于人的定义……苏格拉底哲学的与众不同之处不在于一种新的客观内容,而恰恰在于一种新的思想活动和功能。哲学,在此之前一直被看成是一种理智的独白,现在则转变为一种对话。"因为真理存在于"人们相互提问与回答的不断合作之中",人是一种"不断探究他自身的存在物"(《人论》,卡西尔著,甘阳译,上海译文出版社,1986 年,第 7—8页)。总之,人是一种开放的存在。正如巴赫金所说:"世界上还没有任何终结了的东西;世界的最后结论和关于世界的最后结论,还没有说出来;世界是敞开着的,是自由的;一切都在前面。"(《巴赫金全集》卷五,钱中文主编,河北教育出版社,第 221 页)柏拉图的苏格拉底并没有提出关于世界和人的最终真理,并非仅仅由于"时代的限制",而是由于世界和人是一种开放的存在。加达默尔在《哲学解释学》中赞扬柏拉图的《斐多篇》"开始了西方形而上学真正的转折":"希腊人今天仍然是我们的典范,因为他们抵制概念的独断论和'对体系的强烈要求'"(《哲学解释学》,加达默尔著,夏镇平等译,上海译文出版社,1998 年,第 127 页)。在加达默尔看来,"我们的思想不会停留在某一个人用这或那所指的东西上。思想总是会超出自身"(《真理与方法》,加达默尔著,洪汉鼎译,上海译文出版社,1999 年,第 798 页)。只有从这个角度,我们才能更为深刻地理解苏格拉底反复强调的德尔福神庙上那句众所周知的名言"认识你自己"。

当然,苏格拉底采用对话的形式并不能否认他同样有占有真理的企图。如他在《国家篇》里提出的"神只是好的事物的因,不是坏的事物的因"的论断,并没有展开论述,也没有提出论据,这是由苏格拉底的立场决定的。他赞美或否定很多东西,并非从事实出发,而是认为应当如此。他的文艺观的两个出发点"神的完善"和"对教育有利"是不证自明的。他无法举出考古学的、历史学的、甚至是现实生活中的论据,而是从"应分"、"应该如此"的角度倒过来推导。苏格拉底的立场决定了他对文艺的看法和根本要求:对神的描写是否真实取决于对神的描写是否恭敬。他反对描写神干坏事,是担心:比人聪明、比人完美的神都干坏事,年轻人就会以此为理由替自己的坏事辩解,并原谅自己。虽然苏格拉底承认自己对"乐调是外行",但他仍然从音乐的作用来推断出音乐的价值,决定音乐的保留与取舍(《文艺对话集》,柏拉图著,朱光潜译,人民文学出版社,1997 年,第 28—58 页)。罗素就从逻辑学的角度提出了柏拉图理论的非统一性和荒谬性。他说:"柏拉图说神并没有创造万物,而只是创造了美好的事物……他的结论是不诚恳的,是诡辩的;在他暗地的思想里,他是在运用理智来证明他所喜欢的结论,而不是把理智运用于知识的无私追求……他是一心一意要证明宇宙是投合他的伦理标准的。这是对真理的背叛,而且是最恶劣的哲学罪恶。作为一个人来说,我们可以相信他有资格上通于圣者;但是,作为一个哲学家来说,他可就需要长时期住在科学的炼狱里了。"(《西方哲学史》,罗素著,何兆武等译,商务印书馆,1996 年,第 174—189 页)策勒尔也说:"苏格拉底的这位辩护人陷入一种不能容让的和僵化的独断论之中"(《古希腊哲学史纲》,E. 策勒尔著,翁绍军译,山东人民出版社,1992 年,第 135 页)。

四

　　柏拉图采取对话文体,他笔下的苏格拉底对谈话者采取对话态度;孔子采取语录体和对学生采取独白态度,除了和谈话主体之间的关系有关,还与他们对"神"、"真理"、"善"等关于世界与人的终极观念密切联系在一起。"神"在哪里?"真理"掌握在谁手中?怎样才能具有"善"? 对此问题的不同回答决定了他们对他者的根本态度与话语方式。

　　孔子在《雍也篇》说:"务民之义,敬鬼神而远之,可谓知也。"《述而篇》讲"子不语怪,力,乱,神。"《先进篇》讲:"未能事人,焉能事鬼? 未知生,焉知死?"《论语》中有很多处讲到"鬼"、"神"、"帝"、"天"、"命",但孔子对他们的基本态度却是《子路篇》中的"君子于其所不知,盖缺如也"。也就是"六合之处,存而不论"。当然,孔子也有发牢骚需要"天"来安慰的时候,如"知我者其天乎"。然而,正如他自己所说的"天何言哉?"既然"天何言哉",又怎么知道孔子呢? 可见,孔子也只是站在自己的立场上讲话,并没有代表"天"、"帝"、"神"。

　　与此相反,柏拉图对"神"却采取了另外一种态度。在柏拉图看来,"神"无处不在,宇宙体现了"神"的意志。《会饮篇》、《斐德罗篇》、《国家篇》有很多颂"神"的篇章。《斐德罗篇》、《伊安篇》反复提到诗是"神"给人的礼物。《蒂迈欧篇》指出人不过是"上帝"的"孩子"(《古希腊哲学》,苗力田主编,中国人民大学出版社,1996年,第 378 页)。"人"、"神"的截然对立,人怎样才能接近"神"、掌握"真理"、具有"善"成为柏拉图终身思考的问题。策勒尔说:"柏拉图主义自始至终殚精竭虑想要克服的最大困难恰恰在于要在超验的理念世界和感觉的现象世界之间的鸿沟上架设一座桥梁。"

（《古希腊哲学史纲》,E.策勒尔著,翁绍军译,山东人民出版社,1992年,第157页。)也就是说,他终生的目标不仅仅在于思索"上帝"、"真理"、"善"的本质,而且还在探索如何才能走向"上帝"、"真理"与"善"。这便是柏拉图对话思想的最终根源。孔子不存在这个问题。因为,在他心里不存在"上帝","真理"和"善"又掌握在他自己手中。他不是"二元论"者,没有什么"鸿沟"需要填补。他需要的只是发布"真理"和"诲人不倦"。柏拉图对"神"的理解不可能用"唯心主义观点"一批了之,对世界的"唯心"看法和对人类信仰的探索并不能划等号。柏拉图知道:就是因为"神"的存在,人才需要"认识自己"。"认识自己"首先是认识自己的局限。人生的短暂、宇宙的无穷使凡人不可能像"神"那样完全把握真理。人有无法克服的局限:有限的生命和智慧使他对自身和世界不可能获得最终的、绝对的、彻底的认识,"永无止境的探索"才是他应该采取的聪明立场。所以,柏拉图笔下的苏格拉底反复强调人的无知并非仅仅在于人"所知甚少",还在于"以无所不知、固步自封"来自欺欺人。注重"开放"与"兼容"的苏格拉底对话精神告诉人类:不要违背"神"的愿望停止对真理的上下求索,任何企图独占关于世界与人自身终极真理的妄想,任何追求一劳永逸、颠扑不破权威的嗜好都是无视自身局限,忽视他者存在,陷入僵化与成见之网的表现。

　　总之,对话文体的流行说明柏拉图所处的历史时期正是雅典社会急剧变化,也是希腊文化的转型时期。代表民主势力的诡辩派的兴起使旧贵族的权威受到质疑,自由辩论的风气和自由思想的形成昭示了"一切都已过去,一切都将开始"的开放社会心态。我们从柏拉图在《法律篇》描写的"让全体观众举手表决谁获胜","剧场的听众由静默变成爱发言"的境况和在《国家篇》中描写的"能卷去一个年轻的心"、"引起岩壁和会场回声"的"鼓掌哄闹"看出当时社会上下交融的狂欢情景(《理想国》,柏拉图著,郭斌和等译,商务印书馆,1996年,第421页)。当然,柏拉图仍然想把社会的各个阶层、阶层的每位个体都纳入到他为贵族统治设计的统一稳定的秩序里。他对文艺的理解、对文艺作用的认识都来源于这个根本动机。这种企图复古的出发点和孔子基本一致。与孔子仍然保持他的优越感和高傲姿态不同,柏拉图面对正在丧失的贵族优势,必须为自身存在的合法性重新找到证明。优越感和不可动摇地位的丧失使他采取了对话的争辩的态度,他的长篇大论正说明了他的这种危机感。柏拉图在辩论中说明的方法和孔子不证自明的思维方式相比含有更大的开放性和现实性。孔子对社会现实的积极介入和"知其不可而为之"的评价之间的距离,不仅在于他的思想不符合现实的需要,而且在于他对待现实、对待他者的态度、方法与策略:惟我独尊、自我封闭的话语模式并不能适应转型时期的社会文化心理需求,在对话与交流中求得生存和发展才是惟一可行之路。

(原载《文学评论》2000年第6期)

邹广胜(1967—　),浙江大学中文系教师。

　　本文企图对《文艺对话集》、《论语》文体的特点做一对比考察,揭示其所隐含的价值取向:对自我、对他者、对现实的态度、方法与策略。

论著目录索引

著　作

胡　适　中国哲学史大纲（卷上）商务印书馆 1919 年

郭绍虞　中国文学批评史（上）商务印书馆 1934 年

罗根泽　中国文学批评史　北平人文书店 1934 年

方孝岳　中国文学批评　上海世界书店 1934 年

朱维之　中国文艺思潮史略　上海合作出版社 1938 年

罗根泽　周秦两汉文学批评史　重庆商务印书馆 1944 年

朱东润　中国文学批评史大纲　开明书店 1946

郭绍虞　中国文学批评史（下）商务印书馆 1947 年

傅庚生　中国文学批评通论　商务印书馆 1947 年

朱自清　诗言志辨　开明书店 1947 年

郭绍虞　中国文学批评史　新文艺出版社 1957 年

钱冬父　唐宋古文运动　中华书局上海编辑所 1962 年

郭绍虞　中国文学批评史　上海古籍出版社 1979 年

张少康　先秦诸子的文艺观　上海文艺出版社 1981 年

周勋初　中国文艺批评小史　长江文艺出版社 1981 年

敏　泽　中国文学理论批评史　人民文学出版社 1981 年

钟肇鹏　孔子研究　中国社会科学出版社 1983 年

　　　　儒家思想研究论集　台湾黎明文化事业公司 1983 年

张　健　明清文学批评　台北国家出版社 1983 年

陈幼石　韩柳欧苏古文论　上海文艺出版社 1983 年

孙昌武　唐代古文运动通论　百花文艺出版社 1984 年

匡亚明　孔子评传　齐鲁书社 1985 年

张惠慧　儒家乐教思想研究　台湾文史哲出版社 1985 年

蔡钟翔　黄保真　成复旺　中国文学理论史　北京出版社 1987
年

牟世金主编　中国古代文论家评传　中州古籍出版社 1988 年

叶维廉　中国诗学　三联书店 1992 年

廖可斌　明代复古运动研究　上海古籍出版社 1994 年

罗宗强　魏晋南北朝文学思想史　中华书局 1996 年

左东岭　李贽与晚明文学思潮　天津人民出版社 1997 年

詹福瑞　中古文学范畴　河北大学出版社 1997 年

于迎春　汉代文人与文学观念的演进　东方出版社 1997 年

韩经太　理学文化与文学思潮　中华书局 1997 年
中国思想史论(上、中、下)安徽文艺出版社 1999

论　　文

廖　平　论《诗序》《中国学报》1913 年 4 月

刘师培　文说五则　《中国学报》1916 年 1 月

傅斯年　宋朱熹的《诗集传》和《诗序辨》《新潮》第 1 卷第 4 期
1919 年

陈国麟　《毛诗》传相应说　《国故》1919 年 3 月

徐景铨　桐城古文学说与白话文之比较　《文哲学报》1922 年 1
月

雪　林　文以载道的问题　《现代批评》第 8 卷第 206、207、208 期
1927 年

郭绍虞　儒道二家论神与文学批评之关系　《燕京学报》1928 年 4

月

郭绍虞　先秦儒家之文学观　《睿湖月刊》1929 年 1 月

顾颉刚　《毛诗序》之背景与旨趣　《国立中山大学语言历史学研究所周刊》第 10 卷第 120 期 1930 年

郭绍虞　中国文学批评史上的"文"与"道"的问题　《武汉大学文哲季刊》第 1 卷第 1 期 1930 年

李嘉言　韩愈复古运动的新探索　《文学》第 2 卷第 6 号 1934 年

龚书辉　朱子攻击《毛诗序》的检讨　《厦大周刊》第 14 卷第 11、12 期 1934 年

罗根泽　唐代早期的古文文论　《学风》第 5 卷第 8 期 1935 年

沈心芜　"文以载道"辨　《文学年报》1936 年 2 月

馨　兰　文以载道的新旧解说及其他　《务实》第 1 卷第 3 期 1937 年

郭绍虞　朱子的文学批评　《文学年报》1938 年 4 月

李源澄　中国文学批评史上的明道与言志的问题　《新西北月刊》第 2 卷第 3、4 期 1940 年

罗　庸　思无邪《国文月刊》第 1 卷第 6 期 1941 年

陶希圣　孟子养气说试析　《哲学批评》第 8 卷第 1 期 1943 年

陈梦家　孟子养气章的几点解释　《理想与文化》1944 年 5 月

朱自清　《诗言志辨》自序　《国文月刊》第 36 期 1945 年

罗根泽　王安石的政教文学论　《文艺先锋》第 8 卷第 3 期 1946 年

罗根泽　朱熹对于文学的批评　《中国学术》第 1 卷第 1 期 1946 年

冯友兰　孟子浩然之气章解　《文艺与生活》第 2 卷第 3 期 1946 年

梁　石　明末三儒的文学思想　《文坛》第 140 期 1956 年

郭绍虞　关于《文心雕龙》的评价问题及其他　《光明日报》1956
　　　年9月9日

蒋祖怡　王充的文学观点及其文学批评　《浙江师院学报》1957
　　　年1月

郭绍虞　中国文学批评中的"道"的问题　《文学研究》1957年1
　　　月

舒　直　刘勰文学理论的中心问题　《光明日报》1958年1月12
　　　日

季镇淮　韩愈的古文理论和实践　《北京大学学报》1958年2月

吉　谷　《文心雕龙》与刘勰的世界观　《光明日报》1960月11日
　　　20

曹道衡　刘勰的世界观和文学观初探　《光明日报》1961年4月
　　　16日

段熙仲　论桐城派的义法说及其实质　《江海学刊》1961年11月

陆侃如　牟世金　刘勰的生平和思想　《山东文学》1962年

管　锥　论"文"与"道"的关系(读《文心雕龙.原道》札记)　《江西
　　　师大学报》1963年1月

吴文治　"以意逆志"辨《光明日报》1963年11月9日

唐　兰　《"以意逆志"辨》辨　《光明日报》1963年11月16日

黄继持　华　国　朱子文学思想评述　1967年5月

黄继持　"文与道""性与情"——理学家之文艺思想试论　《崇基
　　　学报》第8卷第1期1968年

陈胜长　齐梁以前儒学思想对文学理论的影响　《联合书院学报》
　　　1972年10月

王运熙　谈中国古代文论中的比兴说　《文艺论丛》1978年4月

郭绍虞　王文生　《文心雕龙》再议　《光明日报》1978年10月

牟世金　从文与道的关系看儒家思想在古代文学发展中的作用

《文史哲》1978 年 6 月　1979 年 1 月

董治安　王佩增　孟子的"仁政"思想及其在中国古代文学史上的影响　《文史哲》1978 年 6 月

廖仲安　孔子文艺思想漫笔　《北京师院学报》1979 年 1 月

张式铭　论孔子、儒学及其对中国古代作家作品的影响　《湘潭大学学报》1979 年 1 月

马宏山　《文心雕龙》之道辨(兼论刘勰的哲学思想)　《哲学研究》1979 年 7 月

蔡守湘　评刘勰的文质观　《武汉大学学报》1979 年 2 月

毕万忱　论《文心雕龙》"征圣""宗经"的基本思想　《文艺理论研究》1980 年 2 月

岳修业　孔子删《诗》管见　《学术研究辑刊》1980 年 1 月

吴景和　孔子文艺目的论浅说　《延边大学学报》1980 年 4 月

吴文治　略论韩愈的古文理论　《西北师院学报》1981 年 1 月

祖保泉　《文心雕龙》"原道"臆札　《安徽师大学报》1981 年 1 月

杨凌羽　《诗经》与孔子　《华南师院学报》1981 年 2 月

毛廷贵　谈孔子诗说　《四平师院学报》1981 年 2 月

纪　川　"文以载道"论　《争鸣》1981 年 3 月

魏炯若　论桐城派　《四川师院学报》1981 年 3 月

张　帆　白居易诗论之我见　《喀什师院学报》1981 年 3 月

钟振振　试论刘勰在创作论根本问题上的哲学倾向　《教学与进修》1981 年 4 月

李　凌　试论＜诗经＞和孔子思想中的"民主"因素　《中国史研究》1981 年 4 月

蹇长春　白居易思想散论　《甘肃师大学报》1981 年 4 月

毛毓松　关于孔子诗学观的评价　《广西师院学报》1981 年 4 月

宋尚斋　孔子与诗经　《山东师大学报》1981 年 6 月

孟 建 试论杜甫忠君和忧国忧民思想之统一 《天津师院学报》1981 年 6 月

杨明照 从《文心雕龙·原道·序志》两篇看刘勰的思想 《文学遗产增刊》第 11 辑

曹道衡 刘勰世界观问题的商榷 《文学遗产增刊》第 11 辑

王春庭 试论韩柳政治上的共同点 《江西师院学报》1982 年 1 月

史书苑 略论韩愈的反儒道斗争问题 《中州学刊》1982 年 1 月

马积高 论柳宗元对唐代古文运动的贡献(兼论唐代古文运动) 《求索》1982 年 1 月

范 宁 从北宋后期文坛看文学创作和政治斗争的关系(变法与反变法斗争时期的文学) 《东北师大学报》1982 年 1 月

蒋 凡 桐城派与文学语言的发展 《江淮论坛》1982 年 1 月

姚奠中 政教中心和现实主义(对汉代诗论的一些探讨) 《山西大学学报》1982 年 1 月

李继唐 略论刘勰的"文之枢纽" 《陕西师大学报》1982 年 1 月

韩林德 孔子论艺术的社会作用 《西北师院学报》1982 年 1 月

周汝昌 《文心雕龙》《原道》篇的几个问题 《河北大学学报》1982 年 1 月

彭志鸿 桐城文派估评 《华中工学院学报》1982 年 1 月

张长春 张会恩 刘勰的文质观 《衡阳师专学报》1982 年 1 月

刘知渐 略论柳宗元的文道观 《零陵师专学报》1982 年 2 月

陈晓芬 欧阳修的散文和宋代古文运动 《语文学刊》1982 年 2 月

蔡育曙 中国诗论的开山之纲——诗言志 《滇池》1982 年 2 月

顾易生 方苞姚鼐的文论及其历史地位 《江淮论坛》1982 年 2 月

郭维森　易传的文学思想及其影响　《南京大学学报》1982 年 2 月

陈寒鸣　浅谈孟子的诗论　《镇江师专教学与进修》1982 年 2 月

蔡育曙　兴、观、群、怨　《滇池》1982 年 3 月

穆克宏　论《文心雕龙》与儒家思想的关系　《河北师大学报》1982 年 3 月

汪　洋　韩愈姚鼐文学观之异同　《江淮论坛》1982 年 3 月

申建中　略论韩愈的文学思想　《文艺理论研究》1982 年 3 月

王凯符　漆绪邦　桐城派简论　《文学遗产》1982 年 3 月

吴孟复　桐城派三题　《江淮论坛》1982 年 4 月

陈　铭　宋明理学与明清小说的程式化和教训　《浙江学刊》1982 年 4 月

吴孟复　桐城派三题　《江淮论坛》1982 年 4 月

穆克宏　刘勰的文学批评理论　《福建师大学报》1982 年 4 月

吴文治　关于柳宗元文学成就的评述　《文献》11 辑

曾枣庄　北宋古文运动的曲折过程　《文学评论》1982 年 5 月

黄　霖　姚莹与桐城派　《江淮论坛》1982 年 5 月

徐华龙　孟子对民间文艺的运用和认识　《思想战线》1982 年 5 月

郁　沅　桐城派美学理论中的"神气"说　《江淮论坛》1982 年 6 月

胡义成　孔子与《诗经》　《河北师大学报》1983 年 1 月
　　　　论黄庭坚儒、佛、道合一的思想特色　《复旦学报》1983 年 1 月

申家仁　刘勰文质观异议《争鸣》1983 年 1 月

邱陶常　简论韩愈　《暨南学报》1983 年 1 月

龚克昌　刘勰论汉赋　《文史哲》1983 年 1 月

牟世金　刘勰对古代现实主义理论的贡献　《文史哲》1983 年 1 月

郁　沅　桐城派"义法"说发微　《武汉师院学报》1983 年 1 月

万　陆　论桐城派出现的历史必然性　《江淮论坛》1983 年 1 月

任嘉禾　嵇康与阮籍(论儒与道在诗史上的早期结合)　《内蒙古大学学报》1983 年 1 月

李廷先　先秦文学批评(中国大百科全书．中国文学卷讨论稿)　《扬州师院学报》1983 年 1 月

李炳勋　《文心雕龙》"总论"辨析（与牟世金同志商榷）　《中州学刊》1983 年 1 月

王镇远　桐城派诗论初探　《江淮论坛》1983 年 2 月

叶　易　论近代文坛的桐城派　《江淮论坛》1983 年 2 月

路　剑　建国以来韩柳评价论争简介　《重庆师院学报》1983 年 2 月

曾　铎　孔子删诗编诗的主导思想和贡献《江西社会科学》1983 年 2 月

李伯敬　司马迁的文学观《教学与进修》1983 年 2 月

贾树新　《文心雕龙》的理论体系　《四平师院》1983 年 2 月

徐寿凯　孟子的文艺思想　《艺谭》1983 年 2 月

曾伯藩　论朱熹对诗经研究的功过　《江西师院南昌分院学报》1983 年 2 月

漆绪邦　以道为体,以儒为用　《北京师院》1983 年 2 月

陆　钦　对韩柳古文运动的几点看法　《人文杂志》1983 年 3 月

郝立诚　论朱熹的生平和思想　《徐州师院学报》1983 年 3 月

李人纪　《论语》说理的写作成就论析　《求是学刊》1983 年 3 月

马宏山　也谈《文心雕龙》的理论体系（与牟世金同志商榷）　《学术月刊》1983 年 3 月

季　诚　桐城派简说　《文史知识》1983 年 3 月

吕　永　《文心雕龙.原道》说(兼与马宏山同志商榷)　《湘潭大学
　　　　社会科学学报》1983 年 3 月

孙昌武　唐代古文运动浅议　《唐代文学论丛》1983 年

张少康　《文心雕龙》的原道论　《文心雕龙学刊》1983 年

刘长恒　略论《文心雕龙.原道》的"道":兼与牟世金同志商榷　古
　　　　代文学理论丛刊 1983 年

祖保泉　"文之枢纽"臆说　《文心雕龙学刊》1983 年

蒋树勇　论中和之美的艺术辨证法(古代文论民族特色初探)
　　　　《文艺理论研究》1983 年 4 月

魏际昌　桐城古文学派小史　《河北大学学报》1983 年 4 月

朱宏恢　从《诗大序》到《与元九书》(略论白居易对儒家传统诗歌
　　　　理论的继承和发展)　《徐州师院学报》1983 年 4 月

邱世友　"温柔敦厚"辨　《学术研究》1983 年 5 月

梁　扬　唐宋八大家与古文运动　《语文园地》1983 年 5 月

吕　涛　孟子的"民贵君轻"思想述评　《文史知识》1983 年 5 月

王元化　用科学态度研究古代文论遗产　《人民日报》1983 年 9
　　　　月 18 日

刘国盈　唐代古文运动衰落的原因　《光明日报》1983 年 11 月 20
　　　　日

周来祥　古典和谐美的理想与中国古代艺术的模式　《江汉论坛》
　　　　1983 年 10 日

振　甫　《文心雕龙》的体系　《光明日报》1983 年 12 月 13 日

张佩玉　《毛诗序》在我国文学批评史上的地位　《新疆大学学报》
　　　　1984 年 1 月

马宏山　刘勰的儒学并非古文一派　《新疆大学学报》1984 年 1
　　　　月

蔡育曙　以意逆志　知人论世　知言养气（略论孟子的文学鉴赏三原则）《名作欣赏》1984 年 1 月

梁道礼　试论宋代古文运动的两条路线　《陕西师大学报》1984 年 1 月

王　毅　略论先秦两汉儒家文论中的情志关系说及其意义　《山西大学学报》1984 年 1 月

王运生　论文质　《昆明师专学报》1984 年 1 月

刘建国　《原道》臆说　《湘潭大学学报》1984 年 2 月

袁伯诚　试论司马迁的"发愤著书"说对讽谕文学理论的影响《固原师专学报》1984 年 2 月

朱冠华　《诗序》余论　《文史》总 20 辑 1984 年

刘斯瀚　何天杰　先秦儒家《诗》论之产生和发展　《学术研究》1984 年 4 月

王运熙　中国古代文论中的文气说　《文史知识》1984 年 4 月

杨开莹　何锡章　与柏拉图文艺观之比较　《四川大学学报》1984 年 4 月

牟世金　刘勰"原道"论管见　《文史哲》1984 年 6 月

李金泉　《文心雕龙》"原道"辨析　《东北师大学报》1984 年 6 月

周颂喜　曾国藩古文理论评述　《求索》1985 年 1 月

郁　沅　论《乐记》美学思想之两派　《中国文艺史论丛 1》

蒋孔阳　评孟轲的"与民同乐"的音乐美学思想　《中国文艺史论丛 1》

黄益元　孔子"言志""缘情"名异实同论　《九江师专学报》1985 年 1 月

詹福瑞　孔子诗论管见　《河北大学学报》1985 年 2 月

徐寿凯　在儒家神圣光环笼罩下的王通文艺思想　《安徽师大学报》1985 年 2 月

尹　杰　言志　传神　致用的美学思想　《华中师院学报》1985年3月

蔡育曙　"文质"论的源缘及其发展　《云南教育学院学报》1985年3月

韩钟文　《乐记》审美教育思想研究《上饶师专学报》1985年3月

徐　达　春秋赋诗及孔子说诗之辨正　《贵州大学学报》1985年4月

吕　艺　孔子"兴、观、群、怨"本义再探　《文学遗产》1985年4月

石文英　论汉儒美刺言诗　《文学评论》1985年4月

王镇远　我国古代文论中的"名道"论　《文史知识》1985年10月

方　铭　桐城派评价新论　《安徽大学学报》1986年1月

葛景春　儒道释结合熔铸百家的开放型思想(李白思想新论)
　　　　《中州学刊》1986年2月

朱恩彬　谈古代文艺理论中的"中和"思想　《山东师大学报》1986年3月

杨海明　论唐宋词中的"忧患意识"　《学术月刊》1986年3月

关爱和　后期桐城派与五四新文化运动　《江淮论坛》1986年3月

庄　严　试论桐城派文论的历史特点和美学特征　《文学遗产》1986年4月

蔡仲德　论孔子的礼乐思想　《音乐探索》1986年4月

李戏鱼　孔子文艺思想简论　《郑州大学学报》1986年5月

吴奔星　"诗言志"新探　《文艺理论研究》1986年5月

王镇远　桐城派与清季宋诗运动　《文史》总24

刘操南　孔子删诗初探　《杭州大学学报》1987年1月

田汉云　《聊斋志异》与孔子思想　《扬州师院学报》1987年1月

卢龙祥　孔子诗教观及用诗辨析　《阜阳师院学报》1987年1月

马积高　江西诗派与理学　《文学遗产》1987 年 2 月

高国兴　论"文以载道"对中国文学发展的影响(关于中国文学自
　　　　觉问题的思考)　《克山师专学报》1987 年 2 月

许　结　桐城派文学观的反省与变异：刘开文论特色探　《烟台
　　　　师院学报》1987 年 2 月

杜道明　略论孔子之"兴"　《孔子研究》1987 年 3 月

郭志坤　荀子的文艺思想　《湖南师大学报》1987 年 3 月

王启兴　论儒家诗教及其影响　《文学遗产》1987 年 4 月

吴熙贵　论气 与古代 文学风格　《南充师专学报》1987 年 4 月

杨　侠　邹　晓　儒学　理学　世情小说　《徐州师院学报》1987
　　　　年 4 月

罗培村　论荀子的文艺观　《常德师专学报》1987 年 4 月

[美]唐纳德·霍尔斯曼　孔子与中国古代文论　《比较文学研究》
　　　　1987 年 4 月

王镇远　中国古典文学中的传世观念　《文学遗产》1987 年 5 月

周来祥　中国古典美学的艺术本质观　《文学遗产》1987 年 6 月

郑孟彤　欧阳修在北宋诗文革新运动中的地位和作用(与姜书阁
　　　　先生商榷)　《文学遗产》1987 年 6 月

陈新章　近 10 年间韩愈研究综述　《语文导报》1987 年 8 月

董国炎　章太炎文学观考辨二题　《山西大学学报》1988 年 1 月

刘禹轩　儒家思想和中国古代文学中的现实主义(兼及世界观与
　　　　创作方法的关系)　《社会科学》1988 年 3 月

陆晓光　"诗可以怨"辨(孔子诗歌价值观研究之一)　《华东师大
　　　　学报》1988 年 1 月

王元化　孔孟学说中的普遍性因素与中国文学的发展　《文艺理
　　　　论研究》1988 年 2 月

王镇远　桐城派　《古典文学知识》1988 年 2 月

[法]霍尔兹曼　孔子与中国古代文学批评　《文艺理论研究》1988年2月

冯良方　论欧阳修的忧患意识　《云南教育学院学报》1988年3月

韩　梅　孔子文艺思想浅论　《徐州师院》1988年3月

罗宗强　唐代古文运动的得与失　《文史知识》1988年4月

刘伟林　先秦儒家的文艺心理学　《华南师大学报》1988年4月

谢建忠　试论儒家诗教影响孟郊创作的得失　《贵州文史丛刊》1988年4月

陆晓光　孔子"诗可以群"命题的历史意蕴:兼论孔子的社会主体关系理想　《华东师大学报》1988年6月

萧华荣　补《诗》,删《诗》,评《诗》(《诗经》接受史上的 三个"异端")　《华东师大学报》1988年6月

吴士余　中和意识与中国小说的悲剧思维形态　《争鸣》1989年1月

高传明　桐城派的源流　《文史知识》1989年1月

马积高　中国文学中的三教合流与两汉文学思想的变迁与儒学　《求索》1989年1月

张靖兴　儒理治世与清小说的反现实主义倾向　《平原大学学报》1989年1月

王显春　新儒学的嬗变与明清小说的发展　《西南民族学院学报》1989年2月

谈文良　孔子文艺思想拾得二题　《扬州师院学报》1989年2月

葛晓音　北宋诗文革新的曲折历程　《中国社会科学》1989年2月

马焯荣　中国文学中的政教合一　《湖南师大学报》1989年2月

陆晓光　孟子诗论探蕴　《安徽师大学报》1989年3月

胡　　明　关于朱熹的诗歌理论与诗歌创作　《文学遗产》1989 年 4 月

贾晋华　诗可以群(中国传统诗歌普及化轨迹描述)　《江海学刊》1989 年 4 月

张会恩　质文关系的纵观　《中国文学研究》1989 年 4 月

毛毓松　儒家诗教是"政教工具论"吗?　《广西师大学报》1989 年 4 月

李汉秋　《儒林外史》与传统文化　《文学遗产》1989 年 5 月

张伯伟　汉儒以美刺说诗的新检讨　《南京大学学报》1989 年 5 月

顾易生　先秦文学批评　《复旦学报》1989 年 5 月

王晓昀　中国的传统美学与古代小说　《南开学报》1989 年 5 月

张小元　"思无邪"体现着实践理性精神　《文史杂志》1989 年 6 月

颜景琴　孔子文艺思想及其影响　《语文函授》1989 年 6 月

王忠阁　明代理学的演变与文学复古　《信阳师院学报》1990 年 1 月

陈良运　"诗言志"新辨　《江海学刊》1990 年 1 月

张节末　孔子诗论"兴、观、群、怨"新解　《孔子研究》1990 年 1 月

丁乃宽　论儒家思想、社会心态与宋代词风之演变　《唐都学刊》1990 年 3 月

顾伟列　中国古典文学中的忧患意识及其文化渊源　《上海教育学院学报》1990 年 3 月

希　　人　孔子"放郑声"注疏考　《自贡师专》1990 年 3 月

张会恩　论"言意之辨"及其对写作的影响　《中国文学研究》1990 年 4 月

余新安　黎丽卿　孟子"以意逆志""知人论世"的文学批评方法与

　　　　　　"恕道"　《广东教育学院学报》1990 年 4 月

刘剑康　试论孔子的文学观　《长沙水电学院学报》1990 年 4 月

谌东飙　司马迁对孔子文学观的继承与发展　《长沙水电学院学报》1990 年 4 月

金永健　《诗学》与《毛诗序》美学思想比较　《扬州师院学报》1990 年 4 月

王伟康　试论孔子的文艺观　《扬州师院学报》1990 年 4 月

杨海波　诸家互补，为我所用(论李白的主导思想)　《天津师大学报》1990 年 5 月

朱兰芝　从言志到缘表:中国文艺思想史的一条线索　《山东社会科学》1990 年 6 月

蔡厚示　朱熹的诗和诗论　《福建论坛》1991 年 1 月

陈志信　靳无为　"思无邪"是对《诗经》教育功能的总评价　《台州师专学报》1991 年 1 月

陈　辽　理学与宋元明清小说　《徐州师院学报》1991 年 1 月

施惟达　《文心雕龙》综合儒道佛的美学建构　《云南社会科学》1991 年 2 月

成　立　"言志"与"缘表":论中国美学的儒道互补关系　《杭州师院学报》1991 年 2 月

古建军　"诗言志"的历史魅力与当代意义(一部微型的中国古典诗学论著)　《社会科学战线》1991 年 2 月

程相占　诗教与礼教("礼后乎"考辨)　《孔子研究》1991 年 2 月

刘九州　文道:徘徊于哲学与文论之间　《华中师大学报》1991 年 2 月

郎宝如　儒家思想与山水文学　《内蒙古师大学报》1991 年 2 月

宋效永　略论儒家的文学理性原则　《文学遗产》1991 年 2 月

王德明　"诗教"的兴起与宋代文人的两难处境　《社会科学》1991

年3月

张　方　曾国藩古文理论初探　《中州学刊》1991年3月

张会恩　"明道观"系统疏辨　《中国文学研究》1991年3月

李　笑　伦理和审美的统一（中国古代文论的优良传统）《甘肃理论学刊》1991年4月

李培坤　孔子的文论　《聊城师院学报》1991年4月

戴前伦　孔子与亚里士多德文艺美学观相似点比较　《乐山师专学报》1991年4月

叶森明　试论"文以载道"的文化内涵　《殷都学刊》1991年4月

赵利民　中国近代文论对正统文学观念的反叛与超越　《齐鲁学刊》1991年5月

张海明　原道说和中国文学理论　《上海文论》1991年5月

王则远　孔子文艺批评标准浅说　《齐齐哈尔师院学报》1991年5月

张小平　对"郑声淫"的重新审视　《文史知识》1991年12月

曹　萌　儒家说诗辩正　《锦州师院学报》1992年1月

丁　放　孟二冬　试论宋代理学家的诗学理论　《安徽大学学报》1992年1月

寇养厚　论孔子的中和美文艺观　《石油大学学报》1992年1月

缪　军　试论孟子的"以意逆志"与"知人论世"《广西师院学报》1992年1月

寇养厚　孔子关于文艺社会作用的思想发微　《山西师大学报》1992年2月

寇养厚　论孔子真善美统一的文艺审美观　《烟台大学学报》1992年2月

陈顺智　论《文心雕龙》之道的本质特征　《武汉大学学报》1992年2月

张庆利　季札论乐平议:兼论先秦儒家文艺思想的成熟　《牡丹江师院学报》1992 年 2 月

刘玉平　孔子与中国古典文学的文化性格　《孔子研究》1992 年 2 月

熊开发　从辛弃疾作品的儒道释倾向看他的人格特征　《海南大学学报》1992 年 3 月

张惠民　南宋儒家思想与爱国文学　《汕头大学学报》1992 年 3 月

王显春　儒道佛文化合流与元杂剧的道德观　《社会科学研究》1992 年 3 月

王守华　孟子的诗学(兼论"说诗"与"赋诗"的区别)　《云南民族学院学报》1992 年 4 月

陈宪猷　《论语》"兴、观、群、怨"之我见　《湖湘论坛》1992 年 5 月

孙伯函　"郑声淫"与孔子说《诗》　《齐鲁学刊》1992 年 5 月

田兆元　论孔孟的天人观对古代文学的影响　《社会科学》1992 年 6 月

祁光禄　儒学精神与宋词关系　《吉首大学学报》1993 年 1 月

张文生　论孔子的文学思想　《锦州师院学报》1993 年 2 月

熊大材　开拓儒家审美新视角的王夫之诗论　《南昌大学学报》1993 年 2 月

陆晓光　论"言志"说与"模仿"说的文化生成(先秦与古希腊诗学比较)《上海社会科学院季刊》1993 年 2 月

何　丽　孔子诗说辨原　《孔子研究》1993 年 2 月

张立析　诗可以怨乎?　《上饶师专学报》1993 年 2 月

胡大雷　汉代对诗歌文体功能的论述与"诗言志"传统　《广西师大学报》1993 年 2 月

梁道礼　论毛诗派对比兴的重新组合　《陕西师大学报》1993 年 3

月

王志功　孔子论《诗》"无邪"说及其文化意义　《兰州大学学报》1993 年 4 月

陈良运　论荀子和屈原的诗学观　《暨南学报》1993 年 4 月

聂福安　宋代词学与儒学关系浅探　《中国韵文学刊》1993 年 7 月

寇养厚　中国古代文论中的"以理囿情"观念　《齐鲁学刊》1994 年 1 月

殷光熹　《诗经》与孔子诗教　《中州学刊》1994 年 1 月

蔡景康　从孔子的"小道观"到梁启超的"小说为文学之最上乘"（试论我国小说观念的转换）　《内蒙古大学学报》1994 年 1 月

刘清华　孔子文艺思想散论　《湘潭大学学报》1994 年 2 月

金五德　朱熹诗论初探　《吉安师专学报》1994 年 2 月

李春青　儒家人格境界向文学价值范畴的转换　《北京师大学报》1994 年 3 月

陈望衡　孔子诗教论　《益阳师专学报》1994 年 3 月

李春青　儒家人格境界向文学价值范畴的转换　《北京师大学报》1994 年 3 月

王　涵　韩愈的"文统"论　《北京大学学报》1994 年 6 月

吴林伯　孔子的语言艺术对刘勰文论的影响　《临沂师专学报》1995 年 1 月

郑向恒　从儒家仁爱思想谈文学使命　《炎黄世界》1995 年 1 月

袁长江　孔子、孟子、荀子说《诗》比较　《文史知识》1995 年 1 月

周　锋　论刘熙载文学思想的儒家倾向　《上海大学学报》1995 年 1 月

徐志强　思维方式与中国文学价值观的生成　《江海学刊》1995

年2月

赖　丹　儒道佛与唐诗宋词　《龙岩师专学报》1996年2月

韩经太　杨万里出入理学的文学思想　《社会科学战线》1996年2月

蒋英豪　龚自珍诗文与传统的分歧　《华东师大学报》1996年2月

陈　炎　孔孚　是"儒道互补"还是"儒道转化"：关于孔孚诗歌与传统文化的通信　《诗探索》1996年2月

杨乃乔　"儒道"与"理心"：从儒道诗学的互补透视看"内儒外道"人格类型的构成(一)　《辽宁大学学报》1996年3月

杨乃乔　儒道文学理论在言意冲突中走向互补的学术文化背景　《社会科学辑刊》1996年3月

冷成金　苏轼、朱熹文艺观之比较　《中国人民大学》1996年3月

朱恩彬　儒学与中国文艺的现实主义　《文艺研究》1996年3月

蓝华增　孔子诗学的价值　《云南社会科学》1996年5月

张浩文　"以意逆志"的现代重构　《新东方》1996年6月

畅广元　"文气"论的当代价值　《陕西师大学报》1997年1月

杨乃乔　互补与整合：论刘勰文学理论体系"内儒外道"人格类型的构成　《江海学刊》1997年1月

钱　钢　孔子的功利诗学及以情为教　《齐鲁学刊》1997年2月

方汉文　从道不可言到文言：中国诗学的精神奠基(兼及儒家诗学的确立与西方语言学转向)　《陕西师大学报》1997年2月

踪　凡　论孔子"思无邪"的本旨　《陕西师大学报》1997年2月

吴瑞霞　孔子的《诗》"无邪"新探　《湖北师院学报》1997年2月

寇养厚　欧阳修文道并重的古文理论　《文史哲》1997年3月

许金榜　中国古代文学作品进步性的伦理道德观念根源　《山东

师大学报》1997 年 3 月

罗　章　试谈孔子以双重标准论郑诗　《西南师大学报》1997 年 3 月

阮堂明　韩愈研究二题　《山西大学师范学院学报》1997 年 3 月

墨　白　中国古代文学价值观的政治伦理特征　《中国文学研究》1997 年 4 月

李贞祥　文道关系之源、流、变　《上饶师专学报》1997 年 4 月

吴兆路　沈德潜"温柔敦厚"说新解　《文学遗产》1997 年 4 月

许金榜　中国古代文学中的人道主义思想　《东岳论丛》1997 年 5 月

施明智　从"仁"与"兼爱"的差异看中国古代文学中儒显墨微的原因　《学术月刊》1997 年 5 月

曾宪祝　论中国传统文学的精神本质　《华中理工大学学报》1998 年 1 月

祁光禄　清代词学思想向传统儒学的回归　《河南师大学报》1998 年 1 月论

郭英德　论先秦儒家的叙事观念　《文学评论》1998 年 2 月

踪　凡　《毛诗序》的功利诗学观念及成因初探　《贵州社会科学》1998 年 2 月

吴贤哲　儒家思想与杜甫悲剧意识　《杜甫研究学刊》1998 年 2 月

彭全德　论韩愈、柳宗元"文""道"异同点　《山西大学师院学报》1998 年 2 月

刘周堂　前期儒家文风论略　《中国文学研究》1998 年 3 月

和向朝　从圣坛到人间：从刘勰、韩愈、章学诚 之《原道》看儒家之道的发展　《云南学术探索》1998 年 4 月

黄南珊　重理时代情理审美关系的畸变：略论宋代理学对文学的

深层影响　《社会科学辑刊》1998 年 4 月

马茂军　论北宋中期儒学与文学　《赣南师院学报》1998 年 4 月

陈允锋　论刘勰之道与"文之枢纽"的关系　《沈阳师院学报》1998
　　　　年 5 月

胡如虹　"以意逆志"辨　《理论与创作》1998 年 6 月

陈泳红　"温柔敦厚"说与中国古典文学　《华南师大学报》1999
　　　　年 1 月

黄黎星　《周易》对欧阳修文学观念的影响　《周易》研究 1999 年
　　　　3 月

胡立新　和合：中国古代诗性智慧之根　《湛江师院学报》1999 年
　　　　3 月

张树武　王　确　儒家传统与郭沫若的文学功利观　《长春大学
　　　　学报》1999 年 3 月

蔡振雄　说"以意逆志"　《韩山师院学报》1999 年 4 月

吴龙辉　李斯与儒学　《中国文学研究》1999 年 4 月

李保林　韩愈的 易学思想与其诗文　《华夏文化》1999 年 4 月

蔡镇楚　儒学东渐与域外诗话　《中国文学研究》1995 年 4 月

刘怀荣　诗《序》、《传》对汉代盛世文化精神的理论阐扬　《北方论
　　　　丛》1999 年 5 月

郯守霞　刘勰为何肯定"般若绝境"：兼论刘勰思想并非"以佛统
　　　　儒"　《聊城师院学报》1999 年 5 月

薛亚康　论《文心雕龙》的主导思想　《解放军外国语学院学报》
　　　　1999 年 5 月

杨兴华　孔子诗论与诗歌的衰微　《衡阳师专学报》1999 年 5 月

张云鹏　"诗言志"观念的确立　《青海师大学报》1999 年 6 月

徐正英　"诗言志"复议　《中州学刊》1999 年 6 月

祝尚书　重论欧阳修的文道观　《四川大学学报》1999 年 6 月

20世纪儒学研究大系